基準と事例でわかる!
営業補償の実務

一般財団法人 公共用地補償機構［編著］

ぎょうせい

はじめに

適正な営業補償を実践するために

　営業補償とは、公共事業の施行による土地の取得等により建物等の移転を余儀なくされ営業を休まざるを得ないような場合に、建物等を移転することにより生じる営業上の損失を補償するものです。

　営業補償は、将来の休業期間中等の営業上の損失を見積もったうえで補償するものであり、その見積もりにあたっては、移転対象となる営業所の営業実態や調査時点における会計上の帳簿等の数値を把握して補償額に適切に反映することが求められます。

　本書は、営業補償の類型に応じた具体的な手順を示すことにより営業補償の基本的な処理方法を理解していただき、次に、業種別の具体的な典型事例を掲げることにより、営業補償全般の習得を目的として編集したものです。

　まず、営業補償を習得するためには、次の五つの事柄を予め想定し、理解しておくことが重要であると言われています。

　一つ目は、営業補償は、様々な業種が補償対象となり得ますので、それぞれの営業内容に即した適切な補償を行うため、その営業実態を正確に把握するのみならず、営業に関する許認可等の法令上の各種規制を理解し、これに適合した措置が求められること。

　二つ目として、営業補償は、有形的、機能的及び法制的観点から検討された合理的な移転先及び移転工法に即した適切な営業上の損失を見積もり、その上で経済的観点から見た合理的な補償総額を算定する必要があること。

　三つ目として、営業補償は、被補償者が提供する決算書等の営業資料を検証し補償額を算定する必要があるが、そのためには、営業資料をある程度分析するための会計上の知識が必要となること。

　四つ目として、営業補償を適切に行うためには、他の補償と同様に損失補償基準や行政通達、発注仕様書等に関する十分な理解が必要であること。

　また、最後に、他の補償と同様に「通常妥当と認められる」「通常生ずる損失」など公共用地の取得に伴う損失補償基準に規定されているように、あくまでも想定される損失の補償であり、特に営業補償については、企業経営者等の経営方針など、補償契約後の営業体制・形態に関わる経済・社会環境に大きく左右される内容を想定した補償であることから、適正な認定判断が困難となる場合が多いことが挙げられます。

　以上のように、多岐にわたる知識の集積が必要であることや、会社法、金融商品取引法、各種税法での多くの財務・会計用語に接することなどから難しい補償の一つと言えるかもしれませんが、まず、基本的な補償のパターンを習得し、複雑・高度化する事案に対応する過程の中で、必要に応じて補償の先例を参考とするなど経験を積み重ねるに従い、的確な知識

を持って様々な場面に対応できるようになると思います。

　また、一度に多くの知識を習得するのは困難ですので、予め補償基準の規定や確認すべき関係法令の種類、会計基準などの確認方法などを概略として頭に入れておくことで、作業の円滑化に大きく寄与することになるでしょう。

　令和元年11月

「営業補償調査算定要領（案）」及び同解説（QA）制定に伴う留意点

①営業補償における調査算定方法の全国的な平仄化を図るため、令和3年3月19日、中央用地対策連絡協議会理事会申し合わせにより、「営業補償調査算定要領（案）」が制定され、合わせて令和3年3月26日、国土交通省不動産・建設経済局土地政策課公共用地室用地調整官より、各地方整備局用地部用地補償課長等宛に同解説（QA）が送付され、さらに中央用地対策連絡協議会事務局（公共用地室用地調整官）より、中央用地対策連絡協議会会員宛に参考送付されております。

②本書「基準と事例でわかる！営業補償の実務」と上記①「営業補償調査算定要領（案）及び同解説（QA）」とでは、営業補償の基本的な内容に相違はありませんが、実務的な内容（考え方、調査算定）において、以下のとおり、従来の扱いから変更等されている点があります。
【主な変更等】
（考え方）
　◇従業員に対する休業手当相当額の補償
　　→休止期間の長短に関わらず平均賃金に通勤手当を含む。
　◇従業員が一時限りで臨時に雇用されている場合の取扱い
　　→労働基準法第21条に規定する労働者とする。
　◇税込経理方式を採用している場合の消費税額の取扱い
　　→税抜経理方式による損益計算書の作成は不要とする。
（調査算定）
　◇各種調査表・算定書等様式の制定
　　→営業補償調査算定要領（案）において、各種の調査算定書様式が掲示されております。
　◇営業休止補償の算定例
　　→同解説（QA）において、上記各種様式を用いた調査算定例が示されており、基準の規定に則り、以下の算定項目順に変更されています（廃止、規模縮小も同様）。
　　　　・固定的な経費の補償額
　　　　・従業員に対する休業手当相当額の補償額※
　　　　・休業期間中の収益減又は所得減の補償額
　　　　・一時的に得意を喪失することによって通常生ずる損失の補償額
　　　　・商品、仕掛品等の減損の補償額
　　　　・移転広告その他店舗等の移転に伴い通常生ずる損失額
　　　　　※暦日数を考慮のうえ平均賃金を算定

③実際の営業補償額の調査算定にあたっては、「営業補償調査算定要領（案）」及び同解説（QA）が優先されることになりますので、これらの扱いについて留意いただければと思います（※本書の中でも、関係する頁に上記②に係る変更内容等を付記しています）。

目　次

はじめに　適正な営業補償を実践するために

第Ⅰ章　総説
Ⅰ－1　営業補償の定義　／3
Ⅰ－2　営業補償の手順　／3
Ⅰ－3　営業補償のスキーム・フロー　／6

第Ⅱ章　営業補償と簿記
Ⅱ－1　はじめに　／11
Ⅱ－2　簿記の流れ　／11

第Ⅲ章　営業関係調査
Ⅲ－1　営業に関する調査とは　／29
Ⅲ－2　基本的調査　／29
Ⅲ－3　会計書類に関する調査　／31
Ⅲ－4　実地調査に基づく推定による算定　／52
Ⅲ－5　営業補償の種別に応じた主な資料と調査内容　／54

第Ⅳ章　営業補償と建物等の移転
Ⅳ－1　営業補償と移転工法　／63
Ⅳ－2　建物等の移転補償の基準　／64
Ⅳ－3　略図で見る建物の移転工法　／71
Ⅳ－4　一般事例から見た建物の移転工法と営業補償　／78
　例－1　レストランを構外再築工法として認定し補償する事例　／78
　例－2　家庭電化製品販売店を構内再築工法と認定し補償する事例　／79
　例－3　店舗併用住宅を分離移転工法とした事例　／80

第Ⅴ章　営業休止等の補償
Ⅴ－1　営業休止等の補償とは　／85
Ⅴ－2　営業休止等の補償項目　／87
Ⅴ－3　営業休止等の補償額の算定　／92
Ⅴ－4　仮営業所を設置して営業を継続する補償（基準第44条第2項）　／142
Ⅴ－5　例示による営業休止の補償の算定例　／145
　例－1　金属加工業を営む工場に対し、機械工作物等の移設を伴う構外再築工法と認定
　　　　し、営業休止の補償を行った事例　／145

第Ⅵ章　営業廃止の補償（基準第43条）
Ⅵ－1　営業廃止の補償の要件（細則第26－1）　／163

1

Ⅵ－2　営業廃止補償の項目（基準第43条）／171

Ⅵ－3　例示による営業廃止補償　／183

　例－1　造船所の移転に際し、適当な移転先がないと認められ、営業廃止の補償を行った事例　／183

第Ⅶ章　営業規模縮小の補償（基準第45条）

Ⅶ－1　営業規模縮小の補償とは　／193

Ⅶ－2　営業規模縮小の補償の要件　／194

Ⅶ－3　補償の項目と算定　／196

Ⅶ－4　例示による営業規模縮小の補償　／202

　例－1　ファミリーレストランの駐車場の一部の取得に伴い営業規模縮小の補償を行った事例　／202

　例－2　個人経営のスナックに対する営業規模縮小補償を行った事例　／206

第Ⅷ章　事業地以外に係る営業補償

Ⅷ－1　残地における営業補償　／213

Ⅷ－2　隣接土地における営業補償　／215

Ⅷ－3　事業地外（残地、隣接地を含む。）における事業施行に起因する損害に係る営業補償　／216

Ⅷ－4　補償事例　／219

　例－1　公共事業に係る工事の施行に伴い生じた建物損傷に対して営業休止補償をした事例　／219

Ⅷ－5　裁定例　／221

　例－2　都営地下鉄10号線建設工事に伴う騒音・振動・地盤沈下による営業損害等責任裁定申請事件　／221

Ⅷ－6　判例　／223

　例－3　近鉄大阪線八尾駅周辺連続立体交差化事業による工事騒音・振動に対する損害賠償請求事件　／223

　例－4　和歌山・国道42号拡幅工事に伴う橋梁架換工事に係る損害賠償請求事件（受忍すべき範囲の判断）／224

　例－5　日本道路公団山崎町損害賠償請求控訴事件（受忍すべき範囲の判断）／224

第Ⅸ章　事例集

Ⅸ－1　営業休止の補償事例　／229

　例－1　本社工場以外に工場がある場合の営業休止の補償事例　／229

　例－2　ガソリンスタンドの支店が支障となった場合の営業休止の補償事例　／241

　例－3　自動車整備工場の一部が支障となった場合の営業休止の補償事例　／252

　例－4　4部門・6か所の営業所がある会社の1営業所が支障となり、ホテル部門を営

業休止した補償事例　／264

　　例－5　青色申告による青果業の移転について構外再築工法に認定した場合の営業休止
　　　　　の補償事例　／280

　　例－6　借家人で白色申告による飲食業の移転の場合の営業休止の補償事例　／287

　Ⅸ－2　営業廃止の補償事例　／292

　　例－7　モーテルの営業廃止の補償事例　／292

第Ⅹ章　営業補償と消費税等

　Ⅹ－1　消費税制の変遷とその性格　／299

　Ⅹ－2　消費税の基本的仕組み　／301

　Ⅹ－3　地方消費税　／310

　Ⅹ－4　営業補償額の算定と消費税等の取扱い　／310

第Ⅺ章　関係法令

　1　企業会計原則　／329

　　○　連結キャッシュ・フロー計算書等の作成基準　／349

　　○　金融商品に関する会計基準　／352

　2　商法（抄）　／360

　3　会社法（抄）　／363

　4　会社法施行令　／370

　5　会社法施行規則（抄）　／371

　6　会社計算規則（抄）　／390

　7　会社法の施行に伴う関係法律の整備等に関する法律（抄）　／436

　8　財務諸表等の用語、様式及び作成方法に関する規則（抄）　／439

　　○　「財務諸表等の用語、様式及び作成方法に関する規則」の取扱いに関する留意事項
　　　について（財務諸表等規則ガイドライン）（抄）　／500

　9　労働基準法（抄）　／515

　10　雇用保険法（抄）　／517

　11　風俗営業等の規制及び業務の適正化等に関する法律（抄）　／524

　12　風俗営業等の規制及び業務の適正化等に関する法律施行令（抄）　／529

　13　旅館業法（抄）　／534

　14　公衆浴場法（抄）　／536

　15　たばこ事業法（抄）　／536

　16　たばこ事業法施行規則（抄）　／537

　17　酒税法（抄）　／537

　18　酒税法及び酒類行政関係法令等解釈通達（抄）　／541

　19　営業補償調査算定要領（案）の制定について（抄）　／542

20 用地調査等業務共通仕様書（抄）（例）　／566

21 消費税及び地方消費税の申告書（一般用）の書き方〔法人用〕　／577

22 特定収入に係る課税仕入れ等の税額の計算　／621

　○　事例　課税売上高が5億円以下、かつ、課税売上割合が95％以上の場合　／622

23 道府県民税について　／638

第Ⅰ章
総　説

第Ⅰ章　総　説

Ⅰ－1　営業補償の定義

　営業補償とは、公共事業の施行による土地等の取得又は土地等の使用に伴い通常生ずる営業上の損失に対する補償です。つまり、公共事業の施行を原因として生ずる営業上の損失を受ける場合に補償するものであり、事業の影響により想定される損失を見積もって補償するものです。

　原因としての公共事業は、土地の取得又は使用に因る場合、あるいは建物等の物件の移転に因る場合であり、その結果としての損失が営業上の損失となります。この場合の原因と結果には相当因果関係（注）が成立するものであり、通常生ずる損失補償の概念と同じです。

　　　　（注）相当因果関係とは、自然的状態において、直接ある原因がその結果を生じることについ
　　　　　　て社会通念上相当と認められる場合に限り因果関係が認められるとするもので、特別かつ
　　　　　　予想外な原因や結果については予見可能性があった場合に限り相当因果関係を認めるとす
　　　　　　る立場を指し、損失補償を考える上での非常に重要な概念である。

　営業補償で対象とする損失は、公共事業が施行されなかったら当然そこで継続されるであろう通常の営業活動により得ていた利益に対する損失であり、事業の施行により通常生ずる損失の補償と言えます。

　したがって、想定される損失を予測し損失項目を積み重ねることにより補償額が確定するものであり、補償額算定の基準である「公共用地の取得に伴う損失補償基準（昭和37年10月12日用地対策連絡会決定）」（以下、「基準」という。）では、**営業補償の類型を3つに分類（①営業廃止の補償、②営業休止の補償、③営業規模縮小の補償）**し、それぞれ具体的に損失補償の細部の規定を設けています。

Ⅰ－2　営業補償の手順

　営業補償は、一般に次に示す1）～5）の手順で行われますが、算定の過程で再度追加して詳細調査を行うなど、案件によっては作業が重複する場合があります。

1）用地測量・物件調査

　　用地測量・物件調査は、営業補償のみに必要とされるものではありませんが、用地測量・物件調査によって得られた敷地の形状、事業所や店舗等の利用状況、公共事業に伴う支障状況、建物平面図、建物及び機械工作物配置図等は、合理的な移転先や移転工法を認定し、適切な営業補償を行うための基本的資料となります。

2）移転工法等の検討・決定

　　前記1）で調査した用地測量図等を基に既存敷地における起業地及び残地の状況及び建物等の配置や支障状況等を考慮し、まず、通常妥当な移転先が残地となるか残地以外の土地となるかを、後ほど説明する有形的、機能的、法制的及び経済的な視点から検討

3

し、その後に移転先地に応ずる移転工法を検討し、決定します。残地を移転先とする場合に想定される移転工法としては、従前の機能を回復する方法として再築工法（照応建物を含む。）、曳家工法、改造工法及び復元工法等があります。また残地以外の土地を移転先とする場合は、構外再築工法及び復元工法等が考えられるので、これらの工法から合理的と認められ採用し得る移転工法を認定します。

なお、移転工法の認定において、営業活動を行う上で許認可を得て営業を行っている業種等については、特に法的側面からの検討を行う必要があることに留意しなければなりません。

また、建物等の移転工法との関係については、第Ⅳ章「営業補償と建物等の移転」の項で詳述します。

3）営業実態調査、資料の収集

前記2）で決定された移転工法に応じて、営業補償の類型に係る補償項目に必要な営業実態調査を行いますが、被補償者である営業体は、個人の場合、法人の場合あるいは他に営業所や支店等を有する場合等多種多様な業態があるので、調査は、対象となる営業体の実態に即して適切に行う必要があります。

しかし、実際には営業資料の提出を拒まれる場合や一度だけの調査では十分な資料が収集できない場合があり、資料の分析・検討の過程において何度か現場に足を運び資料の収集に努めなければなりません。

営業補償は、十分な資料があれば補償額の算定は容易となり精度も上がりますが、必要な資料が不足する場合は、数値を推定せざるを得ないこととなり精度の高い補償額を算定することが難しい状況となります。

資料の収集は、当然ですが被補償者から強制的に行うことはできず、あくまで被補償者の協力が前提となりますので、被補償者が安心して資料を提出できるような環境作りに努める必要があります。

なお、営業に関する調査については、第Ⅲ章「営業関係調査」の項で詳述します。

4）資料の分析・検討

次に補償項目に応じて資料の分析を行うこととなりますが、被補償者である営業体は、前記3）でも述べたように多部門の業種を扱う事業所も含め、多種多様にわたるため、当該営業体が採用している会計処理の方法に即した営業資料の分析を行う必要があり、こうした資料の分析には会計上の知識が不可欠となります。

なお、営業補償に関係する会計上の知識については、第Ⅱ章「営業補償と簿記」のほか、それぞれの補償項目においても関係する記述があります。

5）補償額の算定・決定

前述のとおり、有形的、機能的、法制的及び経済的観点から総合的に判断し、認定された移転工法に従い補償額を算定することになりますが、従前の機能回復を図るための

第Ⅰ章　総　　説

想定される移転工法が、例えば複数ある場合は、それぞれの移転工法に従った補償額を算定する必要があります。最終的な合理的な移転工法の認定は、原則として、それぞれの移転工法による補償総額に基づき経済比較を行って決定することになります。

Ⅰ－3　営業補償のスキーム・フロー

基準等で規定する営業補償のスキームとフローをまとめると以下のとおりです。

1）営業補償は、収用損失又は事業損失のいずれにあたるか？

→ 収用損失である。ただし、事業損失でも、収用損失同様の営業に対する損失が生ずる場合がある。

2）収用損失のうち、対価補償か、通常生ずる損失補償か？

→ 通常生ずる損失である。

3）補償の原因（因果関係）は何か？

→ 公共事業（土地収用法第3条列記事業等）に必要な土地等の取得等及び当該取得等に伴って必要となる（取得等しない。）建物等の移転である。

4）誰が誰に何をもって補償するのか？

→ 公共事業の施行者（土地収用法の「起業者」）が、土地等の権利者（土地収用法の「土地所有者」及び「関係人」）に対し、原則、金銭で補償を行う。

5）何を補償するのか？

→ 前記3）に起因して通常生ずる得べかりし利益等の損失である。

6）営業とは？

→ 営業とは、対価を得て、反復・継続して行う資産の譲渡等及び役務の提供（商法の「商行為」）である。ただし、農業及び漁業等を除く。

7）営業補償にはどのような補償があるのか

→ 補償基準等においては、
①　営業廃止の補償
②　営業休止の補償
　　例外的に営業を継続することが必要で相当な場合「仮営業所」による補償
③　営業規模縮小の補償
が規定されている。なお、補償事例の大多数は②である。

8）それぞれの補償に至る要件等と補償内容は何か

作業の流れ等	検討（要件等）	補償内容
①公共事業の施行に伴い営業用施設が支障となる	a．通常営業が支障となることの確認	
↓	↓	
②営業実態（業種、経歴、組織、営業施設、許認可、営業実績、取引等）・支障状況（有形的・機能的・法制的）の調査・整理	b．営業規模の縮小が可能かの検討 要件：i 建物等の規模を縮小したため、売場面積等の減少によって売上高が減少することが、明らかであると認められる場合 ii 経営効率等を見極め、営業継続するうえで大きな支障とならない場合（一般的には、支障部分が僅かであり、縮小後の売上高が損益分岐点売上高を下回らない場合と言われている。）	
↓	可 → 営業規模縮小の補償 → ＥＮＤ	ア 縮小に伴う固定資産の売却損 イ 解雇予告手当相当額 ウ その他、資本及び労働の過剰遊休化により通常生ずる損失 エ 経営効率が低下することにより通常生ずる損失（縮小部分の２年分以内）
③移転先・移転工法の案の検討・整理（有形的・機能的及び法制的）	不可 ↓ c．通常妥当な移転先の有無の検討（残地又は構外の想定移転先）	
↓	d．一．移転先がある場合 　二．移転先がない場合（営業廃止の要件に該当する場合）	
④各移転工法等別の補償額の算定		
⑤補償総額での経済的検討	営業廃止の補償 → ＥＮＤ 要件 i 法令等で営業場所が制限される場合 ii 特定地に密着した有名店 iii 物理的条件で場所が限定される業種の営業所 iv 社会的条件で場所が限定される業種の営業所	ア 営業の権利に対する補償 イ 機械器具等の資産、商品、仕掛品等の売却損その他資本に関して通常生ずる損失
⑥補償内容及び補償額の決定		

↓
END

v　生活共同体を営業基盤とする業で、当該共同体の外に移転したら顧客の確保が特に困難となる

ウ　解雇予告手当相当額、継続雇用の場合の転業期間中の休業手当相当額その他労働に関して通常生ずる損失
エ　転業に通常要する期間中の従前の収益相当額（2年分以内・高齢等の場合は3年分以内）

e．通常営業を一時休止する必要があるかの検討

↓

eの1　一時休止する必要がある場合

↓

営業休止の補償　➡ END

注：営業休止期間は、移転先及び建物、機械設備等の移転方法（再築や復元によって変化するので、通常、想定される移転先及び複数の移転工法に基づき経済的検討を行い、最終的な補償方法が決定される。）に基づき適正かつ妥当な期間を認定する。

ア　休業期間中の固定的経費
イ　従業員の休業手当相当額
ウ　休業期間中の収益減
エ　休業又は場所の変更に起因する得意先の喪失による損失
オ　移転広告費その他移転に伴い通常生ずる損失

eの2　休止せず仮宮業所において営業を継続することが必要かつ相当である場合

↓

仮営業所の補償　➡ END

要件 i　銀行、郵便局等公益性の強い事業で、休止させることが社会的にみて妥当でない場合
ⅱ　仮営業所を設置する適当な場所が存し、かつ、営業休止の補償額より経済的である場合
ⅲ　急施を要する工事等のため、仮移転させる必要がある場合

ア　仮営業所の確保等に通常要する費用
イ　仮営業所における営業であることによる収益の減少額
ウ　場所の変更による一時的な顧客の喪失によって通常生ずる損失
エ　移転広告費その他仮移転に伴い通常生ずる損失

第Ⅱ章
営業補償と簿記

Ⅱ-1 はじめに

適正な営業補償を計算するためには、企業の経済活動における言葉とも言える簿記を理解しておく必要があります。

【簿記の意味と目的】
簿記は企業が営む経済活動、たとえば金銭の収支や物品の購入、商品の仕入、販売などを貨幣額で計算し、帳簿に記録し、その結果を定期的に報告する技術のことです。
主な目的は次の3つです。
① 日々の経済活動に伴う財産の変動を組織的に記録すること
② 一定時点における企業の財政状態（資産・負債・資本）を明らかにすること
③ 一定期間における企業の経営成績（収益費用、利益）を明らかにすること

Ⅱ-2 簿記の流れ

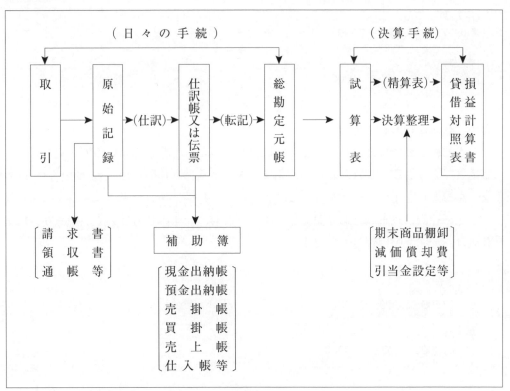

図1

簿記は取引から始まり、入金伝票、出金伝票等の発行が行われ、これらの伝票を集計して、仕訳帳を作成します。伝票処理を行わない場合は、取引が行われると仕訳し、直接仕訳帳に記入します。さらに、売上帳、仕入帳、現金出納帳等の補助簿を使用する場合にはそれぞれに記帳します。

次に仕訳帳から総勘定元帳へ転記し、月末等には、合計残高試算表を作成して、転記に誤りがないか確認し、財務状態や営業成績の概要を把握し、翌月からの経営方針の参考とします。

一会計年度が終わると実地に棚卸をし、さらに固定資産の減価償却費等の整理をして、各帳簿を締め切り、貸借対照表、損益計算書を作成します。

1）仕訳

取引が発生すると仕訳を行い、仕訳帳に記入します。

仕訳とは、ひとつの取引を「資産」「負債」「純資産」「収益」「費用」のうちの2つ以上の組合せに分解して記録することをいいます。

例えば、「原価1個750円の商品を10個仕入れて、現金7500円支払った。その後1個1000円で10個すべて販売し、現金10000円を受け取った。」という取引があったとすると、

```
（仕入時）
費用　7500　　資産　7500

（売上時）
資産　10000　　収益　10000
```

という仕訳が行われます。

しかし、これでは後から見てどんな取引を行ったかがわからないので、実際にはある程度どのような取引が行われたかが想像できるように具体的な項目名（勘定科目という。2）を参照）を用いて仕訳を行います。

上記の仕訳は以下のとおり記録されます（なお、仕訳の仕方はいくつかあり、以下の仕訳は三分法と呼ばれるものです。）。

```
（仕入時）
仕入　7500　　現金　7500

（売上時）
現金　10000　　売上　10000
```

参考として、4つの取引例の仕訳と、それを記録した仕訳帳のひな型を示すと次のとおりとなります。

1）資産の増加と資産の減少、負債の増加の場合
　　例：10／1　机と椅子１組10,000円で10組購入し、代金100,000円のうち50,000円は小切手で支払い、残りの50,000円は掛とした。

　　　　　　備品￥100,000（資産の増加）　当座預金￥50,000（資産の減少）
　　　　　　　　　　　　　　　　　　　　　　未 払 金￥50,000（負債の増加）

2）負債の減少と資産の減少の場合
　　例：10／5　未払金50,000円を小切手で支払った。

　　　　　　未払金￥50,000（負債の減少）　当座預金￥50,000（資産の減少）

3）純資産の減少と資産の減少の場合
　　例：10／15　資本主が、資本金から1,000,000円を現金で引き出した。

　　　　　　資本金￥1,000,000（純資産の減少）　現金￥1,000,000（資産の減少）

4）費用の発生と資産の減少の場合
　　例：10／20　給料日であるため、社員２名に給料500,000円を現金で支払った。

　　　　　　給料￥500,000（費用の発生）　現金￥500,000（資産の減少）

図２－１　取引例の仕訳

仕　訳　帳

年月日	摘　　要	丁数	借　方	貸　方
〇. 10. 1	（備　　品）	3	100,000	
	（当座預金）	2		50,000
	（未 払 金）	4		50,000
	〇〇商店			
5	（未払金）	4	50,000	
	（当座預金）	2		50,000
15	（資本金）	5	1,000,000	
	（現　　金）	1		1,000,000
20	（給　　料）	6	500,000	
	（現　　金）	1		500,000

図２－２　仕訳帳のひな形

　このように、仕訳は左の欄と右の欄に、二重に金額が記入されます。このため、仕訳帳の右の欄と左の欄に記載される金額の合計は必ず一致することになります。二重に記入するので「複式簿記」というのです。
　なお、左の欄のことを「借方」、右の欄のことを「貸方」といいます。昔、銀行において、顧客からみた債務（借入）を左側、債権（預金）を右側に書いて管理していた時の名残ですが、現在では債権債務以外の取引も記述するようになっているため、「借方」「貸方」に債権債務の意味はなく、仕訳の左右を表す言葉として使用されています。

２）勘定科目

　仕訳の際に用いる「仕入」「売上」「現金」等を「勘定科目」といいます。１）で述べたとおり、勘定科目は、取引を「資産」「負債」「純資産」「収益」「費用」に分解する仕訳をわかりやすく表現するものですので、それぞれの勘定科目はこれら５つ（「勘定」という。）のいずれかに分類されます。

　資産勘定、負債勘定、純資産勘定、収益勘定、費用勘定に分類される勘定科目について主なものをあげると図３のとおりになります。

（借方）	（貸方）
資産	**負債**
現金	支払手形
当座預金	買掛金
普通預金	借入金
定期預金	預り金
受取手形	前受金
売掛金	未払法人税等
繰越商品	未払金
有価証券	未払費用
前渡金	**純資産**
前払費用	資本金
建物	資本準備金
機械	利益準備金
車両	繰越利益剰余金
器具備品	**収**
土地	売上
権利金、保証金	受取利息
費	雑収入
仕入	
給料	
賞与	
法定福利費	
広告宣伝費	
修繕費	
消耗品費	
保険料	
地代家賃	
リース料	
旅費交通費	
通信費	
租税公課	
減価償却費	
交際費	
雑費	
支払利息	
有価証券評価損等	
法人税	

図３

14

第Ⅱ章　営業補償と簿記

　これらの勘定科目を覚える必要はありませんが、勘定科目が５つの勘定のうちのどの勘定に属するのかは感覚としてわかることが望ましいでしょう。

　仕訳をする際に、それぞれの勘定科目を借方に記載するか、貸方に記載するかは以下のルールに従います。

○資産勘定の勘定科目

　　増加するときは借方、減少するときは貸方

○負債勘定の勘定科目

　　増加するときは貸方、減少するときは借方

○純資産勘定の勘定科目

　　増加するときは貸方、減少するときは借方

○収益勘定の勘定科目

　　増加するときは貸方、減少するときは借方

○費用勘定の勘定科目

　　増加するときは借方、減少するときは貸方

資産勘定		負債勘定		純資産勘定	
借方	貸方	借方	貸方	借方	貸方
〔増〕	〔減〕	〔減〕	〔増〕	〔減〕	〔増〕

費用勘定		収益勘定	
借方	貸方	借方	貸方
〔増〕	〔減〕	〔減〕	〔増〕

図４

　これは、貸借対照表において、借方に資産勘定を、貸方に負債勘定と純資産勘定を記載するルールであるため、それぞれの記載する側に仕訳すると増加、反対側に仕訳すると減少を表すこととなるからです。

　また、例えば、収益が増加すると資産が増加する（売上が上がれば現金が入る）ので、収益勘定は資産勘定とは反対に借方で減少、貸方で増加となります。

（資産と収益の仕訳の関係）
資産　（増）　　収益　（増）

15

逆に、例えば、費用が増えれば資産は減る（仕入をするために現金を支払う）ので、費用勘定は収益勘定と逆となります。

【資産と費用の仕訳の関係】
費用 （増）　　資産 （減）

3）総勘定元帳

　仕訳帳への記入が完了すると、貸借（貸方と借方）の合計金額の一致を確認して、勘定科目ごとに総勘定元帳に転記します。決算期には、この総勘定元帳に基づいて、貸借対照表、損益計算書等を作成します。

　図2−2の仕訳帳から総勘定元帳（残高型）に転記すると次のようになります。転記の仕方は以下のとおりです。

・取引の日付を記載する。

・仕訳の相手方の勘定科目を記載する。

・借方、貸方のうち、その仕訳でその勘定科目が記載されている方に金額を記載する。

・直前の取引の残高を見て、「借／貸」欄の「借」「貸」と同じ側に残高があれば記載した金額を足した金額を、違う側にあれば引いた金額を「残高」欄に記載する。

　例えば、図2−2の仕訳帳の取引を転記すると以下のとおりとなります。

現　　　　　金　　　　　　　　　　　　1

○年		摘　要	仕丁	借　方	貸　方	借/貸	残　高
10	1	繰越		5,000,000		借	5,000,000
	15	資本金			1,000,000	借	4,000,000
	20	給料			500,000	借	3,500,000

当　座　預　金　　　　　　　　　　　　2

○年		摘　要	仕丁	借　方	貸　方	借/貸	残　高
10	1	繰越		1,000,000		借	1,000,000
		備品			50,000	借	950,000
	5	未払金			50,000	借	900,000

		備		品			3
○年	摘　要	仕丁	借　方	貸　方	借/貸	残　高
10	1	繰越		200,000		借	200,000
		諸口		100,000		借	300,000

		未	払	金			4
○年	摘　要	仕丁	借　方	貸　方	借/貸	残　高
10	1	繰越			2,000,000	貸	2,000,000
		備品			50,000	貸	2,050,000
	5	銀行預金		50,000		貸	2,000,000

		資	本	金			5
○年	摘　要	仕丁	借　方	貸　方	借/貸	残　高
10	1	繰越			20,000,000	貸	20,000,000
	15	現金		1,000,000		貸	19,000,000

		給		料			6
○年	摘　要	仕丁	借　方	貸　方	借/貸	残　高
10	20	現金		500,000		借	500,000

図5

　上記のうち、10月1日の取引（備品購入）に伴う勘定科目ごとの記載方法について、具体的に説明します。

（備品のページ）

・日付10/1を記載
・仕訳の相手方は「当座預金」と「未払金」の二つあるので「諸口」と記載
・「備品」は借方に記載されているので、借方に金額100,000を記載
・直前の取引の残高は借方に200,000なので、残高は借方に200,000（借）＋100,000（借）
　＝300,000（借）となる。

17

（当座預金のページ）

・日付10/ 1を記載

・仕訳の相手方「備品」と記載

・「当座預金」は貸方に記載されているので、貸方に金額50,000を記載

・直前の取引の残高は借方に1,000,000なので、残高は借方に1,000,000（借）－
50,000（貸）＝950,000（借）となる。

（未払金のページ）

・日付10/ 1を記載

・仕訳の相手方「備品」と記載

・「未払金」は貸方に記載されているので、貸方に金額50,000を記載

・直前の取引の残高は貸方に2,000,000なので、残高は貸方に2,000,000（貸）＋
50,000（貸）＝2,050,000（貸）となる。

なお、「仕丁」欄はその取引の仕訳が記載された仕訳帳のページを記入する。（丁
はページという意味）

4）その他の帳簿

　総勘定元帳では各勘定科目の合計や残高は分かりますが、個々の取引の細かい内容や取引先ごとの記録はわかりません。そこで、それらの取引内容を具体的に把握するために、補助簿を作成します。補助簿は必要に応じて作成され、様々な種類がありますが、ここでは一般的に作成されることが多い7つの補助簿について説明します。

①売上帳及び仕入帳

（売上帳）

　商品の売上についての明細帳で、得意先、商品名、数量、単価、金額、代金受取方法等の事項を取引発生順に記録するものをいいます。売上商品の返品、値引きについては売上帳に朱記します。

（仕入帳）

　商品の仕入れについての明細帳で、仕入先、商品名、数量、単価、金額、代金支払方法等の事項を取引発生順に記録するものをいいます。仕入品の返品、値引きについては仕入帳に朱記します。

仕 入 帳						
日付	摘　　要	丁数	現　　金	当座預金	未 払 金	支払手形

図6

②現金出納帳

　現金の収支を詳細に記録し、その現在高を明らかにする帳簿です。現金の出し入れを毎日記録し、帳簿上の残高と実際の残高が一致していることを確認します。

現 金 出 納 帳						
日付	勘定科目	摘　　要	元丁	借　方	貸　方	借又貸	残　高

図7

③売掛帳及び買掛帳

（売掛帳（売掛金元帳、得意先元帳ともいう））

　総勘定元帳における売掛金勘定について、得意先別の人名別に勘定口座を設け、詳細に記録する補助簿です。企業の経営規模が大きければ、取引先の数が多くなり、かつ内容も複雑になるので、総勘定元帳だけで処理することは管理上不都合になります。そのため、個々の内訳明細については、売掛帳の中に設定された得意先別の人名勘定に記帳する分割元帳制度がとられます。

売掛帳（○○商店）						
日付	伝票番号	摘　　要	仕丁	借　方	貸　方	借又貸	残　高

図8

（買掛帳（買掛金元帳、仕入先元帳ともいう））

　総勘定元帳における買掛金勘定について、仕入先別の人名別に勘定口座を設け、詳細に記録する補助簿です。買掛帳も、仕入先が多く、総勘定元帳だけでは管理が困難になる場合に、個々の内訳明細を買掛帳の中に設定された仕入先別の人名勘定に記帳します。

④経費帳

　経費帳とは、仕入にかかった費用以外の必要経費（水道光熱費、通信費、消耗品費等）を勘定科目ごとに記録した帳簿です。

⑤固定資産台帳

　固定資産を管理するための帳簿で、固定資産の取得から処分までの必要事項を記録する原始記録帳簿です。

　固定資産台帳の記録帳簿としては、少なくとも次の2つが必要です。

(1)資産の実態に関する事項

　　名称、分類、納入先又は製作者、取得年月日、所属、用途、記号及び番号、償却計算に関する事項等

(2)金額計算に関する事項

　　取得原価、取得後の資本支出額、各期の償却額、償却累計額及び未償却残高、償却計算の訂正又は特別償却、廃棄又は処分に関する事項等

5）試算表

　試算表とは、総勘定元帳の記入が正確に行われているか否かを確かめるためのものです。一般的には週末又は月末に作成し、決算期には必ず作成します。

　試算表は、合計試算表と残高試算表に分けられます。

　合計試算表は、総勘定元帳の勘定科目別に借方合計額と貸方合計額を記入します。記帳が正しく行われていれば、借方、貸方の総合計が一致し、かつ仕訳帳の借方、貸方の合計額と一致します。

　残高試算表は、各勘定科目の借方合計額と貸方合計額の差額を、借方と貸方のうちそれぞれの合計額の大きい方に記入します。記帳が正しく行われていれば、借方、貸方の総合計が一致します。残高試算表は、資産、負債及び純資産の有高並びに費用及び収益の純発生高を示す特徴があります。

　以下に示す記載例のうち、「合計」欄が合計試算表、「残高」欄が残高試算表です。

第Ⅱ章　営業補償と簿記

合 計 残 高 試 算 表

平成×年×月×日

借　方		元丁	勘定科目	貸　方	
残　高	合　計			合　計	残　高
200,000	700,000		現　　　金	500,000	
300,000	600,000		当 座 預 金	300,000	
100,000	200,000		受 取 手 形	100,000	
50,000	150,000		売 　掛　 金	100,000	
	200,000		未 　払 　金	300,000	100,000
			資 　本 　金	500,000	500,000
			売　　　上	400,000	400,000
350,000	350,000		仕　　　入		
1,000,000	2,200,000			2,200,000	1,000,000

図9

6）決算整理

　一会計期間（四半期、半期、一年など）が終わると、決算整理を行って、各帳簿を決算日の適正な数字に修正し、貸借対照表、損益計算書等の決算書を作成します。

　決算整理事項としては、次のような事項があります。

①棚卸

　商品、製品等の実地棚卸によって商品、製品等の現在高を調べ、実際の数量及び適正な金額に修正します。

②減価償却

　建物、機械、備品等の減価償却を行い、償却費を費用として計上するとともに、建物、機械、備品等の額を償却費分だけ減額します。

③貸倒損失

　売掛金、受取手形、貸付金等の貸倒れ高を確認して費用として計上するとともに、売掛金、受取手形、貸付金等の額を貸倒れ高分だけ減額して確実な債権額に変更します。

④未収収益等

　収益の未収高、前受高、費用の前払高、未払高を計算し、適正な金額に修正します。

7）精算表

　決算直前の各勘定科目から残高試算表を作成し、必要な決算整理を記載したら、損益に属する勘定から損益計算書を、資産、負債に属する勘定及び純資産勘定から貸借対照表を作成します。これらの関係をひとつの表に集約したものを「精算表」といいます。

21

精算表の損益計算書欄の借方には費用科目の金額を、貸方には収益科目の金額を転記します。この結果、損益計算書の貸方合計額と借方合計額の差額が貸方残高となった場合は当期純利益を示し、これと逆の場合は、当期純損失を示します。

　また、貸借対照表欄の借方には資産科目の金額を、貸方には負債科目と純資産の金額を転記します。この結果、貸方合計額と借方合計額の差額が借方に生じた場合は、当期純利益を示し、損益計算書の差額である当期純利益の金額と一致します。

　決算整理後の精算表の様式を示すと図10のとおりです。

精　算　表

年　　月　　日

勘定科目	元丁	残高試算表		決算整理（修正）欄		損益計算書		貸借対照表	
		借方	貸方	借方	貸方	借方	貸方	借方	貸方
資 産 勘 定		×××			×			×××	
負 債 勘 定			×××	×					×××
純資産勘定			×××	×					×××
費 用 勘 定		×××			×	×××			
収 益 勘 定			×××	×			×××		
当期純利益						××			××
合　　計		○○○	○○○	○○○	○○○	○○○	○○○	○○○	○○○

図10　八欄精算表

8）財務諸表

　企業は、会計期間における営業活動から生じた費用及び収益を測定して利益を決定し、これを損益計算書によって報告します。また、会計期間末における資産残高、負債残高及び純資産残高を確定して貸借対照表に表示して報告します。貸借対照表や損益計算書は、これまで述べてきた作業を経て作成した各帳簿や精算表を基に作成します。

　この損益計算書、貸借対照表等を財務諸表といい、会社法では事業年度に係る計算書類（貸借対照表、損益計算書、株主資本等変動計算書、個別注記表）及びその付属明細書の作成が義務付けられています。

　財務諸表で中心的な役割を果たすのが貸借対照表と損益計算書です。営業実態調査で収集・分析する法人税や所得税の確定申告書は、貸借対照表や損益計算書を基にして作成されます。

①貸借対照表

　貸借対照表の表示の方法には、報告式と勘定式がありますが、勘定式が一般的ですので、そのひな型を図11に示します。

第Ⅱ章　営業補償と簿記

［記載例］

貸借対照表
（平成○年○月○日現在）

（単位：百万円）

科　目	金　額	科　目	金　額
（資産の部）		（負債の部）	
流動資産	×××	流動負債	×××
現金及び預金	×××	支払手形	×××
受取手形	×××	買掛金	×××
売掛金	×××	短期借入金	×××
有価証券	×××	リース債務	×××
商品及び製品	×××	未払金	×××
仕掛品	×××	未払費用	×××
原材料及び貯蔵品	×××	未払法人税等	×××
前払費用	×××	前受金	×××
繰延税金資産	×××	預り金	×××
その他	×××	前受収益	×××
貸倒引当金	△ ×××	○○引当金	×××
固定資産	×××	その他	×××
有形固定資産	×××	固定負債	
建物	×××	社債	×××
構築物	×××	長期借入金	×××
機械装置	×××	リース債務	×××
車両運搬具	×××	○○引当金	×××
工具器具備品	×××	その他	×××
土地	×××	負債合計	×××
リース資産	×××	（純資産の部）	
建設仮勘定	×××	株主資本	×××
その他	×××	資本金	×××
無形固定資産	×××	資本剰余金	×××
ソフトウェア	×××	資本準備金	×××
リース資産	×××	その他資本剰余金	×××
のれん	×××	利益剰余金	×××
その他	×××	利益準備金	×××
投資その他の資産	×××	その他利益剰余金	×××
投資有価証券	×××	○○積立金	×××
関係会社株式	×××	繰越利益剰余金	×××
長期貸付金	×××	自己株式	△ ×××
繰延税金資産	×××	評価・換算差額等	×××
その他	×××	その他有価証券評価差額金	×××
貸倒引当金	△ ×××	繰延ヘッジ損益	×××
繰延資産	×××	土地再評価差額金	×××
社債発行費	×××	新株予約権	×××
		純資産合計	×××
資産合計	×××	負債・純資産合計	×××

（出典：会社法施行規則及び会社計算規則に
よる株式会社の各種書類のひな型（改訂版）
2016年3月9日（一財）日本経済団体連合会）

図11

資産の部や負債の部の各勘定科目の配列は、流動性配列法によります。流動性配列法とは、資産の部は、換金性の最も高いものから順次固定資産に及び、負債の部は、最も支払期限の短いものから順次長期のものを配して純資産の部に及ぶ方法であり、企業の支払い能力を見るのに便利です。

②損益計算書

損益計算書は、企業の経営成績をあきらかにするために作成されるものです。

損益計算書の表示の方法についても、報告式と勘定式がありますが、報告式が一般的です。そのひな型を図12に示します。

[記載例]

損益計算書
（自平成○年○月○日　至平成○年○月○日）

（単位：百万円）

科　　　　目	金	額
売上高		×××
売上原価		×××
売上総利益		×××
販売費及び一般管理費		×××
営業利益		×××
営業外収益		
受取利息及び配当金	×××	
その他	×××	×××
営業外費用		
支払利息	×××	
その他	×××	×××
経常利益		×××
特別利益		
固定資産売却益	×××	
その他	×××	×××
特別損失		
固定資産売却損	×××	
減損損失	×××	
その他	×××	×××
税引前当期純利益		×××
法人税、住民税及び事業税	×××	
法人税等調整額	×××	×××
当期純利益		×××

（出典：図11と同じ）

図12

損益計算書は、一会計期間に発生し、実現したすべての収益と、これに対応するすべての費用を記載し、その差額としてその期間の利益（又は損失）を表示します。

営業実態調査で重要な金額のひとつがこの利益ですが、利益計算に当たっては、「当

期業績主義」と「包括主義」の２つの考え方があります。一般的な損益計算書では、その両方の考え方に基づく利益が表示されています。この２つの利益の違いは、非経常的な収益や損失の取扱いです。

（当期業績主義）

　当期業績主義は、各会計期間に経常的に発生する収益とそれに対応する費用のみを計上するという考え方です。損益計算書の「経常利益」は、当期業績主義による利益を表します。営業実態調査では営業を休廃止せざるを得ない場合の営業上の損失を推計する必要がありますが、当期業績主義による利益金額は企業の通常の収益力を表すものですので、この「営業上の損失」（営業していれば得られていたであろう金額）に近い考え方です。

（包括主義）

　包括主義は、経常的な収益、費用とともに、たまたまその会計期間に発生した非経常的な収益や損失も含めて利益金額を計算します。損益計算書の「当期純利益」は、包括主義による利益を表します。包括主義による利益は、その会計期間に得ることができた分配可能利益を表しますので、株主や債権者が重視する数字です。

第Ⅲ章
営業関係調査

第Ⅲ章　営業関係調査

Ⅲ-1　営業に関する調査とは

　営業補償の対象となる企業は、現に継続し営業活動を行っており、かつ、その業態は、規模・内容において多種多様であり、それぞれに特徴をもっています。営業補償は、公共事業の施行に伴い、企業の営業活動の基盤である土地、建物等の全部又は一部を取得等することにより営業上の損失が発生することを原因として行う補償であり、それぞれの企業の特徴に応じた適正な補償をする必要があります。

　営業に関する調査は、企業の営業実態を正確に把握し適正な補償を行うための調査であり、企業が営業活動を行う上でどのような権利を有し、どのような施設でどのような活動を行っているかという**「基本的調査」**と営業補償額を具体的に算定する上で直接必要となる企業の会計処理に関する**「会計書類に関する調査」**とに大きく分けることができます。

　営業補償は、被補償者（企業＝事業者）が提出する営業資料に記載された数値に基づいて行うことを基本とするため、必要かつ十分な資料が収集されない場合は、適正かつ的確な補償を行うことができません。また、その後の算定作業を容易にするか非常に困難なものにするかは、資料収集の如何にかかっており、そのために被補償者の協力が不可欠なものとなります。したがって、資料の収集においては、被補償者との折衝に細心の注意を払う必要があります。

Ⅲ-2　基本的調査

　基本的調査は、通常妥当な移転先及び移転工法を検討するためにも必要となる調査です。基本的調査は、土地・建物等の調査や用地実測図のように既に調査されたもの等を中心として資料を収集することとなりますが、こうした調査は**「物的関係調査」**と**「権利関係調査」**とに区分することができます。

1）物的関係調査

　　営業補償に関する補償方針の決定は、業態の特徴や建物等の移転工法に応じて適切に行う必要があります。物的関係調査は、小売店舗のように単純な営業内容の場合はさほど問題となりませんが、工場のように車両・人・物の動線や生産工程がある場合や多角経営のため営業所がいくつもあるような場合等には、詳細な資料による検討が必要となります。

　　物的関係調査による調査資料をまとめると、次表に示すとおりです。

　　また、特に工場等の生産工程があるような場合は、機能面における損失の発生の有無を検討することになるので、こうした関連資料の収集に努める必要があります。

　　ただ、これらの資料は、一般に、他の物件調査等で調査されるものも含まれるので、営業調査に特有の資料ということではありません。

29

物 的 関 係 調 査		
項　目		調査資料とその目的
a	土地関係	地図（公図）、用地実測図、位置図、工事平面図、住宅地図、都市計画図、その他、対象土地及び周辺の利用状況並びに土地利用規制、建ぺい率、容積率等が判別できる図面等
b	建物関係	建物等配置図、建物平面図、写真、その他、建物の規模、構造、用途及び利用状況等が把握できる図面等
c	工作物（機械設備、生産設備等）関係	設備関係の屋外、屋内別配置図、生産工程図、動線図、構造図、調査表、写真、その他、設備に関する配置及び生産工程（車両、人、物の流れを含む。）等が判断できる図面等

2） 権利関係調査

　権利関係調査は、被補償者である営業体が営業活動を行う上での許認可関係やどのような組織で構成されているか、営業活動に使用されている土地、建物等の営業用施設に対してどのような権利を有しているか等を調査するものです。

　営業体は、その人格が法人と個人に区分されますが、特に法人の場合、商業登記記録や税務署に提出する法人事業概況説明書は、事業概要を把握する上で不可欠な資料となります。

　権利関係調査における調査資料とその目的、内容は、次表に示すとおりです。

権 利 関 係 調 査		
調査資料		目　　的
a	法令等による許認可等の資料、土地登記記録、建物登記記録	許認可等が必要な場合の資料（JIS、ISO、JAS等を含む。）や土地、建物等の営業施設に対しどのような権利を有するかなどを確認するための資料
b	法人登記簿、商業登記簿、（登記事務をデータ処理している登記所では、登記事項証明書）、法人事業概況説明書	営業上の権利者及び企業の所在地、代表者、役員、資本金、営業種目等を確認するための資料
c	戸籍謄本、住民票、税務署提出資料（確定申告書等）	個人事業者の場合、営業体の人的関係を確認するための資料等
d	土地・建物賃貸借契約書等	営業者が借地・借家人の場合、営業体の土地、建物、設備等の賃貸借関係を確認するための資料
e	組織図等	企業全体及び支障営業所の組織、人員、役割、勤務形態等を確認するための資料
f	関係法令等	営業体の営業や移転先等に係る関係法令、条例等を確認するための資料

第Ⅲ章　営業関係調査

Ⅲ-3　会計書類に関する調査

　それぞれの営業補償に関係する調査の詳細は後に記述しますが、次の基準における補償規程を頭に置きながら、基本的な収集会計書類等を見ていくこととします。

1）営業休止等に対する補償額の内容（基準第44条）

①通常休業を必要とする期間中の営業用資産に対する公租公課等の固定的な経費及び従業員に対する休業手当相当額

②通常休業を必要とする期間中の収益減（個人営業の場合においては所得減）

③休業することにより、又は店舗等の位置を変更することにより、一時的に得意先を喪失することによって通常生じる損失額

④店舗等の移転の際における商品、仕掛品等の減損、移転広告費その他店舗等の移転に伴い通常生ずる損失額

⑤営業を休止することなく仮営業所を設置して営業を継続することが必要かつ相当であると認められるときは、仮営業所の設置費用、仮営業であるための収益減（個人営業である場合においては所得減）等

2）営業廃止に対する補償額の内容（基準第43条）

①免許を受けた営業等の営業の権利等が資産とは独立に取引される慣習があるものについては、その正常な取引価格

②機械器具等の資産、商品、仕掛品等の売却損その他資本に関して通常生ずる損失額

③従業員を解雇するため必要となる解雇予告手当相当額、転業が相当と認められる場合において従業員を継続して雇用する必要があるときにおける転業に通常必要とする期間中の休業手当相当額その他労働に関して通常生ずる損失額（事業主に対する退職手当補償は行わず、解雇する従業員に対する離職者補償のみ）

④転業に通常必要とする期間中の従前の収益相当額（個人営業の場合においては従前の所得相当額）

3）営業規模縮小に対する補償額の内容（基準第45条）

①営業の規模の縮小に伴う固定資産の売却損、解雇予告手当相当額その他資本及び労働の過剰遊休化により通常生じる損失額（事業主に対する退職手当補償は行わず、解雇する従業員に対する離職者補償のみ）

②営業の規模の縮小に伴い経営効率が客観的に低下すると認められるときは、これにより通常生ずる損失額

31

4）会計書類に関する調査

　会計書類に関する調査は、個人も法人も、原則として、税務署へ提出した確定申告書の控えを中心として調査します。

　我が国の税法は、申告納税制度（注）をとっており、納税者自身が収入金額、必要経費の額、所得額を計算し、税務署に申告することが義務づけられています。したがって、会計に関する営業調査は、納税者が税務署に申告した確定申告書に基づき、その根拠となる帳簿等の調査を行いますが、災害等の理由により期限内に税務申告を行っていない場合については、後に説明する実地の調査により営業実態を把握する必要があります。

> （注）申告納税制度は、納税者自身が自主的に自分の所得を正確に計算し、その所得にかかる税金を納税する制度をいう。

　営業補償額の算定は、正確な資料に基づいて行う必要があり、税務署に提出された確定申告書の控えを原則として使用するのは、そこに記載された数値は公的機関が認めた信頼し得るものと考えられるからです。そのためにも税務署の受付印のあるものを収集する必要があります。

　なお、電子データの送信により申告を行う電子申告（e-Tax）も多くなっており、この場合は受付結果（受信通知）等により確認することが可能となります。

　法人の場合と個人の場合における会計書類に関する調査で収集する資料は、次のとおりとなります。

①法人の場合

　法人の場合は、確定申告書の収集が必須の条件であり、一般に、法人税申告書には、法人の事業概況説明書、貸借対照表、損益計算書、キャッシュフロー計算書や消費税申告書が添付されているため、営業補償額を計算する上での中心的な資料といえます。しかし、固定的経費の補償や従業員の休業補償を行うためには、より詳細な資料が必要であり、その資料として総勘定元帳、賃金台帳及び減価償却額の計算に関する明細書がこれに該当します。

　なお、法人の場合、個人においても同様ですが、往々にして多部門を有する多角経営であったり、チェーン形態であったり、本支店等の営業所又は工場を他に有する場合や子会社との連結決算となっている場合があり、各部門別あるいは各営業所別、企業別の営業実績等が判明される資料の収集が必要となります。

第Ⅲ章　営業関係調査

法人の営業関係資料			
書　類		内　容	摘　要
a	法人の事業概況説明書（※様式等は、P.35〜P.42のとおり）	1．法人名、納税地 2．事業内容、事業形態 3．電子計算機の利用状況 4．主要科目（売上、原価等） 5．主な設備 6．帳簿類状況 7．月別の売上高等	法人の事業内容、営業成績の概要が分かるため、検討作業を始めるため、非常に参考となる書類である。
b	確定申告書の控（表紙）	1．会社の名称、所在地、資本金 2．代表者名 3．納税額の計算	確かに税務署に提出したものであるかどうか、税務署の受付印（電子申告（e-Tax）の場合は受信通知等）を確認する必要がある。
c	別表及び付表	1．所得の金額の計算に関する明細書 2．租税公課の納付状況等に関する明細書 3．機械等の取得価額に関する明細書. 4．特定建物等の取得価額に関する明細書 5．給与支給額、当期償却費総額等及び比較教育訓練費の額等の計算に関する明細書 　　　　　　　等	収益額、固定的経費及び人件費等の認定のために活用される内訳データとして活用する。
d	損益計算書（P／L）	（法人の一定期間の経営成績を表示する報告書）	補償額算定のための中心的な資料。会社の過去の営業成績を知り、将来の営業成績を予測するとともに、補償額の算定にあたり収益額の認定をするため、過去３ヶ年分を収集する。
e	貸借対照表（B／S）	（法人の一定時点の財政状態を表示する報告書）	現金、積立金、剰余金等の資産内容がどうなっているか、負債は大きいか、企業が移転するにあたって資金的な余裕があるかどうかを判断することができ、棚卸資産、固定資産等の内容や長期借入金の有無が確認できる資料である。
f	勘定科目別内訳明細書	（損益計算書及び貸借対照表における勘定科目の内訳明細書） 1．預貯金等の内訳書 2．受取手形の内訳書 3．売掛金の内訳書 4．仮払金の内訳書 5．貸付金及び受取利息の内訳書 6．棚卸資産の内訳書 7．有価証券の内訳書 8．固定資産の内訳書 9．支払手形の内訳書 10．買掛金の内訳書 11．仮受金の内訳書 12．源泉所得税預り金の内訳書	確定申告における提出義務資料。 　収益額や固定的経費の額、従業員の賃金等の額の認定が可能となる。

		13. 借入金及び支払利息の内訳書 14. 土地の売上高等の内訳書 15. 売上高等の事業所別内訳書 16. 役員報酬手当及び人件費の内訳書 17. 地代家賃等の内訳書 18. 工業所有権等の使用料の内訳書 19. 雑益、雑損失等の内訳書	
g	総勘定元帳	一会計期間にわたるすべての取引を勘定科目ごとに記録するための帳簿	例えば固定的経費を算定する場合、広告宣伝費、福利厚生費、公租公課、保険料、諸組合費等の費用については、その支出の内容によっては補償できるものとできないものがあり、より具体的な明細を調べるときに必要となる帳簿である。
h	賃金台帳	労働基準法に基づき作成が義務づけられている法定三帳簿（他に労働者名簿、出勤簿）の一つで、個人別、月別に各人の賃金支払額が記載された帳簿	従業員の休業補償をする場合、補償対象の従業員が正社員かパート等であるかの認定をするときに必要となる書類である。

※　上場企業については、過去３か年の経営状況を確認する上で「有価証券報告書」を政府刊行物センターで購入又は当該企業のHPよりダウンロードする等により参考とすることも可能。

第Ⅲ章　営業関係調査

法人事業概況説明書

FB1006

別添「法人事業概況説明書の書き方」を参考に記載し、法人税申告書等に一部添付して提出してください。
なお、記載欄が不足する項目につきましては、お手数ですが、適宜の用紙に別途記載の上、添付願います。

整理番号

OCR入力用（この用紙は機械で読み取ります。折ったり汚したりしないでください。）

この用紙はとじこまないでください

法人名	屋号（　　　　　）
	電話（　　　）　−
法人番号	

事業年度　自令和　　年　　月　　日　至令和　　年　　月　　日　　税務署処理欄

自社ホームページの有無　◯有　◯無　（自社ホームページアドレス）

1 事業内容

（　　　　　）業

2 支店・子会社の状況

(1) 国内　支店・店舗数
海外　支店・店舗数
支店　海外　所在地国1　従業員数
所在地国2　従業員数

(2) 国内　国内子会社の数
子会社　海外子会社の数　うち出資割合が50%以上の海外子会社の数
子会社名称　出資割合　％
海外　子会社名称　出資割合　％

3 海外取引状況

(1) ◯輸入　◯輸出　◯無　取引金額（百万円）
取引種類　輸入　相手国　主な商品
輸出　相手国　主な商品

(2) ◯有　◯手数料　◯ロイヤリティー　◯役務の提供
海外の輸出入以外取引　◯無　◯証券の売買　◯金銭の貸借　◯不動産の売買
◯その他（　　　　）

4 期末従事員等の状況

(1) 常勤役員
期末従事員の状況（単位：人）
計
計のうち代表者家族数
計のうちアルバイト数

(2) 賃金の定め方　◯A月給定額　◯B時給歩合　◯AB併給
(3) 社宅・寮の有無　◯有　◯無

5 PC利用状況

(1) PCの利用　◯有　◯無
(2) PCのOS　◯Windows　◯Mac　◯Linux　◯その他（　　）
(3) PCの利用形態　◯財務管理　◯給与管理　◯仕事・販売管理　◯生産管理
(4) 会計ソフトの利用等　◯有　◯無
(5) 会計ソフト名
(6) メールソフト名
(7) データの保存先　◯クラウド　◯外部記録媒体　◯PCサーバ

6 販売形態

(1) 電子商取引（インターネット取引）　◯有・売　◯有・仕入　◯有・経費　◯無
(2) 販売チャネル　◯自社HP　◯他社HP

7 株主又は株式所有異動の有無　（うち株式交付）　◯有　◯株式交付

8 経理の状況

(1) 区分　氏名　代表者との関係
現金　◯親族　◯他人
通帳　◯親族　◯他人
(2) 試算表の作成状況　◯毎月　◯おおむね月ごと　◯決算時のみ
(3) 源泉徴収対象所得　◯給与　◯報酬・料金　◯利子等　◯配当　◯非居住者　◯退職
(4) 消費税　当期課税売上高（単位：千円）
(5) 経理方式　◯税抜経理方式　◯税込経理方式　社内監査　実施の有無　◯有　◯無

9 役員又は役員報酬額の異動の有無　◯有　◯無

10 主要科目

※各科目の単位：千円

売上（収入）高		特別損失	
上記のうち兼業売上(収入)高		税引前当期損益	
売上（収入）原価		資産の部合計（負債の部合計+純資産の部合計）	
売上原価のうち（単位・千円） 期首棚卸高		資産のうち 現金預金	
原材料費（仕入高）注2		受取手形 ※貸倒引当金控除前	
労務費 ※福利厚生費等を除いてください		売掛金 ※貸倒引当金控除前、注3	
外注費		棚卸資産（未成工事支出金）	
期末棚卸高		貸付金	
減価償却費		建物 ※減価償却累計額控除後	
地代家賃		機械装置 ※減価償却累計額控除後	
売上（収入）総利益		車両・船舶 ※減価償却累計額控除後	
販管費のうち（単位・千円） 役員報酬		土地	
従業員給料		負債の部合計（資産の部合計−純資産の部合計）	
交際費		負債のうち 支払手形	
減価償却費		買掛金 注3	
地代家賃		個人借入金	
営業損益		その他借入金	
特別利益		純資産の部合計（資産の部合計−負債の部合計）	

11 代表者に対する報酬等の金額

※各科目の単位：千円

| 報酬 | | 貸付金 | | 仮払金 | |
| 賃借料 | | 支払利息 | 借入金 | | 仮受金 | |

注1　(1)の有・売上欄に該当がある場合
注2　運送業においては燃料費、金融業・保険代理業においては、支払利息割引料を記載してください。
注3　金融業・保険代理業においては、売掛金欄には未収利息、買掛金欄には未払利息を記載してください。
注4　「11代表者に対する報酬等の金額」の各欄は貴社（貴法人）が同族会社の場合に記載してください。

35

12 事業形態	(1) 兼業の状況	(兼業種目)　　　　　　　　　　（兼業割合）　　　　％	13 主な設備等の状況	
	(2) 事業内容の特異性			
	(3) 売上区分	現金売上　　　　　％｜掛売上　　　　　％		

14 決済日等の状況	売　上	締切日		決済日		16 税理士の関与状況	(1)氏　名	
	仕　入	締切日		決済日			(2)事務所所在地	
	外注費	締切日		決済日			(3)電話番号	
	給　料	締切日		支給日			(4)関与状況	◯ 申告書の作成　◯ 調査立会　◯ 税務相談 ◯ 決算書の作成　◯ 伝票の整理　◯ 補助簿の記帳 ◯ 総勘定元帳の記帳　◯ 源泉徴収関係事務

15 帳簿類の備付状況	帳　簿　書　類　の　名　称		17 加入組合等の状況	(役職名)	
				(役職名)	
				営業時間	開店　　　時　　　閉店　　　時
				定休日	毎週（毎月）　　曜日（　　　日）

18 月別の売上高等の状況	月別	売上（収入）金額	仕　入　金　額	外注費	人件費	源泉徴収税額	従事員数
		千円	千円	千円	千円	千円	円	千円	人
	月						
	月						
	月						
	月						
	月						
	月						
	月						
	月						
	月						
	月						
	月						
	月						
	計						
	前期の実績						

「18 月別の売上高等の状況」欄の単位にご注意願います。

19 当期の営業成績の概要	

第Ⅲ章　営業関係調査

法人事業概況説明書の書き方

法人税確定申告書を提出する際には、「法人事業概況説明書」を添付してください。

税務署

1　はじめに
（1）この「法人事業概況説明書の書き方」は、特に記載要領を明らかにしておく必要があると思われる項目のみを取りまとめたもので、記載事項の全てを説明しているものではありません。
　　記載に当たりご不明の点がありましたら、税務署へお問合せください。
（2）記載を了した法人事業概況説明書は、他の書類とホチキス止め等をしないで、申告書に挟み込んでご提出ください。

> 令和3年4月1日以後終了事業年度分から、法人事業概況説明書の様式を改訂しておりますのでご留意ください（「3　記載要領」の「7　株主又は株式所有異動の有無（うち株式交付）」の記載内容を改訂しました。）

2　一般的留意事項
次の事項に留意して、黒のボールペン等で丁寧に記載してください。
（1）□の枠が設けられている数字の記載欄は、位取りを誤らないように注意して、1枠内に1文字を、右詰めで記載してください。
　　なお、桁あふれが生ずる場合は、枠を無視して記載してください。
（2）金額は、**千円単位（千円未満切捨て）**で記載してください（「取引金額」欄については、百万円単位（百万円未満切捨て）で、「源泉徴収税額」欄については、円単位で記載してください。
　　なお、千円未満（「取引金額」欄については、百万円未満）を切り捨てたことにより記載すべき金額がなくなった場合又はもともと記載すべき金額がない場合には、空欄のままとしてください。
（3）記載すべき金額がマイナスのときは、その数字の一つ上の桁の枠内に「△」又は「－」を付してください。
　　なお、「▲」は使用しないでください。
（4）複数の項目から該当項目を選択する欄については、該当項目の◻内に○印を付して表示してください。

3　記載要領

記載欄			記　載　要　領
1　事業内容			営む事業の内容を記載してください。 （注）　詳細は裏面「事業形態」欄に記載してください。
2 支店・子会社の状況	（1）支店	国内 ・支店・店舗数	国内に所在する支店、営業所、出張所、工場、倉庫等（以下「支店等」といいます。）の総数を記載してください。
		海外 ・支店・店舗数 ・所在地国 ・従業員数	海外に所在する支店等（以下「海外支店等」といいます。）の総数を記載してください。 　また、主な海外支店等の所在地国を記載するとともに、その海外支店等において勤務する従業員数を記載してください（複数の国に海外支店等がある場合には、従業員数が多いものから2つ記載してください。）。
	（2）子会社	国内 ・国内子会社の数	国内子会社の数を記載してください。
		海外 ・海外子会社の数 ・うち出資割合が50%以上の海外子会社の数	海外子会社の数を記載するとともに、そのうち、出資割合が50%以上の海外子会社の数を記載してください。 　また、主な海外子会社及びその海外子会社に対する出資割合を記載してください（海外子会社が複数ある場合は、その出資割合が高いものから2社記載してください。）。 　なお、出資割合については、小数点以下は切り捨ててください。

37

	記載欄		記　載　要　領
3 海外取引状況	（1）	取引種類	海外取引の有無（海外取引がある場合は輸入又は輸出の区分）を☐内に〇印を付して表示するとともに、輸入取引又は輸出取引がある場合には、輸入取引又は輸出取引の区分ごとに主な相手国名及び取引商品名並びに取引金額を**百万円単位**で記載してください。 （注）　輸入取引及び輸出取引がいずれもある場合には、両方に〇印を付してください。
	（2）	輸出入以外の海外取引	輸出入以外の取引の有無を☐内に〇印を付して表示するとともに、輸出入以外の取引がある場合には、手数料等の取引内容について☐内に〇印を付して表示してください。 なお、輸出入以外の海外取引で、掲記の取引以外の取引がある場合には、「その他」に〇印を付すとともに、（　　）内に取引内容を記載してください。
4 期末従事員等の状況	（1） 期末従事員の状況	・常勤役員	常勤役員以下の空欄には該当の職種を記載するとともに、それぞれの人数を記載してください。 （職種の記載例） 工員、事務員、技術者、販売員、労務者、料理人、ホステス等
		・計のうち代表者家族数	期末従事員のうち代表者の家族の人数を記載してください。 （注）　同居、別居は問いません。また、代表者本人は含みません。
5 PCの利用状況	（1）	PCの利用	PCの利用の有無について、該当項目の☐内に〇印を付して表示してください。 （注）　PCには、パーソナルコンピュータ（パソコン）のほか、タブレット端末、オフィスコンピュータ（オフコン）、ワークステーション、メインフレームなどのコンピュータを含みます。
	（2）	PCのOS	利用しているPCのOSについて、該当項目の☐内に〇印を付して表示してください。 なお、掲記のOS以外に利用しているものがある場合には、「その他」に〇印を付すとともに、（　　）内に利用しているOSの名称を記載してください。
	（3）	PCの利用形態	PCを利用している業務について、該当項目の☐内に〇印を付して表示してください。 （注）　自己所有、リースにかかわらず記載してください。
	（4）	会計ソフトの利用等	会計ソフトの利用の有無について、該当項目の☐内に〇印を付して表示してください。 （注）　クラウドによる利用を含みます。
	（5）	会計ソフト名	会計ソフトを利用している場合にはその名称を記載してください。
	（6）	メールソフト名	メールソフトを利用している場合にはその名称を記載してください。
	（7）	データの保存先	データの保存先について、該当項目の☐内に〇印を表示してください。
6 販売形態	（1）	電子商取引（インターネット取引）	電子商取引の有無及びその内容について、該当項目の☐内に〇印を表示してください。
	（2）	販売チャネル	（1）で「有・売上」に〇印を表示した場合、販売に使用しているホームページについて、該当項目の☐内に〇印を表示してください。
7　株主又は株式所有異動の有無（うち株式交付）			自社の株主の異動又は株主間の持株数の異動の有無について、異動が有の場合は「有」の☐内に〇印を付して表示するとともに、その自社の株主の異動又は株主間の持株数の異動が自社を会社法第774条の3第1項第1号に規定する株式交付子会社又は株式交付親会社とする同法第2条第32号の2に規定する株式交付に伴うものである場合には、「株式交付」の☐内に〇印を付して表示してください。

第Ⅲ章　営業関係調査

記載欄		記　載　要　領
8 経理の状況	（1）　管理者	現金出納及び預金通帳の管理責任者の氏名を記載するとともに、当該管理責任者と代表者との関係を該当項目の◯内に○印を付して表示してください。
	（3）　源泉徴収対象所得	当期に取り扱った源泉徴収の対象所得について、該当項目の◯内に○印を付して表示してください。
	（4）消費税　・当期課税売上高	当期の消費税の課税売上高を**千円単位**で記載してください。
	・経理方式	消費税の経理処理の方法を、◯内に○印を付して表示してください。 （注）　売上げ等の収益に係る取引につき税抜経理方式を適用している場合において、固定資産等の取得に係る取引又は経費等の支出に係る取引いずれかについて税込経理方式を適用しているときは、「税抜」の◯内に○印を付して表示してください。
	（5）　社内監査	経理についての社内監査の実施の有無について、該当項目の◯内に○印を付して表示してください。 　また、社内監査にチェックシート等を活用している場合には、（　　）内にそのチェックシートの名称を記載してください。
9　役員又は役員報酬額の異動の有無		役員の異動又は役員報酬額の異動の有無について、該当項目の◯内に○印を付して表示してください。
10　主要科目		基本的には決算額によりますが、申告調整（申告書別表四又は申告書別表五（一）での加減算）がある場合には、「交際費」を除き、その調整後の額を記載するほか、以下に留意してください。 　なお、千円単位で記載してください。 　⑴　値引き、割戻し等がある場合の該当科目欄の記載は、それを控除した後の額を記載してください。 　⑵　退職金は、掲記の人件費に関する各科目には含めないでください。 　⑶　「労務費」欄には、福利厚生費等を除いた金額を記載してください。 　⑷　「交際費」欄には、交際費等の支出額の合計額を記載してください。 　⑸　「地代家賃」欄は、支払地代家賃の額を記載してください。 　⑹　「受取手形」、「売掛金」欄は、貸倒引当金の控除前の額を記載してください。 　⑺　「受取手形」欄には、融通手形の額を含めないでください。 　⑻　「建物」、「機械装置」、「車両・船舶」欄は、減価償却累計額控除後の額を記載してください。 　⑼　「土地」欄には、借地権等の額を含めてください。 　⑽　「支払手形」欄には、固定資産の購入に係るもので区分可能なもの及び融通手形を含めないでください。 　⑾　「買掛金」欄には、原価性を有する未払金等を含めてください。 　⑿　「個人借入金」欄には、銀行・信用金庫・信用組合からの借入金以外の借入金の合計額を記載してください。 　⒀　「その他借入金」欄には、「個人借入金」欄に記載した以外の借入金の合計額を記載してください。 　⒁　「資産の部合計」欄は、「負債の部合計」欄と「純資産の部合計」欄の計と一致するよう検算願います。 　（注）1　不動産賃貸業における原価性を有する支払地代家賃・リース料は、「原材料費（仕入高）」欄に含めてください。 　　　　2　運送業における原価性を有する燃料費は、「原材料費（仕入高）」欄に記載してください。 　　　　3　金融業・保険代理業における原価性を有する支払利息割引料は、「原材料費（仕入高）」欄に記載してください。 　　　　4　金融業・保険代理業における未収利息は「売掛金」欄に記載してください。 　　　　5　金融業・保険代理業における未払利息は「買掛金」欄に記載してください。

39

記載欄	記載要領
11　代表者に対する報酬等の金額	同族会社の場合には、代表者に対する「報酬」、「賃借料」、「支払利息」、「貸付金」、「仮払金」及び代表者からの「借入金」、「仮受金」の額を**千円単位**で記載してください。
12　事業形態　（1）　兼業の状況	2以上の種類の事業を営んでいる場合に、従たる事業内容をできるだけ具体的に記載するとともに、売上（収入）高に占める兼業種目の売上高の割合を記載してください。
（2）　事業内容の特異性	同業種の法人と比較してその事業内容が相違している事項を記載してください。
（3）　売上区分	売上（収入）高に占める現金売上及び掛売上の割合を記載してください。
13　主な設備等の状況	事業の用に供している主な設備等の状況について、名称・用途・型・大きさ・台数・面積・部屋数等について以下を参照し、記載してください。 　なお、申告書の内訳明細書等に記載がある事項については省略して差し支えありません。 （例） 　○　機械装置の状況には、名称・用途・大きさ・型・台数等について記載してください。 　○　車両等の状況には、名称・用途・台数等について記載してください。 　○　店舗等の状況には、店舗名・住所・延床面積・テーブル数・収容人員等について記載してください。 　○　倉庫等の利用状況には、住所・延床面積・自社所有・賃貸等について記載してください。 　○　客室等の状況には、広さ（畳）・部屋数・収容人員等について記載してください。 （注）　機械装置の用途は、製造（又は作業）の工程と関連させて記載してください。
15　帳簿類の備付状況	作成している帳簿類について記載してください。 （記載例） 受注簿、発注簿、作業（生産）指示書、作業（生産）日報、原材料受払簿、商品受払簿、レジシート、売上日計表、工事日報、工事台帳、出面帳、運転日報、注文書、外交員日報、客別売上明細表、出前帳、予約帳、部屋割表、取引台帳、営業日誌等
16　税理士の関与状況	税理士の関与の状況について、該当項目の◯内に○印を付して表示してください。 （注）　複数の税理士が関与している場合は、主な1名について記載してください。
17　加入組合等の状況	主な加入組合、団体等及び役職名等を記載してください。
18　月別の売上高等の状況	売上（収入）金額、仕入金額等の月別の状況を記載してください。 （注）1　複数の売上（収入）がある場合には、その主なもの2つについて、原価とともに記載してください。 　　2　「源泉徴収税額」欄の右側の空欄には掲記以外の主要の科目の状況を記載してください。 　　3　「人件費」欄には、その月の俸給・給与及び賞与の支給総額（役員に対するものを含みます。）を記載してください。 　　4　「源泉徴収税額」欄には、「人件費」欄に記載した支給総額について、源泉徴収して納付すべき税額（年末調整による過不足額の精算をした場合には、精算後の税額）を**円単位**で記載してください。 　　5　「従事員数」欄には、その月の俸給・給与及び賞与の支給人員（役員を含みます。）を記載してください。
19　当期の営業成績の概要	経営状況の変化によって特に影響のあった事項、経営方針の変更によって影響のあった事項などについて具体的に記載してください。 （注）　同様の内容を記載した別途の書類を作成している場合には、その書類を添付することにより、この欄の記載を省略して差し支えありません。

出資関係図の添付について

1　出資関係図の添付

　法人が、当該法人との間に完全支配関係（注1）がある他の法人を有する場合には、法人税の確定申告書に当該法人との間に完全支配関係がある法人との関係を系統的に示した図（以下「出資関係図」といいます。）を添付することとされていますので、完全支配関係がある他の法人を有する場合には、出資関係図を作成の上、確定申告書への添付をお願いします。

　また、連結納税の承認を受けている場合も同様に、連結親法人との間に完全支配関係がある法人との出資関係図を作成の上、連結確定申告書への添付をお願いします。

　（法人税法施行規則第35条第4号、同第37条の12第5号、同第61条の5第1号ト及び同条第2号ト）。

　（注）　1　完全支配関係とは、①「一の者が法人の発行済株式等の全部を直接若しくは間接に保有する関係として政令で定める関係」（以下「当事者間の完全支配の関係」といいます。）又は②「一の者との間に当事者間の完全支配の関係がある法人相互の関係」をいいます（法人税法第2条第12号の7の6）。

　　　　　2　仮決算による中間申告書、清算事業年度予納中告書及び連結法人の個別帰属額の届出書に関しては、添付不要です。

　　　　　3　出資関係図には、原則として、決算期末において完全支配関係がある全ての法人について記載していただくことになります。

2　記載に当たっての留意事項

　出資関係図の作成に当たっては、次頁の作成例を参照していただくほか、次の事項に留意の上、適宜の様式に記載して提出してください。

⑴　決算期末時点における状況に基づいて記載します。

⑵　出資関係図には、当該法人との間に完全支配関係があるグループ内の最上位の者（法人又は個人）を頂点として、その出資関係を系統的に記載します。

⑶　グループ全体の出資関係図を作成することになりますから、グループ内の全ての法人の決算期が同一の場合には、各法人の確定申告書には同一の出資関係図をそれぞれに添付することになります（決算期が異なる法人がグループ内に存している場合には、その異なる決算期末の時点の出資関係図を作成し、当該法人の確定申告書に添付することになります。）。

⑷　出資関係図には、出資関係を系統的に図に示すほか、グループ内の各法人の所轄税務署、法人名、納税地、代表者氏名、事業種目、資本金の額又は出資金の額、決算期等の項目を記載していただくことになりますが、グループ内の法人が多数である場合には、これら全ての記載項目を記入することは困難ですから、次頁の作成例のとおり、系統図とは別の様式で作成して差し支えありません。

≪出資関係図の作成例≫

(1) 出資関係を系統的に記載した図

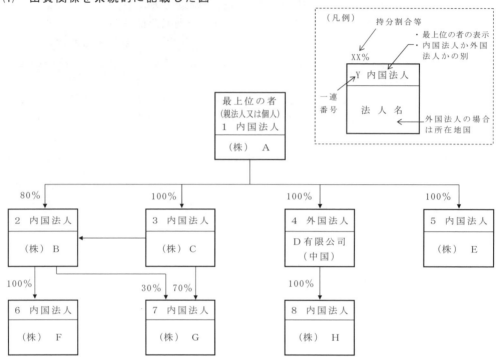

（注） 原則として、グループ内の最上位の者及びその最上位の者との間に完全支配関係がある全ての法人を記載してください。

(2) グループ一覧

令和XX年X月XX日現在

一連番号	所轄税務署名	法人名	納税地	代表者氏名	事業種目	資本金等（千円）	決算期	備考
1	麹町	㈱ A	千代田区大手町1-3-3	a	鉄鋼	314,158,750	3.31	
2	仙台北	㈱ B	仙台市青葉区本町3-3-1	b	機械修理	34,150,000	6.30	

（注）1 一連番号は、上記(1)の出資関係を系統的に記載した図の一連番号に合わせて付番してください。
2 最上位の者が個人である場合には、その氏名を「法人名」欄に記載してください。

②個人の場合

　個人事業主の場合は、**青色申告者**と**白色申告者**とに分けられ、これは税務署へ確定申告をする時の申告方法の違いによる区分です。青色申告制度は、前述の申告納税制度のもと税を正しく申告することができる者を1人でも多く育成するために設けられた制度で、白色申告より所得金額の計算などで有利な取扱いが受けられるようになっています。

イ　青色申告者

　　＜青色申告者の主な特典＞

　　　①最高65万円の所得控除がある

　　　②親族等の専従者給与の必要経費算入

　　　③金属鉱業等鉱害防止等準備金等の必要経費算入

　　　④貸倒引当金、退職給与引当金、返品調整引当金の必要経費算入

　　　⑤交際費、接待費など家事関連経費の必要経費算入

　　　⑥固定資産の割増償却と耐用年数の短縮

　　　⑦純損失の繰越と繰戻

　　　⑧更正の制限と更正理由の付記

青色申告の場合の営業資料		
書　　類	内　　容	摘　　要
a　青色申告書の控	添付されている損益計算書及びその付属明細書も併せて収集する	確定申告を行ったものであるか否かを確認するために税務署の受付印（電子申告（e-Tax）の場合は受信通知等）のあるものを収集する。
b　損益計算書（P／L）	個人の一定期間の経営成績を表示する報告書	補償額算定のための中心的な資料。過去の営業成績を知り、将来の営業成績を予測するとともに、補償額の算定にあたり収益額の認定をするため、過去3ヶ年分を収集する。
c　主な付属明細書	1.　月別の売上(収入)金額及び仕入金額 2.　給与賃金の内訳 3.　専従者給与の内訳 4.　貸倒引当金繰入額の計算 5.　価格変動準備金積立額の計算書 6.　減価償却額の計算書 7.　利子割引料の計算書 8.　地代家賃の内訳 9.　税理士・弁護士の報酬の内訳 10.　資産負債調書 11.　製品原価の計算書	

| d | 総勘定元帳等 | 「正規簿記」の場合
1．総勘定元帳
2．売上帳
3．仕入帳
4．得意先元帳
5．現金出納帳
6．預金出納帳
7．固定資産台帳 | 　法人の場合とほぼ同様であるが、帳簿については、青色申告の場合、所得税法で規定する帳簿としては「正規の簿記で記帳しなければならない場合」と「簡易簿記で記帳してもよい場合」とがあり、税法では特に定めはない。 |
| | | 「簡易簿記」の場合
1．預金出納帳
2．売掛帳
3．買掛帳
4．経費帳
5．固定資産台帳 | |

○青色申告の例（所得税の確定申告書）

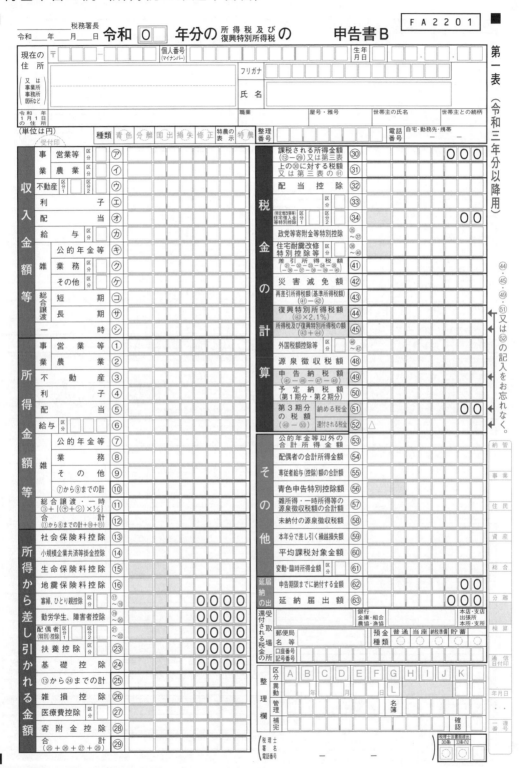

令和 ◯ 年分の 所得税及び 復興特別所得税 の確定申告書B

整理番号 ☐☐☐☐☐☐☐☐ FA2301

第二表（令和三年分以降用）

住　　所
屋　　号
フリガナ
氏　　名

○ 社会保険料控除等に関する事項（⑬～⑯）

	保険料等の種類	支払保険料等の計	うち年末調整等以外
⑬ 社会保険料控除		円	
⑭ 小規模企業共済等掛金控除		円	
⑮ 生命保険料控除	新生命保険料	円	
	旧生命保険料		
	新個人年金保険料		
	旧個人年金保険料		
	介護医療保険料		
⑯ 地震保険料控除	地震保険料	円	円
	旧長期損害保険料		

○ 所得の内訳（所得税及び復興特別所得税の源泉徴収税額）

所得の種類	種目	給与などの支払者の「名称」及び「法人番号又は所在地」等	収入金額	源泉徴収税額
			円	円

⑱ 源泉徴収税額の合計額　　　円

○ 本人に関する事項（⑰～⑳）

寡婦	ひとり親	勤労学生	障害者	特別障害者
□ 死別　□ 生死不明　□ 離婚　□ 未帰還		□ 年調以外かつ専修学校等		

○ 総合課税の譲渡所得、一時所得に関する事項（⑪）

所得の種類	収入金額	必要経費等	差引金額
譲渡（短期）	円	円	円
譲渡（長期）			
一時			

○ 雑損控除に関する事項（㉖）

損害の原因	損害年月日	損害を受けた資産の種類など

損害金額	円	保険金などで補填される金額	円	差引損失額のうち災害関連支出の金額	円

○ 特例適用条文等

○ 寄附金控除に関する事項（㉘）

寄附先の名称等		寄附金	円

○ 配偶者や親族に関する事項（⑳～㉓）

氏名	個人番号	続柄	生年月日	障害者	国外居住	住民税	その他
		配偶者	明・大昭・平 ・ ・	障 特障	国外 年調	同一 別居	調整
			明・大昭・平・令 ・ ・	障 特障	国外 年調	⑯ 別居	調整
			明・大昭・平・令 ・ ・	障 特障	国外 年調	⑯ 別居	調整
			明・大昭・平・令 ・ ・	障 特障	国外 年調	⑯ 別居	調整
			明・大昭・平・令 ・ ・	障 特障	国外 年調	⑯ 別居	調整

○ 事業専従者に関する事項（㊴）

事業専従者の氏名	個人番号	続柄	生年月日	従事月数・程度・仕事の内容	専従者給与（控除）額
			明・大昭・平 ・ ・		
			明・大昭・平 ・ ・		

○ 住民税・事業税に関する事項

住民税	非上場株式の少額配当等	非居住者の特例	配当割額控除額	株式等譲渡所得割額控除額	特定配当等・特定株式等譲渡所得の全部の申告不要	給与、公的年金等以外の所得に係る住民税の徴収方法		都道府県、市区町村への寄附（特例控除対象）	共同募金、日赤その他の寄附	都道府県条例指定寄附	市区町村条例指定寄附
						特別徴収	自分で納付				
	円	円	円	円				円	円	円	円

事業税	非課税所得など	番号	所得金額	円	損益通算の特例適用前の不動産所得	円	前年中の開（廃）業	開始・廃止 ☐月☐日
	不動産所得から差し引いた青色申告特別控除額				事業用資産の譲渡損失など		他都道府県の事務所等	

上記の配偶者・親族・事業専従者のうち別居の者の氏名・住所	氏名	住所	所得税で控除対象配偶者などとした専従者	氏名	給与	一連番号

第二表は、第一表と一緒に提出してください。国民年金保険料や生命保険料の支払証明書など申告書に添付しなければならない書類は添付書類台紙などに貼ってください。

FA3000

令和 ◯ 年分所得税青色申告決算書（一般用）

提出用（令和三年分以降用）

この青色申告決算書は機械で読み取りますので、黒のボールペンで書いてください。

令和　　年　　月　　日

住所	
事業所所在地	
業種名	
フリガナ 氏名	
電話番号	（自宅）（事業所）
加入団体名	
屋号	

依頼税理士等　氏名（名称）／電話番号／事務所所在地

整理番号

損　益　計　算　書　（自　　月　　日　至　　月　　日）

科目		金額（円）
売上（収入）金額（雑収入を含む）	①	
売上原価	期首商品（製品）棚卸高	②
	仕入金額（製品製造原価）	③
	小計（②＋③）	④
	期末商品（製品）棚卸高	⑤
	差引原価（④－⑤）	⑥
差引金額（①－⑥）	⑦	
経費	租税公課	⑧
	荷造運賃	⑨
	水道光熱費	⑩
	旅費交通費	⑪
	通信費	⑫
	広告宣伝費	⑬
	接待交際費	⑭
	損害保険料	⑮
	修繕費	⑯
	消耗品費	⑰
	減価償却費	⑱
	福利厚生費	⑲
	給料賃金	⑳
	外注工賃	㉑
	利子割引料	㉒
	地代家賃	㉓
	貸倒	㉔
		㉕
		㉖
		㉗
		㉘
		㉙
		㉚
		㉛
	雑費	㉜
	計	㉝
差引金額（⑦－㉝）	㉞	

科目		金額（円）
各種引当金・準備金等	繰戻額等	貸倒引当金 ㉟
		㊱
		計 ㊲
	繰入額等	専従者給与 ㊳
		貸倒引当金 ㊴
		㊵
		計 ㊶
青色申告特別控除前の所得金額（㉞＋㊲－㊶）	㊷	
青色申告特別控除額	㊸	
所得金額（㊷－㊸）	㊹	

●青色申告特別控除については、「決算の手引き」の「青色申告特別控除」の項を読んでください。

●下の欄には、書かないでください。

㊺	㊻	㊼	㊽
㊾	㊿	ⓐ	ⓑ

Ⓐ

令和 ○ 年分

提出用（令和二年分以降用）

FA3025

整理番号 □□□□□□□

○月別売上（収入）金額及び仕入金額

氏名 フリガナ

月	売上（収入）金額	仕入金額
	円	円
1		
2		
3		
4		
5		
6		
7		
8		
9		
10		
11		
12		
家事消費等		
雑収入		
計		
うち軽減税率対象	円うち	円うち

○貸倒引当金繰入額の計算

（この計算に当たっては、「決算の手引き」の「貸倒引当金」の項を読んでください。）

		金　額
個別評価による本年分繰入額（個別評価による貸倒引当金の繰入れの明細書を書いてください。）	①	円
一括評価による本年分繰入額（年末における一括評価の対象となる貸倒れ金の繰入れの対象となる貸金の合計額）	②	
本年分繰入限度額（②×5.5％（金融業は3.3％））	③	
本年分繰入金額	④	
本年分の貸倒引当金繰入額（①＋④）	⑤	

○給料賃金の内訳

氏　名	年齢	従事月数	給料賃金	賞　与	計	所得税及び復興特別所得税の源泉徴収税額
	歳	月	円	円	円	円
その他（　人分）						
計	延べ従事月数					

○専従者給与の内訳

氏　名	続柄	年齢	従事月数	給料賃金	賞　与	計	所得税及び復興特別所得税の源泉徴収税額
		歳	月	円	円	円	円
計			延べ従事月数				

○青色申告特別控除額の計算

（この計算に当たっては、「決算の手引き」の「青色申告特別控除」の項を読んでください。）

		金　額
本年分の不動産所得の金額（青色申告特別控除前の金額）	⑥	円（赤字のときは0）
青色申告特別控除前の所得金額（1ページの「損益計算書」の㊸の金額）	⑦	（赤字のときは0）
65万円又は55万円と⑥のいずれか少ない方の金額（不動産所得から差し引かれる青色申告特別控除額です。）	⑧	
65万円又は55万円の青色申告特別控除を受ける場合 青色申告特別控除額（65万円又は55万円と⑦のいずれか少ない方の金額）	⑨	
上記以外の場合 青色申告特別控除額（10万円と⑦のいずれか少ない方の金額）（不動産所得から差し引かれる青色申告特別控除額です。）	⑧	
青色申告特別控除額（⑧と⑦のいずれか少ない方の金額）	⑨	

（注）貸倒引当金、専従者給与などのほか、3ページの割増（特別）償却の特例など租税特別措置法の特典を利用する人は、適宜の用紙にその明細を記載し、この決算書に添付してください。

- 2 -

第Ⅲ章　営業関係調査

整理番号 □□□□□□　F-A3050

○減価償却費の計算
（令和二年分以降用）

減価償却資産の名称等（繰延資産を含む）	㋑取得年月	㋺取得価額等（償却保証額）	㋩償却の基礎になる金額	償却方法	耐用年数	㋥償却率又は改定償却率	㋭本年中の償却期間	㋬本年分の普通償却費（㋩×㋥×㋭）	割増（特別）償却費	㋭本年分の償却費合計（㋬＋㊁）	㋬事業専用割合	本年分の必要経費算入額（㋭×㋬）	㊄未償却残高（期末残高）	摘要
	年月 ・ ・	円（　）	円		年		12	円	円	円	％	円	円	
	・ ・	（　）					12							
	・ ・	（　）					12							
	・ ・	（　）					12							
	・ ・	（　）					12							
	・ ・	（　）					12							
	・ ・	（　）					12							
計														

（注）平成19年4月1日以後に取得した減価償却資産について定率法を採用する場合にはニ欄のカッコ内に償却保証額を記入します。

○利子割引料の内訳（金融機関を除く）

支払先の住所・氏名	期末現在の借入金等の金額	本年中の利子割引料	左のうち必要経費算入額
	円	円	円

○税理士・弁護士等の報酬・料金の内訳

支払先の住所・氏名	本年中の報酬等の金額	左のうち必要経費算入額	所得税及び復興特別所得税の源泉徴収税額
	円	円	円

○地代家賃の内訳

支払先の住所・氏名	賃借物件	本年中の賃借料・権利金等	左の賃借料のうち必要経費算入額
	権更賃 横更賃	円	円

○本年中における特殊事情

- 3 -

49

整理番号 □□□□□　FA3075

製造原価の計算

（原価計算を行っていない人は、記入する必要はありません。）

	科目		金額
原材料費	期首原材料棚卸高	①	円
	原材料仕入高	②	
	小計（①＋②）	③	
	期末原材料棚卸高	④	
	差引原材料費（③－④）	⑤	
労務費	労務費	⑥	
その他の製造経費	外注工賃	⑦	
	電力費	⑧	
	水道光熱費	⑨	
	修繕費	⑩	
	減価償却費	⑪	
		⑫	
		⑬	
		⑭	
		⑮	
		⑯	
		⑰	
		⑱	
		⑲	
雑費	雑費	⑳	
	計	㉑	
総製造費（⑤＋⑥＋⑳）		㉒	
期首半製品・仕掛品棚卸高		㉓	
小計（㉒＋㉓）		㉔	
期末半製品・仕掛品棚卸高		㉕	
製品製造原価（㉔－㉕）		㉖	

（注）㉖欄の金額は、1ページの「損益計算書」の③欄に移記してください。

貸借対照表（資産負債調）

（令和　年　月　日現在）

資産の部			負債・資本の部		
科目	月日（期首）	月日（期末）	科目	月日（期首）	月日（期末）
現金	円	円	支払手形	円	円
当座預金			買掛金		
定期預金			借入金		
その他の預金			未払金		
受取手形			前受金		
売掛金			預り金		
有価証券					
棚卸資産					
前払金			貸倒引当金		
貸付金					
建物					
建物附属設備					
機械装置					
車両運搬具			事業主借		
工具器具備品			元入金		
土地			青色申告特別控除前の所得金額		
事業主貸					
合計			合計		

（注）「元入金」は、「期首の資産の総額」から「期首の負債の総額」を差し引いて計算します。

● 65万円又は55万円の青色申告特別控除を受ける人は必ず記入してください。それ以外の人でも、分かる箇所はできるだけ記入してください。

（令和三年分以降用）

－4－

50

第Ⅲ章　営業関係調査

ロ　白色申告者

　青色申告を選択していない個人事業主が行う白色申告制度に関して、事業所得等を有するすべての白色申告者に対し、記帳・帳簿等の保存制度が設けられております。これにより、白色申告対象者は、収入金額にかかわらず、収入金額や必要経費を記載した帳簿（法定帳簿）の記帳並びに業務に関して作成したこれ以外の帳簿（任意帳簿）及び根拠となる請求書、領収書等の書類も含む一定期間の保存が義務付けられております。

　こうしたことから、白色申告対象者に対する営業関係資料の収集については、被補償者の協力が得られれば、比較的に困難を伴うことは少ないと考えられる一方、勘定元帳まで作成されていない等、勘定科目別に明瞭に整理されていないケースや、必要経費の内訳が不明な例等においては、現金出納帳等の帳簿を調査者自らで科目別に整理せざるを得ない場合もあります。

白色申告の場合の営業資料		
書　　類	内　　　容	摘　　　要
a　確定申告書の控	所得に関する計算及び申告納税額が計算されている	税務署の受付印のあるもの（電子申告（e-Tax）の場合は受信通知等）を収集する。 　白色申告の確定申告書は、総売上高から総費用を控除して所得額を計算するようになっている。
b　帳簿	1．現金出納帳 2．売上帳 3．仕入帳　　　　等	帳簿の他必要に応じて聞き込み調査も行い実態を把握する。

51

Ⅲ-4　実地調査に基づく推定による算定

　会計書類に関する調査は、前述したように、被補償者の協力があって初めて十分な資料が収集できますが、被補償者によっては、経営状態を外部に知られたくないということで、協力が得られず十分な資料を収集できない場合や収集した資料に疑義がある場合等があります。このような場合には、営業補償金を算定するための根拠のある客観的資料がないということとなり、適正な営業補償額の算定が困難となります。

　このような場合には当然任意での解決が見通せない状況となりますが、そうした中でも多くの場合、起業者として、事業遂行のため、可能な範囲内で出来る限り多くの情報を収集し、概算額を導き出すよう努めることが求められます。

　そこで、次善の策として次のような方策が考えられます。ただし、言うまでもなく、これはあくまでも例示であって、個々の案件に応じ、可能な限り客観的、妥当性のある調査及び算定となるよう留意することが必要です。

　なお、以下は、補償基準等で定められたものではなく、実際の現場で行われている内容をまとめたものです。

> 一定期間にわたる実地調査や近隣の同業同種の営業実態調査、信頼し得る統計資料等によるなど、営業補償を行うために必要な数値を推定し、その範囲内で営業補償額を算定する方法。

　営業補償を算定する上で中心となるものは収益であり、その基礎となるのは売上高です。被補償者の協力が得られない場合等で収益等の把握が困難な場合は、実地での営業調査を行う必要があり、この場合の調査内容として、以下のとおり特に売上高の根拠となり得る事項を中心に小売業、サービス業、卸売業、製造業等の態様別に応じ可能な限り調査を行うものです。

1. **小売業・サービス業（食品・雑貨・家電販売、ドライブイン、レストラン、飲食店、コンビニ、料亭、ホテル、旅館、浴場、ソープランド、パチンコ等の遊技場、劇場、映画館、美容院、ガソリンスタンド、自動車販売整備業、倉庫業、税理士、弁護士、病院など）について**
　　①収益事業種別（副業等の有無（看板事業以外の収益源や物品販売等））
　　②一人当たりの推定消費額及び１日平均客数
　　③仕入れ先、得意先の調査（推定年間総額）
　　④推定固定客率
　　⑤推定店舗面積や部屋数

⑥営業時間

⑦料金や定価に関すること

⑧週・月・季節別利用客数の変動状況

⑨従業員の推定数や推定雇用形態

⑩他の支店、営業所や工場の有無

このほか、

ア．酒店等許認可に関する法令規制の調査

イ．店内自販機等の有無や利用状況　など

2．卸売業（食料品、家具、木材、梱包製品等、各種の問屋）について

①メーカー等の仕入先

②得意先を含めた販売先

③一月の仕入量や出庫量、価格

④倉庫面積や推定在庫量、推定従業員数　など

3．製造業（機械、電気、薬品、建設等）について

①機械設備等の数量、種類、配置規模

②生産品の種類、数量、推定売上価格

③１日平均の推定生産量、仕入先、仕入量、原材料

④加工から搬出等に係る生産工程

⑤部門別の推定従業員数、機械配置　など

4．上記1．～3．の通常項目に加え、製造業を中心として、以下のような実地調査事項が挙げられる。

①公害対策施設等に関する調査

当該工場の公害発生源の有無及び公害対策に係る施設等については、生産施設とは別に調査する。

環境基本法等公害関係法規との関係で、移転することによる公害対策施設費の増分に関して調査する（この増分については補償という考えにはなじまないが、別途融資措置の斡旋等が必要となる場合がある。）。

②JIS マーク等の表示許可・失効に伴う損失調査

当該工場において製造される製品に、産業標準化法（昭和24年法律第185号）に基づく、日本産業規格表示制度によるJIS マークが付されているか否かを調査する（工場が移転することによって、当該JIS マーク表示の認証が継続されるかを調査し、新たに認証を受ける必要がある場合は、それによる損失を考慮する必要がある。）。

なお、日本農林規格等に関する法律（昭和25年法律第175号）に基づく日本農林規格によるJAS マークの喪失についても、同様の考え方。その他計量法に基づくJCSSなどの認証や特定ユーザーの認証等の問題もある。

③立ち上がり損失に関する調査

製造工場が移転して新たに操業を開始した場合に、ロス商品がどの程度の比率で発生し、通常のロス率まで回復するのにどの位の期間を必要とするのかを調査する。

このことは将来発生する可能性のある損失についての調査であるので、すでに移転した同業種の工場を調べるか又は専門家に依頼する等の手段を講じ適切に損失を把握する必要がある。

Ⅲ－5　営業補償の種別に応じた主な資料と調査内容

1）営業休止等の補償の場合

＜営業休止の場合＞

営業休止の補償は、土地等の取得に伴い営業用建物を再築工法等により移転させるため営業を一時休止することが必要であると認められる場合に以下の資料を参考にして通常発生するであろう損失を見積もり補償するものです。

①被補償者が法人の場合

P.33〜34表の営業関係資料

②被補償者が個人で青色申告者の場合

P.43〜44表の営業関係資料に加え、P.56〜57に示す「営業調査表」等を自ら作成し確認・整理することが必要です。

(1)営業調査表

特に定型の様式がないため、法人の場合の事業概況説明書の内容と同様の調査を行い作成するものです。

この調査は、補償方針を決定するための重要な資料となるもので、内容については、次に示す項目を整理しておく必要があります。これらの内容については、前もって調査表として作成しておけば便利です。

　　ア．事業の内容（企業の取り扱っている商品や製品とその割合、多角経営で兼業種目がある場合のその部門別割合、小売業で店頭販売と受注販売に分かれる場合のその割合）

　　イ．各事業所の状況（数箇所の事業所をもつ個人企業の場合の各事業所の売上等の事業内容）

　　ウ．従業員等の状況（家族労働、常備、臨時かアルバイト、数箇所の事業所をもつ企業の場合の本社の庶務経理等の共通管理費）

　　エ．月別売上高（仕入高）の状況

　　オ．経理の状況（備え付けの帳簿の確認、経理担当者の確認、委託している会

計事務所の確認）

カ．当期の営業成績の概要（企業の１年間の営業活動の内容）

③被補償者が個人で白色申告者の場合

P.51表の営業関係資料に加え、青色申告者と同様「営業調査書」を作成します。

白色申告の場合は、前述のとおり、一定の帳簿の備え付けが義務づけられているため、資料の収集に困難を伴うことは少ないと考えられ、また、通常は現金出納帳や仕入帳程度は備えていると思われるので、これらを収集し算定資料とします。ただし、不明瞭なことがある場合は実地調査を行う等営業者の協力が必要となる場合もあります。

また、帳簿が現金出納帳のみとなる場合は、収益額の認定や固定的経費の額を認定する前の段階として、現金出納帳の科目別の整理を行い、その資料として仕訳帳、試算表の作成という作業を伴うこともありますので、この意味で白色申告者の資料の収集は、法人の場合に比して調査者自らが作成する資料が多いと言えます。

営業調査表 （例）

1. 本社について

社　　　名　：＿＿＿＿＿＿＿＿＿＿＿＿＿＿＿＿＿＿＿＿＿＿＿＿

所　在　地　：＿＿＿＿＿＿＿＿＿＿＿＿＿＿＿＿＿＿＿＿＿＿＿＿

代　表　者　：＿＿＿＿＿＿＿＿＿＿＿＿＿＿＿＿＿＿＿＿＿＿＿＿

開 業 年 月 日　：＿＿＿＿＿＿年＿＿＿＿月＿＿＿＿日＿＿＿＿＿

加盟団体・組合名：＿＿＿＿＿＿＿＿＿＿＿＿＿＿＿＿＿＿＿＿＿＿＿

営　業　種　目　：＿＿＿＿＿＿＿＿＿＿＿＿＿＿＿＿＿＿＿＿＿＿＿

取 扱 い 品 目　：＿＿＿＿＿＿＿＿＿＿＿＿＿＿＿＿＿＿＿＿＿＿＿

支 店 等 の 有 無　：　　無　・　有　：　事業所（店舗）数＿＿＿＿カ所（店舗）

2. 当該事業所について（支店等が当該地の場合のみ記入）

所　在　地　：＿＿＿＿＿＿＿＿＿＿＿＿＿＿＿＿＿＿＿＿＿＿＿＿

開 業 年 月 日　：＿＿＿＿＿＿年＿＿＿＿月＿＿＿＿日＿＿＿＿＿

営　業　種　目　：＿＿＿＿＿＿＿＿＿＿＿＿＿＿＿＿＿＿＿＿＿＿＿

取 扱 い 品 目　：＿＿＿＿＿＿＿＿＿＿＿＿＿＿＿＿＿＿＿＿＿＿＿

当該事業所機能　：＿＿＿＿＿＿＿＿＿＿＿＿＿＿＿＿＿＿＿＿＿＿＿

＿＿＿＿＿＿＿＿＿＿＿＿＿＿＿＿＿＿＿＿＿＿＿＿＿＿＿＿＿＿＿

3. 主な取引金融機関

＿＿＿＿＿＿＿＿銀行＿＿＿＿＿＿支店　　　＿＿＿＿＿＿＿銀行＿＿＿＿＿＿支店

4. 従業員の状況等

役 員：＿＿＿名・社 員：＿＿＿名・パート・アルバイト：＿＿＿名

労働協約　有・無　／　就業規則　有・無　／　雇用契約　有・無

5. 得意先の状況

地元固定客の売上割合：＿＿＿％・県内＿＿＿％　県外＿＿＿％　地方＿＿＿％

6. 受注・決済の状況

販売方法：店舗＿＿＿％・通信＿＿＿％・外交＿＿＿％・その他＿＿＿％

代金決済：現金＿＿＿％・売掛金＿＿＿％・月賦＿＿＿％・その他＿＿＿％

7. 売上高の推移

売上高の多い月＿＿＿＿月・売上高の少ない月＿＿＿＿月

第Ⅲ章　営業関係調査

8.　営業許可関係

9.　その他聞き取り　　（総店舗数・売上内容・特定顧客の有無・その他特殊事情等）

※営業補償調査算定要領（案）第3条では、営業に関する調査表として、以下の表を作成するものとされております。
　・営業調査総括表（様式第1号）
　・損益計算書比較表（様式第2号）
　・仕入先調査表（様式第3号）
　・従業員調査表（様式第4号）
　・その他必要な調査表
　　（様式はP.552〜555参照）

＜仮営業所を設置する場合＞

　基準第44条第2項で規定している仮営業所を設置して営業を継続することが必要かつ相当であると認定しようとする場合の調査は、業種、建物規模、地域の状況等に応じ次のとおりとなります。

　この場合、必要に応じ、机、椅子、コピー機等の仮営業所備品のレンタル料等の調査を実施する必要があります。
　　a．仮営業所建物を借上げて営業しようとする場合の仮営業期間中に必要とされる店舗、事務所、工場等に係る適当建物の有無及び周辺地域の賃料調査
　　b．仮営業所を建設して営業しようとする場合の仮営業所の建設適地の有無及び地代、建設費又は仮設組立建物のリース料等の調査

2）営業廃止の補償の場合

　営業廃止の補償は、土地等の取得に伴い営業用建物を移転させることが、法令、物理的条件等により営業場所が限定される業種である場合や顧客の確保が困難となる場合など、営業の継続が不能となる場合の損失を見積もり補償するものです。

①被補償者が法人の場合

　P.32〜34で示した会計書類の中でも、特に資本（資産）や労働に関する項目に重点を置いて調査を実施する必要があり、帳簿別に以下の内容を精査する。
　　a．無形固定資産台帳・・・営業権に係る資料
　　　営業権に取引慣行があり譲渡性があれば、同種の営業に関する営業権の取引慣行から正常な取引価格を調査する。有償譲受又は合併により取得した権利は簿価（無形固定資産）を調査する。
　　b．固定資産台帳・・・固定資産額に係る資料
　　　売却損の補償額を算定するために建物、機械設備、車両運搬具、器具備品等の固定資産の現在価値を調査する。
　　c．総勘定元帳・・・流動資産額に係る資料

第Ⅲ章　営業関係調査

　　売却損の補償額を算定するために商品、仕掛品、原材料等の流動資産の費用価格
　　（仕入費及び加工費等）を調査する。
　ｄ．雇用契約関係書類・・・従業員補償に係る資料
　　休業、解雇又は退職に関する労働協約、就業規則、その他の雇用契約に関する調
　　査をする。

　その他、営業を廃止することにより生ずる損失として、社債の繰上償還により生ずる
損失や経営体に生ずる損失として、営業上の契約の解除又は解約に伴い支払いを要する
違約金、あるいは清算法人の場合に要する諸経費等が予測される場合は、それらに関す
る専門家の意見書等の資料も収集する必要があります。
　なお、営業廃止補償の場合、当該営業に関する法規制等について事前に十分な調査を
行う必要があることは言うまでもありません。
②被補償者が個人で青色申告者の場合
　　営業内容調査書を作成し、確定申告書の控のほか、法人の場合と同様に資料を収集
　する。
③被補償者が個人で白色申告者の場合
　　基本的には、青色申告者の場合と同様のものを収集するが、場合により実地調査が
　必要となることもある。

3）営業規模縮小の補償の場合

　　営業規模縮小の補償は、土地等の取得に伴い従前の営業用建物を改造等により縮小し
構内や残地で営業を継続することが可能であると認められる場合の損失を見積もり補償
するものです。
　　営業規模縮小の補償の場合は、前記会計書類のほか、営業規模縮小に伴い不要となる
固定資産の売却損、資本及び労働の過剰遊休化に伴う製造費及び販売費に関する調査を
行います。この場合、固定資産に関する調査は、前記の営業廃止の補償に準じて行いま
す。
　　資本の遊休化に関しては、商品の販売量、製品の製造量のほか、下記に示す帳簿によ
り単位当たりの製造及び販売に要する原価について調査し、その効率低下に関する検討
を行います。
　　また、営業規模縮小の補償は、営業用の建物の移転工法に着目して、当該建物を除却
工法により建物の一部を除却し縮少する又は改造工法によって増築等する建物の一部を
縮小する等の場合が想定されるので、特に営業に関与している部分（売場面積等）の縮
小の割合に関する資料が必要となります。したがって、前記Ⅲ－2（P.29、30）物的、
権利関係資料で述べた当該建物の登記簿謄本、図面、写真等はもとより、縮小後の建物

59

の図面等も必要となります。

①法人の場合

事業概況説明書、確定申告書の控、損益計算書、貸借対照表のほか、次の資料が重要となる。

ａ．固定資産台帳、その補助簿

営業の規模が縮小されることによって不要となる営業用固定資産に関する資料として、縮小に係る建物、機械装置、車輌運搬具、器具備品等に関する資料により名称や取得年月日、型式等を確認する。

ｂ．総勘定元帳

収益、経費の内訳を調査し、固定的経費の認定を行う。

ｃ．給与明細書等

解雇予告手当相当額に必要な資料として、一部解雇することとなる従業員や休業補償を行うための平均賃金に関する資料。

②被補償者が個人で青色申告者の場合

自らの調査により作成した営業内容調査書を基礎として、確定申告書の控のほか、法人の場合に準じて収集する。

③被補償者が個人で白色申告者の場合

青色申告者の場合と同じであるが、営業規模が縮小することによって不要となる営業用固定資産に関する資料を収集する。

第Ⅳ章
営業補償と建物等の移転

Ⅳ－1　営業補償と移転工法

　一般的に、公共事業にとって必要なものは、建物等ではなく土地であることから取得又は使用しようとする土地の上に建物等が存するときには、これらに対する適切な移転費用を補償し、移転させることを原則としています。営業補償を行うにあたっても、この移転主義のもと、起業地内に存し支障となる営業店舗や工場等の建物等の「移転先」と「移転方法」（移転工法）の判断に大きく左右されることとなります。

　支障となる建物等の移転先と移転方法の認定に当たっては、次頁以降の基準第28条において、「・・・当該建物等を通常妥当と認められる移転先に、通常妥当と認められる移転方法によって移転する・・・・」と規定されており、一般的に「営業廃止の補償」の場合を除き、「営業休止の補償」や「営業規模縮小の補償」を検討する場合には、通常妥当であると認められる「合理的な移転先」と「合理的な移転方法」（移転工法）の検討結果と密接に関連します。

　全体の補償額を検討する過程として、「再築工法（同種同等・照応建物）」、「曳家工法」、「改造工法」及び「復元工法」等の移転工法に基づく「建物等移転料」、「通損補償額」及び「営業補償額」等を総合的に勘案し、最終的な移転工法や補償額が決定されます。

　まず、事業に供する土地（起業地）以外への「合理的な移転先」として、従前の建物等の敷地（原則として、「公共用地の取得に伴う損失補償基準細則（昭和38年3月7日用地対策連絡会決定）」（以下「細則」という。）別記1「土地評価事務処理要領」第1条に基づく一画地：ひとまとまりの土地）のうち、起業地とならない残地に移転することが可能かどうかについて、「有形的」「機能的」「法制的」「経済的」側面から十分に検討することが必要であり、その検討の結果として、合理的な移転先及び移転工法の認定に伴い、生ずる営業上の損失は、一般的に次のとおりに考えられます。

1）残地を合理的な移転先と認定する場合

　「構内移転」といい、「（構内）再築工法」、「改造工法」、「曳家工法」及び「復元工法」等がこれに該当します。

　「構内移転」の場合には、残地において従前の建物を取りこわし、その敷地に同種同等又は照応する建物を再築する場合や改造又は曳家する場合は、当該工事期間中、営業休止を余儀なくされ営業上の損失が生じることとなります。

　一方で、従前の建物を取りこわさずに営業を継続した状態で残地に再築後、移転する場合は、一般的に休業期間は短くなると考えられます。

2）残地以外を合理的な移転先と認定する場合

「構外移転」といい、「（構外）再築工法」及び「復元工法」等がこれに該当します。

「構外移転」の場合には、従前の建物を存置し、従前の建物で営業を継続した状態で新たに構外に建物を再築するのが合理的であることから、実質的な営業上の損失は「引っ越し期間を含む準備又は整理の期間」に限定されることとなるため、構内移転と比較して一般的に休業期間は短くなると考えられます。

Ⅳ-2　建物等の移転補償の基準

1）建物等の移転に関する規程

このように建物等の移転については、「通常妥当と認められる移転先に、通常妥当と認められる移転方法によって移転する」ことと規定し、「合理的な移転先」及び「合理的な移転工法」の認定の大原則を規定しています。

また、基準第28条第2項において、既設の施設の改善に要する費用は、そもそも建替時等に所有者自身が負担すべき費用であることから財産価値等価主義に逸脱することとなるため、補償しないことを原則としましたが、公共用地の取得によって既設の施設の改善に要する時期が早まることにより法令改善費が前倒しで必要となるため、当該損失（運用益損失額）に対しては補償することとされています。

この基準を受けた細則第15で建物等の移転方法及び移転料の算定の詳細について、次頁のとおり規定されています。

第Ⅳ章　営業補償と建物等の移転

【基準】

> （建物等の移転料）
> 第28条　土地等の取得又は土地等の使用に係る土地等に建物等（立木を除く。以下同じ。）で取得せず、
> 又は使用しないものがあるときは、当該建物等を通常妥当と認められる移転先に、通常妥当と認め
> られる移転方法によって移転するのに要する費用を補償するものとする。この場合において、建物
> 等が分割されることとなり、その全部を移転しなければ従来利用していた目的に供することが著し
> く困難となるときは、当該建物等の所有者の請求により、当該建物等の全部を移転するのに要する
> 費用を補償するものとする。
> 2　建物等の移転に伴い木造の建築物に代えて耐火建築物を建築する等の建築基準法その他の法令の
> 規定に基づき必要とされる既設の施設の改善に要する費用は、補償しないものとする。ただし、法
> 令の規定に基づき改善を必要とする時期以前に当該既設の施設の改善を行うこととなったときは、
> それにより通常生ずる損失を補償するものとする。
> 3　略

【細則】

> 第15　基準第28条（建物等の移転料）は、土地等を取得する場合においては、次により処理する。
> 1　建物の移転料については、次により算定する。
> ⑴　建物を移転させるときは、通常妥当と認められる移転先を残地又は残地以外の土地のいずれ
> とするかについて認定を行った上で、当該認定に係る移転先に建物を移転するのに通常妥当と
> 認められる移転工法の認定を行い、当該移転先に当該移転工法により移転するのに要する費用
> を補償するものとする。この場合において「移転」とは、従前の価値及び機能を失わないよう、
> 土地等の取得に係る土地に存する建物を当該土地の外に運び去るすべての方法をいうものとす
> る。
> ⑵　土地等の取得に係る土地に存する建物の一部が当該建物に比較してわずかであるとともに重
> 要な部分でないため除却しても従前の機能にほとんど影響を与えないと認められる場合又は建
> 物を再現する必要がないと認められる場合には、⑴の規定にかかわらず、通常妥当と認められ
> る移転先の認定を要しないものとし、通常妥当な移転方法として除却工法を認定するものとす
> る。
> ⑶　建物の移転に伴い、当該建物と一体の利用に供されていた他の建物等が残地に存することと
> なり、当該他の建物等を移転しなければ当該建物を従来利用していた目的に供することが著し
> く困難となる場合においては、建物所有者の請求により、当該他の建物等を移転するのに要す
> る費用を補償するものとする。
> ⑷　通常妥当と認められる移転先の認定は、次の各号に定めるところによるものとする。
> 　一　従前の建物と同種同等の建物を、植栽、自動車の保管場所その他の利用環境の面を考慮し
> た上で残地に再現することができると認められるときは、残地を通常妥当と認められる移転
> 先と認定するものとする。
> 　二　従前の建物の機能を確保するために必要と認められる最低限の建物階数の増加又は建物の
> 形状の変更並びにこれらに伴う床面積の増加、構造の変更又は設備の設置を行うことにより、
> 従前の建物と同等の規模であり、かつ、植栽、自動車の保管場所その他の利用環境の面にお
> いて従前の建物に照応する建物（本条及び次条において「従前の建物に照応する建物という。」）
> を残地に再現し、従前の生活又は営業を継続することができると認められるときは、残地を
> 通常妥当と認められる移転先と認定できるものとする。
> 　三　前二号に定める場合において、従前の建物が複数の用途に供されているときは、従前の建
> 物と同種同等の建物又は従前の建物に照応する建物を残地に再現することができるか否かの
> 判断を当該用途の一ごとに行うことができるものとする。
> 　四　前三号の規定に基づき残地を移転先と認定した場合に必要となる補償額（建物の移転に伴
> い通常生ずる損失に対する補償額を含む。）に当該残地（借地権等の場合は残権利）に関する
> 損失及び工事費に係る補償額（残地に関する損失及び工事費に係る補償額が残地の価額を超

65

える場合は当該残地の価額とする。）を加えた額が、残地以外の土地に従前の建物と同種同等の建物を建築することにより必要となる補償額（建物の移転に伴い通常生ずる損失に対する補償額を含む。）に当該残地（借地権の場合は残権利）の価額を加えた額を超えることとなる場合は、前三号の規定にかかわらず、残地を移転先としないものとする。

(5)　(1)に掲げる通常妥当と認められる移転工法は、次のとおりとする。
　一　再築工法
　　　残地以外の土地に従前の建物と同種同等の建物を建築することが合理的と認められる場合に採用する工法（以下、「構外再築工法」という。）及び残地に従前の建物と同種同等の建物又は従前の建物に照応する建物を建築することが合理的と認められる場合に採用する工法（以下、「構内再築工法」という。）
　二　曳家工法
　　　曳家後の敷地と建物等の関係、建物の構造及び用途、建築物の部材の稀少性の程度等を勘案して、建物を曳家することが合理的と認められる場合に採用する工法
　三　改造工法
　　　建物の一部（土地等の取得に係る土地に存する部分と構造上又は機能上切り離すことができない残地に存する部分を含む。）を切り取り、残存内で残存部分を一部改築し、又は増築して従前の機能を維持することが合理的と認められる場合に採用する工法
　四　復元工法
　　　文化財保護法（昭和25年法律第214号）等により指定されている場合（文化財保護法第57条の文化財登録原簿に登録されている場合を含む。）その他原形で復元することが合理的と認められる場合に採用する工法

　　※　なお、除却工法は、取得する土地の上にある建物の一部が、当該建物に比較してわずかであり、かつ重要部分でなく従前の機能にほとんど影響を与えないと認められるとき、又は建物を再現する必要がないと認められる場合に採用する工法であり、移転を必要とする工法ではないため、補償算定の手法として位置付けられている。

(6)　建物の移転料は、移転工法ごとに次の各号に掲げる式により算定した額とする。この場合において、取りこわし工事費、切取工事費及び解体工事費には整地費及び廃材処分費を、曳家工事費には整地費を、補修工事費、切取面補修工事費、残存部の一部改増築工事費及び復元工事費には補足材費をそれぞれ含むものとする。
　一　再築工法
　　　建物の現在価額＋運用益損失額＋取りこわし工事費－発生材価額
　　　　ただし、（四）第二号に基づき残地を通常妥当と認められる移転先と認定したときは、階数の増加又は建物の形状の変化に伴う構造材、設備又は建物面積の変化等を考慮に入れて算定する従前の建物に照応する建物の推定建築費から従前の建物の推定再建築費を控除した額を上式に加えるものとする。

　　　　運用益損失額　　従前の建物の推定再建築費と従前の建物の現在価額との差額に係る従前の建物の耐用年数満了時までの運用益に相当する額。建物の現在価額と運用益損失額との合計額は、従前の建物の推定再建築費に次式による再築補償率を乗じて算定するものとする。

$$再築補償率 = (1 - 0.8\frac{n}{N}) + (0.8\frac{n}{N})(1 - \frac{1}{(1+r)^{N-n}})$$

　　　　　n　従前の建物の経過年数
　　　　　N　従前の建物の標準耐用年数
　　　　　　　等級別標準耐用年数表（別表第3）に掲げる耐用年数を参考にする（以下、「標準耐用年数」という。）ものとする。
　　　　　　　ただし、同表に掲げる標準耐用年数によることが適当でないと認められるときは、一級建築士等の意見を聴取し、又はその他適切な方法により、当該建築物の実態的耐用年数を定め、本号の各式を参考に求めることができるものとする。

r　年利率

耐用年数近似期建物の場合

　　従前の建物が耐用年数近似期建物（経過年数が標準耐用年数の５割以上を経過し、かつ、標準耐用年数満了時までの建物）の場合で柱の寸法及び屋根、内壁、外壁、柱、土台等に補修を施している建物の再築補償率は、次式によるものとする。

　　ただし、従前の建物の経過年数が標準耐用年数の５割未満であっても特に価値補正を考慮する必要があると認められるときは、一級建築士等の意見を聴取し、又はその他適切な方法により定めることができるものとする。

$$再築補償率 = \left(1 - 0.8\frac{n}{N} + a\right) + \left(0.8\frac{n}{N} - a\right)\left(1 - \frac{1}{(1+r)^{N-n+Na}}\right)$$

n　従前の建物の経過年数
N　従前の建物の標準耐用年数
a　価値補正率

　　木造建物については各項目別価値補正率表（別表第11）に掲げる補正の範囲内で定めた各項目ごとの補正率を合計して算定することとし、30％を超えることができないものとする。ただし、算定した値が実態に適合しないと認められるときは、一級建築士等の意見を聴取し、又はその他適切な方法により定めるものとする。

　　なお、非木造建物については補修の実態を踏まえ、一級建築士等の意見を聴取し、又はその他適切な方法により価値補正率を定めることができるものとする。

r　年利率

耐用年数満了建物の場合

　　従前の建物の経過年数が標準耐用年数を超えている建物の再築補償率は、一級建築士等の意見を聴取し、又はその他適切な方法によりその建物のもつ実態的耐用年数を定め、前式を参考に求めることができるものとする。

二　曳家工法
　　曳家工事費＋補修工事費
三　改造工法
　　切取工事費＋切取面補修工事費＋残存部の一部改増築工事費－発生材価額
四　復元工法
　　解体工事費＋運搬費＋復元工事費－発生材価額
五　除却工法
　イ　建物の一部を切り取る場合
　　　切取部分の現在価額＋切取工事費＋切取面補修工事費－発生材価額
　ロ　建物を再現する必要がないと認められる場合
　　　建物の現在価額＋取りこわし工事費－発生材価額
(7)　借家人が附加した造作又は増築部分であって建物の本体及び構成部分として建物に附合するものに係る移転料は、建物所有者に補償するものとする。

2　工作物の移転料については、次によるほか建物の移転料の算定方法に準じて算定する。
(1)　移転しても従前の機能を確保することが可能な工作物については、原則として、建物の復元工法に準じて算定するものとする。
(2)　建物に附随する工作物（大規模な工作物を除く。）については、原則として、建物の移転料として算定するものとする。
(3)　総合的美的景観が形成されている特殊な庭園については、庭園の構成物件の移転料のほか、現在の美的景観を形成するために要する造園費を加算できるものとする。

3 前項に定める工作物のうち、機械設備の移転料については、同第1項で定める建物の移転工法における復元工法及び再築工法の算定式に準じ、それぞれ復元費及び再築費として、次により算定するものとする。
(1) 復元費＝復元工事費（運搬費を含む）＋解体処分費－売却価格
(2) 再築費＝機械設備の現在価額（再調達価格×現価率）＋運用益損失額＋解体処分費－売却価格

4 機械設備の現在価額（再調達価格に現価率を乗じて算定する。）と運用益損失額との合計額は、再調達価格に次式による再築補償率（小数点以下第四位を四捨五入した数値とする。）を乗じて算定するものとする。

$$再築補償率 = \left(1 - 0.8\frac{n}{N}\right) + \left(0.8\frac{n}{N}\right)\left(1 - \frac{1}{(1+r)^{N-n}}\right)$$

n　機械設備の経過年数
N　機械設備の標準耐用年数（又は実態的耐用年数）
r　年利率

(1) 機械設備の経過年数
　　機械設備の経過年数は、既存の機械設備の購入（新品としての購入とする。）から補償額算定の時期までの年数をいい、固定資産台帳等の取得年月から認定する。
(2) 機械設備の標準耐用年数
　　機械設備の標準耐用年数は、別表第12（機械設備標準耐用年数表）を適用して求めるものとする。
　　なお、標準耐用年数によることが適当でないと認められる場合は、専門メーカー等からの意見を聴取するなど、その他適切な方法により、その機械設備のもつ実態的耐用年数を定めることができるものとする。

5 第2項に定める工作物のうち、附帯工作物の移転料については、第1項で定める建物の移転工法における復元工法及び再築工法の算定式に準じ、それぞれ復元費及び再築費として、次により算定するものとする。
(1) 復元費＝復元工事費（運搬費を含む。）＋解体処分費－発生材価額
(2) 再築費＝附帯工作物の現在価額（再調達価格×現価率）＋運用益損失額＋解体処分費－発生材価額

6 附帯工作物の現在価額（再調達価格に現価率を乗じて算定する。）と運用益損失額との合計額は、再調達価格に次式による再築補償率（小数点以下第4位を四捨五入した数値とする。）を乗じて算定するものとする。

$$再築補償率 = \left(1 - 0.8\frac{n}{N}\right) + \left(0.8\frac{n}{N}\right)\left(1 - \frac{1}{(1+r)^{N-n}}\right)$$

n　附帯工作物の経過年数
N　附帯工作物の標準耐用年数（又は実態的耐用年数）
r　年利率

(1) 附帯工作物の経過年数
　　附帯工作物の経過年数は、既存の附帯工作物の設置（新設）から補償額算定の時期までの年数をいうものとする。
(2) 附帯工作物の標準耐用年数
　　附帯工作物の標準耐用年数は、別表第13（附帯工作物標準耐用年数表）を適用して求めるものとする。
　　なお、標準耐用年数によることが適当でないと認められる場合は、専門家等からの意見を聴取するなど、その他適切な方法により、その附帯工作物のもつ実態的耐用年数を定めることができるものとする。

7 本条第2項ただし書き補償は、次による。
(1) 法令には、施設の改善について制限を課している条例及び要綱等の行政指導（成文化され、

かつ、公表されているものに限る。）を含むものとする。
(2)　法令の規定に基づき改善を必要とする時期とは、法令の規定に基づき改善の時期が明らかである場合を除き、原則として、既設の施設の耐用年数満了時とする。
　　なお、建物の耐用年数は、別表第3（等級別標準耐用年数表）を参考とするものとする。
(3)　補償額は、次式により算定するものとする。

$$S \times (1 - \frac{1}{(1+r)^n})$$

S　既設の施設を法令の規定に適合させるために必要となる最低限の改善費用。既設の施設の構造変更を伴う場合にあっては既設の施設と同等の機能を有する施設の推定建築費から既設の施設の推定再建築費を控除した額を、設備の新増設を伴う場合にあっては設備の推定設置費から既設の設備の推定設置費を控除した額を、施設の面積が増加することとなる場合にあっては当該増加する面積に既設の施設の推定再建築費の単価を乗じて得た額を、それぞれ標準とするものとする。

r　年利率

n　施設の移転の時から法令の規定に基づき改善を必要とする時期までの期間（年）

8　移転料を算定する場合における職種別賃金は、当該地域の慣行によるものとし、具体的な算定に当たっては、公共事業労務費調査等の統計資料及び実態調査等により定めることとする。

２）営業補償に関わる移転工法規程の要旨

　繰り返しになりますが、営業補償は、建物等の移転先及び移転工法と密接な関係があり、建物等の移転先と移転工法によって、営業休止や営業規模縮小、あるいは業種によっては、移転が困難で営業を廃止せざるを得ない場合があり、建物等をどの場所にどのような方法で移転するかにより、営業補償の内容が変わります。

　前掲の細則第15をまとめると以下のとおりです。

○細則１－⑴　建物の移転工法及びその算定の原則
　建物の移転工法の認定にあたっては、「通常妥当と認められる移転先」を残地又は残地以外の土地のいずれかについて認定を行った上で、当該認定に係る移転先に建物を移転するのに「通常妥当と認められる移転工法」の認定を行うことと規定し、まず初めに、「合理的な移転先地」の認定を行い、次に「合理的な移転工法」の認定を行うという手順を明らかにしている。

○細則１－⑵　建物等の除却について
　取得する土地に存する建物の一部が当該建物に比較してわずかであり重要な部分でないため、除却しても従前の機能に影響を与えない場合又は建物を再現する必要がない場合は、除却工法と認定するとしている。

○細則１－⑶　関連移転について
　残地に存する一体利用されている建物を移転しなければ従来利用していた目的に供することが著しく困難となる場合は、建物所有者の請求により、当該建物の移転に要する費用を補償するものと規定している。
　ただし、関連移転の必要性の有無の判断は、単に建物が有形的に分割されるか否かによるばかりでなく、当該建物の果たしている機能が分割されるか否かをも判断して行う必要がある。

○細則１－⑷　残地を移転先とする場合等の認定基準について
　①利用環境面を考慮した同種同等の建物による残地への移転について規定
　②利用環境面を考慮した照応する建物による残地への移転について規定
　③複数の用途に供されている建物がある場合の残地へ移転するか否かの判断は一用途ごとに行うことについて規定
　④残地を移転先とする場合、補償総額が経済的であることについて規定
　⑤残地を合理的な移転先として認定できる場合は、残地を移転先とした場合の補償

第Ⅳ章　営業補償と建物等の移転

額が残地以外の土地に移転するとした場合の補償額に当該残地の価額を加えた額以下でなければならないとして、補償額の比較による一定の制限を設けている。

○細則１－⑸　移転工法の定義について

　移転工法を再築工法、曳家工法、改造工法、除却工法及び復元工法に分け、再築工法については、構外再築工法と構内再築工法について規定している。

○細則１－⑹　補償額の算定について

　認定した合理的な移転工法に応じた算定の基本原則について規定している。

Ⅳ－3　略図で見る建物の移転工法

1）再築工法

　再築工法は、取得又は使用する土地にある建物と同種同等の建物を移転先に建築する工法で、残地に余裕があり、当該残地に従前の建物を建築することにより従前の建物の機能を維持できるときに採用する構内再築工法と残地以外の土地に建築する構外再築工法とがあります。

　基本的には、従前の建物と同種同等の建物を残地又は残地以外の土地に移転させることにより従前の機能を維持させる工法であり、この場合、平屋の建物を２階建てに、あるいは数棟ある建物を１棟に立体的に集約することにより従前の機能を維持する等の工法（従前の建物に照応する建物）も本工法に含まれます。

①構外再築工法（図１）

　構外再築工法は、有形的、機能的及び法制的に検討した結果、残地に移転する余裕がなく、残地以外の土地に移転し従前の建物と同種同等の建物を建築することが合理的な場合に採用される工法です。このため、仮住居を経由せず構外に建築した建物に直接移転することとなります。

　なお、構外再築工法による場合の営業補償は、通常、移転期間（引っ越し期間を含む準備又は整理の期間）に伴う営業休止の補償が適用されます。

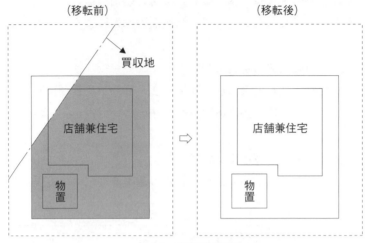

図1　構外再築工法

②構内再築工法（図2〜6）

　構内再築工法は、残地に曳家移転することはできないが、従前の建物を存置し、又は従前の建物を撤去して、残地に従前の建物と同種同等又は従前の建物に照応する建物を建築（上限額の制限がある。）することにより、従前の価値と機能を確保できると認められるときに採用される工法です。本工法は、有形的、機能的及び法制的検討を加えた結果、客観的妥当性が認められるときに採用される工法であり、複数の移転工法が考えられる場合は、経済的検討を加え、採用される工法が決定されます。

　照応する建物の一般的な例としては、店舗が連担する商店街にある残地で、かつ、照応する建物が従前の建物の機能、利用目的に合致し、近隣地域の標準的利用形態と同様と認められる場合に採用することが可能です。

　ただし、この場合は、構外再築工法の補償総額に、残地価額を加えた額が限度となり、これを超える場合は採用できません。

　構内再築工法は、地域的、場所的特性からその採用が限定されるものですが、従前の機能回復を図るため個々の条件に応じた構内再築工法として、次のケースが考えられます。

　なお、構内再築工法による場合の営業補償についても、通常、移転期間に伴う営業休止の補償が適用されます。

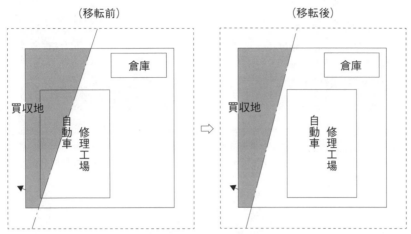

図2　構内再築工法(1)

＊同種同等の建物のケースとして、同一平面の建物を建築する場合。
（残地に従前の建物と同種同等の建物を建築しても有形的、機能的及び法制的に支障がない場合）

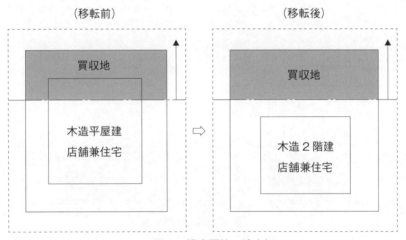

図3　構内再築工法(2)

＊照応する建物のケースとして、木造平屋建を木造2階建にする場合。

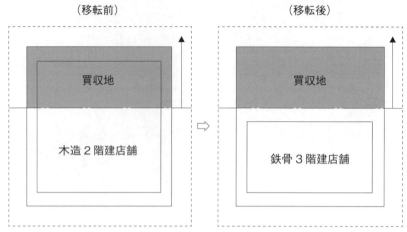

図4　構内再築工法(3)

＊照応する建物のケースとして、木造2階建を非木造3階建にする場合（例として、社会通念上、非木造3階建と認定することが合理的と認められる場合）。

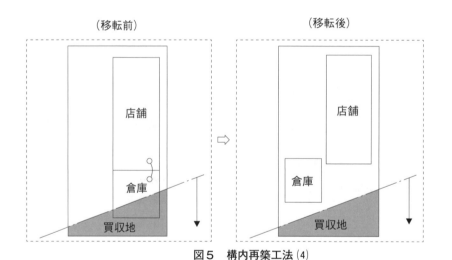

図5　構内再築工法(4)

＊建物の分割のケースとして、1棟の建物を2棟に分割する場合。

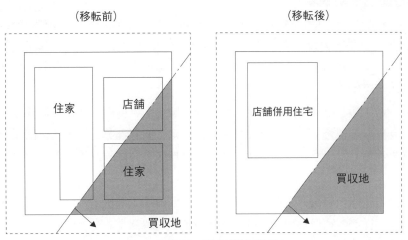

図6　構内再築工法(5)

＊照応する建物（集約）のケースとして、3棟の平屋建建物を2階建に立体化し、1棟の建物に集約する場合。

2）曳家工法（図7）

　本工法は、残地に建物を曳家することができると認められるときに採用する工法です。すなわち、残地に余裕があり、従前の土地と残地との間に障害物又は著しい高低差がない場合で、従前の建物の形状を変えないで残地に曳行することが物理的、技術的かつ経済的であると判断されるときに採用される工法です。

　なお、曳家工法による場合の営業補償についても、通常、営業休止の補償が適用されます。

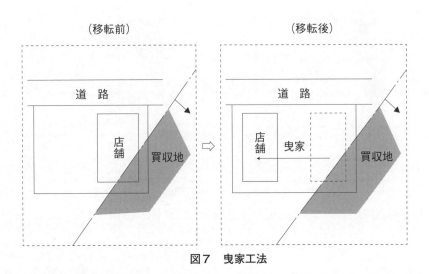

図7　曳家工法

＊残地に曳家する場合。

3）改造工法（図8）

　本工法は、建物の一部（残地内にあっても取得する土地に存する部分と構造又は機能上切り離せない部分があるときは、この部分を含む。）を切り取り、残地内で残存部分を一部改築し、又は増築することにより、従前の機能を維持できると認められるときに採用する工法です。

　建物の一部を切り取るまでは除却工法と同じですが、除却工法が切取り部分の価値補償と切取り部分を補修するのに対して、本工法は、残存部分を含めて一部改造することにより従来利用していた目的に供することが合理的と認められるときに採用される工法です。

　改造部分の範囲の判定にあたっては、改造部分の施工が構造上、技術上可能な範囲であり、かつ、従前の利用形態の維持、建物の景観に留意する必要があります。

　改造工法と再築工法との違いは、建物の支障の程度により判断されます。支障となる建物が全体面積と比較して相当部分であり、建物の主要構造材の大部分を変更して改築が行われる場合や従前の間取りとは異なる新たな間取りにより建築される場合は、再築工法となります。一方、支障となる建物が全体面積に比較して一部の場合で部分的な改造（建物延床面積のおおむね30％以下を目安とする。）により従前の価値及び機能を回復できる場合は改造工法を採用します。

　なお、改造工法による場合の営業補償についても、通常、営業休止の補償が適用されます。

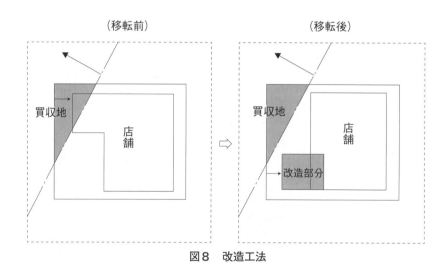

図8　改造工法

＊建物の一部を改造する場合。

4) 除却工法（図9）

　本工法は、取得する土地の上にある建物の一部が、当該建物のうちわずかな部分で除却しても従前の機能にほとんど影響を与えないと認められるとき、又は朽廃した建物あるいは建築目的に供し得る必要性を客観的に有しない建物と認められるときに採用される工法です。

　なお、除却工法を採用した場合、切取工事や切取面補修工事、取りこわし工事中に営業に支障が生じるときは、通常、営業休止の補償が適用されます。また、営業規模縮少の補償又は営業廃止の補償の場合は、通常除却工法による補償が適用されます。

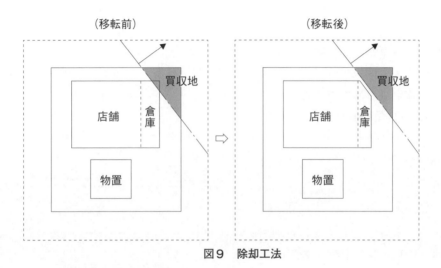

図9　除却工法

＊建物の一部を除却する場合。

5) 復元工法

　本工法は、文化財保護法等により指定されている建築物（文化財登録原簿に登録されている場合を含む。）で、原形のまま復元することが合理的と認められるときに採用される工法です。

　この工法を採用できる建築物は、文化財保護法に類した国又は地方公共団体指定の建築物その他の建築物で、復元する必要があると認められる建築物についても採用することができます。

　なお、復元工法により営業補償が必要となる場合は、通常、営業休止の補償が適用されます。

Ⅳ-4　一般事例から見た建物の移転工法と営業補償

　営業用建物等が支障となる場合の基本的な移転工法の認定方法と営業補償の考え方について、一般的な事例で説明します。

例-1　レストランを構外再築工法として認定し補償する事例

【概要】
　本例は、現道拡幅事業に伴い敷地の約70％を取得するため構外再築工法と認定した例である。

　当該業種は、地方の郊外幹線道路に面して営業を行っているレストランである。当該事業所は、特例有限会社（平成18年5月1日会社法施行以前に有限会社として存在していた会社。これ以降、有限会社は設立できない。）で4名の社員と5名のパートにより営業を行っており、主たる顧客は、自動車による沿道利用客である。

　　＊敷地面積……………………1,000㎡
　　＊建物
　　　　面積……………………200㎡
　　　　構造、階層……鉄骨造平屋建店舗
　　＊業種…………レストラン（食堂）
　　＊残地面積……………………300㎡
　　＊都市計画
　　　　用途地域…………第二種住居地域
　　　　建ぺい率………………60％
　　　　容積率………………200％

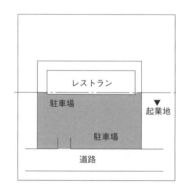

1）移転工法に係る検討

　以下のとおり、現況や取得後の敷地状況等に係るポイントを整理・検討し、移転工法の決定と想定される営業補償を導き出す。
　　①支障となる建物の部分は一部であるが、駐車場の大部分が消滅する。
　　②顧客の大部分が自動車を利用する沿道利用客である。
　　③当該事業所の経営状態からみて、現在の経営規模は最適状態にあると認められ、駐車場の減少は企業経営に重大な影響を与えると判断できる。
　　④移転工法の検討に当たっては、駐車場としての機能維持を中心に構内移転とするか構外移転とするか検討する必要がある。

⑤構内移転での検討事項は、まず、残地での機能回復として立体駐車場を設置することが考えられるが、当該地域の一般的な土地利用からみて適合性がなく、かつ、経済的でない。
⑥営業規模縮小についても考えられるが、レストランとしての経営が30％の残地では経営が成り立たない。このことから構内移転工法は断念をせざるを得ないと判断。
⑦結論として、合理的な移転工法として構外再築工法と認定。

2）想定される営業補償

構外移転の場合の営業補償は、構外に再築された建物に移転するまでの間、従前の営業店舗で営業を継続できることから、営業休止期間中の減収補償は小さいが、場所が変わることによる得意先喪失の補償が生ずることになる。

例−2　家庭電化製品販売店を構内再築工法と認定し補償する事例

【概要】
本例は、現道拡幅事業に伴い敷地の約30％を取得するため、構内再築工法と認定した例である。

当該事業所は、個人経営による家庭電化製品を販売する小売店舗である。従業員は、社長を含め3名で営業している。主たる顧客は当該近隣の住民である。

*敷地面積……………………………300㎡
*建物
　　木造平屋建店舗…………………110㎡
　　木造平屋建倉庫…………………70㎡
*業種………………家庭電化製品販売
*残地面積……………………………210㎡
*都市計画
　　用途地域………………第一種住居地域
　　建ぺい率……………………………60％
　　容積率………………………………200％

1）移転工法に係る検討

残地が70％あるため、構内での移転工法を中心に検討する。
ただし、残地補償を含めた構内移転の補償総額と構外移転の補償額に残地価額を加え

た額との比較において、構内移転の方が経済的でなければならないことに留意する必要がある。

※移転工法（案）

　ア．店舗の一部を改造して曳家する方法

　イ．店舗に係る照応建物を再築する方法

　ウ．店舗と倉庫に係る照応建物を再築する方法

　ア及びイの方法は、店舗のみを移転し機能回復を図ろうとするものであるが、建物の建築面積についてみると、敷地が210㎡に減少することにより、建ぺい率から建築可能面積が全体で126㎡となり、70㎡の倉庫を除くと店舗は56㎡の建築面積しか建築することができないので建物は２階建となる。また、従前の店舗は平屋建であったものが、２階建となることにより機能回復を図ることができるかどうかという問題が生じる。

　ウは、倉庫の関連移転を認め、残地に店舗と倉庫を一体化した照応建物を建築することにより、機能回復を図る移転工法を認定しようとするものである。

　移転工法は、複数の工法が考えられるのが一般的であり、合理的な移転工法を認定するためには、有形的、機能的、法制的及び経済的検討を行って決定される。

　事例の場合は、機能面からの検討ではア及びイの方法は十分な機能回復を図る上で無理があると考えられ、ウの方法が優れていると思われる。最終的な移転工法の認定については、各移転工法に従った補償額の総合比較を行う必要があり、結果として最も経済的な方法が合理的な移転工法として認定される。例示については、結果として、ウの方法が合理的な移転工法として妥当であると判断した。

２）想定される営業補償

　この場合の営業補償は、構内の従前の店舗等の建物を撤去し、残地に店舗と商品倉庫を立体集約化するため営業休止期間は長期となり、建物の再築期間が営業休止の補償となることから高額となるが、得意先喪失の補償は、場所が変わらないことから構外移転に比較して少額の補償となる。

例－3　店舗併用住宅を分離移転工法とした事例

【概要】

　本例は、現道拡幅事業に伴い敷地の約30％を取得するための数棟ある建物のうち一部の建物を分離し、構外再築工法と認定した例である。

　当該業種は、個人経営による軽食喫茶店である。当該敷地には、店舗と住宅という用途の異なる建物があり、このうちの店舗が事業に直接支障となる建物となる。

＊敷地面積……………………360㎡
＊建物
　　木造平屋建店舗……………120㎡
　　木造２階建住宅……………130㎡
＊業種…………………………軽食喫茶店
＊残地面積……………………250㎡
＊都市計画
　　市街化調整区域……………未指定

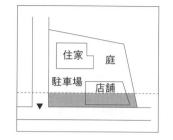

1）移転工法に係る検討

　まず、店舗部分のみが支障となることにより、どのような移転方法があるかについて検討する。

　現状では、同一敷地に住宅と店舗があり、店舗を維持管理する上で住宅と店舗が同一敷地にあることによる利便性は高いが、建物の用途が異なり、機能的にも分離することは可能である。

　　※移転工法（案）
　　　ア．住宅部分を構外移転とし、その跡地に店舗部分を曳家又は再築する方法
　　　イ．住宅部分の関連移転を認め、店舗部分を構内再築する方法
　　　ウ．住宅部分をそのまま残し、店舗部分のみを構外再築する方法
　　の３つの工法を想定

2）営業補償面も加えた総合的な検討

　ア．の住宅部分の跡地に店舗部分を曳家又は再築する方法は、営業補償に関しては、曳家又は再築する期間に対応する補償であり、比較的、経済的と考えられるが、他の建物移転料等の補償総額を考慮した経済比較を行う必要がある。

　イ．の住宅を含めて店舗を構内において再築する方法は、残地の有効活用及び機能面から考慮すると従前の120㎡に照応する店舗は１階に配置し、住宅部分は１階及び２階に配置すべきであると考えられる。

　本例の移転工法については、従前の機能回復を図るため、残地の利用として、駐車場や庭についても移転工法として考慮する必要があることから、残地での照応建物が３階建となり建物移転料が高額となることが想定される。

　ウ．の店舗のみを構外再築する方法は、［例－１］の場合と同様に従前の店舗で営業を継続できることから、営業休止の期間が最も短い補償となるが、構外に営業場所が変わることによる得意先喪失の補償が加わることが想定される。

以上を踏まえ、本例の場合は、個々の移転工法について、有形的、機能的、法制的及び経済的検討をした結果、ウ．の分離移転が合理的な移転工法であると考えられる。

第Ⅴ章
営業休止等の補償

第Ⅴ章　営業休止等の補償

ここから、企業等の会計・決算に関する基礎知識を習得しながら、補償事例として最も多い「営業休止等の補償」を理解していただいた上で、順に、基準第43条で規定する営業廃止の補償や同45条の営業規模縮小の補償に関する理解へと進めていきたいと思います。

Ⅴ−1　営業休止等の補償とは

営業休止等の補償は、基準第44条に規定されているとおり、「土地等の取得又は土地等の**使用に伴い通常営業を一時休止する必要があると認められるとき**」の営業休止期間中に通常生ずるであろうと想定される損失を補償するものです。

また、後述するように、公益性又は経済合理性等の観点から仮営業することにより営業を継続させる場合もあり、事例としては少ないものの、仮営業所の設置による補償を行う場合があります。

なお、製造工場の構外移転に際し、構外の合理的な移転先地に新規工場を再築することとなりますが、新規工場において、既存工場で保有していた「ISO・JISの認証」や益々厳格な製品管理を求める社会・経済環境を反映した「特定ユーザー認定」等を新たに取得しなければならない場合があり、新規工場が完成しても、企業としては、サンプル製造のみで本格操業に移行できないため、一般顧客（JIS規格）をはじめ特定顧客（ユーザー規格）に対し、製品の供給ができない状況が生じることとなります。このような場合には、「営業休止の補償」を前提とした移転方法でなく、既存の工場で操業を継続させながら、一方で、構外において新規工場を完成させ稼働調整した後、各種サンプル生産等を並行し既存工場が保有していた総ての認証を得て新規工場で本格操業ができる状況になって、はじめて既存工場を閉鎖撤去するという方法を採用せざるを得ない場合が多くなっています。

この場合、並行操業する期間中の経費と仮に既存工場の営業休止をしたとした場合の補償額と経済比較することが必要となりますが、このような並行操業を認め営業休止を前提としない移転方法を提案しない限り、当該企業との交渉の解決が図れないことが想定されます。

基準第44条は、営業休止等の補償として、第１項は通常営業を休止する場合について、第２項は仮営業所を設置して営業を継続する場合について規定しています。仮営業所を設置して営業を継続する場合は、営業は休止しないが、仮営業の期間に想定される営業上生ずる損失について規定しています。

【基準】

（営業休止等の補償）
第44条　土地等の取得又は土地等の使用に伴い通常営業を一時休止する必要があると認められるときは、次の各号に掲げる額を補償するものとする。
一　通常休業を必要とする期間中の営業用資産に対する公租公課等の固定的な経費及び従業員に対する休業手当相当額
二　通常休業を必要とする期間中の収益減（個人営業の場合においては所得減）

85

三　休業することにより、又は店舗等の位置を変更することにより、一時的に得意を喪失すること
　　　によって通常生ずる損失額（前号に掲げるものを除く。）
　　四　店舗等の移転の際における商品、仕掛品等の減損、移転広告費その他店舗等の移転に伴い通常
　　　生ずる損失額
　2　営業を休止することなく仮営業所を設置して営業を継続することが必要かつ相当であると認めら
　　れるときは、仮営業所の設置の費用、仮営業であるための収益減（個人営業の場合においては所得減）
　　等並びに前項第三号及び第四号に掲げる額を補償するものとする。

【細則】

第27　基準第44条（営業休止等の補償）は、土地等を取得する場合においては、次により処理する。
　1　本条第1項の補償については、次による。
　　㈠　通常休業を必要とする期間は、別表第四（建物移転工法別補償期間表）による期間に前後の
　　　準備期間を加えた期間を標準とし、借家人が移転する場合又は建物の移転が構外再築工法によ
　　　る場合は、その規模、業種設備等の移転期間及び準備期間等を考慮し、2か月の範囲内で相当
　　　と認める期間とする。ただし、特殊な工作機械等があり、その移転に相当期間を要する場合は、
　　　その実情に応じて定めるものとする。
　　㈡　固定的な経費の補償は、それぞれ次の各号に掲げるとおりとする。
　　　一　公租公課
　　　　　固定資産税、都市計画税、自動車税等を対象として適正に算定した額を補償し、営業収益
　　　　又は所得に応じて課税される法人税、所得税及び印紙税、登録免許税等は除外する。
　　　二　電気、ガス、水道、電話等の基本料金
　　　　　電気、ガス、水道、電話等の基本料金は、その使用が継続すると予測されるものは固定的
　　　　経費とするが、電話については、休業期間が長期にわたる場合で電話局に一時預けることが
　　　　適当と認められるときは、局預け工事費及び基本料金のうち、回線使用料（基本料）を固定
　　　　的経費とする。
　　　　　ただし、休業期間が長い場合であって解約が可能（解約、再契約をすることで料金体系上
　　　　不利となる場合を除く）である場合は固定的経費としない。
　　　三　営業用資産（建物、機械等）の減価償却費及び維持管理費
　　　　　休業期間中の営業用資産の減価償却相当額及び維持管理費相当額の合計額のうち、その範
　　　　囲内で適当と認められる額を補償する。
　　　四　借入地地代、借家家賃、機械器具使用料及び借入資本利子
　　　　　休業期間中に継続して必要となる経費について、営業の内容を調査して適正に算定した額
　　　　を補償する。
　　　五　従業員のための法定福利費
　　　　　従業員のための健康保険料、厚生年金保険料、労災保険料、雇用保険料等の社会保険料の
　　　　うち、雇主の負担となる額を補償する。
　　　六　従業員の福利厚生費
　　　　　従業員のための厚生施設費等のうち、雇主の負担となる額を補償する。
　　　七　その他の固定的経費
　　　　　従業員及び役員の賞与、同業組合費、火災保険料、宣伝広告費等について適正に算定した
　　　　額を補償する。
　　㈢　従業員に対する休業手当相当額は、その休業期間に対応する平均賃金の80／100を標準として
　　　当該平均賃金の60／100から100／100までの範囲内で適正に定めた額とする。ただし、次の各号
　　　に掲げる場合には、減額し、又は補償しないものとする。
　　　一　同一経営者に属する営業所が他にあり、そこで従業できるとき。
　　　二　営業所の休止に関係なく、外業に従事できるとき。
　　　三　従業員が一時限りの臨時に雇用されているとき。
　　　四　家族従業員であって、その賃金を自家労働評価額として必要経費から除外したとき。
　　㈣　休業期間中の収益減又は所得減の補償額は、休業期間中、当該営業所により得られる予想収
　　　益（又は所得）相当額とする。ただし、セールスマン等により営業の一部を継続できる場合には、
　　　それによる予想収益（又は所得）相当額を控除するものとする。

第Ⅴ章　営業休止等の補償

　　㈤　一時的に得意を喪失することによって通常生ずる損失額は、次式により算定する。
　　　　　得意先喪失補償額＝従前の１か月の売上高×売上減少率×限界利益率
　　　　　売上減少率　　別表第８（売上減少率表）による。
　　　　　限界利益率
　　　　　　個々の営業体の営業実態、営業実績等に基づき次式により算出する。
　　　　　（固定費＋利益）÷売上高
　　　　　　この場合における固定費の認定は、別表第９（費用分解基準一覧表）による。
　　　　ただし、費用分解基準一覧表を適用して個々の企業ごとに限界利益率を算出する
　　　　ことが困難な場合は、※「中小企業の財務指標」（中小企業庁編）の「実数分析デー
　　　　タ」「中分類」における業種別の損益計算書に掲げる計数を用いて次式により算出
　　　　することができるものとする。
　　　　　　※現在は、中小企業実態基本調査として実施。
　　　　　　限界利益率＝（売上高－（売上原価－労務費－賃借料－租税公課））÷売上高
　２　本条第２項の補償については、次による。
　㈠　仮営業所を設置して営業を継続することが必要かつ相当であると認められるときは、次の各
　　号に掲げるときとする。
　　一　銀行、郵便局等公益性の強い事業で、その営業活動を休止させることが社会的にみて妥当
　　　でないとき。
　　二　仮営業所を設置するのに適当な場所が存すると見込まれ、かつ、本条第２項による補償額
　　　が本条第１項による補償額相当額以下であるとき。
　　三　急施を要する工事等のため、仮移転をさせる必要があるとき。
　㈡　仮営業所の設置の費用は、営業を継続するために通常必要とする規模及び設備を有する仮営
　　業所を設置するために要する費用で、仮設組立建物等の資材をリースする方法、建物等を借家
　　する方法又は仮設建物等を建築する方法のうちから業種、建物規模、地域の状況等により通常
　　妥当なものとして認定した方法に従い、第17に準じて算定する費用とする。この場合において、
　　営業所の部分と住居の部分を分離できないときは当該住居の部分を設置するために要する費用
　　を含めることができるものとする。
　㈢　仮営業所を設置する場合における本条第１項第４号の店舗等の移転に伴い生ずる損失は、仮
　　営業所への移転及び再築建物等への移転のいずれについても算定するものとする。

Ⅴ-2　営業休止等の補償項目

　通常営業を一時休止する場合と仮営業所を設置し通常営業を継続する場合の補償の項目
は、次のとおりとなっています。

1）営業を休止する場合の補償（基準と細則）

①固定的経費の補償（基準第44条１項１号、細則第27—１—（二））

　　休業期間中であっても通常の営業を行っていたときと同じように固定して支出され
る経費に対し、収益額の認定にあたって経費としたものについて補償するものです。

②従業員に対する休業補償（基準第44条１項１号、細則第27—１—（三））

　　休業することにより収入を失うこととなる従業員等の賃金相当額に対し補償するも
のです。

87

③収益減収の補償（基準第44条１項２号、細則第27－１－（四））

　　仮に、休業期間中も通常どおりの営業を行っていたとした場合に得られたであろう収益に対し補償するものです。

④得意先喪失の補償（基準第44条１項３号、細則第27－１－（五））

　　店舗等の移転又は休業することにより一時的に得意先を喪失し、売上高が減少することにより想定される損失に対し補償するものです。

⑤商品、仕掛品等の減損の補償（基準第44条１項４号）

　　営業の一時休止又は移転することにより想定される商品、仕掛品、原材料等の減損に対し補償するものです。

⑥移転広告費等の補償（基準第44条１項４号）

　　その他、休業することにより支出が通常想定される移転広告費や開店祝費等の費用に対し補償するものです。

２）仮営業所で営業を継続する場合の補償（基準と細則）（基準第44条第２項、細則第27－２）

①仮営業所の設置費用

　　仮営業所を設置するために通常想定される費用に対し補償するものです。

②仮営業であることに起因する収益減の補償

　　仮営業期間中も通常どおりの営業を行っていたとした場合に得られたであろう収益と比較して、仮営業所での営業収益が減少すると認められる場合の収益減少分に対し補償するものです。

③仮営業所であるための得意先喪失の補償

　　店舗等を仮営業所へ移転することにより、仮営業所であるがために一時的に得意先を喪失することによって通常生ずる損失額を補償するものです。

④仮営業所の商品、仕掛品等の減損の補償

　　仮営業所へ移転することにより想定される商品、仕掛品、原材料等の減損に対し補償するものです。

⑤移転広告費等

　　その他、仮営業所に移転することにより支出が通常想定される費用に対し補償するものです。

３）営業休止補償を行う場合の期間の認定（細則第27－１－（一））

①建物移転工法別標準補償期間

　　営業休止の期間の認定については、次表のとおり別表第４「建物移転工法別補償期間表」による期間に前後の準備期間を加えた期間を標準として行うこととされています。

第Ⅴ章　営業休止等の補償

別表第4　建物移転工法別補償期間表

名　称	期　間
構内再築工法	4か月
曳家工法	2か月
その他の工法	それぞれの構造、規模に応じた工事期間

（注）構内再築工法及び曳家工法の期間は、木造の延面積100㎡
前後の一般住宅及び併用住宅を標準とした純工期である。
よって、規模、程度によって適宜補正するものとする。

　営業休止の期間は、新たな移転先に移転し営業を再開するまでに係る期間に対応して認定することになりますので、営業休止の期間の認定は、構内あるいは構外の移転先の区分に加え移転工法と密接な関係があります。

　細則の別表第4「建物移転工法別補償期間表」は、建物の標準的な建築工事期間を示したものであり、既存建物を収去し、同種同等の建物を残地に再築する場合は、この期間に前後の準備期間を加算して営業休止期間を認定することとなります。

　別表第4の期間は、（注）に記されているとおり、延面積が約100㎡前後の木造建物を標準とした期間であるので、実務にあたっては、工場等の大規模な建築物やSRC等の構造であるような場合は、実態に即して認定する必要があります。

　移転期間には、移転準備のために、商店での商品等の在庫品の整理や製造業での原材料、仕掛品の整理等が必要であり、また、動産等の什器備品の移転や工場等であれば機械設備の移転を併せて行う必要があり、これらについても移転準備期間として考慮する必要があります。

②移転の工期と工程表

　営業休止の期間は、原則として、合理的と認定された移転工法において、想定される移転作業の内容に従って「移転工期、工程表」を作成し、認定する必要があります。

　参考として、先にⅣ―4の［例―1］と［例―2］（P.78～80）で示した移転工法において、考えられる基本的な移転の手順を移転工期と工程表にまとめてみると、一般的には次のとおりになると考えられます。

（移転の手順）

① 閉店に向けた諸々の準備着手
② 商品、什器備品等の動産の整理・梱包
③ 動産の運搬（構外再築工法の場合）
④ 仮住居及び仮倉庫の経由の場合の動産の運搬（構内再築工法の場合）
⑤ 機械装置等の運搬（解体、梱包、運搬、取付、調整、試運転を含む。）
⑥ 仮倉庫の経由の場合の機械装置等の運搬（構内再築工法の場合）
⑦ 既存建物の解体（構内再築工法の場合・例②）
⑧ 再築建物の建築（構内再築工法の場合・例②）
⑨ 移転先の機械装置等の基礎の設置（構内再築工法の場合）
⑩ 商品、什器備品等の動産の荷下ろし、荷解き
⑪ 商品、什器備品等の動産の整理・配置、機械装置等の設置
⑫ 再開準備・完了

(1) 移転工期と工程表の例

① ＜店舗構外再築の場合＞（Ⅳ―4［例―1］）

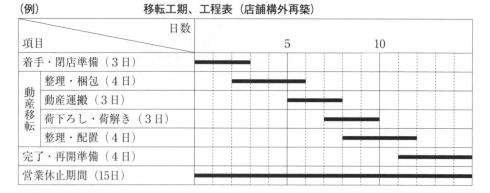

上記は、従前の営業店舗で営業を継続しながら構外再築工法により構外に店舗を新設する場合の例である。

この場合は、新店舗が完成し、移転後、営業を再開してから従前の店舗を撤去するため、営業休止の期間は、事実上、閉店準備期間、動産移転期間、再開準備期間を合わせた期間となり、構内再築に比べて極めて短い期間となる。

② ＜店舗構内再築の場合＞（Ⅳ―4［例―2］）

（例）　移転工期、工程表（店舗構内再築）

項目	日数	30	60	90	120
着手・閉店準備（3日）					
動産移転　整理・梱包（4日）					
動産運搬（4日）					
仮住居・仮倉庫の借上（120日）					
荷下し・荷解き（3日）					
整理・配置（4日）					
建物　既存建物解体（5日）					
建物再築工事（120日）					
完了・再開準備（4日）					
営業休止期間（150日）					

上記は、直接支障となる店舗と残地にまたがる住居等を含めて撤去し、その跡地に構内再築工法により店舗兼住宅を新設する場合の例示である。

構内再築工法の場合では、店舗併用住宅の場合は構内再築するまでの間は仮住居が必要である。工場等の場合は原材料、商品、仕掛品等の保管のための倉庫の借上げが必要である。この場合の営業休止の期間は、店舗等の閉店準備期間、店舗等の構内再築工事期間及び開店準備期間を合わせた期間となる。

③ ＜工場移転の場合＞（建物構外再築工法＋機械工作物移設）

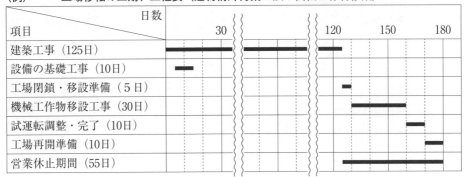
(例)　工場移転の工期、工程表（建物構外再築工法＋機械工作物移設）

　上記は、工場等で建物の構外再築の他に機械設備等の工作物を移設する場合の例である。この場合の営業休止の期間は、移転準備期間、機械工作物等の移設に要する期間、試運転調整及び再開準備期間を合わせた期間となる。

④ ＜大規模製造工場等の場合＞（工場構外再築＋機械設備新設）

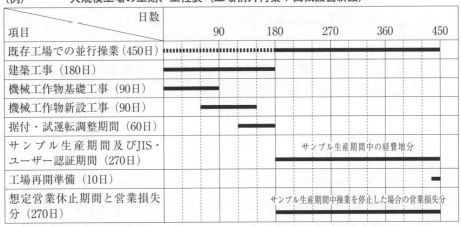
(例)　大規模工場の工期、工程表（工場構外再築＋機械設備新設）

(注) 大規模工場を構外に移転する場合には、既存工場の操業を継続させながら、新規工場を完成させ、新規工場の機械設備そのものを稼働調整しながら従業員の操作慣れを向上させ、本格操業に移行する前に各種認証（JIS、JCSS認証、特定ユーザー認定）を新規工場で得るため一定期間試験サンプル生産を重ねることとなる。
　この場合は、既存工場と新規工場との並行操業を認め営業休止をさせない場合の特殊な例である。

　上記は、大規模工場で国内外において製品のシェアを大きく占めている企業のような特異な移転のケースである。
　構外移転に際しては、構外の合理的な移転先地に新規工場を再築することになるが、新規工場においては、従前の工場で保有していた「JISの認証」や計量法に基づく「JCSS認定」あるいは「特定ユーザー認定」等を新たに取得するため

に各認証手続きに必要なサンプル生産を行い、それらに要する期間として通常1年程度必要とされていることから、この間、新規工場が完成しても企業としては、本格的な操業ができず、一般顧客（JIS・JCSS規格）をはじめ特定顧客（ユーザー規格）に対し製品の供給ができない状況となる。したがって、仮に営業を休止することとした場合、長期の休業を要することとなり社会的影響が大きく関連企業等に対しも混乱を来すこととなる。また、経済的損失も大きく金銭的に補償（営業休止の補償）するとしても膨大な金額となる。したがって、このような場合には、工場操業そのものを休止することが妥当でないことから、一般的に行われていた「営業休止補償」を前提とした移転工法でなく、従前の工場での操業を継続させながら、一方で、構外において新規工場を完成させ稼働調整した後、JIS規格及び特定ユーザー規格等の各種サンプル生産等の並行操業を認め、既存工場が保有していた全ての認証を得て新規工場で本格操業ができる状況になって既存工場を閉鎖撤去するという移転工法を検討する必要がある。また、このような移転工法を採用しない限り大規模企業との交渉の解決は得られないのが実情となっている。

　したがって、ここでは、営業休止することなく操業を継続することとなるが、並行操業を認めた経済合理性を検証するための方法として、経済比較を行うことが合理的と判断されるので、この場合は、並行操業中の新規工場におけるサンプル生産に係る「材料費、労務費、動力費、工具費及び承認申請手数料」等の増加経費の額とサンプル生産期間中、既存工場の操業を停止した場合における営業休止補償額とを総合的に比較検討し経済合理性を判断することとなる。

　一般的には、サンプル生産期間中の増加経費と比較して、新たに認証を得るサンプル生産期間中、既存工場の操業を休止させるとした場合の経済的損失の方がはるかに大きなものとなる。

※営業補償調査算定要領（案）第11条において、営業休止に関する工程表については、建物、工作物、動産の移転期間及び準備期間等を考慮し作成するものとし、非木造建物については、建物移転料算定要領（※）別添二非木造建物調査積算要領に基づき作成した工事工程表、機械設備については、機械設備調査算定要領（※）により基づき作成した移転工程表により作成するものとされております。

　※各起業者が別途定める要領名

V-3　営業休止等の補償額の算定

営業休止等の補償額を算定するために必要となる会計・決算書類に関する理解を深めてい

第Ⅴ章 営業休止等の補償

ただくため、まず、収益減の補償から見ていきます。

1）収益減の補償（基準第44条第1項第2号）

①収益減の補償とは

収益減の補償は、基準第44条第1項第2号に規定されており、土地等の取得に伴い営業を一時休止する必要があるときに、休業期間中に通常の営業を行っていたとした場合に得られたであろう予想収益（又は所得）を補償するものです。

したがって、収益減の補償の算定式は、次のとおりとなります。

> 収益減の補償額（予想収益）＝年間の認定収益額×補償（休業）期間

収益減の補償を適正に行うためには、適正な収益額を認定する必要があり、営業に関する会計上の基礎知識をもって当たることが望ましいと言えます。

収益額を認定する方法は、原則として「当期業績主義」に基づき行うこととなりますが、具体的には、一会計期間（通常1年をいう。）に発生したすべての収益とこれに対応するすべての費用を対比（期間損益計算）して収益額を認定します。

収益額を認定するための会計書類としては、一般に、一定期間における企業の経営活動の成果として作成される「損益計算書」によることとなりますが、Ⅲ―3「会計書類に関する調査」（P.31以降）で説明したとおり、個人事業者と法人事業者では備えている会計書類に違いがあります。しかし、収益額を認定する基本的な考え方は共通するものであり、基本的な考え方を理解すれば、すべての収益額の認定が可能となります。

②収益減の補償額の認定

「財務諸表等の用語・様式及び作成方法に関する規則」でその様式が定められている損益計算書を分析して収益額を認定します。

（1）損益計算書

まず、一般的には損益計算書の提出を受けて、ここに記載されている各項目を理解することから始めます。

<損益計算書の具体例>

自令和3年10月1日
至令和4年9月30日

売上高	28,106,000	28,106,000
売上原価		
商品（又は製品）期首たな卸高	4,867,000	
当期商品仕入高（又は当期製品製造原価）	23,397,000	
合計	<u>28,264,000</u>	

93

商品（又は製品）期末たな卸高	5,613,000		
商品（又は製品）売上原価	<u>22,651,000</u>		
売上総利益（又は売上総損失）		5,455,000	
販売費及び一般管理費			
販売員給料手当	1,379,000		
支払運賃	11,000		
荷造材料費	7,000		
保管料	1,000		
燃料費	133,000		
車両修理費	81,000		
消耗品費	93,000		
旅費・交通費	67,000		
通信費	70,000		
広告・宣伝費	210,000		
その他販売費	154,000		
役員給料手当	864,000		
事務員給料手当	157,000		
賄費	4,000		
福利厚生費	167,000		
減価償却費	321,000		
交際・接待費	186,000		
賃借料	151,000		
保険料	41,000		
修繕費	28,000		
光熱・水道料	76,000		
公租公課	139,000		
その他雑費	6,000		
販売費及び一般管理費合計	<u>4,400,000</u>		
営業利益（又は営業損失）		1,055,000	
営業外収益			
受取利息	71,000		
貸倒引当金戻入額（注2）	150,000		
有価証券利息			
受取配当金	3,000		
仕入割引			
投資不動産賃貸料			
受取賃貸料	106,000		
雑収入	66,000		
営業外収益合計	<u>396,000</u>		
営業外費用			
支払利息	301,000		
社債利息			
社債発行償却費			
売上割引	30,000		
貸倒損失（注1）	24,000		
借家権償却	15,000		
貸倒引当金繰入額（注2）	206,000		
営業外費用合計	<u>576,000</u>	875,000	
経常利益（又は経常損失）			
特別利益			
固定資産売却益	2,000		
負ののれん発生益			

第Ⅴ章　営業休止等の補償

価格変動準備金取崩額	100,000		
退職給与引当金戻入額	5,000		
特別利益合計	<u>107,000</u>		
特別損失			
固定資産売却損	13,000		
減損損失			
災害による損失			
価格変動準備金繰入額	70,000		
退職給与引当金繰入額	100,000		
除却損	9,000		
特別損失合計	<u>192,000</u>	790,000	
税引前当期純利益（又は税引前当期純損失）			
法人税、住民税及び事業税	210,000		
法人税等調整額	13,000		
法人税等合計額	<u>223,000</u>	567,000	
当期純利益（又は当期純損失）			

（注１）貸倒損失は、売掛金及び受取手形の期末における回収不能分である。売掛金及び受取手形の金額は、次期において回収されるべき金額であるが、得意先が破産したり、会社整理のために支払能力がなくなったり、支払いを免除したことにより貸倒損失が生ずる。そこで、決算期日に次期の回収不能分を見積り貸倒引当金を設ける損金経理が税法上認められており、実務上多くこの方法が行われている。

（注２）営業外収益の貸倒引当金戻入額150,000円は、前期に設けられた貸倒引当金の全額の戻し入れであり、営業外費用の貸倒損失24,000円は、当期に発生した貸倒れであり、貸倒引当金繰入額206,000円は、次期に見込まれる売掛債権の回収不可能額に対する引当金の繰入額である。

⑵　収益額認定の考え方について（当期業績主義と包括主義）

　　次に損益計算書の略図を見ながら、営業休止等に係る収益減の算定基礎となる年間の認定収益額を当該損益計算書に基づきどのように認定していくのか。まず、損益計算書の概略を知ることから進めていきます。

　　Ⅱ―２―８）②損益計算書（P.24以降）で示したとおり、会計規則に基づく損益計算書は、一会計期間（通常１年）における処分可能利益の増減を示すことを目的として作成することとされています（包括主義）。具体的には、損益計算書の最下に記載される「税引き前当期純利益」が処分可能利益の増減額です。

　　しかし、包括主義では、その利益や損失が本業から生じたものか、本業以外の投資活動から生じたものか、あるいは災害による被害があったなど特別な事情により生じたものであるかどうかが分かりません。企業の財務分析では、本業である営業活動から一会計期間に稼ぐ利益を把握することが重要です（これを当期業績主義という）。このため、損益計算書では、営業活動により毎期発生する費用及び収益、営業活動以外の活動により毎期発生する費用及び収益、特別な事情によって当期に発生した費用及び収益を、区分して示すこととされています。具体的には「営業利益」が営業活動により毎期発生する費用及び収益、これに営業活動以外の活動により毎期発生する費用及び収益を加減したものが「経常利益」、さらに特別な事情に

95

よって当期に発生した費用及び収益を加減して当期の処分可能利益である「当期純利益」を計算します。

算式で表示すれば、次のとおりです。

・営業利益（本業の営業活動から生じた損益）
　＝（売上高—売上原価又は製造原価）−販売費及び一般管理費
・経常利益（本業以外の損益を加減した毎期発生する経常的な損益）
　＝営業利益＋（営業外収益—営業外費用）
・税引き前当期純利益（特別な事情により生じた損益を加減した当期の処分可能利益）
　＝経常利益＋（特別利益—特別損失）

　営業補償で認定する収益は、企業の正常な状態での営業活動を休止期間中も継続して営業していたとした場合に通常得られたであろう収益額を認定するものであると定義することができるので、損益計算書の営業利益（すなわち当期業績主義）を基本として計算します。

　つまり、基本的には「企業本来の営業活動により生じた収益又は費用であるかどうか」を判断することとなります。

　また、営業休止の補償での収益減の補償は、従前の通常の営業活動が休業期間中も継続して営業を行っていたとした場合に得られたであろう収益について損失として補償しようとするものであり、原則として「直近の営業活動」に基づき収益を認定する必要があります。

　なお、３か年程度の損益計算書等により、経費や収益が一過性のものでないか等を確認し、業種・業態等によっては、補正が必要となるケースがあることを忘れてはなりません。

(3)　法人における収益額の具体的認定について

　営業補償で認定する収益は、企業の正常な状態での営業活動を休止期間中も継続して営業していたとした場合に通常得られたであろう収益額を認定するものであり、ここでいう「企業の正常な状態での営業活動」とは、企業本来の営業目的に従って行われる営業活動をいい、

認定収益額＝本来の営業目的に関連した売上−本来の営業目的に関連した費用

となります。

　ただし、実際の補償額の算定においては、これだけでは十分とは言えず、「当期業績主義」を原則としつつ、補償という観点から考察し検討する必要があります。

第Ⅴ章　営業休止等の補償

損益計算書を読む（5つの利益と5つのグループ）

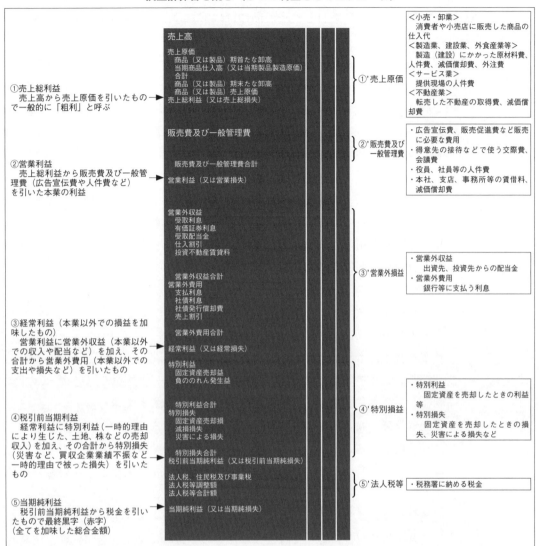

　すなわち、損益計算書により収益額を認定するにあたり、どのような考え方で「収益」と「費用」そして「収益」と「費用」の算定除外として判断するのかということについては、まさに「企業本来の営業活動により生じた「売上」と「費用」であるのかどうか」という観点で判定されなければなりません。これは、当期に発生した収益に対応した当期に認識された費用を対比することで当期純利益を求めようとする「当期業績主義」の考え方に基づくものであり、認定収益額は、「本来の営業目的に関連した売上から本来の営業目的に関連した費用を控除した額」となります。

　なお、細則第27―1―（四）においては、「休業期間中の予想収益（又は所得）

相当額」と規定しているのみで、具体的には示されていませんが、費用収益の分類項目である各勘定科目に着目し、一般的には以下の考え方で整理する必要があります。

(4) 認定収益額の算定式と判断基準

① 算定式

損益計算書等に基づき収益額を認定する場合の算定は、次のとおりとなります。

$$算定式 P = A + B + C - D \pm E$$

P 認定収益額

A 営業利益

B 販売費及び一般管理費のうち加算対象とするもの（法人税、所得税等）

C 営業外収益のうち営業利益に加算するもの（雑収入等）

D 営業外費用のうち減算の対象とするもの（支払利息等）

E 特別利益・損失のうち費用又は収益とするもの

② 判断基準

A 営業利益

本来の営業活動により発生した利益。

営業利益は、本来の営業活動により発生した売上高から売上原価と一般管理費及び販売費を控除して求められたものであるから、収益額の認定は、この「営業利益」を基本に必要とされる費用収益を加算、減算して求める。

B 販売費及び一般管理費（販管費）のうち費用としないもの

「販売費及び一般管理費」は、企業本来の営業活動によって発生する費用であるが、会計上費用に計上されていても、補償算定上は費用としないものを加算する。

租税公課である所得税、法人税、道府県民税、市町村民税のほか事業税のように企業全体の収益に応じて課税されるものや臨時に発生した印紙税、偶発的な延滞税及び罰金等は費用扱いせず、これらを営業利益に加算する。

一方、租税公課として経理処理される消費税（税込経理方式を選択している場合）については費用の対象とする（「営業補償調査算定要領の解説」により税抜経理方式による損益計算書の作り替えは不要とされている（P.317参照））。

個人的色彩の強い小規模法人の事業主又はその家族従業員の賃金等である専従者の給与についても、企業の経理と個人の生計費とが事実上一体となっているような場合は営業利益に加算する。なお、この場合の判断基準としては、第一に、企業の経理と個人の生計費が事実上一体となっており、これを分離することが困難と認められる場合。第二に、営業に従事する者が、事業主及びその家族従業員で構成され、原則として、他の従業員を常雇しない法人である場合

などである。

C　営業外収益のうち営業利益に加算できるもの

　　本来の営業活動を行うことにより付随して発生する売上は加算する。

　　雑収入として計上されるものが多いが、業種によっては、小売業等での販売リベートや受取手数料、製造業等でのスクラップ等の売却益など、企業活動により付随的に発生するものは、加算する。

　　なお、営業休止にかかわらず収入となる受取利息、配当金や企業本来の営業活動に関係のない貸倒引当金戻入額等、企業会計原則（安全性の原則）に基づく会計処理により整理される数値であるので、加算しない。

D　営業外費用のうち減算対象とするもの

　　支払利息、割引料（手形割引）は、企業経営・活動にとって一般的に発生する費用であるため、常に費用として減算対象とすることが妥当である。

　　創立費、開発費、新株発行費等の繰延資産の償却費は、本来は支出した時に費用に計上すべきであるが、その支出による効果が1年以上にわたって発生すると見込まれるため、一旦資産として計上しておいて、その効果が発生すると見込まれる年数にわたり分割して費用（償却費）として計上するものである。したがって、繰延資産の償却費（創立費償却、開発費償却、新株発行費償却等）は、前記の支払利息等と同様に、減算対象とすることが妥当である。

　　なお、貸倒損失は、毎期通常的に発生する場合に限り費用として控除し、貸倒引当金繰入額は前記の貸倒引当金戻入額と同様に対象としないことが妥当である。

　　　（注）
　　　〈減算対象の例〉
　　　イ．創立費（開業費）償却額
　　　　会社設立までに支出された諸経費や開業以前に一定の利息を株主に配当した経費等の償却額（支出の効果が支出の日以後、1年以上に及ぶもの）であり、企業等経営に継続的に発生する費用である。
　　　ロ．開発費償却費
　　　　市場開拓、資源開発など特別に計上する費用で、繰延資産として継続的に発生する費用である。
　　　ハ．新株発行費
　　　　会社設立時の新株発行や増資などの際の費用であり、繰延資産として継続的に発生する費用である。
　　　〈対象外の例〉
　　　○貸倒損失
　　　　売掛金及び受取手形の期末における回収不能分である。売掛金及び受取手形の金額は、次期において回収されるべき金額であるが、得意先が倒産したり、会社整理のため支払能力がなくなったり、支払を免除したことにより貸倒損失が生じる。そこで、決算期日に次期の回収不能分を見積もり貸倒引当金を設ける損金経理が税法上認められており、実務上この方法が多く行われている。

E　特別利益・損失のうち加算・減算の対象とするもの

　　特別損益は、一般的に臨時偶発的発生損益であることから、考慮の対象としないことが基本となるが、様々な業種、業態等によっては、毎期継続して発生する例も想定され、実務上、個々に検討が行われている。

　　したがって、固定資産売却損益、有価証券売却損益、退職金等については、個別に判断することとし、災害による損失などは、考慮の対象としない。

収益認定の計算式	$P＝A＋B＋C－D±E$

P：認定収益額　　　　　　　　　　　　　　　⇒本来の営業活動により発生した利益
A：営業利益
B：一般管理費及び販管費のうち費用としないもの　⇒会計上費用に計上されていても、補償算定上は費用としないもの
　　　　　　　　　　　　　　　　　　　　　　（費用から除外すると、必然的に営業利益が増えるため、その分営業利益に加算する）
　※　営業利益に加算
　　　　　　　　　　　　　　　　　　　　　①租税公課：所得税・法人税・都道府県民税・市町村民税・事業税・臨時発生した印紙税・延滞税・罰金
　　　　　　　　　　　　　　　　　　　　　②専従者給与
　　　　　　　　　　　　　　　　　　　　　③貸倒引当金（繰入・戻入）
　　　　　　　　　　　　　　　　　　　　　④貸倒損失
　注：③④は一般的には営業外費用として計上されるが、販管費に計上されている場合は、費用としないものとなるため営業利益に加算する
C：営業外収益のうち収益に加算できるもの　　⇒本来の営業活動を行うことにより附随して発生する収益
　※営業利益に加算　　　　　　　　　　　　　①雑収入：スクラップや廃油等の売却益・販売リベート・業務に付随する受取手数料　他
D：営業外損失のうち費用として控除するもの　⇒会計上営業外費用に計上されていても、一般的に企業経営業務に必要な費用
　※　営業利益から減算　　　　　　　　　　　①支払利息割引料
　　　　　　　　　　　　　　　　　　　　　②繰延資産償却：開業費償却・開発費償却・株式交付費・借家権償却・営業権償却　他
　　　　　　　　　　　　　　　　　　　　　③社債利息
E：特別損益のうち費用又は収益として認定するもの　⇒固定資産売却損益、有価証券売却損益、退職金等に個別に判断

（イメージ）認定収益算定書

	科目		金額	備考
A	営業利益		××××	
C	営業外収益			
		雑収入	＋　××××	古紙販売益・リベート
		その他収益	＋　××××	
D	営業外費用			
		支払利息	△　××××	
		その他費用	△　××××	開発費償却費
	差引利益		××××	
B	費用としないもの			
		租税公課（事業税等）	＋　××××	事業税・預金利息所得税
		その他費用としないもの	＋　××××	貸倒引当金引当金
P	認定収益額		××××	

(5) 個人の場合の所得額の認定

　法人と個人とを問わず収益額の認定の基本原則は変わりませんが、法人の場合は「収益減の補償」であるのに対し、個人営業の場合は「所得減の補償」であるところから「所得額の認定」となります。

　個人営業の場合の「所得額の認定」は、既に記述したように確定申告の方法の違いから「青色申告の場合」と「白色申告の場合」とに分けられます。

① 青色申告の場合

　青色申告は、自主的に申告納税できる者を育成するために設けられた制度で白色申告に比べ種々の税法上の特典が与えられています（「Ⅲ—3—4）②イ青色申告者」P.43参照）が、所得額の認定方法は、法人の場合とその内容は同じです。

　参考として青色申告決算書（P.284以降参照）に基づき所得額の認定を行った場合の具体例は、下表のとおりとなります。

所得額の認定書（青色申告）

科　　目	金　　額		摘　　要
①売上高		17,842,752	
期首商品（製品）棚卸高	30,000		
仕入金額（製品製造原価）	13,320,779		※⑤の差引金額が法人の場合の営業利益に該当する。
小　計	13,350,779		
期末商品（製品）棚卸高	30,000		※専従者給与は、所得と認定し経費としない。
②差引原価		13,320,779	
①－②＝③差引金額		4,521,973	※引当金、準備金の繰入、戻入は、本来の営業活動以外の損益として除外
④経費		1,191,018	
②－③＝⑤差引金額		3,330,995	
⑥雑収入		0	※雑収入、事業税等は加算する。
⑦事業税等		0	
⑤＋⑥＋⑦＝認定所得額		3,330,995	

② 白色申告の場合

　個人の場合の営業補償額の算定は、複雑な会計処理をしている法人とは別の意味で困難な場合もあります。すなわち、個人事業主のうち、特に白色申告者にあっては、Ⅲ—3—4）②ロ「白色申告の場合の営業資料」（P.51参照）で述べたとおり、記帳と帳簿等の保存が義務付けられている一方、正規の会計簿記を作成していないことが多く、売上高、仕入高及び必要諸経費等の内容が不明確で収益の把握が困難となることも考えられます。しかし、基本的な認定の方法は変わらないので、白色申告の場合は、確定申告書に記載されている収入金額から必要諸経費を控除して所得金額を認定します。

　したがって、専従者給与額がある場合は、これを控除しないで所得に含めて認定するのは青色申告の場合と同じです。

専従者給与額を経費とせずに所得とする理由は、第1に、企業の経理と生計費の内容が一体となっており、これを分離することが困難であること、第2に営業に従事する者が家族で構成されており、収益の大部分が自家労働に対する報酬相当額とみられることの2点があげられます。

③　所得証明の場合

　我が国は申告納税制度を建前としていますが、事業所得が少ないため課税されないことを理由として確定申告を行っていない場合には、次の方法により所得額を認定します。

　　a．都道府県民税、市町村民税については、現在市町村内に居住し、前年中に所得があった者は、申告書を提出することとなっているので、申告書（控）によって所得額を認定する。

　　b．全く申告がない場合には、市町村で所得を認定する場合があるので、これによって所得額を認定する。

　　c．市町村から交付された所得証明書に基づいて所得額を認定する。

④　資料等が不十分な場合の確認方法（経営指標等による収益額の確認）

　経営指標等、公的機関が調査した資料に基づき収益額を類推認定せざるを得ない場合があります。信頼できる資料により所得額を推定する場合の算式は、次のとおりです。

　　　　認定所得額＝売上高×売上高対営業利益利率

　　a．中小企業実態基本調査（中小企業庁編）

　　　「中小企業の財務指標」（中小企業診断協会編　※平成27年調査に基づくものまで刊行）

　　b．小企業の経営指標（日本政策金融公庫のホームページ）

　　c．○○県中小企業の経営指標（○○県商工部）

　　d．経済産業省の「商業統計調査」

　これらの資料により、業種別に従業員、年間商品販売額及び売場面積等を平均値等、概略を把握することができます。また、商工会議所（経営診断員）、信用機関、信用調査機関等による資料も参考となる場合があります。

第Ⅴ章　営業休止等の補償

所得証明書の書式

交付印

所得証明願

○○市長○　　○○殿　　　　　　　　　令和○○年○月○日

申請者　住（居）所　○○市○○町○丁目○番地
　　　　氏　名　　　○○　　　○○○　　　㊞

所得者氏名	総所得金額	摘　要
○○　○○○	1,000,000円	営業所得　700,000円 不動産所得300,000円

令和○○年度市・県民税賦課資料となった（なる）令和○○年中の総所得
金額は上記のとおりであることを証明願います。

上記のとおり相違ないことを証明する。
令和○○年○月○日

　　　　　　　　　　　　　　　　　　○○市長○　○○

　なお、所得の内容が不明確な場合又は公的な資料が得られない場合には、実地調査によって売上高、売上原価及び必要経費を把握して所得額を認定することとなります。
　また、以下のような認定収益額算定書を作成することが望ましいでしょう。

認定収益額算定書

番号	科　目	金　　額		摘　要
①	営業利益		××××	
②	営業外利益 １．雑収入 ２．その他収益 　計	×××× ×××× ××××		
③	営業外費用 １．支払利息・割引料 ２．その他の費用 　計	×××× ×××× ××××		
②－③＝④	営業外損益	××××	××××	
①＋④＝⑤	差引利益		××××	
⑥	事業税等		××××	
⑤＋⑥	認定収益額		××××	

103

2）得意先喪失の補償

①得意先喪失の補償とは

　この補償は、営業を一時休止することにより又は店舗等の場所を移転することにより、営業再開後の一定の期間に一時的に得意先を喪失し、従前の営業実績に比べ売上高が減少することにより生ずる損失に対し補償するものです。

　通常は、営業を一時休止し又は営業場所を移転し再び営業を開始してしばらくの間、従前に比べて売上高が減少すると考えられるため、その売上高が従前の売上高までに回復するであろうと認められる相当の期間についての売上高の減少に伴う損失の補償を行うものです。

　すなわち、右図のように移転が完了し営業を再開した後、得意先（顧客）が順次回復し、従前と同等の売上に至るまでの間の未回復収益相当分（欠損が生ずる場合は、それに伴う損失を含む。）を補償するものです。

　得意先喪失の補償は、右図の営業再開時点から営業回復時点間での売上高減少分に着目して補償しようとするもので、収益減の補償、固定的経費の補償及び人件費の補償が休業期間中に生じる損失に対するものであるのに対し、営業再開後に想定される損失に対するものです。通常、営業再開時点には売上高が減少し利益が縮小したり欠損を生じることが想定されるため、その損失を見積もり補償するものです。

　得意先喪失の補償は、このように営業再開後、再び営業が従前と同等の軌道に乗るであろうとされる期間の損失を見積もり補償するものですが、その損失の程度は、当然のごとく、業種、休業する期間の長短及び移転先により異なります。また、実際の減収要因は、その時々の経済状況や経営者の資力と能力等に起因する部分もありますが、補償の考え方は、再開時の営業を従前と同じ営業状態において通常の経営能力を持つ人による通常の営業を想定したときに生ずるであろう損失を補償しようとするものであり、特定の人や状態を想定したものではありません。

得意先喪失の補償説明図

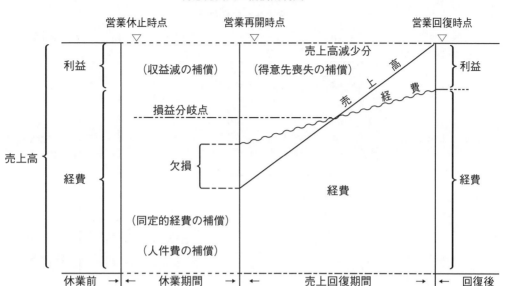

②算定式

細則27―1―(5)において、一時的に得意を喪失することによって通常生ずる損失額は、次式により算定すると定められており、売上減少率と限界利益率の2つの要素により算定することとなっています。

> 得意先喪失補償額＝従前の1か月の売上高×売上減少率（別表第8（売上減少率表）による）×限界利益率

売上高減少説明図

時の経過 → 売上高100%	a 期間 60%	b 期間 70%	c 期間 80%	d 期間 90%	売上高 100%
利益10%	売上高減少分（太線内）			利益 6 %	利益10%
			利益 2 %		
固定費30%		欠損 2 %		固定費30%	固定費30%
	欠損 6 %		固定費30%		
	固定費30%	固定費30%		変動費54%	
変動費60%			変動費48%		変動率60%
	変動費36%	変動費42%			
	$(60 \times \frac{60}{100})$	$(60 \times \frac{70}{100})$	$(60 \times \frac{80}{100})$	$(60 \times \frac{90}{100})$	

限界利益（左端の縦ラベル）

従前の営業→ ｜← 営業再開後の回復期間 →｜← 営業回復後

　上の売上高減少説明図は、固定費を30％とした場合に、従前売上高100％が、営業休止となって、営業を再開した時点では初めに60％まで売上高が減少し、期間を経ながら順次70％、80％、90％と売上が徐々に回復し、ある一定の期間で売上高が元の状態に戻る過程を想定して示したものです（実態は、各一定期間に一定額ずつ減少した売上高が回復していくということではなく、回復曲線として示される。）。

　この図での斜線部分は売上高が減少する部分であり、得意先喪失の補償は、この売上高の減少に伴い生ずる欠損の拡大や利益の縮小に対する損失を補償しようとするものです。

　細則第27－1－(5)で定めている算定式は、次のとおりです。

> 得意先喪失補償額＝従前の1か月の売上高×売上減少率×限界利益率

　このように、得意先喪失補償額は、従前の売上高に基づく売上減少率と限界利益率の2つの要素により算定することとなっています。

> 従前の1か月の売上高＝従前の年間の売上高÷12か月

③売上減少率

売上減少率は、営業再開後に減少すると想定される売上高の従前の売上高に対する比率を指します。

細則第27－1－⑸の別表第8「売上減少率表」は、公共用地の取得に伴って生じた過去の営業補償事例の追跡調査を行い、減少期間と減少割合の総合指標数値として業種・業態別に売上減少率表という名称で示されたものです。

営業再開後に予想される売上高の減少の状態は、業種別又は移転方法などによって異なることから、同表は、業種・業態ごとに営業場所を移転することによる損失を移転方法と休業期間の長短に応じ、①構外移転で短期休業又は長期休業の場合②構内移転で短期休業又は長期休業の場合の4区分において該当数値を適用するよう定められています。

なお、この「売上減少率表」の適用において注意することは、実務上の取扱いとして、一般的には、長期休業とは30日超、短期休業とは30日以内として運用されています。

④限界利益率

⑴ 限界利益率とは

まず、限界利益とは、売上高減少説明図（P.106）で示したとおり、売上高から変動費を引いた利益（固定費＋利益）のことで売上げから得られる利益の限界値を示した数字をいい、限界利益率とは、この限界利益を売上高で割ることにより計算される率（割合）のことをいいます。

限界利益率＝限界利益（固定費＋利益）÷売上高

⑵ 算定の考え方

得意先喪失の補償は、営業再開時以降に減少する売上高の全てを補償対象とするものではなく、減少した売上高の中の限界利益に対して行うものです。すなわち、売上高が減少しても固定費（給与、減価償却費、固定資産税等）は、営業再開後も従前と同じように一定額の支出を伴うが、変動費（材料費、水道光熱費、外注費等）は、売上高に比例して支出されるため、売上高が減少すればこれに見合う分だけ従前より支出が減少するため損失補償の対象額から除外しています。したがって、得意先喪失の補償は、売上高から変動費を除いた固定費と利益である限界利益に対して補償するものです。

別表第8　売上減少率表（1か月間の売上高を100とする）

(第27関係)

大分類	符号	分　類	構外移転		構内移転	
			短期休業	長期休業	短期休業	長期休業
製　造　業	1	自主計画により生産を行う全国を商圏とする企業	15	15	10	10
	2	自主計画により生産を行う特定地域を商圏とする企業、又は主として受注状況等によって生産する企業	85	120	50	100
	3	主として発注者の計画に従って生産し、限定的取引先を有する企業	115	205	100	190
	4	主として受注状況等によって生産する零細企業又は家内工業	95	125	50	100
建　設　業	5	総合工事を実施する大中規模の建設業	35	40	10	30
	6	総合工事を実施する小規模の建設業（工務店等）、職別工事業（大工工事、屋根工事、塗装工事等）及び設備工事業（電気工事、管工事等）	90	105	40	80
卸　売　業	7	問屋街、卸売団地内にある卸売業又は店頭販売を主とする卸売業	90	100	30	60
	8	店頭以外での販売を主とする卸売業	45	50	10	30
小　売　業	9	飲食料品、日用品、雑貨等の最寄品を主として販売する小売業又は製造販売業（生鮮食品、一般食品等の食料、弁当惣菜類、医薬品、化粧品、文具、書籍、ＣＤ、陶磁器等）コンビニエンスストア、その他これに類する小売業	145	155	50	90
	10	衣料品、身の回り品等の買回品を主として販売する小売業（紳士服、婦人服、子供服、呉服、和装品、寝具、鞄、靴、袋物、アクセサリー等）ガソリンスタンド、その他これに類する小売業	110	125	40	80
	11	家具、電気製品等の専門品を主として販売する小売業（ホームセンター、インテリア、スポーツ用品、時計、メガネ、楽器、自転車等）	90	100	30	60
飲食店業	12	食事を主とする飲食店業（大衆食堂、うどん、中華そば、レストラン、すし屋、お好み焼屋、喫茶店等）	160	170	60	100
	13	酒類を伴う飲食店業（スナック、バー、居酒屋、小料理店等）	80	85	30	50
	14	酒類を伴う高級な飲食店業（料亭、割ぽう店、ナイトクラブ等）	45	50	10	30
	15	宿泊に関するサービス業（旅館、ホテル、民宿、モーテル等）娯楽に関するサービス業（劇場、パチンコ店、ゲームセンター、カラオケボックス等）主として個人を対象とした物品、場所の賃貸に関するサービス業（自動車、ビデオ等のレンタル業、貸ホール、結婚式場、駐車場、洗車場等）	110	125	40	80

サービス業	16	専門家が依頼を受けて行う業務又は事務所において営業活動を行うサービス業（会計事務所、法律事務所、建築設計事務所、不動産仲介店、広告代理店、情報処理事務所等）	80	140	70	130
		主として法人を対象とした物品、場所の賃貸に関するサービス業(事務機器、医療機器等のリース業、倉庫業等)				
		映像・音声・文字情報制作に関するサービス業（ビデオ制作業、出版業等）				
		教育、保育等に関するサービス業（各種学校、学習塾、料理教室、音楽教室、自動車教習所、保育施設等）				
	17	自動車、機械等の整備又は修理に関するサービス業（自動車整備・販売業、機械修理業、自動車板金・塗装業、家具修理業等）	70	75	30	50
	18	医療、介護等に関するサービス業（診療所、マッサージ施術所、老人ホーム等）	120	130	40	70
		生活衛生に関するサービス業（理容業、美容業、クリーニング業、公衆浴場業等）				
	19	その他のサービス業	75	80	20	40

注1　この表における「構外移転」とは、店舗等を構外再築工法により移転する場合などを想定したものであり、「構内移転」とは、同一敷地内で現在店舗等に使用されている建物を撤去し、同一敷地内に店舗等を再築または改造等を行う場合などを想定したものである。

注2　この表における「長期休業」とは、機械設備等の移設が生じるため、長期の休業を伴う場合などを想定したものであり、「短期休業」とは、店舗等の移転、開店（業）の準備期間のため、短期の休業を伴う場合などを想定したものである。

注3　その他
　　イ　本表を直ちに適用できない業種については、実情により別途適正に売上減少率を定めるものとする。
　　ロ　地域性、又は知名度等により本表により難い場合は実情により適正に補正することができるものとする。

　下の限界利益（固定費＋利益）説明図は、先に示した売上減少説明図（P.106）を想定金額で図示した変形図ですが、営業再開後にa期間からb期間、c期間を経てd期間に至るまでに想定される売上高の減少について図示したもので、補償対象となる限界利益に対応する部分と補償対象とならない変動費に対応する部分を色分けして示したものです。

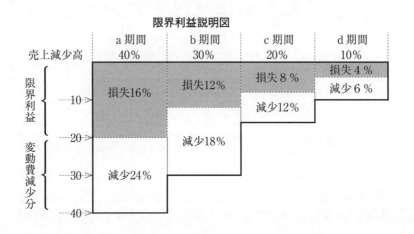

損失額分解表

回復期間	再開後 売上高 （従前100）	減少売上高 ①	変動費減少額 ①×60％	限界利益率 （固定費30％利益10％） ②	損失額 ①×②
a 期間	60	40	24	40％	16
b 期間	70	30	18	40％	12
c 期間	80	20	12	40％	8
d 期間	90	10	6	40％	4

　このように売上高が減少し回復するまでの期間において、（固定費＋利益）÷売上高で求める限界利益率は、どの期間にあっても40％となります。

　したがって、実際の従前売上高を調査し、図のケースの場合のようにその割合が40％である場合には、限界利益率として0.4を乗じます。

　因みに、一般的に、この限界利益率が高い（固定費の確保が容易）ほど、企業業績は良いとされています。

(3)　固定費と変動費の区分

　この限界利益率を算定するためには、固定費と変動費に区分しなければなりません。これは、次に示す細則第27-1-（五）別表第9に費用分解基準一覧表として各業種、勘定科目ごとに対象非対象が示されており、これにしたがって算定するよう規定されています。

　なお、費用を固定費と変動費とに振り分けることとなりますが、実務的には、固定費に比べ変動費の科目数は少ないことから、まず、変動費を求める方法が事務処理として効率的です。

別表第9　費用分解基準一覧表（第27関係）

番号		勘定科目	科目の内容	製造業	建設業	卸売業	小売業	飲食業	サービス業	備　考
1		売　上　高								
	①	総　売　上　高								
	②	売　上　値　引								
		売　上　戻　り　高								
		返　品　戻　り　高								
	③	雑　　収　　入	作業屑、貯蔵品、原材料の処分屑等リベート受取保険料							
2		売　上　原　価								
	①	期首商品棚卸高		×		×	×	×	×	
	②	商　品　仕　入　高		×		×	×	×	×	仕入運賃を含む。
	③	仕　入　値　引		×		×	×	×	×	商品の返品戻しを含む。
		仕　入　戻　し　高		×		×	×	×	×	
	④	期末商品棚卸高		×		×	×	×	×	

限界利益の認定に係る変動費（×）固定費（○）

番号	勘定科目	科目の内容	製造業	建設業	卸売業	小売業	飲食業	サービス業	備考
3	製 造 原 価								
①	期首材料棚卸高		×				×		
②	材 料 仕 入 高		×				×		材料の引取費用、材料副費を含む。
③	期末材料棚卸高		×				×		
④	賃　　　金		○						
⑤	賞　　　与		○						引当金の繰入、戻入は除く。
⑥	雑　　　給		×						臨時雇員に対する臨時的な賃金、給与
⑦	法 定 福 利 費		○						
⑧	厚　生　費		○						
⑨	特許権利使用料		×						
⑩	試 験 研 究 費		○						
⑪	退　職　金		○						引当金の繰入、戻入は除く。
⑫	外 注 加 工 費		×						
⑬	電 力 費 ガス、水道代	動 力 費 光 熱 費	×						基本料金は除く。
⑭	運　搬　費		×						外注運賃、自社車両費（燃料費、修繕費）を含む。
⑮	減 価 償 却 費		○						
⑯	修　繕　費		○						
⑰	租 税 公 課		○						
⑱	賃　借　料	不動産貸借料機械等リース、レンタル料	○						
⑲	保　険　料		○						
⑳	消 耗 品 費		×						工場・事務用消耗品、消耗工具・器具を含む。
㉑	旅　　　費		○						
㉒	交　通　費		○						
㉓	通　信　費		○						
㉔	保　管　料		○						
㉕	雑　　　費		○						
4	工 事 原 価	(建 設 業)							
①	材　料　費			×					
②	仮 設 経 費			×					仮設材賃借料、仮設損料、仮設損耗費等
③	機 械 等 経 費			×					機械等賃借料、機械等損料、機械等運搬費等
④	退　職　金			○					現場従業員に対するもの
⑤	外　注　費			×					労務下請をしている場合の賃金を含む。
⑥	動力用水光熱費			×					電力、ガス、水道、石油等の費用及び計器類の損料。現場の事務、管理で使用した経費
⑦	労 務 管 理 費			○					労務者の募集、解散の費用、作業用具、作業用被服、宿舎用品等
⑧	設　計　費			×					外注設計料及び社内の設計費の負担額
⑨	運　搬　費			×					材料費、機械等経費に含まれるものを除く現場関係の運送諸経費。自社車両費を含む。
⑩	地 代 家 賃			○					現場で使用する土地、建物等の賃借料
⑪	事務用消耗品費			○					
⑫	通 信 交 通 費			○					
⑬	交　際　費			○					
⑭	補　償　費			○					道路、河川、隣接物の毀損に対する補償費の額
⑮	労　務　費			×					現場における直接作業に対する労務者の賃金、割増金、現物給与等

番号	勘定科目	科目の内容	限界利益の認定に係る変動費(×)固定費(○)						備考
			製造業	建設業	卸売業	小売業	飲食業	サービス業	
⑯	租 税 公 課			○					現場において賦課される固定資産税、自動車税等
⑰	保 険 料			○					現場において賦課される火災保険料、自動車保険料
⑱	現場従業員給料手当			○					現場に従事する従業員の給料手当、賞与、賃金等（労務者の賃金等は含まず）
⑲	法 定 福 利 費			○					現場において賦課される社会保険料、労災保険料共済組合掛金等
⑳	福 利 厚 生 費			○					現場従業員に対する福利厚生費、賄費
㉑	雑 費			○					
5	販売費・一般管理費								
①	販 売 員 給 与		○	○	○	○			
②	販 売 員 旅 費		○	○	○	○			
③	広 告 宣 伝 費		○	○	○	○	○	○	
④	容 器 包 装 費		×	×	×	×	×	×	荷造材料費を含む。
⑤	発 送 配 達 費	外注運搬費	×	×	×	×	×	×	
		荷 造 費	×	×	×	×	×	×	
		自社車両費	○	○	○50%	○	○	○	車両燃料費、修繕費を含む。
⑥	販 売 促 進 費		×	×	×	×	×	×	販売手数料、見本費を含む。
⑦	役 員 報 酬		○	○	○	○	○	○	
⑧	事 務 員 給 与		○	○	○	○	○	○	
⑨	雑 給		×	×	×	×	×	×	臨時雇員に対する臨時的賃金、給与
⑩	従 業 員 賞 与		○	○	○	○	○	○	引当金の繰入・戻入は除く。
⑪	退 職 金		○	○	○	○	○	○	引当金の繰入・戻入は除く。
⑫	減 価 償 却 費		○	○	○	○	○	○	
⑬	地 代 ・ 家 賃		○	○	○	○	○	○	不動産賃借料、事務用機械車両等のレンタル料、リース料を含む。
⑭	修 繕 費		○	○	○	○	○	○	
⑮	事務用消耗品費		○	○	○	○	○	○	
⑯	通 信 交 通 費		○	○	○	○	○	○	
⑰	水 道 光 熱 費		○	○	○	○	×	×	
⑱	租 税 公 課		○	○	○	○	○	○	
⑲	寄 付 金		○	○	○	○	○	○	
⑳	外 注 費		×	×	×	×	×	×	
㉑	保 管 料				×	×			
㉒	接 待 交 際 費		○	○	○	○	○	○	
㉓	保 険 料		○	○	○50%	○	○	○	
㉔	備品・消耗品費		○	○	○	○	○	○	
㉕	法 定 福 利 費		○	○	○	○	○	○	
㉖	厚 生 費		○	○	○	○	○	○	
㉗	管 理 諸 費		○	○	○	○	○	○	顧問料等の専門家費用
㉘	試 験 研 究 費		○	○	○	○	○	○	
㉙	諸 会 費		○	○	○	○	○	○	
㉚	組 合 費		○	○	○	○	○	○	
㉛	図 書 費		○	○	○	○	○	○	
Ⅰ	雑 費		○	○	○	○	○	○	
6	営 業 外 費 用								
①	支払利息割引料	借入金利息	○	○	○	○	○	○	
		手形割引料	○	○	○	○	○	○	
		社 債 利 息	○	○	○	○	○	○	

注1 費用分解にあたり、個人営業の場合には必要経費中に自家労働の評価額は含まないものとする。なお、個人営業と事実上ほとんど差異のない法人営業については、個人営業の場合と同様に取り扱うことができるものとする。

2 貸倒償却、繰延資産の償却は除く。

第Ⅴ章　営業休止等の補償

(4)　算定に当たっての留意点

利益は、収益減補償における認定収益額として判定した額とします。

> 利益＝営業利益＋雑収入－支払利息・割引料

売上高は、認定収益額の計算において雑収入等の営業外収益が加算されている場合には、その額を加算した額とします。これは、次の等式を保つためです。

仮に、Ａ式のような営業成績の企業が雑収入等のある場合は、Ｂ式のように売上高と利益の両方に等しく加算しなければ等式は成り立たないからです。なお、利益について収益認定の際に加算した法人税、事業税等は、公租公課として固定費に含まれるので、考慮外（認定収益額から当該税額を控除すること）とします。

Ａ式

> 売上高＝固定費＋変動費＋利益
> 100円＝50円＋30円＋20円

Ｂ式

> 売上高＋雑収入等＝固定費＋変動費＋利益＋雑収入等
> 100円＋10円＝50円＋30円＋20円＋10円

固定費と利益は、売上高から変動費を控除することにより同じ結果を求めることができます。

> 固定費＋利益＝売上高－変動費

(5)　限界利益率の判定が困難な場合の統計値の活用

個々の企業ごとに限界利益率を算出することが困難な場合、細則第27－1－（五）ただし書きにより、「中小企業の財務指標」に基づき求めることとされていますが、同指標は平成17年調査をもって廃止され、現在は「中小企業実態基本調査」として中小企業庁が公表しており、損益分岐点売上高に関する実数分析は行われていません。

したがって、参考として、ここでは過去の指標を示します。

＜限界利益率の算出方法＞

損益分岐点売上高は、次式Ａのとおりであり、「中小企業の財務指標」における損益分岐点売上高の算出方法は、次式Ｂによっている（平成19年版454頁）。

Ａ　損益分岐点売上高＝固定費÷限界利益率＝固定費÷（（売上高－変動費）

113

÷売上高）＝固定費÷（１－（変動費÷売上高））

B （「中小企業の財務指標」における損益分岐点売上高の算出方法）

損益分岐点売上高＝（ⅰ販売費及び管理費＋労務費※＋賃借料※＋租税公
課※－営業外収益＋営業外費用）÷〔１－（ⅱ 売上原価－労務費※－賃
借料※－租税公課※）÷売上高〕

※売上原価の内訳項目を指す（販売費及び管理費の内訳項目では
ない）

A式とB式との対比から、B式のⅰ「販売費及び管理費＋労務費＋賃借料＋租
税公課－営業外収益＋営業外費用」は、固定費であり、ⅱ「売上原価－労務費－
賃借料－租税公課」は、変動費に該当するものです。

したがって、「中小企業の財務指標」の実数分析データ（損益計算書）に掲げ
る計数により、以下の算式により限界利益率を求めることが可能です。

限界利益率＝（売上高－（売上原価－労務費－賃借料－租税公課））÷売上高

○計算例

1）「中小企業の財務指標」（中小企業庁編）実数分析データ「損益計算書」
に掲げる計数により限界利益率を求める方法

例：49一般飲食店（平成18年版590頁参照）

業界全体の数値を選択

限界利益率＝（626,003[※]－（242,913[※]－11,720[※]－604[※]－12[※]））÷626,003[※]

＝395,426[※]÷626,003[※]

＝0.6316≒63.2%

[※]単位（千円）

※「中小企業の財務指標」（中小企業庁編）は平成19年９月28日の公表を最後
に廃止されました。

「中小企業の財務指標」（平成19年版）（抄）

1 実数分析の活用について

(1) 実数分析の意義

実数分析では、財務諸表の各項目の数値、すなわち実数を分析対象企業内での過
去の期間や他企業の数値と比較・分析する。実数地の業界内の平均値等と比較する
ことにより、当該企業の相対的な企業力の判定材料となる。

本書では、①賃借対照表、②関連数値（B／S）、③損益計算書、④関連数値（P
／L等、キャッシュフロー、物量データ）に分類し、分析に必要な項目を掲載する。

第Ⅴ章　営業休止等の補償

　また、物量データ等に関し、指標の範疇で可能な限り自由な分析ができるように、従業員数も記述する。

(2)　実数分析の数値の説明

　①　貸借対照表

　　貸借対照表の項目では、資産の部21項目と資本・負債の部15項目の合計36項目を採用する。各項目と説明は次表のとおりとする。

	項目名	説　　　明
1	現　金　・　預　金	現金および預金。金銭信託を含む。１年以内に期限の到来しない定期預金等を除く。
2	受　　取　　手　　形	営業取引によって生じた手形債権。資産の売却等により発生した営業外受取手形を除く。
3	売　　　掛　　　金	営業取引によって生じた未収入金。役務の提供による営業収益で未収のもの（建設業等の工事未収入金等）を含む。
4	有　　価　　証　　券	市場性のある有価証券（株式、債券等）で短期保有を目的とするもの。担保差入有価証券を含む。
5	商　品　・　製　品	商品、製品。販売用不動産を含む。
6	半 製 品 ・ 仕 掛 品	半製品、仕掛品（未成工事支出金）。
7	原 材 料 ・ 貯 蔵 品	原材料、貯蔵品。
8	その他の棚卸資産	商品・製品、半製品・仕掛品、原材料・貯蔵品以外の棚卸資産。
9	そ の 他 流 動 資 産	前渡金、前払費用、未収入金、未収収益、短期貸付金、繰延税金資産、仮払金、差入保証金、貸倒引当金等の合計。
10	流　動　資　産　計	短期間（原則として１年以内）に資金として回収される資産。現金・預金＋受取手形＋売掛金＋有価証券＋商品・製品＋半製品・仕掛品＋原材料・貯蔵品＋その他棚卸資産＋その他流動資産
11	建　物　・　構　築　物	建物、構築物。付属設備を含む。
12	機　　械　・　装　　置	機械、装置、船舶、車輌、その他の運搬具。
13	工　具・器　具・備　品	工具、器具、備品等。
14	土　　　　　　　　地	土地・山林・植林・その他の非償却資産。
15	建　設　仮　勘　定	建設仮勘定。有形固定資産の取得のための手付金を含む。
16	有 形 固 定 資 産 計	土地や建物、設備など営業活動に使う形のある資産の合計。建物・構築物＋機械・装置＋工具・器具・備品＋土地＋建設仮勘定
17	無　形　固　定　資　産	工業所有権、その他の無形固定資産。
18	投　　　　資　　　　等	投資有価証券、長期貸付金、その他投資、貸倒引当金等の合計。
19	固　定　資　産　計	企業が複数事業年度にわたり使用する資産の合計。有形固定資産＋無形固定資産＋投資等
20	繰　　延　　資　　産	新株発行費、開発費等の繰延資産。
21	資　　産　　合　　計	資産の部合計。流動資産合計＋固定資産合計＋繰延資産
22	支　　払　　手　　形	営業取引によって生じた手形債務。設備関係支払手形を除く。
23	買　　　掛　　　金	営業取引によって生じた未払金。役務の受入による未払金（工事未払金等）を含む。

115

	項目名	説明
24	短期借入金（年間返済長期借入金を含む）	当座借越、証書借入金および手形借入金で1年以内に期限の到来するもの。1年内償還予定の社債、CP（コマーシャルペーパー）を含む。
25	その他流動負債	未払金、設備未払金・支払手形、未払費用、前受金、前受収益、従業員預り金、短期引当金、未払法人税等の合計。
26	流動負債計	短期間（原則として1年以内）に支払い期限の来る負債の合計。支払手形＋買掛金＋短期借入金＋その他流動負債
27	社債・長期借入金	社債、証書借入金および手形借入金。1年内に期限が到来するものを除く。
28	その他の負債	社債・長期借入金以外の固定負債。退職給与引当金、特別修繕引当金、長期支払手形、長期未払金、受入保証金等。
29	固定負債計	通常の営業活動以外で発生する債務のうち、1年を超えて支払期限が到来するもの。社債・長期借入金＋その他の負債
30	資本金	法定資本金。
31	資本準備金	資本準備金。新株式払込金、新株式申込証拠金はここに含める。
32	利益準備金	利益準備金。
33	剰余金（当期末処分利益を除く）	任意積立金および繰越利益剰余金期末残高または繰越欠損金期末残高。
34	当期末処分利益	当期未処分利益または当期未処理損失（マイナス記入）。
35	資本計	資本金＋資本準備金＋利益準備金＋剰余金＋当期未処分利益
36	負債・資本合計	負債と資本の部合計。総資本（総資産）。流動負債合計＋固定負債合計＋資本合計

② 関連数値（B／S）

貸借対照表の関連数値では、「経営資本額」「受取手形割引高」「保証債務額」「有利子負債額」「運転資本」「営業運転資本」の6項目を採用している。各項目の説明は次表のとおりである。

	項目名	説明
1	経営資本額	総資本から経営活動に参加していない建設仮勘定、投資等、繰延資産を控除した資本。
2	受取手形割引高	受取手形割引高の期末残高。
3	保証債務額	取引先、子会社、役員・従業員の債務に対する保証額。
4	有利子負債額	短期借入金、社債、長期借入金、受取手形割引高の合計。
5	運転資本	流動資産から流動負債を控除した残高。
6	営業運転資本	流動資産と現金・預金の差額から流動負債と短期借入金の差額を控除した残高。

③ 損益計算書

損益計算書の項目では、22項目採用している。各項目名と説明は次表のとおりである。

	項目名	説明
1	売上高	製品・商品等の売上高および役務の提供による営業収益。売上値引・戻り高を控除後の純額。
2	売上原価	当期の売上高に対応する売上原価・営業原価計。割賦販売未実現利益・返品調整引当金の繰入れと繰戻しの差額を調整した額。
3	（うち労務費）	製造に関わる人件費・労務費。給与、賞与、退職給与、退職給与引当金繰入額、福利厚生費等。（売上原価の内項目）
4	（うち賃借料）	土地、建物、機械、装置等の賃借料。支払リース料を含む。（売上原価の内項目）
5	（うち租税公課）	固定資産税、印紙税等。（売上原価の内項目）
6	（うち外注加工費）	製品等の外注加工費。（売上原価の内項目）
7	売上総利益	売上から売上原価を差し引いた利益。 売上高－売上原価
8	販売費および一般管理費	販売費および一般管理費の合計額。
9	（うち人件費）	販売、管理に関わる人件費。給与、賞与、福利厚生費、退職金、退職給与引当金繰入額等。役員報酬を含む。（販売費および一般管理費の内項目）
10	（うち賃借料）	土地、建物、機械、装置等の賃借料。支払リース料を含む。（販売費および一般管理費の内項目）
11	（うち租税公課）	固定資産税、印紙税等。（販売費および一般管理費の内項目）
12	営業利益	会社の本業である営業活動によって得た利益。 売上総利益－販売費および一般管理費
13	営業外収益	受取利息・配当金、有価証券売却益、その他の営業外収益の合計。
14	（うち支払利息・割引料）	受取利息・割引料、有価証券利息および受取配当金合計。（営業外収益の内項目）
15	営業外費用	支払利息・割引料、有価証券売却損、その他営業外費用の合計。
16	（うち支払利息・割引料）	支払利息、社債（含ワラント債）・転換社債利息等および受取利息の割引料。（営業外費用の内項目）
17	経常利益	会社が経常的な営業活動や財務活動によって得た利益。 営業利益＋営業外収益－営業外費用
18	特別利益	資産売却益、為替評価益・実現益等。
19	特別損失	資産売却損・処分損、為替評価損・実現損等。
20	税引前当期純利益	経常利益に特別損益を加減算して求めた利益。 経常利益＋特別利益－特別損失
21	法人税等	法人税、住民税および事業税。法人税等調整額、更正・決定等による追徴税額および還付税額はこの項目で調整。
22	当期純利益	税引前当期純利益から法人税等の税金を控除した利益。 税引前当期純利益－法人税等

④　関連数値（Ｐ／Ｌ等）

　　損益計算書等の関連数値では、「人件費合計額」「減価償却費実施額」「付加価値額」「損益分岐点売上高」「配当実施額」「役員賞与」の６項目を採用する。各項目の説明は次表のとおりである。

	項目名	説　　　　明
1	人 件 費 合 計 額	労務費と人件費の合計額。
2	減 価 償 却 実 施 額	有形・無形固定資産の減価償却実施額。
3	付加価値額（加工高）	企業の経営活動によって新しく生み出した金額、すなわち外部の企業から購入した財貨などに付加した額のこと。 経常利益＋労務費＋人件費＋支払利息割引料－受取利息・配当金＋賃借料＋租税公課＋減価償却実施額
4	損益分岐点売上高	売上高と費用の額が等しくなる売上高。 （販売費及び一般管理費＋労務費＋賃借料＋租税公課－営業外収益＋営業外費用）÷〔１－（売上原価－労務費－賃借料－租税公課）÷売上高〕
5	配 当 実 施 額 （中間配当＋決算配当）	中間配当と決算配当の合計。
6	役 員 賞 与	役員賞与（利益処分によるもの）。

「中小企業の財務指標」（中小企業庁編）（平成18年版590頁）（抄）

49一般飲食店

（単位：千円）

	業種内同一企業			業界全体	全体の従業員数				売上高営業利益率		総資本経常利益率	
	14年	15年	16年	16年	5人以下	6～20人	21～50人	51人以上	上位0～25%平均値	上位25～50%平均値	上位0～25%平均値	上位25～50%平均値
売 上 高	669,161	691,439	712,250	626,003	86,420	238,641	729,623	1,968,799	763,509	850,260	833,467	809,351
売 上 原 価	256,551	265,054	273,130	242,913	33,174	88,327	274,134	782,578	287,618	344,812	333,401	314,466
（う ち 労 務 費）	13,142	13,593	14,318	11,720	1,046	2,550	3,750	58,378	12,581	25,040	34,820	7,521
（う ち 賃 借 料）	476	586	712	604	132	122	175	2,643	1,136	561	1,450	511
（う ち 租 税 公 課）	13	19	15	12	0	4	14	38	22	4	15	25
（う ち 外 注 加 工 費）	1,091	1,168	958	881	0	112	762	3,651	615	1,732	905	938
売 上 総 利 益	412,610	426,385	439,120	383,090	53,246	150,314	455,489	1,186,221	475,891	505,448	500,066	494,885
販売費及び一般管理費	395,697	408,463	420,118	366,976	52,452	146,334	439,236	1,126,689	425,305	484,391	454,453	474,432
（う ち 人 件 費）	185,789	186,952	192,065	159,646	18,826	70,570	210,552	480,941	209,831	186,277	201,719	202,961
（う ち 賃 借 料）	21,978	22,386	23,409	21,752	2,251	10,866	33,944	54,880	22,961	28,131	23,542	29,166
（う ち 租 税 公 課）	2,419	2,304	2,235	2,235	407	1,335	2,946	4,507	2,588	2,552	2,077	2,458
営 業 利 益	16,931	17,922	19,002	16,114	794	3,980	16,253	59,532	50,586	21,057	45,613	20,453
営 業 外 収 益	10,575	9,752	9,665	8,359	1,879	3,298	9,869	24,902	9,067	8,288	11,398	10,776
（うち受取利息・配当金）	552	527	473	403	52	112	579	1,216	460	530	416	421
営 業 外 費 用	10,643	10,599	10,587	9,216	2,034	3,917	10,475	27,486	14,113	11,634	9,453	12,307
（うち支払利息・割引料）	7,694	7,821	7,849	6,759	1,153	2,767	8,079	20,368	10,149	8,829	6,211	9,617
経 常 利 益	16,863	17,075	18,080	15,257	639	3,361	15,647	56,948	45,540	17,711	47,558	18,922

⑤得意先喪失補償額の算定

（1）　得意先喪失補償額の算定式

　　得意先喪失の補償額は、用対連細則第27第１項第５号において次式で求めることとなっています。

第Ⅴ章　営業休止等の補償

> 得意先喪失の補償額＝１か月の売上高×売上減少率×限界利益率

(2)　１か月の売上高の判定

　　１か月の売上高は、損益計算書の純売上高に収益額の認定における営業外収益のうち収益として認めたリベート等の雑収入を加算した額に１／12を乗じた額とします。

損益計算書

1　売上高			差引戻高または売上値引がある場合は、総売上高から当該額を加算または減算した純売上高を売上高の基本とし、その額に雑収入の額を加算した額とする。
1．総売上高	××××		
2．差引戻高または売上値引	××××	××××	

> $$１か月の売上高＝（順売上高＋雑収入）×\frac{1}{12}$$

(3)　売上減少率の判定

　　前記のとおり。

(4)　限界利益率の判定

　　前記のとおり。

⑥得意先喪失補償額算定様式

　　用対連細則では限界利益率を求める際に固定費を集計することとしているが、実務では変動費を集計する方法が簡便であります。

> $$限界利益率＝\frac{売上高－変動費}{売上高}$$

　　営業補償調査算定要領（案）に基づき業種ごとに次に示す様式を活用して、算定します。

(1)　製造業（様式10－１）

(2)　建設業（様式10－２）

(3)　卸・小売業（様式10－３）

(4)　飲食・サービス業（様式10－４）

119

得意先喪失補償額算定書

様式第10−1号

(1) 製 造 業

業種分類　No.	業種内容：		法人・個人
資本金　　　　千円	年間売上高　　　　千円	売上減少　　　　%	全従業員数　　　名

区分		勘　定　科　目	金　　額	科目の内容	備　　　考
〔A〕売上高		① 売　上　高			
		② △売上値引等			
		③ 雑　収　入			収益認定の際に計上できるもの
		計			
〔B〕製品売上原価	(a)材料費	① 期首材料棚卸高			
		② 材　料　仕　入　高			
		③ △期末材料棚卸高			
		計			
	(b)人件費	① 雑　　　給			臨時雇員の賃金・給与
		計			
	(c)経費	① 特許権利使用料			
		② 外　注　加　工　費			
		③ 動　力・光　熱　費			
		④ 運　　搬　　費			外注運賃、自社車両費（燃料・修繕費を含む。）
		⑤ 消　耗　品　費			消耗工具・器具を含む。
		計			
	変動費合計 ((a)＋(b)＋(c))				
	(d) 総　製　造　費　用				
	(e) 製　品　売　上　原　価				
〔C〕商品売上原価		① 期首商品棚卸高			
		② 商　品　仕　入　高			
		③ △仕　入　割　引　等			
		④ △期末商品棚卸高			
		計			
〔D〕販売費・一般管理費		① 容　器　包　装　費			荷造材料費を含む。
		② 発　送　配　達　費			荷造運搬費、車両燃料費、修繕費を含む。
		③ 販　売　促　進　費			販売手数料、見本費を含む。
		④ 雑　　　給			臨時雇員の賃金・給与
		⑤ 外　　注　　費			
		計			

第Ⅴ章　営業休止等の補償

(1) 製品売上原価
　① 製造原価の中の総製造費用（材料費、人件費、経費）を固定費と変動費に分解する。

$$\frac{変動費}{総製造費用}=\dfrac{\qquad}{\qquad}=\boxed{〔E〕\qquad \%（変動費率）}\quad（小数点以下第4位切り捨て）$$

　　（注）総製造費用＝材料費＋人件費＋経費

　② 製品売上原価の中の変動費
　　　変動費＝製品売上原価×変動費率

$$=(e)×〔E〕=\boxed{〔F〕\qquad 円}$$

　　（注）　製品売上原価＝期首製品棚卸高＋当期製品製造原価－期末製品棚卸高

(2) 商品売上原価

$$変動費＝商品売上原価＝\boxed{〔C〕\qquad 円}$$

(3) 販売費・一般管理費及び営業外費用の中から変動費を抽出する。

$$変動費＝\boxed{〔D〕\qquad 円}$$

(4) 限界利益率

$$\frac{売上高－変動費}{売上高}=\frac{〔A〕－\{〔F〕＋〔C〕＋〔D〕\}}{〔A〕}$$

$$=\qquad =\qquad \%$$

$$\boxed{限界利益率\qquad \%}\quad（小数点以下第4位切り捨て）$$

(5) 一時的に得意を喪失することによって通常生ずる損失額
　　　従前1か月の売上高　×　売上減少率　×　限界利益率
　　　（1円未満切り捨て）
　　　＝　　　　　　　　　　　　（1円未満切り捨て）

$$\boxed{補償額\qquad 円}$$

様式第10－2号

(2) 建 設 業

業種分類No.		業種内容：				法人・個人	
資本金 千円		年間売上高 千円		売上減少率 ％		全従業員数 名	
区分	勘 定 科 目	金 額	科目の内容	備 考			
〔A〕売上高	① 売 上 高	円					
	② △ 売 上 値 引 等						
	③ 雑 収 入			収益認定の際に計上できるもの			
	計						
〔B〕工事原価	① 材 料 費						
	② 仮 設 経 費			仮設材賃借料、仮設損料、仮設損耗費等			
	③ 機 械 等 経 費			機械等賃借料、機械等損料、機械等運搬費等			
	④ 外 注 費			労務下請をしている場合の賃金を含む。			
	⑤ 動力用水光熱費			電力、ガス、水道、石油等の費用及び計器類の損料。現場の事務、管理の経費			
	⑥ 設 計 費			外注設計料、社内の設計費の負担額			
	⑦ 運 搬 費			現場関係の運搬諸経費、自社車両費を含む。			
	⑧ 労 務 費			現場における直接作業に対する労務者の賃金、割増金、現物給与等			
	計						
〔C〕販売費・一般管理費	① 容 器 包 装 費			荷造材料費を含む。			
	② 発 送 配 達 費			荷造運搬費、車両燃料費、修繕費を含む。			
	③ 販 売 促 進 費			販売手数料・見本費を含む。			
	④ 雑 給			臨時雇員の賃金・給与			
	⑤ 外 注 費						
	計						
〔D〕変動費合計 ((B)＋(C))							

(1) 限界利益率

$$\frac{売上高－変動費}{売上高}=\frac{〔A〕－〔D〕}{〔A〕}=\frac{}{}=$$

(小数点以下第４位切り捨て)

限界利益率 ％

(2) 一時的に得意を喪失することによって通常生ずる損失額

　　従前１か月の売上高×売上減少率×限界利益率
　　（１円未満切り捨て）
　　＝ 　　　　　　　　　（１円未満切り捨て）

補償額 円

第Ⅴ章　営業休止等の補償

様式第10−3号

(3)　卸・小売業

業種分類（卸・小） No.	業種内容：					法人・個人	
資本金　　　千円	年間売上高　　　千円		売上減少　　　％		全従業員数　　　名		
区分	勘　定　科　目	金　　額	科目の内容	備　　　考			
〔A〕売上高	①　売　　上　　高	円					
	②　△売上値引等			売上戻り、返品戻りを含む。			
	③　雑　　収　　入			収益認定の際に計上できるもの			
	計						
〔B〕売上原価	①　期首商品棚卸高						
	②　商　品　仕　入　高						
	③　△仕入値引率			仕入戻し、返品戻しを含む。			
	④　△期末商品棚卸高						
	計						
〔C〕販売費・一般管理費	①　容　器　包　装　費			荷造材料費			
	②　発　送　配　達　費			荷造・運搬費、車両費、燃料費			
	③　販　売　促　進　費			販売手数料・見本費			
	④　雑　　　　給			臨時雇員の賃金・給与			
	⑤　外　　注　　費						
	⑥　保　　管　　料						
	⑦　保　　険　　料			商品保険料			
	計						
〔D〕変動費合計（(B)+(C)）							

(1)　限界利益率

$$\frac{売上高−変動費}{売上高}=\frac{〔A〕−〔D〕}{〔A〕}=\frac{}{}=$$

（小数点以下第4位切り捨て）

限界利益率	％

(2)　一時的に得意を喪失することによって通常生ずる損失額
　　　従前1か月の売上高×売上減少率×限界利益率
　　　（1円未満切り捨て）
　　　＝　　　　　　　　　　（1円未満切り捨て）

補償額	円

123

様式第10-4号

(4) 飲食・サービス業

業種分類（飲・サ） No.	業種内容：				法人・個人	
資本金　　　千円	年間売上高　　　千円		売上減少　　　％		全従業員数　　　名	
区分	勘　定　科　目	金　額	科目の内容	備　　考		
〔A〕売上高	① 売　　上　　高	円				
	② △ 売 上 値 引 等			売上戻り、返品戻りを含む。		
	③ 雑　　収　　入			収益認定の際に計上できるもの		
	計					
〔B〕売上原価	① 期首商品（材料）棚卸高					
	② 商品(材料)仕入高					
	③ △ 仕 入 値 引 率			仕入戻し、返品戻しを含む。		
	④ △期末商品(材料)棚卸高					
	計					
〔C〕販売費・一般管理費	① 容 器 包 装 費			荷造材料費を含む。		
	② 発 送 配 達 費			荷造・運搬費		
	③ 販 売 促 進 費			販売手数料・見本費		
	④ 雑　　　　給			臨時雇員の賃金・給与		
	⑤ 水 道 光 熱 費					
	⑥ 外　　注　　費					
	計					
〔D〕変動費合計（(B)+(C))						

(1) 限界利率

$$\frac{売上高 - 変動費}{売上高} = \frac{〔A〕- 〔D〕}{〔A〕} = \frac{\qquad}{\qquad} =$$

（小数点以下第4位切り捨て）

限界利益率　　＝　　　％

(2) 一時的に得意を喪失することによって通常生ずる損失額
　　従前1か月の売上高×売上減少率×限界利益率
　　（1円未満切り捨て）
　　　＝　　　　　　　（1円未満切り捨て）

補償額　　　　　円

第Ⅴ章　営業休止等の補償

3）固定的経費の補償（基準第44条第１項第１号）

①固定的な経費の補償とは

　　固定的な経費については、細則第27－１－（二）の一から七で示されているとおりであります。

　一　公租公課（固定資産税、都市計画税、自動車税等）
　二　電気、ガス、水道、電話等の基本料金
　三　営業用資産の減価償却費及び維持管理費
　四　借入地地代、借家家賃、機械器具使用料及び借入資本利子
　五　従業員のための法定福利費
　六　従業員の福利厚生費
　七　従業員及び役員の賞与、同業組合費、火災保険料、宣伝広告費等

　　企業は、営業休止期間中であっても一定の経費を固定して支出する必要があります。これらの経費は営業が継続していれば売上金の中から負担することができますが、営業を休止期間中は収入がない（減る）のでこれらの経費を賄うことができなくなります。このため、営業休止期間中も固定して支出が予想される経費について損失として補償しようとするものであり、これらの経費を固定的経費の補償と呼びます。

　　一般の会計処理において、売上げが変わっても金額が変わらない費用を固定費と言い、売上げが増えるにつれて費用も増えるのが変動費と言いますが、営業補償でいう固定的経費とは、この固定費のうち休業期間中も固定して支出が予想される経費を指し、会計処理上の固定費よりも限られた狭い範囲です。

　　固定的経費の補償は、固定して支出される経費であるか否かについて、営業利益額からはじめる収益額の認定の過程で損金経理された経費の中から選択し認定するものであるので、その経費の内容・性格を十分理解して進める必要があります。

　　また、具体的な固定的経費の認定の作業は、損益計算書に掲げられている数値だけでは十分でなく、経費によっては、総勘定元帳等の各勘定科目の内訳を調べ固定的経費となるものとならないものとに振り分ける必要もあります。

　　以上をとりまとめて固定的経費を定義すると次のとおりとなります。

　固定的経費とは、土地等の取得又は土地等の使用に伴い一時営業を休止する必要がある場合に、その営業休止期間中に継続して固定的に支出が予想される経費をいい、収益額の認定の過程で損金経理された経費の中から認定される経費をいう。

---

②細則の運用判断

　　細則で規定する科目ごとの詳細な判断基準として平成25年３月22日付けで中央用地対策連絡協議会理事会決定された「固定的経費検討一覧」（営業補償調査算定要領（案）にも掲載）について、注釈及び一般的な移転工期との関係を図示しながら、具体的に理解を深めていきたいと思います。

125

(1) 自動車重量税、有形固定資産の減価償却費
　・損金経理された金額の全額にて認定する。
(2) 都道府県民税・市町村民税
　・損金経理されている場合の均等割については、毎年一定額が課税されるものであることから、固定的経費として認定する。
(3) 電気・ガス・水道・電話等の基本料金、有形固定資産の減価償却費、土地・建物等の賃借料、火災保険料
　・標準的な建物移転工法である再築工法の考え方に基づき、補償契約の締結後に建物等の対象物件が存続する期間等において継続して支出されることが予測される経費については、適宜、固定的経費として認定する。

○ 基本料金のイメージ図

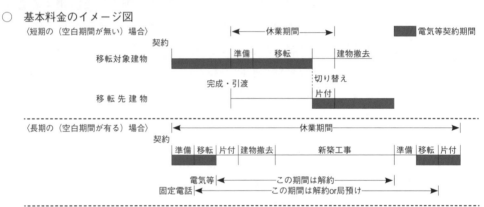

※ 移転工法としては、短期は構外再築工法、長期は構内再築（同種・同等）工法が考えられる
　休業期間を認定するために作成した工程表により、電気等の供給が必要か否かにより判断を行い、解約・局預け等の認定を行う必要がある。

○ 火災保険のイメージ図

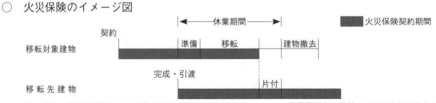

※ 通常、建物を利用している間に解約をすることは考えづらいため、休業期間中も継続しているものと考える。

○ 減価償却費のイメージ図

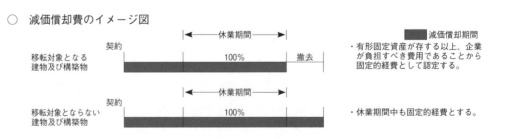

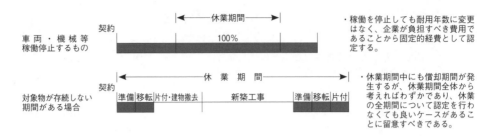

(4) 借入金利子

・長期借入金は、工場や土地等の固定資産を購入する際等、会社の成長のため投資する場合に発生することが多く、長期的な計画により返済が行われる借入金である。

短期借入金は、商品の仕入れ代金を金融機関から借りて支払い、商品の売上げで借り資金を返済する場合等、短期間の資金繰りの場合に使用することが多く流動的である。

以上のことから、借入金利子については、返済期日が当該決算期日の翌日から1年以上のものについては固定的経費と認定し、返済期日が当該決算期日の翌日から1年未満のものについては固定的経費として認定しない取扱いとする。

○ 借入金利子のイメージ図

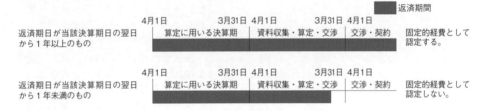

※ 補償額算定については、申告の終わった直近の決算書類を収集・分析し、補償額を確定するため、補償契約を行う時点で短期借入金については返済が終了している可能性が高い。
以上のことから、借入金利子については、返済期日が当該決算期日の翌日から1年以上のものと1年未満のもので区分し、補償額算定を行うことが妥当であると考える。

(5) 保守料

・機器等の保守点検のために定期的に必要となる施設警備料、ウイルスソフトライセンス更新料等については、固定的経費として認定する。

(6) その他

・役員賞与

職務執行の対価として税務署への届出又は事前の株主総会等での決議がなされ、損金経理されている場合については、固定的経費として認定する。

固定的経費検討一覧

○　固定的経費として補償できるもの
△　実情に応じて固定的経費として補償できるもの
×　固定的経費として補償できないもの

番号	項目	細目	認定可否	判断基準
①	公租公課			
	1）国税	所得税・法人税	×	所得税・法人税は、収益に応じて課税される税であるため、固定的経費としない。
		登録免許税	×	登録免許税は、登記、登録、特許、免許等をするときに課税されるもので、そのときの必要に応じて支出される費用であるため、固定的経費としない。
		印紙税	×	印紙税は、契約書等の一定の文書の作成に伴って課税されるもので、登録免許税と同じく固定的経費としない。
		自動車重量税	○	自動車重量税は、自動車と軽自動車に対して課され、自動車を新規登録または新規届出した時や、継続検査や構造等変更検査を受け、車検証または届出済証の交付を受ける際に課税される。なお、課税期間については自動車の種別・用途により1年から3年と異なっているため、損金経理されるのは交付を受ける事業年度に支出された額となる。 　したがって、収益減補償の算定の過程で控除（加算）されること及び車両を保有している以上必要な経費であることから、損金経理されている自動車重量税を固定的経費とする。
	2）地方税	都道府県民税・市町村民税（法人住民税）	△	都道府県民税・市町村民税の税務上の取扱いとしては、法人税法では損金経理を認めているが所得税法（**個人を対象とする税**）では認めていない。法人については、（所得に係る）法人税額を課税標準として一定率を課税する法人税割と資本金等の額により課税される均等割（**を合算して税が算定される。**）があるが、法人税割は収益関連税であるため、固定的経費としないが、均等割については損金経理がされている場合、毎年継続して一定額が課税されるものであるため、固定的経費とする。（（**なお、収益減補償において、**）損益計算書内で「一般管理費及び販売費」に算入されている場合、法人税割については収益として加算する。）
		事業税	×	事業税は、税務上、必要経費として損金経理することが認められているが、収益に応じて課税される税であるため、固定的経費としない。（（**なお、収益減補償において**）損益計算書内で「一般管理費及び販売費」に算入されている場合には収益として加算する。）
		不動産取得税	×	不動産取得税は、不動産を取得した者に対して課税されるものであり、そのときの必要に応じて支出される費用であるため、固定的経費としない。

第Ⅴ章　営業休止等の補償

		自動車税	○	自動車税は、自動車の所有者に対して課税されるもので、営業の休止に関係なく自動車の所有者に対し固定して発生する費用であるため、固定的経費とする。
		軽自動車税	○	軽自動車税は、自動車税と同じく軽自動車の所有者に対して課税されるものであるため、固定的経費とする。
		固定資産税	○	固定資産税は、土地、建物等の償却資産の所有者に対して、賦課期日（１月１日）をもって課税されるもので、毎年継続して発生する費用であるため、固定的経費とする。
		都市計画税	○	都市計画税は、都市計画区域内の土地及び建物の所有者に対して課税するもので、固定資産税と同じく毎年継続して発生する費用であるため、固定的経費とする。
②	基本料金			
		電気・ガス・水道	△	電気・ガス・水道の基本料金は、休業期間中も継続して支出が予測されるものであるため、固定的経費とする。 　ただし、休業期間が長期にわたり、不要と判断される場合には、固定的経費としない。
		電話等	△	固定電話の基本料は、休業期間中も解約しないことが一般的であるので、基本料を固定的経費とするが、休業期間が長期にわたる場合で電話局に一時預けることが適当と認められるときは、必要となる局預け工事費（別途補償を行うこと）及び基本料のうち、回線使用料（基本料）を固定的経費とする。また、携帯電話及びインターネット等の基本料についても、休業期間中に解約することは一般的ではないことから固定的経費とする。 　ただし、休業期間が長期にわたり、不要と判断される場合及び携帯電話の附加機能である定額通信料等のオプション料金のうち不要と判断される（解約、再契約をすることで料金体系上不利となる場合を除く）場合は、固定的経費としない。
③	減価償却費及び維持管理費			
		有形固定資産	△	建物、構築物及び機械装置等を「有形固定資産」という。これらの資産は、土地を除き時の経過又は使用することにより、摩耗、劣化及び損傷し、やがて耐用年数満了により利用不能となり廃棄される。その際、資産の取得から廃棄までの期間が１会計期間（１ヶ年）以内であれば、その期の費用となるが、その期間が数年にわたる場合は、その資産の耐用年数を見積もり、その総償却額を各年度に割当てることが行われることになる（これを「減価償却」といい、一般に定額法又は定率法を用いて行われる。）。減価償却は、本来、期間損益計算を正しく行うための会計処理の手続で、資産が存する限り営業を休止するしないにかかわらず企業が負担すべき費用である。

129

				したがって、全ての減価償却費は期間損益計算のための会計処理の手段であることから、減価償却費については全額を固定的経費とする。 ただし、休業期間中に、対象物が存続しない期間が生じるときは、固定的経費としない。
		無形固定資産	○	営業権、借地権、特許権、意匠権、商標権及びソフトウェア等を「無形固定資産」といい、借地権を除き、残存価額をゼロにして直接償却により定額法を用いて償却することとなっている。無形固定資産も有形固定資産と同じように期間損益計算を正しく行うためのものであり、営業を休止するしないにかかわらず企業が負担すべき費用であるから、固定的経費とする。
		繰延資産	△	繰延資産とは、（費用効果が将来にわたって発現される）創立費、開業費、開発費、株式交付費、社債発行費の5つがあり、科目により期間は若干異なるが、企業会計上は定額法により償却しなければならない。そのため、固定資産と同じように減価償却をすることとなっている繰延資産は、損益計算上では、通常、営業外損益の部で取扱われ、収益額の認定の過程では、本来の営業活動に関係がないことから考慮外となる。 ただし、本来の営業活動に関係し売上高に直接的な影響をもつ経常費用として損金経理した開発費等については、固定的経費とする。
		修繕費	×	修繕費は、通常の維持管理及び修理にかかる費用で軽微な費用の支出をいい、その効果が1会計期間（1ヶ年）以内に消滅するものである。また、費用の支出が一定額を超え資産の価値を増し耐用年数を延長するものについては、資本的支出となり減価償却の対象となるため、耐用年数に応じて償却しなければならない。 したがって、修繕費については、休業期間中は営業をしていないため、建物及び機械等の修理をする必要はなく、固定的経費としない。
		保守料	○	施設警備料、ウイルスソフトライセンス更新料等で企業が所有する機器等の保守点検等のため休業期間中も継続的に支出される費用については、固定的経費とする。
④	土地・建物等の賃借料			
		土地・建物等の賃借料	△	借地、借家等の賃借料については、直接の移転対象となる建物等も含め、休業期間中も継続して賃借し、賃借料を支払うことが一般的である場合は、固定的経費とする。 ただし、営業を行う上で不要と判断されるものや一時的、臨時的なものについては、固定的経費としない。

第Ⅴ章　営業休止等の補償

⑤	機械器具賃貸借料		△	電算機、コピー機等の機械器具の賃借料は、年間契約により休業期間中も継続して賃借する必要があるものは、固定的経費とする。ただし、契約を解約できるものや一時的、臨時的なものについては、固定的経費としない。
⑥	借入金利子			
		借入金利子	△	借入金については、長期と短期のものがあり、返済期日が当該決算期日の翌日から1年以上のものを「長期借入金」といい、工場や土地などの固定資産を購入する際など会社の成長のための投資をする場合に発生することが多く、長期的な計画により返済が行われる借入金であり、休業期間中も継続して支出される経費である。一方、1年未満のものを「短期借入金」といい、短期間の資金繰りに使用する場合などが多く、流動的な借入金であり、休業期間中に返済したり、借入内容を変更することが可能である。 　以上のことから、返済期日が当該決算期日の翌日から1年以上のものについては固定的経費とし、1年未満のものについては固定的経費としない。
		割引料	×	割引料は、銀行等に手形を割引いたときに支払う一定の利息であり、営業上の取引関係から必要に応じてその都度発生する費用であり、営業休止中は営業取引は行われないので、固定的経費としない。
⑦		法定福利費	○	法定福利費は、健康保険、厚生年金、雇用保険、労災保険、船員保険等で企業が法律により負担する費用であり、毎年固定して支出されるものであるため、固定的経費とする。
⑧	福利厚生費			
		親睦補助費	△	毎年定期的に行われる社員旅行に企業が一定額を必要経費として負担している場合等であれば、毎期継続して支出される費用であるので、固定的経費とする。 　しかし、会議費のように不定期に発生する費用については、固定的経費としない。
		賄費等	△	企業が所有する寄宿舎・寮に関連して支出される管理人の給料、食堂の賄費、電気・ガス等の基本料金等で企業がその一部を負担しているもので、休業期間中も継続して費用の支出が予測されるものについては、固定的経費とする。 　しかし、別途管理料等の名目で寮費等を徴収している場合があるので、この場合は固定的経費としない。 　また、企業が購入し社員に貸与する作業着や制服等にかかる費用で、毎年継続的に支出される費用については、固定的経費とする。なお、残業時の夜食代等は、不定期に発生する費用で継続性がないことから、固定的経費としない。

	保健医療費	△	毎年定期的に行われる健康診断に企業が一定額を必要経費として負担している場合は、定期的に支出される費用であるので固定的経費とする。 　しかし、医薬品等の定期性、継続性のない費用については、固定的経費としない。
	祝金等	△	祝金等で、必要に応じて不定期に支出される臨時的な費用については、固定的経費としない。 　ただし、毎年行われている創業記念、永年勤続記念等の費用については、固定的経費とする。
	施設管理費	△	企業が管理する診療所、理容室、美容室、娯楽施設、浴場に関して企業がその施設の従業員の給料や電気、ガス等の維持管理費を負担している場合、休業期間中も施設を維持し、継続して費用を負担することが予測される場合は、固定的経費とする。
⑨　広告宣伝費			
	看板、新聞等	△	看板（屋上看板、野立看板、町内案内看板、電柱看板、浴場看板）、業界新聞、業界雑誌及び年間契約等により継続して広告している一般PR雑誌等で、休業期間も継続して支出が予測されるものについては、固定的経費とする。 　しかし、捨て看板等の継続性のない臨時的に支出されるものについては、固定的経費としない。
	チラシ等	△	チラシ、PR用品、景品等に要する費用については、そのときの必要に応じて支出される臨時的な費用であるため、固定的経費としない。 　ただし、広告用カレンダー、広告用手帳等で、毎年継続して広告のために支出される費用については、固定的経費とする。
⑩　保険料			
	火災保険料	△	建物、設備及び商品等に掛ける保険料については、目的物が存在する限り休業期間中も負担する費用であるため、損金経理されている保険料を固定的経費とする。 　ただし、休業期間中に、保険の対象物が存続しない期間が生じるときは、固定的経費としない。
	自動車保険	○	自動車損害賠償責任保険も任意の自動車保険も共に、保険の目的物である自動車が存在する限り休業期間中も負担する費用であるため、損金経理されている自動車保険料を固定的経費とする。
	生命保険	○	法定福利費以外に企業が社員のために掛けている生命保険等で、継続して企業が費用を負担しているものであれば、固定的経費とする。
⑪　諸会費		△	同業組合、連合会、商店会、工業会、納税協会等の諸会費については、休業期間中も継続して支出が予測される費用であるため、固定的経費とする。また、町会費については、一見営業に関係ないように見えるが、継続して支出している場合は、固定的経費として取り扱う。

				ただし、企業の本来の業務に関係のない加入者相互間のみの親睦をはかる費用、例えば、親睦会費、ゴルフ会費等については、固定的経費としない。
⑫	定期刊行物等		△	研究用、参考用等の目的で業界誌、専門紙や統計資料等の定期刊行物を継続して購入している場合がある。これらのものは、継続して購入することが業務上意義があり、休業期間中も継続して費用の支出が予測されるものについては、固定的経費とする。 しかし、休業期間中に継続して購入する必要がない日刊新聞、雑誌等については、固定的経費としない。
⑬	顧問料		△	税理士及び公認会計士に対する会計事務処理の依頼及び顧問弁護士に対する報酬額等で、契約により継続して費用の支出が予想されるものについては、固定的経費とする。 しかし、必要に応じて支出される興信所調査料、コンサルタント料、不動産鑑定報酬料等については、固定的経費としない。
⑭	賞与			
		従業員賞与	○	従業員の賞与については、利益の配分的要素が強いものの、社会的に慣習化されたものであり、企業会計上も経常経費として計上されているものであるため、固定的経費とする。
		役員賞与	△	役員の賞与については、会社法上、役員給与として税務上の損金算入が厳しく制限されているが、税務署への届出や事前の株主総会等での決議要件を満たすことを条件に、役員賞与の損金算入が認められる。 したがって、役員の賞与が損金経理されている場合については、固定的経費とする。

❹）従業員に対する休業手当相当額の補償（基準第44条第１項第１号後段）

　従業員に対する休業手当相当額の補償は、営業休止の期間中に企業又は事業主が負担する従業員に対する休業手当支出相当分です。細則第27－１－㈢では、従業員に対する休業手当相当額は、休業期間に対応する平均賃金の８割を標準とし、６割からその全額（10割）の範囲内で定めるとしています。

①平均賃金の認定

　営業補償における平均賃金とは、細則第26－４で規定するとおり右の労働基準法第12条に規定する平均賃金を標準とし、同条に規定する平均賃金以外のものでも通常賃金の一部と考えられる家族手当等は、その内容を調査の上、平均賃金に算入できます。

　営業補償における平均賃金は、労働基準法でいう平均賃金を標準としており、補償としては、賃金以外の名目で支払われる手当等で実質的に賃金の一部を構成するものを含めて平均賃金として取り扱います。

（ただし、賞与は固定的経費として算定されるので除く。又、通勤手当をはじめ各種手当についても労働基準法では労働の対償として平均賃金の算定に含めることとなっているが、私見としては、1か月以上の休業等の場合には使用者の責めに帰すべき事由（経営難等）に当たる場合の休業手当としての平均賃金とは異なり、休業中の通勤実績が見込めない通勤手当については、補償上、考慮しないとすることは妥当な判断かと思われる。）

（注）平均賃金の認定
➡「営業補償調査算定要領の解説」では、労働基準法第12条に規定する平均賃金の考え方により求めることとし、通勤手当も含めて計算することとなります。

　平均賃金の認定は、原則として、通常は、法定帳簿となっている賃金台帳を調査して行います。

　また、平均賃金は、算定する事由の発生した日以前3か月間に支払われた賃金をいいますが、補償としての平均賃金の判定時点は、補償時点にできるだけ近い時点とし、「従業員調査票」などを作成することによりその実態を正確に把握することが大切です。

　ただし、希に賃金台帳を作成していない場合等があり、このような場合でも、各従業員別の月々の給与が明らかとなる給与明細等の保管書類等、知り得る範囲での資料収集により調査し、賃金の把握に努めなければなりません。一般的には、1年間のトータル資料となり詳細な検討が必要となる（発生日以前3か月との関係で）ものの、損益計算書上の人件費（役員手当、給与、賞与、雑給）として損金経理された数値の確認を行い、その内訳明細として、総勘定元帳又は確定申告書付属明細書（役員報酬手当及び人件費の内訳）により人件費の損金経理された総額を確認し算定します。

　なお、従業員に対する休業補償額は、平均賃金に基づき算定しますが、細則第27－1－㈢ただし書において、次のような場合は、休業手当相当額から減額し、又は補償しないものとしています。

　①同一経営者に属する営業所が他にあり、そこで従事できるとき

　②営業所の休止に関係なく、外業に従事できるとき

　③従業員が一時限りの臨時に雇用されているとき

　④家族従業員であって、その賃金を自家労働評価額として必要経費から除外したとき

（注）③従業員が一時限りの臨時に雇用されているときの取扱い
➡「営業補償調査算定要領の解説」では、労働基準法第21条に規定する労働者をいうものとされ、具体的には日日雇い、2か月以内の短期雇用、4か月以内の季節雇用、試の使用期間中の者については、これに該当することとなります。

これに関連し、個人営業（個人的な小規模法人を含む）の事業主給与及び専従者給与は、収益減の補償で見てきたとおり収益額の認定の過程で、必要経費とせず収益として取り扱うので、この場合は、従業員に対する休業手当補償とはしないこととなります。一方、法人経営の事業主給与は、収益額の認定の過程で役員給与という必要経費として取り扱うので、従業員に対する休業手当補償として取り扱うこととなります。

【労働基準法第11条（定義）】

この法律で賃金とは、賃金、給料、手当、賞与その他名称の如何を問わず、労働の対償として使用者が労働者に支払うすべてのものをいう。

【労働基準法第12条（定義）】

1　この法律で平均賃金とは、これを算定すべき事由の発生した日以前3箇月間にその労働者に対し支払われた賃金の総額を、その期間の総日数で除した金額をいう。ただし、その金額は、次の各号の一によつて計算した金額を下つてはならない。
　一　賃金が、労働した日若しくは時間によつて算定され、又は出来高払制その他の請負制によつて定められた場合においては、賃金の総額をその期間中に労働した日数で除した金額の百分の六十
　二　賃金の一部が、月、週その他一定の期間によつて定められた場合においては、その部分の総額をその期間の総日数で除した金額と前号の金額の合算額
2　前項の期間は、賃金締切日がある場合においては、直前の賃金締切日から起算する。
3　前2項に規定する期間中に、次の各号のいずれかに該当する期間がある場合においては、その日数及びその期間中の賃金は、前2項の期間及び賃金の総額から控除する。
　一　業務上負傷し、又は疾病にかかり療養のために休業した期間
　二　産前産後の女性が第65条の規定によって休業した期間
　三　使用者の責めに帰すべき事由によつて休業した期間
　四　育児休業、介護休業等育児又は家族介護を行う労働者の福祉に関する法律（平成3年法律第76号）第2条第1号に規定する育児休業又は同条第2号に規定する介護休業（同法第61条第3項（同条第6項において準用する場合を含む。）に規定する介護をするための休業を含む。第39条第10項において同じ。）をした期間
　五　試みの使用期間
4　（略）
5　（略）
6　雇入後3箇月に満たない者については、第1項の期間は、雇入後の期間とする。
7　日日雇い入れられる者については、その従事する事業又は職業について、厚生労働大臣の定める金額を平均賃金とする。
8　第1項乃至第6項によつて算定し得ない場合の平均賃金は、厚生労働大臣の定めるところによる。

【労働基準法第21条（解雇の予告）】

　前条の規定は、左の各号の一に該当する労働者については適用しない。但し、第一号に該当する者が1箇月を超えて引き続き使用されるに至つた場合、第二号若しくは第三号に該当する者が所定の期間を超えて引き続き使用されるに至つた場合又は第四号に該当する者が14日を超えて引き続き使用されるに至つた場合においては、この限りでない。
　一　日日雇い入れられる者
　二　2箇月以内の期間を定めて使用される者
　三　季節的業務に4箇月以内の期間を定めて使用される者
　四　試の使用期間中の者

【労働基準法第26条（休業手当）】

　使用者の責に帰すべき事由による休業の場合においては、使用者は、休業期間中当該労働者に、その平均賃金の百分の六十以上の手当を支払わなければならない。

②補償率について

　先にも触れたように、従業員に対する休業手当相当額の補償率は、平均賃金の80%を標準として60%から100%までの範囲内で適正に定めることとしており、考え方に幅を持たせた規定となっています。

　この休業手当相当額の補償の率の考え方について、次のような意見があることを紹介します。（「例解営業補償の実務」（発行　東京出版株式会社）より）

《平均賃金の100%より減額すべきとする意見》

　①従業員に対する休業補償は、休業期間に対応する間の経費の補償で費用の前払的性格のもので利子相当分は控除すべきである。

　②給料の中には、残業手当、家族手当等の本給以外の種々の手当が入っており休業期間中は労働していないので支払を要さない手当が含まれる可能性があり減額すべきである。

　③賃金は、労働の対価として支払われるものであり、賃金を支払えば本来働かなければならないが、動産移転料等の経費補償を別途行っているため従業員は何ら働かなくてすむので減額すべきである。

　④労働基準法の規定は、平均賃金の百分の六十以上となっており補償率によっては過大補償となるおそれがある。

《平均賃金の100%より減額すべきでないとする意見》

　①賃金の中に残業手当、家族手当等の諸手当が入っているとは言え、現在の生活は、現在の賃金の上に成り立っており、減額することは生活水準を切り下げることとなり減額すべきでない。

　②休業期間中労働しないので減額すべきだとしても、休業すべき原因をつくったのは起業者であり、起業者は損失を完全に補償すべきである。

第Ⅴ章　営業休止等の補償

③労働需給関係から、労働しないから減額した給与で良いとしたら、有能な労働
者が他に移ってしまい労働力の確保が困難となる。

このように休業手当の補償率については、両論ありますが、補償としては、公
平妥当な数値として、また、取扱いを統一する観点から平均賃金の80％を標準と
しています。

5）店舗等の移転の際の商品、仕掛品等の減損の補償（基準第44条第１項第４号）

商品、仕掛品等の減損の補償は、商品、仕掛品等を移転することに伴い生ずる減損と
長期間休業することに伴い生ずる減損とが考えられます。

①商品、仕掛品等の移転に伴う減損

商品、仕掛品等を移転する際に生ずる破損、荷ずれ、荷痛み等による減損の補償は、
通常運賃の割増料金を補償し、併せて、保険料相当額（運送保険等）を補償すること
により対処します。

割増品目としては、次のものが想定されます。

項　　目	品　　物
易損性のあるもの	①レントゲン機械、電子計算機等精密機器及びその部品 ②宮、御輿、仏壇、神仏像 ③ピアノ、その他楽器類及びその部品又は付属品 ④度量衡器及びその部品 ⑤その他、化学的変化が生ずるもの
危険物	①高圧ガス保安法に定める品目 ②消防法に定める品目 ③毒物及び劇物取締法に定める品目 ④火薬類取締法に定める品目 ⑤放射性物質及びこれに類するもの　　等
特殊物件	①引越荷物、生きた動物、鮮魚介類 ②遺体　　等
汚わい品	生さなぎ、骨の類、ほうこう、あま皮、うろこ、内臓、塵芥等の廃棄物、屎尿　　等
貴重品	貨幣、証券類、貴金属その他高価品で標準貨物自動車運送約款（国土交通省）第９条第１項に掲げる貨物

商品、仕掛品等を移転する際の破損等に伴い生ずる損失の補償は、割増運賃及び運送
保険料相当額を補償する必要があり、これらの補償に当たっては、損害保険会社、運送
業者、同業組合等の専門家等の意見、見積もり等を参考とします。しかし、商品、仕掛
品等の品目によっては、それらになじまない場合があるので、営業の実情に即した損失
を判定し適正に対応する必要があります。

137

②長期間の営業休止に伴う商品、仕掛品等の減損

　　長期間営業を休止することにより生ずる商品、仕掛品等の減損は、営業休止期間中、商品、仕掛品等を倉庫又は仮店舗等に保管する場合の損失と商品、仕掛品等の性質上保管が不可能なもの又は保管することにより商品価値を失うものの損失に分けられます。

⑴　商品、仕掛品等を倉庫又は仮店舗等に保管する場合の減損

　　補償としては、当該商品、仕掛品等に適した保管方法をとることによる損失として、定温倉庫蔵置貨物、薫蒸倉庫蔵置貨物、危険貨物、有毒性又は汚損性貨物等を保管する割増料を補償します。この場合の補償額の算定は、当該地域における倉庫保管料・荷役料を基準とした資料又は倉庫業者の見積もりにより適正に判定します。

⑵　商品、仕掛品等の性質上、保管が不可能なものの減損

　　これには、生鮮食品等や保管することにより商品価値を失うものとしての婦人服等流行に敏感な商品があります。これらの商品、仕掛品等は、保管することが適切でないので売却することとなり、売却に伴う損失が生ずることとなります。

　　売却損の補償は、後に説明する営業廃止の補償における営業用固定資産の売却損の補償に準じて行うこととし、費用価格（仕入費及び加工費等）の50％を標準として補償することとなります。なお、営業の実情によりこれにより難い場合は、費用価格については帳簿等で取得原価を調査し、処分見込価格については専門業者の見積もりを徴し、売却損の補償額を判定します。

売却損＝（費用価格×50％）＜標準＞

6）移転広告費、開店祝費等の補償（基準第44条第1項第4号）

　　店舗等の移転に伴い通常生ずる損失の補償としては、移転広告費等、開店祝費及びその他の移転雑費があります。移転広告費は、閉店時と開店時とにかかる費用があり、閉店時には、閉店広告費と移転通知費、開店時には、開店広告費と開店祝費があります。

　　閉店広告費と開店広告費は、不特定の顧客に対して行う広告で、移転通知費は、特定の得意先や仕入先に対して行う通知費用です。

　　ただし、移転広告費や開店祝費は、業種や営業者により費用のかけ方や手法が異なるため、認定が難しいが、基本的には、一般的かつ標準的な費用を超える特殊な費用は、本人の負担とすべきです。

①移転広告費等

⑴　閉店時・開店時の移転広告費

　　移転広告費は、閉店時と開店時とに分け、不特定の消費者に対し従前チラシによる新聞折り込みや広告により行われています。補償の内容は、その配布枚数と回数

第Ⅴ章　営業休止等の補償

により決定され、補償対象となる企業の業種、規模、補償対象地域の商圏の世帯数、現に企業が過去に行ったチラシ広告の実績等により配布枚数を判定し補償額を決定します。なお、チラシの配布回数については、移転前と移転後の２回を原則とし、場合によっては３回（移転前１回と移転後２回）とし、これにより難い場合は、営業者や地域の実情を考慮して補正します。

チラシによる移転広告費の補償額は、次式の算定となります。

> 移転広告費 ＝ （チラシ印刷代＋新聞折込料）×配布枚数×回数

なお、ネット広告の活用など、進化する広告媒体等に係る実態等について公平的観点からの補償の措置が必要でしょう。

⑵　閉店時の移転通知費

移転通知費は、通常ハガキにより特定の得意先等に対して行うものであるので、閉店時に１回行います。通知枚数をどれだけにするかは、得意先名簿や取引先名簿等の帳簿を調査することにより判定しますが、不明な場合は、年賀状や暑中見舞用はがきの購入枚数、聞き込み調査等によりその枚数を判定します。

移転通知費の補償額は、次式の算定となります。

> 移転通知費 ＝ （はがき印刷代＋切手代）×通知枚数

⑶　開店祝費

開店祝費は、開店時に得意先や取引先を招待し祝賀するときに要する費用です。その費用は、得意先や取引先の招待に要する費用、祝賀会に要する費用及びその他開店祝に関して通常想定される費用から構成されます。

開店祝費は、業種、業態等によって祝賀会の規模が異なるため、判断が難しいですが、補償を行う場合は、客観的に見た常識の範囲内であることが前提となります。したがって、会場は、一流ホテル等の会場を借り上げるような想定ではなく移転先の新店舗敷地で行うことを原則とします。

また、招待に要する費用は、招待状・封書代、印刷代及び切手代であり、祝賀会に要する費用としては、酒代、肴代、記念品代、胸飾代、盛花代及び幔幕の使用料があります。その他開店祝に関して通常想定されるその他の費用としては、案内看板及び必要に応じて祝賀会当日の駐車場の借り上げ料が想定されます。

これらの費用は、広告代理店、イベント関連業等の専門者からの聞き込み調査により決定します。

> 開店祝費＝①＋②＋③
> 　①招待に要する費用（招待状・封書代＋印刷代＋切手代）×招待客数
> 　②祝賀会費（酒代、肴代、赤飯代、記念品代等）×招待客数＋会場費
> 　③その他の費用

　なお、開店時の捨て看板、アドバルーン等については、企業の実態を調査し、必要に応じて補償するものとします。

　アドバルーンは、業種にもよりますが、大規模の営業店舗を開店する際にアドバルーンを揚げる慣行がある場合があるので、調査のうえ必要があれば補償の対象とします。

> 補償額＝本数×日数×単価

　捨て看板は、業種によりますが、開店前に街頭に捨て看板を置く慣行がある場合は、補償の対象とします。

> 補償額＝本数×単価

⑷　その他

　実情に即して補償する盛花代、幔幕及びテーブルクロスの使用料、胸飾りの費用、法令上の手続及びその他の諸経費、野立看板等の書替えに要する費用、営業用自動車の車体文字（所在、電話番号等）の書替えに要する費用等があります。また、所在、電話番号、店舗等の写真入りのパンフレットその他の用品（袋、包装紙）等も移転先で使用できないものについては一般的に補償の対象となります。

②移転広告費標準適用表の作成

　移転広告費及び移転通知費は、当該企業の実態に即して行うこととなるが、実務的には、当該企業や業界全体の実態を把握することが困難な場合も多く、客観的で公平な補償をするためには、予め、過去の事例等を取りまとめ、「移転広告費標準適用表」等を作成して補償することが望ましいでしょう。

平成30年度　移転広告費等補償額基準表【○○県】

区分	製造・卸売業	一般小売業	サービス業	摘要
A	①移転通知費 3,640円＋58円×150枚＝　12,340 円 私製はがき(印刷代込)＋切手代(コード○○)×通知先数 ②開店祝費 5,700円×20人＝　114,000 円 料理(コード○○)＋記念品(コード○○準用) ③雑費　一式　12,634 円 計　138,974 円 補償額　138,900 円 (消費税課税対象額)(126,300円)	①移転広告費 (26,000円＋3.3円×3,000枚)×2回＝　71,800 円 (印刷代＋(折込料×広告枚数))×2回 ②移転通知費 4,095円＋58円×200枚＝　15,695 円 私製はがき(印刷代込)＋切手代(コード○○)×通知先数 ③開店祝費 5,700円×15人＝　85,500 円 料理(コード○○)＋記念品(コード○○準用) ④雑費　一式　17,299 円 計　190,294 円 補償額　190,200 円 (消費税課税対象額)(172,900円)	①移転広告費 (36,400円＋3.3円×4,500枚)×2回＝　102,500 円 (印刷代＋(折込料×広告枚数))×2回 ②移転通知費 4,680円＋58円×250枚＝　19,180 円 私製はがき(印刷代込)＋切手代(コード○○)×通知先数 ③開店祝費 5,700円×40人＝　228,000 円 料理(コード○○)＋記念品(コード○○準用) ④雑費　一式　34,968 円 計　384,648 円 補償額　384,600 円 (消費税課税対象額)(349,600円)	広告宣伝費が100,000円未満に適用
B	①移転通知費 4,940円＋58円×300枚＝　22,340 円 私製はがき(印刷代込)＋切手代(コード○○)×通知先数 ②開店祝費 5,700円×40人＝　228,000 円 料理(コード○○)＋記念品(コード○○準用) ③雑費　一式　25,034 円 計　275,374 円 補償額　275,300 円 (消費税課税対象額)(250,300円)	①移転広告費 (44,200円＋3.3円×6,000枚)×2回＝　128,000 円 (印刷代＋(折込料×広告枚数))×2回 ②移転通知費 5,590円＋58円×400枚＝　28,790 円 私製はがき(印刷代込)＋切手代(コード○○)×通知先数 ③開店祝費 5,700円×30人＝　171,000 円 料理(コード○○)＋記念品(コード○○準用) ④雑費　一式　32,779 円 計　360,569 円 補償額　360,500 円 (消費税課税対象額)(327,700円)	①移転広告費 (58,500円＋3.3円×9,000枚)×2回＝　176,400 円 (印刷代＋(折込料×広告枚数))×2回 ②移転通知費 5,980円＋58円×500枚＝　34,980 円 私製はがき(印刷代込)＋切手代(コード○○)×通知先数 ③開店祝費 5,700円×80人＝　456,000 円 料理(コード○○)＋記念品(コード○○準用) ④雑費　一式　66,738 円 計　734,118 円 補償額　734,100 円 (消費税課税対象額)(667,300円)	広告宣伝費が100,000円以上300,000に適用
C	①移転通知費 7,150円＋58円×600枚＝　41,950 円 私製はがき(印刷代込)＋切手代(コード○○)×通知先数 ②開店祝費 5,700円×80人＝　456,000 円 料理(コード○○)＋記念品(コード○○準用) ③雑費　一式　49,795 円 計　547,745 円 補償額　547,700 円 (消費税課税対象額)(497,900円)	①移転広告費 (67,600円＋3.3円×12,000枚)×2回＝　214,400 円 (印刷代＋(折込料×広告枚数))×2回 ②移転通知費 8,710円＋58円×800枚＝　55,110 円 私製はがき(印刷代込)＋切手代(コード○○)×通知先数 ③開店祝費 5,700円×60人＝　342,000 円 料理(コード○○)＋記念品(コード○○準用) ④雑費　一式　61,151 円 計　672,661 円 補償額　672,600 円 (消費税課税対象額)(611,500円)	①移転広告費 (97,500円＋3.3円×18,000枚)×2回＝　313,800 円 (印刷代＋(折込料×広告枚数))×2回 ②移転通知費 10,270円＋58円×1,000枚＝　68,270 円 私製はがき(印刷代込)＋切手代(コード○○)×通知先数 ③開店祝費 5,700円×160人＝　912,000 円 料理(コード○○)＋記念品(コード○○準用) ④雑費　一式　129,407 円 計　1,423,477 円 補償額　1,423,400 円 (消費税課税対象額)(1,294,000円)	広告宣伝費が300,000円以上500,000に適用

(注) 1．この基準表は標準的なものであり、これによりがたい場合は別途算定できるものとする。
2．広告宣伝費が、500,000円以上の際には、別途算定することとする。
3．移転広告費は、B4版片面2色刷で、「印刷代＋折込料×広告枚数」とし、2回折込広告とする。
4．移転通知費は、「私製ハガキ（印刷代＋切手代 コード○○）×通知先数」とする。
5．開店祝費は、「料理（コード○○）＋記念品（コード○○〔準用〕）」とする。
6．雑費は、10％以内とした。
7．折込広告費等の単価は市場調査による。
8．消費税は、移転広告費、移転通知費、開店祝費の合計額に対して課税する。

※営業補償調査算定要領（案）第7条において、土地等を取得する場合の営業休止の補償の算定は、以下の表を用いて行うものとされております。

・営業補償金算定書（営業休止の補償）（様式第5－2号）

・固定的経費内訳書（様式第6号）

・固定的経費付属明細書（様式第7号）

・従業員に対する休業手当相当額算定書（様式第8号）

・認定収益額算定書（様式第9号）

・得意先喪失補償額算定書（様式第10－1～4号）

・費用分解一覧表（様式第11号）

・固定資産等の売却損補償額算定書（様式第12号）

・移転広告費等算定書（様式第13号）及びその他必要な算定書

Ⅴ-4 仮営業所を設置して営業を継続する補償（基準第44条第２項）

1）仮営業所を設置して営業を継続する場合の補償とは

　基準において、仮営業所を設置して営業を継続する補償については、必要かつ相当であると認められるときとして、限定規定となっています。

　そして、この必要かつ相当であると認められるときとして、規則第27-2で次の３つの場合が列挙されています。

　①銀行、郵便局等公益性が強い事業で、その営業休止が社会的にみて妥当でないとき

　②仮営業所を設置するのに適当な場所が存すると見込まれ、かつ、営業休止する場合の補償額以下であるとき

　③災害等による緊急工事等のため、仮移転をさせる必要があるとき

　このうちの、①と③は、その必然性から仮営業所を設置することが必要かつ相当と考えられますが、②については、通常の休業をさせるとした場合と仮営業所の設置を考慮した場合との経済比較が必要となります。仮営業所としての適当な場所が存在することを前提として、通常の休業をした場合の営業補償が当該仮営業所を設置した場合の費用に比べ高額となると見込まれる場合に検討することとなります。

　どのような場合であっても、仮営業所の設置を前提として営業補償の検討を行うとした場合には、補償事務が煩雑、長期化を招くばかりか、現実の問題としては、仮営業所の用地確保が困難な場合が多いので、営業補償が（著しく）高額となることが想定される場合などに限定して仮営業所の設置について検討することとしています。

　一方、企業は、休業することによって得意先を喪失することを嫌い、極力営業を続けようと努力する基本姿勢について理解する必要があるとともに、通常の営業休止補償に代えて仮営業所の設置の補償が妥当と認められる場合があることにも留意すべきです。

　特に、営業が開始されてから間もないにもかかわらず経営が順調な企業や極めて健全な経営状態で推移しているような企業の場合、仮営業所を設置して営業を継続する補償は、営業休止の補償と比べ現実的であり、かつ説得力のある補償と言えるでしょう。

　しかしながら、この補償は、あくまでも営業を休止する場合の補償額以下である場合に適用することができるものであり、例えば赤字企業のように営業を休止する補償の方が低額となるような場合には適用できません。

　対象となる補償は、仮営業所の設置に要する費用、仮営業であるための収益減、店舗等の位置を変更することによる得意先喪失額、移転に伴う商品・仕掛品の減損や広告費等通常生ずる損失となります。

第Ⅴ章　営業休止等の補償

2）補償の項目と内容

①仮営業所の設置に要する費用

　仮営業所の設置に要する費用は、仮営業を営むため通常必要とする規模及び設備を有するのに必要な費用ですが、その方法は、仮営業所を新たに建設する場合と借り上げる場合とに分かれます。

　仮営業所を新たに建設する場合としては、従前地の周辺に仮営業所を設置する十分な土地が存するときは可能ですが、既成市街地で家屋が密集し、周辺に仮営業所を設置する余地がないときは仮営業所を建設することは困難な場合があり、既存の店舗等を借り上げることとなります。なお、仮営業所を建設する場合であっても、仮店舗、仮事務所、仮倉庫等であるので、一般には仮設の組立ハウスによることが多くなるものと思われますが、場合によっては資材をリースする場合の方が廉価な場合があるので、このような場合には、リースにより補償額を算定することになります。

(1)　既存建物等がある場所で新たに建設（設置）する場合

　補償額＝地代相当額＋仮設建物の建設費＋解体除却費－発生材価格

　なお、仮設建物をリースする場合は、地代相当額、仮設建物資材のリース料及び解体撤去費を補償することとなります。

(2)　建物を借り上げる場合

　補償額＝仮営業所の賃貸料相当額（必要となる一時金を含む。）＋仮営業所の賃借に通常必要とする費用

②仮営業所であるための収益減補償

　収益減の補償は、従前の場所で営業をしていたとした場合に得られたであろう収益と仮営業所で得ることができる収益との差額に対する補償です。

　すなわち、仮営業所での営業収益が従前の営業収益より低下する場合の収益減の補償で、あらかじめ減収する収益額を想定する必要があります。この補償の場合にあっても、精算払ではなく前もって仮営業所で上がる収益を見積もらなければならないので、その判断が困難となる場合が多くなります。

　収益の低下の原因として想定されるものとして、仮営業所を設置する場所的な条件、設置する仮営業所の規模及び質的な条件、人件費、減価償却費等の過剰遊休化による収益への圧迫、仕入市場と販売市場の変化に伴う運搬費の経費増による収益への圧迫等が考えられます。

　しかしながら、仮営業所を設置して営業を継続することとする場合にあっては、冒頭の①と③に当たる公益上及び工事上の理由は別として、一般的には、経済合理性の理由に基づくもので、仮営業所を設置して従前の収益を維持し、極力収益の低下を防ごうとするものです。したがって、仮営業所の規模等を従前と同じように設置すれば、収益の低下は余り生じないと考えるのが妥当と言えます。仮に、極端な収益の低

143

下が起こるとすれば、仮営業所の設置の方法に問題があると言えます。

　ただし、場所的な条件による収益の低下については、次項の得意先喪失の問題として考えることができます。したがって、仮営業であるための収益減の補償は、仮営業所の場所、規模等により個々の事例に応じ実情を的確に把握し適切な対応を行う必要があります。

③仮営業所の得意先喪失の補償

　得意先喪失の補償は、繰り返しになりますが、店舗等の位置を変更することにより、一時的に得意先を喪失することによって生ずる損失の補償です。

　しかし、仮営業所は、従前の営業所の近くに設置しなければ営業を継続する意味がない場合もあり、得意先が減少することが想定される仮営業所の設置には計画自体に問題があると言えます。

　なお、補償の算定については、先に記述したとおりです。

④その他仮営業所への移転に伴い通常生ずる損失の補償

(1)　移転に伴う商品、仕掛品等の減損の補償

　　商品、仕掛品、原材料等を移転することに伴い生ずる減損は、仮営業所への移転の時と移転先への本移転の時と二度あることに留意して補償します。

(2)　広告費等、その他通常生ずる損失の補償

　　費用としては、通常次のものが想定されます。

　　　a 仮営業所で行う移転広告費と仮営業所に移転するための移転通知費

　　　b 仮営業所を借上げる場合は、必要とする付帯設備等の費用。

　　　　　通常の貸店舗であれば付帯設備は整っており、営業をすぐにでも営むことができるが、場合によっては、ある程度の造作を行わないと営業ができない場合があり、これに要する費用

　　　c 宅地建物取引業者に依頼して仮移転先を選定する場合の宅地建物取引業者の報酬相当額等　　　など

　　※営業補償調査算定要領（案）第8条において、仮営業所を設置して営業を継続する場合の算定は、以下の表を用いて行うものとされております。

　　・営業補償金算定書（営業休止の補償）（様式第5－2号）

　　・認定収益額算定書（様式第9号）

　　・得意先喪失補償額算定書（様式第10号－1〜4号）

　　・費用分解一覧表（様式第11号）

　　・固定資産等の売却損補償額算定書（様式第12号）

　　・移転広告費等算定書（様式第13号）及びその他必要な算定書

Ⅴ-5 例示による営業休止の補償の算定例

例-1 金属加工業を営む工場に対し、機械工作物等の移設を伴う構外再築工法と認定し、営業休止の補償を行った事例

1) 事業計画及び対象事業所の概要

　当事業は、既成市街地の店舗、事業所及び一般住宅が連たんする幹線道路の両側を約6m拡幅するものである。支障となる営業所は、平成〇年10月に創立され、資本金300万円、役員4名、従業員10名により経営される中小工場で、製缶曲げ加工及び鋼材折曲げ加工等の金属加工を行い、大手企業の下請工場として安定的な事業展開を行っている。

2) 支障状況と工法認定

　工場の敷地面積は300㎡で、建物は事務室及び休憩室を含む鉄骨2階建工場で延面積350㎡である。

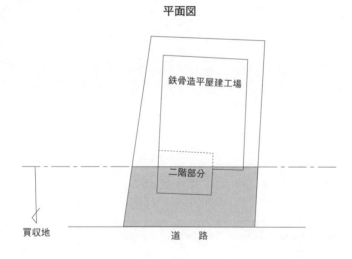

平面図

　取得面積は、敷地全体の約35％に当たる105㎡である。移転工法の認定に当たっては、配置図に示すとおり、相当規模の残地が残ることから、構内移転と構外移転の両移転工法を検討することとし、合理的な移転工法の認定は、総合的な経済比較の結果、最終的な判定を行うこととした。

3) 営業休止期間の認定

　営業休止期間は、細則第27第1項第1号において「建物の移転が構外再築工法による

場合は、その規模、業種設備等の移転期間及び準備期間等を考慮し、2か月の範囲内で相当と認める期間とする。ただし、特殊な工作機械等があり、その移転に相当の期間を要する場合は、その実情に応じて定めるものとする。」としている。

本事業所の場合、工作機械等の移設について物理的、機能的に移転が可能であったことから、工作機械の移転に要する期間について、見積もりを参考とし次のとおり判定した。

移設の場合：32日間（基礎工事を除く。）

新設の場合：10日間（基礎工事、既存施設の撤去を除く。）

したがって、営業休止期間は、別添、移転工期・工程表に示すとおり、構内移転の場合は、建物の建築期間、工作機械の移転に要する期間に準備期間等を含め180日間と判定し、構外移転の場合は、工作機械の移転に要する期間に準備期間等を含め25日（機械新設）又は40日間と認定した。

第Ⅴ章　営業休止等の補償

1　構内再築工法

移転工期・工程表（機械移設・仮倉庫経由）

項目	期間	日数
着手・閉店準備		3
仮倉庫の準備・選定		5
仮倉庫への移転　動産移転	整理・梱包	3
	積込・運搬	4
	荷卸し・保管	2
仮倉庫への移転　掛商品・移転仕	整理・梱包	4
	積込・運搬	5
	荷卸し・保管	3
移転先地への移転　動産移転	積込・運搬	4
	荷卸し・荷解き	2
	整理・配置	4
移転先地への移転　掛商品・移転仕	積込・運搬	5
	荷卸し・荷解き	3
	整理・配置	5
建物	既存建物解体	5
	建築工事	120
	基礎工事	10
機械移設	取外し・撤去	8
	運搬（仮倉庫）	5
	保管	125
	運搬（移転先）	5
	据付	8
	試運転・調整	7
再開準備・完了		5
営業休止期間		180

147

2　構外再築工法

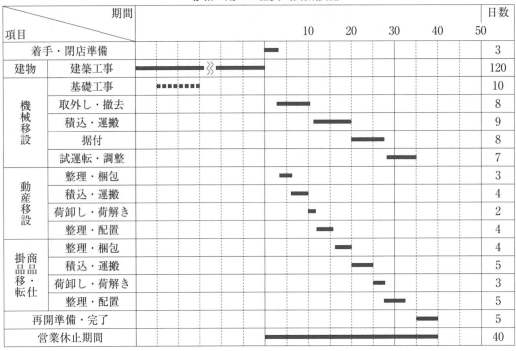

3　構外再築工法

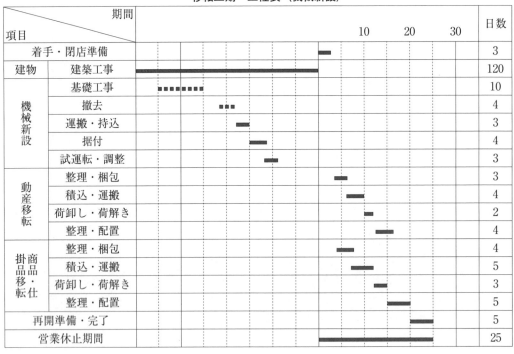

4）営業資料の収集

　営業資料は、確定申告書、同付属明細書、決算報告書（損益計算書・貸借対照表）、総勘定元帳及び賃金台帳を収集し、補償額算定の基礎とした。収集した資料の中、①は損益計算書であり、製造原価に関する内容は、②の製造原価報告書のとおりである。

①損益計算書

損益計算書 ［自平成○年×月○日 / 至平成○年×月○日］

経常損益の部			
（営業損益）			
営業収益			
Ⅰ．売上高		206,449,351	
Ⅱ．売上原価			
1．当期製品製造原価		176,178,152	
売上総利益		30,271,199	
Ⅲ．販売費及び一般管理費			
1．給料手当	11,924,200		
2．法定福利費	438,686		
3．厚生費	524,878		
4．通信費	199,813		
5．旅費交通費	600,887		
6．事務費	103,618		
7．交際費	1,280,815		
8．公租公課	1,095,437		→付属明細書により確認
9．組合費	106,200		188,037円　収益認定⑧
10．支払保険費	529,080		
11．営繕費	497,948		
12．減価償却費	575,911		
13．雑費	1,503,176		
		19,380,649	
営業利益		10,890,550	→収益認定①
（営業外損益）			
Ⅰ．営業外収益			
1．受取利息	606,389		
2．貸倒引当金戻入	820,000		
3．賞与引当金戻入	986,000		
4．価格変動準備金戻入	440,000		
5．雑収入	788,000		
			→収益認定②660,000円
		3,640,389	（作業屑売却代）
Ⅱ．営業外費用			
1．支払利息	2,548,076		→収益認定④
2．割引料	4,203,602		→収益認定⑤
3．貸倒引当金繰入	780,000		
4．賞与引当金繰入	1,700,000		
5．価格変動準備金繰入	350,000		
6．雑損失	1,437,000		
		11,018,677	
経常利益		3,512,261	

特別損益の部

Ⅰ．特別利益		
1．特別償却準備金戻入	63,900	
2．固定資産売却益	157,352	
		221,252
Ⅱ．特別損失		
1．固定資産処分損	370,869	
		370,869
法人税等控除前利益		3,362,644
2．法人税等充当額		958,252
当期純利益		2,404,392

②製造原価報告書

製造原価報告書

自平成○年×月○日　　至平成○年×月○日

Ⅰ．材料費		
1．期首材料棚卸高	6,919,722	
2．当期材料仕入高	121,033,775	
合　　　計	127,953,497	
3．期末材料棚卸高	6,392,330	
当　期　材　料　費	121,561,167	
Ⅱ．労務費		
1．給料手当	5,967,662	
2．工賃手当	17,515,719	
3．雑給	257,988	
4．退職掛金	82,800	
5．法定福利費	2,393,893	
6．厚生費	1,755,268	
当　期　労　務　費	27,973,330	
Ⅲ．外注費		
1．外注費	8,162,407	
Ⅳ．経費		
1．燃料費	6,937,149	
2．消耗品費	3,884,798	
3．動力費	929,857	
4．水道光熱費	49,138	
5．運搬費	654,982	
6．修繕費	1,144,780	
7．減価償却費	1,945,382	
8．支払保険料	213,193	
9．工場雑費	793,490	
当　期　経　費		16,552,769
当期製造総費用		174,249,673
期首仕掛品棚卸高		3,162,682
合　　　計		177,412,355
期末仕掛品棚卸高		1,234,203
当期製品製造原価		176,178,152

5）移転工法の認定

移転工法については、物理的、機能的及び法制的検討を行うほか、以下のとおり経済的検討を行った。

a案：構内再築工法（機械設備等は移設。180日）

b案：構外再築工法（機械設備等は移設。40日）

c案：構外再築工法（機械設備等は新設。25日）

①移転工法別補償額

移転工法別経済比較表

移転工法別		建物	機械設備	工作物	通損	営業	補償額合計
a案	構内移転 （休業180日）	26,606,123	32,200,500	10,515,400	850,000	33,180,900	103,352,923
b案	構外移転 （休業40日）	26,606,123	32,200,500	10,515,400	2,651,660	16,217,200	88,190,883
c案	構外移転 （休業25日）	26,606,123	80,754,200	10,515,400	2,651,660	9,593,100	130,120,483

②機械設備費用比較

機械設備費用比較表

項目	全部移設	一部新設・一部移設 ※新設機械は、減耗分を控除した。
機 械 新 設 費		62,100,200
機 械 移 設 費	23,268,447	1,354,747
基 礎 工 事 費	973,207	973,207
架 台 移 設 費	896,436	896,436
解 体 工 事 費	705,024	705,024
諸 経 費	6,357,406	14,724,603
計	32,200,520	80,754,217
補 償 額	32,200,500	80,754,200

上記のとおり、b案の構外再築工法（機械設備等は移設休業期間40日）が最も経済的であることから、b案を合理的な移転工法と認定した。

なお、移転工法の認定に当たっては、土地に対する補償を含めた補償総額（ただし、構外移転工法に加える残地価額は現実に取得することを意味するものではない。）で比較すべきところ、本事例の経済的検討における構内移転工法と構外移転工法の比較に当たっては、土地に対する補償（構内にあっては残地補償等、構外にあっては残地価額）が考慮されていないので注意されたい（P.65、66細則第15の1の(4)四参照）。

6）営業補償額の算定

　補償額の算定に当たっては、当該工場の機械設備等の移設が可能であることから機械設備を移設する場合と新設する場合について移転工法を検討することとし、移転工法は、残地が65％の相当規模が残ることから構外再築工法のほかに構内再築工法について検討することとし、補償額を算定することとした。

　なお、算定に当たっては、ａ案：構内再築工法（機械設備等は移設）、ｂ案：構外再築工法（機械設備等は移設）及びｃ案：構外再築工法（機械設備等は新設）の３案を算定することとした。

①営業補償額総括表

　ａ案　構内再築工法（機械設備移設）

補償期間＝180日
構内移転（休業あり）

営業補償金額総括表

営業休止期間　180日　　　　構内再築工法

補　償　項　目	計　　　算　　　式	補　償　金　額	摘　　　要
休業期間中の収益減の補償額	（年間認定収益額）　　　（補償期間） 4,986,909円　×　180日／365日　＝　2,459,297円	2,459,200円	
得意先喪失に伴う損失補償額	（１か月平均額）（売上減少率）（限界利益率） 17,259,112円　×　190％　×　30.4％ ＝9,968,863円	9,968,800円	製造業：符号3
固定的経費の補償額	（年間固定的経費認定額）　　（補償期間） 13,996,014円　×　180日／365日　　＝　6,902,143円	6,902,100円	
休業（人件費）補償額	（１か月賃金）　　（補償期間） 2,804,375円×80％×180日／30日　＝13,461,000円	13,461,000円	
移　転　広　告　費	別紙明細（区分Ａ）	389,800円	移転広告費標準適用表
補　償　額　合　計		33,180,900円	

　ｂ案　構外再築工法（機械設備移設）

補償期間＝40日
構外移転（休業あり）

営業補償金額総括表

営業休止期間　40日　　　　構外再築工法

補　償　項　目	計　　　算　　　式	補　償　金　額	摘　　　要
休業期間中の収益減の補償額	（年間認定収益額）　　（補償期間） 4,986,909円　×　40日／365日　＝　　546,510円	546,500円	
得意先喪失に伴う損失補償額	（１か月平均額）（売上減少率）（限界利益率） 17,259,112円　×　205％　×　30.4％ ＝ 10,755,878円	10,755,800円	製造業：符号3
固定的経費の補償額	（年間固定的経費認定額）　　（補償期間） 13,996,014円　×　40日／365日　　＝　1,533,809円	1,533,800円	
休業（人件費）補償額	（１か月賃金）　　（補償期間） 2,804,375円×80％×40日／30日　＝　2,991,333円	2,991,300円	
移　転　広　告　費	別紙明細（区分Ａ）	389,800円	移転広告費標準適用表
補　償　額　合　計		16,217,200円	

第Ⅴ章　営業休止等の補償

c案　構外再築工法（機械設備新設）

補償期間＝25日
構外移転（休業あり）

営業補償金額総括表

営業休止期間　25日　　　構外再築工法

補 償 項 目	計　　算　　式	補 償 金 額	摘　　　要
休業期間中の収益 減 の 補 償 額	（年間認定収益額）　　（補償期間） 4,986,909円 × 25日／365日　 ＝　 341,569円	341,500円	
得意先喪失に伴う 損 失 補 償 額	（1か月平均額）（売上減少率）（限界利益率） 17,259,112円 × 115% × 30.4% ＝6,033,785円	6,033,700円	製造業：符号3
固 定 的 経 費 の 補　　償　　額	（年間固定的経費認定額）　（補償期間） 13,996,014円 × 25日／365日　 ＝　 958,631円	958,600円	
休業（人件費） 補　　償　　額	（1か月賃金）　（補償期間） 2,804,375円×80%×25日／30日　 ＝ 1,869,583円	1,869,500円	
移 転 広 告 費	別紙明細（区分A）	389,800円	移転広告費標準 適用表
補 償 額 合 計		9,593,100円	

②収益額の認定

　　収益額の認定に当たっては、当該事業所の経理処理は税抜経理方式であることから、損益計算書の決算処理額の数値について収益額の認定基準に従って収益額を認定することとした。その結果、次の「認定収益額算定表」に示すとおり収益額を4,986,909円と認定した。

認定収益額算定表

科目	金額	摘要
① 営 業 利 益	10,890,550	損益計算書の（営業損益）の部の「営業利益」を計上。
営 業 外 収 益		
② 雑　　収　　入	660,000	雑収入788,000円のうち、作業屑売却代（毎期、恒常的に発生）660,000円を加算する。
③ ① ＋ ②	11,550,550	
営 業 外 費 用		
④ 支 払 利 息	2,548,076	損益計算書の（営業外損益）の部の「営業外費用」の項より。
⑤ 割　　引　　料	4,203,602	
⑥ ④ ＋ ⑤	6,751,678	
⑦ ③ － ⑥	4,798,872	
⑧ 事 業 税 等	188,037	事業税等の確認は、確定申告書の租税公課の納付状況等に関する明細書による。
⑦ ＋ ⑧	4,986,909	認定収益額

153

③得意先喪失の補償額の認定

(1) 売上減少率

　　細則第27の別表第8に定める売上減少率の適用は、本件が大手専門企業の下請け
という経営活動であるので、製造業の符号3「主として発注者の計画に従って生産
し、限定的取引先を有する中小企業」とした。

構内移転（長期休業）	190
構外移転（長期休業）	205
構外移転（短期休業）	115

(2) 限界利益率

　　限界利益率は、得意先喪失補償額計算表に示すとおり30.4％と認定した。

(3) 得意先喪失補償額の算定

構内移転（休業あり）	9,968,800円
構外移転（休業あり）	10,755,800円
構外移転	6,033,700円

第Ⅴ章　営業休止等の補償

得意先喪失補償額計算表

勘定科目		金額（損益計算書上）	摘要
(1)　売上高		207,109,351	※認定収益額算定表の雑収入を含む。 206,449,351＋660,000＝207,109,351
(2) 変 動 費	①　製造原価		※製造原価報告書より
	(a)　材料費		
	ⅰ　期首材料棚卸高　6,919,722		
	ⅱ　当期材料仕入高　121,033,775		
	計　127,953,497		
	ⅲ　期末材料棚卸高　6,392,330		
	当期材料費	121,561,167	
	(b)　労務費：材料	257,988	
	(c)　外注費	8,162,407	
	(d)　経費	12,455,924	
	ⅰ　燃料費　6,937,149		
	ⅱ　消耗品費　3,884,798		
	ⅲ　動力費　929,857		
	ⅳ　水道光熱費　49,138		
	ⅴ　運搬費　654,980		
	製造原価　計	142,437,486	
	②　一般管理費及び販売費	－	※損益計算書より一般管理費及び販売費より変動費に該当する科目
	③　当期仕掛品	1,575,567	1,928,479 ※製造原価費用分解表より
	変動費　計	144,013,053	
(3)　利益		4,798,872	※認定収益額算定表の認定収益額より事業税等を除いた額 4,986,909－188,037＝4,798,872
(4)　固定費		58,297,426	(1)－(2)－(3)

売上高　＝　固定費　＋　変動費　＋　利益
207,109,351　＝　58,297,426　＋　144,013,053　＋　4,798,872

1．売上減少率		
製造業：符号3	a．構内移転（休業あり）の場合	190%
	b．構外移転（休業あり）の場合	205%
	c．構外移転の場合	115%

2．限界利益率

$$\frac{固定費 ＋ 利益}{売上高}$$

$$= \frac{58,297,426 ＋ 4,798,872}{207,109,351}$$

$$= 0.3046$$

$$≒ 30.4\%$$

155

３．得意先喪失補償額	算定式 ＝ １か月の売上高 × 売上減少率 × 限界利益率	
１か月の売上高	207,109,351円÷12か月＝17,259,112円	
ａ．構内移転（休業あり）の場合	17,259,112円×190％×0.304＝ 9,968,863円	9,968,800円
ｂ．構外移転（休業あり）の場合	17,259,112円×205％×0.304＝10,755,878円	10,755,800円
ｃ．構外移転の場合	17,259,112円×115％×0.304＝ 6,033,785円	6,033,700円

製造原価費用分解表

当期仕掛品を製造原価に含まれる変動費率により、変動費に分解する。

	製 造 原 価	固定費	変動費	備 考	
1	期首材料棚卸高		6,919,722		
2	当期材料仕入高		121,033,775		
3	期末材料棚卸高 △		−6,392,330	当期材料費121,561,167	
4	給料手当	5,967,662			
5	工賃手当	17,515,719			
6	雑給		257,988		
7	退職掛金	82,800			
8	法定福利費	2,393,893			
9	厚生費	1,755,268			
10	外注費		8,162,407		
11	燃料費		6,937,149		
12	消耗品費		3,884,798		
13	動力費		929,857		
14	水道光熱費		49,138		
15	運搬費		654,982		
16	修繕費	1,144,780			
17	減価償却費	1,945,382			
18	支払保険料	213,193			
19	工事雑費	793,490			
	当期総製造総費用	31,812,187	142,437,486	174,249,673	（変動費率：81.7％）
	期首仕掛品棚卸高			3,162,682	
	期末仕掛品棚卸高 △			−1,234,203	当期仕掛品1,928,479
	当期製品製造原価			176,178,152	

・変動費率 $\left[\dfrac{変 動 費}{総製造原価}\right] = \dfrac{142,437,486}{174,249,673} = 81.7\%$

・当期仕掛品×変動費率＝1,928,479円×81.7／100＝1,575,567円

※上記の変動費率に当期製品製造原価を乗じることにより、製造原価のなかの変動費（全体）
を求める方法もある（P.121得意先喪失補償業種別算定様式(1)製造業「製品売上原価のな
かの変動費」を参照）。

第Ⅴ章　営業休止等の補償

④固定的経費の補償額の認定

　固定的経費の認定は、収益額の認定の過程で損金経理された経費の中から、営業休止期間中も継続的かつ固定的に支出が想定される経費を認定することとする。具体的な認定に当たっては、原価計算の中の経費、一般管理費及び販売費、営業外費用の中から選択をすることとし、総勘定元帳及び確定申告書の付属明細書等を調査し認定した。

固定的経費内訳表

科　　目	認定金額	摘　　　要	付属明細書番号
法 定 福 利 費	2,832,579		①
厚　　生　　費	1,223,689		②
公 租 公 課	858,400		③
組　　合　　費	106,200	同業組合費を認定	④省略
保　　険　　料	742,273		⑤〃
減 価 償 却 費	2,521,293		⑥
支 払 利 息	862,580	営業外費用より（長期借入）	⑦省略
雑　　　　　費	349,000	定期刊行物及び顧問料	⑧〃
賞　　　　　与	4,500,000		⑨〃
計	13,996,014		

固定的経費付属明細表①

法定福利費

内　　訳	損益計算書計上額	収益に加算できる額	固定的経費認定額	摘　　　要
社 会 保 険 料	1,960,090		1,960,090	企業負担分
労 災 保 険 料	872,489		872,489	
計	2,832,579		2,832,579	

固定的経費付属明細表②

厚生費

内　　訳	損益計算書計上額	収益に加算できる額	固定的経費認定額	摘　　　要
社員旅行補助積立金	387,689		387,689	
作 業 服 代	532,000		532,000	
社 員 祝 金 等	308,000			
会　　議　　費	97,523			
医 薬 品 購 入	50,500			
寮・管 理 費 用	304,000		304,000	
そ　の　他	600,434			
計	2,280,146		1,223,689	

固定的経費付属明細表③

公租公課

内　　訳	損益計算書 計　上　額	収益に加算 で き る 額	固定的経費 認　定　額	摘　　　　要
法　人　税	38,557	38,557		収益認定⑧
事　業　税	132,660	132,660		
延　滞　金	16,820	16,820		臨時異常なもの
固　定　資　産　税	407,600		407,600	
自　動　車　税	276,000		276,000	
軽　自　動　車　税	10,000		10,000	
自　動　車　重　量　税	164,800		164,800	
印紙税・登録免許税	49,000			
計	1,095,437	188,037	858,400	

固定的経費付属明細表⑥

減価償却費

内　　訳	損益計算書 計　上　額	収益に加算 で き る 額	固定的経費 認　定　額	摘　　　　要
建物当期償却額	243,049		243,049	
工具　　　〃	42,796		42,796	
機械装置　〃	1,230,027		1,230,027	
車両運搬具　〃	897,931		897,931	
什器備品　〃	107,490		107,490	
計	2,521,293		2,521,293	

⑤休業（人件費）補償額の認定

　　営業休止期間中の従業員に対する休業手当相当額は、直近３か月の給料を給料台帳より調査し１か月の平均賃金を求め、その80％を標準として補償することとした。

　　なお、アルバイト従業員については、給与明細等にて雇用期間を確認した結果、労働基準法第21条第４号の臨時雇用者に該当するため補償しないこととした。

　　１か月の平均賃金

$$2,804,375円 \times \frac{80}{100} \times \frac{40}{30} = 2,991,333円 \fallingdotseq 2,991,300円$$

第Ⅴ章　営業休止等の補償

従業員調査表

氏名	性別	年齢	職種	1か月賃金額		摘要
				平均賃金	対象額	
A	男	58	業 務 部 長	369,943	369,943	
B	〃	60	製 造 部 長	290,000	290,000	
C	〃	55	工 場 長	250,600	250,600	
D	〃	45	製 造 部 長	231,400	231,400	
E	女	23	事 務 員	133,212	133,212	
F	〃	21	〃	123,240	123,240	
G	男	50	工 員	209,188	209,188	
H	〃	48	〃	188,292	188,292	
I	〃	48	〃	186,212	186,212	
J	〃	40	〃	170,508	170,508	
K	〃	40	〃	170,984	170,984	
L	〃	37	〃	167,324	167,324	
M	〃	35	〃	163,638	163,638	
N	〃	32	〃	149,834	149,834	
O	〃	18	ア ル バ イ ト	50,000		除外
P	〃	18	〃	50,500		〃
計				2,904,875	2,804,375	

⑥移転広告費等の補償

　移転広告費については、得意先数や製造業としての一般的な慣行を考慮し、通常の規模の補償をすることが適当と判断し、「移転広告費標準適用表」を参考に、次のとおり補償した。

イ	移転広告費	（チラシ印刷代＋新聞折込料）×枚数×2回 （24.0＋3.3）×2,000×2	109,200円	389,800円
ロ	移転通知費	（はがき印刷代＋切手代）×枚数 （55.0＋58.0）×200	22,600円	
ハ	開店祝費	（料理代＋酒代＋記念品代＋赤飯＋雑費） ×招待客数8,600×30	258,000円	

第Ⅵ章
営業廃止の補償（基準第 43 条）

第Ⅵ章　営業廃止の補償（基準第43条）

Ⅵ−1　営業廃止の補償の要件（細則第26-1）

　営業廃止の補償は、土地等の取得又は使用に伴って当該土地等で従来の通常営業を継続していくことが、客観的にみて不可能であると認められる場合における損失を補償するものです。

　通常営業の継続が不可能と認められる場合とは、営業所、店舗等が次のいずれかの要件に該当する場合です。

　一　法令等の規制で営業場所が限定又は規制される場合
　二　特定地に密着した店舗の場合
　三　営業場所が物理的又は社会的条件により限定される業種の場合
　四　騒音、振動、臭気等を伴う業種で社会的条件により営業場所が限定される業種の場合
　五　生活共同体を営業基盤とする店舗等であって、当該生活共同体の外に移転することにより営業再開が特に困難と認められる場合

　営業は、場所が異なっても継続できる場合が多く、営業休止の補償が行われるのが一般的であり、前述の場合であっても、直ちに営業廃止と判断することは妥当ではなく、相当期間休業することにより営業再開可能と認められるものについては、移転期間に対応する休止期間に営業許可等に必要と認められる期間を加えた営業休止の補償により対応できる場合が多いと考えられます。

　したがって、営業廃止の補償を行う場合には、被補償者の都合や主観によらず、特に許認可行政庁の窓口と十分協議し、移転に伴って従来の営業を継続できないと認められる場合に限り、適用するものであることに留意すべきです。

1）要件の具体例等

①法令等により営業場所が限定又は制限される業種で営業を廃止せざるを得ない場合（細則第26-1-（一））

イ．営業許可により営業場所が具体的に限定されている業種

業　種		法　令　等	業種法令規制の内容等
a	（※） （三業地内の）料亭、待合、個室付浴場業（ソープランド）、モーテル業等	風俗営業等の規制及び業務の適正化等に関する法律（以下「風営法」という。）、同施行令、都道府県条例	各条例の規制については、都道府県で必ずしも同一の内容ではないが、許可された特定地域内でのみ営業が可能であり、他の地域に移転することは不可能であるので営業廃止に該当する。しかし、構外に移転しない場合は、「営業規模縮小の補償又は営業休止の補償」が可能な場合がある。

163

	業　種	法　令　等	業種法令規制の内容等
b	キャバレー、ナイトクラブ、ダンスホール、料理店、バー、喫茶店、麻雀店、パチンコ店等	風営法、同施行令、都道府県条例	学校、病院、福祉施設等の特殊施設の敷地からおおむね100m以内地域での営業が禁止される。したがって、この規制される地域以外であれば営業再開の可能性があり、aの業種より移転先の選択の幅が広く、「営業休止の補償」となる場合が多い。
c	ホテル、旅館、簡易宿泊所等	旅館業法、同施行規則、都道府県条例	学校、病院、福祉施設等の特殊施設の敷地からおおむね100m以内の地域でこれらの施設環境が著しく害されると認められるときは、営業が禁止される。したがって、この規制される地域以外であれば営業再開の可能性があり、aの業種より移転先の選択の幅が広く、「営業休止の補償」となる場合が多い。

　　（注）法令に抵触する場合であっても許認可の行政機関と協議し、廃止の可否を判断する。

　　（※）「三業地」とは、待合、芸者置屋、料亭の三業種が伝統的に営業を続けている地域のことで、いわゆる、花街のことである。

ロ．一定基準により営業場所の制限を受ける業種

	業　種	法　令　等	業種法令規制の内容等
a	公衆浴場	公衆浴場法、同施行規則、都道府県条例等	公衆浴場は、公衆浴場間に一定の距離を必要とするが、移転先についての選択の幅が広く、通常「営業休止の補償」となる。
b	たばこ小売業	たばこ事業法、同施行規則	たばこ小売業は、既設のたばこ小売業との関係位置を考慮して位置を指定する。通常「営業休止の補償」となる。

②特定地に密着した店舗であって適当な移転先がないと認められる場合（細則第26- 1 –㈡）

	業　種	法　令　等	業種法令規制の内容等
a	○○だんご、銀座○○、○○煎餅等、特定の土地に密着した店名を「のれん」として営業している有名店の場合		特定地に密着して営業していることに意義があり、当該土地を離れるとその意義が失われる場合であるが、ブランドとしての「店名」が有名であり既に地縁的関係が希薄となっている場合や「のれん」自体の価値がなくなっている場合があるので必ずしも営業廃止の補償とはならない。したがって、営業廃止とするか否かは、創業時からの実績、特定地への密着の程度、得意先等顧客の動向等を総合的に勘案し認定する。
b	法隆寺、清水寺、善光寺等の門前町の土産物店等		門前町は、神社・寺等の門前に向かって土産物店が軒を連ねている場所で、これらと地域的に密着しており、当該土地を離れるとその意義が失われる場合である。

③営業場所が物理的条件等により限定される業種で営業を廃止せざるを得ない場合（細則第26- 1 -㈢）

	業　種	法　令　等	業種法令規制の内容等
a	貸しボート業、釣船業、小型造船業等	河川、公有水面等の管理者の占用許可	河川等の埋め立て等で失った公有水面の代替水面を得ることや新たな占用許可を得ることが著しく困難である場合であり、特に内水面ではほとんど不可能と判断されるため、こうした場合は、営業廃止の補償となる。なお、廃止の可否の判断は関係行政機関と協議し判断する。
b	自転車預り業、手荷物預り業等		自転車預り業等の業種は、他の場所においても営業を継続すること自体は可能であるが、駅前等の特定の場所でのみ従前のような営業が可能であると考えられ、同等な場所が同一地域内又は他の駅前にない場合は、営業廃止の補償となる。同等な場所の存否の判断は、近隣の土地利用等の実情を適切に把握する必要があり、近隣に移転できると認められるときは「営業休止の補償」となる。

④騒音、振動、臭気等を伴う業種で社会的条件により営業場所が限定される業種で営業を廃止せざるを得ない場合（細則第26- 1 -㈣）

	業　種	法　令　等	業種法令規制の内容等
	養豚・養鶏場、火薬工場、液化ガス工場、公害関連工場、廃棄物処理場等	農林水産省、経済産業省等関係省令、都道府県条例	これらの施設は、法令等に適合していても、騒音、臭気、振動等の発生が予想され、周辺住民の反対運動により移転先の選定が困難となる場合がある。この場合は営業廃止の補償をせざるを得ないが、営業廃止の補償をするか否かは、代替地の確保の可能性の如何にかかっており、周辺住民の反対運動の予測や許認可を管轄する官公署の所管部局との事前協議が重要であり、その助言指導の下に実現性の可否等について適切な判断をすることとし、実情に則して「営業休止」又は「営業廃止」とするか判定する。

⑤生活共同体を営業基盤とする店舗等であって、当該生活共同体から移転することにより営業再開が特に困難と認められる場合（細則第26- 1 -㈤）

	業　種　等
a	ダム事業で集落の住民を専らの顧客としている小売店が、集団移転先とは異なる場所へ移転することになり、従来の経営形態、資本力等では営業の継続が見込まれない場合
b	旧市街地で近隣の古くからの住民を顧客としている小規模の小売店が、移転先として代替地を旧市街地に求めることが見込まれない場合

2）通常営業の継続が不能となる場合（廃止）の判断具体例（パチンコ店）

　廃止補償の最終判断に至るまでの検討プロセスについて、法令等により営業場所等が限定されるパチンコ店を例に説明します。

　パチンコ店は、風俗営業等の規制及び業務の適正化等に関する法律（以下「風営法」という。）の規制を受け、この法令の検討が営業廃止をするか否かの判断の決め手となります。

①パチンコ店の許可基準の検討

　風営法は、善良の風俗と清浄な風俗環境を保持し、及び少年の健全な育成に障害を及ぼす行為を防止するため、営業時間、営業区域等を制限し、風俗営業の健全化に資するため、その業務の適正化を促進する措置を講ずることを目的とした法律です。

　パチンコ店は、風営法第2条第4号（ぱちんこ屋）に該当し、同法第3条の都道府県公安委員会の許可を得なければ営業することができないとされています。風営法の許可基準は、人的基準、物的基準及び場所的基準の要件からなっており、営業許可は、この要件に適合していなければ許可してはならないこととなっています。

　風営法に基づく人的基準及び物的基準については、営業が継続されている場合、概ね問題となることは少ないが、移転を伴う場合の場所的基準が課題となる場合が多いです。

　場所的規制については、各都道府県条例（風俗営業の許可に係る制限地域）の規定があり、学校、保育所、病院、診療所等の敷地の周囲おおむね100メートル以内の区域は、許可を得ることができない規制区域となっています。

　具体的な営業廃止の可否の判断にあたっては、まず、法令により移転対象となるパチンコ店がどのような用途地域に属するのかを調査し、営業許可後に新たな診療所等が建設され規制区域内に存する状態となってしまった状況等、過去の経緯や事実関係も調査した上で、風営法の場所的基準等に照らし、様々な角度から移転（再築）の可能性を検討しなければなりません。

　なお、建築基準法第48条（別表第二）において、パチンコ店を建築することができる用途地域としては、条件付きながら、第2種住居専用地域、準住居地域、近隣商業地域、商業地域、準工業地域及び工業地域となっています。また、条例に基づき、学校、児童施設、病院、診療所等との離隔距離により判断されるが、その判断は、公安委員会のもとに正確に測量され確認されるので留意する必要があります。

②合理的な移転先地の認定

　規制区域外へ移転する場合は、営業許可が得られるので営業休止の補償で対応できます。移転工法の検討における合理的な移転先は、近傍地又は類地であることから、具体的な移転先は、一般的に、同一市内又は隣接市を含む市域と考えられ、この地域

第Ⅵ章　営業廃止の補償（基準第43条）

において、具体的に営業が可能であるか否かの検討を行うこととなります。

　この地域における具体的な検討の方法は、同一市内又は同一市を含む隣接市域内の類地における保護施設の存在及び既存パチンコ店の立地の状況を住宅地図等にプロットし、パチンコ店の出店の可能性を判断し移転工法を決定します。その結果、移転の可能性が全くない場合は、営業廃止の補償となるが、移転の可能性がある場合は、想定される移転工法に従った検討を行う必要があります。この場合の検討には、所轄の公安委員会との事前協議等が必要で、この協議は、許可基準に関する運用についての具体的な指導を受ける等、適切な移転工法を判断するために必須の作業となるものです。

　このようにパチンコ店の場合の合理的な移転工法の認定は、物理的な検討をはじめ公安委員会との協議等の法制的な検討を通じて認定しなければなりません。

③公共事業の場合の特例規定

　移転工法が残地に残る構内移転となる場合、公共事業の場合は、風営法第4条第3項の規定に基づく政令第7条が適用されるため、この特例規定に適合していれば移転が可能となり、営業休止の補償となります。

　以上、法令等により営業場所が限定される場合の営業廃止の補償の可否については、法令の解釈が必要ですが、移転先の選定との関係と併せて所管官公署との事前協議を行うことが必須の要件となることが多く、営業廃止が妥当と判断するためには、多面的な検討が不可欠となります。

※風俗営業等の規制及び業務の適正化等に関する法律・政令・条例（抄）

【人的基準】

第4条　公安委員会は、前条第1項の許可を受けようとする者が次の各号のいずれかに該当するときは、許可をしてはならない。
　一　成年被後見人若しくは被保佐人又は破産者で復権を得ないもの
　二　1年以上の懲役若しくは禁錮の刑に処せられ、又は次に掲げる罪（略）を犯して1年未満の懲役若しくは罰金の刑に処せられ、その執行を終わり、又は執行を受けることがなくなった日から起算して5年を経過しない者
　三　集団的に、又は常習的に暴力的不法行為その他の罪に当たる違法な行為で国家公安委員会規則で定めるものを行うおそれがあると認めるに足りる相当な理由がある者
　四　アルコール、麻薬、大麻、あへん又は覚醒剤の中毒者

【物的・場所的基準】

第4条
　2　公安委員会は、前条第1項の許可の申請に係る営業所につき次の各号のいずれかに該当する事由があるときは、許可をしてはならない。
　一　営業所の構造又は設備が風俗営業の種別に応じて国家公安委員会規則で定める技術上の基準に適合しないとき。

167

二　営業所が、良好な風俗環境を保全するため特にその設置を制限する必要があるものとして政令で定める基準に従い都道府県の条例で定める地域内にあるとき。

　　三　営業所に（略）管理者を選任すると認められないことについて相当な理由があるとき。

　３　公安委員会は、（略）承認を受けて営んでいた風俗営業の営業所が火災、震災その他その者の責めに帰することができない事由で政令で定めるものにより滅失したために当該風俗営業を廃止した者が、当該廃止した風俗営業と同一の風俗営業の種別の風俗営業で営業所が前項第２号の地域内にあるものにつき、前条第１項の許可を受けようとする場合において、当該許可の申請が次の各号のいずれにも該当するときは、前項第２号の規定にかかわらず、許可をすることができる。

　　一　当該風俗営業を廃止した日から起算して５年以内にされたものであること。

　　二　次のいずれかに該当すること。

　　　イ　当該滅失した営業所の所在地が、当該滅失前から前項第２号の地域に含まれていたこと。

　　　ロ　当該滅失した営業所の所在地が、当該滅失以降に前項第２号の地域に含まれることとなったこと。

　　三　当該滅失した営業所とおおむね同一の場所にある営業所につきされたものであること。

　　四　当該滅失した営業所とおおむね等しい面積の営業所につきされたものであること。

　４　第２条第１項第４号の営業（ぱちんこ屋その他政令で定めるものに限る。）については、公安委員会は、当該営業に係る営業所に設置される遊技機が著しく客の射幸心をそそるおそれがあるものとして国家公安委員会規則で定める基準に該当するものであるときは、当該営業を許可しないことができる。

【場所的基準】

政令（風俗営業の許可に係る営業制限地域の指定に関する条例の基準）

第６条　法第４条第２項第２号の政令で定める基準は、次のとおりとする。

　　一　風俗営業の営業所の設置を制限する地域（以下この条において「制限地域」という。）の指定は、次に掲げる地域内の地域について行うこと。

　　　イ　住居が多数集合しており、住居以外の用途に供される土地が少ない地域（以下「住居集合地域」という。）

　　　ロ　その他の地域のうち、学校、病院その他の施設でその利用者の構成その他のその特性に鑑み特にその周辺における良好な風俗環境を保全する必要がある施設として都道府県の条例で定めるもの（以下「保全対象施設」という。）の周辺の地域

　　二　前号ロに掲げる地域内の地域につき制限地域の指定を行う場合には、当該保全対象施設の敷地（これらの用に供するものと決定した土地を含む。）の周囲おおむね百メートルの区域を限度とし、その区域内の地域につき指定を行うこと。

　　三　前２号の規定による制限地域の指定及びその変更は、風俗営業の種類及び営業の態様、地域の特性、保全対象施設の特性、既設の風俗営業の営業所の数その他の事情に応じて、良好な風俗環境を保全するため必要な最小限度のものであること。

第７条　法第４条第３項の政令で定める事由は、次に掲げるものとする。

　　一　暴風、豪雨その他の異常な自然現象により生ずる被害又は火薬類の爆発、交通事故その他の人為による異常な災害若しくは事故（当該風俗営業者の責めに帰すべき事由により生じた災害又は事故を除く。）であつて、火災又は震災以外のもの

　　二　消防法（昭和23年法律第186号）第29条第１項から第３項までの規定その他火災若しくは震災又は前号に規定する災害若しくは事故の発生又は拡大を防止するための措置に関する法令の規定に基づく措置

　　三　火災若しくは震災又は前２号に掲げる事由により当該営業所に滅失に至らない破損が生じた場合において、関係法令の規定を遵守するためには当該営業所の除却を行った上でこれを改築することが必要であると認められる場合における当該除却

　　四　次に掲げる法律の規定による勧告又は命令に従って行う除却

　　　イ　消防法第５条第１項

　　　ロ　建築基準法（昭和25年法律第201号）第10条第１項から第３項まで又は第11条第１項

　　　ハ　高速自動車国道法（昭和32年法律第79号）第14条第３項

ニ　密集市街地における防災街区の整備の促進に関する法律（平成９年法律第49号）第13条第
　　　１項
　五　土地収用法（昭和26年法律第209号）その他の法律の規定により土地を収用し、又は使用する
　　ことができる公共の利益となる事業の施行に伴う除却
　六　土地区画整理法（昭和29年法律第109号）第２条第１項に規定する土地区画整理事業その他公
　　共施設の整備又は土地利用の増進を図るため関係法令の規定に従って行われる事業（当該風俗
　　営業者を個人施行者とするものを除く。）の施行に伴う換地又は権利変換のための除却
　七　建物の区分所有等に関する法律（昭和37年法律第69号）第62条第１項に規定する建替え決議
　　又は同法第70条第１項に規定する一括建替え決議の内容により行う建替え

[条例] 風俗営業等の規制及び業務の適正化等に関する法律施行条例（東京都）
（風俗営業の営業所の設置を特に制限する地域）
第３条　風俗営業等の規制及び業務の適正化等に関する法律（昭和23年法律第122号。以下「法」とい
　う。）第４条第２項第２号の条例で定める地域は、次の地域とする。
　一　第一種低層住居専用地域、第二種低層住居専用地域、第一種中高層住居専用地域、第二種中
　　高層住居専用地域、第一種住居地域、第二種住居地域、準住居地域及び田園住居地域（以下「住
　　居集合地域」という。）。ただし、法第２条第１項第４号及び第５号の営業に係る営業所につい
　　ては、近隣商業地域及び商業地域に近接する第二種住居地域及び準住居地域で東京都公安委員
　　会規則（以下「規則」という。）で定めるものを除く。
　二　学校、図書館、児童福祉施設、病院及び診療所の敷地（これらの用に供するものと決定した
　　土地を含む。）の周囲百メートル以内の地域。ただし、近隣商業地域及び商業地域のうち、規則
　　で定める地域に該当する部分を除く。

参考 用途地域による建築物の用途制限の概要　※東京都の例による（令和4年11月現在）

用途地域内の建築物の用途制限
○ 建てられる用途
× 建てられない用途
①、②、③、④、▲、■：面積、階数等の制限あり

用途	第一種低層住居専用地域	第二種低層住居専用地域	第一種中高層住居専用地域	第二種中高層住居専用地域	第一種住居地域	第二種住居地域	準住居地域	田園住居地域	近隣商業地域	商業地域	準工業地域	工業地域	工業専用地域	備考
住宅、共同住宅、寄宿舎、下宿	○	○	○	○	○	○	○	○	○	○	○	○	×	
兼用住宅で、非住宅部分の床面積が、50㎡以下かつ建築物の延べ面積の2分の1未満のもの	○	○	○	○	○	○	○	○	○	○	○	○	×	非住宅部分の用途制限あり。
店舗等　店舗等の床面積が150㎡以下のもの	×	①	②	③	○	○	○	○	○	○	○	○	④	① 日用品販売店舗、喫茶店、理髪店、建具屋等のサービス業用店舗のみ。2階以下
店舗等の床面積が150㎡を超え、500㎡以下のもの	×	×	②	③	○	○	○	■	○	○	○	○	④	② ①に加えて、物品販売店舗、飲食店、損保代理店・銀行の支店・宅地建物取引業者等のサービス業用店舗のみ。2階以下
店舗等の床面積が500㎡を超え、1,500㎡以下のもの	×	×	×	③	○	○	○	×	○	○	○	○	④	③ 2階以下
店舗等の床面積が1,500㎡を超え、3,000㎡以下のもの	×	×	×	×	○	○	○	×	○	○	○	○	④	④ 物品販売店舗及び飲食店を除く。
店舗等の床面積が3,000㎡を超え、10,000㎡以下のもの	×	×	×	×	×	○	○	×	○	○	○	○	④	■ 農産物直売所、農家レストラン等のみ。2階以下
店舗等の床面積が10,000㎡を超えるもの	×	×	×	×	×	×	×	×	○	○	○	×	×	
事務所等　事務所等の床面積が150㎡以下のもの	×	×	×	▲	○	○	○	×	○	○	○	○	○	▲ 2階以下
事務所等の床面積が150㎡を超え、500㎡以下のもの	×	×	×	▲	○	○	○	×	○	○	○	○	○	
事務所等の床面積が500㎡を超え、1,500㎡以下のもの	×	×	×	▲	○	○	○	×	○	○	○	○	○	
事務所等の床面積が1,500㎡を超え、3,000㎡以下のもの	×	×	×	×	○	○	○	×	○	○	○	○	○	
事務所等の床面積が3,000㎡を超えるもの	×	×	×	×	○	○	○	×	○	○	○	○	○	
ホテル、旅館	×	×	×	×	▲	○	○	×	○	○	○	×	×	▲3,000㎡以下
遊戯施設・風俗施設　ボーリング場、スケート場、水泳場、ゴルフ練習場等	×	×	×	×	▲	○	○	×	○	○	○	○	×	▲3,000㎡以下
カラオケボックス等	×	×	×	×	×	▲	▲	×	○	○	○	▲	▲	▲10,000㎡以下
麻雀屋、パチンコ屋、射的場、馬券・車券発売所等	×	×	×	×	×	▲	▲	×	○	○	○	▲	×	▲10,000㎡以下
劇場、映画館、演芸場、観覧場、ナイトクラブ等	×	×	×	×	×	×	▲	×	○	○	○	×	×	▲客席及びナイトクラブ等の用途に供する部分の床面積200㎡未満
キャバレー、個室付浴場等	×	×	×	×	×	×	×	×	×	○	▲	×	×	▲個室付浴場等を除く。
公共施設・病院・学校等　幼稚園、小学校、中学校、高等学校	○	○	○	○	○	○	○	○	○	○	○	×	×	
大学、高等専門学校、専修学校等	×	×	○	○	○	○	○	×	○	○	○	×	×	
図書館等	○	○	○	○	○	○	○	○	○	○	○	○	×	
巡査派出所、一定規模以下の郵便局等	○	○	○	○	○	○	○	○	○	○	○	○	○	
神社、寺院、教会等	○	○	○	○	○	○	○	○	○	○	○	○	○	
病院	×	×	○	○	○	○	○	×	○	○	○	×	×	
公衆浴場、診療所、保育所等	○	○	○	○	○	○	○	○	○	○	○	○	○	
老人ホーム、身体障害者福祉ホーム等	○	○	○	○	○	○	○	○	○	○	○	○	×	
老人福祉センター、児童厚生施設等	▲	▲	○	○	○	○	○	▲	○	○	○	○	○	▲600㎡以下
自動車教習所	×	×	×	×	▲	○	○	×	○	○	○	○	○	▲3,000㎡以下
単独車庫（附属車庫を除く）	×	×	▲	▲	▲	○	○	×	○	○	○	○	○	▲300㎡以下　2階以下
建築物附属自動車車庫　①②③については、建築物の延べ面積の1／2以下かつ備考欄に記載の制限	①	①	②	②	③	○	○	①	○	○	○	○	○	① 600㎡以下1階以下　③ 2階以下　② 3,000㎡以下2階以下
※一団地の敷地内について別に制限あり。														
工場・倉庫等　倉庫業倉庫	×	×	×	×	×	×	○	×	○	○	○	○	○	
自家用倉庫	×	×	×	①	②	○	○	■	○	○	○	○	○	① 2階以下かつ1,500㎡以下　② 3,000㎡以下　■ 農産物及び農業の生産資材を貯蔵するものに限る。
畜舎（15㎡を超えるもの）	×	×	×	×	▲	○	○	×	○	○	○	○	○	▲3,000㎡以下
パン屋、米屋、豆腐屋、菓子屋、洋服店、畳屋、建具屋、自転車店等で作業場の床面積が50㎡以下	×	▲	▲	▲	○	○	○	▲	○	○	○	○	○	原動機の制限あり。　▲2階以下
危険性や環境を悪化させるおそれが非常に少ない工場	×	×	×	×	①	①	①	■	②	②	○	○	○	原動機・作業内容の制限あり。作業場の床面積　① 50㎡以下　② 150㎡以下　■ 農産物を生産、集荷、処理及び貯蔵するものに限る。
危険性や環境を悪化させるおそれが少ない工場	×	×	×	×	×	×	×	×	②	②	○	○	○	
危険性や環境を悪化させるおそれがやや多い工場	×	×	×	×	×	×	×	×	×	×	○	○	○	
危険性が大きいか又は著しく環境を悪化させるおそれがある工場	×	×	×	×	×	×	×	×	×	×	×	○	○	
自動車修理工場	×	×	×	×	①	①	②	×	③	③	○	○	○	原動機の制限あり。　作業場の床面積　① 50㎡以下　② 150㎡以下　③ 300㎡以下
火薬、石油類、ガスなどの危険物の貯蔵・処理の量　量が非常に少ない施設	×	×	×	①	②	○	○	×	○	○	○	○	○	① 1,500㎡以下　2階以下
量が少ない施設	×	×	×	×	×	×	×	×	○	○	○	○	○	② 3,000㎡以下
量がやや多い施設	×	×	×	×	×	×	×	×	×	×	○	○	○	
量が多い施設	×	×	×	×	×	×	×	×	×	×	×	○	○	

（注1）本表は、改正後の建築基準法別表第二の概要であり、全ての制限について掲載したものではない。
（注2）卸売市場、火葬場、と畜場、汚物処理場、ごみ焼却場等は、都市計画区域内においては都市計画決定が必要など、別に規定あり。

第Ⅵ章　営業廃止の補償（基準第43条）

Ⅵ−2　営業廃止補償の項目（基準第43条）

【基準】

（営業廃止の補償）

第43条　土地等の取得又は土地等の使用に伴い通常営業の継続が不能となると認められるときは、次の各号に掲げる額を補償するものとする。

一　免許を受けた営業等の営業の権利等が資産とは独立に取引される慣習があるものについては、その正常な取引価格

二　機械器具等の資産、商品、仕掛品等の売却損その他資本に関して通常生ずる損失額

三　従業員を解雇するため必要となる解雇予告手当相当額、転業が相当と認められる場合において従業員を継続して雇用する必要があるときにおける転業に通常必要とする期間中の休業手当相当額その他労働に関して通常生ずる損失額

四　転業に通常必要とする期間中の従前の収益相当額（個人営業の場合においては従前の所得相当額）

2　前項の場合において、解雇する従業員に対しては第62条の規定による離職者補償を行うものとし、事業主に対する退職手当補償は行わないものとする。

【細則】

第26　基準第43条（営業廃止の補償）は、次により処理する。

1　通常営業の継続が不能となると認められるときとは、営業所、店舗等が次の各号のいずれかに該当し、かつ、個別的な事情を調査の上、社会通念上当該営業所、店舗等の妥当な移転先がないと認められるときとする。

一　法令等により営業場所が限定され、又は制限される業種に係る営業所等

二　特定地に密着した有名店

三　公有水面の占有を必要とする業種その他の物理的条件により営業場所が限定される業種に係る営業所等

四　騒音、振動、臭気等を伴う業種その他の社会的条件により営業場所が限定される業種に係る営業所等

五　生活共同体を営業基盤とする店舗等であって、当該生活共同体の外に移転することにより顧客の確保が特に困難になると認められるもの

2　営業の権利等で資産とは独立して取引される慣習があるもの（以下「営業権等」という。）の価格は、正常な取引価格によるものとし、正常な取引価格は、近傍又は同種の営業権等の取引価格を基準とし、これらの権利及び補償の対象となる権利等について営業の立地条件、収益性その他一般の取引における価格形成上の諸要素を総合的に比較考量して算定する。

近傍又は同種の営業権等の取引事例がない場合においては、当該営業権等の正常な取引価格は、次式により算定して得た額を標準とする。

$$\frac{R}{r}$$

R　年間超過収益額過去3か年の平均収益額から年間企業者報酬額及び自己資本利子見積額を控除して得た額。この場合における自己資本利子見積額は、自己資本相当額に年利率8パーセントを乗じて得た額

r　年利率8パーセント

3　資産、商品、仕掛品等の売却損の補償については、次による。

（一）　建物、機械、器具、備品等の営業用固定資産の売却損の補償額は、その現在価格から現実に売却して得る価格を控除して得られる価格とし、現在価格の50パーセントを標準とする。ただし、これらの資産が解体処分せざるを得ない状況にあるとき、又はスクラップとしての価値しかないときは、そのとりこわし処分価格又はスクラップ価格と現在価格との差額を補償するも

のとする。

(二) 商品、仕掛品、原材料等の営業用流動資産の売却損の補償額は、その費用価格（仕入費及び加工費等）から現実に売却して得る価格を控除して得られる価格とし、費用価格の50パーセントを標準とする。

4　解雇予告手当の補償額は、解雇することとなる従業員の平均賃金の30日分以上とする。この補償及びその他の営業補償における平均賃金とは、労働基準法（昭和22年法律第49号）第12条に規定する平均賃金を標準とし、同条に規定する平均賃金以外のものでも、通常賃金の一部と考えられる家族手当等は、その内容を調査の上平均賃金に算入できるものとする。

5　転業に通常必要とする期間とは、雇主が従来の営業を廃止して新たな営業を開始するために通常必要とする期間であって6か月ないし1年とし、この期間の休業手当相当額は、この期間に対応する平均賃金の80／100を標準として当該平均賃金の60／100から100／100までの範囲内で適正に定めた額とする。

6　転業に通常必要とする期間中の従前の収益相当額（個人営業の場合においては所得相当額）とは、営業地の地理的条件、営業の内容、被補償者の個人的事情等を考慮して、従来の営業収益（又は営業所得）の2年（被補償者が高齢であること等により円滑な転業が特に困難と認められる場合においては3年）分の範囲内で適正に定めた額とする。この場合において、法人営業における従前の収益相当額及び個人営業における従前の所得相当額は、売上高から必要経費を控除した額とし、個人営業の場合には必要経費中に自家労働の評価額を含まないものとする。なお、個人営業と事実上ほとんど差異のない法人営業については、個人営業と同様の所得相当額を基準として補償できるものとする。

　営業廃止の補償については、営業を廃止せざるを得ない場合に想定される損失について規定しており、以下に説明する補償項目が列記されています。

1）営業の権利等が資産とは独立に取引される慣習があるものの正常な取引額の補償（基準第43条第1項第1号　細則第26-2）

①営業の権利等とは

　営業の権利（営業権）という場合には、行政庁の免許等に基づく独占収益権と、貸借対照表に表示される「のれん」や老舗（しにせ）などと呼ばれ、企業のもつ営業上の収益力が他の同業種の平均的な収益力と比較して超過している場合にその超過している部分（超過利潤）を生む原因となっている財産的価値を指します。

（参考）

「法人税法における営業権（のれん）とは、当該企業の長年にわたる伝統と社会的信用、立地条件、特殊な製造技術及び特殊な取引関係の存在並びにそれらの独占性等を総合した他の企業を上回る企業収益を稼得することができる無形の財産価値を有する事実関係である。」
（最高裁判例昭51．7．13）

　営業権は、①企業の長年にわたる伝統・社会的信用の蓄積、②技術的面あるいは人的面の優秀性、③取引先・顧客に対する比較優位、④独占的分野の保持やプライスリーダーシップ、⑤新規取得困難な許認可・権利関係、等その他の諸要素によって期待される将来の超過収益を資本還元した現在価値として評価される価値と言えます。

　また、営業権は、法律上の特権を包含されていることもありますが、それ全体としては法律で認められた権利ではなく、「事実に基づく財産」といわれるもので、法律上保護されている商号権、商標権等と異なり商取引上の事実関係としての価値を有するもの

第Ⅵ章 営業廃止の補償（基準第43条）

です。

　会計基準上、営業権は、いわゆる自然発生的な「のれん」、また、売買により有償で譲り受けた場合及び合併により取得した場合とに分かれ、自然発生的なものは資産として貸借対照表に計上することはできませんが、有償譲渡、合併により取得した場合は、貸借対照表に営業権（のれん）として計上することができます。この場合の営業権は、無形固定資産として減価償却され、20年以内に均等償却（税法上は、5年内に定額償却）されます。

　営業権は、一般には経営成績優秀な他の企業を買収したときや合併したときに発生しますが、支払った金額が、買収される企業または合併される企業の純資産（資産－負債）を上回った場合の超過額を「のれん」として貸借対照表の固定資産の無形固定資産に表示されることとなります。また、支払った金額が、買収先・合併先企業の純資産を下回った場合には、その不足額が当該事業年度の特別利益として処理されることとなります。

　なお、国際会計基準審議会（ＩＡＳＢ）において策定され、国内では一定の要件に基づき任意での適用が認められている国際財務報告基準（ＩＦＲＳ）では、償却は行わず毎年「のれん」部分の価値を評価し、将来生み出す価値が減少した場合には、減少額を費用に振り替える減損処理を行うこととなっています。

②営業権等に対する補償

　細則第26－2では、営業権の補償について、資産とは独立して市場で取引される慣習がある場合について、その事例がある場合と無い場合の補償について規定しています。

　この営業権が独立して取引されるのは、当該営業権が資産より多くの超過利潤を生むことにあるものと考えられ、営業権取引の事例がある場合においては、その補償は取引事例等を基準とした正常な取引価格によることとなりますが、営業権取引の事例がない場合は、企業収益を基礎として、過去3か年の年平均収益額から年間企業者報酬額及び自己資本利子見積額を控除して得た額を資本還元して求めることとされています。

　　　※年間企業者報酬額：役員報酬額等

　　　※自己資本利子見積額：返済義務のない純資産から生み出される利子相当額

　　　※資本還元：資本から得られる予想収益から予想費用を差し引いた利益に割引率を用いて現在価値を求めること

(1) 取引事例がある場合

　営業権等の価格は、営業権等が資産とは独立して市場で取引される慣習があるものについては、正常な取引価格によるものとし、この正常な取引価格は、近傍又は同種の営業権等の取引価格を基準として、これらの権利及び補償の対象となる権利等について営業の立地条件、収益性その他一般の取引における価格形成上の諸要素を総合的に比較考量して算定するものと規定されています。

　ここで規定されている市場で取引されている場合については、補償の対象となる営

業権等が自然発生的な「のれん」として市場価値が判定できるような取引市場が存在する場合と過去における売買による取得事例や企業合併による取得事例の場合とに区分されます。

　自然発生的な営業権等の評価の場合は、補償の対象となる営業権等の市場価値を判定する必要があり、価値の尺度を判定するための規範性のある取引事例が取引市場に存在する必要がありますが、現実として、比較考量し得る営業権等の取引市場が未成熟であること又は格差判定の基準が確立されていないなど、直接当事者が判定するのは実務上困難と言えるので、不動産鑑定士等の専門家の意見を徴して判定せざるを得ないでしょう。

　また、売買による取得事例や企業の合併による取得事例を調査し評価する場合は、貸借対照表の内容を調査し判定する方法が考えられ、市場で営業権として取引される場合は、取引される企業の収益力が同業他社の平均的な収益力を超過している場合に経営成績優秀な他の企業の買収又は合併のときに営業権が発生することとなり、貸借対照表の資産の部の無形固定資産の項に表示されるため、営業権の存在自体の確認は可能です。

　しかしながら、この貸借対照表に表示された額は、そのまま営業権に対する補償額となる額として認定できません。貸借対照表で表記される営業権はあくまでも償却資産であり、当該簿価が超過収益力を表しているのかどうか、また、取引時点から時が経過している営業権が適正な市場価値を有するかどうか等、客観的に判定する必要があり、これらを考慮すると、取引時点が直近であり明らかに営業権の市場価値が把握できる場合は別として、事例調査の困難性と併せ、一般的には取引事例から適正な価格を求めることは困難と言わざるを得ません。

(2)　取引事例がない場合

　営業権の取引事例がない場合の算定式は、細則第26－2後段の規定で次のように示されています。

　この算定式は、企業が将来生むと期待される超過収益の現価の総和を求めるもので、8％の利子率で資本還元する式です。

【算定式】

$$E = R / r$$

E　営業権の補償額

R　年間超過収益額

　　過去3ヵ年の平均収益額から年間企業者報酬額及び自己資本利子見積額を控除して得た額。この場合における自己資本利子見積額は、自己資本相当額に年利率8パーセントを乗じて得た額

r　年利率　8パーセント

※年間超過収益額＜R＞

第Ⅵ章　営業廃止の補償（基準第43条）

　　　年間超過収益額＜Ｒ＞の算定式は、次のとおり
　　　　Ｒ＝Ｐ－Ｋ－Ｊ
　　　　Ｐ　３カ年平均の収益額
　　　　　基準第44条（営業休止補償）の「収益額の認定」方法に基づき算出した過去３か年の平均額とする。（税務上は、これの１／２の額となっている。）
　　　　Ｋ　年間企業者報酬額
　　　　　年間企業者報酬額とは、役員報酬相当額（個人においては所得）を意味しており、税務上の名称である標準企業者報酬額と同義である。
　　　　　税務上は、後の財産評価基本通達で示されているように平均利益金額の区分に基づく一律の算式で標準企業者報酬額を求めることとしているが、補償では、近傍又は同種の営業の平均利益率に基づき求めるものとし、その具体的な認定方法としては、以下のとおりである。
　　　　　　ａ．近隣の同一業種数社の売上高と営業利益を調査して、平均営業利益率を認定する。
　　　　　　ｂ．「中小企業実態基本調査に基づく中小企業の財務指標」（一般社団法人中小企業診断協会編）、「小企業の経営指標調査」（日本政策金融公庫）等から売上高対営業利益率（売上高営業利益率）から平均営業利益率を認定する。
　　　　Ｊ　自己資本利子見積額
　　　　　自己資本利子見積額とは返済義務のない純資産から生み出される利子相当額であり、自己資本は、貸借対照表の資本金、資本準備金、利益準備金とし、この総額に利子率８％を乗じて得た額とする。

参考：「財産評価基本通達」（法令解釈通達）等の一部改正のあらまし（情報）

（平成20年４月７日）

【営業権の評価】

　営業権の価額を評価する際の算式について、「企業者報酬の額」を現下の経済実態に応じた金額とし、「総資産価額に乗じる利率」を基準年利率から総資産利益率を基にした0.05とする等の改正を行った。
　また、前年の所得金額を評価額の限度とする取扱い及び超過利益金額が少額な営業権等の価額は評価しないこととする取扱いを廃止することとした。

（評基通165、166＝改正、167＝削除）

1　従来の取扱い

　営業権の価額については、次の算式により計算した金額と課税時期を含む年の前年の所得金額とのうちいずれか低い金額により評価することとしていた。

（算式）

$$営業権の価額＝超過利益金額（※）×\begin{array}{l}営業権の持続年数（原則10年）に応ずる\\基準年利率による複利年金現価率\end{array}$$

$$（※）超過利益金額＝\begin{array}{l}平均利益\\金\quad額\end{array}×0.5－\begin{array}{l}企業者報酬\\の\quad額\end{array}－\begin{array}{l}総資産\\価\quad額\end{array}×\begin{array}{l}営業権の持続\\年数に応ずる\\基準年利率\end{array}$$

　なお、算式の平均利益金額は、所得金額を基とし、非経常的な損益の額、支払利子、損金に算入された役員報酬の額等を加減算した金額に物価調整をするなどして算定し

ていた。

　また、開業後10年に満たない企業の営業権、超過利益金額が少額な営業権等については、評価しないこととしていた。

2　改正の概要

(1)　超過利益金額の算式における「標準企業者報酬額（企業者報酬の額)」の改正

　企業者報酬の額については、現下の経済実態に応じた金額とするため、平均利益金額の区分に応じ、次に掲げる算式により計算した金額に改正するとともに、名称を標準企業者報酬額とした。

平均利益金額の区分		標準企業者報酬額
1億円以下		平均利益金額×0.3　＋1,000万円
1億円超　　　　　3億円以下		〃　　　×0.2　＋2,000　〃
3　〃　　　　　　5　〃		〃　　　×0.1　＋5,000　〃
5　〃		〃　　　×0.05＋7,500　〃

（注1）　企業者報酬の額にその金額の100分の30の範囲内において相当と認める金額を加算又は減算することができるとする取扱いは、廃止することとした。

（注2）　平均利益金額が5,000万円以下の場合は、標準企業者報酬額が平均利益金額の0.5以上の金額となるので、営業権の価額の計算上、営業権の価額（超過利益金額）は算出されないことに留意する。

【平均利益金額5,000万円の場合】

　　　平均利益金額(5,000万円)×0.5－標準企業者報酬額(2,500万円(※))＝超過利益金額(0円)

　　　(※)5,000万円×0.3＋1,000万円＝2,500万円

(2)　超過利益金額の算式における「総資産価額に乗じる利率」の改正

　総資産価額に乗じる利率については、国債の利回りを基とした基準年利率を用いていたが、当該利率は、超過収益力（超過利益金額）の算定において控除することとなる投下資本の働きの部分を計算するためのものであることから、企業の有する資産の運用利回り（働き）を示す利率を用いることが適当であると考えられるので、総資産価額に対する利益金額の割合である総資産利益率を基とした0.05（5％）に改正した。

（注）　0.05は、平成19年9月公表の「平成18年度法人企業統計（財務省)」（業種別、規模別資産・負債・資本及び損益表（全産業)）を用いて、分子を「経常利益＋支払利子」、分母を「総資産」として計算した総資産利益率を基とした。分子を「経常利益＋支払利子」としたのは、所得金額に非経常的な損益の額等を加減算した金額である平均利益金額に近似する利益は経常利益であること及び借入金（他人資本）の有無（大小）による資産の運用利回り（働き）への影響を排除するためである。

(3)　超過利益金額の算式における「平均利益金額」及び「総資産価額」の改正

　イ　平均利益金額の算定において、手形割引料は、利息の支払いと同じ性格のものと認識されていたことから、支払利子(注)と同様に、なかったもの（所得金額に加算すること）としていたが、金融商品に係る会計基準において、手形割引料は

第Ⅵ章　営業廃止の補償（基準第43条）

手形売却損益として処理されることとなったこと等から、加算しないこととした。

（注）借入金、社債、預り金、保証金等に対する支払利子及び社債発行差金の償却費をいう。

ロ　平均利益金額の算定において、準備金勘定又は引当金勘定に繰り入れた金額は、なかったもの（所得金額に加算すること）としていたが、総資産価額に乗じる利率について、分子を「経常利益＋支払利子」、分母を「総資産」とする総資産利益率としたこととの整合性を図ることから、加算しないこととした。

ハ　平均利益金額の算定において、企業物価指数による調整計算をしていたが、簡便性等を考慮し、この取扱いは廃止することとした。

ニ　平均利益金額の基となる所得金額は、法人税法第22条第1項に規定する所得の金額に損金に算入された繰越欠損金の控除額を加算した金額であることを明確にした。

ホ　役員等（企業主宰者等）の所有する資産であっても、企業がその役員等から賃借して事業の用に供している資産は、企業の資産とみなして総資産価額に加算するとともに、その賃借資産の支払賃借料は、平均利益金額の算定において、なかったもの（所得金額に加算すること）としていたが、簡便性等を考慮し、この取扱いは廃止することとした。

(4)　超過利益金額が少額な営業権の価額は評価しないこととする取扱い等の廃止

イ　前年の所得金額（著名な営業権はその3倍）を評価額の限度とし、また、超過利益金額が5万円未満の企業の営業権の価額及び平均利益金額が200万円未満の企業の営業権の価額は評価しないこととしていたが、平均利益金額に0.5を乗じることにより評価の安全性を図っていること等から、これらの取扱いは廃止することとした。

ロ　開業後10年に満たない企業の営業権の価額は評価しないこととしていたが、評価通達に定める営業権の価額は、権利者自らが使用している場合の特許権、商標権等の価額を含めて評価することとしており、開業直後であっても特許権等を有している企業もあること、最近の社会経済情勢の下では、単に開業後の年数により形式的に営業権の存否を判定することは適当でないこと等から、この取扱いは廃止することとした。

2）資本に関して通常生ずる損失額の補償（基準第43条第1項第2号、細則第26-3）

　営業廃止に伴い不要となる営業用の固定資産と流動資産は処分することとなりますが、その際に生ずる損失とその他資本に関して通常生ずる損失は、以下のとおり算定します。

①建物、機械、器具、備品等の固定資産の売却損の補償

177

一般的に機械器具等の営業用固定資産は、営業を廃止することにより処分されることとなりますが、その際、次のケースに応じ補償を行う必要があります。

(1)　現実に売却できる場合

　　営業用の機械、器具、備品等の固定資産は、一般的には、同業者又は専門業者に売却されます。

　　この場合の処分価格は、通常は正常価格（現在価格）で売却することは困難であり廉価で処分されるため、現在価格との差額が生じ売却損が発生することとなります。細則では、現実に売却される価格と現在価格との差額を補償するものとし、現在価格の50％を標準とするとしていますが、実際には、現在価格及び処分価格について専門業者の見積もりを徴し、その差額を補償することとなります。

(2)　解体せざるを得ない場合

　　建物等の固定資産で買手を探すのが困難であり解体せざるを得ない場合は、次式により売却損の補償額を算定します。

　　　　売却損の補償額＝現在価格＋解体・処分費－発生材価格

(3)　スクラップ価値しかないと認められる場合（償却済の機械、器具、備品等）

　　耐用年数が相当に経過し老朽化して処分価格がないと認められるものは、次式により売却損の補償額を算定します。

　　　　売却損の補償額＝現在価格－スクラップ価格

　　なお、「現在価格」の認定に当たっては、次の方法があります。

　ａ．購入価格又は再調達原価から減価償却費を控除した帳簿上の残価である帳簿価格で認定する。

　　ただし、一般に減価の要因として、物理的、機能的、経済的要因が考えられるが、企業会計上の減価償却は期間的な損益計算を正確に費用配分することを狙いとしているので、帳簿上の残価である帳簿価格は現在価値を表しているとは限らない。極端な例をあげれば、帳簿価格はゼロであっても十分にその機能を果たしている場合があるので、帳簿価格がゼロだからといって必ずしも現在価格がゼロであるとは言えない。

　ｂ．起業者自ら適正な方法で認定する。

　　現在価格の認定方法としては、起業者による市場価格の調査、同業者や専門店等の専門家への評価の依頼、再調達価格に現価率を乗じて現在価格を計算する方法等があるが、帳簿価格及び「減価償却資産の耐用年数に関する省令」（昭和40年大蔵省令第15号）を使用して再調達価格より導き出した価格等も参考になる。

②商品、仕掛品、原材料等の流動資産の売却損の補償

　　転業又は廃業に伴い、商品、仕掛品及び原材料等の営業用流動資産は、専門業者や

第Ⅵ章　営業廃止の補償（基準第43条）

同業者に低廉な価格で売り渡されたり、一般消費者に投げ売りされたりする場合が多くなり、その際に生ずる損失が売却損です。

　流動資産の売却損の補償は細則により費用価格（仕入費及び加工費等）の50％を標準としていますが、実情に応じ適宜加減して算定する必要があります。

　一例をあげれば、商店では営業廃止に際して専門業者に商品を引き取ってもらったり、オークションにかけたりしますが、現実に売却できる価格は、商品の種類及び店頭展示品かどうかによって仕入価格の30～80％と極端に差があるようです。

　また、一般消費者に投売りする場合は、仕入価格程度で売却される例が多く、その時期、商品の種類等によって仕入価格を大幅に下まわる例もあるようです。

　したがって、あらかじめ個別に売却損を算定することは極めて困難であり、算定しても的を射ない場合も考えられるので、専門家の意見を参考にすることが必要な場合が少なくないと思われます。

　　　　売却損の補償額＝費用価格－処分価格

③その他資本に関して通常生ずる損失の補償

　その他資本に関して通常生ずる損失としては、営業を廃止することにより生ずる損失として、契約を解除せざるを得ない場合に生ずる違約金、社債の繰上償還に伴う費用、清算法人に要する費用等があり、企業の実情に即して補償することとなります。

3）労働に関して通常生ずる損失の補償（基準第43条第１項第３号　細則第26-4.5）

①解雇予告手当相当額の補償

　営業を廃止することに伴い従業員を解雇する場合は、労働基準法第20条の規定に基づき平均賃金の30日以上を補償することとなります。しかし、この補償は、事業主の解雇の予告が30日以前であれば解雇予告手当を支払う必要がないので、解雇の予告期間の猶予がある場合、この補償をする必要はなく、解雇予告が30日前を切ってしまった場合は、少なくとも30日に足りない日数の手当相当額を補償すれば足りると考えられます。しかしながら、企業等労使間の問題でもあるので、細則では、一律、30日以上の解雇予告手当を支払うとされています。なお、業種によって転職が容易であるか否か等により適宜判断し、転職が困難な場合等、補償日数を多くすることも妥当であると考えられます。

　なお、平均賃金は、労働基準法の考え方と同様、前述の営業休止の補償における従業員に対する休業補償と同じです。

②転業期間中の休業手当相当額の補償

　従前の営業を廃止することに伴い転業をすることが相当であると認められる場合において、事業主と従業員との労使関係上、また、従前の営業と新たな営業の種類や規模並びに当該地域における労働力の需給関係等を考慮し、現従業員を継続して雇用す

179

る必要がある場合には、従業員に対する必要とされる期間の休業手当相当額を補償します。

補償額は、次式のとおりです。

補償額＝平均賃金×休業手当補償率×転業に通常要する期間

なお、前述したとおり平均賃金は直近３か月の平均賃金をいい、休業手当補償率は60／100から100／100の範囲内で80／100を標準とするということで、いずれも営業休止の補償の項の従業員に対する休業補償での取扱いと同じです。

転業に通常必要とする期間は、事業主が従来の営業を廃止して新たな営業を開始するために必要となる準備期間で、社会的、経済的状況、営業地の状況、従前の営業の種類・内容と新たな営業との関係、年齢、転業能力などの個人的事情等によって異なりますが、休業手当の補償という観点から半年、最長でも１年の範囲内で認定するとされています。

③その他労働に関して通常生ずる損失の補償

(1)　従業員が18歳未満の者の場合は、帰郷旅費相当額を補償しますが、これは労働基準法第64条の「18歳未満の者を解雇し、解雇の日から14日以内にその者が帰郷する場合は、使用者が必要な旅費を負担しなければならない」に基づく損失額に対する補償です。

(2)　その他、法定福利費相当額として、雇用保険料、社会保険料、健康保険料等があり、転業期間中に事業主に課せられるものを実態に応じて補償します。

4）転業期間中の従前の収益（所得）相当額の補償（基準第43条第１項第４号　細則第26-6）

営業廃止の補償は、現在の営業を廃止せざるを得ない状況になったため、他の業に転業することにより今後の生計維持が図られていくことが前提とされている補償であるため、転業が完了するまでの期間に対応する従前の収益（所得）を補償する必要があります。

転業期間中の従前の収益（所得）相当額の補償額は、次式により算定するとされています。

収益（所得）相当額の補償額＝年間の認定収益（所得）額×転業に要する期間（原則２年以内、特例３年以内）

上記式の認定収益額は、営業休止の補償での収益額の認定方法と同じで、売上高から必要経費を控除して求めることとなっており、この場合、個人営業の場合の自家労働の額は必要経費には含めません。

転業に要する期間は、先にも述べたように営業地の地理的条件、営業の内容、従来の

第Ⅵ章　営業廃止の補償（基準第43条）

営業の業種と転業後の業種、学歴、経営手腕等の個人的事情等に加え、起業者による指導・補助等や生活再建対策等の有無如何によっても異なるので、これらについて十分に検討した上で、２年の範囲内で決める必要があります。ただし、事業主が高齢であること等により円滑な転業が特に困難と認められる場合には３年の範囲内で定めることができることとなっています。

5）解雇する従業員に対する離職者補償（基準第43条第２項）

営業廃止により従前の従業員を継続雇用しない場合は、通常、従業員が解雇されることとなりますが、社会的実態等を考え、直ちに再就職することが困難と認められる場合には、該当する従業員本人の請求により次のとおり離職者補償（基準第62条）を行うことができます。

【基準第62条及び細則第41の規定】

（離職者補償）
第62条　土地等の取得又は土地等の使用に伴い、土地等の権利者に雇用されている者が職を失う場合において、これらの者が再就職するまでの期間中所得を得ることができないと認められるときは、これらの者に対して、その者の請求により、再就職に通常必要とする期間中の従前の賃金相当額の範囲内で妥当と認められる額を補償することができるものとする。

細則第41　基準第62条（離職者補償）は、次により処理する。
　1　本条により補償を受ける者は、常雇（雇用期間を特に定めることなく雇用される者）並びに臨時雇のうち雇用契約の更新により１年を超える期間にわたり実質的に継続して同一の事業主に雇用された者とする。
　2　本条による補償額は、次式により算定した額を基準とする。
　賃金日額×補償日数－失業保険金相当額
　賃金日額　　算定時前６か月以内に被補償者に支払われた賃金（雇用保険法（昭和49年法律第116号）第４条に規定する賃金をいう。）の総額をその期間の総日数で除して得た額の100分の80を標準として当該額の100分の60から100分の100までの範囲内で適正に定めた額
　補償日数　　55歳以上の常雇については１年とし、臨時雇及び55歳未満の常雇については、その者の雇用条件、勤続期間、年齢、当該地域における労働力の需給関係等を考慮して、１年の範囲内で適正に定めた日数
　失業保険金相当額　　雇用保険金受給資格者について、受給予定額を算定する。

この離職者補償は、解雇されなければ、従前どおりの所得が得られるであろうと想定される現従業員に対して、再就職に通常必要とする期間について従前の所得相当額を補償するものであり、細則第41-2で、その算定式が定められています。

補償額＝賃金日額×補償日数－失業保険金相当額

賃金日額：雇用保険法第４条で規定する「賃金」とは、「賃金、給料、手当、賞与そ

の他名称のいかんを問わず、労働の対償として事業主が労働者に支払うもの（通貨以外のもので支払われるものであつて、厚生労働省令で定める範囲外のものを除く。）をいう。」とされ、残業手当、通勤手当、住宅手当等が含まれるが、ボーナス等の臨時の手当は含まれないこととなっています。この賃金の総額を就業6か月以内の総日数で除して得た額の100分の60から100分の100までの金額で、100分の80を標準として定めるとしています。

失業保険金相当額：雇用保険に加入している雇用保険受給資格者が受給する失業保険金相当額（雇用保険法でいう基本手当）については控除する必要がありますが、この額は、勤続年数や年齢等を考慮した受給資格者の区分に応じて（雇用保険法第22条及び第23条）、次表のように決定されます。

雇用保険の基本手当日額は、ハローワークに提出する会社の雇用保険被保険者離職票に基づいて、毎年8月1日に都道府県労働局・ハローワークが公表する上限額と下限額を定める資料等により概算額は把握できますが、確定額については、従業員への聞き取り調査によって把握せざるを得ないでしょう。

なお、離職者補償は、別途従業員に対し直接補償するもので、事業主に対して、行う補償ではないことに留意する必要があります。

特定受給資格者（原因：事業廃止等）の所定給付日数表

離職した日の満年齢 ＼ 雇用保険加入期間	6か月以上1年未満	1年以上5年未満	5年以上10年未満	10年以上20年未満	20年以上
30歳未満		90日	120日	180日（10年以上）	
30歳以上35歳未満		120日	180日	210日	240日
35歳以上45歳未満	90日	150日	180日	240日	270日
45歳以上60歳未満		180日	240日	270日	330日
60歳以上65歳未満		150日	180日	210日	240日
65歳以上（高年齢求職者給付金）※	30日	50日			
心身障害者等就職困難な者 45歳未満	150日	300日			
心身障害者等就職困難な者 45歳以上65歳未満		360日			

※雇用保険法第37条の2、第37条の3及び第37条の4

※営業補償調査算定要領（案）第6条において、営業廃止の補償の算定は、以下の表を用いて行うものとされております。

・営業補償金算定書（営業廃止の補償）（様式第5－1号）

・固定資産等の売却損補償額算定書（様式第12号）

・従業員に対する休業手当相当額算定書（様式第8号）

第Ⅵ章　営業廃止の補償（基準第43条）

・認定収益額算定書（様式第９号）及びその他必要な算定書

Ⅵ－3　例示による営業廃止補償

例－1　造船所の移転に際し、適当な移転先がないと認められ、営業廃止の補償を行った事例

1）事業計画及び営業の概要

　一級河川〇〇川改修（〇〇築堤）工事用地の取得に伴い、有限会社Ｓ造船所（以下「Ｓ造船所」という。）が支障となった。

　Ｓ造船所は、平成〇〇年に資本金100万円で有限会社として設立され、現在、役員２名、従業員２名で、主に小型鋼船の修理を行っている。

　営業状態は、当社は、戦前より当該地において小型木造船等の造船を営んでいることから、従来からの固定客が多く、近年不況といわれる造船業界の中にあって、収益の伸びは小さいものの、ほぼ安定した状態にある。

過去３か年の営業実績

	総売上高	営業利益	経常利益
第30期	63,130,000円	1,350,000円	1,400,000円
第31期	77,570,000円	▲450,000円	810,000円
第32期	72,990,000円	2,060,000円	1,730,000円

2）支障状況の説明

　本工事に伴い、Ｓ造船所の敷地の大部分が支障となる。

3）補償方針の検討及び決定

　構外移転とするためにはＳ造船所の移転先については、

　　①　河川に接し、直接河川水面の利用ができる土地であること。

　　②　現在と同様の権利（河川の占用）が得られること。

　　③　鋼船修理に伴って発生する煤煙、粉じん等に対して、付近住民の同意が得られること。

が、物理的、社会的条件であるため、当〇〇川及び近隣河川流域において代替適地の選索を行った。

　しかしながら、市街化され、築堤整備の進んだ流域において、これらの条件を満たす代替適地はなかったため、適当な移転先がないと認め、営業廃止の補償を行うことが妥当であると認定した。

183

所在図

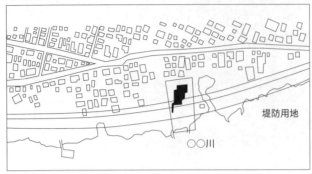

平面図

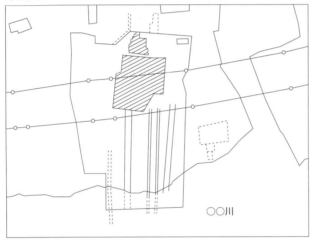

4）営業補償額の算定

営業補償額121,193,550円

内訳

① 営業用固定資産の売却損の補償98,816,000円
② 転業期間中の従前の収益相当額の補償4,280,000円
③ 解雇予告手当相当額の補償 0 円
④ 転業期間中の休業手当相当額14,400,000円
⑤ 解雇する従業員に対する離職者補償3,697,550円

5）算定内訳

①営業用固定資産の売却損の補償

　イ　残価率の算定

建物については、「木造建物の現価率表」によった。

その他の構築物等については、「減価償却資産の耐用年数に関する省令」により認定した。

ロ　建物、構築物、設備

造船所という特殊な物件であり、これらの資産を市場において売却することは極めて困難であると認められるため、解体処分することとし、現在価格を算定し、これに解体費を加算し、発生材価格を控除した額を補償額とした。

ハ　機械

機械については、市場性のあるものはその価格を現在価格とし、市場性のないものは複成価格を算出し、取得年次、耐用年数、残価率を調査して現在価格を求め、いずれも市場性があるものとし、その50％を売却損と認定した。

ニ　車両運搬具

市場価格があり、かつ汎用性のある自動車については、売却損はないものとし、補償しないこととした。

その他については、現在価格を算定し、市場性があるものとし、その50％を売却損と認定した。

ホ　船舶

中古船舶等の市場性について、社団法人日本海事検定協会に照会したところ、一般大衆向けのレジャー用あるいは観光用として利用できるもの、又は中型船以上で高性能のものに限られ、当該小型船舶で劣性能なものは市場性はないとの意見であった。

また、機船についても、造船業用として建造されたもので市場性は認められず、売却可能とするためには、運搬船、漁船等に改造することも想定されるが、多額の費用が必要となることを考慮し、現在価格の90％を売却損と認定した。

台船については、造船業専用に建造されたものであり、造船業以外には使用することができないことから、市場性は皆無と認められ、スクラップ処分することとし、現在価格からスクラップ価格を差し引いた額を補償額とした。

ヘ　工具・備品

工具については、取得年次の不明なものが大部分であり、耐用年数も比較的短いため、取得価格の10％（残価率）を現在価格とし、市場性がほとんどないことから、その90％を売却損と認定した。

備品類の売却損については、市場性があるものとして、現在価格の50％と認定した。

資産の売却損の補償額

(円)

項目	種類	内　訳	算　　　　式	金　　額
資産の売却損の補償額	営業用固定資産	建　　　物	現在価格＋解体費－発生材	7,412,458
		構　築　物	現在価格＋解体費－発生材	8,870,580
		設　　　備	現在価格＋解体費－発生材	1,458,200
		機　　　械	現在価格×50%	39,833,410
		船　　　舶	現在価格×（90%又は発生材）	30,373,600
		車両運搬具	現在価格×50%	2,680,000
		工　具　類	現在価格×90%	1,319,830
		備　　　品	現在価格×50%	6,868,000
		計		98,816,078

補償額＝98,816,000円

②転業に通常必要とする期間（２年以内）中の従前の収益相当額

イ　年間収益相当額

営業利益	円	
①営業利益	2,060,000	第32期損益計算書営業利益より
営業外利益		
②雑収入	0	該当項目なし
③＝①＋②	2,060,000	
営業外損失		
④支払利息	0	
⑤割引料	0	
⑥＝④＋⑤	0	
⑦＝③－⑥	2,060,000	
⑧事業税等	80,000	別紙固定的経費付属明細書
⑨＝⑦＋⑧	2,140,000	

ロ　補償額＝年間収益相当額×転業期間

$$＝2,140,000円×２年＝4,280,000円$$

③解雇予告手当相当額の補償

　　使用者は、従業員に対し、解雇の30日前に予告可能であることから補償しないものとした。

損　益　計　算　書

有限会社S造船所

自○○年３月１日　至○○年２月28日　　　　（単位：円）

経常損益の部

（営業損益の部）

第Ⅵ章　営業廃止の補償（基準第43条）

〔売　上　額〕			
売　　　上　　　高	73,160,000	73,160,000	
売上値引・戻り高		170,000	72,990,000
〔売　上　原　価〕			
当期製品製造原価		50,750,000	50,750,000
売上総利益			22,240,000
〔販売費及び一般管理費〕			
役　員　報　酬		18,000,000	
支　払　手　数　料		600,000	
諸　　会　　費		90,000	
接　待　交　際　費		1,180,000	
通　　信　　費		120,000	
租　税　公　課		180,000	
雑　　　　　　費		10,000	20,180,000
営業利益			2,060,000
（営業外損益の部）			
〔営業外利益〕			
受　取　利　息		100,000	
雑　　収　　入		240,000	340,000
〔営業外費用〕			
賞与引当金繰入額		670,000	670,000
経常利益			1,730,000
特別損益の部			
〔特　別　利　益〕			
貸倒引当金戻入		20,000	20,000
税引前当期利益			1,750,000
法人税等充当額			200,000
当期利益			1,550,000

製　造　原　価　報　告　書

有限会社S造船所

自○○年３月１日　至○○年２月28日　　　　（単位：円）

〔材　料　費〕		
期首材料棚卸高	140,000	
材　料　仕　入　高	12,710,000	
合　　　　　計	12,850,000	
期末材料棚卸高	460,000	12,390,000
〔労　務　費〕		
賃　　　　　金	8,100,000	

賞　　　　　　与	1,900,000	
法 定 福 利 費	310,000	
福 利 厚 生 費	360,000	10,670,000
〔外注加工費〕		19,480,000
〔経　　　費〕		
燃　　料　　費	40,000	
車 両 関 連 費	480,000	
水 道 光 熱 費	680,000	
工 場 消 耗 品 費	4,670,000	
地 代 ・ 家 賃	1,110,000	
修　　繕　　費	50,000	
減 価 償 却 費	1,100,000	
支 払 保 険 料	80,000	8,210,000
当 期 総 製 造 費 用		50,750,000
期 首 仕 掛 品 棚 卸 高		2,840,000
合　　　　計		53,590,000
他 勘 定 振 替 高		2,840,000
当 期 製 品 製 造 原 価		50,750,000

④転業期間中の休業手当相当額の補償

　　役員兼従業員２名については、従業員の転業に通常要する期間中の休業手当相当額に準じ、平均報酬月額×80％を１か年補償することとした。

役員報酬額

（円）

年／月 氏名	○／10	11	12	○／1	2	3	賞与(12月)	計
A	1,200,000	1,200,000	1,200,000	1,200,000	1,200,000	1,200,000		7,200,000
B	300,000	300,000	300,000	300,000	300,000	300,000		1,800,000

	平均報酬月額	補償率	転業期間	補償額
	円／月	％	月	円
A	1,200,000	80	12	11,520,000
B	300,000	80	12	2,880,000
計				14,400,000

⑤解雇する従業員に対する離職者補償

　　従業員２名については、解雇するものとし、離職者補償により、賃金日額に、離職者が再就職に通常必要とする期間を乗じ、雇用保険相当額を控除した額を補償するこ

第Ⅵ章　営業廃止の補償（基準第43条）

ととした。

　賃金日額については、算定時直近6か月間に被補償者に支払われた賃金（雇用保険法第4条第4項）の総額を180日で除した額の80％と認定した。

　離職者が再就職に通常必要とする期間については、従業員2名が、造船業という特殊な職種に従事してきており、かつ、同業界の雇用状況は縮小傾向にあることから、同業界での再就職は極めて困難であると認められることと高齢であるため、他の業種に転換するには相当の職業訓練期間を必要とすると認められることを考慮し、1か年と認定した。

　雇用保険相当額については、雇用保険法第17条に定める届けをしているので、上記の賃金日額から給付日額を算定し、被保険者期間、年齢により給付日数を乗じ算定した。

直近6か月の支払賃金

(円)

年／月 氏名	○／10	11	12	○／1	2	3	賞与(12月)	計
C	410,000	444,000	410,000	342,000	376,000	410,000	1,028,000	3,420,000
D	96,000	176,000	224,000	48,000	40,000	24,000	112,000	720,000

給付日額

(円)

氏名	6か月支払賃金		賃金日額	保険支給率	計算日額	給付日額
C	3,420,000	1／180	16,670※	50/100	8,335	8,335
D	720,000	1／180	4,000	80/100	3,200	3,200

　　　　　※雇用保険の賃金日額は、最高16,670円と決められている（令和元年8月時点）。
　　　　　　Cの場合、賃金日額は、計算上19,000円であるので、16,670円となる。

給付日数

氏名	生年月日	年齢	被保険者期間	給付日数
C	昭○.2.3	54歳	15年	270日
D	昭○.3.4	49歳	9年	240日

所定給付日数区分表

（雇用保険法第22条及び第23条）

離職した日の満年齢等＼被保険者であった期間		1年未満	1年以上 5年未満	5年以上 10年未満	10年以上 20年未満	20年以上
30歳未満			90日	120日	180日	—
30歳以上35歳未満			120日	180日	210日	240日
35歳以上45歳未満		90日	150日		240日	270日
45歳以上60歳未満			180日	240日※	270日※	330日
60歳以上65歳未満			150日	180日	210日	240日
心身障害者等就職困難な者	45歳未満	150日	300日			
	45歳以上65歳未満		360日			

雇用保険相当額

氏名	給付日額	給付日数	雇用保険相当額
C	8,335円	270日	2,250,450円
D	3,200円	240日	768,000円

補償額

氏名	① 賃金日額	② 補償率	③ 補償期間	④ =①×②×③	⑤ 雇用保険相当額	④－⑤ 補償額
	円	%	日	円	円	円
C	19,000	80	365	5,548,000	2,250,450	3,297,550
D	4,000	80	365	1,168,000	768,000	400,000
計						3,697,550

第Ⅶ章
営業規模縮小の補償（基準第45条）

第Ⅶ章　営業規模縮小の補償（基準第45条）

Ⅶ−1　営業規模縮小の補償とは

　営業規模縮小の補償は、土地等の取得又は使用に伴い残地を合理的な移転先と認定したことによって影響が考えられる資本・労働の過剰遊休化や営業継続のための最低規模の確保の可否、経済的合理性等を十分検討した上で、従来の営業規模を縮小せざるを得なくなると判断される場合に行う補償であります。

　従来の営業規模を縮小せざるを得ないと認められる場合の補償については、その縮小部分についての営業の一部廃止補償とも捉えることができ、基準第45条第1項各号の規程により、次の補償項目が定められています。

---

①営業用固定資産の売却損の補償
②解雇予告手当相当額等の補償
③その他資本及び労働の過剰遊休化による損失の補償
④経営効率低下による損失の補償

　また、これらに加え、営業を一時休止する場合や仮営業所を設置する必要があると認められる場合には、営業休止等に係る補償を行うことを検討する必要があります。

【基準】

（営業規模縮小の補償）
第45条　土地等の取得又は土地等の使用に伴い通常営業の規模を縮小しなければならないと認められるときは、次の各号に掲げる額を補償するものとする。
　一　営業の規模の縮小に伴う固定資産の売却損、解雇予告手当相当額その他資本及び労働の過剰遊休化により通常生ずる損失額
　二　営業の規模の縮小に伴い経営効率が客観的に低下すると認められるときは、これにより通常生ずる損失額
2　前項の場合において、解雇する従業員に対しては第62条の規定による離職者補償を行うものとし、事業主に対する退職手当補償は行わないものとする。

【細則】

第28　基準第45条（営業規模縮小の補償）は、次により処理する。
　1　通常営業の規模を縮小しなければならないときとは、営業用建物を改造工法により、その規模を縮小して残地に存置する場合又はその規模を縮小して構内移転をする場合とする。
　2　経営効率が低下することにより通常生ずる損失額は、1商品当たりの販売費、単位生産物当たり生産費等の増加及び企業者報酬の減少並びに従前の営業内容及び規模縮小の程度等を勘案して縮小部分に相当する従前の収益又は所得相当額の2年分以内で適当と認める額とする。

Ⅶ-2　営業規模縮小の補償の要件

　営業規模を縮小しなければならないときとは、補償対象となる建物の事務スペースの規模縮小の場合のみならず、ゴルフ練習場等の営業用施設や作業場等の規模の縮小による場合、あるいは駐車スペースに依存するサービス業のように駐車場の規模の縮小により営業施設が過剰遊休化する場合も考えられます。
　したがって、営業規模縮小の補償を認定するための要件とその内容は、以下のとおりです。

1）従前に比して資本又は労働に過剰遊休化が発生すること

　営業用建物等の規模の縮小は直ちに営業規模の縮小につながるものではなく、建物等の規模を縮小したために売場面積、作業場面積、テーブル等の施設が減少し、その結果、売上高が減少することが明らかであると認められる場合に限って本補償を適用すべきであります。既に過剰遊休化が認められる場合（効率的とは言えない営業）や、営業用建物等の規模が縮小されても残存建物の内部改造等（改造工法）により営業の規模を縮小しないで済む場合もあるので、十分検討する必要があります。
　検討に当たっては、操業度（売上高等）について調査を行い、当該企業の現状と将来の動向を把握し、規模の縮小が及ぼす影響の度合を判断することとなる。操業度調査の結果、現状において既に過剰遊休化が認められる場合には、建物等の規模の縮小に伴う影響度合は少ないと考えられます。

2）営業を継続できる最低限の規模が確保できること

　営業を継続できる最低限の規模の基準をどこにおくかは、業種や現在規模等によって異なりますが、営業が継続できる最低限の規模であるかどうかの判断は、以下に示す損益分岐点（一定の売上高を超過すると利益が発生し、下回ると損失が発生する点）の分析が参考になります。

$$損益分岐点売上高 = \frac{固定費}{1 - \dfrac{変動費}{売上高}}$$

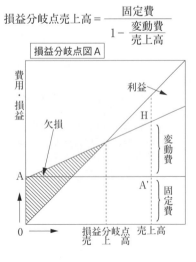

（注）　固定費及び変動費については「営業休止の補償」の「得意先喪失の補償」の項を参照。

1．縦軸は費用・損益、横軸は売上高。
2．グラフは正方形。
　左下を原点 0 とし対角線（売上高）をとる。
3．横軸に実際の売上高をとり、縦軸に平行に線をとる。
4．この線上に固定費（A'）をとり横軸に水平線をとり縦軸との交点 A をとる。
5．また A' 点の上に変動費（H）をとる。
6．H 点と A 点を結ぶ直線をとると、AHA' の三角形が、売上高によって変化する変動費、AA' より下が固定費であるから AH 線は総費用を表わす。
7．原点 0 からの対角線は売上高を示すので、この線と AH 線の交点が損益分岐点となり、それより上方が利潤を生み、下方が欠損となる。

※具体的な金額に基づき数値化した例示は以下のとおりになります。

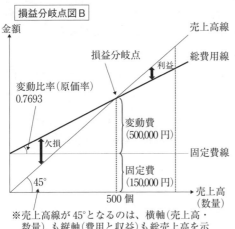

この損益分岐点図が示しているのは、
　例えば、1,000円の品物を1個仕入れて商売を始め、1,300円で売るとした場合、儲けは300円となります。
　しかし、これには光熱水料、人件費等の固定的な経費が必要となるため、これら固定費の総額を 150,000円と仮定した場合。
　全体費用は、固定費 150,000円＋1個の仕入値 1,000円で 151,000円 となり 1,300円で1個売れた時の赤字は 149,700円となります。
　では、何個売れたら「あがりトントン」になるのかというポイントが損益分岐点です。
　したがって、固定費 150,000円を支出するためには、
　150,000円÷単位利益 300円で 500個売らないといけません。
　また、この 500個分の仕入れも必要なので、
　1,000円×500個で 500,000万円を支出することになります。
　したがって、固定費の 150,000円と仕入値 500,000円を合わせた 650,000円の売上げを確保してはじめて、経営が成り立つこととなります。
　つまり、650,000円÷売値 1,300円で固定費支出の結果と同じ、500個の操業度（販売数）が損益分岐点となる訳です。
　また、この分岐点図を念頭に以下のような分析手法を覚えておくことも規模縮小の検討に役に立つと思います。
　　※限界利益＝売上高－変動費
　　　　　650,000円－500,000円＝150,000円（いわゆる「粗利」で損益分岐点では固定費の額）

　　※変動比率＝変動費÷売上高
　　　　　500,000÷650,000＝0.7693・・（原価率です）

　　※限界利益率＝限界利益（固定費）÷売上高
　　　　　150,000円÷650,000＝0.2308（売上単位当たりの限界利益）＝1－変動比率＝0.2308

　　※損益分岐点売上高＝固定費÷限界利益率
　　　　　150,000円÷0.2308＝650,000円

　　※目標利益達成売上高＝（固定費＋目標利益）÷限界利益率

　　※損益分岐点比率＝損益分岐点売上高÷売上高

　損益分岐点図において、縮小後の予想売上高が損益分岐点の右側にあれば営業継続が可能、左側にあれば営業継続は困難と予想されます。なお、縮小後の予想売上高は、次節に述べる方法で判定した営業規模縮小率を、収集した資料から認定した土地等の取得又は使用前の売上高（縮小前の売上高）に乗じて計算します。

　　縮小後の予想売上高＝縮小前の売上高×営業規模縮小率

　損益分岐点図は、縮小前の営業規模を前提としていますので、現実には営業規模を縮小することによって固定費や変動費の構造が変化し、損益分岐点が移動することがあります。

（例）

①営業規模の縮小により、従業員の減少、固定資産の縮小（維持費や固定資産税の減少）、水道光熱費の削減があれば、固定費が減少して固定費線が下に移動するため、損益分岐点が左に移動します（営業継続の可能性が高まります）。

②営業規模の縮小により、仕入れ数量の減少に伴って単価の値上げ又は値引きの縮小等があった場合、変動費が増加して総費用線の傾きが大きくなるため、損益分岐点が右に移動します（営業継続の可能性が低くなります）。

なお、売上高に対して固定費や変動費の割合が適正かどうかは、損益分岐点図だけでは判断できません。類似業種の同程度の規模の平均的な費用収益比率と比較することである程度判断できます。類似業種の同程度の規模の平均の値は「中小企業実態基本調査に基づく中小企業の財務指標（一般社団法人中小企業診断協会編）」（※平成27年調査に基づくものまで刊行）や「法人企業統計調査年報」等を利用して大まかな数値をつかむことができます。

3）経済合理性の面から検討することにより、営業規模縮小の補償が合理的と判断されること

合理的と判断される場合とは、営業用建物等を残地に存置させるとした場合に考えられる改造工法や規模を縮小した場合の除却工法等について、それぞれの移転工法における補償総額による比較検討の結果により、営業規模縮小の補償によるのが最も合理的と判断できる場合です。

※ただし、上記1）～3）の要件を満たす場合であっても、営業規模縮小の補償は、2）の要件にあるように、営業を継続できる最低限の規模を確保しているにすぎず、従前の売上を確保する補償ではないことから、積極的にその補償を検討する補償方法ではなく、当該場所でなければ経営がなりたたないなどの特殊な事情があるケースに限り採用する補償方法であることに留意する必要があります。

Ⅶ−3　補償の項目と算定

1）固定資産の売却損の補償（基準第45条第1項第1号）

営業規模を縮小することにより、機械装置、車両運搬具、什器備品等の営業用固定資産のなかで、縮小部分に応じて不要となるものが発生する場合があります。不要（遊休化）となる固定資産は一般に売却されることから、固定資産の売却損の補償は、その際に生じる売却損について補償するものであり、その取扱いは、「営業廃止の補償」Ⅵ−2−2）①［建物、機械、器具、備品等の固定資産の売却損の補償］（P.177）と同様となります。

補償額の算定は、次のとおりです。

第Ⅶ章　営業規模縮小の補償（基準第45条）

①現実に売却できる場合（機械、器具、備品等）

売却損の補償額＝現在価格－売却価格

　固定資産の売却損の補償については、細則第26-3-㈠に基づき、現在価格の50％を標準としていますが、あくまで標準ですので実情により適宜加減します。

②解体せざるを得ない場合（家屋、設備等）

売却損の補償額＝現在価格＋解体費・処分費－発生材価格

③スクラップ価値しかない場合（償却済の機械、器具等）

売却損の補償額＝現在価格－スクラップ価格

２）解雇予告相当額の補償（基準第45条第１項第１号）

　営業規模が縮小されることに伴い労働の過剰遊休化が生じ、従業員を解雇しなければならない場合における労働基準法第20条の規定の適用を前提とした補償です。

　したがって、事業主が解雇しようとする30日前にその予告をすれば、その支払いをする必要がないもので、移転時期等の関連から30日前に解雇の予告が不可能な場合にのみ補償を行うこととなります。

　先に「営業廃止の補償」で記述した「解雇予告手当相当額」の補償の場合と異なるのは、解雇の対象となる従業員を確定しなければならない点にあり、従前作業の状況や企業内運営の観点から解雇の対象者を確定・確知することが困難な場合が多いため、経営者との十分な協議や専門家等からの意見聴取が不可欠となります。

　また、企業の数部門あるうちの一部の部門を廃止縮小する場合においても、対象者を確定することが困難な場合が多いが、その場合には、その部門の従業員を無作為に抽出し平均的な補償額を算定する方法が考えられます。

　なお、従業員を解雇するにあたり労働基準法第64条に規定されている帰郷旅費相当額についても、実態に応じて補償する必要があります。

３）その他資本及び労働の過剰遊休化による損失補償（基準第45条第１項第１号）

　企業は資本及び労働に対して適正な規模で企業活動を行っていると考えることができるが、営業規模が縮小されることにより、その縮小部分に対応する資本及び労働の過剰遊休化が生ずることとなります。

　したがって、通常、企業は不用となると営業用固定資産を売却したり、従業員を解雇したりすることによって資本及び労働の過剰遊休化を解消するための企業努力を行いますが、営業規模の縮小率と同じ割合まで資産の売却や従業員の解雇ができない場合には、潜在的な過剰遊休化が生じることとなります。つまり、製品の製造量又は商品の販売量等が減少するにもかかわらず、固定的な経費がこれに対応して減少しないため経営効率の低下や生産費や販売費等のコスト増を招くことになります。

197

そこで補償の考え方としては、資本及び労働の過剰遊休化の損失に焦点を当て、資本の過剰遊休の損失については、規模縮小の割合に応じて減少しない固定的な経費の面からとらえることとし、労働の過剰遊休化の損失については、従業員を解雇しないため、規模縮少の割合に応じて減少しない従業員手当相当額の面から把握することが適当であると考えられます。なお、この場合の補償期間については、基準、細則では規定されていませんが、資本及び労働の潜在的過剰遊休化現象は、時の経過とともに企業努力等によって解消されるべきものと考えられるので、その期間（補償期間）については、潜在的過剰遊休化の内容、程度及び規模、業種等によって異なりますが、次に記述する細則第28−2の経営効率低下による補償で示されている2年を限度として、実態を十分に調査するとともに、専門家にも意見を求め決定すべきと考えます。

以上を算定式で示すと次のとおりとなります（※縮小率については、4）①にて後述します。）

①資本の過剰遊休化の損失の補償

> 補償額 ＝ （固定的な経費 × 縮小率
> 　　　　 − 売却する資産に対する固定的な経費）× 補償期間

②労働の過剰遊休化の損失の補償

> 補償額 ＝ （従業員手当相当額 × 縮小率
> 　　　　 − 解雇する従業員の従業員手当相当額）× 補償期間

4）経営効率が客観的に低下すると認められる場合の補償（基準第45条第1項第2号）

企業は一般に、土地、資本、労働及び経営という生産要素が結びついて現実の収益をあげており、その収益は生産要素の組合せが均衡を保っている場合に最大となるものです。

したがって、経営規模を縮小することにより生産要素間の均衡がくずれる場合は、経営効率が低下して一商品当たりの販売費又は単位生産物当たりの生産費は増加しますが、資本及び労働の過剰遊休化に伴う損失を補償すれば経営効率低下に伴う損失の相当部分は補償されたことになると考えることもできます。

しかし、それでもなお補償されない部分があると思われることから、それらを収益に置き換えて損失を補償するものです。

また、営業規模の縮小部分については、一部営業が廃止されたものとも考えることができるので、その部分から得ている収益についても補償する必要があると考えられています。

①縮小率という考え方

経営効率低下による損失の補償は、細則第28−2において、従前の営業内容及び規模縮小の程度を勘案して縮小部分に相当する従前の収益又は所得相当額の2年以内で

第Ⅶ章　営業規模縮小の補償（基準第45条）

適当と認める額とされています。

　さて、この縮小部分の判断ですが、通常、店舗面積、敷地面積、駐車可能台数、生産施設等の有形的状況と売上高とが密接な関係にある業種については、これらの施設の縮小の程度に応じて補償することとなります。

　例えば、店舗面積等に関係する業種としては、飲食店（テーブル数）、理髪店（イス数）、旅館業（室数）、小売店等があり、敷地面積等に関係する業種には、有料駐車場（台数）、倉庫業（面積、体積）、養鶏・養魚・養豚業、ゴルフ練習場等（打席数）があります。店舗面積や敷地面積等に加え、駐車可能台数も関係する業種としては、ファミリーレストラン、ホームセンター、パチンコ店等が想定されます。

　これらの業種については、売上高と密接な関係にある営業施設の縮小の程度に応じた規模の縮小率を検討しなければなりませんが、規模の縮小率は、一般的には、次のとおりになると考えられます。

⑴　面積等の減少が直接売上高の減少となる場合

$$規模の縮小率 = 1 - \frac{縮小後の面積等}{従前の面積等}$$

⑵　面積等の減少に加え、従前の営業施設の稼働状況を考慮する必要がある場合

$$規模の縮小率 = \left(1 - \frac{縮小後の施設等の状態}{従前の施設等の状態}\right) \times 稼働率$$

　しかし、営業規模の縮小の補償の対象となるのは、縮小された有形的部分の全てではありません。すなわち、企業の日常の経営状態は、常にフル回転の状態で営業用施設が稼働しているわけでなく、いわゆる有形的な営業規模を縮小しても従前と同じ収益（売上）が得られる場合は、補償をする必要はなく、営業規模を縮小したことによって従前の収益を得られなくなった部分のみに対して補償することが適当です。

　また、営業施設の稼働率は、午前と午後、平日と週末、夏・冬等の季節等により一定でなく変動しているものであり、営業規模の縮小により影響を受ける部分のみを補償の対象とするものです。

　なお、不動産業、卸小売業、国家資格等による営業等においては、営業用建物や営業用施設等の縮小率と売上高との相関関係が低いと考えられるため、営業規模の縮小率を認定する場合には、経営の専門家（中小企業診断士等）の判断を求めることが必要でしょう。

②稼働率からみた営業規模縮小の判定

　駐車場の規模と関係があるファミリーレストランの例を採って、稼働率からみた規模縮小率を判定してみます。

　　従前の最大駐車可能台数：50台
　　残地の最大駐車可能台数：40台

199

ファミリーレストラン等における駐車場の満車状態は、顧客の来客の慣習から75％〜80％の駐車率で顧客は満車と見て通過してしまうということで、通常80％の駐車率をもって満車とされており、規模縮小率は、駐車率を基にした有効駐車台数をもって判定します。

　　　従前の有効最大駐車可能台数：40台
　　　残地の有効最大駐車可能台数：32台

$$1 \ - \ \frac{\text{残地の有効最大駐車可能台数(A)}}{\text{従前の有効最大駐車可能台数(B)}} \ = \ 1 \ - \ \frac{32台}{40台} = 0.2\text{(C)}$$

となり、駐車可能台数からみた規模縮小率は20％となります。

　営業規模の縮小率を求めるためには、さらに稼働率の観点から規模縮小率を求める必要があり、その方法について、次の「駐車台数と来客数との稼働状況」の表をもって、その手順を具体的な数値で説明します。

駐車台数と来客数との稼働状況（自動車利用客）

時間 / 月日	8：00〜10：00	10：00〜12：00	12：00〜14：00	14：00〜16：00	16：00〜18：00	18：00〜20：00	20：00〜22：00
4／1（月）	6台 7人	16台 19人	26台 30人	23台 24人	29台 35人	36台 43人	16台 19人
4／2（火）	2台 5人	13台 16人	35台 42人	29台 34人	38台 46人	37台 41人	18台 20人
4／3（水）	4台 5人	20台 24人	38台 46人	27台 33人	29台 37人	35台 42人	14台 17人
4／4（木）	2台 4人	22台 28人	34台 40人	29台 36人	27台 33人	26台 33人	12台 15人
4／5（金）	3台 6人	19台 25人	31台 38人	28台 33人	30台 34人	28台 34人	21台 25人
4／6（土）	10台 13人	26台 30人	40台 48人	30台 39人	42台 51人	31台 37人	23台 27人
4／7（日）	9台 11人	28台 31人	43台 52人	39台 46人	46台 55人	24台 30人	13台 16人

　　　A：残地の有効最大駐車可能台数33台以上の来客数＝552人（網掛け部分）
　　　B：総来客数＝1,455人

　用地取得後の残地における有効最大駐車可能台数は32台であるので、従前の営業時間帯における駐車台数で33台以上駐車していた時間帯の顧客が減少し、それ以外は影響がないと判定します。

$$\frac{\text{残地の有効駐車可能台数から見た来客数(D)}}{\text{調査期間に対応する総顧客数(E)}} \ = \ \frac{552人}{1,455人} = 0.379\text{(F)}$$

第Ⅶ章　営業規模縮小の補償（基準第45条）

$$稼働率からみた営業規模の縮小率 = (C) \times (F) = 0.2 \times 0.379 = 0.076$$

$$\therefore 7.6\%$$

　この事例の場合の稼働率からみた営業規模縮小率は、7.6％となる。この縮小率は前述の縮小後の予想売上高の計算（P.194以降）や「経営効率の低下の補償」及び前記3）「その他資本及び労働の過剰遊休化による損失補償」に係る補償額の算定に活用されます。

③補償額の算定

　以上を踏まえた経営効率が低下することにより通常生ずる損失の補償額の算定式は次のとおりとなります。

> 補償額＝認定収益（所得）額×縮小率×補償期間

　なお、認定収益（所得）額については、「営業休止の補償」の「収益額の認定」を参照のこと。

　補償期間については、従前の営業内容、縮小部分がその営業に占める割合、一商品当たりの販売費と単位生産費当たりの生産費の増加及び利益の減少等を勘案して、2年以内で適当な期間を認定します。

5）解雇する従業員に対する離職者補償

　営業規模を縮小することにより過剰遊休化した従業員は解雇されることとなりますが、社会的実態を考え直ちに再就職することが困難と認められる場合には、本人の請求により離職者補償をすることができます。解雇する必要が生じた場合の従業員に対する離職者補償は、「営業廃止の補償」のⅥ－2－5）（P.181以降参照）に準じて補償することとします。

　この離職者補償は、解雇されなければ、従前どおりの所得が得られるであろうと想定される従業員に対して、再就職に通常要する期間について従前の所得相当額を補償するものです。補償額の算定式は、次のとおりです。

> 補償額＝賃金日額×補償日数－雇用保険相当額

　賃金日額、補償日数及び雇用保険相当額の取扱いについては、「営業廃止の補償」のⅥ－2－5）と同様の取扱いとします。

　離職者補償の対象者は、常雇用及び臨時雇用のうち雇用契約の更新により1年を超える期間継続して同一事業主に雇用された者とします。また、離職者補償は、営業規模縮小により失業した者に対して補償するもので、雇用保険に加入している雇用保険受給資格者は、当該雇用保険支給相当額は控除する必要があります。

　なお、離職者補償は、別途、従業員に直接に補償するもので事業主に対して行う補償

201

ではないことは、営業廃止の補償と同様です。

※営業補償調査算定要領（案）第10条において、営業規模縮小の補償の算定は、以下の表を用いて行うものとされております。

　　・営業補償金算定書（営業規模縮小の補償）（様式第5－3号）
　　・固定資産等の売却損補償額算定書（様式第12号）
　　・認定収益額算定書（様式第9号）及びその他必要な算定書

Ⅶ－4　例示による営業規模縮小の補償

例－1　ファミリーレストランの駐車場の一部の取得に伴い営業規模縮小の補償を行った事例

1）事例の概要

　　一般国道○○号改築工事に伴い駐車場の一部が支障となったファミリーレストランの営業規模縮小の補償事例である。

　　当該企業は、資本金2億円、従業員113名の他アルバイト1,383名、計1,496名により1都2県に32店舗を有する外食産業である。

2）支障となる物件の概要

　　支障となる○○支店は、一般国道○○号と県道○○線との交差点の北東の角地に位置し、ファミリーレストランを経営しており、駐車場は、当該店舗の第1駐車場の他に道路の向かい側に第2駐車場を持っている。

　　今回、一般国道○○号改築工事に伴い当該店舗の第1駐車場及び第2駐車場が支障となるがレストランの建物は支障とならない。土地取得の状況は、次のとおりである。

土　　地	従 前 面 積	1,480㎡		
	取 得 面 積	358㎡　（24%）		
	残 地 面 積	1,122㎡　（76%）		
建　　物	建築延面積	374㎡		
駐車場	場　　　　所	第1駐車場	第2駐車場	計
	従 前 台 数	25	12	37
	取 得 後 台 数	16	6	22
	減 少 台 数	9	6	15

3）営業規模縮小の補償の可否の判定

　　営業規模縮小の補償を行うことができるか否かの可否の判定は、営業規模縮小後の損益分岐点売上高により判定することができる。すなわち、営業規模縮小後の売上高が従

前の売上高を基にした損益分岐点売上高を下回る場合は、営業規模縮小の補償を行うことはできない。

　しかし、この方法は、理論的にはそのとおりであるが、営業補償額の算定に着手した段階では、営業規模縮小率であるとか営業規模縮小後の売上高がわからないので、実務的には、営業補償額算定の過程において判断するものである。

①損益分岐点売上高の判定

　　損益分岐点売上高＝固定費÷$\dfrac{固定費＋利益}{売上高}$　により求めることができる。

　　当該企業の営業成績の内容は、次のとおりである。

年間売上高	258,798,150円
認定収益額（利益）	18,095,477円
固定費	90,149,671円
変動費	150,553,002円

　損益分岐点売上高＝90,149,671円÷$\dfrac{90,149,671円＋18,095,477円}{258,798,150円}$

　　　　　　　　＝215,534,539円

②営業規模縮小後の売上高の判定

　　営業規模縮小後の売上高は、従前の売上高に営業規模縮小率を乗じて求める。

　　　従前の売上高×営業規模縮小率＝営業規模縮小後の売上高

　　規模縮小率は、後述する「営業規模縮小の判定」で求められる。そこでは14％となっており、この数値を基に、営業規模縮小後の売上高を求める。

　　営業規模縮小後の売上高＝258,798,150円×（1－0.14）＝222,566,409円

　　営業規模縮小後の売上高は222,566,409円となり、損益分岐点売上高は215,534,539円より7,031,870円上回るので、当該案件は、営業規模縮小の補償を行うことができると判定される。

4）補償額算定の基礎的数値の判定

①駐車場台数の把握

　＊従前地の最大駐車可能台数……37台

　＊減少駐車台数………………………15台

　＊取得後の最大駐車可能台数……22台

②満車率を考慮した駐車台数

　　ファミリーレストラン等の沿道サービス業において、自動車顧客は、全駐車場の75％〜80％を超えて駐車している場合、満車であると思い通過してしまうことが多いことから、駐車台数の判定については満車率を考慮することとし、上限である80％を

採用した。

＊従前地の有効利用台数…37台×80%≒30台

＊取得後の有効利用台数…22台×80%≒18台

③営業規模縮小率の判定

営業規模縮小率の判定は、駐車場の稼働率を基に判定される。すなわち、駐車場は、顧客の駐車で常に満車の状態でなく、営業規模縮小の補償は、営業時間帯のうち満車の時間帯が影響を受ける部分であるので、その部分を判定することにより行う。

従前地の顧客の駐車場の利用実態を調査し、当該実態調査から取得後の有効利用台数を超えると認められる満車時間帯を判定する。営業規模縮小率は、全体の営業時間に対する当該支障となる部分の満車時間帯の割合が縮小される率となる。

当該案件の場合、取得後の有効利用台数18台を超える駐車利用時間帯が取得後の満車時間帯として支障となる部分として計算する。

なお、営業規模縮小率の算定式を示すと次のとおりである。

$$営業規模縮小率 = \frac{ⓐ - ⓑ}{ⓐ} \times \frac{ⓓ}{ⓒ}$$

ⓐ従前地の有効利用台数

ⓑ買収後の有効利用台数

ⓒ従前地の調査対象営業時間

ⓓ※買収後の満車時間帯

※取得後の満車時間帯調査

営業時間帯別駐車台数調査表

調査月日＼時間	8:00~9:00	9:00~10:00	10:00~11:00	11:00~12:00	12:00~13:00	13:00~14:00	14:00~15:00	15:00~16:00	16:00~17:00	17:00~18:00	18:00~19:00	19:00~20:00	20:00~21:00	21:00~22:00	22:00~23:00	23:00~24:00	24:00~1:00	1:00~2:00	計
1／13	1	8	6	10	18	㉘	⑲	㉘	㉕	16	10	12	㉒	15	㉓	7	10	8	542
	3	8	11	12	⑲	㉚	17	27	㉑	18	11	㉔	⑳	14	12	13	10	6	11
1／14	4	4	⑲	㉔	⑳	㉝	㉑	18	⑲	13	15	11	㉓	14	⑳	15	15	7	587
	5	7	⑳	⑲	⑳	㉚	17	17	⑲	13	㉓	17	18	⑲	18	15	11	4	15
1／15	2	4	4	10	16	㉓	㉝	㉓	⑲	⑳	17	㉒	12	9	⑳	7	8	8	489
	8	5	5	6	⑲	⑲	㉓	㉑	⑳	14	㉑	18	10	13	12	4	11	3	13
1／17	5	7	16	㉕	㉓	㉛	㉘	14	7	8	⑲	㉓	11	㉘	㉘	⑳	13	6	591
	7	⑱	⑲	⑳	㉒	㉗	14	7	11	11	⑳	13	16	㉗	11	⑳	12	4	17
1／19	1	6	11	⑱	14	17	11	9	10	13	⑲	㉔	13	14	16	11	11	11	461
	5	12	⑳	11	⑳	18	11	0	11	13	17	⑳	10	17	18	10	16	3	6
1／20	4	11	14	15	15	㉗	㉗	㉔	㉒	14	15	㉛	⑳	16	14	18	16	8	622
	6	15	⑳	18	㉗	㉒	㉘	㉕	㉑	14	⑲	⑳	12	⑲	17	⑱	8	0	16
1／21	2	1	6	㉑	㉔	㉝	㉔	㉖	㉝	⑱	17	18	18	18	14	12	2	0	577
	4	5	13	15	㊳	㉘	㉕	㉗	㉗	18	15	⑳	16	18	9	5	4	1	13
1／22	1	16	9	11	8	㉔	㉓	14	8	11	11	㉒	㉒	㉘	⑲	14	8		554
	9	11	14	11	㉒	⑲	14	11	13	14	12	㉙	⑳	㉔	㉗	17	7	8	13
1／23	3	9	16	14	⑲	⑲	⑲	15	10	18	11	㉖	㉒	㉖	⑳	19	11	4	573
	4	10	㉒	⑲	㉘	17	17	15	11	7	㉖	⑳	㉕	㉙	11	10	10	3	14

204

1／25	2	14	⑳	㉑	⑳	㉖	8	10	11	9	12	4	18	14	⑲	⑲	12	11	483
	7	9	17	㉑	㉙	12	13	13	5	8	11	12	14	17	18	10	13	4	8
計	25	80	121	169	177	261	213	181	164	136	146	194	181	176	202	147	112	71	5,479
	58	100	161	152	244	222	179	163	159	130	175	205	161	197	153	122	102	36	126

（注）上段：0～30分までの集計　　丸字：満車時間帯台数（19台以上）
　　　下段：30～60分までの集計
　　　横計：下段は満車時間帯数

＊　調査対象営業時間

　　調査対象営業時間は、180時間とした。（18時間／日×10日＝180時間）

＊　買収後の満車時間帯

　　買収後の満車時間帯は、「営業時間帯別駐車台数調査表」より19台以上の駐車台数の回数126について満車時間とした。（126回×30分／60分＝63時間）

　　以上により営業規模縮小率を判定すると次のとおりとなる。

$$営業規模縮小率 = \frac{30-18}{30} \times \frac{63}{180} = 0.14 \qquad \therefore 14.0\% となる。$$

＊　当事業所の顧客については、国道沿いにあり自動車による来客がほとんどであることから、規模縮小の判定にあたっては、自動車以外による来客は考慮外とした。

5）補償額の算定

①営業規模縮小の補償額総括表

補　償　項　目	補　償　額
営業用固定資産の売却損の補償	241,400円
労働の過剰遊休化の損失の補償	6,391,100円
経営効率低下による損失の補償	5,066,700円
計	11,699,200円

②営業用固定資産の売却損の補償

　　営業用固定資産の売却損については、的確な売却価格の把握が困難であったので、現在価格の50%を売却価格と認定した。

売却損の補償額＝（現在価格－現在価格×50%）×営業規模縮小率

機械装置　（1,593,164円－1,593,164円×0.5）×0.14＝111,521円

備品　　　（1,856,016円－1,856,016円×0.5）×0.14＝129,921円

　　　　　　　　　　　　　　　計　241,442≒241,400円

③解雇予告相当額の補償

　　当該店舗の従業員は3人で、他は臨時雇用であるパートタイマーであり、解雇の必要はないと判断した。

④その他資本及び労働の過剰遊休化による損失の補償

(1) 資本の過剰遊休化の損失の補償

　　営業用固定資産等の資本の過剰遊休化は、遊休化する資産がないので補償しないこととした。

(2) 労働の過剰遊休化の損失の補償

　　営業規模縮小率に応じた労働の過剰遊休化が生じるものと判定し、補償する。なお、補償期間は、細則第28第2項の規定の限度期間を採用し2年間とする。

　　| 労働の過剰遊休化の損失の補償額＝年額平均賃金×営業規模縮小率×補償期間 |

　　22,825,702円×14％×2年間＝6,391,196≒6,391,100円

⑤経営効率低下による損失の補償

　　営業規模を縮小することにより、経営効率が低下し一商品当たりの販売費又は単位製品当たりの生産費が増加し収益性が低下する。経営効率低下の補償は、次の式で求める。

　　| 経営効率低下の補償＝認定収益額×営業規模縮小率×補償期間 |

　　18,095,477円×14％×2年間＝5,066,733≒5,066,700円

例－2　個人経営のスナックに対する営業規模縮小補償を行った事例

1）事例の概要

①事業の概要

　　事業名　都市計画道路事業第○○号線

　　計画延長　約2km

　　計画幅員　15m

　　現況幅員　10m

　　事業計画年月　昭和21年4月

　　事業着手年月　昭和59年6月

②事例地の概況

　　不燃化促進事業が進められている道路沿いの商業地域で、駅から徒歩約15分に位置し、背後には住宅地域が控えている。

　　用途地域　近隣商業地域

　　建ぺい率　80％

　　容積率　400％

　　防火地域

③補償対象物の概要等

　　土地

　　　敷地面積　122㎡

　　　　買収面積　　22㎡

　　　　残地面積　　100㎡

　　　物件

　　　　建物構造　　鉄筋コンクリート造４階建一部鉄骨造２階建

　　　　　　　　　　店舗併用住宅

　　　　建築年月　　昭和48年３月

　　　　業種　　個人経営のスナック（１階部分）

　　　　　　　　　経営者は家主と同族関係（妻）

　　　　従業員数　　３人（うち臨時雇用２人）

　　　　占有面積　　71㎡

　　　　座席数　　28席

２）補償の検討

補償方法の検討

支障の状況

　　　１階倉庫部分の一部と、店舗部分28席のうち４席が減少する。

　　　２階事務室部分の一部が減少する。

工法の検討

　　　事業計画決定後に建築された建物で、計画線により支障となる鉄骨造

　　　２階建建物と本体の鉄筋コンクリート造４階建建物とは分割可能

営業補償の考え方

　　①　営業用施設等の規模の大小が売上高と密接に関係がある業種（飲食業…座席数）

　　②　営業を継続できる最低の規模が確保できる（損益分岐点売上高を下回らない）

$$損益分岐点売上高 = \cfrac{固定費}{1 - \cfrac{変動率}{売上高}} ≒ 15,353,571円$$

$$安全余裕率 = 1 - \cfrac{損益分岐点売上高}{売上高} = 1 - \cfrac{15,353,571}{27,872,136} ≒ 0.449$$

以上により

　　　切取補修工事期間中………営業休止補償

　　　除却部分………………………営業規模縮小補償

工法については、

　　　除却しても従前の機能に与える影響は少ないと考えられるので、移転工法は切取補

　　　修工法

3) 補償額の算定

①営業休止補償総括表

補 償 項 目	1ヵ月の金額	補償月数	補償金額
休業期間中の所得減補償額	706,706円	4月	2,826,824円
得意先喪失に伴う損失補償額			487,762円
固定的経費の補償額	85,175円	4月	340,700円
休業手当相当額	113,600円	4月	454,400円
計			4,109,686円

休業期間中の所得減補償額の算定内訳

① 売上高27,872,136

② 仕入金額6,416,601

③ 営業費（経費） 12,975,057

差引所得額 ｛①－（②＋③）｝ 8,480,478

　　　1ヵ月の金額8,480,478円×1/12ヵ月≒706,706円

得意先喪失に伴う損失補償額の算定内訳

① 従前の1ヵ月の売上高2,322,678

② 売上減少率0.5

③ 限界利益率（固定費＋利益）÷売上高0.42

　　　①×②×③＝487,762

固定的経費の補償額の算定内訳

　減価償却費ほか1,022,104

　　1ヵ月の金額1,022,104円×1／12ヵ月≒85,175円

休業手当相当額の算定内訳

　従業員1人の平均賃金月額142,000円×0.8＝113,600円

補償月数

　鉄筋コンクリート造4階建一部鉄骨造2階建店舗併用住宅の切取補修

工事の工期4ヵ月

②営業規模縮小補償総括表

補償項目	計 算 式	補償金額
営業用固定資産の売却損の補償	売却する営業用固定資産は、減価償却満了後のため、売却損なし	0円
解雇予告手当相当額の補償	解雇者なし	0円
その他資本及び労働の過剰遊休化による損失の補償	損失なし	0円
経営効率低下による損失の補償	706,706円×0.142×20ヵ月	2,007,045円
離職者補償	解雇者なし	0円
計		2,007,045円

第Ⅶ章　営業規模縮小の補償（基準第45条）

経営効率低下による損失の補償の算定内訳

　認定所得額（1ヵ月の金額）　706,706円

　規模縮小率＝1－24席/28席≒0.142

　補償月数＝24ヵ月－営業休止期間4ヵ月＝20ヵ月

営業休止　4ヵ月

営業規模縮小　24ヵ月

　　　　　　　　　　営業規模縮小補償期間　24ヵ月―4ヵ月

第Ⅷ章
事業地以外に係る営業補償

第Ⅷ章　事業地以外に係る営業補償

Ⅷ－1　残地における営業補償

　事業の施行によって生ずる土地の段差への対応や必要な通路の設置など、事業地以外の残地について、従前の利用形態の回復を図るための合理的かつ必要最小限度な工事を行うための補償を行う場合等において付随して因果関係が認められる営業上の損失に対する補償です。

　なお、この補償については、基準、細則に基づき高低差の発生に関する「残地工事費補償実施要領」が定められ、その工事内容に関する公平性が図られていることや原則として、残地補償及び残地工事費補償の合計額は残地の取得価額を上限とする補償経済上の点にも留意する必要があります。

　基準及び細則は、以下のとおりです。

基　準	細　則
（残地等に関する工事費の補償） 第54条　　前条本文の場合において、残地、残存する物件の存する土地、残存する権利の目的となっている土地、当該土石砂れきの属する土地の残地（以下第60条において「残地等」という。）、残存する物件又は残存する権利の目的となっている物件に関して、通路、みぞ、かき、さく、その他の工作物の新築、改築、増築若しくは修繕又は盛土若しくは切土（次条第2項において「残地工事」という。）をする必要が生ずるときは、これに通常要する費用を補償するものとする。	第36－2　　基準第54条（残地等に関する工事費の補償）は、次により処理する。 1　本条による工事に伴い建物その他の工作物を移転し、若しくは嵩上げし、又は立木を伐採し、若しくは移植する必要が生じた場合は、これに通常要する費用及び<u>これに伴い通常生ずる損失を補償</u>するものとする。 2　前項に規定する建物その他の工作物の移転の方法は、盛土又は切土の工事に伴うものについては再築工法又は揚家工法（建物の基礎を盛土し、若しくは切土した敷地に築造し、又は嵩上げし、これに従前の建物を定着させる方法）のうちから、通路の新設等の工事に伴うものについては再築工法、曳家工法又は改造工法のうちから、敷地条件その他の事情を考慮し、通常妥当な工法を採用するものとする。ただし、これらの工法により難い事情が存するときは、適当と認められる他の工法を採用できるものとする。 3　建物その他の工作物の移転等に伴い通常生ずる損失は、次の各号に掲げるものとする。 　一　仮住居に要する費用 　二　動産移転料 　三　家賃の減収額 　四　借家人に係る費用 　五　移転雑費 　六　<u>営業上の損失（仮営業所設置又は営業休止に</u> 　　　<u>係る損失）</u> 　七　基準第28条第2項ただし書きの損失に準ずる損失 　八　その他必要と認められる費用 4　高低差に係る残地工事費の補償額については、別記4残地工事費補償実施要領により算定するものとする。

213

【別記4残地工事費補償実施要領】

（目的）
第1条　本要領は、残地と道路の路面高との間に高低差が発生し又は拡大する場合において必要と認められる残地の従前の用法による利用を維持するための工事に通常要する費用の補償について定めることを目的とする。

（通路等の設置の補償）
第2条　残地の規模、利用状況等に鑑み、通路又は階段を設置することにより従前の用法による利用を維持することができると認められるときは、通路又は階段を設置するのに通常要する費用を補償するものとする。

（盛土又は切土の工事費の補償）
第3条　残地における盛土又は切土の工事に要する費用の補償は、次の各号のいずれにも該当するときに実施するものとする。

　一　残地に建物が存するとき又は残地が取得する土地に存する建物の通常妥当な移転先と認定されるとき。

　二　前条に規定する通路等の設置では、従前の用法による利用を維持することができないと社会通念上認められるとき。

（盛土高）
第4条　事業施行後において、道路の路面より残地が低くなる場合における補償の対象とする盛土高の標準は、高低差が事業施行前の状態に復するまでの間の値とする。ただし、事業施行前において道路の路面より0.5メートル以上高い敷地の残地にあっては、路面より0.5メートル高くなるまでの高さを限度とする。

（切土高）
第5条　事業施行後において、道路の路面より残地が高くなる場合における補償の対象とする切土高の標準は、下表によるものとする。

事業施行前の状態	補償対象切土の高さ
道路の路面と敷地が等高又は敷地が低い場合	（住宅敷地の場合） 　　事業施行後の道路の路面と残地の高低差が1メートルを超える場合は、高低差が1メートルとなるまでの間の値 （店舗等敷地の場合） 　　等高になるまでの間の値
道路の路面より敷地が高い場合	（住宅敷地の場合） 　　事業施行後の道路の路面と残地の高低差が1メートルを超える場合は、高低差が1メートルになるまでの間の値。ただし、事業施行前すでに高低差が1メートルを超えていた場合は、事業施行前の状態に復するまでの間の値 （店舗等敷地の場合） 　　事業施工前の状態に復するまでの間の値

（盛土高及び切土高の限界）
第6条　前2条に規定する盛土高又は切土高が当該地域における地勢の状況、宅地の擁壁高の状況、隣接宅地との関係等を勘案し、社会通念上妥当と認められる範囲を超えるときは、当該範囲において盛土高又は切土高を決定するものとする。

（標準的な盛土高又は切土高としない場合の処置）
第7条　前条により第4条又は第5条に規定する盛土高又は切土高としない場合において、残地に接面道路への出入りのための通路等を設置し、及び必要により自動車の保管場所を確保する場合においては、これらの工事に通常要する費用を補償するものとする。

2　前条に規定する範囲における盛土又は切土の工事及び前項に規定する工事を実施してもなお社会通念上妥当と認められる範囲を超えて価値減が生じていると認められるときは、当該価値減相当額を補償するものとする。

第Ⅷ章　事業地以外に係る営業補償

（盛土又は切土の平面的な範囲）
第8条　補償の対象とする盛土又は切土の範囲は、原則として、残地の全部とする。ただし、残地のうち盛土し、又は切土する必要性がないと認められる部分は除く。
（補償の限度）
第9条　残地に関する損失及び工事費の補償額の合計額は、残地を取得した場合の価額（取得価格に残地面積を乗じて算定した価額）を限度とする。ただし、当該地域の地価水準等を勘案して、特に必要があると認められる場合において、本要領に基づく補償を行うことを妨げるものではない。

Ⅷ－2　隣接土地における営業補償

　事業のために直接供する土地若しくは残地以外の土地に関して損失が生じた場合の営業に関する補償です。

　事業用地（残地含む。）以外の土地に生ずる損失は、事業損失と呼ばれるものに属するものであり、事業を施行することにより、隣接土地について従来の用法による利用価値を維持するための工作物の設置等が必要となる場合など社会通念上妥当な範囲でその費用を補償するものです。

　また、地域住民の大多数が移住する場合などの残存者に対する補償の一つとして、営業補償が含まれています。

　基準及び細則は、以下のとおりです。

（隣接土地に関する工事費の補償）
第60条　　土地等の取得又は土地等の使用に係る土地を事業の用に供することにより、当該土地、当該物件の存する土地、当該権利の目的となっている土地及び当該土石砂れきの属する土地並びに残地等以外の土地に関して、通路、みぞ、かき、さくその他の工作物の新築、改築、増築若しくは修繕又は盛土若しくは切土をする必要があると認められるときは、これらの工事をすることを必要とする者に対して、その者の請求により、社会通念上妥当と認められる限度において、これに要する費用の全部又は一部を補償するものとする。

第39－5　　基準第60条（隣接土地に関する工事費の補償）は、次により処理する。
1　本条による工事に伴い建物その他の工作物を移転し、若しくは嵩上げし、又は立木を伐採し、若しくは移植する必要が生じた場合は、これに要する費用及びこれに伴い通常生ずる損失を考慮して本条を適用するものとする。
2　前項に規定する建物その他の工作物の移転の方法は、第36-2第2項に準ずるものとする。
3　建物その他の工作物の移転等に伴い通常生ずる損失は、第36-2第3項第1号、第2号、第5号、第6号のうち仮営業所設置に要する損失等とする。
4　営業休止による損失については、隣接土地の所有者からその補償の請求があり、かつ、その額が仮営業所設置に要する損失の範囲内である場合にはこれを補償するものとする。
5　高低差に係る隣接地工事費の補償額については、別記4残地工事費補償実施要領（ただし、同要領第7条第2項を除く。）に準ずるものとする。

215

（少数残存者補償）	第40　　基準第61条（少数残存者補償）は、次により処理する。
第61条　　土地等の取得又は土地等の使用に係る土地を事業の用に供することにより、生活共同体から分離される者が生ずる場合において、これらの者に受忍の範囲を超えるような著しい損失があると認められるときは、これらの者に対して、その者の請求により、個々の実情に応じて適正と認められる額を補償することができるものとする。	1　ダム築造等の大規模な工事の施行によって、生活共同体の大部分が移転するため、残存者が生業を維持し、又は生活を継続することが社会通念上ほとんど不可能となると認められるときは、残存者の移住を認めるものとし、移住に要する費用及び移住に伴い通常生ずる損失を補償するものとする。 2　ダム築造等の大規模な工事の施行によって、生活共同体の相当部分が移転するため残存者に受忍の範囲を超えるような著しい損失が生ずると認められるときは、次により算定した額を基準として補償するものとする。 　（一）　営業規模の縮小による損失については、基準第45条により算定した額 　（二）　水利費、組合費、公課に類するもの、その他従前の社会生活を営むために必要な費用の増加額については、個々の実情に応じて適正に算定した額 3　前項による補償額と残存者のため必要となる公共補償額との合計額が、第1項により算定した補償額を超えるときは、前項による補償に代えて第1項による補償を行うことができるものとする。

VIII−3　事業地外（残地、隣接地を含む。）における事業施行に起因する損害に係る営業補償

　公共事業に起因して発生する事業損失に係る補償については、公共事業の施行に起因し、公共事業の施行と発生した工事・交通振動、騒音、水枯渇、水汚濁、地盤変動、電波障害、日照阻害などの損害等の間に因果関係があること、また、当該損失、損害等が社会生活上、受忍すべき範囲を超えると認められるものであることがその認定要件となっています。すなわち、事業損失に関する営業補償とは、公共事業の施行に必要な土地等の取得又は使用に伴い直接生ずる経済的な損失である営業の補償ではなく、基本的には第三者に対する事業地外における不可避的な不利益、損失又は損害のうち従前の営業利益の損失に関する部分の補償を行うものです。

　事業施行に伴う損害等の賠償については、「公共用地の取得に伴う損失補償基準要綱」（昭和37年6月29日閣議決定）における損失補償として取り扱うべきでないものとされているものの、「これらの損害等が社会生活上受認すべき範囲をこえるものである場合には、別途、損害賠償の請求が認められる場合もあるので、これらの損害等が確実に予見されるような場合には、あらかじめこれらについて賠償することは差し支えないものとする。」（「公共用地の取得に伴う損失補償基準要綱の施行について」同年閣議了解）として、国土交通省を中心に、それぞれの損害の態様に応じて以下のような各通知に基づき対応しています。

第Ⅷ章　事業地以外に係る営業補償

公 共 事 業 の 施 行 に 伴 い 生 ず る 日 陰 、 騒 音 、 水 質 の 汚 濁 等

事 業 損 失
公共事業の施行中又は施行後に生
じる損失等に対する事前賠償

公共施設の設置に起因する日陰により生ず
る損害等に係る費用負担について
（昭和51年2月23日建設省計用発第4号）

公共事業に係る工事の施行に起因する水枯
渇等により生ずる損害等に係る事務処理要
領の制定について
（昭和59年3月31日建設省計用発第9号）

公共施設の設置に起因するテレビジョン電
波受信により生ずる損害等に係る費用負担
について
（昭和54年10月12日建設省計用発第35号）

公共事業に係る工事の施行に起因する地盤
変動により生じた建物等の損害等に係る事務
処理要領の制定について
（昭和61年4月1日建設省経整発第22号）

　ただし、一般的には、日陰や電波受信障害については、営業上の損害という固有の損失が発生する予見は難しいと考えられ、営業補償について明記されているのは、以下のとおり水枯渇と営業用建物に直接影響する地盤変動についてです。

公共事業に係る工事の施行に起因する水枯渇等により生ずる損害等に係る事務処理要領の制定について（抄）	公共事業に係る工事の施行に起因する地盤変動により生じた建物等の損害等に係る事務処理要領の制定について（抄）
昭和59年3月31日　建設省計用発第9号 　　　建設省事務次官から北海道開発局長・沖縄総合事 　　　務局長・各地方建設局長あて通知 「公共用地の取得に伴う損失補償基準要綱の施行について（昭和37年6月29日閣議了解）」の第三に定める水枯渇等により生ずる損害等に係る事前賠償に関する事務の取扱いについて、別紙のとおり事務処理要領を定めたので、通知する。 （別紙） 　　公共事業に係る工事の施行に起因する水枯渇等 　により生ずる損害等に係る事務処理要領 （趣旨） 第1条　国土交通省の直轄の公共事業に係る工事の 　施行により生じた起業地外の生活用水、農業用水 　等の不可避的な枯渇又は減水（以下「水枯渇等」 　という。）により、生活用水、農業用水等を使用 　している者（以下「用水使用者」という。）に社 　会生活上受忍すべき範囲（以下「受忍の範囲」と 　いう。）を超える損害等が生ずると認められる場 　合の費用の負担等に関する事務処理については、 　この要領の定めるところによるものとする。	昭和61年4月1日　建設省経整発第22号 　　　建設省事務次官から各地方建設局長・各都道府県 　　　知事・各指定都市長・関係公団の長あて通知 地盤変動により生じた建物等の損害等に係る「公共用地の取得に伴う損失補償基準要綱の施行について（昭和37年6月29日閣議了解）」の第三の運用について、別紙のとおり定めたので、通知する。 （別紙） 　　公共事業に係る工事の施行に起因する地盤変動 　により生じた建物等の損害等に係る事務処理要領 （趣旨） 第1条　国土交通省の直轄の公共事業に係る工事の 　施行により不可避的に発生した地盤変動により、 　建物その他の工作物（以下「建物等」という。） 　に損害等が生じた場合の費用の負担等に関する事 　務処理については、この要領の定めるところによ 　るものとする。

217

（機能回復以外の方法による費用の負担） 第7条　前条に規定する機能回復の方法によることが著しく困難又は合理的ではないと認められる場合において負担する費用は、生活用水、農業用水等を使用できないことにより通常生ずる損害等の額とするものとする。 ２　前項の規定により負担する費用は、次の各号に掲げる用水の使用目的に応じてそれぞれ算定するものとする。 　一　（略） 　二　農業用水以外の用水の場合 　　用水を使用している施設の移転に要する費用、移転雑費及び営業上生ずる損害等の額とし、合理的と認められる移転先、移転方法等を勘案して適正に算定するものとする。	（その他の損害等に対する費用の負担） 第9条　前2条の規定による費用の負担のほか、建物等が著しく損傷したことによって建物等の所有者又は使用者が仮住居の使用、営業の一時休止等を余儀なくされたことによる損害等については、その損害等に応じて「国土交通省の公共用地の取得に伴う損失補償基準（平成13年1月6日付け国土交通省訓第76号）」に定めるところに準じて算定した額を負担することができるものとする。
（費用負担の請求期限） 第11条　費用の負担は、用水使用者から当該公共事業に係る工事の完了の日から1年を経過する日までに請求があった場合に限り、行うことができるものとする。	（費用負担の請求期限） 第10条　費用の負担は、建物等の所有者又は使用者から当該公共事業に係る工事の完了の日から1年を経過する日までに請求があった場合に限り行うことができるものとする。

　また、地盤変動については、以下のとおり、その運用通知が同時に発出されています。

○公共事業に係る工事の施行に起因する地盤変動により生じた建物等の損害等に係る事務処理要領の運用について（昭和61年4月1日建設省経整発23号建設経済局調整課長から各地方建設局用地部長あて通知）

　　昭和61年4月1日付け建設省経整発第22号をもつて建設事務次官から「公共事業に係る工事の施行に起因する地盤変動により生じた建物等の損害等に係る事務処理要領」（以下「要領」という。）が通達されたところであるが、この要領は、補償額算定の基本的な考え方、修復基準、事前調査の調査事項等を明らかにすることによって、公共事業に係る工事の施行に起因する地盤変動により生じた建物等の損害等に係る事務処理の円滑化を図るため制定されたものである。

　　かかる本要領の制定の趣旨に従い、その運用に当たっては、左記の事項に留意の上、遺憾なきを期されたい。

　　なお、公共事業に係る工事の計画及び施行に当たっては、地盤変動による建物等の損害等を発生させないよう一層の配慮を行うよう、念のため申し添える。

記

　一〜四　（略）

　五　その他の損害等に対する費用の負担について（第9条関係）

　　㈠　その他の損害等に対する費用の負担は、建物等が著しく損傷した場合に、当該建物等を原状回復するための工事によって、直接的に必要となる仮住居、営業の一時休止等の損害等が生ずる場合に行うものであること。したがつて、一般的には、営業休止に伴う得意先喪失に係る損失等間接的な収益減等については、費用の負担の対象となっていないこと。

　　㈡　建物等の損傷箇所を補修する方法によって原状回復を行う場合にあっては、第9条の規定に基づく費用の負担は生じないものであること。

　六　工事の完了の日について（第10条関係）

　　㈠　「公共事業に係る工事の完了の日」とは、当該地盤変動の原因となる公共事業に係る工事の全部が完了した日であること。ただし、一期工事、二期工事等と工事期を区分して事業

第Ⅷ章　事業地以外に係る営業補償

> が計画されている場合又は工区を分けて事業が計画されている場合にあっては、それぞれ
> の工事期又は工区ごとに判断するものとすること。
> ㈡　「工事の完了」とは、施設が供用されているか否かにかかわらず、全ての工事が終了したこ
> とをいうものであること。
> 以下（略）

　以上、損害等の原状回復を行うための費用の負担を行ったとしても、これですべての損害
等を補てんされたとは言えない場合を想定したものです。

　例えば、建物等の損害等を原状回復する期間中、仮住居に入る必要がある場合や、営業店
舗等を休止せざるを得ない場合があるため、損害等に対する費用の負担として損害等の程度
に応じて、一般補償基準に準じて補償することができるとして規定したものです。

　つまり、地盤変動に伴い発生する建物等の損傷を仮に一次的被害とした場合、建物等修復
期間中の営業休止補償、仮住居補償及び屋根損傷に伴う雨漏れ被害等は二次的被害というこ
とができます。このような二次的被害については、その損害と工事との間に相当因果関係が
あると認められる場合があり、そのような場合には費用負担を行うことが妥当でしょう。こ
の場合は公共事業の施行に伴う損失補償基準の定めるところに準じて算定した額を補てんす
ることになります。

　営業上の損害は、被害等を受けた営業用建物の修復工事期間中、営業休止を余儀なくされ
る場合の「営業休止期間中の得べかりし利益」及び「休業中でも固定的に支出を要する経費」
については、建物損傷と密接な関係を有するので費用負担の対象になると考えられます。

　ただし、営業上支障とならない部分の修復工事及び営業を休止した場合における得意先喪
失による損失については、密接な関係がある損失とは認められないので費用負担はしないと
なっています。なお、かかる費用の負担については、工事完了後、1年以内に請求があった
場合に限り行うことができるとしています。

Ⅷ－4　補償事例

例－1　公共事業に係る工事の施行に伴い生じた建物損傷に対して営業休止補償をした事例

1）事業計画等の概要

　一般国道○○○号の新設工事は、○○市○○地先において、県道○○線との交差部の
うち67mを立体化する工事であった。

　当該工事の施行に伴い、近接する家屋に損害等が発生し、通常の生活を行ううえで支
障をきたし、受忍の範囲を超えた損害であると認定し、揚家工法により、損傷を回復す
るとともに、これに伴う営業上の損失等に対する補償を行うものである。

219

2) 損傷等の状況

今回費用負担する○○○食堂は、昭和41年に開業し、昭和57年に当事業の用地取得に応じ、昭和59年5月に1階店舗123㎡、2階住宅74㎡を新築した。

その後、昭和63年から、近接する道路の立体化工事が始まり、基礎杭打設時の振動等の影響により、建物に傾斜が発生するとともに、土間コンクリートにクラックが生じた。

3) 営業等の概要

○○○食堂は、代表のA、事業専従者でAの妻B、従業員のCの3名で営業を行っており、申告は青色申告である。

昭和41年に開業した当時は駐車場があり、固定客と県道○○線からの流動客を対象に営業していたが、建物新築後は、県道からの流動客だけになっている。

なお、売上高及び営業利益の過去3年間を比較すると、下降気味である。

昭和62～63年の間は、○○○号の側道の工事のため、食堂の出入りに不便をきたし、また昭和63年～平成元年の間は、道路工事、立体化工事等があり営業利益が下がっている。

4) 営業休止補償について

○○○食堂から過去3年間の確定申告書及び現金出納帳の提出を受け内容を検討した。昭和62、63年の確定申告書では、配偶者の人件費は必要経費に計上しなかったが、平成元年では必要経費とすることとした。

また、62、63年は従業員給料として2名計上されているが、営業不振のため元年度は1名となっている。

これらの状況を総合勘案した結果、直近の元年度の申告書を採用することとした。

① 休止期間について

休止期間については、揚家工法工程表に基づき3か月を採用した。

② 得意先喪失の補償について

「公共事業に係る工事の施行に起因する地盤変動により生じた建物等の損害等に係る事務処理要領の運用について」（昭和61年4月1日建設省経整発23号五㈠）により、得意先喪失の補償は計上しない。

③ 人件費について

確定申告書と現金出納帳との相違は、現金出納帳から採用した。

④ 補償額

営業休止の補償額	￥949,627 -	
	項　　　　目	補　償　金　額
内	収 益 減 の 補 償 額	￥ 89,788 -
	固 定 的 経 費 の 補 償 額	￥189,939 -
	休 業（人件費）の 補 償 額	￥213,600 -
訳	得 意 先 喪 失 の 補 償 額	￥　　　 0 -
	移 転 広 告 費	￥456,300 -

Ⅷ－5　裁定例

例－2　都営地下鉄10号線建設工事に伴う騒音・振動・地盤沈下による営業損害等責任裁定申請事件

> 公害等調整委員会　昭和51年11月29日裁定
> 昭和49年（セ）3号
> 申請人　Ａ・Ｂ　被申請人　Ｃ社・東京都
> 出典　判時834号32頁

1）事例の概要

　都内の幹線道路の沿道に居住してすし屋を営む者が、同道路に沿って施工された都営地下鉄10号線建設工事に伴う騒音、振動や地盤沈下により建物に被害が生じ被った営業損害と精神的損害に対して賠償を求めた。

2）裁定の概要

①　主文

　減額認容

②　理由

　本件工事の有益性、申請人らに及ぼす利益、本件場所の地域性、被害防止のために被申請人らが講じた措置の内容等にかんがみて、本件工事のうち準備的工事が行われた期間（第1期）に受けた被害（工事の騒音、振動による売上減に伴う営業損失と多少の不快な生活を余儀なくされた精神的損害）については受忍すべきであるが、本工事が開始された第2期以降に受けた被害（工事の騒音、振動によるほかに地盤沈下に伴う家屋の傾斜により生じた、前期より相当程度著しい営業損害と深夜の安眠妨害等を含む精神的損害）については受忍限度を超えるとして、営業損害については受忍限度超過分の損害額を各期における全損害額から第1期と同様の割合による損害額を控除して算出し、慰謝料とあわせてその賠償を命じたものである。

　また、上記賠償については注文者である東京都に対し、事前の専門調査の結果、本件被害の発生を容易に予見し得たのに、本件工事を発注し被害防止のための指図をし

なかったとして民法716条の注文者責任を認めた。

③　特色

受忍限度の判断基準として、工事の有益性、申請人らに及ぼす利益、場所の地域性、被害防止のために講じた措置の内容があげられている。

3）裁定文

① 主文

a）被申請人らは、各自、申請人Aに対し、金439万2,907円およびこれに対する昭和49年8月23日から支払済までの年5分の割合による金員を、申請人Bに対し、金11万円およびこれに対する前同様の金員をそれぞれ支払え。

b）申請人らのその余の申請を棄却する。

② 理由（略）

③ 営業損害額算出表

		① うべかりし 売上高	② 本件工事による売上減少額（同減少率）	③ ②の売上減による損害（②×50%）	④ ③のうち受忍限度内分 第2期分以後は①×8.4%	⑤ ③のうち受忍限度超過分（③−④）	⑥ ⑤のうち中間利息を控除した分
第 1 期 〔昭和47年12月から 昭和48年4月まで〕	店舗分	291万8,888円	48万8,967円（16.8%）	24万4,484円	24万4,484円	−	−
	座敷分	95万985円	15万9,765円（16.8%）	7万9,883円	7万9,883円	−	−
第 2 期 〔昭和48年5月から 昭和49年3月まで〕	店舗分	645万6,591円	292万3,660円（45.3%）	146万1,830円	54万2,354円	91万9,476円	⑤と同じ
	座敷分	220万5,850円	99万9,250円（45.3%）	49万9,625円	18万5,292円	31万4,333円	
第 3 期 〔昭和49年4月から 昭和49年9月まで〕	店舗分	314万5,136円	134万4,956円（42.7%）	67万2,478円	26万4,192円	40万8,286円	70万7,572円
	座敷分	110万1,661円	78万6,586円（71.4%）	39万3,293円	9万2,540円	30万753円	
第 4 期 〔昭和49年10月から 昭和51年12月まで〕	店舗分	1,587万5,739円	360万3,793円（22.7%）	180万1,896円	133万3,562円	46万8,334円	155万2,171円
	座敷分	531万7,394円	326万4,880円（61.4%）	163万2,440円	44万6,661円	118万5,779円	

第Ⅷ章　事業地以外に係る営業補償

Ⅷ-6 判例

例-3 近鉄大阪線八尾駅周辺連続立体交差化事業による工事騒音・振動に対する損害賠償請求事件

> 大阪地裁　昭和56年10月22日判決
> 昭和51年（ワ）6569号
> 原告　D　被告　大阪府・八尾市・近畿日本鉄道株式会社
> 出典　判時1030号14頁

1）事例の概要

　都市計画法に基づき、大阪府は近鉄大阪線八尾駅周辺連続立体交差化事業を企画し、道路に関する工事については八尾市に、鉄道に関する工事については近畿日本鉄道にそれぞれ工事を委託したところ、本事業の施行に基づく工事及び工事に付随して設置された鉄道の仮施設による騒音・振動等により、建物損傷、営業損害、肉体的・精神的損害等の被害を被ったとして、近隣で旅館業を営む住民が、大阪府、八尾市及び近鉄に対し、損害賠償を請求した。

2）判決の概要

① 主文

　一部認容

② 理由

　a）本件工事の騒音・振動等（以下、「騒音等」という。）は、行政上の規制値以下ではあるが、そのことより直ちに騒音等が受忍限度の範囲内であるということはできない。

　b）本件の工事期間は足かけ7年におよび、その期間中に夜間工事も100日を超えていることにより、相隣者間における被害の相互交換性はない。

　c）本件工事の騒音等が与えた原告の被害は、本件工事が、市街地の発展に寄与するといった公共性、公益性の高いものであること、騒音防止の努力をしていること等の事情を考量したとしても、看過できない。

③ 特色

　a）公共性の高い建設工事を行う者は周辺住民に対して騒音等の被害を与えないよう最大限の努力を払う義務を負い、また周辺住民もある程度の影響は受忍すべきであるが、騒音等の被害が社会通念上受忍限度を超えた場合には、たとえ公共性の高い建設工事にあっても、違法と評価できるとした。

　b）受忍限度の判定にあたっては、騒音等が行政上の規制基準値内であっても、直ちにその騒音等が違法性を欠くものではないとした。

223

3）判決文

① 主文

　　被告らは、各自原告に対し、金500万円と、うち金460万円に対する昭和55年7月1日から支払ずみまで年5分の割合による金員を支払え。

　　原告のその余の請求を棄却する。

　　訴訟費用は3分し、その2を原告の、その余を被告らの各負担とする。

　　この判決は、第1項に限り仮に執行することができ、被告らは、共同して金350万円の担保を供して、右仮執行を免れることができる。

② 事実以下略

例—4　和歌山・国道42号拡幅工事に伴う橋梁架換工事に係る損害賠償請求事件（受忍すべき範囲の判断）

> 和歌山地裁　昭和51年11月24日判決
> 昭和46年（ワ）236号
> 原告　Eほか4名　被告　国
> 出典　判時854号103頁

　和歌山市内の国道42号拡幅工事に伴う名草橋橋梁架換工事を施行するにあたり、旧名草橋を取壊し、仮橋を設置したが仮橋により片側通行となったうえ、交通渋滞をきたし、歩道部分もほとんど通行不能となったため、仮人道橋を設置するなどの措置が講じられたが不十分なものであり、ショッピングセンターへの来客の減少を余儀なくさせ、営業上、多大の損害を与えたことは、道路の設置保存に瑕疵があるとして、同センター内で営業を営んでいる者が国に対して民法709条に基づき、工事開始から工事完成後6箇月間の利益減収分の損害の賠償を求めた。

　これに対し、当該損害は社会生活上受忍すべき範囲内のものであるとし、国の不法行為責任を否定して、請求を棄却した。

例—5　日本道路公団山崎町損害賠償請求控訴事件（受忍すべき範囲の判断）

> 大阪高裁　昭和58年9月30日判決
> 昭和56年（ネ）2324号
> 控訴人　F社
> 被控訴人　日本道路公団
> 出典　判時1102号73頁
> 一審　神戸地裁竜野支部　昭和56年10月21日判決

　町道に接した店舗を有し、食堂、釣堀業を営んでいる控訴人が、店舗の直近で町道を横切

る自動車道が設置されたことにより、町道の一方の通行人から店舗が見えなくなったこと及び町道が閉塞、付け替えられたことにより顧客の来店が妨げられ売り上げが減少したため、売上利益喪失の損害を被ったとして、損害賠償を求めたものである。

　これに対し、一般公衆が公道使用により受ける利益は、道路が供用開始により一般交通の用に供された結果の反射的利益であり、当該損害は受忍の範囲内であるとして、請求を棄却した。

第Ⅸ章
事　例　集

第Ⅸ章　事　例　集

Ⅸ－1　営業休止の補償事例

例－1　本社工場以外に工場がある場合の営業休止の補償事例

1）事例の概要

　本事例は一般国道○○号改築工事に必要な用地の取得に伴い移転を要することとなる㈱○○製作所の本社工場の営業休止の補償事例である。

　当該製作所は、昭和40年に設立し、本社工場の他Ａ工場があり、当初は、レコードプレス機の製作販売を主としていたが、その後、本社工場では、大手企業の下請けとして自動車部品の加工及び製作を行っている。一方、Ａ工場においては、本社とは別の事業で溶接加工業を主として行っている。

　主な内容は次のとおりである。

　　資本金　3,000万円

　　従業員　51名（本社12名）

　　本社工場部分　・敷地面積　350㎡

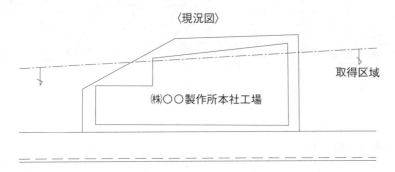

〈現況図〉

㈱○○製作所本社工場

取得区域

・建物　　１Ｆ300㎡　　２Ｆ210㎡　　計510㎡
・会社組織　生産部門　　管理部門
・取得面積　315.83㎡

2）建物等の移転工法の認定と補償方針

　建物等の移転工法は、当該地の大部分を取得することとなることから、建物は構外再築とし、機械工作物は、全部移設の方法と移設に一部新設する方法との費用比較を下記の経済比較表のとおり行い、より経済的な工法として全部移設を採用した。

　業務内容は支障となる本社工場とＡ工場とは全く関係ないことから、補償対象は本社工場部分のみに着目することとした。

経済比較表

（単位：円）

移転工法		補償額					
建物	機械工作物	建物	工作物	機械工作物	移転雑費	営業補償	計
(1) 構外再築	移設	152,560,400	1,011,900	10,757,700	23,984,200	42,358,100	230,672,300
(2) 構外再築	一部新設	152,560,400	1,011,900	70,805,300	23,984,200	29,439,000	277,800,800

3）補償額の算定

①営業休止の補償総括表

機械全部移設

（単位：円）

補償項目	計算式	補償金額	摘要
(1)収益減の補償	$42,402,529 \times 30/365 = 3,485,139$	3,485,100	営業休止期間
(2)得意先喪失の補償	表－4参照	26,313,900	
(3)固定的経費の補償	$63,249,653 \times 30/365 = 5,198,601$	5,198,600	建物再築
(4)休業（人件費）の補償	$8,810,928 \times 1 \times 0.8 = 7,048,742$	7,048,700	機械移設 30日
(5)移転広告費		311,800	
計		42,358,100	

機械一部新設

（単位：円）

(1)収益減の補償	$42,402,529 \times 20/365 = 2,323,426$	2,323,400	営業休止期間
(2)得意先喪失の補償	表－4参照	18,639,000	
(3)固定的経費の補償	$63,249,653 \times 20/365 = 3,465,734$	3,465,700	建物再築
(4)休業（人件費）の補償	$8,810,928 \times 20/30 \times 0.8 = 4,699,161$	4,699,100	20日 機械一部新設
(5)移転広告費		311,800	
計		29,439,000	

②収益減の補償（表－1）

・製造原価

　　元帳及び補助簿を基に製造原価を本社工場分とA工場分に分類し、帳簿等で分類できない費目については、顧問税理士に仕分けをしてもらい、現地各工場の操業状況を確認して、その妥当性を判断した。

・販売費及び一般管理費

　　販売費及び一般管理費は、本社管理部門に係わる経費である。

　　本社工場及びA工場のそれぞれの単独経費を除く経費については、売上利益比で按分した。

③得意先喪失の補償（表－4）

・売上高

　　売上高は、本社工場分の売上高に営業外収益（雑収入）を加えた額とした（表－

１、表－４）。
・固定費

　　移転対象の本社工場の製造原価中、労務費、減価償却費、修繕費、法定福利費を固定費とした（表－２）。

　　また、販売費及び一般管理費中、本社工場負担分の費用科目は全部固定費と認定し（表－３）、営業外費用のうち、本社工場分に相当する額を固定費と認定した（表－１）。

・利益

　　本社工場分の認定収益額から事業税を控除した額を利益とした（表－１、表－４）。

・売上減少率

　　製造業２、構外移転（細則別表八）を採用した。

④固定的経費の補償（表－５）

　　損益計算書及び製造原価報告書のうち、営業休止期間中においても継続的かつ固定的に支出される経費については、総勘定元帳及び固定資産台帳の内容を検討し補償するものとする。

　　なお、この事例では、本社工場及びＡ工場の費用であることが明らかなもの以外については、売上利益比で按分し、当該移転対象本社工場の固定的経費とした。

　　なお、社会保険については、製造原価計上分は人件費比率によった。

⑤休業（人件費）の補償（表－６）

　　外国人労働者は、給与明細等にて雇用期間を確認した結果、労働基準法第21条第２号に該当するため臨時雇用と判断し、休業補償をしないこととした。

　　外国人労働者を除く従業員及び社員の直近３か月の給料の平均をもって１か月当たりの人件費とし、その80％に休業期間を乗じた額をもって休業（人件費）補償額とした。

⑥移転広告費の補償（表－７）

　　「平成○年度○○地区用対移転広告費等補償額基準表」に基づき製造・卸売業Ａ区分を適用した。

※　工事工程表

(株)○○製作所　建物再築　機械工作物移設

工事工程表

平成　年　月　日　（休止期間 30 日）

工事名称	10	20	30	40	50	60	70	80	90	100	110	120	130	140	150	160	170	180	190	200	日数
（ 建　物 ）																					
準 備 工 事	やり方　やり方											片付け A棟 B棟									
仮 設 工 事	A棟	根切 B棟																			
基 礎 工 事			配筋 根切	養生 配筋　養生																	
鉄 骨 工 事		A棟	工場加工 B棟	工場加工 建方　建方																	
木 工 事						A棟		B棟													
屋 根 工 事										A棟 B棟	A棟 B棟										
建 具 工 事											A棟 B棟										
内 外 装 工 事											A棟 B棟										
（機械工作物）													A棟	移設 B棟　移設							
（ そ の 他 ）													移転 A棟	B棟							
営 業 休 止 補 償															（30 日）						

232

(株)○○製作所
建物再築　機械工作物一部新設

工　事　工　程　表　　　　平成　年　月　日　（休止期間20日）

工事名称 \ 日	10	20	30	40	50	60	70	80	90	100	110	120	130	140	150	160	170	180	190	200	日数
（建　物　）																					
準 備 工 事	やり方											片付け A棟 / B棟									
仮 設 工 事	やり方 A棟 / B棟																				
基 礎 工 事	根切 A棟	配筋 根切 B棟	養生 配筋	養生																	
鉄 骨 工 事	A棟	工場加工 B棟	工場加工	建方 加工	建方																
木 工 事						A棟		B棟													
屋 根 工 事									A棟	B棟											
建 具 工 事										A棟	B棟										
内 外 装 工 事										A棟	B棟										
（機械工作物）												A棟	新設＋移設 B棟	移設＋移設							
（そ の 他）													移転 A棟	B棟							
営業休止補償															（20日）						

233

表−1　損益計算書　　　　　　　　　　　　　　　　　　　　　　　　　　（単位：円）

科　　目	決　算　額	A工場分	本社工場分	備　　考
(1)売　　上　　高	1,210,055,998	761,736,689	448,319,309	
(2)売　上　原　価	990,609,728	660,576,287	330,033,441	(イ)+(ロ)−(ハ)
(イ)(前期棚卸高)	2,428,687	1,617,505	811,182	製造原価比で按分
(ロ)(製造原価)	992,292,602	661,697,081	330,595,521	$\dfrac{661,697,081}{992,292,602}=0.666$
(ハ)(期末棚卸高)	4,111,561	2,738,299	1,373,262	製造原価比で按分
(3)売　上　総　利　益	219,446,270	101,160,402	118,285,868	本社工場売上利益比率 $\dfrac{118,285,868}{219,446,270}=0.539$
(4)販売費及び一般管理費	115,627,955	51,193,113	64,434,842	
(5)営　業　利　益	103,818,315	49,967,289	53,851,026	(3)−(4)
(6)営　業　外　収　益	3,624,256	2,899,405	724,851	材料費比按分　0.200　スクラップ　3,624,256×0.2
(7)営　業　外　費　用	24,837,862	11,450,255	13,387,607	売上総利益比按分　0.539　支払利息
(8)事　　業　　税	2,252,800	1,038,541	1,214,259	売上総利益比按分　0.539
認　定　収　益　額	84,857,509	42,454,980	42,402,529	(5)+(6)−(7)+(8)

限界利益率を求める場合の利益＝認定収益額−⑧
$$=42,402,529-1,214,259$$
$$=41,188,270円$$

表−2　製造原価　　　　　　　　　　　　　　　　　　　　　　　　　　（単位：円）

科　　目	決算額	A工場分	本社工場分	備　　考
(1)材　　料　　費	661,644,463	529,315,570	132,328,893	$\dfrac{132,328,893}{661,644,463}=0.200$
(2)労　　務　　費	150,063,988	62,036,452	88,027,536	給与台帳上の支出額と異なるため、台帳上の比率で按分、A工場41.34％、本社工場58.66％
(3)外　　注　　費	41,262,773	11,388,026	29,874,747	
(4)電　　力　　費	8,393,111	2,679,206	5,713,905	
(5)補　助　材　費	28,189,457	21,192,451	6,997,006	
(6)運　　　　賃	2,667,094	2,667,094	0	
(7)減　価　償　却　費	64,808,640	16,844,366	47,964,274	
(8)修　　繕　　費	8,185,868	6,521,400	1,664,468	
(9)工　具　消　耗　品　費	12,900,963	3,419,790	9,481,173	
(10)燃　　料　　費	3,341,697	1,153,724	2,187,973	
(11)法　定　福　利　費	10,834,548	4,479,002	6,355,546	労務費比（A工場41.34％、本社工場58.66％で按分）
計	992,292,602	661,697,081	330,595,521	

限界利益率を求める場合の製造原価の固定費計＝(2)+(7)+(8)+(11)
$$=88,027,536+47,964,274+1,664,468+6,355,546$$
$$=144,011,824円$$

第Ⅸ章　事　例　集

表－3　一般管理費及び販売費
（単位：円）

科　目	決　算　額	A工場分	本社工場分	備　　考
広 告 宣 伝 費	20,000	9,220	10,780	売上利益比の0.539
役 員 報 酬	36,460,000	16,808,060	19,651,940	〃
従 業 員 給 与 手 当	26,452,030	12,194,386	14,257,644	〃
福 利 厚 生 費	5,902,976	2,721,272	3,181,704	〃
交 際 費	3,855,390	1,777,335	2,078,055	〃
旅 費 交 通 費	1,809,132	834,010	975,122	〃
通 信 費	695,568	320,657	374,911	〃
消 耗 品 費	1,794,825	827,415	967,410	〃
租 税 公 課	18,865,919	8,697,189	10,168,730	〃
減 価 償 却 費	1,254,221	578,196	676,025	〃
修 繕 費	347,904	160,384	187,520	〃
保 険 料	2,228,368	1,027,278	1,201,090	〃
不 動 産 賃 借 料	6,736,452	994,125	5,742,327	元帳参照
法 定 福 利 費	4,547,258	2,096,286	2,450,972	売上利益比の0.539
事 務 用 品 費	570,379	262,945	307,434	〃
燃 料 費	1,638,039	755,136	882,903	〃
会 議 費	424,120	195,520	228,600	〃
諸 会 費	281,400	129,726	151,674	〃
雑 費	1,743,974	803,973	940,001	〃
計	115,627,955	51,193,113	64,434,842	特別損失の引当金繰入額は収益の認定の考慮外であるため収益からの控除はしない

限界利益率を求める場合の一般管理費及び販売費の固定費計＝64,434,842円

235

表－4

得意先喪失補償 　　　　　　　　　　　　　　　　　　　　　　（単位：円）

① 売上高（注）＝ 449,044,160

$$②　固　　定　　費 = \underset{製造原価}{144,011,824} + \underset{\substack{販売費及び \\ 一般管理費}}{64,434,842} + \underset{営業外費用}{13,387,607}$$

$$= 221,834,273$$

③ 利　　　　　　益 ＝ 41,188,270（認定収益額より事業税を除いた額）

$$④　限　界　利　益 = \overset{②+③}{263,022,543}$$

$$⑤　限　界　利　益　率 = \frac{263,022,543}{449,044,160} = 0.586$$

$$⑥　従前の1か月の売上高 = \frac{449,044,160}{12} = 37,420,346$$

⑦ 売　上　減　少　率
$$\left[\begin{array}{l} 85\cdots製造業2、構外移転（短期休業\cdots30日以下）適用 \\ 120\cdots製造業2、構外移転（長期休業\cdots30日超）適用 \end{array}\right.$$

※得意先喪失補償額
$$\left[\begin{array}{ll} 短期 & 37,420,346 \times \dfrac{85}{100} \times 0.586 = 18,639,074 \\ & \hspace{5em} \therefore 18,639,000 \\ 長期 & 37,420,346 \times \dfrac{120}{100} \times 0.586 = 26,313,987 \\ & \hspace{5em} \therefore 26,313,900 \end{array}\right.$$

（注）　売上高の検証

$$売上高 = \underset{純売上高}{448,319,309} + \underset{雑収入}{724,851} = 449,044,160$$

$$経　費 = \underset{売上原価}{330,033,441} + \underset{\substack{一般管理費 \\ 及び販売費}}{64,434,842} + \underset{支払利息・割引料}{13,387,607} = 407,855,890$$

$$売上高 = \underset{経費}{407,855,890} + \underset{利益}{41,188,270} = 449,044,160$$

表－5　固定的経費内訳表　　　　　　（単位：円）

科　　目	認定金額	摘　　要	
1　福利厚生費	51,744		別紙№1
2　租税公課	2,024,320		別紙№2
3　減価償却費	20,970,995		別紙№3
4　保　険　料	1,545,955		別紙№4
5　不動産賃借料	1,026,398		別紙№5
6　法定福利費	8,806,518		別紙№6
7　諸　会　費	151,673		別紙№7
8　賞　　与	25,756,066		別紙№8
9　支払利息	2,915,984		別紙№9
計	63,249,653		

第Ⅸ章　事　例　集

固定的経費付属明細表

（福利厚生費）　　　　　　　　　　　　　　　　　　　　　　　　　（単位：円）No.1

内　訳	損益計算書計上額	収益に加算できる額	固定的経費認定額	摘　要
健康診断料	96,000		51,744	売上利益比按分　0.539
そ　の　他	5,806,976			
計	5,902,976		51,744	

固定的経費付属明細表

（租税公課）　　　　　　　　　　　　　　　　　　　　　　　　　（単位：円）No.2

内　訳	損益計算書計上額	収益に加算できる額	固定的経費認定額	摘　要
固定資産税	1,089,200		587,078	売上利益比按分　0.539
自動車税	117,900		63,548	〃
自動車重量税	290,300		156,471	$290,300 \times 0.539 = 156,471$
法人事業税	2,252,800	2,252,800		
償却資産税	2,258,300		1,217,223	$2,258,300 \times 0.539 = 1,217,223$
そ　の　他	12,857,419			収入印紙　　　269,040 消費税等　12,588,379
計	18,865,919	2,252,800	2,024,320	

固定的経費付属明細表

（減価償却費）　　　　　　　　　　　　　　　　　　　　　　　　（単位：円）No.3

内　訳	損益計算書計上額	収益に加算できる額	固定的経費認定額	摘　要
建物附属設備	1,805,840			
機械装置	58,554,839		18,084,817	本社工場　18,084,817
車両運搬具	4,164,209		1,879,479	管理部門　$842,339 \times 0.539 = 454,020$ 本社工場　1,425,459
工具器具備品	1,537,973		1,006,699	本社工場　812,748 　　　　　　　　　　売上利益比 管理部門　$359,835 \times 0.539 = 193,951$
計	66,062,861		20,970,995	製造原価　64,808,640 ⎤ 一般管理費　1,254,221 ⎦66,062,861

237

固定的経費付属明細表

（保険料）　　　　　　　　　　　　　　　　　　　　　　　　　　（単位：円）No.4

内　訳	損益計算書 計　上　額	収益に加算 できる額	固定的経費 認　定　額	摘　要
団 体 保 険	213,104		114,863	売上利益比按分　0.539　　○○生命 ○○生命
経 営 者 保 険	64,620		34,830	〃　　　　　県経営
中 小 企 業 共 済	72,000		38,808	〃
商 工 会 議 所 傷 害	260,445		140,379	〃
自 動 車 保 険	706,900		381,019	〃　　　　　○○兄弟
自 賠 責	77,100		41,556	77,100×0.539＝41,556　　○○○
火 災 保 険	794,500		794,500	○○火災、○○海上、○○火災、 ○○○火災
そ の 他	39,699			○○○工業会
計	2,228,368		1,545,955	

固定的経費付属明細表

（不動産賃借料）　　　　　　　　　　　　　　　　　　　　　　　（単位：円）No.5

内　訳	損益計算書 計　上　額	収益に加算 できる額	固定的経費 認　定　額	摘　要
工　　　場	3,300,000			
地　　　代	1,280,000			
駐　車　場	1,020,066		549,815	売上利益比按分　0.539
チ ェ ス コ ム	62,400		33,633	〃
電 話 リ ー ス	130,800		70,501	〃
マ イ ク ロ ー ダ ー	78,000		42,042	〃
コ ピ ー リ ー ス	613,000		330,407	〃
そ の 他	252,186			
計	6,736,452		1,026,398	

固定的経費付属明細表

（法定福利費）　　　　　　　　　　　　　　　　　　　　　　　　（単位：円）No.6

内　訳	損益計算書 計　上　額	収益に加算 できる額	固定的経費 認　定　額	摘　要	
社会保険	15,381,806		8,806,518	製造原価 一般管理費 計	10,834,548×0.5866＝6,355,546 4,547,258×0.539＝2,450,972 8,806,518
				製造原価 一般管理費 計	10,834,548×労務費比率 4,547,258×売上利益比率 15,381,806
計	15,381,806		8,806,518		

固定的経費付属明細表

（諸会費） （単位：円）No.7

内　訳	損益計算書 計　上　額	収益に加算 で き る 額	固定的経費 認　定　額	摘　　要
町　会　費	28,800		15,523	売上利益比按分　0.539 ○町9,600、○○町7,200、○○町12,000
協　会　費	7,000		3,773	売上利益比按分　0.539 社保4,000、福祉3,000
工　業　会　責	36,600		19,727	売上利益比按分　0.539
振　興　会　費	31,000		16,709	売上利益比按分　0.539
法　人　会　費	4,200		2,263	売上利益比按分　0.539
そ　の　他	173,800		93,678	売上利益比按分　0.539 ○○協力会48,000、○○会90,000 ○○会17,300、商工会議所3,500 ○○○会15,000
計	281,400		151,673	

固定的経費付属明細表

（賞　　与） （単位：円）No.8

内　訳	損益計算書 計　上　額	収益に加算 で き る 額	固定的経費 認　定　額	摘　　要
本社工場賞与	23,652,206		23,652,206	給与台帳参照
管理部門賞与	3,903,266		2,103,860	売上利益比按分　0.539
Ａ工場賞与	13,572,545			
計	41,128,017		25,756,066	

固定的経費付属明細表

（支払利息） （単位：円）No.9

内　訳	損益計算書 計　上　額	収益に加算 で き る 額	固定的経費 認　定　額	摘　　要
長期支払利息	5,409,989		2,915,984	○○○○銀行（東日本）4,121,660 商　工　中　金　1,288,329 売上利益比按分　0.539
割引料・その他	19,421,516			
計	24,831,505		2,915,984	

表－6　従業員調査表

（単位：円）

従業員氏名	性別	年齢	職　種	1箇月の平均賃金	摘　　要
共　通　部　門				2,204,510	共通経費部門売上利益比 0.539×4,090,000
本　社　勤　務				6,606,418	
合　　　計				8,810,928	

表－7 移転広告費等補償額基準表（例）

種別／区分	製造 卸売業	一般小売業	サービス業
A	(1) 移転広告費 （46,350＋2,987×2,000枚） ×2回＝104,648円 (2) 移転通知費 5,660＋58×200枚 ＝17,260円 (3) 開店祝費 6,330×30人＝189,900円 計　311,808円 補償額　311,800円	(1) 移転広告費 （47,895＋2,987×3,000枚） ×2回＝113,712円 (2) 移転通知費 6,900＋58×300枚 ＝24,300円 (3) 開店祝費 6,330×25人＝158,250円 計　296,262円 補償額　296,200円	(1) 移転広告費 （49,337＋2,987×4,000枚） ×2回＝122,570円 (2) 移転通知費 8,130＋58×400枚 ＝31,330円 (3) 開店祝費 6,330×30人＝189,900円 計　343,800円 補償額　343,800円
B	(1) 移転広告費 （49,337＋2,987×4,000枚） ×2回＝122,570円 (2) 移転通知費 6,900＋58×300枚 ＝24,300円 (3) 開店祝費 6,330×50人＝316,500円 計　463,370円 補償額　463,300円	(1) 移転広告費 （52,221＋2,987×6,000枚） ×2回＝140,286円 (2) 移転通知費 8,540＋58×450枚 ＝34,640円 (3) 開店祝費 6,330×40人＝253,200円 計　428,126円 補償額　428,100円	(1) 移転広告費 （55,208＋2,987×8,000枚） ×2回＝158,208円 (2) 移転通知費 9,270＋58×600枚 ＝44,070円 (3) 開店祝費 6,330×50人＝316,500円 計　518,778円 補償額　518,700円
C	(1) 移転広告費 （55,208＋2,987×8,000枚） ×2回＝158,208円 (2) 移転通知費 9,270＋58×600枚 ＝44,070円 (3) 開店祝費 6,330×100人＝633,000円 計　835,278円 補償額　835,200円	(1) 移転広告費 （61,079＋2,987×12,000枚） ×2回＝193,846円 (2) 移転通知費 12,500＋58×900枚 ＝64,700円 (3) 開店祝費 6,330×80人＝506,400円 計　764,946円 補償額　764,900円	(1) 移転広告費 （66,950＋2,987×16,000枚） ×2回＝229,484円 (2) 移転通知費 15,400＋58×1,200枚 ＝85,000円 (3) 開店祝費 6,330×100人＝633,000円 計　947,484円 補償額　947,400円

（備考）　　　　　　　　　　　　　　　（単位：％）

区　　分		製造・卸売業	一般小売業	サービス業
広告費／売上高	A	0.4未満	1.3未満	0.5未満
	B	0.4以上0.9未満	1.3以上2.0未満	0.5以上1.0未満
	C	0.9以上	2.0以上	1.0以上

※各単価は消費税相当額を含まない。

（注）1. この基準表は標準的なものであり、これによりがたい場合には適宜算定すること。

2. 移転広告費は、Ｂ５判片面2色刷で［（印刷代＋折込料）×広告枚数］とし閉店・開店時2回折込広告するものとする。

3. 移転通知費は、私製ハガキ片面1色刷で［印刷代＋切手代×通知先数］とする。

4. 開店祝費は、料理（折詰）3,000円、記念品2,000円、酒1本（吟醸酒2合）345円、ビール（大瓶）310円、赤飯600円、雑費75円とする。

第Ⅸ章　事　例　集

例－2　ガソリンスタンドの支店が支障となった場合の営業休止の補償事例

1）事例の概要

　一般国道○○号改築（○○交差点改良）用地取得に伴う補償対象物件は、有限会社○○石油店と称し、本社（事務所）はA市中央1丁目○○番地にある。

　業種は、石油製品小売業（ガソリンスタンド）であり、主に石油製品（ガソリン・軽油等）、自動車部品の販売及び自動車の簡易な修理等を行っている。

　○○石油店は、昭和○○年4月に設立された。

　営業所は3店舗　A店───A市

　　　　　　　　　B店───B市

　　　　　　　　　C店───C市

を有しており、移転の対象となる営業所はA店である。また、卸元から3店舗分の石油製品を備蓄できる油槽所（A市中央1丁目）を有しており、各店舗へタンクローリーで配送している。

　なお、会社の代表者、資本金等は次のとおりである。

　　代表者：代表取締役　○○○○

　　資本金：400万円

　　事業年度：1月1日〜12月31日

　　従業員数：従業員16名　パート30名（3店舗）

　当該A店は、東京都心から40km圏にあり、○○○線B駅から東方向へ500mの所に位置し、行政地域はA市である。また、国道○○号に面しており、当業種の立地条件として最適地といえる。

　なお、A市は、当業種について指定地区になっており、一般の者が指定地区内でガソリンスタンドを新たに開業することは不可能となっている。開業が可能なのは、地区内にガソリンスタンドを所有する者が、地区内の別の場所へつくりかえる場合であり、地区内（市内）で、ガソリンスタンドの数が増加することはない。

　また、国道○○号沿いには、ガソリンスタンドが多く（A市内延長約○○kmの国道沿いに、9店舗）、販売競争が激化している状況であるが、当該A店は、安定した売上高を示している。

　また、土地（敷地）については、個人が所有しており、㈲○○石油店が借地して営業している。当該店舗の従業員数は5名、アルバイト10名である。

　当該店舗の用途地域等、敷地及び建物概要は次のとおりである。

①　用途地域等

241

用途地域　　第2種住居地域
　　　建ぺい率　　60％
　　　容積率　　　200％
　② 敷地
　　　全体面積　　400㎡（間口20m、奥行20m）
　　　取得面積　　220㎡（55％）
　　　残地面積　　180㎡（45％）
　③ 建物
　　　鉄筋コンクリート造平家建販売所及びピット　80㎡

〈現況図〉

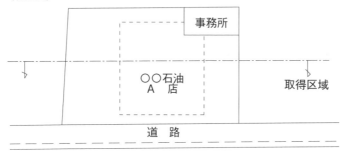

2）移転工法の認定

　当該A店は、敷地約400㎡、鉄筋コンクリート造りの建物（販売所及びピット）と、その他の設備を合理的に配置して、敷地を有効に利用している（給油設備数はノンスペース方式4基）が、敷地の約55％を取得することにより、残地で営業することは不可能である。よって、構外への移転となるが、建物は再築工法とし、機械工作物等営業用工作物については、建物の復元工法に準じて算定した費用と新設に要する費用とにそれぞれの営業補償等を加えた補償総額での経済比較（2工法）を行った（キャノピーは移設に37日要する）。

　ただし、新設に要する費用の算定に当たっては、当該工作物の減耗分を控除した（減価償却累計額）。

　再築1　移設できる工作物（設備）は、すべて移設とした（営業休止期間46日）。

　再築2　移設できる工作物のうち、移転期間内（13日）に移設できない工作物（キャノピー）について、新設とした（営業休止期間13日）。

第Ⅸ章　事　例　集

工作物新設、移設区分表

番号	名　称	新設	移設	備考	番号	名　称	新設	移設	備　考
1	給　水　設　備	○			9	キ　ャ　ノ　ピ　ー	○	○	再設）再築工法(1) 再設）再築工法(2)
2	電灯コンセント設備	○			10	アクリル電気看板		○	
3	動　力　設　備	○			11	ル　ー　フ　サ　イ　ン		○	
4	給　油　配　管　設　備	○			12	水　　銀　　灯		○	
5	計　量　器　設　備		○		13	油　水　分　離　槽	○		
6	地下オイルタンク	○			14	洗　　車　　機		○	
7	エ　ア　ー　配　管　設　備	○			15	ブロック造りポンプ室		○	
8	油圧オートリフト		○						

　上記２工法の補償総額について、比較検討をした結果、キャノピーを新設とした方が
経済的かつ合理的であるため、再築工法(2)を移転工法として認定した。

（単位：円）

	建物移転料	機械工作物 移　転　料	動産移転料	営業補償料	移　転　雑　費	合　　　計
再築(1)	15,000,000	25,000,000	200,000	13,058,500	900,000	54,158,500
再築(2)	15,000,000	27,000,000	200,000	9,338,400	900,000	52,438,400

（注）上記金額は消費税等を含まない。

3）補償方針

　各店舗の売上高について

　○○石油店は３店を有しているが、決算は店舗ごとに明確に分離決算されておらず、
一括決算となっているため、本事業に支障となるA店の売上高については、次のとおり
各種調査を行い決定した。

　調査の結果は、表－14、15のとおりである。

① 売上高の調査

　　確定申告書は、３店舗一括決算であり、店舗ごとの区別がされておらず、３店舗の
売上高を分離することは不可能であった。

② 売上量の調査

　　３店舗へのガソリン等の供給は、備蓄タンクを所有し、タンクローリーで各店舗へ
供給しているため、３店舗合計の供給数量（販売数量）については調査可能であるが、
店舗ごとの数量を把握できる整理がなされていないため、当該調査は行わなかった。

243

③　従業員数

　従業員数については、営業費を極力押さえるため、3店舗とも必要最小限の人数を雇用しており、顧客の数が多ければ多いほど、従業員の人数も多くなると考えられる。

（単位：人）

	従業員	パート	計	比率（従業員）
全　店	16	30	46	100（％）
A　店	5	10	15	31.25
B　店	6	11	17	37.5
C　店	5	9	14	31.25

　前記表のとおり、A店の従業員の比率は31.25％である。

　なお、役員は、どこの店舗の従業員ということでないため、従業員数の中にカウントしなかった。

　また、パートは表のとおりであるが、比率を出すうえでは参考とすべきところであるが、パートの就業時間は把握できる資料を得られなかったので、従業員比率とした。

④　現地調査

　3店舗について同日の同時間帯に、数日間、現地において、車の給油台数を調査した。

　調査の結果は、表−14のとおりであり、A店については36.1％であった。

　なお、灯油については、ほとんど店頭販売されておらず、同調査では把握できない。

⑤　給油方式・給油設備数

　面積の少ないA店は、ノンスペース方式で4基、B店はノンスペース方式5基、アイランド方式2基、一方面積に余裕のあるC店ではアイランド方式で、7基ある。敷地の面積が少ないからということでの売上げへの影響は少ないと思われる。

⑥　敷地面積

　面積が大きく、給油設備も多ければ、一度に給油できる台数は多くなるが、単に敷地が広いということが条件として有利であっても、面積に比例して顧客も増えるというものではない。

⑦　交通量

　同じ道路でも、交通量が多ければそれだけガソリンスタンドへ入る可能性は高くなる。

　しかし、同じ交通量であっても道路の性格（車線数、分離帯の有無）によっても違ってくるし、立地条件にも影響される。よって、交通量が多いというだけで一概に顧客の多少を把握することはできない。

⑧　タンクの容量

　各店舗の地下タンクの容量は、敷地の広さ等の制約により、それぞれ異なっている

が、タンクの容量の大小と各店舗の売上高とは関連性があると思われる。

⑨　営業時間

３店舗とも、営業時間は開始が７時半、終了は22時であり、営業時間は同じである。

⑩　結論

上記のとおり、各種の調査を行ったが、このうちタンクの容量、給油設備数、実態調査及び従業員数の比率によるものが売上高を分離するうえで信愚性が高いものと思われる。

よって、Ａ店の売上高は、これらの比率の平均を採用し、表－15より30.13％≒30％と認定した。なお、この30％で、売上高・経費を分離し、営業補償金算定を行った。

4）補償額の算定

①営業休止補償総括表

表－１

営業休止期間（13日）

補償項目	計算式	補償金額	摘要
休業期間中の収益減補償額		0円	赤字
得意先喪失に伴う損失補償額		6,756,700円	
固定的経費の補償額	$11,489,400 \times \dfrac{13}{365} = 409,211$	409,200円	
休業（人件費）補償額	$2,000,000 \times 0.8 \times \dfrac{13}{30} = 693,333$	693,300円	
移転広告費		1,479,200円	別紙基準表より
その他		0円	
補償費合計		9,338,400円	

表－２

営業休止期間（46日）

補償項目	計算式	補償金額	摘要
休業期間中の収益減補償額		0円	
得意先喪失に伴う損失補償額		7,678,100円	
固定的経費の補償額	$11,489,400 \times \dfrac{46}{365} = 1,447,979$	1,447,900円	
休業（人件費）補償額	$2,000,000 \times 0.8 \times \dfrac{46}{30} = 2,453,333$	2,453,300円	
移転広告費		1,479,200円	
その他		0円	
補償費合計		13,058,500円	

②収益減の補償（表－3認定収益額算定表）

　　収益減の補償については、損益計算書の営業損失2,650,000円から支払利息割引料
2,500,000円を控除し、事業税等386,400円を加えると赤字となるため補償は行わない。
なお、損益計算書の雑収入8,000,000円は、内容の把握ができないため、収益に加算し
ない。

表－3　認定収益額算定表

（A店）

科　　目	金　　額	摘　　要
営　業　利　益		
①　　営　業　利　益	▲　2,650,000	平成〇年度損益計算書
営　業　外　利　益		
②　　雑　　収　　入	0	
③		
④　　②　　＋　　③	0	
⑤　　①　　＋　　④	▲　2,650,000	
営　業　外　費　用		
⑥　　支　払　利　息	2,500,000	
⑦　　割　　引　　料		
⑧　　⑥　　＋　　⑦	2,500,000	
⑨　　⑤　　－　　⑧	▲　5,150,000	
⑩　　事　業　税　等	386,400	（事業、法人、市県民）税　確定申告　租税公課明細書より
⑪　　⑨　　＋　　⑩	▲　4,763,600	

③得意先喪失の補償（表－4得意先喪失補償）

　　当該スタンドは、店頭販売を中心としているため、移転期間中の営業休止によって
ほとんどの得意先を喪失するものと考えられる。このため、営業再開後、従来の得意
先が回復するまでの期間については、従前の売上高を回復するまで得意先喪失の補塡
をする必要がある。

　　補償額算定にあたっては、従前の1か月の売上高に売上減少率及び限界利益率を乗
じて求めた。なお、売上減少率については、売上減少率表のサービス業のうち、分類
でガソリンスタンドを採用し、構外移転（営業休止期間13日）及び構外移転（休業あ
り）（営業休止期間46日）のそれぞれの数値を使用した。また、限界利益率については、
損益計算書より固定費及び利益を求め、その合計額を売上高で除した。

第Ⅸ章　事　例　集

表－4　得意先喪失補償

従前の1か月の売上高
　　　390,000,000÷12＝32,500,000円
売上減少率　小売業10　「構外移転」(短期休業)110　「構外移転」(長期休業)125
限界利益率（固定費－利益）÷売上高
　　　(79,000,000－5,150,000)÷390,000,000＝18.9％
1か月の売上高　売上減少率　　限界利益率
32,500,000　　×　　1.10　　×　　0.189　　＝6,756,700円（休業13日）
32,500,000　　×　　1.25　　×　　0.189　　＝7,678,100円（休業46日）

④固定的経費の補償（表－5固定的経費内訳表）

　　固定的経費の認定は、損益計算書の経費のうち、営業休止期間中も継続的かつ固定的に支出される費用を調査して、表－5のとおり算定した。

⑤休業（人件費）の補償（表－12従業員調査表）

　　従業員に対する休業手当相当額の補償は、3か月間の役員を含む従業員の賃金について調査し、表－12平均賃金（賞与分を除く）の80／100を標準として、営業補償額の計算表のとおり休業期間の補償を行った。

　　なお、役員の賃金については、3店舗を有するため、A店分として全体の3割（売上比率）とした。

⑥移転広告費の補償

　　営業補償に係る移転広告費等の補償額基準表より、1,479,200円とした（資料は省略）。

表－5　固定的経費内訳表

（単位：円）A店

科　　目	認 定 金 額	摘　　要	付属明細書番号
賞　　　　与	6,000,000		NO.1
法 定 福 利 費	3,000,000		NO.2
租 税 公 課	222,000		NO.3
保 　険　 料	254,700		NO.4
減 価 償 却 費	1,962,000		NO.5
諸 　会　 費	50,700		NO.6
計	11,489,400		

表－6　固定的経費付属明細表

賞　与

（単位：円）No.1

内　　訳	損益計算書計 上 額	収益に加算できる額	固定的経費認 定 額	摘　　要
賞　　　　与	6,000,000	0	6,000,000	20,000,000×0.3
				（平成○年度　損益計算書）
計	6,000,000	0	6,000,000	

247

表－7　固定的経費付属明細表

法定福利費 (単位：円) No.2

内　訳	損益計算書計上額	収益に加算できる額	固定的経費認定額	摘　要
社会保険料				
雇用保険料	3,000,000	0	3,000,000	10,000,000×0.3
労働保険料				（一括計上のため区分け不可能）
計	3,000,000	0	3,000,000	

表－8　固定的経費付属明細表

租税公課　1 (単位：円) No.3

内　訳	損益計算書計上額	収益に加算できる額	固定的経費認定額	摘　要
固定資産税・都市計画税	42,000	0	42,000	140,000×0.3
（軽）自動車税	90,000	0	90,000	300,000×0.3
重　　量　　税	90,000	0	90,000	300,000×0.3
事　　業　　税	270,000	270,000	0	900,000×0.3
法　　人　　税	0	0	0	
加　　算　　税	66,000	66,000	0	220,000×0.3
延　　滞　　税	30,000	30,000	0	100,000×0.3
延　　滞　　金	10,500	10,500	0	35,000×0.3
所　　得　　税	7,500	7,500	0	25,000×0.3
印　　紙　　税	58,500	0	0	195,000×0.3
そ　の　他	150,000	0	0	500,000×0.3
計	814,500	384,000	222,000	

表－9　固定的経費付属明細表

保　険　料 (単位：円) No.4

内　訳	損益計算書計上額	収益に加算できる額	固定的経費認定額	摘　要
日本自動車連盟	2,700	0	2,700	9,000×0.3
自　賠　責	42,000	0	42,000	140,000×0.3
自　動　車　保　険	210,000	0	210,000	700,000×0.3
計	254,700	0	254,700	

第IX章　事　例　集

表－10　固定的経費付属明細表

減価償却費　　　　　　　　　　　　　　　　　　　　　　　　　　（単位：円）No. 5

内　　　訳	損益計算書計上額	収益に加算できる額	固定的経費認定額	摘　　　要
建物付属設備	69,000	0	69,000	230,000×0.3
建　　　物	48,000	0	48,000	160,000×0.3
構　築　物	15,000	0	15,000	50,000×0.3
機　械　装　置	330,000	0	330,000	1,100,000×0.3
車　両　運　搬　具	930,000	0	930,000	3,100,000×0.3
工具器具備品	570,000	0	570,000	1,900,000×0.3
計	1,962,000	0	1,962,000	

表－11　固定的経費付属明細表

諸会費　　　　　　　　　　　　　　　　　　　　　　　　　　　（単位：円）No. 6

内　　　訳	損益計算書計上額	収益に加算できる額	固定的経費認定額	摘　　　要
商　　工　　会	1,800	0	1,800	6,000×0.3
石油商業組合	15,000	0	15,000	50,000×0.3
県石油協同組合	15,600	0	15,600	52,000×0.3
○○石油会	18,000	0	0	60,000×0.3
○○○会	10,500	0	0	35,000×0.3
危険物安全協会	8,100	0	8,100	27,000×0.3
○○○会	3,900	0	0	13,000×0.3
○○会費	270	0	0	900×0.3 継続性がないため
法　人　会	1,500	0	0	5,000×0.3
全国石油協会	8,400	0	8,400	28,000×0.3
○○○会	39,000	0	0	130,000×0.3
○○○会	1,800	0	1,800	6,000×0.3
地　区　費	2,700	0	0	9,000×0.3
○　○　○	19,500	0	0	65,000×0.3 継続性がないため
商業協同組合	180	0	0	600×0.3
石　油　組　合	600	0	0	2,000×0.3
そ　の　他	4,050	0	0	13,500×0.3 継続性がないため
計	150,900	0	50,700	

249

表－12　従業員調査表

（単位：円）

名　前	性別	年齢	職　種	1箇月の平均賃金	摘　　要
A	男		販売員	350,000	
B	男		販売員	300,000	
C	男		販売員	280,000	
D	男		販売員	240,000	
E	女		販売員	230,000	
F	男		役　員	240,000	800,000×0.3
G	男		役　員	360,000	1,200,000×0.3
合計				2,000,000	

表－13　人件費月別推移表

平成○○年（単位：円）

名　　前	5月分	6月分	7月分	賞与（7月分）
A	345,000	350,000	355,000	750,000
B	290,000	305,000	305,000	600,000
C	280,000	280,000	280,000	500,000
D	240,000	240,000	240,000	400,000
E	220,000	235,000	235,000	400,000
F	240,000	240,000	240,000	－
G	360,000	360,000	360,000	－
合計	1,975,000	2,010,000	2,015,000	2,650,000

表－14　給油車両数調査表

（単位：円）

店舗	調査日	9／17	9／24	10／1	合計	比率％
全店舗	ガソリン	293	332	319	944	100
	軽　　油	52	68	51	171	100
	計	345	400	370	1,115	100
A　店	ガソリン	105	118	117	340	36.0
	軽　　油	19	26	17	62	36.3
	計	124	144	134	402	36.1
B　店	ガソリン	107	124	110	341	36.1
	軽　　油	20	22	21	63	36.8
	計	127	146	131	404	36.2
C　店	ガソリン	81	90	92	263	27.9
	軽　　油	13	20	13	46	26.9
	計	94	110	105	309	27.7

（注）　各店舗の給油車両数は、各日とも、8〜19時までの11時間の合計数である。

表－15　調査資料

	①敷地面積（㎡）	②交通量（日/台）	道路の種類	タンクの容量（KL）			給油方式数		
				③ガソリン	④軽油	灯油	アイランド	ノンスペース	計⑤
全店	1,600	41,470		81.0	21.6	19.2			18
A店	400	19,900	国道○号	24.7	6.6			4	4
率	25.0	48.0	4車線	30.5	30.6				22.2
B店	480	9,684	国道○号	25.5	5.1	9.6	2	5	7
率	30.0	23.4	2車線	31.5	23.6	50.0			38.9
C店	720	11,886	国道○号	30.8	9.9	9.6	7		7
率	45.0	28.6	2車線	38.0	45.8	50.0			38.9

	⑥従業員数（人）	⑦給油車両実態調査	①～⑦の平均	③～⑦の平均	営業時間　休　日
全店	16				
A店	5				7時半～22時
率	31.25	36.1	31.95	30.13	無
B店	6				7時半～22時
率	37.5	36.2	31.59	33.54	無
C店	5				7時半～22時
率	31.25	27.7	36.46	36.33	無

例−3　自動車整備工場の一部が支障となった場合の営業休止の補償事例

1）事例の概要

　一般国道○○号は、当該地域においては、現況幅員18mを42mに拡幅する計画である。事例の敷地面積約497㎡のうち11.77㎡が事業用地として必要となる（支障率約2％）。

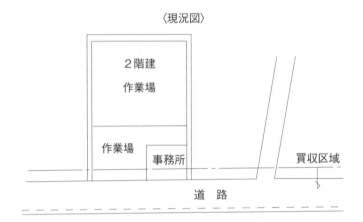

　当該移転対象物件は、民間車検場の認定を受けた○○自動車工業㈱の作業場兼事務所の一部であり、敷地はその代表取締役である○○○○個人の所有地である。

　当会社は、昭和○○年10月に創立し、資本金600万円、従業員12名の自動車整備を営む会社である。

　営業内容は、自動車の修理、検査等の整備、中古車の再生販売である。

2）移転工法の認定

　当該企業は、2棟の作業場をもち、今回事業用地に係わる1棟の作業場（事務所を含む）が支障となるものである。

　現況の事務所面積は30.13㎡であるが、当該事業計画により切り取った場合、事務所面積は24.78㎡（支障率18％）になり事務に支障をきたす。

　現況の事務所面積を確保するため、A棟での改造工法を採用した。

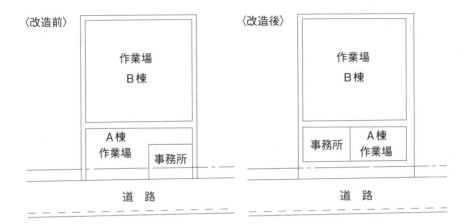

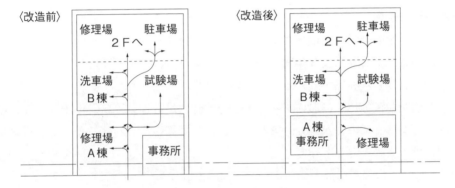

3）補償方針

　A棟の改造工事期間は専門業者の見積りにより、30日間の営業休止と認定した（工程表省略）。補償額の算定にあたっては、休業期間中の収益減、固定的経費及び人件費の補償を行うとともに移転広告費及び得意先喪失に伴う補償を行うこととした。

4）補償額の算定
①営業休止補償総括表

表－1

補償項目	計　算　式	補償金額	摘　要
休業期間中の収益減補償額	$1,557,650 \times \dfrac{30}{365} = 128,026$	128,000円	表－2
得意先喪失に伴う損失補償額	$15,788,529 \times 0.50 \times 0.502$ $= 3,962,920$	3,962,900円	表－9
固定的経費の補償額	$25,207,597 \times \dfrac{30}{365} = 2,071,857$	2,071,800円	表－11
休業（人件費）補償額	$(3,236,361 + 710,136)$ $\times \dfrac{80}{100} \times 12 \times \dfrac{30}{365} = 3,113,948$	3,113,900円	省　略
移転広告費		517,000円	省　略
そ　の　他		円	
補償額合計		9,793,600円	

②収益減の補償

　　当該企業の経営成績は10月1日から翌年9月30日までの1年間の決算報告書において表示されており過去3年間の決算報告によれば、年々順調に経営成績が伸び赤字経営から脱却し現在黒字経営となっている（表－3）。

　　今回収益額の認定において採用する補償時に最も近い平成○年10月1日から平成○年9月30日までの1か年分（第25期）の損益計算書によれば、その営業利益及び経常利益は下表のとおりとなる。

（単位：円）

科　目	金　額	利　益
売　上　高	187,990,757	（営業利益）953,449
売　上　原　価	158,053,938	
販売費及び一般管理費	28,983,370	
営　業　外　収　益	9,070,727	（経常利益）8,464,941
営　業　外　費　用	1,559,235	

「本来の正常の営業活動に関する損益」という観点から次のとおり損益計算書の内容を精査・選択し収益額の認定を行う。

a　営業利益については、損益計算書計上額953,449円を収益として計上する（表－3）。

b　営業外収益のうち営業の休止と関係のない受取利息・家賃収入及び前期に引当金として計上されている貸倒引当金戻入は収益として加算しない。

　　ただし、企業本来の営業活動から生ずる収益ではないが、付随して生じる収益である雑収入のうちの販促費・リベート・空ドラ代等計1,471,599円は収益に加算する（表－7）。

第Ⅸ章　事　例　集

c　営業外費用のうち臨時的支出と見られる貸倒償却及び売上げと関連のない繰延資産償却は収益から控除しない。

　　ただし、企業経営上一般的な管理費用として認められる支払利息及び割引料計1,133,675円は収益から控除する（表－8）。

d　販売費及び一般管理費のうち公租公課にあっては、収益に応じて課税される事業税・法人市民税・法人県民税及び臨時異常なものとして利子源泉税計266,127円を別途事業税等として加算する。

　　したがって認定収益額は次のとおりとなる（表－2）。

　　　営 業 利 益　　　　　953,449
　　　営業外利益　　　　　337,924（1,471,599－1,133,675）
　　　事 業 税 等　　　　　266,127
　　　　　計　　　　　　1,557,500円

　　以上の認定収益額について休業期間中補償することとした。

　　　1,557,500×30／365＝128,013円
　　　　　　　　　　　　≒128,000円

③得意先喪失の補償（表－9及び10）

　　固定費及び変動費の費用分解にあたり自動車整備業はサービス業であるが、その営業形態及び会計処理が製造業に似ているため費用分解基準表の製造業を適用するが、売上減少率については売上減少率表（省略）のサービス業17を適用し次のとおり算定を行う。

a　製品売上原価
　　変動費率＝変動費／総製造費用
　　　　　　＝59,422,565／123,658,232＝0.481
　　売上原価＝期首棚卸高＋当期製品製造原価－期末棚卸高
　　　　　　＝747,850＋123,658,232－873,700
　　　　　　＝123,532,382円
　　変 動 費＝売上原価×変動費率
　　　　　　＝123,532,382×0.481
　　　　　　＝59,419,075円

b　商品売上原価
　　変 動 費＝期首棚卸高＋商品仕入高－期末棚卸高
　　　　　　＝559,170＋34,524,256－561,870
　　　　　　＝34,521,556円

c　販売費・一般管理費及び営業外費用
　　変 動 費＝398,688円

d　限界利益率

（売上高－変動費）／売上高

＝（189,462,356－59,419,075－34,521,556－398,688）／189,462,356

＝0.502

e　従前1か月の売上高

189,462,356×1／12＝15,788,529円

f　売上減少率

サービス業17・構内移転（長期休業）0.50により得意先喪失補償額を次式により算定する額とした。

従前1か月の売上高×売上減少率×限界利益率

＝15,788,529×0.50×0.502

＝3,962,920＝3,962,900円

④固定的経費の補償（表－11）

a　公租公課

自動車重量税及び固定資産税を計上した。

b　賃借料

休業しても継続して賃借すると想定される年間契約している地代及び機械器具使用料を計上した。

c　福利厚生費

健康保険・厚生年金・雇用保険及び中小企業退職金共済掛金につき企業が負担しているものを計上した。

d　保険料

自動車に関する任意・強制保険料及び企業が社員のために継続してかける生命保険料及び火災保険を計上した。

e　減価償却費

移転対象建物を含む建物附属設備の工具・備品及び機械装置・車両運搬具について減価償却額の100％を計上した。

f　広告宣伝費

すべて必要に応じてその都度支出され、休業期間中に支出が予想されないので計上しない。

g　諸組合費

同業組合・商工会・納税協会・町内会等の諸会費について計上した。

h　顧問料

会計事務処理について継続して依頼しているため計上した。

i　基本料金

水道光熱費のうちプロパンガス・水道・電気の基本料金及び通信費のうち配線使用料を計上した。

j　賞与

年末一時金及び夏期一時金について経常経費として社会的に慣習化されているため計上した。

k　借入金利子

1年以上の長期のものについては経常経費として計上した。

以上の固定的経費合計額について休業期間中補償することとした。

$$25,207,597 \times 1／12 \times 1 = 2,100,633$$
$$= 2,100,600円$$

⑤休業（人件費）補償

従業員給与については直近3か月間の給与（交通費・食費を除く）の平均月額と、役員報酬については損益計算書計上額の月割額の合計の80／100を休業期間中補償することとした（資料省略）。

従業員給与　　$3,281,311 \times 12 \times 30/365 = 3,236,361$

役員報酬　　$8,640,000 \times 30/365 = 710,136$

　　　　　　$3,946,497 \times 80/100 = 3,157,197$

　　計　　　　　　　　　$= 3,157,100円$

⑥移転広告費

平成○年度○○地区用対連移転広告費等補償額基準表（省略）に基づきサービス業Bと認定し補償することとした。

移転通知費　　　33,870

移転開店広告費　158,208

開店祝費　　　　325,000

　　計　　　　　517,078 ＝ 517,000円

表－2 認定収益額算定表

(単位：円)

	科　目	金　額	摘　要
	営　業　利　益	953,449	表－4
①	営　業　利　益	953,449	
	営　業　外　利　益		
②	雑　収　入	1,471,599	表－7
③		―	
④	②　＋　③	1,471,599	
⑤	①　＋　④	2,425,048	
	営　業　外　費　用		
⑥	支　払　利　息	1,133,675	表－8
⑦	割　引　料		
⑧	⑥　＋　⑦	1,133,675	
⑨	⑤　－　⑧	1,291,373	
⑩	事　業　税　等	266,127	
⑪	⑨　＋　⑩	1,557,500	

表－3 損益計算書比較表

(単位：円)

項目 \ 年度又は期別	○○年度	(％)	○○年度	対前年比 (％)	○○年度	対前年比 (％)	摘要
総　売　上　高	141,773,171		153,200,182	108.1	187,990,757	122.7	
売　上　原　価	126,192,332		128,576,940	101.9	158,053,938	122.9	
売　上　利　益	15,580,839		24,623,242	158.0	29,936,819	121.6	
販売費及び一般管理費	34,508,851		28,241,935	81.8	28,983,370	102.6	
営　業　利　益	△18,928,012		△3,618,693		953,449		
総売上対所得率	－		－		0.5		
総売上対経費率	24.3		18.4		15.4		

表－4　営業利益

(単位：円)

内　　　訳		損益計算書 計　上　額	収益に加算 できる額	摘　　　要	
純売上高	修　理　売　上	142,494,241			
	車　輛　売　上	43,386,885			
	保　険　収　入	2,109,631			
計		187,990,757			
売上原価	期　首　棚　卸　高	△　559,170			
	商　品　仕　入　高	△　34,524,256			
	期　末　棚　卸　高	561,870			
	期首仕掛品棚卸高	△　747,850		製品売上原価	
	総　製　造　費　用	△　123,658,232		表－5	123,532,382
	期　末　仕　掛　品 棚　　　卸　　　高	873,700			
計		△　158,053,938			
販売費及び一般管理費		△　28,983,370		表－6	
合　　　計		953,449	953,449		

表－5　総製造費用

(単位：円)

内　　　訳		損益計算書 計　上　額	収益に減算 できる額	摘　　　要	
材　料　費	原材料仕入高	40,974,125			
計		40,974,125			
労　務　費	賃　　　　　金	37,541,007			
	工　員　賞　与	10,457,300			
	雑　　　　　給	827,817			
	法　定　福　利　費	4,725,242			
	厚　生　費	3,187,922			
計		56,739,288			
外注加工費		7,381,339			
計		7,381,339			
製造経費	水　道　光　熱　費	955,427			
	消　耗　品　費	5,607,634			
	減　価　償　却　費	2,794,781			
	賃　借　料	4,841,255		内	運搬費　　　151,692 販促費　　　850,793 外注加工費　2,687,420 消耗品費　　316,216、その他
	製　造　雑　費	4,364,383			
計		18,563,480			
合　　　計		123,658,232	123,658,232		

表－6　販売費及び一般管理費

（単位：円）

内　　　　訳	損益計算書計　上　額	収益に減算できる　額	摘　　要
広　告　宣　伝　費	1,501,480		
役　員　報　酬	8,640,000		
給　料　手　当	7,140,000		
修　　繕　　費	25,000		
事　務　用　品　費	515,424		
水　道・光　熱　費	238,400		
旅　費・交　通　費	966,975		
手　　数　　料	1,062,199		
租　税　公　課	2,071,857		
交　際　接　待　費	1,892,085		
保　　険　　料	1,765,942		
通　　信　　費	1,028,919		
諸　　会　　費	806,638		
顧　　問　　料	609,607		
雑　　　　　費	718,844		内　販促費　160,288
合　　　　計	28,983,370	28,983,370	

表－7　営業外収益

（単位：円）

内　　　訳	損益計算書計　上　額	収益に加算で き る 額	摘　　要
受　　取　　利　　息	1,173,969	—	
計	1,173,969	0	
家　　賃　　収　　入	4,410,000	—	
計	4,410,000	0	
貸　倒　引　当　金　戻　入	128,000	—	
計	128,000	0	
雑収入　　事務処理代行料	700,000	—	
OA機器賃貸料	346,500		
販　売　手　数　料	812,128	812,128	
紹　　介　　料	115,536	115,536	
販　売　促　進　費	178,784	178,784	
リ　ベ　ー　ト	359,751	359,751	
空　ド　ラ　代	5,400	5,400	
そ　の　他	840,659	—	消費税過納金　256,200自動車税・自賠責納付金
計	3,358,758	1,471,599	
合　　　計	9,070,727	1,471,599	

表－8　営業外費用

(単位：円)

内　訳	損益計算書 計　上　額	収益に減算 できる額	摘　要
支　払　利　息・　割　引　料	1,133,675	1,133,675	
計	1,133,675	1,133,675	
繰　延　資　産　償　却	339,560	―	
計	339,560	0	
貸　　倒　　償　　却	86,000	―	
計	86,000	0	
合　　　　　　　　計	1,559,235	1,133,675	

表－9　(1)　製造業（サービス業）

業種分類　No.17	業種内容　自動車整備業				法人・個人
資本金　6,000千円	年間売上高　187,990千円		売上減少率　50%		全従業員数　11名

区　分		勘定科目	金　額	科目の内容	備　考
〔A〕売上高		① 売　上　高	187,990,757円		
		② △売上値引等			
		③ 雑　収　入	1,471,599		収益認定の際に計上できるもの
		計	189,462,356		
〔B〕製品売上原価	(a)材料費	① 期首材料棚卸高	747,850		
		② 材料仕入高	40,974,125		
		③ △期末材料棚卸高	873,700		
		計	40,848,275		
	(b)人件費	① 雑　給	827,817		臨時雇員の賃金・給与
		計	827,817		
	(c)経費	① 特許権利使用料	－		
		② 外注加工費	10,068,759		7,381,339＋2,687,420
		③ 動力・光熱費	751,379		955,427－204,048
		④ 運　搬　費	151,692		外注運賃、自社車両費（燃料・修繕費を含む。）
		⑤ 販売促進費	850,793		
		⑥ 消耗品費	5,923,850		5,607,634＋316,216 消耗工具・器具を含む。
		計	17,746,473		
	変動費合計（(a)＋(b)＋(c)）		59,422,565		
	(d) 総製造費用		123,658,232		
	(e) 製品売上原価		123,532,382		
〔C〕商品売上原価		① 期首商品棚卸高	559,170		
		② 商品仕入高	34,524,256		
		③ △仕入割引等	－		
		④ △期末商品棚卸高	561,870		
		計	34,521,556		
〔D〕販売費・一般管理費		① 容器包装費	－		荷造材料費を含む。
		② 発送配達費	－		荷造運搬費、車両燃料費、修繕費を含む。
		③ 販売促進費	160,288		販売手数料、見本費を含む。
		④ 雑　給	－		臨時雇員の賃金・給与
		⑤ 外　注　費	－		
		⑥ 水道光熱費	238,400		
		計	398,688		

第IX章　事　例　集

表－10

(1) 製品売上原価

　① 製造原価のなかの総製造費用（材料費、人件費、経費）を固定費と変動費に分解する。

$$\frac{変動費}{総製造費用} = \frac{59,422,565}{123,658,232} = \boxed{[E]\ 48.1\%\ （変動費率）}$$

　　（注）　総製造費用＝材料費　＋　人件費　＋　経費

　② 製品売上原価のなかの変動費

　　変動費＝製品売上原価　×　変動比率

　　　　　＝〔e〕× 〔E〕＝ $\boxed{[F]\ 59,419,075円}$

　　　　　＝123,532,382×0.481

　　（注）　製品売上原価＝期首製品棚卸高＋当期製品製造原価－期末製品棚卸高

(2) 商品売上原価

　　変動費＝商品売上原価＝ $\boxed{[C]\ 34,521,556円}$

(3) 販売費・一般管理費及び営業外費用のなかから変動費を抽出する。

　　変動費＝ $\boxed{[D]\ 398,688円}$

(4) 限界利益率

$$\frac{売上高－変動費}{売上高} = \frac{[A]-\{[F]+[C]+[D]\}}{[A]}$$

$$= \frac{189,462,356-94,339,319}{189,462,356} = 50.2\%$$

$$\boxed{限界利益率\quad 50.2\%}$$

(5) 得意先喪失補償額

　　従前1か月の売上高×売上減少率×限界利益率

　　＝（189,462,356×1/12）×0.50×0.502

　　＝3,962,920

$$\boxed{得意先喪失補償額\quad 3,962,900円}$$

表－11　固定的経費内訳表

（単位：円）

科　　目	認定金額	摘　　要
公　租　公　課	445,630	明細表は省略
賃　　借　　料	3,230,160	〃
福　利　厚　生　費	6,877,794	〃
保　　険　　料	1,412,062	〃
減　価　償　却　費	1,784,281	〃
広　告　宣　伝　費	0	〃
諸　組　合　費	397,618	〃
顧　　問　　料	609,607	〃
基　本　料　金	254,688	〃
賞　　　　与	9,062,082	〃
借　入　金　利　子	1,133,675	〃
計	25,207,597	

| 例－4 | 4部門・6か所の営業所がある会社の1営業所が支障となり、ホテル部門を営業休止した補償事例 |

1）事例の概要

　延長約20km区間を結ぶバイパス道路用地に支障となるのは、○○㈱でホテル事業を営業内容とする△△営業所であり、その敷地の全てを取得することとなった。

　○○㈱は、昭和○○年設立、本社を○○県△△市に置き、営業所は6か所ある。その事業内容は異なった4部門に分かれているものである。

　支障となる△△営業所の営業内容はホテル部門であり、通称「ホテル○○○」というモーテルである。なお、ホテル部門の営業所は、この他にもう1か所ある。

　当モーテルは、主要地方道○○線に接し、○○I.Cの至近に位置するため、業種柄車輌を利用する顧客の好条件に恵まれているといえる。

　部屋数は18あり、1か月当たり、約1500組強の利用客がある。

〈現況図〉

2）移転工法

　当営業所は、敷地の全てを取得されること、また、実態は、風俗営業を行っているが、旅館業法で許可を受けていることから、風俗営業等の規制及び業務の適正化等に関する法律に基づく規制を受けない業種として旅館業として取り扱うこととする。したがって、移転については何ら問題がなく、構外再築工法を採用するものである。営業の休止期間は、別紙工程表に示すとおり、工作物と動産の移転に要する休止期間を比較し、より長期の工作物の移転に必要な期間7日とした。

工程表
工作物看板等移設日数

日　　　数	1	2	3	4	5	6	7	8	9	10	11	12	13	14	15	16	17	18	19	20	21	
撤　　　去	■	■	■																			
運　　　搬			■	■																		
新設基礎等			■	■	■	■																
据　　　付				■	■	■	■															

動産移転日数

日　　　数	1	2	3	4	5	6	7	8	9	10	11	12	13	14	15	16	17	18	19	20	21	
荷造・梱包	■																					
運　　　搬		■																				
荷解・配置			■	■																		

[3) 補償方針

経営内容の検討

　当社は、6か所の営業所で不動産販売部門、不動産賃貸部門、薬小売部門、ホテル部門を多角的に経営しているが、経理上は本社において一括処理されている。

　本書では移転となる○○市の△△営業所を「ホテル○○分」として整理することとする。

　次表により、当社の全体の営業状況を最近の事業年度について検討した。

経営状況表

（単位：千円）

期	売上高 (a)	売上原価 (b)	売上総利益 (c)	営業利益 (d)	経常利益 (e)	c / a	d / a	e / a
第23期 H○.4 〜H○.3	[124,792] 1,228,796	[7,503] 882,607	[117,289] 346,189	 87,745	 2,917	% [94] 28	% 7	% 0.24
第24期 H○.4 〜H○.3	[134,795] 210,741	[20,632] 38,009	[114,163] 172,732	 △52,201	△239,279 	[85] 82	 —	 —
第25期 H○.4 〜H○.3	[255,442] 493,125	[17,488] 96,011	[237,954] 397,114	 151,214	 833	[93] 81	 31	 0.17

注）［　］内はホテル部門（第23期24期の売上原価は仕入高である。）

本表は、最近の3期分の損益計算書より表記したものである。

第23期は不動産の販売が盛んに行われた結果、売上高・売上原価・売上総利益とも大きい。また、反対に第24期に入って売上高が減少したのは、不動産の販売が行われなかったためである。

また、ホテル〇〇分は第25期の売上高はホテル部門255,442,000円のうち137,790,500円であり、過去3年間のホテル〇〇分の売上高は順調な伸びを示している。

4）補償額の算定

営業休止補償総括表

構外再築工法　7日 （単位：円）

補　償　項　目	補　償　額	計　算　式	摘　　要
収 益 減 の 補 償	0	（赤字認定）	
得 意 先 喪 失 補 償	10,963,100	$11,508,629 \times 110/100 \times 0.866$ $= 10,963,119$	
固 定 的 経 費 の 補 償	617,900	$32,220,081 \times 7日/365日 = 617,919$	
休 業（人 件 費）の　　　補　　　償	539,900	$(2,135,448 \times 0.321 + 2,247,089) \times$ $80/100 \times 12か月 \times 7日/365日$ $= 539,913$	
移 転 広 告 費	1,469,100		
そ　　の　　他			
合　　　　　　計	13,590,000		

①補償額算定にあたっての検討

補償額の算定にあたっては、移転の対象となるホテル〇〇分の損益について、全体の中から区分する必要がある。区分にあたっては、各勘定の内容を実態調査し実績を計上することとしたが、実績の区分が困難な場合は、当社が異業種（部門）を多角的に経営していることから、会社全体の売上総利益に対するホテル〇〇分の売上総利益の割合で区分することとした。

まず、会社全体の部門（業種）別の売上総利益比率について検討した。

266

第Ⅸ章　事　例　集

第25期部門（業種）別売上総利益

（単位：円）

部門（業種）		全　　体	薬小売部門	不動産販売部門	ホテル部門	不動産賃貸部門
売　上　高		(100) 493,125,958	(9.6) 47,315,642	(26.5) 130,504,855	(51.8) 255,442,464	(12.1) 59,862,997
売上原価	期首棚卸高	(－) 158,249,547	(－) 8,482,557	(－) 142,000,000	(－) 0	(－) 7,766,990
	仕　入　高	(100) 212,935,567	(19.3) 41,097,834	(64.9) 138,221,084	(9.3) 19,880,834	(6.5) 13,745,815
	期末棚卸高	(－) 275,173,347	(－) 21,314,141	(－) 243,710,000	(－) 2,392,216	(－) 7,766,990
	計	(100) 96,011,767	(29.4) 28,266,250	(38.0) 36,511,084	(18.2) 17,488,618	(14.3) 13,745,815
売上総利益		(100) 397,114,191	(4.8) 19,049,392	(23.7) 93,993,771	(59.9) 237,953,846	(11.6) 46,117,182

注）上段（　）は全体に対する各部門（業種）の割合（％）

　　この結果第25期においてはホテル業が当社の経営の主体であるとともに、他の業種に比べ売上総利益率が相当に高いことが判明した。

　　次に、ホテル業のうちホテル○○分について区分することとした。

第25期ホテル○○分の売上総利益

（単位：円）

業　　　種		全　　体	ホテル全体	ホテル○○分	摘　　要
売　上　高		(100) 493,125,958	255,442,464	(27.9) 137,790,500	ホテル○○分売上高等収益認定に係る科目別月別調書参照
売上原価	期首棚卸高	(－) 158,249,547	(－) 0	(－) 0	元帳参照
	仕　入　高	(100) 212,935,567	(9.3) 19,880,834	(5.0) 10,715,769	ホテル○○分仕入高＝ホテル全体仕入高×（ホテル○○分売上高÷ホテル全体売上高） （　）は内0.539
	期末棚卸高	(－) 275,173,347	(－) 2,392,216	(－) 331,302	元帳参照
	計	(100) 96,011,767	(18.2) 17,488,618	(10.8) 10,384,467	
売上総利益		(100) 397,114,191	(59.9) 237,953,846	(32.1) 127,406,033	

注）上段（　）は全体に対する割合（％）

　　したがって、上記の会社全体の売上総利益に対するホテル○○分の売上総利益の割合（ホテル○○分の売上総利益率）は、32.1％である。

　　a　全体の売上総利益に対するホテル部門の売上総利益の割合（売上総利益比率）は約59.9％である。

b　全体の売上総利益に対するホテル〇〇分の売上総利益の割合（売上総利益比率）は32.1％である。

c　ホテル部門全体の売上高に対するホテル〇〇分の売上高の割合（売上高比率）は53.9％である。

以上の按分率のうち、bの32.1％を収益額認定、販売費・一般管理費の区分及び固定的経費の認定の際に採用することとした。また、本社経費の「ホテル〇〇分」への配分についても同様とした。cの53.9％はホテル部門の仕入高をホテル〇〇分を抽出する際に採用することとした。

損益の区分の手順は、まず全体からホテル部門を抽出し、次にその中から「ホテル〇〇分」を抽出することとした。

②収益減の補償

［収益額の認定］

会社から過去3か年の決算報告書の提出を受け、算定にあたっては、直近の第25期（H〇.4.1～H〇.3.31）の決算書をもとに行った。

ホテル〇〇分の収益額については、次表「ホテル〇〇分の損益計算表」にまとめたところ、赤字決算となっている。したがって、本補償はない。

ホテル〇〇分の損益計算表

（単位：円）

科　目		金　額	摘　要
売　上　総　利　益		127,406,033	上表第25期ホテル〇〇分の売上総利益
販売費及び一般管理費		97,612,924	ホテル〇〇分販売費及び一般管理費認定表参照
営　業　利　益		29,793,109	
営業外損益	雑　収　入	313,048	ホテル〇〇分売上高等収益認定に係る科目別月別調書
	支払利息割引料	73,984,731	元帳より230,482,031×0.321
	計	73,671,683	
営　業　損　失		43,878,574	
事　業　税　等		322,945	ホテル〇〇分固定的経費認定一覧表参照
認　定　収　益　額		43,555,629	

③得意先喪失の補償

得意先喪失の補償額＝従前の1か月の売上高×売上減少率×限界利益率

　　　　　　　　　（※1）　　（※2）　（※3）

　　　　　　＝11,508,629×110/100×0.866

　　　　　　＝10,963,119

　　　　　　＝10,963,100円

（※１） 138,103,548÷12か月＝11,508,629円

（事業税等を除いた額）

138,426,493－322,945＝138,103,548円

（※２） 売上減少率＝用対連細則別表第８　サービス業15　構外移転（短期休業）

（※３） 限界利益率＝（売上高－変動費）÷売上高

$$＝（138,102,548－18,513,831）÷138,103,548円$$

$$＝0.866$$

なお、年間売上高・変動費は次の一覧表による。

ホテル○○分変動費一覧表

（単位：円）

区分	勘定科目		金　額	科目の内容	備　考
[A] 売上高	①	売　　上　　高	137,790,500		ホテル○○分売上高等収益認定に係る科目別月別調書参照 売上戻り、返品戻りを含む 収益認定の際に計上できるもの （上記調書参照）
	②	売　上　値　引　等	0		
	③	雑　　収　　入	313,048		
	④	事　業　税　等	322,945		
		計	138,426,493		
[B] 売上原価	①	期首商品（材料）棚卸高	0		売上戻り、返品戻りを含む
	②	商品（材料）仕入高	10,715,769		
	③	仕　入　値　引　等	0		
	④	期末商品（材料）棚卸高	331,302		
		計	10,384,467		
[C] 販売費一般管理費	①	容　器　包　装　費	0		荷造り材料費を含む
	②	発　送　配　達　費	0		荷造・運搬費
	③	販　売　促　進　費	0		販売手数料・見本費
	④	雑　　　給	0		臨時雇員の賃金・給与
	⑤	水　道　光　熱　費	8,129,364		ホテル○○分販売費及び一般管理費認定表参照
	⑥	外　　注　　費	0		
		計	8,129,364		
[D]	変動費合計｛[B]＋[C]｝		18,513,831		

④固定的経費の補償

認定にあたっては、実態調査により各勘定を検討し区分することとしたが、これにより難い場合は売上総利益率（32.1％）を基に認定することとした。

固定的経費補償額＝｛本社固定的経費○○負担額＋ホテル○○固定的経費｝×7日／365日

$$= 32,220,081 \times 7日 ／ 365日$$
$$= 617,919$$
$$= 617,900円$$

（「ホテル○○営業調査総括表の営業用固定経費明細」のとおり）

⑤休業（人件費）の補償

　　本社経費については、役員２名の報酬額と事務員３名の給与手当について、対ホテル○○の負担分を補償の対象として認定した。また、ホテル○○独自の人件費については、ホテル○○に直接常時従事している10名の従業員の給与手当を補償することと認定した。なお、パートタイム従業員については、給与明細等にて雇用期間を確認した結果、労働基準法第21条第２号の臨時雇用に該当するため除くこととした。

$$休業（人件費）補償額 ＝ \{1か月平均賃金（本社分）\times 0.321 ＋ 1か月平均賃金（ホテル○○分）\} \times 80/100 \times 12か月 \times 7日/365日$$
$$= \{2,135,448 \times 0.321 ＋ 2,247,089\} \times 80/100 \times 12 \times 7/365$$
$$= 2,932,567 \times 80/100 \times 12 \times 7/365$$
$$= 539,913$$
$$= 539,900円$$

　　（注）　従業員調査表は省略する。

⑥移転広告費の補償

　　1,469,100円

　　「平成○年度移転広告費内訳表」（省略）のサービス業Ｃを適用した。ちなみに当社のホテル○○分の広告宣伝費は次のとおり。

$$2,421,603 \times 0.321 ＝ 777,334円$$

第Ⅸ章　事　例　集

株式第1号－1
（会社全体）

営 業 調 査 総 括 表

調査番号		調 査 期 間	平成○年7月31日 ～平成○年10月19日	調査担当者	○　○　○　○
名　　　称	○○　株式会社	法人 個人 青・白	代表者名　○　○　○　○	住　所	○○県○○市○○１－１－１ TEL
営　業　種　目	ホテル業、薬小売業、 不動産賃貸業		開業年月日　昭和45年3月1日	資　本　金	1000万円
所　　属 (組合・団体)名	○○法人会		従業員数　38名	売場面積等	

所得申告額	年別	H ○年　　円	H ○年　　円	H ○年　　円	主な販売又は製造品目	主な販売製造品目	主な販売納入先	主　な仕入品目	主な仕入先
	税　務　署	36,929,836	△ 218,236,322	0				酒 雑貨 ジュース 薬	○○○○ ○○商店 ○○薬品
	税務事務所								
	市　町　村						（　　軒)		（　25軒)

所得額の計算	項目　　年別	H　○　年 （円）	H　○　年 （円）	H　○　年 （円）	摘　要
	総　売　上　高	1,228,796,226	210,741,842	493,125,958	
	期　末　棚　卸　高	38,121,135	158,352,341	275,173,347	
	当　用　製　造　原　価				
	当　期　仕　入　額	834,958,512	187,834,126	212,935,567	
	期　首　棚　卸　高	85,769,717	8,527,735	158,249,547	
	売　買　差　益	346,189,132	172,732,322	397,114,191	
	営　　業　　費	271,943,943	224,933,755	245,900,171	
	差　引　所　得　額	87,745,189	△　52,201,423	151,214,020	

売上高の概略調査	商品の回転率によるもの 　　　　　　（年間在庫高が平均している場合)	平均在庫高（　　　　円)　年平均回転率（　　　%)
	従業員数によるもの 　　　　　　（従業員の数により売上高が左右される場合)	1人1か月（又は1日)　平均売上高（　　　円)
	売場面積によるもの 　　　　　　（売場面積により売上高が左右される場合)	1か月平均（　　　㎡)　当たり売上高（　　　円)
	客数によるもの 　　　　　　（1人の料金又は購売額がほぼ同一の場合)	1人1か月（又は1日)　平均客数（　　　人) 　　　　　　　　　　　　料金等（　　　円)

販売方法等	販売方法	店　　　　舗	％	代金決済方法	現　　　　金	100%	販売先	県　　　内	％
		外　　　　交			売　　　　掛			地　　　方	
		通　　　　信			月　　　　賦			輸　　　出	
		そ　の　他			そ　の　他			そ　の　他	
得意先 の状況	売上に占める地元固定客の割合　　（　　　%)			営業の季 節的変動	売上の多い時期（　　月～　　月) 売上の少ない時期（　　月～　　月)				

271

株式第1号-2

（会社全体）

	営　業　費　明　細			営業用固定経費明細		
	科　　目	金額（円）	摘　要	科　　目	金額（円）	摘　要
一般管理費・販売費等	給　料・手　当	68,153,494		公　租　公　課		
	荷　造・運　賃			基　本　料　金		
	消　耗　品　費	2,975,132		減　価　償　却　費		
	水　道　光　熱　費	25,325,124		貸　　借　　料		
	宣　伝　広　告　費	2,421,603		法　定　福　利　費		
	通　　信　　費	3,238,385		宣　伝　広　告　費		
	接　待　交　際　費	2,559,900		諸　　会　　費		
	福　利　厚　生　費	2,974,156		賞　　　　　与		
	修　　繕　　費	3,072,147		保　　険　　料		
	公　租　公　課	17,167,437		顧　　問　　料		
	そ　　の　　他	118,012,793		そ　　の　　他		
	計	245,900,171	一般管理費	合　　　計		

営業用資産	固　定　資　産		流　動　資　産	
	現在価格の総額	売却・取壊し処分・スクラップ価格の総額	現在価格の総額	売却価格の総額
	円	円	円	円

主な取引金融機関	

労働協約等の内容	労働協約　　あり・なし	
	就業規則　　あり・なし	
	雇用契約　　あり・なし	
	そ　　　の　　　他	

立　地　条　件　等	立　　地　　条　　件	○○道路○○インターに近く、業種がら駐車場を必要とする場所である。
	地　域　的　特　性	
	そ　　　の　　　他	

そ　　の　　他	

第Ⅸ章　事　例　集

株式第1号－1
（ホテル○○）

営 業 調 査 総 括 表

調査番号		調 査 期 間	平成○年7月31日〜平成○年10月19日		調査担当者		○　○　○　○	
名　　称	（ホテル○○○）○○　株式会社	法人・個人青・白	代表者名	○　○　○　○	住　所		○○県○○市○○2－4－2TEL	
営　業　種　目	ホテル業（モーテル）			開業年月日	昭和55年4月1日	資　本　金		1000万円
所　属（組合・団体）名	○○法人会				従業員数	12名	売場面積等	

所得申告額		年別	H○年（全体）円	H○年（全体）円	H○年（全体）円	主な販売製造品又は	主な販売製造品目	主な販売納入先	主な仕入品目	主な仕入先
	税　務　署		（全体）36,929,836	△（全体）218,236,322	0				酒雑貨ジュース	○○○○○○商店
	税務事務所							（　　軒）		（　20軒）
	市　町　村									

所得額の計算	項目	年別	H　○　年（円）	H　○　年（円）	H　○　年（円）	摘要
	総　売　上　高				137,790,500	
	期　末　棚　卸　高				0	
	当　用　製　造　原　価					
	当　期　仕　入　額				10,715,769	
	期　首　棚　卸　高				331,302	
	売　買　差　益				127,406,033	
	営　業　費				97,612,924	
	差　引　所　得　額				29,793,109	

売上高の概略調査	商品の回転率によるもの（年間在庫高が平均している場合）	平均在庫高（　　　　円）　年平均回転率（　　　%）
	従業員数によるもの（従業員の数により売上高が左右される場合）	1人1か月（又は1日）　平均売上高（　　　　円）
	売場面積によるもの（売場面積により売上高が左右される場合）	1か月平均（　　　㎡）　当たり売上高（　　　　円）
	客数によるもの（1人の料金又は購売額がほぼ同一の場合）	1人1か月（又は1日）　平均客数（　　　人）料金等（　　　円）

販売方法等	販売方法	店　　舗	%	代金決済方法	現　　金	100%	販売先	県　　内	%
		外　　交			売　　掛			地　　方	
		通　　信			月　　賦			輸　　出	
		そ　の　他			そ　の　他			そ　の　他	
得意先の状況	売上に占める地元固定客の割合　（　　%）			営業の季節的変動	売上の多い時期（　　月〜　　月）売上の少ない時期（　　月〜　　月）				

※「所得額の計算」欄の「総売上高」「期末棚卸高」以外の項目の金額は算出したものであり、調査によるものではない。

273

株式第1号－2

（ホテル○○）（本社経費の○○分を含む）

営　業　費　明　細			営業用固定経費明細		
科　目	金額（円）	摘　要	科　目	金額（円）	摘　要
給　料・手　当	30,563,269		公　租　公　課	2,439,076	
荷　造・運　賃			基　本　料　金	163,100	電話基本
消　耗　品　費	955,017		減　価　償　却　費	25,822,110	
水　道　光　熱　費	8,129,364		貸　借　料	584,560	
宣　伝　広　告　費	777,334		法　定　福　利　費	219,627	
通　信　費	1,039,521		宣　伝　広　告　費	0	
接　待　交　際　費	821,727		諸　会　費	163,126	
福　利　厚　生　費	954,704		賞　与	870,260	
修　繕　費	986,159		保　険　料	319,609	
公　租　公　課	5,510,747		顧　問　料	602,725	
			水　道　光　熱　費	9,644	基本料金
			賞与（給与手当勘定）	1,012,730	
そ　の　他	47,875,082		新　聞　図　書　費	13,514	
計	97,612,924	一般管理費	合　　計	32,220,081	

営業用資産	固　定　資　産		流　動　資　産	
	現在価格の総額	売却・取壊し処分・スクラップ価格の総額	現在価格の総額	売却価格の総額
	円	円	円	円

主な取引金融機関	

労働協約等の内容	労働協約　　あり・なし	
	就業規則　　あり・なし	
	雇用契約　　あり・なし	
	そ　　の　　他	

立地条件等	立　地　条　件	○○道路○○インターに近く、業種がら駐車場を必要とする場所である。
	地　域　的　特　性	
	そ　　の　　他	

そ　　の　　他	

第IX章　事　例　集

ホテル○○分販売費及び一般管理費認定表

（平成○年４月１日～平成○年３月31日）（単位：円）

科　目	全社の経費（P/L計上額）	本社の対○○配布分			ホテル○○単独発生分	ホテル○○分販売費及び一般管理費	摘　要
		本社経費又は会社全体経費	○○配布率	○○配布額			
役 員 報 酬	20,400,000	20,400,000	0.321	6,548,400	0	6,548,400	別紙元帳抽出表参照
給 与 手 当	65,187,426	5,664,800	0.321	1,818,400	28,744,869	30,563,269	〃
賞与（給与手当勘定）	2,966,058	1,130,000	0.321	362,730	650,000	1,012,730	〃
賞　　　与	2,485,000	1,060,000	0.321	340,260	530,000	870,260	〃
法 定 福 利 費	478,491	478,491	0.459	219,627	0	219,627	人件費比率
福 利 厚 生 費	2,974,156	2,974,156	0.321	954,704	0	954,704	
旅 費 交 通 費	5,493,807	5,493,807	0.321	1,763,512	0	1,763,512	
通 　信 　費	3,238,385	3,238,385	0.321	1,039,521	0	1,039,521	
交 　際 　費	2,559,900	2,559,900	0.321	821,727	0	821,727	
減 価 償 却 費	50,817,224	16,546,257	0.321	5,311,348	20,510,762	25,822,110	固定的経費明細表参照
賃 　借 　料	3,261,704	193,200	0.321	62,017	522,543	584,560	〃
保 　険 　料	2,888,444	2,888,444	0.321	927,190	0	927,190	
修 　繕 　費	3,072,147	3,072,147	0.321	986,159	0	986,159	
水 道 光 熱 費	25,325,124	25,325,124	0.321	8,129,364	0	8,129,364	
消 耗 品 費	2,975,132	2,975,132	0.321	955,017	0	955,017	
租 税 公 課	17,167,437	17,167,437	0.321	5,510,747	0	5,510,747	
事 務 用 品 費	1,659,009	1,659,009	0.321	532,541	0	532,541	
広 告 宣 伝 費	2,421,603	2,421,603	0.321	777,334	0	777,334	
支 払 手 数 料	640,777	0		0	0	0	
諸 　会 　費	766,218	766,218	0.321	245,955	0	245,955	
新 聞 図 書 費	166,722	166,722	0.321	53,517	0	53,517	
地 代 家 賃	2,617,476	2,617,476	0.321	840,209	0	840,209	
顧 　問 　料	1,877,650	1,877,650	0.321	602,725	0	602,725	
衛 　生 　費	15,039,359	15,039,359	0.321	4,827,634	0	4,827,634	
雑 　　　費	9,420,912	9,420,912	0.321	3,024,112	0	3,024,112	
合 　　　計	245,900,171	145,136,229		46,654,750	50,958,174	97,612,924	

注）１．法定福利費を除く○○配布率は売上総利益比率であり、0.321である。

　　２．法定福利費の○○配布率は人件費比率とした。…｛本社給与手当（賞与を含む。）×0.321＋ホテル○○分給与手当｝÷会社全体給与手当（賞与を含む。）

　　　　＝｛(5,664,800＋1,130,000＋1,060,000)×0.321＋(28,744,869＋650,000＋530,000)｝÷(68,153,494＋2,485,000)｝＝0.459

　　　　なお、上表では法定福利費について本社経費とホテル○○分とが区分できないので一括本社経費として計上した。

　　３．給与手当については、損益計算書（元帳も同じ。）に68,153,494円と計上されているが、これは給与手当65,187,426円と賞与（給与手当勘定）2,966,068円を合算したものである。本表では補償額算定の都合上、分けて計上した。

本社及びホテル○○分給与手当・賞与の元帳からの抽出表

（単位：円）

月　日	給　与　手　当		賞与（給与手当a/c）		賞　　与		摘　要
	本　　社	ホテル○○	本　　　社	ホテル○○	本　　　社	ホテル○○	
4．25	446,400	2,313,394					
5．24	402,000	2,488,122					
6．25	445,500	2,296,089					
7．10					1,060,000	530,000	
7．25	445,950	2,103,249					
8．23	422,100	2,579,759					
9．24	438,300	2,682,567					
10．25	414,000	2,161,541					
11．25	472,200	2,480,290					
12．17			1,130,000	650,000			
12．26	589,100	2,325,885					
1．24	468,200	2,473,719					
2．25	572,050	2,474,755					
3．25	549,000	2,365,499					
計	5,664,800	28,744,869	1,130,000	650,000	1,060,000	530,000	

注）元帳には本社は「事務所」とある。

○○株式会社

貸借対照表

平成○年3月31日現在

資 産 の 部		負 債 の 部	
科　　　目	金　　額	科　　　目	金　　額
	円		円
〔流 動 資 産〕	〔676,310,921〕	〔流 動 負 債〕	〔101,075,574〕
現　　　　　金	5,259,738	買　　掛　　金	65,192,048
預　　　　　金	97,561,703	短 期 借 入 金	4,000,000
売　　掛　　金	235,000,000	未　　払　　金	3,000,000
商　　　　　品	275,173,347	未 払 費 用	15,570,261
原　　材　　料	102,794	前　　受　　金	3,354,110
貯　　蔵　　品	1,250,000	預　　り　　金	5,283,359
短 期 貸 付 金	46,969,734	仮　　受　　金	345,796
仮　　払　　金	3,449,092	未 払 消 費 税	4,330,000
前　払　費　用	2,000,000	〔固 定 負 債〕	〔3,041,889,210〕
未　収　入　金	302,903	長 期 借 入 金	2,981,020,710
未　　収　　金	2,000,000	受 入 保 証 金	38,898,500
前 払 保 険 料	7,241,610	預　り　敷　金	21,970,000
〔固 定 資 産〕	〔2,258,012,139〕	負 債 合 計	3,142,964,784
（有 形 固 定 資 産）	（2,237,386,069）		
建　　　　　物	1,045,224,383	純 資 産 の 部	
建 物 附 属 設 備	403,874,958	〔株 主 資 本〕	〔△208,641,724〕
構　　築　　物	52,994,439	資本金	10,000,000
機 械 装 置	4,397,503	利益剰余金	△218,641,724
車 両 運 搬 具	3,577,903	利益準備金	600,000
工 具 器 具 備 品	67,775,016	繰越利益剰余金	△218,041,724
船　　　　　舶	31,101,441		
土　　　　　地	628,440,426		
（無 形 固 定 資 産）	（627,634）		
電 話 加 入 権	627,634		
（ 投　資　等 ）	（19,998,436）		
投 資 有 価 証 券	5,475,000		
差 入 保 証 金	2,100,000		
保 険 積 立 金	12,423,436	純 資 産 合 計	△208,641,724
資 産 合 計	2,934,323,060	負債・純資産合計	△2,934,323,060

○○株式会社

損益計算書

自　平成○年4月1日
至　平成○年3月31日

科　　　目	金　　　額	
（経常損益の部）	円	円
（営業損益の部）		
〔売　上　高〕		
ド　ラ　ッ　グ　収　入	47,315,642	
不　動　産　売　上	130,504,855	
ホ　テ　ル　収　入	255,442,464	
受　取　家　賃	59,862,997	493,125,958
〔売　上　原　価〕		
期　首　棚　卸　高	158,249,547	
仕　　　　　入　　　　　高	41,097,834	
土　地　仕　入	138,211,084	
ホ　テ　ル　仕　入	19,880,834	
建　物　等　仕　入	13,745,815	
合　　　　　計	371,185,114	
期　末　棚　卸　高	△275,173,347	96,011,767
売　上　総　利　益		397,114,191
〔販売費及び一般管理費〕		245,900,171
営　業　利　益		151,214,020
（営業外損益の部）		
〔営業外収益〕		
受　取　利　息	9,007,852	
受　取　配　当　金	13,280	
雑　　　　　　　　益	26,380,138	
保　証　金　償　却　収　入	1,263,038	
雑　　　収　　　入	44,060,032	80,724,340
〔営業外費用〕		
支　払　利　息　割　引　料	230,482,031	
雑　　　損　　　失	622,360	231,104,391
経　営　利　益		833,969
（特別損益の部）		
〔特　別　利　益〕		
固　定　資　産　売　却　益	2,793,200	
前　期　修　正　益	130,916	2,924,116
〔特　別　損　失〕		
固　定　資　産　売　却　損		1,822,105
税引前当期利益		1,935,980
当　期　利　益		1,935,980

棚卸資産の棚卸方法及び評価基準
　　　◎棚卸方法　実　地　棚　卸
　　　◎評価基準　最終仕入原価法

○○株式会社

販売費及び一般管理費

自　平成○年 4 月 1 日
至　平成○年 3 月31日

科　　目	金　　額	
	円	円
役　　員　　報　　酬	20,400,000	
給　　与　　手　　当	68,153,494	
賞　　　　　　　　与	2,485,000	
法　定　福　利　費	478,491	
福　利　厚　生　費	2,974,156	
旅　費　交　通　費	5,493,807	
通　　信　　費	3,238,385	
交　　際　　費	2,559,900	
減　価　償　却　費	50,817,224	
賃　　借　　料	3,261,704	
保　　険　　料	2,888,444	
修　　繕　　費	3,072,147	
水　道　光　熱　費	25,325,124	
消　　耗　　品　　費	2,975,132	
租　　税　　公　　課	17,167,437	
事　務　用　品　費	1,659,009	
広　告　宣　伝　費	2,421,603	
支　払　手　数　料	640,777	
諸　　会　　費	766,218	
新　聞　図　書　費	166,722	
地　　代　　家　　賃	2,617,476	
顧　　問　　料	1,877,650	
衛　　生　　費	15,039,359	
雑　　　　　　費	9,420,912	
合　　　　計		245,900,171

| | 例－5 | 青色申告による青果業の移転について構外再築工法に認定した場合の営業休止の補償事例 |

1）事例の概要

本事例は一般国道○○号改築工事に必要な用地の取得に伴い建物及び敷地の大部分が支障となったものである。

2）建物等の移転工法の認定と補償方針

営業所敷地面積は108㎡、建物は木造モルタル造り店舗兼住宅である。移転工法の認定にあたっては、敷地の大部分を取得することになるため構外に移転せざるを得ないので構外再築工法とし、営業休止期間については、再築後の建物へ移転を行う際の準備期間及び動産の移転期間として10日間を認定した。

3）補償額の算定

①営業休止補償総括表

営業休止補償金額総括表

補 償 項 目	計 算 式	補償金額	摘 要
休 業 期 間 中 の 所 得 減 補 償 額	$3,330,955 \times \dfrac{10}{365} = 91,259$	円 91,200	
得 意 先 喪 失 に 伴 う 得 失 補 償 額	別添のとおり	円 545,400	
固 定 的 経 費 の 補 償 額	$302,290 \times \dfrac{10}{365} = 8,281$	円 8,200	
休業（人件費）補償額		円 0	
移 転 広 告 費		円 295,400	
そ の 他		円	
補 償 額 合 計		円 940,200	

②所得減の補償

所得の認定は、直近年度の青色確定申告書（P.280参照）損益計算書に基づいて行った。損益計算書から所得額を認定すると次のとおりである。

第Ⅸ章 事 例 集

認定所得額算定表　　　（単位：円）

科　　　目	決　算　書	摘　　要
①　売　　上　　高	17,842,752	青色申告・損益計算書①より
②　売　上　原　価	13,320,779	〃　　　　⑥より
③　売　上　総　利　益	①－②4,521,973	
④　経　　　　　費	1,191,018	〃　　　　㉜より
⑤　利　　　　　益	③－④3,330,955	
⑥　事　業　税　等	0	
⑦　認　定　所　得　額	⑤＋⑥3,330,955	

③得意先喪失の補償

　休業又は店舗の位置を変更することにより、一時的に得意先を喪失することによって生ずる損失額については下記のとおり算定した。

　　１か月当たり売上高×売上減少率×限界利益率＝補償額

　　１か月当たり売上高＝17,842,752（青色申告・損益計算書①より）×$\dfrac{1}{12}$

　　　　　　　　　　　＝1,486,896円

　　売上減少率　　　　＝$\dfrac{145}{100}$（細則別表第８より小売業符号９・構外移転（短期休業）
　　　　　　　　　　　　　　より）

　　限界利益率　　　　＝（固定費＋利益）÷売上高

　　　　　　　　　　　＝（1,191,018＋3,330,955）÷17,842,752

　　　　　　　　　　　　固定費は青色申告・損益計算書の経費の全て

　　　　　　　　　　　　利益は認定所得額

　　　　　　　　　　　＝0.253

　　計算式　　1,486,896×1.45×0.253＝545,467

　　　　　　　　　　　　　　　≒545,400円

④固定的経費の補償

　固定的経費の認定は、青色申告・損益計算書の経費のうち、営業休止期間中も継続的かつ固定的に支出が予想されるものを次のとおり認定した。

固定的経費内訳表　　　（単位：円）

科　　　目	認定金額	摘　　要	付属明細表番号
租　税　公　課	118,240		1
損　害　保　険　料	67,110		2
減　価　償　却　費	99,780		3
地　代　家　賃	17,160		4
計	302,290		

281

表－1　固定的経費付属明細表　　　　　　（単位：円）

内　　　　　　　訳	損益計算書計上額	収益に加算できる額	固定的経費認定額	摘　　要
租　税　公　課				
青　色　申　告　会	18,000	0	18,000	1,500×12
組　　合　　費	42,000	0	42,000	3,500×12
固　定　資　産　税	49,040	0	49,040	
自　動　車　税	8,000	0	8,000	
軽　自　動　車　税	1,200	0	1,200	
印　　紙　　税	6,000	0	0	
そ　の　他	36,000	0	0	
小　　　　　計	160,240		118,240	

　租税公課については、損益計算書と提出を受けた帳簿が一致していないため、事業主から説明を受けたが、明瞭でないので「その他」として整理し認定対象から除外した。

表－2　固定的経費付属明細表　　　　　　（単位：円）

内　　　　　　　訳	損益計算書計上額	収益に加算できる額	固定的経費認定額	摘　　要
損　害　保　険　料				
自　動　車　保　険	30,970	0	30,970	
火　　災　　保　　険	36,140	0	36,140	
小　　　　　計	67,110	0	67,110	

表－3　固定的経費付属明細表　　　　　　（単位：円）

内　　　　　　　訳	損益計算書計上額	収益に加算できる額	固定的経費認定額	摘　　要
減　価　償　却　費				
建　　　　物	67,500	0	67,500	
改　　造　　費	32,280	0	32,280	
小　　　　　計	99,780	0	99,780	

表－4　固定的経費付属明細表　　　　　　（単位：円）

内　　　　　　　訳	損益計算書計上額	収益に加算できる額	固定的経費認定額	摘　　要
地　代　・　家　賃				
青　果　市　場　内　駐　車　場	17,160	0	17,160	1,430×12
小　　　　　計	17,160	0	17,160	

第Ⅸ章　事　例　集

⑤**休業（人件費）補償**

　専従者として妻がいるが、所得額の認定の過程でその分を経費として控除していないので補償しない。

⑥**移転広告費**

　移転広告費、移転通知費及び開店祝費として移転広告費認定計算書（省略）により295,400円を補償する。

283

平成 □□ 年分所得税青色申告決算書 （一般用）

住所	横浜市○○区○○
事業所所在地	同上
業種名	青果業
屋号	○○青果
フリガナ 氏名	○○太郎 ㊞
電話番号	（自宅）012-345-6789 （事業所）012-345-6798
加入団体名	○○青色申告会

税理士等	
事務所所在地	
氏名（名称）	
電話番号	
依頼	

損益計算書 （自 平成 □年 □月 □日 至 □月 □日）

科目		金額（円）
売上（収入）金額（雑収入を含む）	①	17842752
売上原価 期首商品（製品）棚卸高	②	300000
仕入金額（製品製造原価）	③	13320779
小計（②＋③）	④	13350779
期末商品（製品）棚卸高	⑤	300000
差引原価（④－⑤）	⑥	13320779
差引金額（①－⑥）	⑦	4521973
経費 租税公課	⑧	160240
荷造運賃	⑨	
水道光熱費	⑩	244895
旅費交通費	⑪	
通信費	⑫	52883
広告宣伝費	⑬	191132
接待交際費	⑭	129060
損害保険料	⑮	671110
修繕費	⑯	4000

科目		額（円）
消耗品費	⑰	108610
減価償却費	⑱	997780
福利厚生費	⑲	
給料賃金	⑳	
外注工賃	㉑	
利子割引料	㉒	
地代家賃	㉓	17160
貸倒金	㉔	
ガソリン	㉕	181542
車両	㉖	1066606
	㉗	
	㉘	
	㉙	
	㉚	
	㉛	
雑費	㉜	
計	㉝	3330955
差引金額（⑦－㉝）		1191018

科目		金額		額（円）
各種引当金・準備金等 繰戻額等 貸倒引当金	㉞			
	㉟			
	㊱			
計	㊲			
繰入額等 専従者給与	㊳			1360000
貸倒引当金	㊴			
	㊵			
計	㊶			1360000
青色申告特別控除前の所得金額（㊳＋㊱－㊴）	㊸			1970955
青色申告特別控除額	㊹			100000
所得金額（㊸－㊹）	㊺			1870955

● 青色申告特別控除については、「決算の手引き」の「青色申告特別控除」の項を読んでください。

控用 ○申告には必ず 提出用 を使ってください。

平成 □□ 年分

控 用

氏名（フリガナ）

○月別売上（収入）金額及び仕入金額

月	売上（収入）金額	仕入金額
1	1,316,530	1,004,988
2	1,325,290	996,542
3	1,437,070	1,081,087
4	1,429,475	1,089,432
5	1,473,375	1,131,280
6	1,305,190	981,330
7	1,364,010	1,026,153
8	1,448,160	1,089,107
9	1,444,105	1,090,053
10	1,696,210	1,304,881
11	1,666,640	1,107,730
12	1,840,210	1,415,196
家事消費等	720000	
雑収入	224487	
計	17842752	13320779

○貸倒引当金繰入額の計算（この計算に当たっては、「決算の手引き」の「貸倒引当金」の項を読んでください。）

個別評価による本年分繰入額（個別評価による繰入れに関する明細書の金額の合計額を書いてください。）	①	
一括評価による本年分繰入額：年末における一括評価による貸倒引当金の繰入れの対象となる貸金の合計額	②	
本年分繰入限度額（②×5.5% 金融業は3.3%）	③	
本年分繰入額	④	
本年分の貸倒引当金繰入額（①＋④）	⑤	

○給料賃金の内訳

氏名	年齢	従事月数	給料賃金	賞与	合計額	所得税及び復興特別所得税の源泉徴収税額
	歳	月				
その他（　人分）						
計		延べ従事月数				

○専従者給与の内訳

氏名	続柄	年齢	従事月数	給料	賞与	合計額	所得税及び復興特別所得税の源泉徴収税額
○○梅子	妻	32歳	12	960,000	400,000	1,360,000	9,000
計			延べ従事月数			1,360,000	

○青色申告特別控除額の計算（この計算に当たっては、「決算の手引き」の「青色申告特別控除」の項を読んでください。）

		金額
本年分の不動産所得の金額（青色申告特別控除前の金額）	⑥	
青色申告特別控除前の所得金額（1ページの「損益計算書」の⑭欄の金額を書いてください。）	⑦	1,970,955
65万円の青色申告特別控除を受ける場合	不動産所得から差し引かれる（65万円－⑧のいずれか少ない方の金額）青色申告特別控除額です。	⑧
	青色申告特別控除額（⑦と⑧のいずれか少ない方の金額）	⑨ |（赤字のときは0）
上記以外の場合	不動産所得から差し引かれる（10万円－⑧のいずれか少ない方の金額）青色申告特別控除額です。	⑧
	青色申告特別控除額（⑦と⑨のいずれか少ない方の金額）	⑨	100,000

（注）貸倒引当金、専従者給与などの明細は、3ページの別欄（特別）（債権以外の特典を利用する人は、適宜の用紙）に記載し、この決算書に添付してください。

○この用紙は 控 用 です。申告には、必ず 提出用 を使ってください。

○減価償却費の計算

減価償却資産の名称等（繰延資産を含む）	面積又は数量	取得年月	㋑取得価額（償却保証額）	㋺償却の基礎になる金額	償却方法	耐用年数	㋩償却率又は改定償却率	㋥本年中の償却期間	㋭本年分の普通償却費（㋺×㋩×㋥）	㋬割増（特別）償却費	㋣本年分の償却費合計（㋭+㋬）	㋠事業専用割合	㋷本年分の必要経費算入額（㋣×㋠）	㋦未償却残高（期末残高）	摘要
店舗		年 月 61·8	円 1,500,000 (1,350,000円)	1,350,000	定額	年 20	0.0500	12/12	円 67,500	円	67,500	% 100	円 67,500	円 521,250	
改造費		61·8	538,000	484,200	〃	15	0.0666	12/12	32,280		32,280	100	32,280	69,910	
		·	( )					/12							
		·	( )					/12							
		·	( )					/12							
		·	( )					/12							
		·	( )					/12							
		·	( )					/12							
		·	( )					/12							
計													99,780		

（注）平成19年4月1日以後に取得した減価償却資産について定率法を採用する場合にのみ㋑欄のカッコ内に償却保証額を記入します。

○利子割引料の内訳（金融機関を除く）

支払先の住所・氏名	期末現在の借入金等の金額	本年中の利子割引料	左のうち必要経費算入額
	円	円	円

○税理士・弁護士等の報酬・料金の内訳

支払先の住所・氏名	本年中の報酬等の金額	左のうち必要経費算入額	所得税及び復興特別所得税の源泉徴収税額
	円	円	円

○地代家賃の内訳

支払先の住所・氏名	賃借物件	本年中の賃借料・権利金等	左の賃借料のうち必要経費算入額
	権利金 賃	円	円
	権利金 賃		

○本年中における特殊事情

第Ⅸ章　事例集

| 例－6 | 借家人で白色申告による飲食業の移転の場合の営業休止の補償事例 |

1）事例の概要及び補償方針

　本事例は、新橋の架替工事に伴う河川両岸の現道を拡幅するため用地取得を行った際に、構外再築工法を認定した建物の借家人（スナック経営）に対し、賃貸借を継続することが困難であるとして借家人補償を行い、移転する際の準備期間及び動産の移転期間として7日間の営業休止期間を認定した。

2）補償額の算定

①営業休止補償総括表

営業休止補償金額総括表

補　償　項　目	計　算　式	補償金額	摘　　要
休業期間中の所得減補償額	$647,646 \times \dfrac{7}{365} = 12,420$	円 12,400	
得意先喪失に伴う損失補償額	別添のとおり	円 95,100	
固定的経費の補　　償　　額	$670,800 \times \dfrac{7}{365} = 12,864$	円 12,800	
休業（人件費）補　　償　　額		円 0	
移　転　広　告　費		円 242,100	
そ　　　の　　　他		円	
補　償　額　合　計		円 362,400	

②所得減の補償

　所得の認定は、過去3か年の所得税の確定申告書（一般用）の提出を求め、検討の結果、直近年度のものを採用し補償額を算定した。

　年間所得金額＝647,646円　所得税の確定申告書（一面）・所得金額⑨欄より（P.289参照）

　なお、事業主の外に生計を一にする親族（15歳以上の者）が事業に従事している場合は、経費として事業専従者控除が認められている。専従者控除額は所得金額に加算することとなるが、本件の場合は、事業専従者がいないため考慮外である。

287

③得意先喪失の補償

休業又は店舗の位置を変更することにより、一時的に得意先を喪失することによって生ずる損失額については下記のとおり算定した。

1か月当たり売上高×売上減少率×限界利益率＝補償額

$$1か月当たり売上高 = 2,001,990 × （白色申告・収支内訳書より） × \frac{1}{12}$$

$$= 166,832円$$

$$売上減少率 = \frac{80}{100}（細則別表第8より飲食店業符号13・構外移転（短期休業）より）$$

限界利益率 ＝（固定費＋利益）÷売上高

＝（779,399＋647,646）÷2,001,990

固定費は、白色申告・収支内訳書の経費より水道光熱費を除く。

利益は認定所得額

＝0.713

計算式　166,832×0.8×0.713＝95,160

≒95,100円

④固定的経費の補償

固定的経費の認定は、白色申告・収支内訳書の経費及び事業主が記録を行った簡易な帳簿等により次のとおり認定した。

固定的経費内訳表　　　　　　　　　　　　　　　　　　　　（単位：円）

科　　目	認 定 金 額	摘　　要	付属明細表番号
地 代 家 賃	600,000		省略
通 信 費	36,000	電話基本料金	〃
雑 費	34,800	組合費	〃
計	670,800		

⑤移転広告費

移転広告費、移転通知費及び開店祝費として移転広告費認定計算書（省略）により242,100円を補償する。

第Ⅸ章 事 例 集

税務署長	平成 ☐☐ 年分の 所得税及び復興特別所得税 の 確定 申告書B		第一表 ○この用紙は控用です。

住所 又は事業所事務所居所など　〒☐☐☐-☐☐☐☐　○○市△△町

平成1月1日の住所　同上

個人番号　※ 個人番号は複写されません

フリガナ

氏名　○○　△△　㊞

性別　男・女　職業　飲食業　屋号・雅号　△△△　世帯主の氏名　○○　世帯主との続柄　妻

生年月日　3・45・09・05　電話番号　自宅・勤務先・携帯　987-654-3210

（単位は円）　種類　青色 分離 国出 損失 修正　特農の表示　特農　整理番号

収入金額等	事 営 業 等	㋐	2001990
	業 農 業	㋑	
	不 動 産	㋒	
	利 子	㋓	
	配 当	㋔	
	給 与	㋕	
	雑 公的年金等	㋖	
	その他	㋗	
	総合譲渡 短 期	㋘	
	長 期	㋙	
	一 時	㋚	

所得金額	事 営 業 等	①	647646
	業 農 業	②	
	不 動 産	③	
	利 子	④	
	配 当	⑤	
	給与 区分	⑥	
	雑	⑦	
	総合譲渡・一時 ㋚＋｛(㋘＋㋙)×½｝	⑧	
	合 計	⑨	647646

所得から差し引かれる金額	雑 損 控 除	⑩	
	医療費控除 区分	⑪	
	社会保険料控除	⑫	21210
	小規模企業共済等掛金控除	⑬	
	生命保険料控除	⑭	
	地震保険料控除	⑮	
	寄附金控除	⑯	
	寡婦、寡夫控除	⑱	0000
	勤労学生、障害者控除	⑲～⑳	0000
	配偶者(特別)控除 区分	㉑～㉒	0000
	扶 養 控 除	㉓	0000
	基 礎 控 除	㉔	380000
	合 計	㉕	401210

税金の計算	課税される所得金額 (⑨-㉕) 又は第三表	㉖	246000
	上の㉖に対する税額 又は第三表の㊱	㉗	24600
	配 当 控 除	㉘	
	区分	㉙	
	(特定増改築等) 住宅借入金等特別控除 区分	㉚	24600
	政党等寄附金等特別控除	㉛～㉝	
	住宅耐震改修特別控除・認定住宅新築等特別税額控除 区分	㉞～㉟	24600
	差 引 所 得 税 額 (㉗-㉘-㉙-㉚-㉛-㉜-㉝-㉞-㉟)	㊳	4920
	災 害 減 免 額	㊴	
	再差引所得税額 (基準所得税額) (㊳-㊴)	㊵	
	復興特別所得税額 (㊵×2.1%)	㊶	
	所得税及び復興特別所得税の額 (㊵＋㊶)	㊷	
	外国税額控除 区分	㊸	
	所得税及び復興特別所得税の源泉徴収税額	㊹	19600
	所得税及び復興特別所得税の申告納税額 (㊷-㊸-㊹)	㊺	
	所得税及び復興特別所得税の予定納税額 (第1期分・第2期分)	㊻	
	所得税及び復興特別所得税の第3期分の税額 (㊺-㊻) 納める税金	㊼	19600
	還付される税金	㊽	△

その他	配偶者の合計所得金額	㊾	
	専従者給与(控除)額の合計額	㊿	
	青色申告特別控除額	⑤	
	雑所得・一時所得等の所得税及び復興特別所得税の源泉徴収税額の合計額	⑤	
	未納付の所得税及び復興特別所得税の源泉徴収税額	⑤	
	本年分で差し引く繰越損失額	⑤	
	平均課税対象金額	⑤	
	変動・臨時所得金額 区分	⑤	

延納の届出	申告期限までに納付する金額	⑤	00
	延 納 届 出 額	⑤	000

還付される税金の受取場所　銀行・金庫・組合・農協・漁協　本店・支店 出張所 本所・支所

郵便局名等

預金種類　普通 当座 納税準備 貯蓄

口座番号 記号番号

税理士署名押印　㊞
電話番号

税理士法第30条の書面提出有 ○
税理士法第33条の2の書面提出有 ○

○ 収受事実を確認されたい方は、収受日付印を押なつしますので、申告書提出時に請求してください（内容を証明するものではありません。）。
※ 所得金額の証明が必要な方は、納税証明書をご利用ください。
○ この申告書を提出される方は、住民税・事業税の申告書を提出する必要がありません。

←復興特別所得税額の記入をお忘れなく。

289

平成 ◻◻ 年分の 所得税及び復興特別所得税 の確定申告書B

整理番号 ◻◻◻◻◻◻◻

第二表 ○この用紙は控用です。

控

住　所	○○市△△町
屋　号	△△△
フリガナ	○○　　△△
氏　名	

○ 所得の内訳（所得税及び復興特別所得税の源泉徴収税額）

所得の種類	種目・所得の生ずる場所又は給与などの支払者の氏名・名称	収入金額	所得税及び復興特別所得税の源泉徴収税額
		円	円
㊹ 所得税及び復興特別所得税の源泉徴収税額の合計額			円

○ 雑所得（公的年金等以外）、総合課税の配当所得・譲渡所得、一時所得に関する事項

所得の種類	種目・所得の生ずる場所	収入金額	必要経費等	差引金額
		円	円	円

○ 特例適用条文等

○ 事業専従者に関する事項

事業専従者の氏名	個人番号	続柄	生年月日	従事月数・程度・仕事の内容	専従者給与(控除)額
	※ 個人番号は複写されません		明・大 昭・平　・　・		円
	※ 個人番号は複写されません		明・大 昭・平　・　・		
				㊿ 専従者給与(控除)額の合計額	円

○ 住民税・事業税に関する事項

住民税		氏　名	個人番号	続柄	生年月日	別居の場合の住所	給与・公的年金等に係る所得以外（平成31年4月1日において65歳未満の方は給与所得及び公的年金等に係る所得以外）の所得に係る住民税の徴収方法の選択	○給与から差し引き
	同一生計配偶者		※ 個人番号は複写されません		・　・			○自分で納付
	16歳未満の扶養親族		※ 個人番号は複写されません		平　・　・		寄附金税額控除 都道府県、市区町村分	円
			※ 個人番号は複写されません		平　・　・		住所地の共同募金会、日赤支部分	
			※ 個人番号は複写されません		平　・　・		条例指定分 都道府県 市区町村	
	配当に関する住民税の特例	円	非居住者の特例	円	配当割額控除額	円	株式等譲渡所得割額控除額	円

事業税	非課税所得など	番号	所得金額	円	損益通算の特例適用前の不動産所得	円	前年中の開（廃）業	開始・廃止　月　日
	不動産所得から差し引いた青色申告特別控除額				事業用資産の譲渡損失など		他都道府県の事務所等	

別居の控除対象配偶者・控除対象扶養親族・事業専従者の氏名・住所	氏名		住所		所得税で控除対象配偶者などとした専従者	氏名		給与	円

○ 所得から差し引かれる金額に関する事項

⑩ 雑損控除	損害の原因	損害年月日	損害を受けた資産の種類など
	・　・		
	損害金額　円	保険金などで補填される金額　円	差引損失額のうち災害関連支出の金額　円

⑪ 医療費控除	支払医療費等		保険金などで補填される金額　円

⑫ 社会保険料控除	社会保険の種類	支払保険料	⑬ 小規模企業共済等掛金控除	掛金の種類	支払掛金
	国民健康保険	21,210 円			円
	合　計	21,210		合　計	

⑭ 生命保険料控除	新生命保険料の計 円	旧生命保険料の計 円
	新個人年金保険料の計	旧個人年金保険料の計
	介護医療保険料の計	

⑮ 地震保険料控除	地震保険料の計	旧長期損害保険料の計

⑯ 寄附金控除	寄附先の所在地・名称	寄附金 円

⑱～⑲ 本人に関する事項

☐ 寡婦（寡夫）控除　　　　　☐ 勤労学生控除
☐ 死別　☐ 生死不明　　　（学校名　　　　　　　）
☐ 離婚　☐ 未帰還

⑳	氏　名

㉑～㉒ 配偶者特別控除	配偶者の氏名	生年月日	☐ 配偶者控除
		明・大 昭・平　・　・	☐ 配偶者特別控除
	個人番号　※ 個人番号は複写されません		国外居住

㉓ 扶養控除	控除対象扶養親族の氏名	続柄	生年月日	控除額
			明・大 昭・平　・　・	万円
	個人番号　※ 個人番号は複写されません			国外居住
			明・大 昭・平　・　・	万円
	個人番号　※ 個人番号は複写されません			国外居住
			明・大 昭・平　・　・	万円
	個人番号　※ 個人番号は複写されません			国外居住
			明・大 昭・平　・　・	万円
	個人番号　※ 個人番号は複写されません			国外居住
			㉓ 扶養控除額の合計	万円

290

平成　　年分収支内訳書（一般用）

（あなたの本年分の事業所得の金額の計算内容をこの表に記載して確定申告書に添付してください。）

住所	○○市　△△町
事業所所在地	
業種名	
屋号	△△△

フリガナ　氏名　㊞
電話番号　（自宅）987-654-3210　（事業所）987-654-0123
加入団体名

記帳と帳簿書類の保存義務について

事業所得、不動産所得又は山林所得を生ずべき業務を行う方は、平成26年1月から、記帳と帳簿書類の保存が必要となりました。

○帳簿を備え付けて、収入金額や必要経費について、取引の年月日や金額を記帳しなければなりません。

○帳簿や請求書・領収書などの書類を整理して保存しなければなりません。

控用

○申告には、必ず提出用を使ってください。

平成　　年　　月　　日（自　　月　　日　至　　月　　日）

科目		金額（円）
収入金額	売上（収入）金額 ①	1951990
	家事消費 ②	500000
	その他の収入 ③	
	計（①＋②＋③） ④	2001990
売上原価	期首商品（製品）棚卸高 ⑤	
	仕入金額（製品原価）⑥	489411
	小計（⑤＋⑥）⑦	
	期末商品（製品）棚卸高 ⑧	
	差引原価（⑦−⑧）⑨	
	差引金額（④−⑨）⑩	1512579
経費	給料賃金 ⑪	
	外注工賃 ⑫	
	減価償却費 ⑬	
	貸倒金 ⑭	
	地代家賃 ⑮	600000
	利子割引料 ⑯	
	その他の経費　租税公課 ⑰	
	荷造運賃 ⑱	
	水道光熱費 ⑲	855534

科目		金額（円）
その他の経費	旅費交通費 ⊘	70347
	通信費 ⊖	
	広告宣伝費 ⊙	
	接待交際費 ⊕	
	損害保険料 ⊖	
	修繕費 ⊕	
	消耗品費 ⊘	
	福利厚生費 ⊘	
	ガソリン代 ⊘	113911
	テープ代 ⊘	23500
	雑費 ⊘	
	小計（⊘～の計）	74161
	経費計（⑪～㉑までの計） ⑱	264933
	差引金額 ⑲	864933
	専従者控除前の所得金額（⑩−⑱）㉑	647646
	専従者控除 ㉒	
	所得金額（㉑−㉒）㉓	647646

○給料賃金の内訳

氏名	年齢	従事月数	給料賃金	賞与	合計	所得税及び復興特別所得税の源泉徴収税額
	歳	月	円	円	円	円
	歳					
	歳					
その他（　人分）						
計	延べ従事月数					

○税理士・弁護士等の報酬・料金の内訳

支払先の住所・氏名	本年中の報酬等の金額	左のうち必要経費算入額	所得税及び復興特別所得税の源泉徴収税額
	円	円	円

○事業専従者の氏名等

氏名	続柄	年齢	従事月数
		歳	月
		歳	
		歳	
	延べ従事月数		

事務所所在地
氏名（名称）
電話番号
依頼税理士等

所得税及び復興特別所得税の源泉徴収税額　計

Ⅸ-2　営業廃止の補償事例

例-7　モーテルの営業廃止の補償事例

1) 事例の概要

本事例は、築堤工事に必要な用地取得によって支障となる㈲○○商事所有のモーテルの営業廃止の事例である。

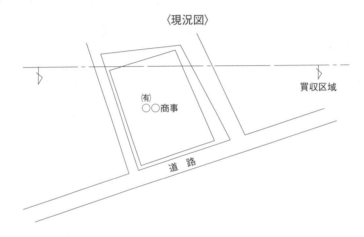

〈現況図〉

㈲○○商事は、平成○年本店所在地において、当初㈲○○ブロイラーとして食鶏の解体及び販売を目的として設立された。

その後、平成○年に当該物件を取得すると共に、社名及び営業目的を変更（旅館業部門を増設）し現在は当該モーテルと賃貸ビルの営業を行っている。

モーテル「○○○」の業績は、市街地に近く、○○川に面した好立地条件から、比較的安定した収益を得ている。

（単位：円）

年　度	総売上高	伸率%	備　考
○○年	54,654,510	100	
○○年	56,003,227	102.5	
○○年	68,387,873	125.1	（貸ビル分を含む）

2) 移転工法

当該営業者が当該土地において行っている営業は、風俗営業等の規制及び業務の適正

第IX章　事　例　集

化等に関する法律（第2条第6項第4号該当）に基づき○○県がその施行に関し必要な事項を定めた、同法施行条例で厳しく規制されている。特に平成○年9月20日以降、既に営業している場所以外に同様な営業は不可能となった。

　したがって、当該営業所の移転先地はないと認められることから、用対連基準第43条に規定する営業廃止補償を行うものである（細則第26第1項第1号該当）。

3）補償方針

　前述したように、用対連基準第43条に規定する営業廃止の補償を次のとおり行うものとする。

①　第1項第1号に規定する営業権の補償は、取引の慣習はなく超過利潤が認められないので補償しない。

②　第1項第2号に規定する売却損その他損失の補償は、以下のとおり補償する。

③　第1項第3号に規定する解雇予告手当相当額等の補償は、事業主は1か月以上前から解雇の予告が可能であること。従業員が臨時雇用であること等により補償しない。

④　第1項第4号に規定する従前の収益相当額の補償は、以下のとおり補償する。

⑤　第2項に規定する離職者補償は、以下のとおり補償する。

4）補償額の算定

①営業廃止補償総括表

（単位：円）

移転物件の所在地	○○市○○町	
営　業　の　種　類	モーテル「○○○」	
営　業　者　名	○○市○○○○○番地　㈲○○商事	
補償項目	建　物　等　売　却　損　補　償　額	163,133,900
	建　物　売　却　損　補　償　額	125,663,300
	機　械　設　備　売　却　損　補　償　額	11,847,200
	工　作　物　売　却　損　補　償　額	23,408,900
	動　産　売　却　損　補　償　額	2,173,160
	その他資本に対する通損補償額	41,340
	従前の収益相当補償額	22,679,100
	離職者補償額	3,702,200
	計	189,515,200

②建物等の売却損の補償

（1）　建物売却損の補償

　　当該建物の中古の市場は存在しないため売却不可能と判断し建物本体と電気設

293

備、給排水衛生設備、及び冷暖房設備にそれぞれ区分し次式により算定した額を補償額とすることとした。

補償額 = $A \times (0.2 + 0.8 \times \dfrac{N - n}{N}) + K - H$

  A = 推定再建築工事費（設計監理料を含む）

  N = 耐　用　年　数

  n = 経　過　年　数

  K = 解体撤去工事費

  H = 発　　生　　材

耐用年数の出典

  建　物　本　体　　公共用地の取得に伴う損失補償基準細則別表第2（非木造建築物等の現価率表）

        鉄筋コンクリート　80年（資料は省略）

  電　気　設　備　　減価償却資産の耐用年数等　火報設備　8年

        に関する省令第1条、別表　その　他　15年

        第1　（資料は省略）

  給排水衛生設備　同　上　15年

  冷　暖　房　設　備　同　上　13年

(2)　機械設備売却損の補償

  建物に準じ算定した。再調達価格及び発生材価格は専門業者の見積りによる価格とし、解体撤去工事は、NTTの電話回線撤去工事のみとし、それ以外は建物解体と同時に処理可能と認定し、補償しなかった。

  耐用年数の出典

  減価償却資産の耐用年数等に関する省令第1条、別表第1（資料は省略）

(3)　工作物売却損の補償

  建物に準じ算定した。

  ただし、算式中「H」は「K」の額算出中に含めるものとする。

  耐用年数の出典

  減価償却資産の耐用年数等に関する省令第1条、別表第1（資料は省略）

(4)　流動資産の売却損の補償

  机、応接セット等の流動資産については、専門業者への売却が可能なものと不可能なものとに区分し次式により、算定した額を補償することとした。

 a）下取業者への売却が可能な動産の場合

  補償額 = $A \times (0.2 + 0.8 \times \dfrac{N - n}{N}) - C$

 b）下取業者への売却が不可能な動産の場合

$$補償額 = A \times \left(0.2 + 0.8 \times \frac{N - n}{N}\right)$$

$A = 再調達価格（専門業者の見積価格）$

$C = 下\,取\,価\,格（専門業者の見積価格）$

$N = 耐\,用\,年\,数$

$n = 経\,過\,年\,数$

耐用年数の出典

減価償却資産の耐用年数等に関する省令第1条、別表第1

　なお、売却不可の動産の運搬及び処分に要する費用は、建物解体の際同時運搬処分が可能と認定し、補償しなかった。

　また、仕入消耗品（ジュース、石けん、シャンプー、ティッシュ、スキン）は、閉店に向け企業努力で減らすことは可能と判断し、補償対象としなかった（資料省略）。

③その他資本に関して通常生ずる損失補償

（1）　法令上の手続きに要する費用

　a　建物登記抹消費用

　b　上記手続きに要する交通費及び日当

（2）　その他契約に要する費用

　　解体撤去請負契約に伴う印紙代

④転業に通常必要とする期間中の従前の収益相当額

　転業に通常必要とする期間中の従前の収益相当額補償を算定するにあたり、過去3か年の決算書を徴したところ次のとおりとなった。

（単位：円）

年　　　度	売上高	営業利益	備考（利益率）
○○年	54,654,510	11,699,592	21.4%
○○年	56,003,227	10,564,809	18.9%
○○年	68,387,873	19,721,574	28.8%

　平成○年9月から平成○年4月までの貸しビルの分が含まれているためであり、この分を除く必要がある。

　そこで決算書から分離が可能なものをできるだけ拾い出し、振り分けが困難なものは売上高比率より按分し、振り分けて収益額を認定した。

　その結果次のとおりとなり、平成○年度の利益率がその前年度及び前々年度の利益率とほぼ近似の結果を得た。

（単位：円）

年　　度	総売上高	営業利益	備考（利益率）
平成○年	56,027,873	13,979,844	25.0%

　　上記を基に収益額を認定し、かつ転業に要する期間を２年と認定して補償することとした。

⑤離職者補償

(1)　離職者補償対象の認定

　　㈲○○商事から得た資料（賃金台帳及び聞き込み調査資料）を基に従業員の勤務状況を調査したところ、正規従業員１名の外はパート従業員であった。

　　そこで補償対象の認定にあたっては正規従業員１名及びパート従業員のうち、12か月以上連続して勤務している下記の者を補償対象とした。

　　A（61歳）　　　B（50歳）　　　C（26歳）　　　D（52歳）

　　E（35歳）　　　F（44歳）

(2)　離職者補償額の認定

　　離職者補償は次式により算定した額とした。

　　　過去６か月の平均日額賃金×$\frac{80}{100}$×日数

　　日数は、従業員の年齢により１年を限度に雇用保険の給付を受ける際の給付日数を参考として、次のとおり認定した。

　　A　240日　　　B　180日　　　C　90日　　　D　180日

　　E　150日　　　F　150日

所定給付日数区分表
（雇用保険法第22条及び第23条）

離職した日の満年齢など ＼ 被保険者であった期間		1年未満	1年以上5年未満	5年以上10年未満	10年以上20年未満	20年以上
30歳未満			90日	120日	180日	－
30歳以上35歳未満			120日	180日	210日	240日
35歳以上45歳未満		90日	150日		240日	270日
45歳以上60歳未満			180日	240日	270日	330日
60歳以上65歳未満			150日	180日	210日	240日
心身障害者等就職困難な者	45歳未満	150日	300日			
	45歳以上65歳未満		360日			

第Ⅹ章
営業補償と消費税等

第Ⅹ章　営業補償と消費税等

Ⅹ－1　消費税制の変遷とその性格

　消費税制は、平成元年4月1日から導入され、その計算は、原則として「課税売上げ等に係る消費税額－課税仕入れ等に係る消費税額」となっています。そして、平成9年4月1日からは、消費税の税率（3％→4％）等の改正及び地方消費税（1％）が創設され、合わせて5％の税率とされました。また、その後、平成16年4月1日から納税義務が免除となる事業者の基準期間における課税売上高が3,000万円以下から1,000万円以下に引き下げられるとともに、仕入控除額を課税売上高に対する税額の一定割合にできる簡易課税制度の適用となる事業者の年間売上高が2億円以下から5,000万円以下に引き下げられています。

　さらに、課税仕入れ等に係る消費税の全額を控除できることとされ、仕入税額控除制度における「95％ルール」の適用要件の見直しにより、平成24年4月1日から課税売上割合が95％以上かつ課税売上高が5億円以下の場合のみ、平成25年1月1日からは、特定期間に対応する6か月間の課税売上高等が1,000万円を超える事業者は課税事業者となる納税義務免除の見直し、また、平成24年度（平成28年度に施行時期変更）の税制改正によって平成26年4月1日から消費税6.3％、地方消費税1.7％となり合計8.0％へ、令和元年10月1日からは消費税7.8％、地方消費税2.2％の合計10.0％とすることとなりました。

　なお、令和元年10月1日からの税率引き上げに伴う低所得者への配慮の観点から「酒類・外食を除く飲食料品」及び「週2回以上発行される新聞（定期購読契約に基づくもの）」を対象に軽減税率制度も同時に実施されています。

　さらに、令和5年10月1日から、かかる複数税率に対応した仕入税額控除の方式として、「適格請求書等保存方式」（インボイス制度）が開始されます。

　このように段階的に税率が引き上げられる等、制度の改正がなされている消費税の性格は次のとおりです。

①　消費税は、消費一般に広く、公平に、薄く負担を求めるとする観点（この点で特定の物品やサービスに課する個別消費税とは異なる。）から、金融取引、資本取引、医療、福祉及び教育等の一部を除く、ほぼ全ての国内における商品の販売、サービスの提供等の国内取引や保税地域から引き取られる外国貨物の輸入取引を課税対象とする間接税です。

②　消費税は、事業者の販売する財貨やサービスの価格に上乗せされ、販売等の過程で次々と転嫁され、最終的には事業者ではなく消費者に負担を求める税です。

　そのため、生産、流通の各段階で二重、三重に重複して税が課されることが生じないよう売上げに係る消費税額から仕入れに係る消費税額を控除する、税が累積しない次頁の図のような仕組み（仕入税額控除）が採られています。

299

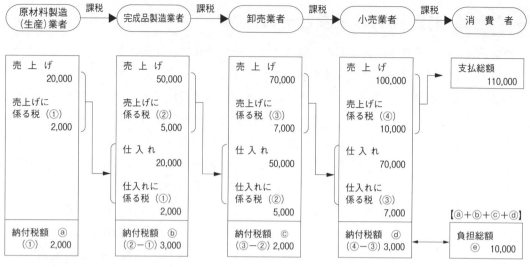

(注) 消費税と地方消費税を合わせた税率（10％）で計算している（以下同じ）。

図1

> **参　考**
>
> 　課税売上高とは、不課税取引・非課税取引となる売上以外の売上で、免税取引（輸出免税）となる売上高を含みます。
> 　具体例は以下の通りです。
>
> 不課税売上
> ・海外で行った公演の売上・配当金の受取・保険金の受取
> ・損害賠償金の受取・寄付金、お祝金、香典等の受取
> ・税金の還付金・補助金、助成金の受取債務免除益
> ・敷金、保証金の受取（返却分）・借入金の入金
>
> 非課税売上
> ・土地の売却・物品切手（商品券、プリペイドカード等）の売上
> ・有価証券の売却・利息の受取・診療報酬（社会保険分）
> ・居住用家屋の賃貸料・礼金・更新料収入（賃貸期間1ヶ月以上）
>
> 免税売上
> ・日本から海外への輸出売上・輸出物品販売場での売上
> ・海外の居住者・法人へのサービス提供（国内での飲食・宿泊等を除く）
>
> 課税取引
> ・国内での卸売・小売販売・国内でのサービス提供、飲食業
> ・国内での建設・製造業・診療報酬（自由診療分）
> ・事務所・倉庫等の賃貸料・礼金・更新料収入

第Ⅹ章　営業補償と消費税等

・駐車場（青空駐車場を除く）の賃貸料収入
・賃貸期間1ヶ月未満の居住用家屋賃貸料収入
・賃貸期間1ヶ月未満の土地賃貸料収入
・車両、備品等の売却収入（下取り含む）

Ⅹ－2　消費税の基本的仕組み

1）課税対象の取引

消費税の課税の対象とする取引は、次のとおりです。

①国内取引

国内において事業者が事業として対価を得て行った資産の譲渡、資産の貸付け及び役務の提供（注）

②輸入取引

保税地域（税関の輸入許可が下りていない状態で置かれている場所）から引き取られた外国貨物

（注）国境を越えた役務の提供に係る消費税の課税関係について、以下の見直しが行われております。

　イ）電子書籍・音楽・広告の配信等の電気通信回線（インターネット等）を介して行われる役務の提供を、消費税法上「電気通信利用役務の提供」と位置付け、その役務の提供が消費税の課税対象となる国内取引に該当するか否かの判定基準（内外判定基準）は、『役務の提供を行う者の事務所等の所在地』ではなく、『役務の提供を受ける者の住所等』とされました（よって、国内に住所等を有する者に提供する「電気通信利用役務の提供」は、国内、国外いずれから提供を行っても国内取引となります）。国外事業者が行う「電気通信利用役務の提供」については、「事業者向け電気通信利用役務の提供」とそれ以外のものとに区分され、消費税法においては、課税資産の譲渡等を行った事業者が、当該課税資産の譲渡等に係る申告納税を行いますが、前者「事業者向け電気通信利用役務の提供」の課税方式については、国外事業者から当該役務の提供を受けた国内事業者に「特定課税仕入れ」として申告納税義務を課す「リバースチャージ方式」が導入されました。

　ロ）このほか、国外事業者が行う、映画若しくは演劇の俳優、音楽家その他の芸能人又は職業運動家の役務の提供を主たる内容とする事業として行う役務の提供のうち、国外事業者が他の事業者に対して行うもの（その国外事業者が不特定かつ多数の者に対して行う役務の提供を除きます。）を消費税法上「特定役務の提供」と位置付け、これについても、上記「事業者向け電気通信利用役務の提供」と同様、国外事業者から国内

301

において当該役務の提供を受けた事業者が「特定課税仕入れ」として「リバースチャージ方式」により申告納税を行うこととなりました。

ハ）上記イ）は、平成27年10月１日以降、上記ロ）は平成28年４月１日以降に行われる課税資産の譲渡等及び課税仕入れから適用が開始されておりますが、「リバースチャージ方式」に関する経過措置として、当分の間は、当該課税期間について一般課税で申告する場合で、課税売上割合が95％未満である事業者のみに適用されます（令和元年10月現在）。

＊詳細は国税庁HPをご確認ください。

2）非課税取引・免税取引

①税の性格から課税の対象とすることになじまないもの

(1) 土地の譲渡、貸付けなど

(2) 社債、株式等の譲渡、支払手段の譲渡など

(3) 利子、保証料、保険料など

(4) 郵便切手、印紙などの譲渡

(5) 商品券、プリペイドカードなどの譲渡

(6) 住民票、戸籍抄本等の行政手数料など

(7) 国際郵便為替、外国為替など

②社会政策的な配慮に基づくもの

(1) 社会保険医療など

(2) 社会福祉事業など

(3) お産費用など

(4) 埋葬料、火葬料

(5) 身体障害者用物品の譲渡、貸付けなど

(6) 一定の学校の授業料、入学金、入学検定料、施設設備費など

(7) 教科用図書の譲渡

(8) 住宅の貸付け

③次の取引を行う場合、消費税は免除

(1) 課税事業者が輸出取引や国際通信、国際運輸等の輸出類似取引を行う場合

(2) 税務署長の許可を受けて輸出物品販売場を経営する事業者が、外国人旅行者などの非居住者に対して、一定の方法により商品を販売する場合

第Ⅹ章　営業補償と消費税等

3）納税義務者と納税義務の免除

①消費税の納税義務者

(1)　国内取引

　　課税の対象となる取引（課税資産の譲渡等及び特定課税仕入れ（※前記1）（注）参照）を行う個人事業者及び法人

　　国、地方公共団体、消費税法別表第三に掲げる法人、人格のない社団法人等のほか、国内において課税対象の取引を行う外国法人を含む。ただし、国又は地方公共団体が行う事業については、原則としてその一般会計又は特別会計ごとに一の法人が行う事業とみなして消費税法を適用する。

(2)　輸入取引

　　課税の対象となる外国貨物を保税地域から引き取る者

　　事業者のほか、消費者である個人が輸入する場合を含む。

②納税義務の免除

(1)　基準期間における課税売上高及び特定期間における課税売上高等が1,000万円以下の事業者で、課税事業者となることを選択していない者

　　　※基準期間とは、ある「課税期間」において、消費税の納税義務が免除されるかどうか、簡易課税制度を適用できるかどうかを判断する基準となる期間をいい、個人事業者については、その前々年をいい、法人については原則としてその事業年度の前年度をいう。

　　　※特定期間とは、個人事業主の場合は、その年の前年の1／1〜6／30

　　　　法人の場合は、原則としてその事業年度の前事業年度開始の日以後6か月の期間をいう。

　　　※課税売上高とは、課税期間における課税対象となる資産の譲渡等の対価の額から返還等による対価の額を控除した残額をいう。

(2)　基準期間をもたない新規開業事業者で、個人事業者、社会福祉法第22条に規定する社会福祉法人、資本金又は出資の額が1,000万円未満の法人（特定新規設立法人を除く。）

　　　※特定新規設立法人の要件

　　　ⅰ　その基準期間がない事業年度開始の日において、他の者により当該新規設立法人の株式等の50％超を直接又は間接に保有される場合など、他の者により当該新規設立法人が支配される一定の場合（特定要件）に該当すること。

　　　ⅱ　上記ⅰの特定要件に該当するかどうかの判定の基礎となった他の者及び当該他の者と一定の特殊な関係にある法人のうちいずれかの者（判定対象者）の当該新規設立法人の当該事業年度の基準期間に相当する期間（基準期間相当期間）における課税売上高が5億円を超えていること。

4）課税標準

①国内取引

課税の対象となる取引（課税資産の譲渡等）の対価の額及び特定課税仕入れの支払対価の額（※前記1）（注）参照）

消費税額及び地方消費税額を除き、酒税及び揮発油税等の個別消費税を含む。

②輸入取引

課税の対象となる外国貨物の引取り価額

関税課税価格（C.I.F）、個別消費税額及び関税額の合計額とする。

5）税率

適用税率は下表のとおりであり、令和元年10月1日からの税率引き上げに伴う低所得者への配慮の観点から「酒類・外食を除く飲食料品の譲渡」及び「週2回以上発行される新聞の定期購読契約に基づく譲渡」を対象に軽減税率制度も同時に実施され、複数の税率となります。

区分　　　　　　適用開始日	令和元年10月1日	
	標準税率	軽減税率
消費税率	7.8%	6.24%
地方消費税率	2.2% （消費税額の22/78）	1.76% （消費税額の22/78）
合計	10.0%	8.0%

※制度の詳細は国税庁ＨＰ等をご確認ください。

6）課税期間

①原則

・個人事業者の場合…1月1日から12月31日までの期間（暦年）

・法人の場合…事業年度

②特例

税務署に届出書を提出することにより課税期間を短縮することができる。

・個人事業者の場合…3月特例：1月～3月、4月～6月、7月～9月、10月～12月

1月特例：1月1日以降、1か月ごとに区分した各期間

・法人の場合…3月特例：事業年度の開始日以後、3か月ごとに区分した各期間

1月特例：事業年度の開始日以降、1か月ごとに区分した各期間

7）納付税額

国内取引に課される消費税の納付税額の算式は、次のとおり、標準税率及び軽減税率の複数の消費税率となるため課税売上げ及び課税仕入れ等をかかる税率ごとに区分して

税額計算を行う必要があります。

消費税の納付税額 ＝ 課税標準額に対する消費税額(A) － 控　除　対　象　仕　入　税　額

標準税率の対象となる課税期間中の
課税売上高（税抜き）×7.8％
＋
軽減税率の対象となる課税期間中の
課税売上高（税抜き）×6.24％

標準税率の対象となる課税期間中の
課税仕入高（税抜き）×7.8％
＋
軽減税率の対象となる課税期間中の
課税仕入高（税抜き）×6.24％
（ただし、簡易課税選択事業者の
場合は、(A)×みなし仕入率）

8）控除対象となる仕入税額の取扱い

　控除対象仕入税額の取扱いは、その課税期間中の課税売上割合が95％以上で、かつ、課税売上高が５億円以下という要件に該当するか否かによって異なります。

$$課税売上割合 = \frac{その課税期間中の課税売上高（税抜き）}{その課税期間中の総売上高（税抜き）}$$

① 　課税売上の割合が95％以上かつ課税売上高が５億円以下の場合

　　　控除対象仕入税額＝ 課税仕入れ等に係る消費税額の全額

② 　課税売上割合が95％未満、又は課税売上高が５億円を超える事業者の場合

　　　控除対象仕入税額＝ 課税仕入れ等に係る消費税額のうち課税売上げに対応する部分の消費税額

　また、上記の場合の控除対象仕入税額の算定は、次の方法のいずれかによります。

イ）個別対応方式

　　その課税期間中の課税仕入れ等に係るすべての消費税額を以下のとおり区分し、次の算式により算定する。

　　ａ．課税売上げにのみ要するもの

　　ｂ．非課税売上げにのみ要するもの

　　ｃ．課税売上げと非課税売上げに共通して要するもの

　　| 控除対象仕入税額 | ＝ | ａの消費税額＋（ｃの消費税額×課税売上割合） |

　　なお、所轄税務署長の承認を受けることにより、課税売上割合にかえて「課税売上割合に準ずる割合」を用いることができる。

ロ）一括比例配分方式

　　次の算式により算定する。

　　| 控除対象仕入税額 | ＝ | 課税仕入れ等に係る消費税額×課税売上割合 |

　　なお、この方式を選択した場合は、２年間は継続して適用するものとする。

③　仕入れに係る消費税額控除の適用要件

　　課税仕入れ等に係る消費税額の控除を行うためには

> 帳簿（課税仕入れの内容等の記載のあるもの）＋請求書等（取引相手から交付を受けた課税仕入れの内容等の記載のあるもの）

　　の保存が必要です。

　　※軽減税率制度実施後における帳簿及び請求書等の保存については、後記12）を参照。

9）事務負担軽減のための簡易課税制度について

①簡易課税制度の適用計算

　　基準期間の課税売上高が5,000万円以下の事業者は、あらかじめ簡易課税制度の適用を受ける旨の届出書を所轄税務署長に提出することにより、控除対象仕入税額を計算するに際し、課税売上高のみから一定割合とした納付税額を計算することができる簡易課税制度を選択することができます。

　　　　仕入控除税額＝（課税標準額に対する消費税額

　　　　　　　　　　　－売上げにかかる対価の返還等の金額に係る消費税額）×みなし仕入率

みなし仕入率は、事業を6つに区分し、事業区分ごとに仕入率を定めています。

＜みなし仕入率＞

・第1種事業（卸売業）90％

　　　他の者から購入した商品をその性質及び形状を変更しないで他の業者に販売する事業

・第2種事業（小売業）80％

　　　他の者から購入した商品をその性質及び形状を変更しないで販売する事業で第1種事業以外のもの

　　　※令和元年10月1日から農業、林業、漁業のうち消費税の軽減税率が適用される飲食品の譲渡を行う事業を第2種事業とする。

・第3種事業（製造業等）70％

　　　農業、林業、漁業、鉱業、建設業、製造業（製造小売業を含む。）、電気業、ガス業、熱供給業及び水道業をいい、第1種事業又は第2種事業に該当するもの及び加工賃その他これに類する料金を対価とする役務の提供を行う事業を除く。

・第4種事業（その他の事業）60％

　　　第1種事業、第2種事業、第3種事業、第5種事業及び第6種事業以外の事業をいう（例として飲食サービス業等が該当）。

・第5種事業（サービス業等）50％

　　　運輸通信業、金融・保険業、サービス業（飲食店業に該当するものを除く。）

第Ⅹ章　営業補償と消費税等

・第6種事業（不動産業）40%

〈上記事業が2以上の区分に及ぶ営業を行っている場合〉

(1)　原則として次式により算定した値をみなし仕入率とする（例：営業業種が第1種及び第2種の場合）。

（原則法）

$$みなし仕入率＝\frac{第1種事業に係る消費税額×90％＋第2種事業に係る消費税額×80％}{第1種事業に係る消費税額　＋　第2種事業に係る消費税額}$$

(2)　なお、次の①、②のいずれにも該当しない場合には、事業者の選択により次式の簡便法によることができる（例：営業業種が第1種及び第2種の場合）。

①貸倒回収額がある場合

②売上対価の返還等がある場合で、各種事業に係る消費税額からそれぞれの事業の売上対価の返還等に係る消費税額を控除して控除しきれない場合

（簡便法）

仕入控除税額＝第1種事業に係る消費税額×90％＋第2種事業に係る消費税額×80％

(3)　特例計算

ア．2種類以上の事業を営む事業者で、1種類の課税売上高が全体の75％以上を占める場合は、その事業のみなし仕入税率を全体の課税売上げに対して適用することができる。

イ．3種類以上の事業を営む事業者で特定の2種類の事業の課税売上高の合計額が全体の75％を占める場合は、みなし仕入率の高い方の事業に係る課税売上高については、そのみなし仕入率を適用し、それ以外については2種類の事業のうちの低い利率をその事業以外の課税売上げに対し適用することができる。

また、これも(1)、(2)と同様に、原則法と一定の要件を満たす場合の簡便法により計算することもできる。

②簡易課税制度の適用期間

事業者が「消費税簡易課税制度選択届出書」を課税期間の開始までに所轄税務署長に提出すると、翌課税期間から簡易課税制度が適用され、「消費税簡易課税制度選択不適用届出書」が提出された課税期間末日まではそれぞれの課税期間の基準期間の課税売上高が5,000万円以下であるときは、簡易課税制度が適用されます。なお、選択届出書を提出してから原則として2年を経過するまでの間は、選択不適用届出書を提出することはできません。

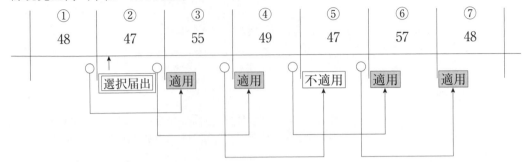

(注) ○→ 適用 又は 不適用 は、それぞれの課税期間（③～⑦）についてその基準期間の課税売上高により、簡易課税制度の適用があるか否かについて示したものである。

図2

③高額特定資産を取得した場合の事業者免税点制度及び簡易課税制度の適用制限に係る留意点

　平成28年4月の消費税法一部改正により、事業者が事業者免税点制度及び簡易課税制度の適用を受けない課税期間中に高額特定資産（注1）又は自己建設高額特定資産（注2）の仕入れ等を行った場合は、当該高額特定資産等の仕入れ等の日の属する課税期間の翌課税期間から一定の期間について、事業者免税点制度及び簡易課税制度の適用が制限されるため、課税事業者を選択していない場合でも課税事業者になる場合があります。

　　（注1）「高額特定資産」とは、一の取引の単位につき、課税仕入れに係る支払対価の額（税抜き）が1,000万円以上の棚卸資産又は調整対象固定資産をいいます。
　　（注2）「自己建設高額特定資産」とは、他の者との契約に基づき、又はその事業者の棚卸資産若しくは調整対象固定資産（消費税法第2条第16号、同施行令第5条）として、自ら建設等をした高額特定資産をいいます。
　　※前記①※「簡易課税制度の届出の特例」において、高額特定資産の仕入れ等を行った場合の簡易課税制度選択届出書の提出制限を受ける事業者に対する措置が設けられています（これらの制度の詳細は国税庁HP等をご参照ください。）。

10）納税地

　消費税の納税地は、次のとおりです。
①国内取引
　・個人事業者の場合…原則として、住所地
　・法人の場合…原則として、本店又は主たる事務所の所在地
②輸入取引

・外国貨物を引き取る保税地域の所在地

11）申告、納付

消費税の納税地は、次のとおりです。

①国内取引

イ）確定申告及び納付の時期

・個人事業者の場合…翌年の1月当初から3月末日まで

・法人の場合…課税期間の末日の翌日から2月以内

　　ただし、課税期間中課税売上げがなく、納付する税額がない場合は、確定申告の必要はない。

ロ）還付

次の場合には、確定申告書を提出することにより、消費税額が還付される。

・課税売上高に対する消費税額よりも控除対象仕入税額が多い場合

・確定申告による消費税額よりも中間申告による納付税額が多い場合

なお、免税事業者は、確定申告書を提出しても還付を受けることはできない。

ハ）中間申告納付制度等

直前の課税期間中の消費税の年税額が一定額を超える事業者（課税期間の特例選択届出書を提出した者を除く。）は、中間申告を行い、消費税を納付する。

②輸入取引

課税貨物を保税地域から引き取るまでに申告、納付する。

12）記帳、帳簿の保存

事業者（免税事業者を除く。）は、仕入税額控除を受けるために保存する帳簿や請求書等とは別に、取引先名、取引年月日、取引内容、取引金額等を帳簿に記載し、この帳簿を保存するものとします。

なお、令和元年10月1日から令和5年9月30日までの間は、上記の他に帳簿の記載事項として「軽減対象資産の譲渡等に係るものである旨」を、請求書等の記載事項として「軽減対象資産の譲渡等である旨」及び「税率ごとに区分して合計した対価の額（税込）」を追加した区分記載請求書等の保存を要件とする「区分記載請求書等保存方式」とされ、また、令和5年10月1日以降は、これに代えて「区分記載請求書等保存方式」と同様の帳簿及び税務署長に申請して登録を受けた課税事業者である「適格請求書発行事業者」が交付する「適格請求書」等の保存が要件とされる「適格請求書等保存方式」となります（制度の詳細は国税庁HP等をご参照ください。）。

Ⅹ－3　地方消費税

地方税法による地方消費税制度のあらましは、次のとおりです。

1）納税義務者

消費税の場合と同じ。

2）課税標準

消費税の場合と同じ。

3）税率

消費税の税額の22/78である。

4）申告、納付

・譲渡割（国内取引）

当分の間は、消費税の例により消費税と併せ行う。

・貨物割（輸入取引）

消費税の例により消費税と併せ行う。

Ⅹ－4　営業補償額の算定と消費税等の取扱い

1）補償と消費税等との関係

公共事業に必要な土地等の取得等に伴い、通常生ずる損失として補償する場合の建物の移転料や移転に伴い生ずる営業上の損失等の補償は、「資産の譲渡等の対価」に当たらないので、不課税となり、基本的に起業者は、消費税及び地方消費税（以下「消費税」という。）を負担する必要はありません。

また、公共用地として対価を支払い取得等する土地は、資産の譲渡等に該当しますが、前述のⅩ－2－2）のとおり、税の性格から、課税の対象としない非課税取引となっており、さらに漁業権等の消滅補償は、起業者が当該漁業権等を取得するものでないので、資産の譲渡等の対価に当たらないとされています（消費税法施行令第2条第2項、消費税法基本通達5－2－10）。

しかしながら、例えば、建物の移転料や営業休止補償の補償項目である移転広告費の一部については、被補償者が消費者として第三者である事業者（建設業者や印刷業者等）に、対価を支払って資産の譲渡や役務の提供等を受けることを前提として算定されているので、これに消費税が課税され、かつ、被補償者が消費者（サラリーマン等）である場合はもとより、被補償者が事業者である場合においても、当該事業者（営業補償の客体たる営業体は事業者である。）における納付消費税額の計算において、当該消費税が課税仕入控除の対象とならない等の場合（すなわち被補償者自身が移転料か移転広告費に含まれる消費税を負担することとなる場合）は、移転料等の補償額算定上、消費税相

当額として補償上考慮することとされています（令和元年9月20日中央用対発第4号通知の本文記2）。

○公共事業の施行に伴う損失の補償等に関する消費税及び地方消費税の取扱いの改正について
　　　［令和元年9月20日中央用対第4号中央用地対策連絡協議会事務局長（国土交通省　土地・建設
　　　産業局総務課長）から中央用地対策連絡協議会会員、各地区用地対策連絡（協議）会会長あて］
　…（略）…「公共用地の取得に伴う損失補償基準」（昭和37年10月12日用地対策連絡会決定）等（以下「補償基準等」という。）に基づき、土地等の権利者等に対する損失の補償等を行うに当たっては、下記に定めるところを標準として実施するものとする。また、この運用にあたっては、別記事項に留意のうえ取り扱うものとする。
記
一　（略）
二　前記一の対価たる補償金以外の損失の補償等について
　　公共事業のため、土地等の権利者等に対し、前記一の対価たる補償金以外の損失の補償等を行う場合は、資産の譲渡等の対価に当たらないため不課税となる。
　　しかしながら、当該損失の補償等の補償金の算定上、土地等の権利者等が実質的な消費者として、第三者である事業者（この場合の事業者は免税事業者を含むものとする。）から課税資産の譲渡等を受けることを前提に算定している補償金については、以下に定めるところにより消費税及び地方消費税相当額を考慮して適正に補償金を算定するものとする。
以下　（略）

別記
一　（略）
二　補償基準等に基づき消費税及び地方消費税を加算し、若しくは消費税及び地方消費税相当額を適正に考慮する必要がある具体的な補償項目等について
　㈠　（略）
　㈡　本文記二の補償金について
　　　別添一二、三及び四に掲げるところによるものとする。
三　損失の補償等（消費税法基本通達5―2―10に該当するものに限る。以下同じ。）の算定上、消費税及び地方消費税相当額を考慮する必要がない場合の取扱いについて（別添一五、六参考）
以下　（略）

別添―1 （略）

別添―2
〔通損補償〕
（「営業補償」のみ抜粋）

用対連基準	項　目	算　定　内　容	課　税　関　係	理　　由
第43条	営業廃止の補償	①　営業権＝正常な取引価格 ②　建物、機械、商品等＝売却損 ③　従業員に対する解雇予告手当又は転業 　　期間中の休業手当 ④　転業期間中の収益相当額	①、②について積算考慮	資産の譲渡
第44条	営業休止の補償	休業 　①　休業期間中の固定的経費 　②　　〃　　従業員に対する休業手当 　③　　〃　　収益減 　④　休業又は移転に伴う得意先喪失 　⑤　移転広告費 仮営業所 　①　仮営業所の設置費 　　＝仮店舗の賃借料又は仮設建物の建設 　　　費＋借地料＋解体除却費－発生材 　②　仮営業による収益減 　③　移転に伴う得意先喪失 　④　移転広告費	①は補償内容により積算考慮 ⑤は積算考慮 ①（借地料は除く）、④については積算考慮	役務の提供 資産の貸付 役務の提供
第45条	営業規模縮小の補償	①　縮小に伴う固定資産の売却損 ②　従業員の解雇予告手当 ③　資本等の過剰遊休化による損失 ④　経営効率が低下することによる損失	考慮不要	第三者からの資産の譲渡等を予定しているものではない。

注）「積算考慮」とあるのは、補償額が消費税及び地方消費税抜きの価格で算定されることを、前提にしたものである。

別添―3～4 （略）

第Ⅹ章　営業補償と消費税等

別添－5　参考

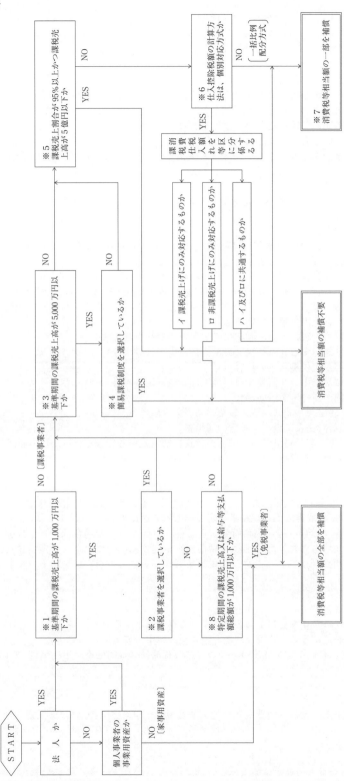

(注)　①消費税等相当額とは、消費税及び地方消費税相当額をいう。
　　②上記フローは、消費税等相当額補償の要否判定の目安であるため、収集資料等により補償の要否を個別に調査・判断の上、適正に損失の補償等を算定するものとする。

313

別添―6 （略）

〔留意事項〕
※一
　(一)　基準期間
　　　　個人事業者…その年の前々年
　　　　法　　　　人…その事業年度の前々事業年度（その前々事業年度が１年未満である法人について
　　　　　　　　　　　は、その事業年度開始の日の２年前の日の前日から同日以後１年を経過する日まで
　　　　　　　　　　　の間に開始した各事業年度を合わせた期間）
　(二)　基準期間のない法人の納税義務
　　　　その事業年度の基準期間がない法人（社会福祉法人を除く）のうち、その事業年度（課税期間）
　　　開始の日における資本又は出資の金額が1,000万円未満の法人（新規設立法人）については、その
　　　基準期間がない事業年度の納税義務が免除される。ただし、新規設立法人のうち、次の①及び②
　　　のいずれの要件にも該当する特定新規設立法人についてはその基準期間がない事業年度の納税義
　　　務が免除されない。
　　　特定新規設立法人の要件
　　　①　その基準期間がない事業年度開始の日において、他の者により当該新規設立法人の株式等の
　　　　50％超を直接又は間接に保有される場合など、他の者により
　　　　　当該新規設立法人が支配される一定の場合（特定要件）に該当すること
　　　②　①の他の者及び当該他の者と一定の特殊な関係にある法人のうちいずれかの者（判定対象者）
　　　　の当該新規設立法人の当該事業年度の基準期間に相当する期間（基準期間相当期間）における
　　　　課税売上高が５億円を超えていること
　(三)　収集資料（次の資料のうち、判定に必要となる資料を収集する。）
　　　①　基準期間に対応する「所得税又は法人税確定申告書（控）」等
　　　　　｜基準期間が免税事業者の場合
　　　②　基準期間に対応する「消費税及び地方消費税確定申告書（控）」等
　　　　　｜基準期間が課税事業者の場合
　　　③　「法人設立届出書」又は「個人事業の開廃業等届出書」
　　　④　「消費税の新設法人に該当する旨の届出書」
　　　⑤　「消費税課税事業者届出書」又は「消費税の納税義務者でなくなった旨の届出書」
　　　⑥　その他必要となる資料
※二
　収集資料（次の資料のうち、判定に必要となる資料を収集する。）
　①　「消費税課税事業者選択届出書」又は「消費税課税事業者選択不適用届出書」
　②　「高額特定資産の取得に係る課税事業者である旨の届出書」
　　　高額特定資産又は自己建設高額特定資産の仕入れ等を行った場合は、当該高額特定資産等の仕
　　入れ等の日の属する課税期間の翌課税期間から一定の期間について、事業者免税点制度及び簡易
　　課税制度の適用が制限されるため、課税事業者を選択していない場合でも、原則として課税事業
　　者になる。
　③　その他必要となる資料
※三、四
　収集資料（次の資料のうち、判定に必要となる資料を収集する。）
　①　基準期間に対応する「消費税及び地方消費税確定申告書（控）」等
　②　「消費税簡易課税制度選択届出書」又は「消費税簡易課税制度不適用届出書」
　③　その他必要となる資料
※五
　(一)　課税売上割合の算定
　　　　前年又は前事業年度の「消費税及び地方消費税確定申告書（控）」の課税売上割合欄中の「資産
　　　の譲渡等の対価の額」に今回土地買収代金額（区分地上権、地役権設定代金を含む。）を加算した
　　　額により算定する。
　(二)　収集資料（次の資料のうち、判定に必要となる資料を収集する。）
　　　①　「消費税及び地方消費税確定申告書（控）」等（原則として前年又は前事業年度）

② その他必要となる資料

※六

収集資料（次の資料のうち、判定に必要となる資料を収集する。）
① 「消費税及び地方消費税確定申告書（控）」等（原則として前年又は前事業年度）
② その他必要となる資料

※七

① 個別対応方式を選択している場合

> 消費税等相当額補償＝ハの消費税等相当額の全部×（1－課税売上割合）

（注） 課税売上割合は、※五で算定した割合による。
　　　ただし、「課税売上割合」に代えて、「課税売上割合に準ずる割合」の承認を税務署長から受けている場合にあっては、その割合による。

② 一括比例配分方式を選択している場合

> 消費税等相当額補償＝消費税等相当額の全部×（1－課税売上割合）

（注） 課税売上割合は、※五で算定した割合による。

※八

㈠ 特定期間
　　特定期間とは、個人事業者の場合は、その年の前年の1月1日から6月30日までの期間をいい、法人の場合には、原則として、その事業年度の前事業年度開始の日以後6か月の期間をいう。ただし、前事業年度が1年でない場合などの特定期間についてはこれと異なるので注意されたい。

㈡ 給与等支払額
　　給与等支払額とは、特定期間中に支払った所得税の課税対象とされる給与、賞与等の合計額である（未払い給与等は対象とはならない）。支払明細書の控えや源泉徴収簿からの所得税の課税対象とされるものを合計して算出する。

別添—7

消 費 税 等 調 査 表

	調査者		年月日	

調査対象者		都道府県　　郡市　　区　　町村　　大字		
	住　　　所			
	氏名又は法人・代表者名			

調 査 対 象 物 件 名・用 途	調 査 対 象 物 件 の 資 産 の 区 分
	□ 事業用資産 □ 家事共用資産

基　準　期　間	年　　　月　　　日　～　　年　　　月　　　日
前年（個人）又は前 事 業 年 度	年　　　月　　　日　～　　年　　　月　　　日

調査・収集	□ 前年又は前事業年度の「消費税及び地方消費税確定申告書（控）」 □ 基準期間に対応する「消費税及び地方消費税確定申告書（控）」 □ 基準期間に対応する「所得税又は法人税確定申告書（控）」 □ 消費税簡易課税制度選択届出書 □ 消費税簡易課税制度選択不適用届出書 □ 消費税課税事業者選択届出書 □ 消費税課税事業者選択不適用届出書

した資料		□ 消費税課税事業者届出書 □ 消費税の納税義務者でなくなった旨の届出書 □ 法人設立届出書 □ 個人事業の開廃業等届出書 □ 消費税の新設法人に該当する旨の届出書 □ 消費税課税事業者届出書（特定期間用） □ 特定期間の給与等支払額に係る書類（支払明細書(控)、源泉徴収簿等） □ 特定新規設立法人に該当する旨の届出書 □ 高額特定資産の取得に係る課税事業者である旨の届出書 □ その他の資料	
本則課税事業者関係	資　　　　料	前年（個人）又は全事業年度の 「消費税及び地方消費税確定申告書（控)」	□ 有（下記へ） □ 無
		「消費税課税売上割合に準ずる割合の適用承認書類」の有無及び承認割合について ※本資料は補償対象物件が共用（課税・非課税）資産である場合のみ収集する。	□ 有（個別対応方式の共用資産へ） □ 無（下記へ）
	補　償　用 課税売上割合	① 課税資産の譲渡等の対価の額（税抜き） ② 資産の譲渡等の対価の額（税抜き） ③ 土地買収代金額等 　（区分地上権、地役権設定代金を含む)	＿＿＿＿＿＿＿＿円 ＿＿＿＿＿＿＿＿円 ＿＿＿＿＿＿＿＿円
	補償用課税売上割合の算出 ①／（②＋③)	$\dfrac{① \qquad\qquad 円}{② \qquad 円 + ③ \qquad 円}$ =	＿＿＿＿％
	補償用課税売上割合の率	補償用課税売上割合率	□ 95％以上である □ 95％未満である（下記へ）
	補償用課税売上割合の額	補償用課税売上高の額	□ 5億円超えである（下記へ） □ 5億円以下である
	採　用　方　式	前年又は事業年度の「消費税及び地方消費税確定申告書(控)」	□ 一括比例配分方式を採用している 　（一括比例配分方式へ） □ 個別対応方式を採用している 　（個別対応方式へ)
	個別対応方式	補償対象物件	□ イ　課税売上にのみ対応するもの □ ロ　非課税売上にのみ対応するもの □ イ及びロに共通するもの（下記へ)
	個別対応方式の共用資産	一部補償	消費税等相当額×（1−補償用課税売上割合又は共用資産の承認割合) 　　　　円×（1−0.　　　　　）＝
	一括比例配分方式		消費税等相当額×（1−補償用課税売上割合) 　　　　円×（1−0.　　　　　）＝

　なお、営業補償における収益減の補償を算定するに当たって必要となる収益額の認定等の際の消費税の取扱いについては、前記の令和元年9月20日通知において特に言及されていないので、このことについて検討した結果を、以下に説明します。実務の参考にしていただければ幸いです。

2）営業補償額算定の過程における消費税の取扱い（営業休止補償の場合）

　営業補償算定の過程における消費税の取扱いについては、営業休止補償が一般的であるので、それに沿って説明することとします。

　営業休止補償項目は、移転広告費以外に、①収益減の補償、②固定的経費の補償、③得意先喪失の補償、④休業（人件費）補償があります。これらの移転広告費及び①から④までの補償項目に係る補償金の交付は、前述のとおり、資産の譲渡等の対価に当たらないので、消費税を考慮する必要はありません。

　ところで、消費税に係る事業者における経理方式は、ⓐ税込経理方式（消費税の額とその取引の対価の額を区分しないで経理する方式・（注―A）（注―B）参照）とⓑ税抜経理方式（消費税の額とその取引の対価の額を区分して経理する方式・（注―C）（注―D）参照）に大別され、事業者が任意に選択することになっています。

　被補償者である事業者がⓐⓑどちらの経理方式を採用しているかを公共事業施行者が見分ける方法は、法人税等の確定申告書の付属資料等から行うこととなります（法人税等の確定申告書や消費税確定申告書自体からは、税込みか税抜きかは判断できない（ただし、法人税の確定申告書に添付する「事業概況説明書」や消費税の還付申告書に添付する「仕入控除税額に関する明細書」には、税込み等の経理方式を記載する欄有り）ので、当該申告書の計算資料である試算表、元帳等で、下表及び（注―A）から（注―D）を参考に判断することとなります。具体的には、当該補償対象である営業体の経理担当者や担当税理士からヒヤリングし、試算表等の書面上での確認を行う方法が確実と思われます。）。

　被補償者である事業者がⓐの税込経理方式を採用している場合は、消費税額が損益計算書の売上高や経費に含まれ計上されているため、その数値を用いて算定すると、営業利益（収益）を多額に見積る等のこととなります。したがって、このような場合は、原則として消費税額を売上高や経費から控除し、消費税を含まない営業利益等を求める必要があります。

（注）税込経理方式を採用している原則課税事業者、簡易課税事業者の消費税額の取扱い
　➡本書では、上記のとおり、税抜経理方式による損益計算書を作成したうえで、認定収益額等を算定する必要があるとしておりますが、「営業補償調査算定要領の解説」では、以下の理由により税抜経理方式による損益計算書の作り替えは不要とし、それぞれの方式による会計資料により算定することとなります（※次頁以降、該当箇所に下線を付しておりますので、取扱いに留意いただければと思います）。

> ・税込も税抜も認められた会計処理であり、どちらも会計処理として誤りでないこと。
> ・同じ施設や資源を活用して営業をしていても、会計処理の方法により利益は異なる場合があること。（例：減価償却費の計算において、定率法と定額法では、減価償却の途中段階で費用化される金額が異なる。）
> ・税込経理方式から税抜経理方式への作り替えは、領収書等の証拠書類の確認が必要であり、会計帳簿のみでは、実務上税抜経理方式に作り替えることが困難なこと。
> （例えば、「接待交通費」について、取引先への見舞金は不課税となるのに対し、見舞いとして果物、生花等の購入をした場合は課税となるなど、会計帳簿の確認のみでは困難である。）

なお、ⓐの税込経理方式とⓑの税抜経理方式の内容及びその比較は次のとおりです。

区　　分	ⓐ　税込経理方式	ⓑ　税抜経理方式
事業の損益に対する影響	売上げ及び仕入れに係る消費税額は売上金額、たな卸資産や固定資産等の取得価額、諸経費の支払金額に含まれるので、事業の損益に影響あり	売上げ及び仕入れに係る消費税額は預り金及び仮払金として処理するので、事業の損益には影響なし
売上げに係る消費税額の経理処理	売上金額に含めて収入に計上	仮受消費税として預り金処理
仕入れに係る消費税額の経理処理	たな卸資産や固定資産等の取得価額、諸経費の支払金額に含む	仮払消費税として仮払金処理
納付した消費税額の経理処理	租税公課として事業所得等の必要経費に算入する	仮受消費税の額から仮払消費税の額を差引いた金額を預り金の支出とする（事業の損益に関係なし）
消費税額の還付を受けた場合の経理処理	雑収入として収入金額に算入	仮払消費税の額から仮受消費税の額を差引いた金額を仮払金の入金とする（事業の損益に関係なし）

注－A

ⓐ　税込経理方式について

　　税込経理方式とは、取引に係る消費税をそのまま取引金額に含めることとし、課税売上げ及び課税仕入れに係る消費税をその取引の対価の額と区分しないで処理する方法で、経理処理の簡便さに着目した方法である。

　　この経理処理によれば、消費税を仮受消費税又は仮払消費税として区分経理する必要がないので、経理処理上の負担は、消費税が資産の取得価額の一部を構成することになる。したがって、税抜経理方式に比較して期末棚卸資産の評価額が消費税の分だけ大きくなったり、減価償却資産の場合には、その取得に係る消費税は取得価額に算入されることになることから、一時の損金とはならず、その資産の耐用年数に応じた期間にわたって償却費として損金算入されることとなる。

　　また、納付する消費税は公租公課として損金の額に計上し、還付消費税がある場合には雑収入として収益に計上されるなど消費税が企業の損益計算に影響を及ぼすこととなる。

注－B

税込経理方式の仕訳例

	（借　方）		（貸　方）	
○商品の売上げ	売　掛　金	1,100,000	売　　　上	1,100,000
○商品の仕入れ	仕　　　入	330,000	買　掛　金	330,000
○経費の支出	経　　　費	220,000	未　払　金	220,000
○固定資産の取得	固　定　資　産	440,000	未　払　金	440,000
○納付税額	公　租　公　課	10,000	未払消費税等	10,000

第Ⅹ章　営業補償と消費税等

> 納付税額の計算
> （国　税）1,100,000×7.8/110－（330,000＋220,000＋440,000）×7.8/110＝7,800
> （地方税）7,800×22/78＝2,200
> 7.8/110……消費税は税込対価を税抜対価に引直して税率7.8%を乗じる。
> （注）納付税額の処理は、納付時に損金処理する方法もある。

注－C

ⓑ　税抜経理方式について

　　税抜経理方式とは、取引に係る消費税を損益計算に影響させずに、国又は地方公共団体に対する債権債務として認識する会計処理であり、資産の譲渡等に係る消費税の経理を消費税額を課税売上げ及び課税仕入れに含めないでその対価の額と区分して処理する方法である。

　　この経理処理によれば、国税である消費税については、売上げに係る消費税は仮受消費税、仕入れ、経費及び固定資産の取得等の課税仕入れに係る消費税は仮払消費税として経理処理し、期末に仮受消費税から仮払消費税を差し引いた額、すなわち納付すべき消費税額を未払消費税（仮払消費税の方が多く消費税の還付金額が発生する場合は未収消費税）として計上することになる。

　　次に、地方税である地方消費税については、国税である消費税額を課税標準として22/78の税率で地方消費税額を計上することとなる。

注－D

税抜経理方式の仕訳例

	（借　方）		（貸　方）	
○商品の売上げ	売　掛　金	1,100,000	売　　　　上 仮受消費税等	1,000,000 100,000
○商品の仕入れ	仕　　　入 仮払消費税等	300,000 30,000	買　掛　金	330,000
○経費の支出	経　　　費 仮払消費税等	200,000 20,000	未　払　金	220,000
○固定資産の取得	固定資産 仮払消費税等	400,000 40,000	未　払　金	440,000
○納付税額	仮受消費税等	100,000	仮払消費税等 未払消費税等	90,000 10,000

> 納付税額の計算
> （国　税）100,000×78%－（30,000＋20,000＋40,000）×78%＝7,800
> （地方税）7,800×22/78＝2,200
> 　　78%……消費税率10%のうち国税である消費税率7.8%
> （注）1．仮受消費税等＝仮受消費税（7.8%相当額）＋地方税の仮受消費税相当額（仮受消費税の22/78相当額）
> 　　　2．仮払消費税等＝仮払消費税（7.8%相当額）＋地方税の仮払消費税相当額（仮払消費税の22/78相当額）

3）収益減の補償と消費税の取扱い

①原則課税による場合

　前述したとおり、税込経理方式を選択している事業者は、損益計算書の売上げ等の中に消費税が含まれて計上されているため、収益減補償の算定に影響が生ずることとなります。税込経理方式と税抜経理方式の損益計算書を比較すると（注―E）の損益計算書に示すとおり、売上高、販売費及び一般管理費等に差が生ずる結果、営業利益が異なることとなります。

　このことから、税込経理方式を採用している事業者の場合は、相手方から消費税の確定申告書の売上げに係る税額及び控除対象仕入税額の内訳の提示を受け、各科目における売上げ及び仕入控除税額を把握し、消費税額を除外した損益計算書を作成する必要があります。

　この場合において、相手方から資料が得られない場合は、消費税法や消費税法取扱通達等を参考として、課税売上げ及び課税仕入控除該当科目について判断し、$\dfrac{100}{110}$を乗ずることにより除外すべき消費税額を認定（除外）する方法をとることとなります。

　また、収益に加算・減算する雑収入・雑損失についても同様の作業を行い、消費税分を控除しておく必要があります。

　税込経理方式を採用している事業者の場合の収益減補償の算定の基準は以上のとおりですが、消費税には、消費税の納税が免除される事業者（免税事業者）や課税事業者であっても売上高が一定額以下である事業者は納税額を簡易に計算することができる制度（簡易課税制度）があるため、被補償者である事業者がどれに該当し、消費税の納税額をどのような計算方式により算定しているかを確認しながら、補償額を算定することが必要です。

②簡易課税制度を選択している事業者の場合

　簡易課税制度は、中小企業者の事務負担に配慮し、個々の課税売上げや課税仕入れ等の消費税を記録しなくても消費税額が計算できるように、課税売上高を基に消費税の納税額を算定する仕組みです。

　税込経理方式を採用している事業者で、簡易課税制度を選択している事業者の場合における消費税の納付税額は、課税売上げに対する一定の割合（みなし仕入率）で計算されます。

例示すれば、次のとおりです。

【簡易課税制度による消費税納税額の計算例】

◎小売業（第二種事業）＝みなし仕入率80％

　①売上げに対する消費税額　課税売上高×消費税率（10％）

　②仕入れ等に係る消費税とみなされる額

　　　課税売上高×みなし仕入率（80％）×消費税率（10％）

　③消費税納税額　①－②＝課税売上高×0.10－課税売上高×0.8×0.10

　　　　　　　　　　　　　＝課税売上高×0.10－課税売上高×0.08

　　　　　　　　　　　　　＝課税売上高×0.02（課税売上高の2.0％）

　このように、簡易課税制度を選択している事業者は、課税売上高の合計額から納税額を計算することができるため、帳簿上で売上げや仕入れ等の消費税額を経理していない場合が多い傾向にあります。

　このため、原則課税のように売上高、売上原価、販売費及び一般管理費から消費税額を控除し、税抜き経理に整理することが困難な一面を有しています。

　しかしながら、収集した損益計算書等に基づき、認定収益額を算定した場合、税込経理方式を採用している原則課税事業者の場合と同様に、営業利益を多額に見積ることになります。

　このため、「①原則課税による場合」に記述した、資料が得られない場合と同様に課税売上げ及び課税仕入控除該当科目について個別に判断し$\frac{100}{110}$を乗ずることにより除外すべき消費税額を認定する方法で、税抜きの損益計算書を作成する方法によるべきと考えられます。

　なお、簡易課税制度を選択している事業者に対する通常生ずる損失としての建物移転料等の補償については、消費税相当額を補償する（令和元年９月20日中央用対発第４号通知の別記３⑵イ参照）こととされていますが、これは、公共事業に起因し、被補償者が負担することとなる消費税は、消費税法が予想していない臨時的支出であり、「みなし仕入率」には含まれていないとするとの考えに基づくものであり、認定収益額の判断とは異なるものと考えられます。

注－E

〔設例〕

A社の当期（令和2年3月期における営業内容は次のとおりである（単位千円）。

① 課税売上げ 商 品 売 上 600,000千円 （消費税 60,000千円）
　　　　　　　 売 上 値 引 6,000 （消費税 600 ）
② 課税仕入れ 商 品 仕 入 360,000 （消費税 36,000 ）
　　　　　　　 仕 入 値 引 30,000 （消費税 3,000 ）
　　　　　　　 備 品 購 入 12,000 （消費税 1,200 ）
　　　　　　　 販 管 費 42,000 （消費税 4,200 ）
③ そ の 他 人 件 費 120,000
　　　　　　　 受 取 利 息 9,000

（注） 1 期首、期末商品棚卸高 120,000千円（税抜き）
　　　 2 備品の減価償却 耐用年数6年定率法（0.319）
　　　 3 消費税は外書きである

1　経理処理

(1)　税込経理方式

①	商 品 売 上 げ	売 掛 金	660,000	売 上	660,000
②	売 上 値 引	売 上	6,600	売 掛 金	6,600
③	商 品 仕 入 れ	仕 入	396,000	買 掛 金	396,000
④	仕 入 値 引	買 掛 金	33,000	仕 入	33,000
⑤	備 品 購 入	備 品	13,200	現 金	13,200
⑥	販 管 費 支 払	販 管 費	46,200	現 金	46,200
⑦	人 件 費 支 払	人 件 費	120,000	現 金	120,000
⑧	受 取 利 息	現 金	9,000	受 取 利 息	9,000
⑨	減 価 償 却	減価償却費	4,210	備 品	4,210

（減価償却費　13,200×0.319＝4,210）

⑩	納 付 す べ き 消 費 税 等	公 租 公 課	21,000	未払消費税等	21,000

（国　税）（660,000－6,600）×7.8/110－（396,000－33,000＋13,200＋46,200）×7.8/110＝16,380
（地方税）16,380×22/78＝4,620
納付すべき消費税等（未払消費税等）＝16,380＋4,620＝21,000

⑪	納 付 時	未払消費税等	21,000	現 金	21,000

(2)　税抜経理方式

①	商 品 売 上 げ	売 掛 金	660,000	売 上	600,000
				仮受消費税等	60,000
②	売 上 値 引	売 上	6,000	売 掛 金	6,600
		仮受消費税等	600		
③	商 品 仕 入 れ	仕 入	360,000	買 掛 金	396,000
		仮払消費税等	36,000		
④	仕 入 値 引	買 掛 金	33,000	仕 入	30,000
				仮払消費税等	3,000
⑤	備 品 購 入	備 品	12,000	現 金	13,200
		仮払消費税等	1,200		
⑥	販 管 費 支 払	販 管 費	42,000	現 金	46,200
		仮払消費税等	4,200		
⑦	人 件 費 支 払	人 件 費	120,000	現 金	120,000
⑧	受 取 利 息	現 金	9,000	受 取 利 息	9,000
⑨	減 価 償 却	減価償却費	3,828	備 品	3,828

（減価償却費　12,000×0.319＝3,828）

第Ⅹ章　営業補償と消費税等

⑩	納付すべき消費税等	仮受消費税等	59,400	仮払消費税等	38,400
				未払消費税等	21,000

〔（国　税）$(60,000-600)×78\%-(36,000-3,000+1,200+4,200)×78\%=16,380$
（地方税）$16,380×22/78=4,620$
納付すべき消費税等（未払消費税等）$=16,380+4,620=21,000$〕

⑪	納付時	未払消費税等	21,000	現　金	21,000

2　損益計算の比較

〔損益計算書〕

		（税込経理方式）	（税抜経理方式）
Ⅰ	売上高		
	総売上高	660,000	600,000
	売上値引	6,600	6,000
	純売上高	653,400	594,000
Ⅱ	売上原価		
	期首棚卸	132,000	120,000
	当期仕入	396,000	360,000
	仕入値引	33,000	30,000
	当期総仕入	495,000	450,000
	期末棚卸	132,000	120,000
	売上原価	363,000	330,000
	（売上総利益）	（290,400）	（264,000）
Ⅲ	販管費		
	人件費	120,000	120,000
	販管費	46,200	42,000
	減価償却費	4,210	3,828
	租税公課(消費税)	21,000	
	（営業利益）	（98,990）	（98,172）
Ⅳ	営業外収益		
	受取利息	9,000	9,000
	（当期利益）	107,990	107,172

　この設例の場合、税込経理方式の方が、税抜経理方式よりも当期利益が818千円（107,990千円－107,172千円）多く計上される結果になる。

　これは、消費税の納付税額の計算上、備品購入に係る消費税額1,200千円の全額が売上げに係る消費税額より控除されるが、税抜経理方式の場合、この1,200千円があたかも損金の額に算入されたと同様の結果となる反面、税込経理方式の場合には、その1,200千円が備品の取得価額に算入されることにより、そのうちの減価償却費382千円（1,200千円×0.319）だけが損金に算入される結果、その差額818千円だけ税抜経理方式による場合よりも当期利益が大きくなる。

　なお、減価償却資産等の取得がなく売上げ又は仕入れに係る消費税額が、いわゆる損益取引に係るもののみであるときには、売上げ又は仕入れに計上された消費税相当額は、租税公課として損金の額に算入されるので、税抜経理方式又は税込経理方式のいずれの方式を選択しても、当期利益の額は同額となる。

　また、簡易課税制度で税抜経理方式の場合は、仮受消費税額から仮払消費税額を控除した金額（原則課税であれば、この金額が消費税納入額となる。）と簡易課税制度により納付すべき消費税額に差額が生じます。簡易課税制度により納付すべき消費税額の方が少なくなるのが一般的であり、この差額は、通常決算段階で雑収入に計上されます。収益額認定の際は、この差額を収益として加算することとなるものと考えられます。

③免税事業者の場合

免税事業者で課税事業者を選択していない事業者（課税事業者を選択している事業者の場合には、①本則課税事業者又は②簡易課税事業者の例による。）の場合は、売上げ及び仕入れ等に含まれる消費税を分離して経理する必要がないため税込経理方式で経理されることとなります。免税事業者は、計算上仮に仮受消費税から仮払消費税を控除した金員がある、すなわち、仮受消費税額が仮払消費税額を上回る場合でも、納税義務が免除されるためその差額は、いわゆる「益税」として収入になっていることから、収集した税込経理方式の資料に基づき、消費税額を控除しないで認定収益額を算定することになると考えられます。

4）固定的経費補償及び移転広告費等と消費税の取扱い

　固定的経費の補償は、休業期間中も支出が必要な経費のうち、認定収益額の算定の過程で経費として控除したものの中から認定するものであり、当該固定的経費について個別に被補償者たる事業者が第三者である事業者から資産の譲渡等を受けるものであることが前提となっている経費については、原則として税抜きの経費に消費税相当額を加算し、補償することとなります。

　しかしながら、当該被補償者が原則課税事業者等である場合は、当該消費税は仕入控除の対象となるなどの場合があるため、「公共事業の施行に伴う損失の補償等に関する消費税及び地方消費税の取扱いの改正について」（令和元年９月20日中央用対発第４号）の本文記２に基づき、消費税相当額の補償の要否を判断することが必要と考えられます。移転広告費等も同様です。

5）得意先喪失の補償と消費税の取扱い

　得意先喪失補償は次のように算定されます。

　（得意先喪失補償）＝（従前の１か月の売上高）×（売上減少率）×（限界利益率）

　上式の「従前の１か月の売上高」については、前述の「3）収益減補償と消費税の取扱いについて」の考え方に基づき、課税事業者の場合で税込経理方式の場合は、税抜きの売上高とする必要があると考えられます。また、雑収入等も同様です。

　また、限界利益率は、$\dfrac{固定費＋利益}{売上高}$ 又は $\dfrac{売上高－変動費}{売上高}$ で計算されるものであり、売上高、固定費及び変動費にも消費税が含まれていること、仕分けが煩雑であること等により消費税は考慮しないこととすることも考えられますが、費用等を税抜きとすることで固定費又は変動費も税抜きとすることは、実務上可能であることからそうすべきと考えられます。

第Ⅹ章　営業補償と消費税等

⑥）休業（人件費）補償

　人件費については、消費税法第２条第１項第12号及び消費税法取扱通達第11－１－２
で「給与等を対価とする役務の提供」が課税仕入れの範囲から除かれているので、考慮
の対象外です。

　以上を参考までに整理すると次表のとおりです。

区分	経理方式	収益認定	得意先	限界利益率	休業（人件費）	固定的経費	広告費
免税事業者		※	※	※	－	⊕・注	⊕・注
簡易課税事業者	税込	⊖	⊖	⊖	－	注	注
	税抜	※	※	※	－	注	注
原則課税事業者	税込	⊖	⊖	⊖	－	注	注
	税抜	※	※	※	－	注	注
符号の説明	⊕…消費税を加える						
	⊖…消費税を控除する						
	※…帳簿上の金員の額による						
	─…課税仕入れに当らないので考慮不要						
	注…固定的経費及び広告費については、消費税相当額が補償対象であり、これの補償の要否は「公共事業の施行に伴う損失の補償等に関する消費税及び地方消費税の取扱いの改正について」（令和元年９月20日中央用対発第４号）の本文記２に基づき判断することとなる。						

> ※　第Ⅹ章中の「（注─Ａ）～（注─Ｅ）」に係る部分は、『消費税の計算と申告』（著者；木村剛志氏、
> 　土屋俊康氏・発行所；株式会社税務経理協会）の「第３章　消費税等に係る経理処理」から、その
> 　一部を引用及び変更させていただいたものである。

325

第XI章
関係法令

目　次

1　企業会計原則　／329
　○　連結キャッシュ・フロー計算書等の
　　　作成基準　／349
　○　金融商品に関する会計基準　／352
2　商法（抄）　／360
3　会社法（抄）　／363
4　会社法施行令　／370
5　会社法施行規則（抄）　／371
6　会社計算規則（抄）　／390
7　会社法の施行に伴う関係法律の整備等
　　に関する法律（抄）　／436
8　財務諸表等の用語、様式及び作成方法
　　に関する規則（抄）　／439
　○　「財務諸表等の用語、様式及び作成
　　　方法に関する規則」の取扱いに関す
　　　る留意事項について（財務諸表等規
　　　則ガイドライン）（抄）　／500
9　労働基準法（抄）　／515
10　雇用保険法（抄）　／517
11　風俗営業等の規制及び業務の適正化等
　　に関する法律（抄）　／524

12　風俗営業等の規制及び業務の適正化等
　　に関する法律施行令（抄）　／529
13　旅館業法（抄）　／534
14　公衆浴場法（抄）　／536
15　たばこ事業法（抄）　／536
16　たばこ事業法施行規則（抄）　／537
17　酒税法（抄）　／537
18　酒税法及び酒類行政関係法令等解釈通
　　達（抄）　／541
19　営業補償調査算定要領（案）の制定に
　　ついて（抄）　／542
20　用地調査等業務共通仕様書（抄）（例）
　　／566
21　消費税及び地方消費税の申告書（一般
　　用）の書き方〔法人用〕　／577
22　特定収入に係る課税仕入れ等の税額の
　　計算　／621
　○　事例　課税売上高が５億円以下、か
　　　つ、課税売上割合が95％以上の場合
　　　／622
23　道府県民税について　／638

1　企業会計原則

　企業会計原則は、企業が損益計算を行い、財政状態の確定をするときに守るべき原則を示すものであり、会計に携わる者にとっても重要な原則となっている。営業補償は、営業上の損失がどれだけになるかということを計算するものであるため、この会計原則についての知識がより重要となる。

企業会計原則の設定について

〔昭和24年7月9日
経済安定本部企業会計制度対策調査会中間報告〕

一　目的

　我が国の企業会計制度は、欧米のそれに比較して改善の余地が多く、且つ、甚だしく不統一であるため、企業の財政状態並びに経営成績を正確に把握することが困難な実状にある。我が国企業の健全な進歩発達のためにも、社会全体の利益のためにも、その弊害は速やかに改められなければならない。

　又、我が国経済再建上当面の課題である外貨の導入、企業の合理化、課税の公正化、証券投資の民主化、産業金融の適正化等の合理的な解決のためにも、企業会計制度の改善統一は緊急を要する問題である。

　従って、企業会計の基準を確立し、維持するため、先ず企業会計原則を設定して、我が国国民経済の民主的で健全な発達のための科学的基礎を与えようとするものである。

二　会計原則

　1　企業会計原則は、企業会計の実務の中に慣習として発達したもののなかから、一般に公正と認められたところを要約したものであって、必ずしも法令によって強制されないでも、すべての企業がその会計を処理するのに当たって従わなければならない基準である。

　2　企業会計原則は、公認会計士が、公認会計士法及び証券取引法に基づき財務諸表の監査をなす場合において従わなければならない基準となる。

　3　企業会計原則は、将来において、商法、税法、物価統制令等の企業会計に関係ある諸法令が制定改廃される場合において尊重されなければならないものである。

企業会計原則

〔昭和24年7月9日
最終改正　昭和57年4月20日〕

第一　一般原則

　企業の会計原則は、一般原則と損益計算書原則及び貸借対照表原則の3部に分かれている。

　一般原則は、会計の基本的な事項について指針を与えているものであり、会計の諸原則は、この原則の基礎の上に成り立っている。

　企業会計原則は、会計の基本的な事項として次の7つの原則を要請している。

一　真実性の原則

　企業会計は、企業の財政状態及び経営成績に関して、真実な報告を提供するものでなければならない。

　この原則は、他の一般原則の総括ともいえるものであって、正規の簿記の原則、継続性の原則等の原則を守って作成された貸借対照表、損益計算書等の報告書は、真実なものとみなすという意味に解される。すなわち、企業の財政状態を表示する貸借対照表、企業の経営成績を表示する損益計算書は、企業の利害関係者に対して、企業の状況に関する判断を誤らせないため、その会計処理は、会計原則にしたがって作成したものでなければならない。

二 正規の簿記の原則

> 企業会計は、すべての取引につき、正規の簿記の原則に従って、正確な会計帳簿を作成しなければならない。（注1）

正規の簿記とは、普通、複式簿記と考えて差し支えなく、正しい会計記録が財務諸表作成の基礎となることを示した原則である。この場合、複式簿記とは、企業の損益、資産、負債等に影響を及ぼす取引を一定の秩序をもって継続的に記録し、記録相互の検証ができる記録形式をいう。

> [注1] 重要性の原則の適用について
>
> 企業会計は、定められた会計処理の方法に従って正確な計算を行うべきものであるが、企業会計が目的とするところは、企業の財務内容を明らかにし、企業の状況に関する利害関係者の判断を誤らせないようにすることにあるから、重要性の乏しいものについては、本来の厳密な会計処理によらないで他の簡便な方法によることも正規の簿記の原則に従った処理として認められる。
>
> 重要性の原則は、財務諸表の表示に関しても適用される。
>
> 重要性の原則の適用例としては、次のようなものがある。
>
> 消耗品、消耗工具器具備品その他の貯蔵品等のうち、重要性の乏しいものについては、その買入時又は払出時に費用として処理する方法を採用することができる。
>
> 前払費用、未収収益、未払費用及び前受収益のうち、重要性の乏しいものについては、経過勘定項目として処理しないことができる。
>
> 引当金のうち、重要性の乏しいものについては、これを計上しないことができる。
>
> たな卸資産の取得原価に含められる引取費用、関税、買入事務費、移管費、保管費等の付随費用のうち、重要性の乏しいものについ

ては、取得原価に算入しないことができる。

分割返済の定めのある長期の債権又は債務のうち、期限が一年以内に到来するもので重要性の乏しいものについては、固定資産又は固定負債として表示することができる。

三 剰余金区分の原則

> 資本取引と損益取引とを明瞭に区別し、特に資本剰余金と利益剰余金とを混同してはならない。（注2）

資本取引とは、資本自体の増減を生ずる取引であり、損益取引は、経営活動に伴う取引である。利益剰余金は、このような企業の経営活動から生ずる利益で企業内に留保された金額をいう。資本剰余金は、利益剰余金以外の資本金に近い性質の剰余金である。両者を混同することは企業の損益計算を乱すもととなるので、明瞭に区別しておかなければならないとする原則である。なお、営業補償に関係するのは、経営活動の結果である損益取引である。

◎ 資本取引
　資本金及び資本剰余金に増減変化をもたらす取引をいう。
◎ 損益取引
　収益取引と費用取引からなり利益を生ずるもととなる取引をいう。
◎ 資本剰余金
　資本取引から生じた剰余金をいう。
◎ 利益剰余金
　損益取引から生じた剰余金利益の留保額をいう。

> [注2] 資本取引と損益取引との区別について
>
> 資本剰余金は、資本取引から生じた剰余金であり、利益剰余金は損益取引から生じた剰余金、すなわち利益の留保額であるから、両

者が混同されると、企業の財政状態及び経営成績が適正に示されないことになる。従って、例えば、新株発行による株式払込剰余金から新株発行費用を控除することは許されない。

商法上資本準備金として認められる資本剰余金は限定されている。従って、資本剰余金のうち、資本準備金及び法律で定める準備金で資本準備金に準ずるもの以外のものを計上する場合には、その他の剰余金の区分に記載されることになる。

四　明瞭性の原則

企業会計は、財務諸表によって、利害関係者に対し必要な会計事実を明瞭に表示し、企業の状況に関する判断を誤らせないようにしなければならない。(注1)(注1-2)(注1-3)(注1-4)

これは、企業の利害関係者が、経営成績や財政状態を判断できるようにする必要があることから、財務諸表はできるだけ明瞭に表示しなければならないとする原則である。このために財務諸表の様式を統一し、これに示される科目の配列や内容を統一し、財務諸表に脚注を付けたり、主要な科目については明細表を作成して公表するなどの配慮が必要となる。

［注1-2］重要な会計方針の開示について
財務諸表には、重要な会計方針を注記しなければならない。

会計方針とは、企業が損益計算書及び貸借対照表の作成に当たって、その財政状態及び経営成績を正しく示すために採用した会計処理の原則及び手続並びに表示の方法をいう。

会計方針の例としては、次のようなものがある。
　イ　有価証券の評価基準及び評価方法
　ロ　たな卸資産の評価基準及び評価方法
　ハ　固定資産の減価償却方法
　ニ　繰延資産の処理方法
　ホ　外貨建資産、負債の本邦通貨への換算基準
　ヘ　引当金の計上基準
　ト　費用・収益の計上基準

代替的な会計基準が認められていない場合には、会計方針の注記を省略することができる。

［注1-3］重要な後発事象の開示について
財務諸表には、損益計算書及び貸借対照表を作成する日までに発生した重要な後発事象を注記しなければならない。

後発事象とは、貸借対照表日後に発生した事象で、次期以後の財政状態及び経営成績に影響を及ぼすものをいう。

重要な後発事象を注記事項として開示することは、当該企業の将来の財政状態及び経営成績を理解するための補足情報として有用である。

重要な後発事象の例としては、次のようなものがある。
　イ　火災、出水等による重大な損害の発生
　ロ　多額の増資又は減資及び多額の社債の発行又は繰上償還
　ハ　会社の合併、重要な営業の譲渡又は譲受
　ニ　重要な係争事件の発生又は解決
　ホ　主要な取引先の倒産

［注1-4］注記事項の記載方法について
重要な会計方針に係る注記事項は、損益計算書及び貸借対照表の次にまとめて記載する。

なお、その他の注記事項についても、重要な会計方針の注記の次に記載することができる。

五　継続性の原則

> 企業会計は、その処理の原則及び手続を毎期継続して適用し、みだりにこれを変更してはならない。（注1－2）（注3）

これは、真実性の原則を実質的に成立させる重要な原則である。会計報告の場合でも、会計処理の場合でも、継続適用を要請するこの原則は会計報告の場合に、前期と当期というように企業の経営の成果や財政状態についての比較性を実現させ、会計処理に関しては、決算操作の道を封じ恣意的に損益を操作できないこととした。

> ［注3］継続性の原則について
> 　企業会計上継続性が問題とされるのは、一つの会計事実について二つ以上の会計処理の原則又は手続の選択適用が認められている場合である。
> 　このような場合に、企業が選択した会計処理の原則及び手続を毎期継続して適用しないときは、同一の会計事実について異なる利益額が算出されることになり、財務諸表の期間比較を困難ならしめ、この結果、企業の財務内容に関する利害関係者の判断を誤らしめることになる。
> 　従って、いったん採用した会計処理の原則又は手続は、正当な理由により変更を行う場合を除き、財務諸表を作成する各時期を通じて継続して適用しなければならない。
> 　なお、正当な理由によって、会計処理の原則又は手続に重要な変更を加えたときは、これを当該財務諸表に注記しなければならない。

六　安全性の原則

> 　企業の財政に不利な影響を及ぼす可能性がある場合には、これに備えて適当に健全な会計処理をしなければならない。（注4）

別に保守主義の原則ともいわれ、「予想利益は計上してはならない。予想の損失は計上しなければならない。」との規律として表示されているものである。

これは、利益の過大表示と資産の過大評価を排除して、企業会計を健全なものにするためのものである。

しかし、企業の毎期の利益の測定にあたっては、資産の評価、将来の危険の予測、将来の支出の予定などの不確実を伴うもので、絶対的な正確を期することが困難である。そこで、利益測定における安全率の適用が認められており、これが、引当金と呼ばれるものである。

> ［注4］保守主義の原則について
> 　企業会計は、予測される将来の危険に備えて慎重な判断に基づく会計処理を行わなければならないが、過度に保守的な会計処理を行うことにより、企業の財政状態及び経営成績の真実な報告をゆがめてはならない。

七　単一性の原則

> 　株主総会提出のため、信用目的のため、租税目的のため等種々の目的のために異なる形式の財務諸表を作成する必要がある場合、それらの内容は、信頼しうる会計記録に基づいて作成されたものであって、政策の考慮のために事実の真実な表示をゆがめてはならない。

この単一性の原則は、絶対的な単一性を要求するものでなく、内容における実質的な単一性を要求するものであり、形式的な単一性を主張するものではない。単に報告する重点が目的によって相違するということである。

株主目的では、資本有高及び配当可能利益の報告に、信用目的では、支払能力及び収益力に、租税目的では、課税所得及びその基礎資料としての損益の状況に関する報告に重点を置くということ

である。

第二　損益計算書原則

損益計算書は、企業の経営成績を明らかにするために作成されるものであり、企業の経営活動に伴う一定期間の利益を算定し、投資者、債権者、経営者及び税務関係等に対して正しく報告するものである。

この損益計算書の作成等に関する原則として、企業会計原則では、次の9項目に区分して説明している。

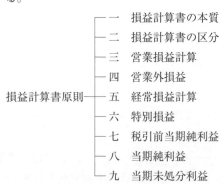

以下、これらの原則について簡単に説明する。

一　損益計算書の本質

> 損益計算書は、企業の経営成績を明らかにするため、一会計期間に属するすべての収益とこれに対応するすべての費用とを記載して経常利益を表示し、これに特別損益に属する項目を加減して当期純利益を表示しなければならない。
>
> A　すべての費用及び収益は、その支出及び収入に基づいて計上し、その発生した期間に正しく割当てられるように処理しなければならない。ただし、未実現収益は、原則として、当期の損益計算に計上してはならない。
>
> 　　前払費用及び前受収益は、これを当期の損益計算から除去し、未払費用及び未収収益は、当期の損益計算に計上しなければならない。（注5）
>
> B　費用及び収益は、総額によって記載することを原則とし、費用の項目と収益の項目とを直接に相殺することによってその全部又は一部を損益計算書から除去してはならない。
>
> C　費用及び収益は、その発生源泉に従って明瞭に分類し、各収益項目とそれに関連する費用項目とを損益計算書に対応表示しなければならない。

損益計算書の本質については、以下のように要約される。

◎　企業の経営成績を明らかにするために作成されるものである。

◎　一会計期間に属するすべての収益と、これに対応するすべての費用とを記載して、経常利益を算定するものである。

◎　経常利益に特別利益に属する項目を加減して、当期純利益を表示するものである。また、損益計算書の基本原則は、次のとおりである。

　a　発生主義

　　　すべての費用及び収益は、その支出及び収入に基づいて計上し、その発生した期間に正しく割当てられるように処理しなければならない。この場合、前払費用及び前受収益は、これを当期の損益計算から除去し、未払費用及び未収収益は、当期の損益計算に計上しなければならない。

　b　総括主義

　　　費用及び収益は、総額によって記載することを原則とする。

　　　費用の項目と収益の項目とを直接相殺することによって、その全部又は一部を損益計算書から除去してはならない。

　c　費用収益の対応

　　　費用及び収益は、その発生源泉に従って明瞭に分類し、各収益項目とそれに関連する費用項目とを損益計算書に対応表示しなければならない。

［注5］経過項目勘定について

◆　前払費用

　　前払費用は、一定の契約に従い、継続して役務の提供を受ける場合、いまだ提供されていない役務に対し支払われた対価をいう。従って、このような役務に対する対価は、時間の経過とともに次期以降の費用となるものであるから、これを当期の損益計算から除去するとともに貸借対照表の資産の部に計上しなければならない。また、前払費用は、かかる役務提供契約以外の契約等による前払金とは区別しなければならない（火災保険料、支払家賃、支払利息等）。

◆　前受収益

　　前受収益は、一定の契約に従い、継続して役務の提供を行う場合、いまだ提供していない役務に対し支払を受けた対価をいう。従って、このような役務に対する対価は、時間の経過とともに次期以降の収益となるものであるから、これを当期の損益計算から除去するとともに貸借対照表の負債の部に計上しなければならない。また、前受収益は、かかる役務提供契約以外の契約等による前受金とは区別しなければならない（受取家賃、受取地代、受取利息等）。

◆　未払費用

　　未払費用は、一定の契約に従い、継続して役務の提供を受ける場合、すでに提供された役務に対していまだその対価の支払が終らないものをいう。従って、このような役務に対する対価は、時間の経過に伴いすでに当期の費用として発生しているものであるから、これを当期の損益計算に計上するとともに貸借対照表の負債の部に計上しなければならない。また、未払費用は、かかる役務提供契約以外の契約等による未払金とは区別しなければならない（支払手数料、未払家賃、未払利息等）。

◆　未収収益

　　未収収益は、一定の契約に従い、継続して役務の提供を行う場合、すでに提供した役務に対していまだその対価の支払を受けていないものをいう。従って、このような役務に対する対価は時間の経過に伴いすでに当期の収益として発生しているものであるから、これを当期の損益計算に計上するとともに貸借対照表の資産の部に計上しなければならない。また、未収収益は、かかる役務提供契約以外の契約等による未収金とは区別しなければならない（未収利息、未収家賃等）。

二　損益計算書の区分

　　損益計算書には、営業損益計算、経常損益計算及び純損益計算の区分を設けなければならない。

A　営業損益計算の区分は、当該企業の営業活動から生ずる費用及び収益を記載して、営業利益を計算する。

　　二つ以上の営業を目的とする企業にあっては、その費用及び収益を主要な営業別に区分して記載する。

B　経常損益計算の区分は、営業損益計算の結果を受けて、利息及び割引料、有価証券売却損益その他営業活動以外の原因から生ずる損益であって特別損益に属しないものを記載し、経常利益を計算する。

C　純損益計算の区分は、経常損益計算の結果を受けて、前期損益修正額、固定資産売却損益等の特別損益を記載し、当期純利益を計算する。

D　純損益計算の結果を受けて、前期繰越利益等を記載し、当期未処分利益を計算する。

　　企業の費用、収益及び損失、利益項目の配列表示をする場合は、無秩序、無系統に列挙したのでは、損益の発生原因を明瞭にすることはできな

い。したがって、この配列表示は、その発生原因によって分類し、その区分に従って表示する必要がある。損益計算書の区分について損益計算書原則では、「営業損益計算」「経常損益計算」及び「純損益計算」の3区分にしなければならないと規定している。

三　営業損益計算

　営業損益計算は、一会計期間に属する売上高と売上原価とを記載して売上総利益を計算し、これから販売費及び一般管理費を控除して、営業利益を表示する。
A　企業が商品等の販売と役務の給付とをともに主たる営業とする場合には、商品等の売上高と役務による営業収益とは、これを区別して記載する。
B　売上高は、実現主義の原則に従い、商品等の販売又は役務の給付によって実現したものに限る。ただし、長期の未完成請負工事等については、合理的に収益を見積もり、これを当期の損益計算に計上することができる。（注6）（注7）
C　売上原価は、売上高に対応する商品等の仕入原価又は製造原価であって、商業の場合には、期首商品たな卸高に当期商品仕入高を加え、これから期末商品たな卸高を控除する形式で表示し、製造工業の場合には、期首製品たな卸高に当期製品製造原価を加え、これから期末製品たな卸高を控除する形式で表示する。（注8）（注9）（注10）
D　売上総利益は、売上高から売上原価を控除して表示する。
　　役務の給付を営業とする場合には、営業収益から役務の費用を控除して総利益を表示する。
E　同一企業の各経営部門の間における商品等の移転によって発生した内部利益は、売上高及び売上原価を算定するに当たって除去しなければならない。（注11）
F　営業利益は、売上総利益から販売費及び一般管理費を控除して表示する。販売費及び一般管理費は、適当な科目に分類して営業損益計算の区分に記載し、これを売上原価及び期末たな卸高に算入してはならない。ただし、長期の請負工事については、販売費及び一般管理費を適当な比率で請負工事に配分し、売上原価及び期末たな卸高に算入することができる。

営業損益計算について、簡潔に表示すると次のようになる。
　「売上高」－「売上原価」＝「売上総利益」
　「売上総利益」－「販売費及び一般管理費」
　　　　　　　　　　＝「営業利益」
なお、2つ以上の営業を目的とする企業にあっては、主要な営業別に区分して、営業損益計算を行わなければならない。
a　売上高
　売上高は、一会計期間における、商品等の販売又は役務の給付によって実現したものに限

る。これは、原則が収益の認識、測定の基準として「実現主義」を採用していることから、当然いまだ実現していない収益は計上してはならないとされていることによる。

なお、特殊な販売契約による実現の基準については注6参照。

b　売上原価

売上原価とは、売上高に対応する商品等の仕入原価又は製造原価であり、販売業と製造業とでは以下のように表示が異なる。

（販売業）

「期首商品棚卸高」＋「当期商品仕入高」－「期末商品棚卸高」

（製造業）

「期首商品棚卸高」＋「当期製品製造原価」－「期末商品棚卸高」

c　販売費及び一般管理費

販売費及び一般管理費は、適当な科目に分類し、営業損益計算の区分に記載するものとし、売上原価及び期末棚卸高に算入してはならない。主な科目としては、販売手数料、荷造費、広告宣伝費、見本費、保管費、納入試験費、販売及び一般管理業務に従事する役員従業員の給料、賃金、手当、賞与、福利厚生費並びに販売及び一般管理部門関係の交際費、旅費、交通費、通信費、光熱費及び消耗部品費、租税公課、減価償却費、修繕費、保険料及び不動産賃借料等がある。

[注6]　実現主義の適用について

委託販売、試用販売、予約販売、割賦販売等特殊な販売契約による売上収益の実現の基準は、次によるものとする。

◆　委託販売

委託販売については、受託者が委託品を販売した日をもって売上収益の実現の日とする。従って、決算手続中に仕切精算書（売上計算書）が到達すること等により決算日までに販売された事実が明らかとなったものについては、これを当期の売上収益

に計上しなければならない。ただし、仕切精算書が販売のつど送付されている場合には、当該仕切精算書が到達した日をもって売上収益の実現の日とみなすことができる。

◆　試用販売

試用販売については、得意先が買取りの意思を表示することによって売上が実現するのであるから、それまでは、当期の売上高に計上してはならない。

◆　予約販売

予約販売については、予約金受取額のうち、決算日までに商品の引渡し又は役務の給付が完了した分だけを当期の売上高に計上し、残額は貸借対照表の負債の部に記載して次期以後に繰延べなければならない。

◆　割賦販売

割賦販売については、商品等を引渡した日をもって売上収益の実現の日とする。

しかし、割賦販売は通常の販売と異なり、その代金回収の期間が長期にわたり、かつ、分割払であることから代金回収上の危険が高いので、貸倒引当金及び代金回収費、アフター・サービス費等の引当金の計上について特別の配慮を要するが、その算定に当たっては、不確実性と煩雑さとを伴う場合が多い。従って、収益の認識を慎重に行うため、販売基準に代えて、割賦金の回収期限の到来の日又は入金の日をもって売上収益実現の日とすることも認められる。

[注7]　工事収益について

長期の請負工事に関する収益の計上については、工事進行基準又は工事完成基準のいずれかを選択適用することができる。

◆　工事進行基準

決算期末に工事進行程度を見積り、適正な工事収益率によって工事収益の一部を当期の損益計算に計上する。

第XI章　関係法令

◆工事完成基準

　工事が完成し、その引渡しが完了した日に工事収益を計上する。

[注8]　製品等の製造原価について

　製品等の製造原価は、適正な原価計算基準に従って算定しなければならない。

[注9]　原価差額の処理について

　原価差額を売上原価に賦課した場合には、損益計算書に売上原価の内訳科目として次の形式で原価差額を記載する。

　売上原価
　　1　期首製品たな卸高　　×××
　　2　当期製品製造原価　　×××
　　　合　計　×××
　　3　期末製品たな卸高　　×××
　　　標準（予定）売上原価　×××
　　4　原価差額　×××　　×××

　原価差額をたな卸資産の科目別に配賦した場合には、これを貸借対照表上のたな卸資産の科目別に各資産の価額に含めて記載する。

[注10]　たな卸資産の評価損について

　商品、製品、原材料等のたな卸資産に低価基準を適用する場合に生ずる評価損は、原則として、売上原価の内訳科目又は営業外費用として表示しなければならない。

　時価が取得原価より著しく下落した場合（貸借対照表原則五のA第一項ただし書の場合）の評価損は、原則として、営業外費用又は特別損失として表示しなければならない。

　品質低下、陳腐化等の原因によって生ずる評価損については、それが原価性を有しないものと認められる場合には、これを営業外費用又は特別損失として表示し、これらの評価損が原価性を有するものと認められる場合には、製造原価、売上原価の内訳科目又は販売費として表示しなければならない。

[注11]　内部利益とその除去の方法について

　内部利益とは、原則として、本店、支店、事業部等の企業内部における独立した会計単位相互間の内部取引から生ずる未実現の利益をいう。従って、会計単位内部における原材料、半製品等の振替から生ずる振替損益は内部利益ではない。

　内部利益の除去は、本支店等の合併損益計算書において売上高から内部売上高を控除し、仕入高（又は売上原価）から内部仕入高（又は内部売上原価）を控除するとともに、期末たな卸高から内部利益の額を控除する方法による。これらの控除に際しては、合理的な見積概算額によることも差支えない。

四　営業外損益

　営業外損益は、受取利息及び割引料、有価証券売却益等の営業外収益と支払利息及び割引料、有価証券売却損、有価証券評価損等の営業外費用とに区分して表示する。

◎　営業外収益

　営業外収益は、企業の生産活動や販売活動等の主たる営業活動以外の貸付や投資等の財務活動によって生じるものであり、大体毎期継続的に発生するものである。営業外収益には、受取利息、割引料、有価証券利息、受取配当、有価証券売却、仕入割引、雑収入等がある。

◎　営業外費用

　営業外費用は、主たる営業活動以外の原因から生ずる財務費用であり、支払利息、支払割引料、社債発行差金償却、社債利息、創立費償却、開業費償却、有価証券売却損、売上割引等がある。

五　経常損益計算

　経常利益は、営業利益に営業外収益を加え、これから営業外費用を控除して表示する。

337

経常損益計算は、営業損益計算の結果を受けて、受取利息及び割引料、有価証券売却損益、その他営業活動以外の原因から生ずる収益及び費用であって、特別損益に属さないものを記載し、経常利益を計算するものである。

経常損益計算について、簡潔に表示すると次のようになる。

「営業利益」＋「営業外利益」－「営業外費用」
　＝「経常利益」

六　特別損益

特別損益は、前期損益修正益、固定資産売却益等の特別利益と前期損益修正損、固定資産売却損、災害による損失等の特別損失とに区分して表示する。(注12)

[注12] 特別損益項目について
　特別損益に属する項目としては、次のようなものがある。
(1)　臨時損益
　イ　固定資産売却損益
　ロ　転売以外の目的で取得した有価証券の売却損益
　ハ　災害による損失
(2)　前期損益修正
　イ　過年度における引当金の過不足修正額
　ロ　過年度における減価償却の過不足修正額
　ハ　過年度におけるたな卸資産評価の訂正額
　なお、特別損益に属する項目であっても、金額の僅少なもの又は毎期経常的に発生するものは、経常損益計算に含めることができる。

七　税引前当期純利益

税引前当期純利益は、経常利益に特別利益を加え、これから特別損失を控除して表示する。

税引前当期純利益とは、企業の正常な収益力である経常利益に非反復的・非経常的な損益である特別利益、特別損失を加味した損益、つまり、一会計期間に発生した全ての収益から一会計期間に発生した全ての費用を差し引いた、企業の期間的な処分可能利益をいう。

◎　経常利益
　固定資産の売却損益や長期間保有してきた有価証券の売却損益などのような臨時的な損益を損益計算から除外した上で、毎期経常的に発生する経常性のある損益項目だけを考慮して損益計算した場合の利益であり、企業の正常な収益力を示す指標といえる。

◎　税引前当期純利益
　臨時的な損益を損益計算から除外しないで、一会計期間に発生した全ての収益から一会計期間に発生した全ての費用を差し引いて計算した利益。
　税引前当期純利益は、純粋な当期の企業の経営活動の成果であり、投下資本の回収余剰として、期間的な処分可能利益である。

八　当期純利益

当期純利益は、原則として、税引前当期純利益から当期の負担に属する法人税額、住民税額等を控除して表示する。(注13)

当期純利益とは、企業の期間的処分可能利益である税引前当期純利益から法人税など利益にかかる税金（約30％〜50％程度の法人税等）を差し引いたものである。

[注13] 法人税等の追徴税額等について
　法人税等の更正決定等による追徴税額及び還付税額は、税引前当期純利益に加減して表示する。この場合、当期の負担に属する法人税額等とは区別することを原則とするが、重要性の乏しい場合には、当期の負担に属する

九　当期未処分利益

当期未処分利益は、当期純利益に前期繰越利益、一定の目的のために設定した積立金のその目的に従った取崩額、中間配当額、中間配当に伴う利益準備金の積立額等を加減して表示する。

当期未処分利益とは、当期純利益に、前期繰越利益、任意積立金取崩額、中間配当額、中間配当に伴う利益準備金積立額を加減したもので、現行の日本の会計制度における損益計算書の最終値となっている項目で、毎決算から3ヶ月後に実施される株主総会において実際に処分（株主配当等）の対象とされる利益である。

◎　前期繰越利益

　　前期の当期未処分利益を株主総会にて処分の決議を行った際にその期のうちに処分しないで次期に繰り越すと決議されて当期の利益処分に繰り越されてきた前期以前の利益の未処分額。

◎　任意積立金取崩額

　　一定の目的のために設定した積立金をその当初の積立目的に利用するため取り崩す場合のその取崩額。

◎　中間配当額

　　当期の営業年度中に役員会の決議をもって株主に分配された金銭の分配額。

◎　中間配当に伴う利益準備金積立額

　　商法の規定により積み立てることが強制されている利益準備金の積立額。

第三　貸借対照表原則
一　貸借対照表の本質

貸借対照表は、企業の財政状態を明らかにするため、貸借対照表日におけるすべての資産、負債及び資本を記載し、株主、債権者その他の利害関係者にこれを正しく表示するも

のでなければならない。ただし、正規の簿記の原則に従って処理された場合に生じた簿外資産及び簿外負債は、貸借対照表の記載外におくことができる。（注1）

A　資産、負債及び資本は、適当な区分、配列、分類及び評価の基準に従って記載しなければならない。

B　資産、負債及び資本は、総額によって記載することを原則とし、資産の項目と負債又は資本の項目とを相殺することによって、その全部又は一部を貸借対照表から除去してはならない。

C　受取手形の割引高又は裏書譲渡高、保証債務等の偶発債務、債務の担保に供している資産、発行済株式1株当たり当期純利益及び同1株当たり純資産額等企業の財務内容を判断するために重要な事項は、貸借対照表に注記しなければならない。

D　将来の期間に影響する特定の費用は、次期以降の期間に配分して処理するため、経過的に貸借対照表の資産の部に記載することができる。（注15）

E　貸借対照表の資産の合計金額は、負債と資本の合計金額に一致しなければならない。

貸借対照表は、ある一定時点において企業に存在するすべての資産及び負債、そしてその差額としての資本を表示する報告書で、企業が事業活動を営むにあたりどれだけの資金を外部から調達し、その調達した資金をどのような事業活動に投下し運用しているのかという、企業の財政状態を表すもので、「バランスシート」といわれている。

貸借対照表は単なる勘定科目の羅列ではなく、企業の利害関係者に対し、企業の財政状態を正しく報告するために作成するものであるので、資産、負債及び資本は適当な区分に分類して、理解し易いように配列して記載する必要がある。この場合の貸借対照表価額は、評価基準に従った記載とし、また、原則として総額主義の原則によって

記載する必要がある。

なお、このほかに原則では、簿外資産及び簿外負債は貸借対照表外に置くことができること、企業の財政状態を判断するために重要な事項は、「注記」しなければならないこと、「将来の期間に影響する特定の費用」（繰延資産）は、次期以後の期間に配分して処理するため、経過時に貸借対照表の資産の部に記載することができること及び貸借対照表の資産の合計金額は、負債と資本の合計額に一致しなければならないとしている。

◎ 消耗品、消耗工具、器具備品その他の貯蔵品のうち、重要性の乏しいものについては、その買入時又は払出時に費用として処理する方法を採用することができる。

◎ 前払費用、未収収益及び前受利益のうち、重要性の乏しいものについては、経過勘定項目として処理しないことができる。

◎ 負債性引当金のうち、重要性の乏しいものについては、これを計上しないことができる。

「重要な事項」とは、資産評価の基準、固定資産の減価償却の方法、受取手形の割引高又は裏書譲渡高、保証債務等の偶発債務、債務の担保に供している資産等をいう。

［注15］将来の期間に影響する特定の費用について

「将来の期間に影響する特定の費用」とは、すでに対価の支払が完了し又は支払義務が確定し、これに対応する役務の提供を受けたにもかかわらず、その効果が将来にわたって発現するものと期待される費用をいう。

これらの費用は、その効果が及ぶ数期間に合理的に配分するため、経過的に貸借対照表上繰延資産として計上することができる。

なお、天災等により固定資産又は企業の営業活動に必須の手段たる資産の上に生じた損失が、その期の純利益又は当期未処分利益から当期の処分予定額を控除した金額をもって負担しえない程度に巨額であって特に法令をもって認められた場合には、これを経過的に

貸借対照表の資産の部に記載して繰延経理することができる。

二　貸借対照表の区分

貸借対照表は、資産の部、負債の部及び資本の部の三区分に分ち、さらに資産の部を流動資産、固定資産及び繰延資産に、負債の部を流動負債及び固定負債に区分しなければならない。

貸借対照表は、資産の部、負債の部、資本の部の3区分とする。さらに、資産の部は流動資産、固定資産及び繰延資産に区分して表示し、また負債の部は、流動負債及び固定負債に区分して表示しなければならない。貸借対照表は、企業の財政状態を明瞭に表示するために、企業の資産の源泉と運用状態を示すものである。

貸借対照表（例）

平成〇〇年〇〇月〇〇日現在

資産の部		負債の部	
流動負債の部		流動負債	
	現金・預金		支払手形
	原材料		短期借入金
固定資産		固定負債	
	有形固定資産		長期借入金
	無形固定資産		退職金引当金
繰延資産		資本の部	
	開業費	資本金	
	社債発行費	法定準備金	
		剰余金	
資産の部計		負債・資本の部計	

三　貸借対照表の配列

資産及び負債の項目の配列は、原則として、流動性配列法によるものとする。

貸借対照表における資産及び負債の項目の配列は、原則として流動性配列法によるものとされている。

第XI章　関係法令

◎　流動性配列法

　　流動性配列法とは、貸借対照表項目を流動性の高い（換金性が高い）ものから順に配列していく方法で、資産については流動資産、固定資産の順で、負債については流動負債、固定負債の順、そして負債に続いて資本を配列する方法（注16参照）。

◎　固定性配列法

　　流動性配列法に対して固定性配列法とは、貸借対照表項目を流動性の低い項目から順に配列していく方法で、資産については固定資産、流動資産の順、貸方はまず資本を配列し、続いて負債について固定負債、流動負債と配列する方法。

　固定性配列法は電力会社やガス会社等の固定資産の占める割合が極めて高い企業においてのみ採用が認められている。

四　貸借対照表の分類

　資産、負債及び資本の各科目は、一定の基準に従って明瞭に分類しなければならない。

(一)　資産

　資産は、流動資産に属する資産、固定資産に属する資産及び繰延資産に属する資産に区別しなければならない。仮払金、未決算等の勘定を貸借対照表に記載するには、その性質を示す適当な科目で表示しなければならない。（注16）

A　現金預金、市場性ある有価証券で一時的所有のもの、取引先との通常の商取引によって生じた受取手形、売掛金等の債権、商品、製品、半製品、原材料、仕掛品等のたな卸資産及び期限が一年以内に到来する債権は、流動資産に属するものとする。

　前払費用で一年以内に費用となるものは、流動資産に属するものとする。

　受取手形、売掛金その他流動資産に属する債権は、取引先との通常の商取引上の債権とその他の債権とに区別して表示しなければならない。

B　固定資産は、有形固定資産、無形固定資産及び投資その他の資産に区分しなければならない。

　建物、構築物、機械装置、船舶、車両運搬具、工器具備品、土地、建設仮勘定等は、有形固定資産に属するものとする。

　営業権、特許権、地上権、商標権等は、無形固定資産に属するものとする。

　子会社株式その他流動資産に属しない有価証券、出資金、長期貸付金並びに有形固定資産、無形固定資産及び繰延資産に属するもの以外の長期資産は、投資その他の資産に属するものとする。

　有形固定資産に対する減価償却累計額は、原則として、その資産が属する科目ごとに取得原価から控除する形式で記載する。（注17）

　無形固定資産については、減価償却額を控除した未償却残高を記載する。

C　創立費、開業費、新株発行費、社債発行費、社債発行差金、開発費、試験研究費及び建設利息は、繰延資産に属するものとする。これらの資産については、償却額を控除した未償却残高を記載する。（注15）

D　受取手形、売掛金その他の債権に対する貸倒引当金は、原則として、その債権が属する科目ごとに債権金額又は取得価額から控除する形式で記載する。（注17）（注18）

　債権のうち、役員等企業の内部の者に対するものと親会社又は子会社に対するものは、特別の科目を設けて区別して表示し、又は注記の方法によりその内容を明瞭に示さなければならない。

　資産及び負債の各科目の分類の基準として、次のように定められている。

◎　主目的たる営業取引により発生した債権、債務

　　流動資産、流動負債

◎　主目的以外の取引によって発生した債権、債

341

務

─貸借対照表の翌日から起算して1年以内に入金又は支払の期限が到来するもの

　　流動資産、流動負債

─貸借対照表の翌日から起算した場合、入金又は支払の期限が、1年を超えた時点で到来するもの

　　投資その他の資産又は固定負債

◎　資産の分類

　資産は次のように分類される。

　　　　　┌流動資産　┌有形固定資産
　資産─┤固定資産─┤無形固定資産
　　　　　└繰延資産　└投資

a　流動資産

　流動資産とは、現金及び短期間に現金化又は費用化する資産であり、主なものとしては、現金預金、受取手形、売掛金、有価証券、商品、半製品、製品、原材料、仕掛品等の棚卸資産（※1）がある。

※1）　企業が営業目的を達成するために所有し、かつ、その加工もしくは売却を予定しない財産は固定資産に属する。

b　固定資産

　固定資産とは、企業活動のために、長期にわたって使用する目的で保有する資産であり、主な項目を例示すれば次のとおりである。

─有形固定資産……建物、構築物、機械装置、船舶、車両、運搬具、工具、器具備品、土地等

─無形固定資産……営業権、特許権、地上権、商標権等

─投資その他資産……投資有価証券、子会社株式、出資金、長期貸付金、株主・役員又は従業員に対する長期貸付金その他投資等

c　繰延資産

　繰延資産とは、既に支出済の費用を、将来の期間に割り当てて償却するものである。繰延資

産の内容について、原則では次のように定めている。

「創立費、開業費、新株発行費、社債発行費、社債発行差金、開発費、試験研究費及び建設利息は繰延資産に属する」（※2）

※2）

◎　創立費

　株式会社の法律上の成立までの間に支出した費用である。これは、発起人が既に立替えて支払っているため、会社設立後に会社が発起人に支払うものであり、その項目としては、事務所借料、必要書類の印刷等の作成費、使用人の給料等がある。

◎　開業費

　会社の成立後、営業の開始時点までに支払われた開業準備のための費用をいい、土地、建物借料、広告費、水道、ガス、電気料、交通通信費等がある。

◎　新株発行費

　会社が創立された後、新たに株式を発行する場合に直接支出した金額をいい、株式募集の広告費、証券会社等の取扱手数料、株券の印刷費等がある。

◎　社債発行費

　社債の発行にあたり直接支出した費用で、社債募集のための広告費等をいい、新株発行費とほぼ同様である。

◎　社債発行差金

　社債の額面価額と発行価額との差額である。

◎　試験研究費及び開発費

　新製品又は新技術の研究、新技術又は新経営組織の採用、資源の開発、市場の開拓に支出した金額をいう。

◎　建設利息

　会社が成立後2年以上、営業の全部が開業できない場合（私鉄、ガス、電力等）において、開業前に一定の期限に限って株主に利息を配当することができるが、この場合の利息をいう。この場合、会社は収益がないので、

繰延資産とし、開業した後に利益から償却するものである。

以上の繰延資産のうち、商法では創立費、開業費、試験研究費及び開発費については、支出後5年以内に毎期均等額以上の償却をすることとしている。

（二） 負債

負債は、流動負債に属する負債と固定負債に属する負債とに区別しなければならない。仮受金、未決算等の勘定を貸借対照表に記載するには、その性質を示す適当な科目で表示しなければならない。（注16）

A 取引先との通常の商取引によって生じた支払手形、買掛金等の債務及び期限が一年以内に到来する債務は、流動負債に属するものとする。

支払手形、買掛金その他流動負債に属する債務は、取引先との通常の商取引上の債務とその他の債務とに区別して表示しなければならない。

引当金のうち、賞与引当金、工事補償引当金、修繕引当金のように、通常一年以内に使用される見込のものは流動負債に属するものとする。（注18）

B 社債、長期借入金等の長期債務は、固定負債に属するものとする。

引当金のうち、退職給与引当金、特別修繕引当金のように、通常一年をこえて使用される見込のものは、固定負債に属するものとする。（注18）

C 債務のうち、役員等企業の内部の者に対するものと親会社又は子会社に対するものは、特別の科目を設けて区別して表示し、又は注記の方法によりその内容を明瞭に示さなければならない。

負債とは、企業が負担するすべての債務をいい、会計上の債務として、将来の支出に備えて計上する各種の引当金を含む。負債は、流動負債と、固定負債とに分類される。

a 流動負債

流動負債は短期負債ともいわれ、次のようなものをいう。

- 取引先と通常の取引によって生じた支払手形、買掛金等の債務
- 期限が1年以内に到来する債務
- 負債引当金のうち、賞与引当金、工事補償引当金
  （通常1年以内に使用される見込みのもの）
- 短期借入金、未払金、前受金、預り金、未払費用等

◎ 未払金

特定の契約などにより、すでに確定している債務のうちいまだその支払いが終わっていないものをいい、法的にはすでに確定している債務である。これについては、物品税、広告料、販売手数料、売上割戻金がある。

◎ 前受金

建設会社が工事完成前に受け取る前受金や、商店が商品引渡前に受け取る手付金がある。

◎ 預り金

通常の取引に関連して発生する営業上の一時的な債務であり、一般の取引慣行として、発生後短期間に支払われるものである。

b 固定負債

固定負債は長期負債といい、次のようなものである。

- 社債、長期借入金等の長期債務
- 負債引当金のうち、退職給与引当金等
  （通常1年を超えて使用される見込みのもの）

◎ 負債引当金

当該事業年度の取引の結果、次の事業年度又はそれ以降の事業年度で損失が発生することが明らかな場合に、その損失を補填する準備金であり、賞与引当金、退職給与引当金、修繕引当金がある。

［注16］ 流動資産又は流動負債と固定資産又

343

は固定負債とを区別する基準について

受取手形、売掛金、前払金、支払手形、買掛金、前受金等の当該企業の主目的たる営業取引により発生した債権及び債務は、流動資産又は流動負債に属するものとする。ただし、これらの債権のうち、破産債権、更正債権及びこれに準ずる債権で一年以内に回収されないことが明らかなものは、固定資産たる投資その他の資産に属するものとする。

貸付金、借入金、差入保証金、受入保証金、当該企業の主目的以外の取引によって発生した未収金、未払金等の債権及び債務で、貸借対照表日の翌日から起算して一年以内に入金又は支払の期限が到来するものは、流動資産又は流動負債に属するものとし、入金又は支払の期限が一年をこえて到来するものは、投資その他の資産又は固定負債に属するものとする。

現金預金は、原則として、流動資産に属するが、預金については、貸借対照表日の翌日から起算して一年以内に期限が到来するものは、流動資産に属するものとし、期限が一年をこえて到来するものは、投資その他の資産に属するものとする。

所有有価証券のうち、証券市場において流通するもので、短期的資金運用のために一時的に所有するものは、流動資産に属するものとし、証券市場において流通しないもの若しくは他の企業を支配する等の目的で長期的に所有するものは、投資その他の資産に属するものとする。

前払費用については、貸借対照表日の翌日から起算して一年以内に費用となるものは、流動資産に属するものとし、一年をこえる期間を経て費用となるものは、投資その他の資産に属するものとする。未収収益は流動資産に属するものとし、未払費用及び前受収益は、流動負債に属するものとする。

商品、製品、半製品、原材料、仕掛品等のたな卸資産は、流動資産に属するものとし、

企業がその営業目的を達成するために所有し、かつ、その加工若しくは売却を予定しない財貨は、固定資産に属するものとする。

なお、固定資産のうち残存耐用年数が一年以下となったものも流動資産とせず固定資産に含ませ、たな卸資産のうち恒常在庫品として保有するもの若しくは余剰品として長期間にわたって所有するものも固定資産とせず流動資産に含ませるものとする。

[注17] 貸倒引当金又は減価償却累計額の控除形式について

貸倒引当金又は減価償却累計額は、その債権又は有形固定資産が属する科目ごとに控除する形式で表示することを原則とするが、次の方法によることも妨げない。

二以上の科目について、貸倒引当金又は減価償却累計額を一括して記載する方法

債権又は有形固定資産について、貸倒引当金又は減価償却累計額を控除した残額のみを記載し、当該貸倒引当金又は減価償却累計額を注記する方法

[注18] 引当金について

将来の特定の費用又は損失であって、その発生が当期以前の事象に起因し、発生の可能性が高く、かつ、その金額を合理的に見積ることができる場合には、当期の負担に属する金額を当期の費用又は損失として引当金に繰入れ、当該引当金の残高を貸借対照表の負債の部又は資産の部に記載するものとする。

製品保証引当金、売上割戻引当金、返品調整引当金、賞与引当金、工事補償引当金、退職給与引当金、修繕引当金、特別修繕引当金、債務保証損失引当金、損害補償損失引当金、貸倒引当金等がこれに該当する。

発生の可能性の低い偶発事象に係る費用又は損失については、引当金を計上することはできない。

> (三) 資本
>   資本は、資本金に属するものと剰余金に属するものとに区別しなければならない。（注19）
>   A 資本金の区分には、法定資本の額を記載する。発行済株式の数は普通株、優先株等の種類別に注記するものとする。
>   B 剰余金は、資本準備金、利益準備金及びその他の剰余金に区分して記載しなければならない。
>   株式払込剰余金、減資差益及び合併差益は、資本準備金として表示する。
>   その他の剰余金の区分には、任意積立金及び当期未処分利益を記載する。
>   C 新株式払込金又は申込期日経過後における新株式申込証拠金は、資本金の区分の次に特別の区分を設けて表示しなければならない。
>   D 法律で定める準備金で資本準備金又は利益準備金に準ずるものは、資本準備金又は利益準備金の次に特別の区分を設けて表示しなければならない。

資本は、資本に属するものと、剰余金に属するものとに区別しなければならない。一般に「剰余金」とは、会社の純資産額が法定資本の額を超える部分をいい、次のように分類される（※3）。

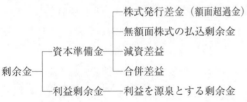

貸借対照表への記載は、資本金の区分に法定資本の額を記載し、剰余金の区分には、資本準備金、利益準備金、その他の剰余金の3区分として記載しなければならない。

※3）
◎ 資本準備金
　商法第288条の2の規定によって積み立てなければならない金額であり、株式発行差金、払込準備金、減額差益、合併差益がある。
◎ 株式発行差金
　額面株式が、額面を超える価額で発行された場合の差額である。
◎ 払込剰余金
　無額面株式の発行価額のうち、取締役会の決定により資本に組み入れない額である。
◎ 減資差益
　資本金を減少させることによって生ずる剰余金である。商法は、減資により減少した資本の額が、株式の償却又は払い戻しに要した金額及び欠損塡補にあてた金額を超えるときは、この減資差益を資本準備金として規定している。
◎ 合併差益
　会社の合併に際して生ずる剰余金であり、合併会社又は新設会社が受け入れる旧事業の正味有高が、合併によって発行される株式の額面額あるいは資本組入額を超過している場合に生じる。合併差益については、資本準備金として積み立てる。
◎ 利益準備金
　利益剰余金の一つであり、商法により強制され、資本準備金と共に法定準備金といわれる。商法においては、株式会社はその資本の1/4に達するまでは、金銭による利息相当額1/10以上を利益準備金として社内留保しなければならないとしている（第288条）。
◎ 任意積立金
　会社が法律の規制によらずに任意に設定した積立金であり、利益準備金と対立する。別途積立金、減債積立金、事業拡張積立金、配当平均積立金、自家保険積立金、退職給与積立金等がある。

> [注19] 剰余金について
>   会社の純資産額が法定資本の額をこえる部分を剰余金という。
>   剰余金は、次のように資本剰余金と利益剰

第XI章　関係法令

345

余金とに分かれる。

◆ 資本剰余金

　株式払込剰余金、減資差益、合併差益等

　なお、合併差益のうち消滅した会社の利益剰余金に相当する金額については、資本剰余金としないことができる。

◆ 利益剰余金

　利益を源泉とする剰余金

五　資産の貸借対照表価額

　貸借対照表に記載する資産の価額は、原則として、当該資産の取得原価を基礎として計上しなければならない。

　資産の取得原価は、資産の種類に応じた費用配分の原則によって、各事業年度に配分しなければならない。有形固定資産は、当該資産の耐用期間にわたり、定額法、定率法等の一定の減価償却の方法によって、その取得原価を各事業年度に配分し、無形固定資産は、当該資産の有効期間にわたり、一定の減価償却の方法によって、その取得原価を各事業年度に配分しなければならない。繰延資産についても、これに準じて、各事業年度に均等額以上を配分しなければならない。（注20）

A　商品、製品、半製品、原材料、仕掛品等のたな卸資産については、原則として購入代価又は製造原価に引取費用等の付随費用を加算し、これに個別法、先入先出法、後入先出法、平均原価法等の方法を適用して算定した取得原価をもって貸借対照表価額とする。ただし、時価が取得原価より著しく下落したときは、回復する見込があると認められる場合を除き、時価をもって貸借対照表価額としなければならない。（注9）（注10）（注21）

　たな卸資産の貸借対照表価額は、時価が取得原価よりも下落した場合には時価による方法を適用して算定することができる。（注10）

B　有価証券については、原則として購入代価に手数料等の付随費用を加算し、これに平均原価法等の方法を適用して算定した取得原価をもって貸借対照表価額とする。ただし、取引所の相場のある有価証券については、時価が著しく下落したときは、回復する見込があると認められる場合を除き、時価をもって貸借対照表価額としなければならない。取引所の相場のない有価証券のうち株式については、当該会社の財政状態を反映する株式の実質価額が著しく低下したときは、相当の減額をしなければならない。（注22）

　取引所の相場のある有価証券で子会社の株式以外のものの貸借対照表価額は、時価が取得原価よりも下落した場合には時価による方法を適用して算定することができる。

C　受取手形、売掛金その他の債権の貸借対照表価額は、債権金額又は取得価額から正常な貸倒見積高を控除した金額とする。（注23）

D　有形固定資産については、その取得原価から減価償却累計額を控除した価額をもって貸借対照表価額とする。有形固定資産の取得原価には、原則として当該資産の引取費用等の付随費用を含める。現物出資として受入れた固定資産については、出資者に対して交付された株式の発行価額をもって取得原価とする。（注24）

　償却済の有形固定資産は、除却されるまで残存価額又は備忘価額で記載する。

E　無形固定資産については、当該資産の取得のために支出した金額から減価償却累計額を控除した価額をもって貸借対照表価額とする。（注25）

F　贈与その他無償で取得した資産については、公正な評価額をもって取得原価とする。（注24）

第XI章　関係法令

a　資産評価の基本原則

原則では、貸借対照表に記載する資産の価額は、原則として、当該資産の取得原価を基礎として計上しなければならないこと、資産の取得原価は、資産の種類に応じ、各事業年ごとに配分しなければならないこと、有形固定資産は、当該資産の耐用期間にわたり、一定の減価償却の方法によって、その取得原価を各事業年度に配分しなければならないこと、及び繰延資産についても、これに準じて各事業年度に均等額以上を配分しなければならないことを規定している。

原則では、さらに、減価償却の方法として、次のような方法をあげている。

◎　定額法

固定資産の耐用期間中、毎期均等額の減価償却費を計上する方法。

◎　定率法

固定資産の耐用期間中、毎期期首未償却残高に、一定率を乗じた減価償却費を計上する方法。

◎　生産高比例法

固定資産の耐用期間中、毎期当該資産による生産又は用益の提供の度合に比例した減価償却費を計上する方法。

◎　取替法

同種の物品が多数集まって全体を構成し、老朽品の部分的取替を繰り返すことにより、部分的な取り替えに要する費用を、収益的支出として処理する方法。

b　棚卸資産の貸借対照表価額の算定方法

棚卸資産の貸借対照表価額の算定方法としては、個別法、先入先出法、後入後出法、平均原価法及び売価還元原価法があるが（注21）、これらのうちいずれを採用するかについては企業の判断に委ね、一度採用した方法は、毎期継続してこれをみだりに変更してはならない。

◎　個別法

棚卸資産の取得原価を異にするに従い、区別して記録しその個々の実際原価によって、

期末棚卸品の価額を算定する方法をいう。

◎　先入先出法

最も古く取得されたものから、順次払出しが行われ、期末棚卸品は、最も新しく取得されたものからなるものとみなして、期末棚卸品の価額を算定する方法をいう。

◎　後入後出法

最も新しく取得されたものから、順次払出しが行われ、期末棚卸品は、最も古く取得されたものからなるものとみなして、期末棚卸品の価額を算定する方法をいう。

◎　平均原価法

取得した棚卸資産の平均原価を算出し、この平均原価によって、期末棚卸の価額を算定する方法をいう（総平均法、移動平均法）。

◎　売価還元原価法

異なる品目の資産を値入率の類似性に従って、適当なグループにまとめ、1グループに属する期末商品の売価合計額に原価率を適用して、期末棚卸品の価額を算定する方法をいう。

［注20］減価償却の方法について

固定資産の減価償却の方法としては、次のようなものがある。

定額法　固定資産の耐用期間中、毎期均等額の減価償却費を計上する方法

定率法　固定資産の耐用期間中、毎期期首未償却残高に一定率を乗じた減価償却費を計上する方法

級数法　固定資産の耐用期間中、毎期一定の額を算術級数的に逓減した減価償却費を計上する方法

生産高比例法　固定資産の耐用期間中、毎期当該資産による生産又は用役の提供の度合に比例した減価償却費を計上する方法

この方法は、当該固定資産の総利用可能量が物理的に確定でき、かつ、減価が主として固定資産の利用に比例して発生するもの、例えば、鉱業用設備、航空機、自動車等につい

347

て適用することが認められる。

なお、同種の物品が多数集まって一つの全体を構成し、老朽品の部分的取替を繰り返すことにより全体が維持されるような固定資産については、部分的取替に要する費用を収益的支出として処理する方法（取替法）を採用することができる。

［注21］たな卸資産の貸借対照表価額について

たな卸資産の貸借対照表価額の算定のための方法としては、次のようなものが認められる。

イ　個別法　たな卸資産の取得原価を異にするに従い区別して記録し、その個々の実際原価によって期末たな卸品の価額を算定する方法

ロ　先入先出法　最も古く取得されたものから順次払出しが行われ、期末たな卸品は最も新しく取得されたものからなるものとみなして期末たな卸品の価額を算定する方法

ハ　後入先出法　最も新しく取得されたものから払出しが行われ、期末たな卸品は最も古く取得されたものからなるものとみなして期末たな卸品の価額を算定する方法

ニ　平均原価法　取得したたな卸資産の平均原価を算出し、この平均原価によって期末たな卸品の価額を算定する方法

平均原価は、総平均法又は移動平均法により算出する。

ホ　売価還元原価法　異なる品目の資産を値入率の類似性に従って適当なグループにまとめ、一グループに属する期末商品の売価合計額に原価率を適用して期末たな卸品の価額を算定する方法

この方法は、取扱品種のきわめて多い小売業及び卸売業におけるたな卸資産の評価に適用される。

製品等の製造原価については、適正な原価計算基準に従って、予定価格又は標準原

価を適用して算定した原価によることができる。

［注22］社債の貸借対照表価額について

所有する社債については、社債金額より低い価額又は高い価額で買入れた場合には、当該価額をもって貸借対照表価額とすることができる。この場合においては、その差額に相当する金額を償還期に至るまで毎期一定の方法で逐次貸借対照表価額に加算し、又は貸借対照表価額から控除することができる。

［注23］債権の貸借対照表価額について

債権については、債権金額より低い価額で取得したときその他これに類する場合には、当該価額をもって貸借対照表価額とすることができる。この場合においては、その差額に相当する金額を弁済期に至るまで毎期一定の方法で逐次貸借対照表価額に加算することができる。

［注24］国庫補助金等によって取得した資産について

国庫補助金、工事負担金等で取得した資産については、国庫補助金等に相当する金額をその取得原価から控除することができる。

この場合においては、貸借対照表の表示は、次のいずれかの方法によるものとする。

取得原価から国庫補助金等に相当する金額を控除する形式で記載する方法

取得原価から国庫補助金等に相当する金額を控除した残額のみを記載し、当該国庫補助金等の金額を注記する方法

［注25］営業権について

営業権は、有償で譲受け又は合併によって取得したものに限り貸借対照表に計上し、毎期均等額以上を償却しなければならない。

○ 連結キャッシュ・フロー計算書等の作成基準

〔平成10年3月13日〕
〔企業会計審議会〕

連結キャッシュ・フロー計算書作成基準

第一 作成目的

連結キャッシュ・フロー計算書は、企業集団の一会計期間におけるキャッシュ・フローの状況を報告するために作成するものである。

第二 作成基準

一 資金の範囲

連結キャッシュ・フロー計算書が対象とする資金の範囲は、現金及び現金同等物とする。

1 現金とは、手許現金及び要求払預金をいう。（注1）

2 現金同等物とは、容易に換金可能であり、かつ、価値の変動について僅少なリスクしか負わない短期投資をいう。（注2）

二 表示区分

1 連結キャッシュ・フロー計算書には、「営業活動によるキャッシュ・フロー」、「投資活動によるキャッシュ・フロー」及び「財務活動によるキャッシュ・フロー」の区分を設けなければならない。

① 「営業活動によるキャッシュ・フロー」の区分には、営業損益計算の対象となった取引のほか、投資活動及び財務活動以外の取引によるキャッシュ・フローを記載する。（注3）

② 「投資活動によるキャッシュ・フロー」の区分には、固定資産の取得及び売却、現金同等物に含まれない短期投資の取得及び売却等によるキャッシュ・フローを記載する。（注4）

③ 「財務活動によるキャッシュ・フロー」の区分には、資金の調達及び返済によるキャッシュ・フローを記載する。（注5）

2 法人税等（住民税及び利益に関連する金額を課税標準とする事業税を含む。）に係るキャッシュ・フローは、「営業活動によるキャッシュ・フロー」の区分に記載する。

3 利息及び配当金に係るキャッシュ・フローは、次のいずれかの方法により記載する。

① 受取利息、受取配当金及び支払利息は「営業活動によるキャッシュ・フロー」の区分に記載し、支払配当金は「財務活動によるキャッシュ・フロー」の区分に記載する方法（注6）

② 受取利息及び受取配当金は「投資活動によるキャッシュ・フロー」の区分に記載し、支払利息及び支払配当金は「財務活動によるキャッシュ・フロー」の区分に記載する方法

4 連結範囲の変動を伴う子会社株式の取得又は売却に係るキャッシュ・フローは、「投資活動によるキャッシュ・フロー」の区分に独立の項目として記載する。この場合、新たに連結子会社となった会社の現金及び現金同等物の額は株式の取得による支出額から控除し、連結子会社でなくなった会社の現金及び現金同等物の額は株式の売却による収入額から控除して記載するものとする。

営業の譲受け又は譲渡に係るキャッシュ・フローについても、「投資活動によるキャッシュ・フロー」の区分に、同様に計算した額をもって、独立の項目として記載するものとする。

三 連結会社相互間のキャッシュ・フロー

連結キャッシュ・フロー計算書の作成に当たっては、連結会社相互間のキャッシュ・フローは相殺消去しなければならない。

四 在外子会社のキャッシュ・フロー

在外子会社における外貨によるキャッシュ・フローは、「外貨建取引等会計処理基準」における収益及び費用の換算方法に準じて換算する。

第三　表示方法（注7）

一　「営業活動によるキャッシュ・フロー」の
表示方法

「営業活動によるキャッシュ・フロー」は、
次のいずれかの方法により表示しなければな
らない。

1　主要な取引ごとにキャッシュ・フローを
総額表示する方法（以下、「直接法」とい
う。）

2　税金等調整前当期純利益に非資金損益項
目、営業活動に係る資産及び負債の増減、
「投資活動によるキャッシュ・フロー」及
び「財務活動によるキャッシュ・フロー」
の区分に含まれる損益項目を加減して表示
する方法（以下、「間接法」という。）

二　「投資活動によるキャッシュ・フロー」及
び「財務活動によるキャッシュ・フロー」の
表示方法

「投資活動によるキャッシュ・フロー」及
び「財務活動によるキャッシュ・フロー」は、
主要な取引ごとにキャッシュ・フローを総額
表示しなければならない。（注8）

三　現金及び現金同等物に係る換算差額の表示
方法

現金及び現金同等物に係る換算差額は、他
と区別して表示する。

第四　注記事項

連結キャッシュ・フロー計算書については、次
の事項を注記しなければならない。

1　資金の範囲に含めた現金及び現金同等物の
内容並びにその期末残高の連結貸借対照表科
目別の内訳

2　資金の範囲を変更した場合には、その旨、
その理由及び影響額

3(1)　株式の取得又は売却により新たに連結子
会社となった会社の資産・負債又は連結子
会社でなくなった会社の資産・負債に重要
性がある場合には、当該資産・負債の主な
内訳

(2)　営業の譲受け又は譲渡により増減した資

産・負債に重要性がある場合には、当該資
産・負債の主な内訳

4　重要な非資金取引（注9）

5　各表示区分の記載内容を変更した場合に
は、その内容

キャッシュ・フロー計算書作成基準

個別ベースのキャッシュ・フロー計算書は、連
結キャッシュ・フロー計算書に準じて作成するも
のとする。

中間連結キャッシュ・フロー計算書作成基準

中間連結キャッシュ・フロー計算書は、連結
キャッシュ・フロー計算書に準じて作成するもの
とする。ただし、中間会計期間に係るキャッ
シュ・フローの状況に関する利害関係者の判断を
誤らせない限り、集約して記載することができ
る。

中間キャッシュ・フロー計算書作成基準

中間キャッシュ・フロー計算書は、中間連結
キャッシュ・フロー計算書に準じて作成するもの
とする。

（注1）　要求払預金について

要求払預金には、例えば、当座預金、
普通預金、通知預金が含まれる。

（注2）　現金同等物について

現金同等物には、例えば、取得日から
満期日又は償還日までの期間が3か月以
内の短期投資である定期預金、譲渡性預
金、コマーシャル・ペーパー、売戻し条
件付現先、公社債投資信託が含まれる。

（注3）　「営業活動によるキャッシュ・フロー」
の区分について

「営業活動によるキャッシュ・フロー」
の区分には、例えば、次のようなものが
記載される。

(1)　商品及び役務の販売による収入

(2)　商品及び役務の購入による支出

(3)　従業員及び役員に対する報酬の支出

(4) 災害による保険金収入

(5) 損害賠償金の支払

(注4) 「投資活動によるキャッシュ・フロー」の区分について

　「投資活動によるキャッシュ・フロー」の区分には、例えば、次のようなものが記載される。

(1) 有形固定資産及び無形固定資産の取得による支出

(2) 有形固定資産及び無形固定資産の売却による収入

(3) 有価証券（現金同等物を除く。）及び投資有価証券の取得による支出

(4) 有価証券（現金同等物を除く。）及び投資有価証券の売却による収入

(5) 貸付けによる支出

(6) 貸付金の回収による収入

(注5) 「財務活動によるキャッシュ・フロー」の区分について

　「財務活動によるキャッシュ・フロー」の区分には、例えば、次のようなものが記載される。

(1) 株式の発行による収入

(2) 自己株式の取得による支出

(3) 配当金の支払

(4) 社債の発行及び借入れによる収入

(5) 社債の償還及び借入金の返済による支出

(注6) 利息の表示について

　利息の受取額及び支払額は、総額で表示するものとする。

(注7) 連結キャッシュ・フロー計算書の様式について

　利息及び配当金を第二の二の3①の方法により表示する場合の連結キャッシュ・フロー計算書の標準的な様式は、次のとおりとする。

様式1（「営業活動によるキャッシュ・フロー」を直接法により表示する場合）

I　営業活動によるキャッシュ・フロー

営業収入	×××
原材料又は商品の仕入支出	−×××
人件費支出	−×××
その他の営業支出	−×××
小計	×××
利息及び配当金の受取額	×××
利息の支払額	−×××
損害賠償金の支払額	−×××
………	×××
法人税等の支払額	−×××
営業活動によるキャッシュ・フロー	×××

II　投資活動によるキャッシュ・フロー

有価証券の取得による支出	−×××
有価証券の売却による収入	×××
有形固定資産の取得による支出	−×××
有形固定資産の売却による収入	×××
投資有価証券の取得による支出	−×××
投資有価証券の売却による収入	×××
連結範囲の変更を伴う子会社株式の取得	−×××
連結範囲の変更を伴う子会社株式の売却	×××
貸付けによる支出	−×××
貸付金の回収による収入	×××
………	×××
投資活動によるキャッシュ・フロー	×××

III　財務活動によるキャッシュ・フロー

短期借入れによる収入	×××
短期借入金の返済による支出	−×××
長期借入れによる収入	×××
長期借入金の返済による支出	−×××
社債の発行による収入	×××
社債の償還による支出	−×××
株式の発行による収入	×××
自己株式の取得による支出	−×××
親会社による配当金の支払額	−×××
少数株主への配当金の支払額	−×××
………	×××
財務活動によるキャッシュ・フロー	×××

IV	現金及び現金同等物に係る換算差額	×××
V	現金及び現金同等物の増加額	×××
VI	現金及び現金同等物期首残高	×××

Ⅶ　現金及び現金同等物期末残高　　　×××

様式2（「営業活動によるキャッシュ・フロー」
　　　　を間接法により表示する場合）

Ⅰ　営業活動によるキャッシュ・フロー

　　　税金等調整前当期純利益　　　　×××

　　　減価償却費　　　　　　　　　　×××

　　　連結調整勘定償却額　　　　　　×××

　　　貸倒引当金の増加額　　　　　　×××

　　　受取利息及び受取配当金　　　−×××

　　　支払利息　　　　　　　　　　　×××

　　　為替差損　　　　　　　　　　　×××

　　　持分法による投資利益　　　　−×××

　　　有形固定資産売却益　　　　　−×××

　　　損害賠償損失　　　　　　　　　×××

　　　売上債権の増加額　　　　　　−×××

　　　たな卸資産の減少額　　　　　　×××

　　　仕入債務の減少額　　　　　　−×××

　　　………　　　　　　　　　　　×××

　　　　　小計　　　　　　　　　　　×××

　　　利息及び配当金の受取額　　　　×××

　　　利息の支払額　　　　　　　　−×××

　　　損害賠償金の支払額　　　　　−×××

　　　………　　　　　　　　　　　×××

　　　法人税等の支払額　　　　　　−×××

　　　営業活動によるキャッシュ・フロー　×××

Ⅱ　投資活動によるキャッシュ・フロー（様式1に同じ）

Ⅲ　財務活動によるキャッシュ・フロー（様式1に同じ）

Ⅳ　現金及び現金同等物に係る換算差額　×××

Ⅴ　現金及び現金同等物の増加額　　×××

Ⅵ　現金及び現金同等物期首残高　　×××

Ⅶ　現金及び現金同等物期末残高　　×××

（注8）　純額表示について

　　　　　　期間が短く、かつ、回転が速い項目に
　　　　　係るキャッシュ・フローについては、純
　　　　　額で表示することができる。

（注9）　重要な非資金取引について

　　　　　　連結キャッシュ・フロー計算書に注記
　　　　　すべき重要な非資金取引には、例えば、
　　　　　次のようなものがある。

　　　　　1　転換社債の転換

　　　　　2　ファイナンス・リースによる資産の取
　　　　　　得

　　　　　3　株式の発行による資産の取得又は合併

　　　　　4　現物出資による株式の取得又は資産の
　　　　　　交換

○　金融商品に関する会計基準

〔平成11年1月22日　〕
〔企 業 会 計 審 議 会〕

最近改正　平成20年3月10日

目　的

　1．本会計基準は、金融商品に関する会計処理
　　を定めることを目的とする。なお、資産の評
　　価基準については「企業会計原則」に定めが
　　あるが、金融商品に関しては、本会計基準が
　　優先して適用される。

　2．本会計基準の適用にあたっては、以下も参
　　照する必要がある。

　　⑴　日本公認会計士協会 会計制度委員会報
　　　告第14号「金融商品会計に関する実務指針」

　　⑵　企業会計基準適用指針第12号「その他の
　　　複合金融商品（払込資本を増加させる可能
　　　性のある部分を含まない複合金融商品）に
　　　関する会計処理」

　　⑶　企業会計基準適用指針第17号「払込資本
　　　を増加させる可能性のある部分を含む複合
　　　金融商品に関する会計処理」

　　⑷　企業会計基準適用指針第19号「金融商品
　　　の時価等の開示に関する適用指針」

会計基準

Ⅰ．範　囲

　3．本会計基準は、すべての会社における金融
　　商品の会計処理に適用する。

Ⅱ．金融資産及び金融負債の範囲等

　1．金融資産及び金融負債の範囲[注1][注1-2]

　4．金融資産とは、現金預金、受取手形、売掛

352

金及び貸付金等の金銭債権、株式その他の出資証券及び公社債等の有価証券並びに先物取引、先渡取引、オプション取引、スワップ取引及びこれらに類似する取引（以下「デリバティブ取引」という。）により生じる正味の債権等をいう。

5．金融負債とは、支払手形、買掛金、借入金及び社債等の金銭債務並びにデリバティブ取引により生じる正味の債務等をいう。

2．時　価

6．時価とは公正な評価額をいい、市場(注2)において形成されている取引価格、気配又は指標その他の相場（以下「市場価格」という。）に基づく価額をいう。市場価格がない場合には合理的に算定された価額を公正な評価額とする。

Ⅲ．金融資産及び金融負債の発生及び消滅の認識
1．金融資産及び金融負債の発生の認識

7．金融資産の契約上の権利又は金融負債の契約上の義務を生じさせる契約を締結したときは、原則として、当該金融資産又は金融負債の発生を認識しなければならない(注3)。

2．金融資産及び金融負債の消滅の認識
⑴　金融資産の消滅の認識要件

8．金融資産の契約上の権利を行使したとき、権利を喪失したとき又は権利に対する支配が他に移転したときは、当該金融資産の消滅を認識しなければならない。

9．金融資産の契約上の権利に対する支配が他に移転するのは、次の要件がすべて充たされた場合とする。

⑴　譲渡された金融資産に対する譲受人の契約上の権利が譲渡人及びその債権者から法的に保全されていること

⑵　譲受人が譲渡された金融資産の契約上の権利を直接又は間接に通常の方法で享受できること(注4)

⑶　譲渡人が譲渡した金融資産を当該金融資産の満期日前に買戻す権利及び義務を実質的に有していないこと

⑵　金融負債の消滅の認識要件

10．金融負債の契約上の義務を履行したとき、義務が消滅したとき又は第一次債務者の地位から免責されたときは、当該金融負債の消滅を認識しなければならない。

⑶　金融資産及び金融負債の消滅の認識に係る会計処理

11．金融資産又は金融負債がその消滅の認識要件を充たした場合には、当該金融資産又は金融負債の消滅を認識するとともに、帳簿価額とその対価としての受払額との差額を当期の損益として処理する。

12．金融資産又は金融負債の一部がその消滅の認識要件を充たした場合には、当該部分の消滅を認識するとともに、消滅部分の帳簿価額とその対価としての受払額との差額を当期の損益として処理する。消滅部分の帳簿価額は、当該金融資産又は金融負債全体の時価に対する消滅部分と残存部分の時価の比率により、当該金融資産又は金融負債全体の帳簿価額を按分して計算する。

13．金融資産又は金融負債の消滅に伴って新たな金融資産又は金融負債が発生した場合には、当該金融資産又は金融負債は時価により計上する。

Ⅳ．金融資産及び金融負債の貸借対照表価額等
1．債　権

14．受取手形、売掛金、貸付金その他の債権の貸借対照表価額は、取得価額から貸倒見積高に基づいて算定された貸倒引当金を控除した金額とする。ただし、債権を債権金額より低い価額又は高い価額で取得した場合において、取得価額と債権金額との差額の性格が金利の調整と認められるときは、償却原価法(注5)

に基づいて算定された価額から貸倒見積高に基づいて算定された貸倒引当金を控除した金額としなければならない。

2．有価証券

(1) 売買目的有価証券

15．時価の変動により利益を得ることを目的として保有する有価証券（以下「売買目的有価証券」という。）は、時価をもって貸借対照表価額とし、評価差額は当期の損益として処理する。

(2) 満期保有目的の債券

16．満期まで所有する意図をもって保有する社債その他の債券（以下「満期保有目的の債券」という。）は、取得原価をもって貸借対照表価額とする。ただし、債券を債券金額より低い価額又は高い価額で取得した場合において、取得価額と債券金額との差額の性格が金利の調整と認められるときは、償却原価法[注5]に基づいて算定された価額をもって貸借対照表価額としなければならない[注6]。

(3) 子会社株式及び関連会社株式

17．子会社株式及び関連会社株式は、取得原価をもって貸借対照表価額とする。

(4) その他有価証券

18．売買目的有価証券、満期保有目的の債券、子会社株式及び関連会社株式以外の有価証券（以下「その他有価証券」という。）は、時価[注7]をもって貸借対照表価額とし、評価差額は洗い替え方式に基づき、次のいずれかの方法により処理する。
(1) 評価差額の合計額を純資産の部に計上する。
(2) 時価が取得原価を上回る銘柄に係る評価差額は純資産の部に計上し、時価が取得原価を下回る銘柄に係る評価差額は当期の損失として処理する。

なお、純資産の部に計上されるその他有価証券の評価差額については、税効果会計を適用しなければならない。

(5) 時価を把握することが極めて困難と認められる有価証券

19．時価を把握することが極めて困難と認められる有価証券の貸借対照表価額は、それぞれ次の方法による。
(1) 社債その他の債券の貸借対照表価額は、債権の貸借対照表価額に準ずる。
(2) 社債その他の債券以外の有価証券は、取得原価をもって貸借対照表価額とする。

(6) 時価が著しく下落した場合

20．満期保有目的の債券、子会社株式及び関連会社株式並びにその他有価証券のうち、時価を把握することが極めて困難と認められる金融商品以外のものについて時価が著しく下落したときは、回復する見込があると認められる場合を除き、時価をもって貸借対照表価額とし、評価差額は当期の損失として処理しなければならない。

21．時価を把握することが極めて困難と認められる株式については、発行会社の財政状態の悪化により実質価額が著しく低下したときは、相当の減額をなし、評価差額は当期の損失として処理しなければならない。

22．第20項及び第21項の場合には、当該時価及び実質価額を翌期首の取得原価とする。

(7) 有価証券の表示区分

23．売買目的有価証券及び一年内に満期の到来する社債その他の債券は流動資産に属するものとし、それ以外の有価証券は投資その他の資産に属するものとする。

3．運用を目的とする金銭の信託

24．運用を目的とする金銭の信託（合同運用を除く。）は、当該信託財産の構成物である金

融資産及び金融負債について、本会計基準により付されるべき評価額を合計した額をもって貸借対照表価額とし、評価差額は当期の損益として処理する[注8]。

4. デリバティブ取引により生じる正味の債権及び債務

25. デリバティブ取引により生じる正味の債権及び債務は、時価をもって貸借対照表価額とし、評価差額は、原則として、当期の損益として処理する。

5. 金銭債務

26. 支払手形、買掛金、借入金、社債その他の債務は、債務額をもって貸借対照表価額とする。ただし、社債を社債金額よりも低い価額又は高い価額で発行した場合など、収入に基づく金額と債務額とが異なる場合には、償却原価法[注5]に基づいて算定された価額をもって、貸借対照表価額としなければならない。

V. 貸倒見積高の算定

1. 債権の区分

27. 貸倒見積高の算定にあたっては、債務者の財政状態及び経営成績等に応じて、債権を次のように区分する。

  (1) 経営状態に重大な問題が生じていない債務者に対する債権（以下「一般債権」という。）

  (2) 経営破綻の状態には至っていないが、債務の弁済に重大な問題が生じているか又は生じる可能性の高い債務者に対する債権（以下「貸倒懸念債権」という。）

  (3) 経営破綻又は実質的に経営破綻に陥っている債務者に対する債権（以下「破産更生債権等」という。）

2. 貸倒見積高の算定方法

28. 債権の貸倒見積高は、その区分に応じてそれぞれ次の方法により算定する[注9]。

  (1) 一般債権については、債権全体又は同種・同類の債権ごとに、債権の状況に応じて求めた過去の貸倒実績率等合理的な基準により貸倒見積高を算定する。

  (2) 貸倒懸念債権については、債権の状況に応じて、次のいずれかの方法により貸倒見積高を算定する。ただし、同一の債権については、債務者の財政状態及び経営成績の状況等が変化しない限り、同一の方法を継続して適用する。

  ① 債権額から担保の処分見込額及び保証による回収見込額を減額し、その残額について債務者の財政状態及び経営成績を考慮して貸倒見積高を算定する方法

  ② 債権の元本の回収及び利息の受取りに係るキャッシュ・フローを合理的に見積ることができる債権については、債権の元本及び利息について元本の回収及び利息の受取りが見込まれるときから当期末までの期間にわたり当初の約定利子率で割り引いた金額の総額と債権の帳簿価額との差額を貸倒見積高とする方法

  (3) 破産更生債権等については、債権額から担保の処分見込額及び保証による回収見込額を減額し、その残額を貸倒見積高とする[注10]。

VI. ヘッジ会計

1. ヘッジ会計の意義

29. ヘッジ会計とは、ヘッジ取引のうち一定の要件を充たすもの[注11]について、ヘッジ対象に係る損益とヘッジ手段に係る損益を同一の会計期間に認識し、ヘッジの効果を会計に反映させるための特殊な会計処理をいう。

2. ヘッジ対象

30. ヘッジ会計が適用されるヘッジ対象は、相場変動等による損失の可能性がある資産又は負債で、当該資産又は負債に係る相場変動等が評価に反映されていないもの、相場変動等

が評価に反映されているが評価差額が損益として処理されないもの若しくは当該資産又は負債に係るキャッシュ・フローが固定されその変動が回避されるものである。なお、ヘッジ対象には、予定取引[注12]により発生が見込まれる資産又は負債も含まれる。

3．ヘッジ会計の要件

31．ヘッジ取引にヘッジ会計が適用されるのは、次の要件がすべて充たされた場合とする。

(1) ヘッジ取引時において、ヘッジ取引が企業のリスク管理方針に従ったものであることが、次のいずれかによって客観的に認められること

① 当該取引が企業のリスク管理方針に従ったものであることが、文書により確認できること

② 企業のリスク管理方針に関して明確な内部規定及び内部統制組織が存在し、当該取引がこれに従って処理されることが期待されること

(2) ヘッジ取引時以降において、ヘッジ対象とヘッジ手段の損益が高い程度で相殺される状態又はヘッジ対象のキャッシュ・フローが固定されその変動が回避される状態が引き続き認められることによって、ヘッジ手段の効果が定期的に確認されていること

4．ヘッジ会計の方法

(1) ヘッジ取引に係る損益認識時点

32．ヘッジ会計は、原則として、時価評価されているヘッジ手段に係る損益又は評価差額を、ヘッジ対象に係る損益が認識されるまで純資産の部において繰り延べる方法による[注13][注14]。

ただし、ヘッジ対象である資産又は負債に係る相場変動等を損益に反映させることにより、その損益とヘッジ手段に係る損益とを同

一の会計期間に認識することもできる。

なお、純資産の部に計上されるヘッジ手段に係る損益又は評価差額については、税効果会計を適用しなければならない。

(2) ヘッジ会計の要件が充たされなくなったときの会計処理

33．ヘッジ会計の要件が充たされなくなったときには、ヘッジ会計の要件が充たされていた間のヘッジ手段に係る損益又は評価差額は、ヘッジ対象に係る損益が認識されるまで引き続き繰り延べる。

ただし、繰り延べられたヘッジ手段に係る損益又は評価差額について、ヘッジ対象に係る含み益が減少することによりヘッジ会計の終了時点で重要な損失が生じるおそれがあるときは、当該損失部分を見積り、当期の損失として処理しなければならない。

(3) ヘッジ会計の終了

34．ヘッジ会計は、ヘッジ対象が消滅したときに終了し、繰り延べられているヘッジ手段に係る損益又は評価差額は当期の損益として処理しなければならない。また、ヘッジ対象である予定取引が実行されないことが明らかになったときにおいても同様に処理する。

VII．複合金融商品

1．払込資本を増加させる可能性のある部分を含む複合金融商品[注1]

35．契約の一方の当事者の払込資本を増加させる可能性のある部分を含む複合金融商品である新株予約権付社債の発行又は取得については、第36項から第39項により会計処理する。

(1) 転換社債型新株予約権付社債 発行者側の会計処理

36．転換社債型新株予約権付社債の発行に伴う払込金額は、社債の対価部分と新株予約権の対価部分とに区分せず普通社債の発行に準じ

て処理する方法、又は転換社債型新株予約権付社債以外の新株予約権付社債に準じて処理する方法のいずれかにより会計処理する。

取得者側の会計処理

37. 転換社債型新株予約権付社債の取得価額は、社債の対価部分と新株予約権の対価部分とに区分せず普通社債の取得に準じて処理し、権利を行使したときは株式に振り替える。

(2) 転換社債型新株予約権付社債以外の新株予約権付社債

発行者側の会計処理

38. 転換社債型新株予約権付社債以外の新株予約権付社債の発行に伴う払込金額は、社債の対価部分と新株予約権の対価部分とに区分する(注15)。

(1) 社債の対価部分は、普通社債の発行に準じて処理する。

(2) 新株予約権の対価部分は、純資産の部に計上し、権利が行使され、新株を発行したときは資本金又は資本金及び資本準備金に振り替え、権利が行使されずに権利行使期間が満了したときは利益として処理する。

取得者側の会計処理

39. 転換社債型新株予約権付社債以外の新株予約権付社債の取得価額は、社債の対価部分と新株予約権の対価部分とに区分する(注15)。

(1) 社債の対価部分は、普通社債の取得に準じて処理する。

(2) 新株予約権の対価部分は、有価証券の取得として処理し、権利を行使したときは株式に振り替え、権利を行使せずに権利行使期間が満了したときは損失として処理する。

2. その他の複合金融商品(注1)

40. 契約の一方の当事者の払込資本を増加させ

る可能性のある部分を含まない複合金融商品は、原則として、それを構成する個々の金融資産又は金融負債とに区分せず一体として処理する。

Ⅶ-2. 注記事項

40-2. 金融商品に係る次の事項について注記する。ただし、重要性が乏しいものは注記を省略することができる。なお、連結財務諸表において注記している場合には、個別財務諸表において記載することを要しない。

(1) 金融商品の状況に関する事項

① 金融商品に対する取組方針

② 金融商品の内容及びそのリスク

③ 金融商品に係るリスク管理体制

④ 金融商品の時価等に関する事項についての補足説明

(2) 金融商品の時価等に関する事項

なお、時価を把握することが極めて困難と認められるため、時価を注記していない金融商品については、当該金融商品の概要、貸借対照表計上額及びその理由を注記する。

Ⅷ. 適用時期等

1. 適用時期

41. 本会計基準の適用は、次のとおりとする。

(1) 平成11年1月公表の本会計基準(以下「平成11年会計基準」という。)は、平成12年4月1日以後開始する事業年度から適用する。

① その他有価証券については、平成12年4月1日以後開始する事業年度は帳簿価額と期末時価との差額について税効果を適用した場合の注記を行うこととし、財務諸表における時価評価は平成13年4月1日以後開始する事業年度から実施することが適当である。ただし、平成12年4月1日以後開始する事業年度から財務諸表において時価評価を行うことも妨げないこととする。

② 平成11年会計基準のうち、金融商品の評価基準に関係しない金融資産及び金融負債の発生又は消滅の認識、貸倒見積高の算定方法については、実施に関する実務上の対応が可能となった場合には、平成12年4月1日前に開始する事業年度から適用することを妨げないこととする。

(2) 平成18年改正の本会計基準（以下「平成18年改正会計基準」という。）は、平成18年改正会計基準公表日以後に終了する事業年度及び中間会計期間から適用する。ただし、会社法施行日（平成18年5月1日）以後平成18年改正会計基準公表日前に終了した事業年度及び中間会計期間については、平成18年改正会計基準を適用することができる。なお、第26項ただし書きの適用は、平成18年改正会計基準の適用初年度において、会計基準の変更に伴う会計方針の変更として取り扱うことに留意する。

(3) 平成19年改正の本会計基準（以下「平成19年改正会計基準」という。）は、金融商品取引法の施行日以後に終了する事業年度及び中間会計期間から適用する。

(4) 平成20年改正の本会計基準（以下「平成20年改正会計基準」という。）は、平成22年3月31日以後終了する事業年度の年度末に係る財務諸表から適用する。ただし、当該事業年度以前の事業年度の期首から適用することを妨げない。

なお、金融商品に係るリスク管理体制（第40-2項(1)③参照）のうち、企業会計基準適用指針第19号において特に定める事項については、平成23年3月31日以後終了する事業年度の年度末に係る財務諸表から適用することができるものとする。

2．経過措置

42. いわゆるローン・パーティシペーションやデット・アサンプションは、本会計基準における金融資産及び金融負債の消滅の認識要件を充たさないこととなるが、当分の間、次のように取り扱うこととする。

(1) ローン・パーティシペーションは、我が国の商慣行上、債権譲渡に際して債務者の承諾を得ることが困難な場合、債権譲渡に代わる債権流動化の手法として広く利用されている。このような実情を考慮し、債権に係るリスクと経済的利益のほとんどすべてが譲渡人から譲受人に移転している場合等一定の要件を充たすものに限り、当該債権の消滅を認識することを認めることとする。

(2) デット・アサンプションは、我が国では社債の買入償還を行うための実務手続が煩雑であることから、法的には債務が存在している状態のまま、社債の買入償還と同等の財務上の効果を得るための手法として広く利用されている。したがって、改めて、オフバランスした債務の履行を求められることもあり得るが、このような手続上の実情を考慮し、取消不能の信託契約等により、社債の元利金の支払に充てることのみを目的として、当該元利金の金額が保全される資産を預け入れた場合等、社債の発行者に対し遡求請求が行われる可能性が極めて低い場合に限り、当該社債の消滅を認識することを認めることとする。

43. ヘッジ会計の適用にあたり、決済時における円貨額を確定させることにより為替相場の変動による損失の可能性を減殺するため、為替予約、通貨先物、通貨スワップ及び権利行使が確実に見込まれる買建通貨オプションを外貨建金銭債権債務等のヘッジ手段として利用している場合において、ヘッジ会計の要件が充たされているときは、「外貨建取引等会計処理基準」における振当処理も、ヘッジの効果を財務諸表に反映させる一つの手法と考えられるため、当分の間、振当処理を採用することも認めることとする。

44. なお、これらの経過措置を必要とすること

第Ⅺ章　関係法令

に関し実務上の制約がなくなったときは、本
会計基準に従って会計処理される必要がある
ため、今後、適宜、当該経過措置の見直しを
行うものとする。

(注１)　金融資産及び金融負債の範囲について
　　　金融資産及び金融負債の範囲には、複数種類の金
融資産又は金融負債が組み合わされている複合金融
商品も含まれる。また、現物商品（コモディティ）
に係るデリバティブ取引のうち、通常差金決済によ
り取引されるものから生じる正味の債権又は債務に
ついても、本会計基準に従って処理する。

(注１‐２)　有価証券の範囲について
　　　有価証券の範囲は、原則として、金融商品取引法
に定義する有価証券に基づくが、それ以外のもの
で、金融商品取引法上の有価証券に類似し企業会計
上の有価証券として取り扱うことが適当と認められ
るものについても有価証券の範囲に含める。なお、
金融商品取引法上の有価証券であっても企業会計上
の有価証券として取り扱うことが適当と認められな
いものについては、本会計基準上、有価証券として
は取り扱わないこととする。

(注２)　市場について
　　　市場には、公設の取引所及びこれに類する市場の
ほか、随時、売買・換金等を行うことができる取引
システム等も含まれる。

(注３)　商品等の売買又は役務の提供の対価に係る金
　　　　銭債権債務の発生の認識について
　　　商品等の売買又は役務の提供の対価に係る金銭債
権債務は、原則として、当該商品等の受渡し又は役
務提供の完了によりその発生を認識する。

(注４)　譲受人が特別目的会社の場合について
　　　金融資産の譲受人が次の要件を充たす会社、信託
又は組合等の特別目的会社の場合には、当該特別目
的会社が発行する証券の保有者を当該金融資産の譲
受人とみなして第９項(2)の要件を適用する。
　(1)　特別目的会社が、適正な価額で譲り受けた金
　　　融資産から生じる収益を当該特別目的会社が発
　　　行する証券の保有者に享受させることを目的と
　　　して設立されていること
　(2)　特別目的会社の事業が、(1)の目的に従って適
　　　正に遂行されていると認められること

(注５)　償却原価法について
　　　償却原価法とは、金融資産又は金融負債を債権額
又は債務額と異なる金額で計上した場合において、
当該差額に相当する金額を弁済期又は償還期に至る
まで毎期一定の方法で取得価額に加減する方法をい
う。なお、この場合、当該加減額を受取利息又は支
払利息に含めて処理する。

(注６)　満期保有目的の債券の保有目的を変更した場
　　　　合について

　　　満期保有目的の債券の保有目的を変更した場合、
当該債券は変更後の保有目的に係る評価基準に従っ
て処理する。

(注７)　その他有価証券の決算時の時価について
　　　その他有価証券の決算時の時価は、原則として、
期末日の市場価格に基づいて算定された価額とす
る。ただし、継続して適用することを条件として、
期末前１カ月の市場価格の平均に基づいて算定され
た価額を用いることもできる。

(注８)　運用目的の信託財産の構成物である有価証券
　　　　の評価について
　　　運用目的の信託財産の構成物である有価証券は、
売買目的有価証券とみなしてその評価基準に従って
処理する。

(注９)　債権の未収利息の処理について
　　　債務者から契約上の利払日を相当期間経過しても
利息の支払を受けていない債権及び破産更生債権等
については、すでに計上されている未収利息を当期
の損失として処理するとともに、それ以後の期間に
係る利息を計上してはならない。

(注10)　破産更生債権等の貸倒見積高の処理について
　　　破産更生債権等の貸倒見積高は、原則として、貸
倒引当金として処理する。ただし、債権金額又は取
得価額から直接減額することもできる。

(注11)　ヘッジ取引について
　　　ヘッジ取引についてヘッジ会計が適用されるため
には、ヘッジ対象が相場変動等による損失の可能性
にさらされており、ヘッジ対象とヘッジ手段とのそ
れぞれに生じる損益が互いに相殺されるか又はヘッ
ジ手段によりヘッジ対象のキャッシュ・フローが固
定されその変動が回避される関係になければならな
い。なお、ヘッジ対象が複数の資産又は負債から構
成されている場合は、個々の資産又は負債が共通の
相場変動等による損失の可能性にさらされており、
かつ、その相場変動等に対して同様に反応すること
が予想されるものでなければならない。

(注12)　予定取引について
　　　予定取引とは、未履行の確定契約に係る取引及び
契約は成立していないが、取引予定時期、取引予定
物件、取引予定量、取引予定価格等の主要な取引条
件が合理的に予測可能であり、かつ、それが実行さ
れる可能性が極めて高い取引をいう。

(注13)　複数の資産又は負債から構成されているヘッ
　　　　ジ対象に係るヘッジ会計の方法について
　　　複数の資産又は負債から構成されているヘッジ対
象をヘッジしている場合には、ヘッジ手段に係る損
益又は評価差額は、損益が認識された個々の資産又
は負債に合理的な方法により配分する。

(注14)　金利スワップについて
　　　資産又は負債に係る金利の受払条件を変換するこ
とを目的として利用されている金利スワップが金利
変換の対象となる資産又は負債とヘッジ会計の要件

359

を充たしており、かつ、その想定元本、利息の受払条件（利率、利息の受払日等）及び契約期間が当該資産又は負債とほぼ同一である場合には、金利スワップを時価評価せず、その金銭の受払の純額等を当該資産又は負債に係る利息に加減して処理することができる。

(注15)　新株予約権付社債を区分する方法について

1　発行者側においては、次のいずれかの方法により、新株予約権付社債の発行に伴う払込金額を社債の対価部分と新株予約権の対価部分とに区分する。

(1)　社債及び新株予約権の払込金額又はそれらの合理的な見積額の比率で配分する方法

(2)　算定が容易な一方の対価を決定し、これを払込金額から差し引いて他方の対価を算定する方法

2　取得者側においては、1の(1)又は(2)のいずれかの方法により、新株予約権付社債の取得価額を社債の対価部分と新株予約権の対価部分とに区分する。ただし、保有社債及び新株予約権に市場価格がある場合には、その比率により区分することもできる。

2　商法（抄）

〔明治32年3月9日〕
〔法　律　第　48　号〕

最近改正　平成30年5月25日法律第29号

第1編　総則

（平17法87・全改）

第1章　通則

（平17法87・全改）

（趣旨等）

第1条　商人の営業、商行為その他商事については、他の法律に特別の定めがあるものを除くほか、この法律の定めるところによる。

2　商事に関し、この法律に定めがない事項については商慣習に従い、商慣習がないときは、民法（明治29年法律第89号）の定めるところによる。

（平17法87・全改）

（公法人の商行為）

第2条　公法人が行う商行為については、法令に別段の定めがある場合を除き、この法律の定めるところによる。

（平17法87・全改）

（一方的商行為）

第3条　当事者の一方のために商行為となる行為については、この法律をその双方に適用する。

2　当事者の一方が二人以上ある場合において、その一人のために商行為となる行為については、この法律をその全員に適用する。

（平17法87・全改）

第2章　商人

（平17法87・全改）

（定義）

第4条　この法律において「商人」とは、自己の名をもって商行為をすることを業とする者をいう。

2　店舗その他これに類似する設備によって物品を販売することを業とする者又は鉱業を営む者は、商行為を行うことを業としない者であっても、これを商人とみなす。

（平17法87・全改）

（未成年者登記）

第5条　未成年者が前条の営業を行うときは、その登記をしなければならない。

（平17法87・全改）

（後見人登記）

第6条　後見人が被後見人のために第4条の営業を行うときは、その登記をしなければならない。

2　後見人の代理権に加えた制限は、善意の第三者に対抗することができない。

（平17法87・全改）

（小商人）

第7条　第5条、前条、次章、第11条第2項、第15条第2項、第17条第2項前段、第5章及び第22条の規定は、小商人（商人のうち、法務省令で定めるその営業のために使用する財産の価額が法務省令で定める金額を超えないものをいう。）については、適用しない。

（平17法87・全改、平18法109・一部改正）

第3章 商業登記

（平17法87・全改）

（通則）

第8条 この編の規定により登記すべき事項は、当事者の申請により、商業登記法（昭和38年法律第125号）の定めるところに従い、商業登記簿にこれを登記する。

（平17法87・全改）

（登記の効力）

第9条 この編の規定により登記すべき事項は、登記の後でなければ、これをもって善意の第三者に対抗することができない。登記の後であっても、第三者が正当な事由によってその登記があることを知らなかったときは、同様とする。

2 故意又は過失によって不実の事項を登記した者は、その事項が不実であることをもって善意の第三者に対抗することができない。

（平17法87・全改）

（変更の登記及び消滅の登記）

第10条 この編の規定により登記した事項に変更が生じ、又はその事項が消滅したときは、当事者は、遅滞なく、変更の登記又は消滅の登記をしなければならない。

（平17法87・全改）

第4章 商号

（平17法87・全改）

（商号の選定）

第11条 商人（会社及び外国会社を除く。以下この編において同じ。）は、その氏、氏名その他の名称をもってその商号とすることができる。

2 商人は、その商号の登記をすることができる。

（平17法87・全改）

（他の商人と誤認させる名称等の使用の禁止）

第12条 何人も、不正の目的をもって、他の商人であると誤認されるおそれのある名称又は商号を使用してはならない。

2 前項の規定に違反する名称又は商号の使用によって営業上の利益を侵害され、又は侵害されるおそれがある商人は、その営業上の利益を侵

害する者又は侵害するおそれがある者に対し、その侵害の停止又は予防を請求することができる。

（平17法87・全改）

第5章 商業帳簿

（平17法87・全改）

第19条 商人の会計は、一般に公正妥当と認められる会計の慣行に従うものとする。

2 商人は、その営業のために使用する財産について、法務省令で定めるところにより、適時に、正確な商業帳簿（会計帳簿及び貸借対照表をいう。以下この条において同じ。）を作成しなければならない。

3 商人は、帳簿閉鎖の時から10年間、その商業帳簿及びその営業に関する重要な資料を保存しなければならない。

4 裁判所は、申立てにより又は職権で、訴訟の当事者に対し、商業帳簿の全部又は一部の提出を命ずることができる。

（平17法87・全改）

第2編 商行為

（平17法87・旧第3編繰上）

第1章 総則

（平17法87・全改）

（絶対的商行為）

第501条 次に掲げる行為は、商行為とする。

一 利益を得て譲渡する意思をもってする動産、不動産若しくは有価証券の有償取得又はその取得したものの譲渡を目的とする行為

二 他人から取得する動産又は有価証券の供給契約及びその履行のためにする有償取得を目的とする行為

三 取引所においてする取引

四 手形その他の商業証券に関する行為

（平17法87・全改）

（営業的商行為）

第502条 次に掲げる行為は、営業としてするときは、商行為とする。ただし、専ら賃金を得る

目的で物を製造し、又は労務に従事する者の行為は、この限りでない。

一　賃貸する意思をもってする動産若しくは不動産の有償取得若しくは賃借又はその取得し若しくは賃借したものの賃貸を目的とする行為

二　他人のためにする製造又は加工に関する行為

三　電気又はガスの供給に関する行為

四　運送に関する行為

五　作業又は労務の請負

六　出版、印刷又は撮影に関する行為

七　客の来集を目的とする場屋における取引

八　両替その他の銀行取引

九　保険

十　寄託の引受け

十一　仲立ち又は取次ぎに関する行為

十二　商行為の代理の引受け

十三　信託の引受け

（平17法87・全改、平18法109・一部改正）

（附属的商行為）

第503条　商人がその営業のためにする行為は、商行為とする。

2　商人の行為は、その営業のためにするものと推定する。

（平17法87・全改）

（商行為の代理）

第504条　商行為の代理人が本人のためにすることを示さないでこれをした場合であっても、その行為は、本人に対してその効力を生ずる。ただし、相手方が、代理人が本人のためにすることを知らなかったときは、代理人に対して履行の請求をすることを妨げない。

（平17法87・全改）

（商行為の委任）

第505条　商行為の受任者は、委任の本旨に反しない範囲内において、委任を受けていない行為をすることができる。

（平17法87・全改）

（商行為の委任による代理権の消滅事由の特例）

第506条　商行為の委任による代理権は、本人の死亡によっては、消滅しない。

（平17法87・全改）

（隔地者間における契約の申込み）

第508条　商人である隔地者の間において承諾の期間を定めないで契約の申込みを受けた者が相当の期間内に承諾の通知を発しなかったときは、その申込みは、その効力を失う。

2　民法第524条の規定は、前項の場合について準用する。

（平17法87・全改、平29法45・一部改正）

（契約の申込みを受けた者の諾否通知義務）

第509条　商人が平常取引をする者からその営業の部類に属する契約の申込みを受けたときは、遅滞なく、契約の申込みに対する諾否の通知を発しなければならない。

2　商人が前項の通知を発することを怠ったときは、その商人は、同項の契約の申込みを承諾したものとみなす。

（平17法87・全改）

（契約の申込みを受けた者の物品保管義務）

第510条　商人がその営業の部類に属する契約の申込みを受けた場合において、その申込みとともに受け取った物品があるときは、その申込みを拒絶したときであっても、申込者の費用をもってその物品を保管しなければならない。ただし、その物品の価額がその費用を償うのに足りないとき、又は商人がその保管によって損害を受けるときは、この限りでない。

（平17法87・全改）

（多数当事者間の債務の連帯）

第511条　数人の者がその一人又は全員のために商行為となる行為によって債務を負担したときは、その債務は、各自が連帯して負担する。

2　保証人がある場合において、債務が主たる債務者の商行為によって生じたものであるとき、又は保証が商行為であるときは、主たる債務者及び保証人が各別の行為によって債務を負担したときであっても、その債務は、各自が連帯して負担する。

（平17法87・全改）

（報酬請求権）

第512条　商人がその営業の範囲内において他人のために行為をしたときは、相当な報酬を請求することができる。

（平17法87・全改）

（利息請求権）

第513条　商人間において金銭の消費貸借をしたときは、貸主は、法定利息を請求することができる。

2　商人がその営業の範囲内において他人のために金銭の立替えをしたときは、その立替えの日以後の法定利息を請求することができる。

（平17法87・全改、平29法45・一部改正）

（契約による質物の処分の禁止の適用除外）

第515条　民法第349条の規定は、商行為によって生じた債権を担保するために設定した質権については、適用しない。

（平17法87・全改）

（債務の履行の場所）

第516条　商行為によって生じた債務の履行をすべき場所がその行為の性質又は当事者の意思表示によって定まらないときは、特定物の引渡しはその行為の時にその物が存在した場所において、その他の債務の履行は債権者の現在の営業所（営業所がない場合にあっては、その住所）において、それぞれしなければならない。

（平17法87・全改、平29法45・一部改正）

（商人間の留置権）

第521条　商人間においてその双方のために商行為となる行為によって生じた債権が弁済期にあるときは、債権者は、その債権の弁済を受けるまで、その債務者との間における商行為によって自己の占有に属した債務者の所有する物又は有価証券を留置することができる。ただし、当事者の別段の意思表示があるときは、この限りでない。

（平17法87・全改）

3　会社法（抄）

〔平成17年7月26日〕
〔法　律　第　86　号〕

最近改正　令和元年5月17日法律第2号

第1編　総則

　第1章　通則

（趣旨）

第1条　会社の設立、組織、運営及び管理については、他の法律に特別の定めがある場合を除くほか、この法律の定めるところによる。

（定義）

第2条　この法律において、次の各号に掲げる用語の意義は、当該各号に定めるところによる。

一　会社　株式会社、合名会社、合資会社又は合同会社をいう。

二　外国会社　外国の法令に準拠して設立された法人その他の外国の団体であって、会社と同種のもの又は会社に類似するものをいう。

三　子会社　会社がその総株主の議決権の過半数を有する株式会社その他の当該会社がその経営を支配している法人として法務省令で定めるものをいう。

三の二　子会社等　次のいずれかに該当する者をいう。

　イ　子会社

　ロ　会社以外の者がその経営を支配している法人として法務省令で定めるもの

四　親会社　株式会社を子会社とする会社その他の当該株式会社の経営を支配している法人として法務省令で定めるものをいう。

四の二　親会社等　次のいずれかに該当する者をいう。

　イ　親会社

　ロ　株式会社の経営を支配している者（法人であるものを除く。）として法務省令で定めるもの

五　公開会社　その発行する全部又は一部の株式の内容として譲渡による当該株式の取得に

ついて株式会社の承認を要する旨の定款の定めを設けていない株式会社をいう。

六　大会社　次に掲げる要件のいずれかに該当する株式会社をいう。

　　イ　最終事業年度に係る貸借対照表（第439条前段に規定する場合にあっては、同条の規定により定時株主総会に報告された貸借対照表をいい、株式会社の成立後最初の定時株主総会までの間においては、第435条第1項の貸借対照表をいう。ロにおいて同じ。）に資本金として計上した額が5億円以上であること。

　　ロ　最終事業年度に係る貸借対照表の負債の部に計上した額の合計額が200億円以上であること。

七　取締役会設置会社　取締役会を置く株式会社又はこの法律の規定により取締役会を置かなければならない株式会社をいう。

八　会計参与設置会社　会計参与を置く株式会社をいう。

九　監査役設置会社　監査役を置く株式会社（その監査役の監査の範囲を会計に関するものに限定する旨の定款の定めがあるものを除く。）又はこの法律の規定により監査役を置かなければならない株式会社をいう。

十　監査役会設置会社　監査役会を置く株式会社又はこの法律の規定により監査役会を置かなければならない株式会社をいう。

十一　会計監査人設置会社　会計監査人を置く株式会社又はこの法律の規定により会計監査人を置かなければならない株式会社をいう。

十一の二　監査等委員会設置会社　監査等委員会を置く株式会社をいう。

十二　指名委員会等設置会社　指名委員会、監査委員会及び報酬委員会（以下「指名委員会等」という。）を置く株式会社をいう。

十三　種類株式発行会社　剰余金の配当その他の第108条第1項各号に掲げる事項について内容の異なる二以上の種類の株式を発行する株式会社をいう。

十四　種類株主総会　種類株主（種類株式発行会社におけるある種類の株式の株主をいう。以下同じ。）の総会をいう。

十五　社外取締役　株式会社の取締役であって、次に掲げる要件のいずれにも該当するものをいう。

　　イ　当該株式会社又はその子会社の業務執行取締役（株式会社の第363条第1項各号に掲げる取締役及び当該株式会社の業務を執行したその他の取締役をいう。以下同じ。）若しくは執行役又は支配人その他の使用人（以下「業務執行取締役等」という。）でなく、かつ、その就任の前10年間当該株式会社又はその子会社の業務執行取締役等であったことがないこと。

　　ロ　その就任の前10年内のいずれかの時において当該株式会社又はその子会社の取締役、会計参与（会計参与が法人であるときは、その職務を行うべき社員）又は監査役であったことがある者（業務執行取締役等であったことがあるものを除く。）にあっては、当該取締役、会計参与又は監査役への就任の前10年間当該株式会社又はその子会社の業務執行取締役等であったことがないこと。

　　ハ　当該株式会社の親会社等（自然人であるものに限る。）又は親会社等の取締役若しくは執行役若しくは支配人その他の使用人でないこと。

　　ニ　当該株式会社の親会社等の子会社等（当該株式会社及びその子会社を除く。）の業務執行取締役等でないこと。

　　ホ　当該株式会社の取締役若しくは執行役若しくは支配人その他の重要な使用人又は親会社等（自然人であるものに限る。）の配偶者又は二親等内の親族でないこと。

十六　社外監査役　株式会社の監査役であって、次に掲げる要件のいずれにも該当するものをいう。

　　イ　その就任の前10年間当該株式会社又はそ

の子会社の取締役、会計参与（会計参与が法人であるときは、その職務を行うべき社員。ロにおいて同じ。）若しくは執行役又は支配人その他の使用人であったことがないこと。

ロ　その就任の前10年内のいずれかの時において当該株式会社又はその子会社の監査役であったことがある者にあっては、当該監査役への就任の前10年間当該株式会社又はその子会社の取締役、会計参与若しくは執行役又は支配人その他の使用人であったことがないこと。

ハ　当該株式会社の親会社等（自然人であるものに限る。）又は親会社等の取締役、監査役若しくは執行役若しくは支配人その他の使用人でないこと。

ニ　当該株式会社の親会社等の子会社等（当該株式会社及びその子会社を除く。）の業務執行取締役等でないこと。

ホ　当該株式会社の取締役若しくは支配人その他の重要な使用人又は親会社等（自然人であるものに限る。）の配偶者又は二親等内の親族でないこと。

十七　譲渡制限株式　株式会社がその発行する全部又は一部の株式の内容として譲渡による当該株式の取得について当該株式会社の承認を要する旨の定めを設けている場合における当該株式をいう。

十八　取得請求権付株式　株式会社がその発行する全部又は一部の株式の内容として株主が当該株式会社に対して当該株式の取得を請求することができる旨の定めを設けている場合における当該株式をいう。

十九　取得条項付株式　株式会社がその発行する全部又は一部の株式の内容として当該株式会社が一定の事由が生じたことを条件として当該株式を取得することができる旨の定めを設けている場合における当該株式をいう。

二十　単元株式数　株式会社がその発行する株式について、一定の数の株式をもって株主が株主総会又は種類株主総会において一個の議決権を行使することができる一単元の株式とする旨の定款の定めを設けている場合における当該一定の数をいう。

二十一　新株予約権　株式会社に対して行使することにより当該株式会社の株式の交付を受けることができる権利をいう。

二十二　新株予約権付社債　新株予約権を付した社債をいう。

二十三　社債　この法律の規定により会社が行う割当てにより発生する当該会社を債務者とする金銭債権であって、第676条各号に掲げる事項についての定めに従い償還されるものをいう。

二十四　最終事業年度　各事業年度に係る第435条第2項に規定する計算書類につき第438条第2項の承認（第439条前段に規定する場合にあっては、第436条第3項の承認）を受けた場合における当該各事業年度のうち最も遅いものをいう。

二十五　配当財産　株式会社が剰余金の配当をする場合における配当する財産をいう。

二十六　組織変更　次のイ又はロに掲げる会社がその組織を変更することにより当該イ又はロに定める会社となることをいう。

イ　株式会社　合名会社、合資会社又は合同会社

ロ　合名会社、合資会社又は合同会社　株式会社

二十七　吸収合併　会社が他の会社とする合併であって、合併により消滅する会社の権利義務の全部を合併後存続する会社に承継させるものをいう。

二十八　新設合併　二以上の会社がする合併であって、合併により消滅する会社の権利義務の全部を合併により設立する会社に承継させるものをいう。

二十九　吸収分割　株式会社又は合同会社がその事業に関して有する権利義務の全部又は一部を分割後他の会社に承継させることをい

う。

三十　新設分割　一又は二以上の株式会社又は
　　合同会社がその事業に関して有する権利義務
　　の全部又は一部を分割により設立する会社に
　　承継させることをいう。

三十一　株式交換　株式会社がその発行済株式
　　（株式会社が発行している株式をいう。以下
　　同じ。）の全部を他の株式会社又は合同会社
　　に取得させることをいう。

三十二　株式移転　一又は二以上の株式会社が
　　その発行済株式の全部を新たに設立する株式
　　会社に取得させることをいう。

三十二の二　株式交付　株式会社が他の株式会
　　社をその子会社（法務省令で定めるものに限
　　る。第774条の3第2項において同じ。）とす
　　るために当該他の株式会社の株式を譲り受
　　け、当該株式の譲渡人に対して当該株式の対
　　価として当該株式会社の株式を交付すること
　　をいう。

三十三　公告方法　会社（外国会社を含む。）
　　が公告（この法律又は他の法律の規定により
　　官報に掲載する方法によりしなければならな
　　いものとされているものを除く。）をする方
　　法をいう。

三十四　電子公告　公告方法のうち、電磁的方
　　法（電子情報処理組織を使用する方法その他
　　の情報通信の技術を利用する方法であって法
　　務省令で定めるものをいう。以下同じ。）に
　　より不特定多数の者が公告すべき内容である
　　情報の提供を受けることができる状態に置く
　　措置であって法務省令で定めるものをとる方
　　法をいう。

（平26法90・一部改正、令元法70・一部改正）

第2章　会社の商号
（商号）

第6条　会社は、その名称を商号とする。

2　会社は、株式会社、合名会社、合資会社又は
　　合同会社の種類に従い、それぞれその商号中に
　　株式会社、合名会社、合資会社又は合同会社と
いう文字を用いなければならない。

3　略

第5章　計算等
第1節　会計の原則

第431条　株式会社の会計は、一般に公正妥当と
　　認められる企業会計の慣行に従うものとする。

第2節　会計帳簿等
第1款　会計帳簿
（会計帳簿の作成及び保存）

第432条　株式会社は、法務省令で定めるところ
　　により、適時に、正確な会計帳簿を作成しなけ
　　ればならない。

2　株式会社は、会計帳簿の閉鎖の時から10年
　　間、その会計帳簿及びその事業に関する重要な
　　資料を保存しなければならない。

第2款　計算書類等
（計算書類等の作成及び保存）

第435条　株式会社は、法務省令で定めるところ
　　により、その成立の日における貸借対照表を作
　　成しなければならない。

2　株式会社は、法務省令で定めるところによ
　　り、各事業年度に係る計算書類（貸借対照表、
　　損益計算書その他株式会社の財産及び損益の状
　　況を示すために必要かつ適当なものとして法務
　　省令で定めるものをいう。以下この章において
　　同じ。）及び事業報告並びにこれらの附属明細
　　書を作成しなければならない。

3　計算書類及び事業報告並びにこれらの附属明
　　細書は、電磁的記録をもって作成することがで
　　きる。

4　株式会社は、計算書類を作成した時から10年
　　間、当該計算書類及びその附属明細書を保存し
　　なければならない。

第3節　資本金の額等
第1款　総則
（資本金の額及び準備金の額）

第445条　株式会社の資本金の額は、この法律に

第XI章 関係法令

別段の定めがある場合を除き、設立又は株式の発行に際して株主となる者が当該株式会社に対して払込み又は給付をした財産の額とする。

2 前項の払込み又は給付に係る額の2分の1を超えない額は、資本金として計上しないことができる。

3 前項の規定により資本金として計上しないこととした額は、資本準備金として計上しなければならない。

4 剰余金の配当をする場合には、株式会社は、法務省令で定めるところにより、当該剰余金の配当により減少する剰余金の額に10分の1を乗じて得た額を資本準備金又は利益準備金（以下「準備金」と総称する。）として計上しなければならない。

5 合併、吸収分割、新設分割、株式交換、株式移転又は株式交付に際して資本金又は準備金として計上すべき額については、法務省令で定める。

6 定款又は株主総会の決議による第361条第1項第3号、第4号若しくは第5号ロに掲げる事項についての定め又は報酬委員会による第409条第3項第3号、第4号若しくは第5号ロに定める事項についての決定に基づく株式の発行により資本金又は準備金として計上すべき額については、法務省令で定める。

（令元法70・一部改正）

第4節 剰余金の配当

（株主に対する剰余金の配当）

第453条 株式会社は、その株主（当該株式会社を除く。）に対し、剰余金の配当をすることができる。

（剰余金の配当に関する事項の決定）

第454条 株式会社は、前条の規定による剰余金の配当をしようとするときは、その都度、株主総会の決議によって、次に掲げる事項を定めなければならない。

一 配当財産の種類（当該株式会社の株式等を除く。）及び帳簿価額の総額

二 株主に対する配当財産の割当てに関する事項

三 当該剰余金の配当がその効力を生ずる日

2 前項に規定する場合において、剰余金の配当について内容の異なる二以上の種類の株式を発行しているときは、株式会社は、当該種類の株式の内容に応じ、同項第2号に掲げる事項として、次に掲げる事項を定めることができる。

一 ある種類の株式の株主に対して配当財産の割当てをしないこととするときは、その旨及び当該株式の種類

二 前号に掲げる事項のほか、配当財産の割当てについて株式の種類ごとに異なる取扱いを行うこととするときは、その旨及び当該異なる取扱いの内容

3 第1項第2号に掲げる事項についての定めは、株主（当該株式会社及び前項第1号の種類の株式の株主を除く。）の有する株式の数（前項第2号に掲げる事項についての定めがある場合にあっては、各種類の株式の数）に応じて配当財産を割り当てることを内容とするものでなければならない。

4、5 略

第6節 剰余金の配当等に関する責任

（配当等の制限）

第461条 次に掲げる行為により株主に対して交付する金銭等（当該株式会社の株式を除く。以下この節において同じ。）の帳簿価額の総額は、当該行為がその効力を生ずる日における分配可能額を超えてはならない。

一〜七 略

八 剰余金の配当

2 前項に規定する「分配可能額」とは、第1号及び第2号に掲げる額の合計額から第3号から第6号までに掲げる額の合計額を減じて得た額をいう（以下この節において同じ。）。

一 剰余金の額

二 臨時計算書類につき第441条第4項の承認

367

（同項ただし書に規定する場合にあっては、同条第三項の承認）を受けた場合における次に掲げる額

イ　第441条第1項第2号の期間の利益の額として法務省令で定める各勘定科目に計上した額の合計額

ロ　第441条第1項第2号の期間内に自己株式を処分した場合における当該自己株式の対価の額

三　自己株式の帳簿価額

四　最終事業年度の末日後に自己株式を処分した場合における当該自己株式の対価の額

五　第2号に規定する場合における第441条第1項第2号の期間の損失の額として法務省令で定める各勘定科目に計上した額の合計額

六　前3号に掲げるもののほか、法務省令で定める各勘定科目に計上した額の合計額

（平18法109・一部改正）

第3編　持分会社
第1章　設立
（定款の作成）

第575条　合名会社、合資会社又は合同会社（以下「持分会社」と総称する。）を設立するには、その社員になろうとする者が定款を作成し、その全員がこれに署名し、又は記名押印しなければならない。

2　前項の定款は、電磁的記録をもって作成することができる。この場合において、当該電磁的記録に記録された情報については、法務省令で定める署名又は記名押印に代わる措置をとらなければならない。

（定款の記載又は記録事項）

第576条　持分会社の定款には、次に掲げる事項を記載し、又は記録しなければならない。

一　目的

二　商号

三　本店の所在地

四　社員の氏名又は名称及び住所

五　社員が無限責任社員又は有限責任社員のいずれであるかの別

六　社員の出資の目的（有限責任社員にあっては、金銭等に限る。）及びその価額又は評価の標準

2　設立しようとする持分会社が合名会社である場合には、前項第五号に掲げる事項として、その社員の全部を無限責任社員とする旨を記載し、又は記録しなければならない。

3　設立しようとする持分会社が合資会社である場合には、第1項第5号に掲げる事項として、その社員の一部を無限責任社員とし、その他の社員を有限責任社員とする旨を記載し、又は記録しなければならない。

4　設立しようとする持分会社が合同会社である場合には、第1項第5号に掲げる事項として、その社員の全部を有限責任社員とする旨を記載し、又は記録しなければならない。

第577条　前条に規定するもののほか、持分会社の定款には、この法律の規定により定款の定めがなければその効力を生じない事項及びその他の事項でこの法律の規定に違反しないものを記載し、又は記録することができる。

（合同会社の設立時の出資の履行）

第578条　設立しようとする持分会社が合同会社である場合には、当該合同会社の社員になろうとする者は、定款の作成後、合同会社の設立の登記をする時までに、その出資に係る金銭の全額を払い込み、又はその出資に係る金銭以外の財産の全部を給付しなければならない。ただし、合同会社の社員になろうとする者全員の同意があるときは、登記、登録その他権利の設定又は移転を第三者に対抗するために必要な行為は、合同会社の成立後にすることを妨げない。

（持分会社の成立）

第579条　持分会社は、その本店の所在地において設立の登記をすることによって成立する。

第2章　社員
第1節　社員の責任等
（社員の責任）

第580条　社員は、次に掲げる場合には、連帯して、持分会社の債務を弁済する責任を負う。

一　当該持分会社の財産をもってその債務を完済することができない場合

二　当該持分会社の財産に対する強制執行がその効を奏しなかった場合（社員が、当該持分会社に弁済をする資力があり、かつ、強制執行が容易であることを証明した場合を除く。）

2　有限責任社員は、その出資の価額（既に持分会社に対し履行した出資の価額を除く。）を限度として、持分会社の債務を弁済する責任を負う。

（社員の抗弁）

第581条　社員が持分会社の債務を弁済する責任を負う場合には、社員は、持分会社が主張することができる抗弁をもって当該持分会社の債権者に対抗することができる。

2　前項に規定する場合において、持分会社がその債権者に対して相殺権、取消権又は解除権を有するときは、これらの権利の行使によって持分会社がその債務を免れるべき限度において、社員は、当該債権者に対して債務の履行を拒むことができる。

（平29法45・一部改正）

（社員の出資に係る責任）

第582条　社員が金銭を出資の目的とした場合において、その出資をすることを怠ったときは、当該社員は、その利息を支払うほか、損害の賠償をしなければならない。

2　社員が債権を出資の目的とした場合において、当該債権の債務者が弁済期に弁済をしなかったときは、当該社員は、その弁済をする責任を負う。この場合においては、当該社員は、その利息を支払うほか、損害の賠償をしなければならない。

（社員の責任を変更した場合の特則）

第583条　有限責任社員が無限責任社員となった場合には、当該無限責任社員となった者は、その者が無限責任社員となる前に生じた持分会社の債務についても、無限責任社員としてこれを弁済する責任を負う。

2　有限責任社員（合同会社の社員を除く。）が出資の価額を減少した場合であっても、当該有限責任社員は、その旨の登記をする前に生じた持分会社の債務については、従前の責任の範囲内でこれを弁済する責任を負う。

3　無限責任社員が有限責任社員となった場合であっても、当該有限責任社員となった者は、その旨の登記をする前に生じた持分会社の債務については、無限責任社員として当該債務を弁済する責任を負う。

4　前2項の責任は、前2項の登記後2年以内に請求又は請求の予告をしない持分会社の債権者に対しては、当該登記後2年を経過した時に消滅する。

（無限責任社員となることを許された未成年者の行為能力）

第584条　持分会社の無限責任社員となることを許された未成年者は、社員の資格に基づく行為に関しては、行為能力者とみなす。

　　　　第2節　持分の譲渡等

（持分の譲渡）

第585条　社員は、他の社員の全員の承諾がなければ、その持分の全部又は一部を他人に譲渡することができない。

2　前項の規定にかかわらず、業務を執行しない有限責任社員は、業務を執行する社員の全員の承諾があるときは、その持分の全部又は一部を他人に譲渡することができる。

3　第637条の規定にかかわらず、業務を執行しない有限責任社員の持分の譲渡に伴い定款の変更を生ずるときは、その持分の譲渡による定款の変更は、業務を執行する社員の全員の同意によってすることができる。

4　前三項の規定は、定款で別段の定めをすることを妨げない。

（持分の全部の譲渡をした社員の責任）

第586条　持分の全部を他人に譲渡した社員は、その旨の登記をする前に生じた持分会社の債務について、従前の責任の範囲内でこれを弁済す

る責任を負う。

2　前項の責任は、同項の登記後２年以内に請求又は請求の予告をしない持分会社の債権者に対しては、当該登記後２年を経過した時に消滅する。

第587条　持分会社は、その持分の全部又は一部を譲り受けることができない。

2　持分会社が当該持分会社の持分を取得した場合には、当該持分は、当該持分会社がこれを取得した時に、消滅する。

第３節　誤認行為の責任

（無限責任社員であると誤認させる行為等をした有限責任社員の責任）

第588条　合資会社の有限責任社員が自己を無限責任社員であると誤認させる行為をしたときは、当該有限責任社員は、その誤認に基づいて合資会社と取引をした者に対し、無限責任社員と同一の責任を負う。

2　合資会社又は合同会社の有限責任社員がその責任の限度を誤認させる行為（前項の行為を除く。）をしたときは、当該有限責任社員は、その誤認に基づいて合資会社又は合同会社と取引をした者に対し、その誤認させた責任の範囲内で当該合資会社又は合同会社の債務を弁済する責任を負う。

（社員であると誤認させる行為をした者の責任）

第589条　合名会社又は合資会社の社員でない者が自己を無限責任社員であると誤認させる行為をしたときは、当該社員でない者は、その誤認に基づいて合名会社又は合資会社と取引をした者に対し、無限責任社員と同一の責任を負う。

2　合資会社又は合同会社の社員でない者が自己を有限責任社員であると誤認させる行為をしたときは、当該社員でない者は、その誤認に基づいて合資会社又は合同会社と取引をした者に対し、その誤認させた責任の範囲内で当該合資会社又は合同会社の債務を弁済する責任を負う。

第５章　計算等

第１節　会計の原則

第614条　持分会社の会計は、一般に公正妥当と認められる企業会計の慣行に従うものとする。

第２節　会計帳簿

（会計帳簿の作成及び保存）

第615条　持分会社は、法務省令で定めるところにより、適時に、正確な会計帳簿を作成しなければならない。

2　持分会社は、会計帳簿の閉鎖の時から10年間、その会計帳簿及びその事業に関する重要な資料を保存しなければならない。

第３節　計算書類

（計算書類の作成及び保存）

第617条　持分会社は、法務省令で定めるところにより、その成立の日における貸借対照表を作成しなければならない。

2　持分会社は、法務省令で定めるところにより、各事業年度に係る計算書類（貸借対照表その他持分会社の財産の状況を示すために必要かつ適切なものとして法務省令で定めるものをいう。以下この章において同じ。）を作成しなければならない。

3　計算書類は、電磁的記録をもって作成することができる。

4　持分会社は、計算書類を作成した時から10年間、これを保存しなければならない。

4　会社法施行令

〔平成17年12月14日〕
〔政　令　第　364　号〕

最近改正　令和２年11月20日政令第327号

　内閣は、会社法（平成17年法律第86号）の規定に基づき、この政令を制定する。

（書面に記載すべき事項等の電磁的方法による提供の承諾等）

第１条　次に掲げる規定に規定する事項を電磁的

方法（会社法（以下「法」という。）第2条第34号に規定する電磁的方法をいう。以下同じ。）により提供しようとする者（次項において「提供者」という。）は、法務省令で定めるところにより、あらかじめ、当該事項の提供の相手方に対し、その用いる電磁的方法の種類及び内容を示し、書面又は電磁的方法による承諾を得なければならない。

一　法第59条第4項

二　法第74条第3項（法第86条において準用する場合を含む。）

三　法第76条第1項（法第86条において準用する場合を含む。）

四　法第203条第3項

五　法第242条第3項

六　法第310条第3項（法第325条において準用する場合を含む。）

七　法第312条第1項（法第325条において準用する場合を含む。）

八　法第555条第3項（法第822条第3項において準用する場合を含む。）

九　法第557条第1項（法第822条第3項において準用する場合を含む。）

十　法第677条第3項

十一　法第721条第4項

十二　法第725条第3項

十三　法第727条第1項

十四　法第739条第2項

十五　法第774条の4第3項（法第774条の9において準用する場合を含む。）

2　前項の規定による承諾を得た提供者は、同項の相手方から書面又は電磁的方法により電磁的方法による事項の提供を受けない旨の申出があったときは、当該相手方に対し、当該事項の提供を電磁的方法によってしてはならない。ただし、当該相手方が再び同項の規定による承諾をした場合は、この限りでない。

(令2政327・一部改正)

（電磁的方法による通知の承諾等）

第2条　次に掲げる規定により電磁的方法により通知を発しようとする者（次項において「通知発出者」という。）は、法務省令で定めるところにより、あらかじめ、当該通知の相手方に対し、その用いる電磁的方法の種類及び内容を示し、書面又は電磁的方法による承諾を得なければならない。

一　法第68条第3項（法第86条において準用する場合を含む。）

二　法第299条第3項（法第325条において準用する場合を含む。）

三　法第549条第2項（同条第4項（法第822条第3項において準用する場合を含む。）及び法第822条第3項において準用する場合を含む。）

四　法第720条第2項

2　前項の規定による承諾を得た通知発出者は、同項の相手方から書面又は電磁的方法により電磁的方法による通知を受けない旨の申出があったときは、当該相手方に対し、当該通知を電磁的方法によって発してはならない。ただし、当該相手方が再び同項の規定による承諾をした場合は、この限りでない。

（電子公告調査機関の登録及びその更新の申請に係る手数料の額）

第3条　法第942条第2項（法第945条第2項において準用する場合を含む。）の政令で定める手数料の額は、42万600円とする。

(平20政100・一部改正)

（電子公告調査機関の登録の有効期間）

第4条　法第945条第1項の政令で定める期間は、3年とする。

5　会社法施行規則（抄）

〔平成18年2月7日
法務省令第12号〕

最近改正　令和3年12月13日法務省令第45号

第1編　総則

第1章　通則

（目的）

第1条　この省令は、会社法（平成17年法律第86号。以下「法」という。）の委任に基づく事項その他法の施行に必要な事項を定めることを目的とする。

（定義）

第2条　この省令において、「会社」、「外国会社」、「子会社」、「子会社等」、「親会社」、「親会社等」、「公開会社」、「取締役会設置会社」、「会計参与設置会社」、「監査役設置会社」、「監査役会設置会社」、「会計監査人設置会社」、「監査等委員会設置会社」、「指名委員会等設置会社」、「種類株式発行会社」、「種類株主総会」、「社外取締役」、「社外監査役」、「譲渡制限株式」、「取得条項付株式」、「単元株式数」、「新株予約権」、「新株予約権付社債」、「社債」、「配当財産」、「組織変更」、「吸収合併」、「新設合併」、「吸収分割」、「新設分割」、「株式交換」、「株式移転」、「株式交付」又は「電子公告」とは、それぞれ法第2条に規定する会社、外国会社、子会社、子会社等、親会社、親会社等、公開会社、取締役会設置会社、会計参与設置会社、監査役設置会社、監査役会設置会社、会計監査人設置会社、監査等委員会設置会社、指名委員会等設置会社、種類株式発行会社、種類株主総会、社外取締役、社外監査役、譲渡制限株式、取得条項付株式、単元株式数、新株予約権、新株予約権付社債、社債、配当財産、組織変更、吸収合併、新設合併、吸収分割、新設分割、株式交換、株式移転、株式交付又は電子公告をいう。

2　この省令において、次の各号に掲げる用語の意義は、当該各号に定めるところによる。

一　指名委員会等　法第2条第12号に規定する指名委員会等をいう。

二　種類株主　法第2条第14号に規定する種類株主をいう。

三　業務執行取締役　法第2条第15号イに規定する業務執行取締役をいう。

四　業務執行取締役等　法第2条第15号イに規定する業務執行取締役等をいう。

五　発行済株式　法第2条第31号に規定する発行済株式をいう。

六　電磁的方法　法第2条第34号に規定する電磁的方法をいう。

七　設立時発行株式　法第25条第1項第1号に規定する設立時発行株式をいう。

八　有価証券　法第33条第10項第2号に規定する有価証券をいう。

九　銀行等　法第34条第2項に規定する銀行等をいう。

十　発行可能株式総数　法第37条第1項に規定する発行可能株式総数をいう。

十一　設立時取締役　法第38条第1項に規定する設立時取締役をいう。

十二　設立時監査等委員　法第38条第2項に規定する設立時監査等委員をいう。

十三　監査等委員　法第38条第2項に規定する監査等委員をいう。

十四　設立時会計参与　法第38条第3項第1号に規定する設立時会計参与をいう。

十五　設立時監査役　法第38条第3項第2号に規定する設立時監査役をいう。

十六　設立時会計監査人　法第38条第3項第3号に規定する設立時会計監査人をいう。

十七　代表取締役　法第47条第1項に規定する代表取締役をいう。

十八　設立時執行役　法第48条第1項第2号に規定する設立時執行役をいう。

十九　設立時募集株式　法第58条第1項に規定する設立時募集株式をいう。

二十　設立時株主　法第65条第1項に規定する設立時株主をいう。

二十一　創立総会　法第65条第1項に規定する創立総会をいう。

二十二　創立総会参考書類　法第70条第1項に規定する創立総会参考書類をいう。

二十三　種類創立総会　法第84条に規定する種類創立総会をいう。

二十四　発行可能種類株式総数　法第101条第

1 項第 3 号に規定する発行可能種類株式総数をいう。

二十五　株式等　法第107条第2項第2号ホに規定する株式等をいう。

二十六　自己株式　法第113条第4項に規定する自己株式をいう。

二十七　株券発行会社　法第117条第7項に規定する株券発行会社をいう。

二十八　株主名簿記載事項　法第121条に規定する株主名簿記載事項をいう。

二十九　株主名簿管理人　法第123条に規定する株主名簿管理人をいう。

三十　株式取得者　法第133条第1項に規定する株式取得者をいう。

三十一　親会社株式　法第135条第1項に規定する親会社株式をいう。

三十二　譲渡等承認請求者　法第139条第2項に規定する譲渡等承認請求者をいう。

三十三　対象株式　法第140条第1項に規定する対象株式をいう。

三十四　指定買取人　法第140条第4項に規定する指定買取人をいう。

三十五　一株当たり純資産額　法第141条第2項に規定する一株当たり純資産額をいう。

三十六　登録株式質権者　法第149条第1項に規定する登録株式質権者をいう。

三十七　金銭等　法第151条第1項に規定する金銭等をいう。

三十八　全部取得条項付種類株式　法第171条第1項に規定する全部取得条項付種類株式をいう。

三十九　特別支配株主　法第179条第1項に規定する特別支配株主をいう。

四十　株式売渡請求　法第179条第2項に規定する株式売渡請求をいう。

四十一　対象会社　法第179条第2項に規定する対象会社をいう。

四十二　新株予約権売渡請求　法第179条第3項に規定する新株予約権売渡請求をいう。

四十三　売渡株式　法第179条の2第1項第2号に規定する売渡株式をいう。

四十四　売渡新株予約権　法第179条の2第1項第4号ロに規定する売渡新株予約権をいう。

四十五　売渡株式等　法第179条の2第1項第5号に規定する売渡株式等をいう。

四十六　株式等売渡請求　法第179条の3第1項に規定する株式等売渡請求をいう。

四十七　売渡株主等　法第179条の4第1項第1号に規定する売渡株主等をいう。

四十八　単元未満株式売渡請求　法第194条第1項に規定する単元未満株式売渡請求をいう。

四十九　募集株式　法第199条第1項に規定する募集株式をいう。

五十　株券喪失登録日　法第221条第4号に規定する株券喪失登録日をいう。

五十一　株券喪失登録　法第223条に規定する株券喪失登録をいう。

五十二　株券喪失登録者　法第224条第1項に規定する株券喪失登録者をいう。

五十三　募集新株予約権　法第238条第1項に規定する募集新株予約権をいう。

五十四　新株予約権付社債券　法第249条第2号に規定する新株予約権付社債券をいう。

五十五　証券発行新株予約権付社債　法第249条第2号に規定する証券発行新株予約権付社債をいう。

五十六　証券発行新株予約権　法第249条第3号ニに規定する証券発行新株予約権をいう。

五十七　自己新株予約権　法第255条第1項に規定する自己新株予約権をいう。

五十八　新株予約権取得者　法第260条第1項に規定する新株予約権取得者をいう。

五十九　取得条項付新株予約権　法第273条第1項に規定する取得条項付新株予約権をいう。

六十　新株予約権無償割当て　法第277条に規定する新株予約権無償割当てをいう。

六十一　株主総会参考書類　法第301条第1項

に規定する株主総会参考書類をいう。

六十二　電子提供措置　法第325条の２に規定する電子提供措置をいう。

六十三　報酬等　法第361条第１項に規定する報酬等をいう。

六十四　議事録等　法第371条第１項に規定する議事録等をいう。

六十五　執行役等　法第404条第２項第１号に規定する執行役等をいう。

六十六　役員等　法第423条第１項に規定する役員等をいう。

六十七　補償契約　法第430条の２第１項に規定する補償契約をいう。

六十八　役員等賠償責任保険契約　法第430条の３第１項に規定する役員等賠償責任保険契約をいう。

六十九　臨時決算日　法第441条第１項に規定する臨時決算日をいう。

七十　臨時計算書類　法第441条第１項に規定する臨時計算書類をいう。

七十一　連結計算書類　法第444条第１項に規定する連結計算書類をいう。

七十二　分配可能額　法第461条第２項に規定する分配可能額をいう。

七十三　事業譲渡等　法第468条第１項に規定する事業譲渡等をいう。

七十四　清算株式会社　法第476条に規定する清算株式会社をいう。

七十五　清算人会設置会社　法第478条第８項に規定する清算人会設置会社をいう。

七十六　財産目録等　法第492条第１項に規定する財産目録等をいう。

七十七　各清算事務年度　法第494条第１項に規定する各清算事務年度をいう。

七十八　貸借対照表等　法第496条第１項に規定する貸借対照表等をいう。

七十九　協定債権　法第515条第３項に規定する協定債権をいう。

八十　協定債権者　法第517条第１項に規定する協定債権者をいう。

八十一　債権者集会参考書類　法第550条第１項に規定する債権者集会参考書類をいう。

八十二　持分会社　法第575条第１項に規定する持分会社をいう。

八十三　清算持分会社　法第645条に規定する清算持分会社をいう。

八十四　募集社債　法第676条に規定する募集社債をいう。

八十五　社債発行会社　法第682条第１項に規定する社債発行会社をいう。

八十六　社債原簿管理人　法第683条に規定する社債原簿管理人をいう。

八十七　社債権者集会参考書類　法第721条第１項に規定する社債権者集会参考書類をいう。

八十八　組織変更後持分会社　法第744条第１項第１号に規定する組織変更後持分会社をいう。

八十九　社債等　法第746条第１項第７号ニに規定する社債等をいう。

九十　吸収合併消滅会社　法第749条第１項第１号に規定する吸収合併消滅会社をいう。

九十一　吸収合併存続会社　法第749条第１項に規定する吸収合併存続会社をいう。

九十二　吸収合併存続株式会社　法第749条第１項第１号に規定する吸収合併存続株式会社をいう。

九十三　吸収合併消滅株式会社　法第749条第１項第２号に規定する吸収合併消滅株式会社をいう。

九十四　吸収合併存続持分会社　法第751条第１項第１号に規定する吸収合併存続持分会社をいう。

九十五　新設合併設立会社　法第753条第１項に規定する新設合併設立会社をいう。

九十六　新設合併消滅会社　法第753条第１項第１号に規定する新設合併消滅会社をいう。

九十七　新設合併設立株式会社　法第753条第１項第２号に規定する新設合併設立株式会社をいう。

九十八 新設合併消滅株式会社 法第753条第1項第6号に規定する新設合併消滅株式会社をいう。

九十九 吸収分割承継会社 法第757条に規定する吸収分割承継会社をいう。

百 吸収分割会社 法第758条第1号に規定する吸収分割会社をいう。

百一 吸収分割承継株式会社 法第758条第1号に規定する吸収分割承継株式会社をいう。

百二 吸収分割株式会社 法第758条第2号に規定する吸収分割株式会社をいう。

百三 吸収分割承継持分会社 法第760条第1号に規定する吸収分割承継持分会社をいう。

百四 新設分割会社 法第763条第1項第5号に規定する新設分割会社をいう。

百五 新設分割株式会社 法第763条第1項第5号に規定する新設分割株式会社をいう。

百六 新設分割設立会社 法第763条第1項に規定する新設分割設立会社をいう。

百七 新設分割設立株式会社 法第763条第1項第1号に規定する新設分割設立株式会社をいう。

百八 新設分割設立持分会社 法第765条第1項第1号に規定する新設分割設立持分会社をいう。

百九 株式交換完全親会社 法第767条に規定する株式交換完全親会社をいう。

百十 株式交換完全子会社 法第768条第1項第1号に規定する株式交換完全子会社をいう。

百十一 株式交換完全親株式会社 法第768条第1項第1号に規定する株式交換完全親株式会社をいう。

百十二 株式交換完全親合同会社 法第770条第1項第1号に規定する株式交換完全親合同会社をいう。

百十三 株式移転設立完全親会社 法第773条第1項第1号に規定する株式移転設立完全親会社をいう。

百十四 株式移転完全子会社 法第773条第1

項第5号に規定する株式移転完全子会社をいう。

百十五 株式交付親会社 法第774条の3第1項第1号に規定する株式交付親会社をいう。

百十六 株式交付子会社 法第774条の3第1項第1号に規定する株式交付子会社をいう。

百十七 吸収分割合同会社 法第793条第2項に規定する吸収分割合同会社をいう。

百十八 存続株式会社等 法第794条第1項に規定する存続株式会社等をいう。

百十九 新設分割合同会社 法第813条第2項に規定する新設分割合同会社をいう。

百二十 責任追及等の訴え 法第847条第1項に規定する責任追及等の訴えをいう。

百二十一 株式交換等完全子会社 法第847条の2第1項に規定する株式交換等完全子会社をいう。

百二十二 最終完全親会社等 法第847条の3第1項に規定する最終完全親会社等をいう。

百二十三 特定責任追及の訴え 法第847条の3第1項に規定する特定責任追及の訴えをいう。

百二十四 完全親会社等 法第847条の3第2項に規定する完全親会社等をいう。

百二十五 完全子会社等 法第847条の3第2項第2号に規定する完全子会社等をいう。

百二十六 特定責任 法第847条の3第4項に規定する特定責任をいう。

百二十七 株式交換等完全親会社 法第849条第2項第1号に規定する株式交換等完全親会社をいう。

3 この省令において、次の各号に掲げる用語の意義は、当該各号に定めるところによる。

一 法人等 法人その他の団体をいう。

二 会社等 会社（外国会社を含む。）、組合（外国における組合に相当するものを含む。）その他これらに準ずる事業体をいう。

三 役員 取締役、会計参与、監査役、執行役、理事、監事その他これらに準ずる者をいう。

四 会社役員 当該株式会社の取締役、会計参

与、監査役及び執行役をいう。

五　社外役員　会社役員のうち、次のいずれにも該当するものをいう。

イ　当該会社役員が社外取締役又は社外監査役であること。

ロ　当該会社役員が次のいずれかの要件に該当すること。

⑴　当該会社役員が法第327条の2、第331条第6項、第373条第1項第2号、第399条の13第5項又は第400条第3項の社外取締役であること。

⑵　当該会社役員が法第335条第3項の社外監査役であること。

⑶　当該会社役員を当該株式会社の社外取締役又は社外監査役であるものとして計算関係書類、事業報告、株主総会参考書類その他当該株式会社が法令その他これに準ずるものの規定に基づき作成する資料に表示していること。

六　業務執行者　次に掲げる者をいう。

イ　業務執行取締役、執行役その他の法人等の業務を執行する役員（法第348条の2第1項及び第2項の規定による委託を受けた社外取締役を除く。）

ロ　業務を執行する社員、法第598条第1項の職務を行うべき者その他これに相当する者

ハ　使用人

七　社外取締役候補者　次に掲げるいずれにも該当する候補者をいう。

イ　当該候補者が当該株式会社の取締役に就任した場合には、社外取締役となる見込みであること。

ロ　次のいずれかの要件に該当すること。

⑴　当該候補者を法第327条の2、第331条第6項、第373条第1項第2号、第399条の13第5項又は第400条第3項の社外取締役であるものとする予定があること。

⑵　当該候補者を当該株式会社の社外取締役であるものとして計算関係書類、事業

報告、株主総会参考書類その他株式会社が法令その他これに準ずるものの規定に基づき作成する資料に表示する予定があること。

八　社外監査役候補者　次に掲げるいずれにも該当する候補者をいう。

イ　当該候補者が当該株式会社の監査役に就任した場合には、社外監査役となる見込みであること。

ロ　次のいずれかの要件に該当すること。

⑴　当該候補者を法第335条第3項の社外監査役であるものとする予定があること。

⑵　当該候補者を当該株式会社の社外監査役であるものとして計算関係書類、事業報告、株主総会参考書類その他株式会社が法令その他これに準ずるものの規定に基づき作成する資料に表示する予定があること。

九　最終事業年度　次のイ又はロに掲げる会社の区分に応じ、当該イ又はロに定めるものをいう。

イ　株式会社　法第2条第24号に規定する最終事業年度

ロ　持分会社　各事業年度に係る法第617条第2項に規定する計算書類を作成した場合における当該各事業年度のうち最も遅いもの

十　計算書類　次のイ又はロに掲げる会社の区分に応じ、当該イ又はロに定めるものをいう。

イ　株式会社　法第435条第2項に規定する計算書類

ロ　持分会社　法第617条第2項に規定する計算書類

十一　計算関係書類　株式会社について次に掲げるものをいう。

イ　成立の日における貸借対照表

ロ　各事業年度に係る計算書類及びその附属明細書

第XI章　関係法令

ハ　臨時計算書類

ニ　連結計算書類

十二　計算書類等　次のイ又はロに掲げる会社の区分に応じ、当該イ又はロに定めるものをいう。

イ　株式会社　各事業年度に係る計算書類及び事業報告（法第436条第1項又は第2項の規定の適用がある場合にあっては、監査報告又は会計監査報告を含む。）

ロ　持分会社　法第617条第2項に規定する計算書類

十三　臨時計算書類等　法第441条第1項に規定する臨時計算書類（同条第2項の規定の適用がある場合にあっては、監査報告又は会計監査報告を含む。）をいう。

十四　新株予約権等　新株予約権その他当該法人等に対して行使することにより当該法人等の株式その他の持分の交付を受けることができる権利（株式引受権（会社計算規則第2条第3項第34号に規定する株式引受権をいう。以下同じ。）を除く。）をいう。

十五　公開買付け等　金融商品取引法（昭和23年法律第25号）第27条の2第6項（同法第27条の22の2第2項において準用する場合を含む。）に規定する公開買付け及びこれに相当する外国の法令に基づく制度をいう。

十六　社債取得者　社債を社債発行会社以外の者から取得した者（当該社債発行会社を除く。）をいう。

十七　信託社債　信託の受託者が発行する社債であって、信託財産（信託法（平成18年法律第108号）第2条第3項に規定する信託財産をいう。以下同じ。）のために発行するものをいう。

十八　設立時役員等　設立時取締役、設立時会計参与、設立時監査役及び設立時会計監査人をいう。

十九　特定関係事業者　次に掲げるものをいう。

イ　次の(1)又は(2)に掲げる場合の区分に応

じ、当該(1)又は(2)に定めるもの

(1)　当該株式会社に親会社等がある場合
当該親会社等並びに当該親会社等の子会社等（当該株式会社を除く。）及び関連会社（当該親会社等が会社でない場合におけるその関連会社に相当するものを含む。）

(2)　当該株式会社に親会社等がない場合
当該株式会社の子会社及び関連会社

ロ　当該株式会社の主要な取引先である者（法人以外の団体を含む。）

二十　関連会社　会社計算規則（平成18年法務省令第13号）第2条第3項第21号に規定する関連会社をいう。

二十一　連結配当規制適用会社　会社計算規則第2条第3項第55号に規定する連結配当規制適用会社をいう。

二十二　組織変更株式交換　保険業法（平成7年法律第105号）第96条の5第1項に規定する組織変更株式交換をいう。

二十三　組織変更株式移転　保険業法第96条の8第1項に規定する組織変更株式移転をいう。

（平18法省令87・平19法省令38・平19法省令39・平21法省令7・平27法省令6・平28法省令1・令2法省令52・一部改正）

第2章　子会社等及び親会社等

（平27法省令6・改称）

（子会社及び親会社）

第3条　法第2条第3号に規定する法務省令で定めるものは、同号に規定する会社が他の会社等の財務及び事業の方針の決定を支配している場合における当該他の会社等とする。

2　法第2条第4号に規定する法務省令で定めるものは、会社等が同号に規定する株式会社の財務及び事業の方針の決定を支配している場合における当該会社等とする。

3　前2項に規定する「財務及び事業の方針の決定を支配している場合」とは、次に掲げる場合（財務上又は事業上の関係からみて他の会社等

377

の財務又は事業の方針の決定を支配していない
ことが明らかであると認められる場合を除く。）
をいう（以下この項において同じ。）。

一　他の会社等（次に掲げる会社等であって、
　有効な支配従属関係が存在しないと認められ
　るものを除く。以下この項において同じ。）
　の議決権の総数に対する自己（その子会社及
　び子法人等（会社以外の会社等が他の会社等
　の財務及び事業の方針の決定を支配している
　場合における当該他の会社等をいう。）を含
　む。以下この項において同じ。）の計算にお
　いて所有している議決権の数の割合が100分
　の50を超えている場合
　イ　民事再生法（平成11年法律第225号）の
　　規定による再生手続開始の決定を受けた会
　　社等
　ロ　会社更生法（平成14年法律第154号）の
　　規定による更生手続開始の決定を受けた株
　　式会社
　ハ　破産法（平成16年法律第75号）の規定に
　　よる破産手続開始の決定を受けた会社等
　ニ　その他イからハまでに掲げる会社等に準
　　ずる会社等
二　他の会社等の議決権の総数に対する自己の
　計算において所有している議決権の数の割合
　が100分の40以上である場合（前号に掲げる
　場合を除く。）であって、次に掲げるいずれ
　かの要件に該当する場合
　イ　他の会社等の議決権の総数に対する自己
　　所有等議決権数（次に掲げる議決権の数の
　　合計数をいう。次号において同じ。）の割
　　合が100分の50を超えていること。
　　⑴　自己の計算において所有している議決
　　　権
　　⑵　自己と出資、人事、資金、技術、取引
　　　等において緊密な関係があることにより
　　　自己の意思と同一の内容の議決権を行使
　　　すると認められる者が所有している議決
　　　権
　　⑶　自己の意思と同一の内容の議決権を行

　　　使することに同意している者が所有して
　　　いる議決権
　ロ　他の会社等の取締役会その他これに準ず
　　る機関の構成員の総数に対する次に掲げる
　　者（当該他の会社等の財務及び事業の方針
　　の決定に関して影響を与えることができる
　　ものに限る。）の数の割合が100分の50を超
　　えていること。
　　⑴　自己の役員
　　⑵　自己の業務を執行する社員
　　⑶　自己の使用人
　　⑷　⑴から⑶までに掲げる者であった者
　ハ　自己が他の会社等の重要な財務及び事業
　　の方針の決定を支配する契約等が存在する
　　こと。
　ニ　他の会社等の資金調達額（貸借対照表の
　　負債の部に計上されているものに限る。）
　　の総額に対する自己が行う融資（債務の保
　　証及び担保の提供を含む。ニにおいて同
　　じ。）の額（自己と出資、人事、資金、技術、
　　取引等において緊密な関係のある者が行う
　　融資の額を含む。）の割合が100分の50を超
　　えていること。
　ホ　その他自己が他の会社等の財務及び事業
　　の方針の決定を支配していることが推測さ
　　れる事実が存在すること。
三　他の会社等の議決権の総数に対する自己所
　有等議決権数の割合が100分の50を超えてい
　る場合（自己の計算において議決権を所有し
　ていない場合を含み、前2号に掲げる場合を
　除く。）であって、前号ロからホまでに掲げ
　るいずれかの要件に該当する場合

4　法第135条第1項の親会社についての第2項
　の規定の適用については、同条第1項の子会社
　を第2項の法第2条第4号に規定する株式会社
　とみなす。

（子会社等及び親会社等）
第3条の2　法第2条第3号の2ロに規定する法
　　務省令で定めるものは、同号ロに規定する者が
　　他の会社等の財務及び事業の方針の決定を支配

している場合における当該他の会社等とする。

2 法第2条第4号の2ロに規定する法務省令で定めるものは、ある者（会社等であるものを除く。）が同号ロに規定する株式会社の財務及び事業の方針の決定を支配している場合における当該ある者とする。

3 前2項に規定する「財務及び事業の方針の決定を支配している場合」とは、次に掲げる場合（財務上又は事業上の関係からみて他の会社等の財務又は事業の方針の決定を支配していないことが明らかであると認められる場合を除く。）をいう（以下この項において同じ。）。

一 他の会社等（次に掲げる会社等であって、有効な支配従属関係が存在しないと認められるものを除く。以下この項において同じ。）の議決権の総数に対する自己（その子会社等を含む。以下この項において同じ。）の計算において所有している議決権の数の割合が100分の50を超えている場合

　イ 民事再生法の規定による再生手続開始の決定を受けた会社等

　ロ 会社更生法の規定による更生手続開始の決定を受けた株式会社

　ハ 破産法の規定による破産手続開始の決定を受けた会社等

　ニ その他イからハまでに掲げる会社等に準ずる会社等

二 他の会社等の議決権の総数に対する自己の計算において所有している議決権の数の割合が100分の40以上である場合（前号に掲げる場合を除く。）であって、次に掲げるいずれかの要件に該当する場合

　イ 他の会社等の議決権の総数に対する自己所有等議決権数（次に掲げる議決権の数の合計数をいう。次号において同じ。）の割合が100分の50を超えていること。

　　⑴ 自己の計算において所有している議決権

　　⑵ 自己と出資、人事、資金、技術、取引等において緊密な関係があることにより

自己の意思と同一の内容の議決権を行使すると認められる者が所有している議決権

　　⑶ 自己の意思と同一の内容の議決権を行使することに同意している者が所有している議決権

　　⑷ 自己（自然人であるものに限る。）の配偶者又は二親等内の親族が所有している議決権

　ロ 他の会社等の取締役会その他これに準ずる機関の構成員の総数に対する次に掲げる者（当該他の会社等の財務及び事業の方針の決定に関して影響を与えることができるものに限る。）の数の割合が100分の50を超えていること。

　　⑴ 自己（自然人であるものに限る。）

　　⑵ 自己の役員

　　⑶ 自己の業務を執行する社員

　　⑷ 自己の使用人

　　⑸ ⑵から⑷までに掲げる者であった者

　　⑹ 自己（自然人であるものに限る。）の配偶者又は二親等内の親族

　ハ 自己が他の会社等の重要な財務及び事業の方針の決定を支配する契約等が存在すること。

　ニ 他の会社等の資金調達額（貸借対照表の負債の部に計上されているものに限る。）の総額に対する自己が行う融資（債務の保証及び担保の提供を含む。ニにおいて同じ。）の額（自己と出資、人事、資金、技術、取引等において緊密な関係のある者及び自己（自然人であるものに限る。）の配偶者又は二親等内の親族が行う融資の額を含む。）の割合が100分の50を超えていること。

　ホ その他自己が他の会社等の財務及び事業の方針の決定を支配していることが推測される事実が存在すること。

三 他の会社等の議決権の総数に対する自己所有等議決権数の割合が100分の50を超えている場合（自己の計算において議決権を所有し

ていない場合を含み、前2号に掲げる場合を除く。）であって、前号ロからホまでに掲げるいずれかの要件に該当する場合

<small>（平27法省令6・追加）</small>

（特別目的会社の特則）

第4条　第3条の規定にかかわらず、特別目的会社（資産の流動化に関する法律（平成10年法律第105号）第2条第3項に規定する特定目的会社及び事業の内容の変更が制限されているこれと同様の事業を営む事業体をいう。以下この条において同じ。）については、次に掲げる要件のいずれにも該当する場合には、当該特別目的会社に資産を譲渡した会社の子会社に該当しないものと推定する。

一　当該特別目的会社が適正な価額で譲り受けた資産から生ずる収益をその発行する証券（当該証券に表示されるべき権利を含む。）の所有者（資産の流動化に関する法律第2条第12項に規定する特定借入れに係る債権者及びこれと同様の借入れに係る債権者を含む。）に享受させることを目的として設立されていること。

二　当該特別目的会社の事業がその目的に従って適切に遂行されていること。

<small>（平23法省令33・平27法省令6・一部改正）</small>

（株式交付子会社）

第4条の2　法第2条第32号の2に規定する法務省令で定めるものは、同条第3号に規定する会社が他の会社等の財務及び事業の方針の決定を支配している場合（第3条第3項第1号に掲げる場合に限る。）における当該他の会社等とする。

<small>（令2法省令52・追加）</small>

　　　第2編　株式会社
　　　　第1章　設立
　　　　　第1節　通則

（設立費用）

第5条　法第28条第4号に規定する法務省令で定めるものは、次に掲げるものとする。

一　定款に係る印紙税

二　設立時発行株式と引換えにする金銭の払込みの取扱いをした銀行等に支払うべき手数料及び報酬

三　法第33条第3項の規定により決定された検査役の報酬

四　株式会社の設立の登記の登録免許税

　　　　第5章　計算等
　　　　　第1節　計算関係書類

第116条　次に掲げる規定に規定する法務省令で定めるべき事項（事業報告及びその附属明細書に係るものを除く。）は、会社計算規則の定めるところによる。

一　法第432条第1項

二　法第435条第1項及び第2項

三　法第436条第1項及び第2項

四　法第437条

五　法第439条

六　法第440条第1項及び第3項

七　法第441条第1項、第2項及び第4項

八　法第444条第1項、第4項及び第6項

九　法第445条第4項及び第6項

十　法第446条第1号ホ及び第7号

十一　法第452条

十二　法第459条第2項

十三　法第460条第2項

十四　法第461条第2項第2号イ、第5号及び第6号

十五　法第462条第1項

<small>（令2法省令52・一部改正）</small>

　　　　第2節　事業報告
　　　　　第1款　通則

第117条　次の各号に掲げる規定に規定する法務省令で定めるべき事項（事業報告及びその附属明細書に係るものに限る。）は、当該各号に定める規定の定めるところによる。ただし、他の法令に別段の定めがある場合は、この限りでない。

一　法第435条第2項　次款

二　法第436条第1項及び第2項　第3款

第XI章　関係法令

三　法第437条　第4款

第2款　事業報告等の内容

第1目　通則

（平21法省令7・目名追加）

第118条　事業報告は、次に掲げる事項をその内容としなければならない。

一　当該株式会社の状況に関する重要な事項（計算書類及びその附属明細書並びに連結計算書類の内容となる事項を除く。）

二　法第348条第3項第4号、第362条第4項第6号、第399条の13第1項第1号ロ及びハ並びに第416条第1項第1号ロ及びホに規定する体制の整備についての決定又は決議があるときは、その決定又は決議の内容の概要及び当該体制の運用状況の概要

三　株式会社が当該株式会社の財務及び事業の方針の決定を支配する者の在り方に関する基本方針（以下この号において「基本方針」という。）を定めているときは、次に掲げる事項

　イ　基本方針の内容の概要

　ロ　次に掲げる取組みの具体的な内容の概要

　　(1)　当該株式会社の財産の有効な活用、適切な企業集団の形成その他の基本方針の実現に資する特別な取組み

　　(2)　基本方針に照らして不適切な者によって当該株式会社の財務及び事業の方針の決定が支配されることを防止するための取組み

　ハ　ロの取組みの次に掲げる要件への該当性に関する当該株式会社の取締役（取締役会設置会社にあっては、取締役会）の判断及びその理由（当該理由が社外役員の存否に関する事項のみである場合における当該事項を除く。）

　　(1)　当該取組みが基本方針に沿うものであること。

　　(2)　当該取組みが当該株式会社の株主の共同の利益を損なうものではないこと。

　　(3)　当該取組みが当該株式会社の会社役員の地位の維持を目的とするものではないこと。

四　当該株式会社（当該事業年度の末日において、その完全親会社等があるものを除く。）に特定完全子会社（当該事業年度の末日において、当該株式会社及びその完全子会社等（法第847条の3第3項の規定により当該完全子会社等とみなされるものを含む。以下この号において同じ。）における当該株式会社のある完全子会社等（株式会社に限る。）の株式の帳簿価額が当該株式会社の当該事業年度に係る貸借対照表の資産の部に計上した額の合計額の5分の1（法第847条の3第4項の規定により5分の1を下回る割合を定款で定めた場合にあっては、その割合）を超える場合における当該ある完全子会社等をいう。以下この号において同じ。）がある場合には、次に掲げる事項

　イ　当該特定完全子会社の名称及び住所

　ロ　当該株式会社及びその完全子会社等における当該特定完全子会社の株式の当該事業年度の末日における帳簿価額の合計額

　ハ　当該株式会社の当該事業年度に係る貸借対照表の資産の部に計上した額の合計額

五　当該株式会社とその親会社等との間の取引（当該株式会社と第3者との間の取引で当該株式会社とその親会社等との間の利益が相反するものを含む。）であって、当該株式会社の当該事業年度に係る個別注記表において会社計算規則第112条第1項に規定する注記を要するもの（同項ただし書の規定により同項第4号から第6号まで及び第8号に掲げる事項を省略するものを除く。）があるときは、当該取引に係る次に掲げる事項

　イ　当該取引をするに当たり当該株式会社の利益を害さないように留意した事項（当該事項がない場合にあっては、その旨）

　ロ　当該取引が当該株式会社の利益を害さないかどうかについての当該株式会社の取締役（取締役会設置会社にあっては、取締役

381

会。ハにおいて同じ。）の判断及びその理
由

ハ　社外取締役を置く株式会社において、ロ
の取締役の判断が社外取締役の意見と異な
る場合には、その意見

（平18法省令28・平21法省令7・平27法省令6・一部改正）

第2目　公開会社における事業報告の内容

（平21法省令7・目名追加）

（公開会社の特則）

第119条　株式会社が当該事業年度の末日におい
て公開会社である場合には、次に掲げる事項を
事業報告の内容に含めなければならない。

一　株式会社の現況に関する事項

二　株式会社の会社役員に関する事項

二の二　株式会社の役員等賠償責任保険契約に
関する事項

三　株式会社の株式に関する事項

四　株式会社の新株予約権等に関する事項

（平18法省令28・平20法省令12・平21法省令7・令2法省令52・一
部改正）

（株式会社の現況に関する事項）

第120条　前条第1号に規定する「株式会社の現
況に関する事項」とは、次に掲げる事項（当該
株式会社の事業が2以上の部門に分かれている
場合にあっては、部門別に区別することが困難
である場合を除き、その部門別に区別された事
項）とする。

一　当該事業年度の末日における主要な事業内
容

二　当該事業年度の末日における主要な営業所
及び工場並びに使用人の状況

三　当該事業年度の末日において主要な借入先
があるときは、その借入先及び借入額

四　当該事業年度における事業の経過及びその
成果

五　当該事業年度における次に掲げる事項につ
いての状況（重要なものに限る。）

イ　資金調達

ロ　設備投資

ハ　事業の譲渡、吸収分割又は新設分割

ニ　他の会社（外国会社を含む。）の事業の
譲受け

ホ　吸収合併（会社以外の者との合併（当該
合併後当該株式会社が存続するものに限
る。）を含む。）又は吸収分割による他の法
人等の事業に関する権利義務の承継

ヘ　他の会社（外国会社を含む。）の株式そ
の他の持分又は新株予約権等の取得又は処
分

六　直前3事業年度（当該事業年度の末日にお
いて3事業年度が終了していない株式会社に
あっては、成立後の各事業年度）の財産及び
損益の状況

七　重要な親会社及び子会社の状況（当該親会
社と当該株式会社との間に当該株式会社の重
要な財務及び事業の方針に関する契約等が存
在する場合には、その内容の概要を含む。）

八　対処すべき課題

九　前各号に掲げるもののほか、当該株式会社
の現況に関する重要な事項

2　株式会社が当該事業年度に係る連結計算書類
を作成している場合には、前項各号に掲げる事
項については、当該株式会社及びその子会社か
ら成る企業集団の現況に関する事項とすること
ができる。この場合において、当該事項に相当
する事項が連結計算書類の内容となっていると
きは、当該事項を事業報告の内容としないこと
ができる。

3　第1項第6号に掲げる事項については、当該
事業年度における過年度事項（当該事業年度よ
り前の事業年度に係る貸借対照表、損益計算書
又は株主資本等変動計算書に表示すべき事項を
いう。）が会計方針の変更その他の正当な理由
により当該事業年度より前の事業年度に係る定
時株主総会において承認又は報告をしたものと
異なっているときは、修正後の過年度事項を反
映した事項とすることを妨げない。

（平18法省令28・平18法省令87・令2法省令52・一部改正）

（株式会社の会社役員に関する事項）

第121条　第119条第2号に規定する「株式会社の
　会社役員に関する事項」とは、次に掲げる事項
　とする。ただし、当該事業年度の末日において
　監査役会設置会社（公開会社であり、かつ、大
　会社であるものに限る。）であって金融商品取
　引法第24条第1項の規定によりその発行する株
　式について有価証券報告書を内閣総理大臣に提
　出しなければならないもの、監査等委員会設置
　会社又は指名委員会等設置会社でない株式会社
　にあっては、第6号の2に掲げる事項を省略す
　ることができる。
　一　会社役員（直前の定時株主総会の終結の日
　　の翌日以降に在任していた者に限る。次号か
　　ら第3号の2まで、第8号及び第9号並びに
　　第128条第2項において同じ。）の氏名（会計
　　参与にあっては、氏名又は名称）
　二　会社役員の地位及び担当
　三　会社役員（取締役又は監査役に限る。以下
　　この号において同じ。）と当該株式会社との
　　間で法第427条第1項の契約を締結している
　　ときは、当該契約の内容の概要（当該契約に
　　よって当該会社役員の職務の執行の適正性が
　　損なわれないようにするための措置を講じて
　　いる場合にあっては、その内容を含む。）
　三の二　会社役員（取締役、監査役又は執行役
　　に限る。以下この号において同じ。）と当該
　　株式会社との間で補償契約を締結していると
　　きは、次に掲げる事項
　　イ　当該会社役員の氏名
　　ロ　当該補償契約の内容の概要（当該補償契
　　　約によって当該会社役員の職務の執行の適
　　　正性が損なわれないようにするための措置
　　　を講じている場合にあっては、その内容を
　　　含む。）
　三の三　当該株式会社が会社役員（取締役、監
　　査役又は執行役に限り、当該事業年度の前事
　　業年度の末日までに退任した者を含む。以下
　　この号及び次号において同じ。）に対して補
　　償契約に基づき法第430条の2第1項第1号
　　に掲げる費用を補償した場合において、当該

　　株式会社が、当該事業年度において、当該会
　　社役員が同号の職務の執行に関し法令の規定
　　に違反したこと又は責任を負うことを知った
　　ときは、その旨
　三の四　当該株式会社が会社役員に対して補償
　　契約に基づき法第430条の2第1項第2号に
　　掲げる損失を補償したときは、その旨及び補
　　償した金額
　四　当該事業年度に係る会社役員の報酬等につ
　　いて、次のイからハまでに掲げる場合の区分
　　に応じ、当該イからハまでに定める事項
　　イ　会社役員の全部につき取締役（監査等委
　　　員会設置会社にあっては、監査等委員であ
　　　る取締役又はそれ以外の取締役。イ及びハ
　　　において同じ。）、会計参与、監査役又は執
　　　行役ごとの報酬等の総額（当該報酬等が業
　　　績連動報酬等又は非金銭報酬等を含む場合
　　　には、業績連動報酬等の総額、非金銭報酬
　　　等の総額及びそれら以外の報酬等の総額。
　　　イ及びハ並びに第124条第5号イ及びハに
　　　おいて同じ。）を掲げることとする場合
　　　取締役、会計参与、監査役又は執行役ごと
　　　の報酬等の総額及び員数
　　ロ　会社役員の全部につき当該会社役員ごと
　　　の報酬等の額（当該報酬等が業績連動報酬
　　　等又は非金銭報酬等を含む場合には、業績
　　　連動報酬等の額、非金銭報酬等の額及びそ
　　　れら以外の報酬等の額。ロ及びハ並びに第
　　　124条第5号ロ及びハにおいて同じ。）を掲
　　　げることとする場合　当該会社役員ごとの
　　　報酬等の額
　　ハ　会社役員の一部につき当該会社役員ごと
　　　の報酬等の額を掲げることとする場合　当
　　　該会社役員ごとの報酬等の額並びにその他
　　　の会社役員についての取締役、会計参与、
　　　監査役又は執行役ごとの報酬等の総額及び
　　　員数
　五　当該事業年度において受け、又は受ける見
　　込みの額が明らかとなった会社役員の報酬等
　　（前号の規定により当該事業年度に係る事業

報告の内容とする報酬等及び当該事業年度前の事業年度に係る事業報告の内容とした報酬等を除く。）について、同号イからハまでに掲げる場合の区分に応じ、当該イからハまでに定める事項

五の二　前２号の会社役員の報酬等の全部又は一部が業績連動報酬等である場合には、次に掲げる事項

　　イ　当該業績連動報酬等の額又は数の算定の基礎として選定した業績指標の内容及び当該業績指標を選定した理由

　　ロ　当該業績連動報酬等の額又は数の算定方法

　　ハ　当該業績連動報酬等の額又は数の算定に用いたイの業績指標に関する実績

五の三　第４号及び第５号の会社役員の報酬等の全部又は一部が非金銭報酬等である場合には、当該非金銭報酬等の内容

五の四　会社役員の報酬等についての定款の定め又は株主総会の決議による定めに関する次に掲げる事項

　　イ　当該定款の定めを設けた日又は当該株主総会の決議の日

　　ロ　当該定めの内容の概要

　　ハ　当該定めに係る会社役員の員数

六　法第361条第７項の方針又は法第409条第１項の方針を定めているときは、次に掲げる事項

　　イ　当該方針の決定の方法

　　ロ　当該方針の内容の概要

　　ハ　当該事業年度に係る取締役（監査等委員である取締役を除き、指名委員会等設置会社にあっては、執行役等）の個人別の報酬等の内容が当該方針に沿うものであると取締役会（指名委員会等設置会社にあっては、報酬委員会）が判断した理由

六の二　各会社役員の報酬等の額又はその算定方法に係る決定に関する方針（前号の方針を除く。）を定めているときは、当該方針の決定の方法及びその方針の内容の概要

六の三　株式会社が当該事業年度の末日において取締役会設置会社（指名委員会等設置会社を除く。）である場合において、取締役会から委任を受けた取締役その他の第三者が当該事業年度に係る取締役（監査等委員である取締役を除く。）の個人別の報酬等の内容の全部又は一部を決定したときは、その旨及び次に掲げる事項

　　イ　当該委任を受けた者の氏名並びに当該内容を決定した日における当該株式会社における地位及び担当

　　ロ　イの者に委任された権限の内容

　　ハ　イの者にロの権限を委任した理由

　　ニ　イの者によりロの権限が適切に行使されるようにするための措置を講じた場合にあっては、その内容

七　辞任した会社役員又は解任された会社役員（株主総会又は種類株主総会の決議によって解任されたものを除く。）があるときは、次に掲げる事項（当該事業年度前の事業年度に係る事業報告の内容としたものを除く。）

　　イ　当該会社役員の氏名（会計参与にあっては、氏名又は名称）

　　ロ　法第342条の２第１項若しくは第４項又は第345条第１項（同条第４項において読み替えて準用する場合を含む。）の意見があるときは、その意見の内容

　　ハ　法第342条の２第２項又は第345条第２項（同条第４項において読み替えて準用する場合を含む。）の理由があるときは、その理由

八　当該事業年度に係る当該株式会社の会社役員（会計参与を除く。）の重要な兼職の状況

九　会社役員のうち監査役、監査等委員又は監査委員が財務及び会計に関する相当程度の知見を有しているものであるときは、その事実

十　次のイ又はロに掲げる場合の区分に応じ、当該イ又はロに定める事項

　　イ　株式会社が当該事業年度の末日において監査等委員会設置会社である場合　常勤の

監査等委員の選定の有無及びその理由

ロ　株式会社が当該事業年度の末日において
指名委員会等設置会社である場合　常勤の
監査委員の選定の有無及びその理由

十一　前各号に掲げるもののほか、株式会社の
会社役員に関する重要な事項

(平18法省令28・平20法省令12・平21法省令7・平27法省令6・令
2法省令52・一部改正)

（株式会社の役員等賠償責任保険契約に関する事項）

第121条の2　第119条第2号の2に規定する「株
式会社の役員等賠償責任保険契約に関する事
項」とは、当該株式会社が保険者との間で役員
等賠償責任保険契約を締結しているときにおけ
る次に掲げる事項とする。

一　当該役員等賠償責任保険契約の被保険者の
範囲

二　当該役員等賠償責任保険契約の内容の概要
（被保険者が実質的に保険料を負担している
場合にあってはその負担割合、填補の対象と
される保険事故の概要及び当該役員等賠償責
任保険契約によって被保険者である役員等
（当該株式会社の役員等に限る。）の職務の執
行の適正性が損なわれないようにするための
措置を講じている場合にあってはその内容を
含む。）

(令2法省令52・追加)

（株式会社の株式に関する事項）

第122条　第119条第3号に規定する「株式会社の
株式に関する事項」とは、次に掲げる事項とす
る。

一　当該事業年度の末日において発行済株式
（自己株式を除く。次項において同じ。）の総
数に対するその有する株式の数の割合が高い
ことにおいて上位となる10名の株主の氏名又
は名称、当該株主の有する株式の数（種類株
式発行会社にあっては、株式の種類及び種類
ごとの数を含む。）及び当該株主の有する株
式に係る当該割合

二　当該事業年度中に当該株式会社の会社役員
（会社役員であった者を含む。）に対して当該

株式会社が交付した当該株式会社の株式（職
務執行の対価として交付したものに限り、当
該株式会社が会社役員に対して職務執行の対
価として募集株式と引換えにする払込みに充
てるための金銭を交付した場合において、当
該金銭の払込みと引換えに当該株式会社の株
式を交付したときにおける当該株式を含む。
以下この号において同じ。）があるときは、
次に掲げる者（次に掲げる者であった者を含
む。）の区分ごとの株式の数（種類株式発行
会社にあっては、株式の種類及び種類ごとの
数）及び株式の交付を受けた者の人数

イ　当該株式会社の取締役（監査等委員であ
る取締役及び社外役員を除き、執行役を含
む。）

ロ　当該株式会社の社外取締役（監査等委員
である取締役を除き、社外役員に限る。）

ハ　当該株式会社の監査等委員である取締役

ニ　当該株式会社の取締役（執行役を含む。）
以外の会社役員

三　前2号に掲げるもののほか、株式会社の株
式に関する重要な事項

2　当該事業年度に関する定時株主総会において
議決権を行使することができる者を定めるため
の法第124条第1項に規定する基準日を定めた
場合において、当該基準日が当該事業年度の末
日後の日であるときは、前項第1号に掲げる事
項については、当該基準日において発行済株式
の総数に対するその有する株式の数の割合が高
いことにおいて上位となる10名の株主の氏名又
は名称、当該株主の有する株式の数（種類株式
発行会社にあっては、株式の種類及び種類ごと
の数を含む。）及び当該株主の有する株式に係
る当該割合とすることができる。この場合にお
いては、当該基準日を明らかにしなければなら
ない。

(平21法省令7・平30法省令5・令2法省令52・一部改正)

（株式会社の新株予約権等に関する事項）

第123条　第119条第4号に規定する「株式会社の
新株予約権等に関する事項」とは、次に掲げる

385

事項とする。

一　当該事業年度の末日において当該株式会社の会社役員（当該事業年度の末日において在任している者に限る。以下この条において同じ。）が当該株式会社の新株予約権等（職務執行の対価として当該株式会社が交付したものに限り、当該株式会社が会社役員に対して職務執行の対価として募集新株予約権と引換えにする払込みに充てるための金銭を交付した場合において、当該金銭の払込みと引換えに当該株式会社の新株予約権を交付したときにおける当該新株予約権を含む。以下この号及び次号において同じ。）を有しているときは、次に掲げる者の区分ごとの当該新株予約権等の内容の概要及び新株予約権等を有する者の人数

イ　当該株式会社の取締役（監査等委員であるもの及び社外役員を除き、執行役を含む。）

ロ　当該株式会社の社外取締役（監査等委員であるものを除き、社外役員に限る。）

ハ　当該株式会社の監査等委員である取締役

ニ　当該株式会社の取締役（執行役を含む。）以外の会社役員

二　当該事業年度中に次に掲げる者に対して当該株式会社が交付した新株予約権等があるときは、次に掲げる者の区分ごとの当該新株予約権等の内容の概要及び交付した者の人数

イ　当該株式会社の使用人（当該株式会社の会社役員を兼ねている者を除く。）

ロ　当該株式会社の子会社の役員及び使用人（当該株式会社の会社役員又はイに掲げる者を兼ねている者を除く。）

三　前2号に掲げるもののほか、当該株式会社の新株予約権等に関する重要な事項

（平18法省令28・平21法省令7・平27法省令6・令2法省令52・一部改正）

（社外役員等に関する特則）

第124条　会社役員のうち社外役員である者が存する場合には、株式会社の会社役員に関する事項には、第121条に規定する事項のほか、次に掲げる事項を含むものとする。

一　社外役員（直前の定時株主総会の終結の日の翌日以降に在任していた者に限る。次号から第4号までにおいて同じ。）が他の法人等の業務執行者であることが第121条第8号に定める重要な兼職に該当する場合は、当該株式会社と当該他の法人等との関係

二　社外役員が他の法人等の社外役員その他これに類する者を兼任していることが第121条第8号に定める重要な兼職に該当する場合は、当該株式会社と当該他の法人等との関係

三　社外役員が次に掲げる者の配偶者、3親等以内の親族その他これに準ずる者であることを当該株式会社が知っているときは、その事実（重要でないものを除く。）

イ　当該株式会社の親会社等（自然人であるものに限る。）

ロ　当該株式会社又は当該株式会社の特定関係事業者の業務執行者又は役員（業務執行者であるものを除く。）

四　各社外役員の当該事業年度における主な活動状況（次に掲げる事項を含む。）

イ　取締役会（当該社外役員が次に掲げる者である場合にあっては、次に定めるものを含む。ロにおいて同じ。）への出席の状況

(1)　監査役会設置会社の社外監査役　監査役会

(2)　監査等委員会設置会社の監査等委員　監査等委員会

(3)　指名委員会等設置会社の監査委員　監査委員会

ロ　取締役会における発言の状況

ハ　当該社外役員の意見により当該株式会社の事業の方針又は事業その他の事項に係る決定が変更されたときは、その内容（重要でないものを除く。）

ニ　当該事業年度中に当該株式会社において法令又は定款に違反する事実その他不当な業務の執行（当該社外役員が社外監査役で

ある場合にあっては、不正な業務の執行）
が行われた事実（重要でないものを除く。）
があるときは、各社外役員が当該事実の発
生の予防のために行った行為及び当該事実
の発生後の対応として行った行為の概要
　　ホ　当該社外役員が社外取締役であるとき
　　は、当該社外役員が果たすことが期待され
　　る役割に関して行った職務の概要（イから
　　ニまでに掲げる事項を除く。）
　五　当該事業年度に係る社外役員の報酬等につ
　　いて、次のイからハまでに掲げる場合の区分
　　に応じ、当該イからハまでに定める事項
　　イ　社外役員の全部につき報酬等の総額を掲
　　　げることとする場合　社外役員の報酬等の
　　　総額及び員数
　　ロ　社外役員の全部につき当該社外役員ごと
　　　の報酬等の額を掲げることとする場合　当
　　　該社外役員ごとの報酬等の額
　　ハ　社外役員の一部につき当該社外役員ごと
　　　の報酬等の額を掲げることとする場合　当
　　　該社外役員ごとの報酬等の額並びにその他
　　　の社外役員についての報酬等の総額及び員
　　　数
　六　当該事業年度において受け、又は受ける見
　　込みの額が明らかとなった社外役員の報酬等
　　（前号の規定により当該事業年度に係る事業
　　報告の内容とする報酬等及び当該事業年度前
　　の事業年度に係る事業報告の内容とした報酬
　　等を除く。）について、同号イからハまでに
　　掲げる場合の区分に応じ、当該イからハまで
　　に定める事項
　七　社外役員が次のイ又はロに掲げる場合の区
　　分に応じ、当該イ又はロに定めるものから当
　　該事業年度において役員としての報酬等を受
　　けているときは、当該報酬等の総額（社外役
　　員であった期間に受けたものに限る。）
　　イ　当該株式会社に親会社等がある場合　当
　　　該親会社等又は当該親会社等の子会社等
　　　（当該株式会社を除く。）
　　ロ　当該株式会社に親会社等がない場合　当

該株式会社の子会社
　八　社外役員についての前各号に掲げる事項の
　　内容に対して当該社外役員の意見があるとき
　　は、その意見の内容

（平18法省令28・平18法省令49・平20法省令12・平21法省令7・平
27法省令6・令2法省令52・一部改正）

第3目　会計参与設置会社における事業報告の内容

（平21法省令7・目名追加）

第125条　株式会社が当該事業年度の末日におい
　て会計参与設置会社である場合には、次に掲げ
　る事項を事業報告の内容としなければならな
　い。
　一　会計参与と当該株式会社との間で法第427
　　条第1項の契約を締結しているときは、当該
　　契約の内容の概要（当該契約によって当該会
　　計参与の職務の執行の適正性が損なわれない
　　ようにするための措置を講じている場合に
　　あっては、その内容を含む。）
　二　会計参与と当該株式会社との間で補償契約
　　を締結しているときは、次に掲げる事項
　　イ　当該会計参与の氏名又は名称
　　ロ　当該補償契約の内容の概要（当該補償契
　　　約によって当該会計参与の職務の執行の適
　　　正性が損なわれないようにするための措置
　　　を講じている場合にあっては、その内容を
　　　含む。）
　三　当該株式会社が会計参与（当該事業年度の
　　前事業年度の末日までに退任した者を含む。
　　以下この号及び次号において同じ。）に対し
　　て補償契約に基づき法第430条の2第1項第
　　1号に掲げる費用を補償した場合において、
　　当該株式会社が、当該事業年度において、当
　　該会計参与が同号の職務の執行に関し法令の
　　規定に違反したこと又は責任を負うことを
　　知ったときは、その旨
　四　当該株式会社が会計参与に対して補償契約
　　に基づき法第430条の2第1項第2号に掲げ
　　る損失を補償したときは、その旨及び補償し
　　た金額

（平18法省令28・平21法省令7・令2法省令52・一部改正）

第4目　会計監査人設置会社における事業報告の内容

（平21法省令7・目名追加）

第126条　株式会社が当該事業年度の末日において会計監査人設置会社である場合には、次に掲げる事項（株式会社が当該事業年度の末日において公開会社でない場合にあっては、第2号から第4号までに掲げる事項を除く。）を事業報告の内容としなければならない。

一　会計監査人の氏名又は名称

二　当該事業年度に係る各会計監査人の報酬等の額及び当該報酬等について監査役（監査役会設置会社にあっては監査役会、監査等委員会設置会社にあっては監査等委員会、指名委員会等設置会社にあっては監査委員会）が法第399条第1項の同意をした理由

三　会計監査人に対して公認会計士法第2条第1項の業務以外の業務（以下この号において「非監査業務」という。）の対価を支払っているときは、その非監査業務の内容

四　会計監査人の解任又は不再任の決定の方針

五　会計監査人が現に業務の停止の処分を受け、その停止の期間を経過しない者であるときは、当該処分に係る事項

六　会計監査人が過去2年間に業務の停止の処分を受けた者である場合における当該処分に係る事項のうち、当該株式会社が事業報告の内容とすることが適切であるものと判断した事項

七　会計監査人と当該株式会社との間で法第427条第1項の契約を締結しているときは、当該契約の内容の概要（当該契約によって当該会計監査人の職務の執行の適正性が損なわれないようにするための措置を講じている場合にあっては、その内容を含む。）

七の二　会計監査人と当該株式会社との間で補償契約を締結しているときは、次に掲げる事項

　イ　当該会計監査人の氏名又は名称

　ロ　当該補償契約の内容の概要（当該補償契約によって当該会計監査人の職務の執行の適正性が損なわれないようにするための措置を講じている場合にあっては、その内容を含む。）

七の三　当該株式会社が会計監査人（当該事業年度の前事業年度の末日までに退任した者を含む。以下この号及び次号において同じ。）に対して補償契約に基づき法第430条の2第1項第1号に掲げる費用を補償した場合において、当該株式会社が、当該事業年度において、当該会計監査人が同号の職務の執行に関し法令の規定に違反したこと又は責任を負うことを知ったときは、その旨

七の四　当該株式会社が会計監査人に対して補償契約に基づき法第430条の2第1項第2号に掲げる損失を補償したときは、その旨及び補償した金額

八　株式会社が法第444条第3項に規定する大会社であるときは、次に掲げる事項

　イ　当該株式会社の会計監査人である公認会計士（公認会計士法第16条の2第5項に規定する外国公認会計士を含む。以下この条において同じ。）又は監査法人に当該株式会社及びその子会社が支払うべき金銭その他の財産上の利益の合計額（当該事業年度に係る連結損益計算書に計上すべきものに限る。）

　ロ　当該株式会社の会計監査人以外の公認会計士又は監査法人（外国におけるこれらの資格に相当する資格を有する者を含む。）が当該株式会社の子会社（重要なものに限る。）の計算関係書類（これに相当するものを含む。）の監査（法又は金融商品取引法（これらの法律に相当する外国の法令を含む。）の規定によるものに限る。）をしているときは、その事実

九　辞任した会計監査人又は解任された会計監査人（株主総会の決議によって解任されたものを除く。）があるときは、次に掲げる事項

第XI章　関係法令

（当該事業年度前の事業年度に係る事業報告の内容としたものを除く。）

イ　当該会計監査人の氏名又は名称

ロ　法第340条第3項の理由があるときは、その理由

ハ　法第345条第5項において読み替えて準用する同条第1項の意見があるときは、その意見の内容

ニ　法第345条第5項において読み替えて準用する同条第2項の理由又は意見があるときは、その理由又は意見

十　法第459条第1項の規定による定款の定めがあるときは、当該定款の定めにより取締役会に与えられた権限の行使に関する方針

（平18法省令28・平18法省令87・平19法省令39・平20法省令12・平21法省令7・平27法省令6・令2法省令52・一部改正）

第127条　削除

（平21法省令7）

第5目　事業報告の附属明細書の内容

（平21法省令7・目名追加）

第128条　事業報告の附属明細書は、事業報告の内容を補足する重要な事項をその内容とするものでなければならない。

2　株式会社が当該事業年度の末日において公開会社であるときは、他の法人等の業務執行取締役、執行役、業務を執行する社員又は法第598条第1項の職務を行うべき者その他これに類する者を兼ねることが第121条第8号の重要な兼職に該当する会社役員（会計参与を除く。）についての当該兼職の状況の明細（重要でないものを除く。）を事業報告の附属明細書の内容としなければならない。この場合において、当該他の法人等の事業が当該株式会社の事業と同一の部類のものであるときは、その旨を付記しなければならない。

3　当該株式会社とその親会社等との間の取引（当該株式会社と第三者との間の取引で当該株式会社とその親会社等との間の利益が相反するものを含む。）であって、当該株式会社の当該

事業年度に係る個別注記表において会社計算規則第112条第1項に規定する注記を要するもの（同項ただし書の規定により同項第4号から第6号まで及び第8号に掲げる事項を省略するものに限る。）があるときは、当該取引に係る第118条第5号イからハまでに掲げる事項を事業報告の附属明細書の内容としなければならない。

（平18法省令28・平20法省令12・平21法省令7・平27法省令6・一部改正）

第4款　事業報告等の株主への提供

第133条　法第437条の規定により株主に対して行う提供事業報告（次の各号に掲げる株式会社の区分に応じ、当該各号に定めるものをいう。以下この条において同じ。）の提供に関しては、この条に定めるところによる。

一　株式会社（監査役設置会社、監査等委員会設置会社及び指名委員会等設置会社を除く。）事業報告

二　監査役設置会社、監査等委員会設置会社及び指名委員会等設置会社　次に掲げるもの

イ　事業報告

ロ　事業報告に係る監査役（監査役会設置会社にあっては監査役会、監査等委員会設置会社にあっては監査等委員会、指名委員会等設置会社にあっては監査委員会）の監査報告があるときは、当該監査報告（二以上の監査役が存する株式会社（監査役会設置会社を除く。）の各監査役の監査報告の内容（監査報告を作成した日を除く。）が同一である場合にあっては、一又は二以上の監査役の監査報告）

ハ　前条第3項の規定により監査を受けたものとみなされたときは、その旨を記載又は記録をした書面又は電磁的記録

2　定時株主総会の招集通知（法第299条第2項又は第3項の規定による通知をいう。以下この条において同じ。）を次の各号に掲げる方法により行う場合には、提供事業報告は、当該各号に定める方法により提供しなければならない。

389

一　書面の提供　次のイ又はロに掲げる場合の
　区分に応じ、当該イ又はロに定める方法
　　イ　提供事業報告が書面をもって作成されて
　　　いる場合　当該書面に記載された事項を記
　　　載した書面の提供
　　ロ　提供事業報告が電磁的記録をもって作成
　　　されている場合　当該電磁的記録に記録さ
　　　れた事項を記載した書面の提供
二　電磁的方法による提供　次のイ又はロに掲
　げる場合の区分に応じ、当該イ又はロに定め
　る方法
　　イ　提供事業報告が書面をもって作成されて
　　　いる場合　当該書面に記載された事項の電
　　　磁的方法による提供
　　ロ　提供事業報告が電磁的記録をもって作成
　　　されている場合　当該電磁的記録に記録さ
　　　れた事項の電磁的方法による提供
3　事業報告に表示すべき事項（次に掲げるもの
　を除く。）に係る情報を、定時株主総会に係る
　招集通知を発出する時から定時株主総会の日か
　ら三箇月が経過する日までの間、継続して電磁
　的方法により株主が提供を受けることができる
　状態に置く措置（第222条第1項第1号ロに掲
　げる方法のうち、インターネットに接続された
　自動公衆送信装置を使用する方法によって行わ
　れるものに限る。第7項において同じ。）をと
　る場合における前項の規定の適用については、
　当該事項につき同項各号に掲げる場合の区分に
　応じ、当該各号に定める方法により株主に対し
　て提供したものとみなす。ただし、この項の措
　置をとる旨の定款の定めがある場合に限る。
一　第120条第1項第4号、第5号、第7号及
　び第8号、第121条第1号、第2号及び第3
　号の2から第6号の3まで、第121条の2、
　第125条第2号から第4号まで並びに第126条
　第7号の2から第7号の4までに掲げる事項
二　事業報告に表示すべき事項（前号に掲げる
　ものを除く。）につきこの項の措置をとるこ
　とについて監査役、監査等委員会又は監査委
　員会が異議を述べている場合における当該事

項
4　前項の場合には、取締役は、同項の措置をと
　るために使用する自動公衆送信装置のうち当該
　措置をとるための用に供する部分をインター
　ネットにおいて識別するための文字、記号その
　他の符号又はこれらの結合であって、情報の提
　供を受ける者がその使用に係る電子計算機に入
　力することによって当該情報の内容を閲覧し、
　当該電子計算機に備えられたファイルに当該情
　報を記録することができるものを株主に対して
　通知しなければならない。
5　第3項の規定により事業報告に表示した事項
　の一部が株主に対して第2項各号に定める方法
　により提供したものとみなされた場合におい
　て、監査役、監査等委員会又は監査委員会が、
　現に株主に対して提供される事業報告が監査報
　告を作成するに際して監査をした事業報告の一
　部であることを株主に対して通知すべき旨を取
　締役に請求したときは、取締役は、その旨を株
　主に対して通知しなければならない。
6　取締役は、事業報告の内容とすべき事項につ
　いて、定時株主総会の招集通知を発出した日か
　ら定時株主総会の前日までの間に修正をすべき
　事情が生じた場合における修正後の事項を株主
　に周知させる方法を、当該招集通知と併せて通
　知することができる。
7　第3項の規定は、同項各号に掲げる事項に係
　る情報についても、電磁的方法により株主が提
　供を受けることができる状態に置く措置をとる
　ことを妨げるものではない。

（平18法省令28・平20法省令12・平21法省令7・平27法省令6・令
2法省令52・令3法省令45・一部改正）

6　会社計算規則（抄）

〔平成18年2月7日
法 務 省 令 第13号〕

最近改正　令和2年11月27日法務省令第52号

第1編　総則

（目的）

第1条　この省令は、会社法（平成17年法律第86号。以下「法」という。）の規定により委任された会社の計算に関する事項その他の事項について、必要な事項を定めることを目的とする。

（定義）

第2条　この省令において「会社」、「外国会社」、「子会社」、「親会社」、「公開会社」、「取締役会設置会社」、「会計参与設置会社」、「監査役設置会社」、「監査役会設置会社」、「会計監査人設置会社」、「監査等委員会設置会社」、「指名委員会等設置会社」、「種類株式発行会社」、「取得請求権付株式」、「取得条項付株式」、「新株予約権」、「新株予約権付社債」、「社債」、「配当財産」、「組織変更」、「吸収分割」、「新設分割」又は「電子公告」とは、それぞれ法第2条に規定する会社、外国会社、子会社、親会社、公開会社、取締役会設置会社、会計参与設置会社、監査役設置会社、監査役会設置会社、会計監査人設置会社、監査等委員会設置会社、指名委員会等設置会社、種類株式発行会社、取得請求権付株式、取得条項付株式、新株予約権、新株予約権付社債、社債、配当財産、組織変更、吸収分割、新設分割又は電子公告をいう。

2　この省令において、次の各号に掲げる用語の意義は、当該各号に定めるところによる。

一　発行済株式　法第2条第31号に規定する発行済株式をいう。

二　電磁的方法　法第2条第34号に規定する電磁的方法をいう。

三　設立時発行株式　法第25条第1項第1号に規定する設立時発行株式をいう。

四　電磁的記録　法第26条第2項に規定する電磁的記録をいう。

五　自己株式　法第113条第4項に規定する自己株式をいう。

六　親会社株式　法第135条第1項に規定する親会社株式をいう。

七　金銭等　法第151条第1項に規定する金銭等をいう。

八　全部取得条項付種類株式　法第171条第1項に規定する全部取得条項付種類株式をいう。

九　株式無償割当て　法第185条に規定する株式無償割当てをいう。

十　単元未満株式売渡請求　法第194条第1項に規定する単元未満株式売渡請求をいう。

十一　募集株式　法第199条第1項に規定する募集株式をいう。

十二　募集新株予約権　法第238条第1項に規定する募集新株予約権をいう。

十三　自己新株予約権　法第255条第1項に規定する自己新株予約権をいう。

十四　取得条項付新株予約権　法第273条第1項に規定する取得条項付新株予約権をいう。

十五　新株予約権無償割当て　法第277条に規定する新株予約権無償割当てをいう。

十五の二　電子提供措置　法第325条の2に規定する電子提供措置をいう。

十六　報酬等　法第361条第1項に規定する報酬等をいう。

十七　臨時計算書類　法第441条第1項に規定する臨時計算書類をいう。

十八　臨時決算日　法第441条第1項に規定する臨時決算日をいう。

十九　連結計算書類　法第444条第1項に規定する連結計算書類をいう。

二十　準備金　法第445条第4項に規定する準備金をいう。

二十一　分配可能額　法第461条第2項に規定する分配可能額をいう。

二十二　持分会社　法第575条第1項に規定する持分会社をいう。

二十三　持分払戻額　法第635条第1項に規定する持分払戻額をいう。

二十四　組織変更後持分会社　法第744条第1項第1号に規定する組織変更後持分会社をいう。

二十五　組織変更後株式会社　法第746条第1項第1号に規定する組織変更後株式会社をい

う。

二十六　社債等　法第746条第1項第7号ニに規定する社債等をいう。

二十七　吸収分割承継会社　法第757条に規定する吸収分割承継会社をいう。

二十八　吸収分割会社　法第758条第1号に規定する吸収分割会社をいう。

二十九　新設分割設立会社　法第763条第1項に規定する新設分割設立会社をいう。

三十　新設分割会社　法第763条第1項第5号に規定する新設分割会社をいう。

三十一　新株予約権等　法第774条の3第1項第7号に規定する新株予約権等をいう。

3　この省令において、次の各号に掲げる用語の意義は、当該各号に定めるところによる。

一　最終事業年度　次のイ又はロに掲げる会社の区分に応じ、当該イ又はロに定めるものをいう。

イ　株式会社　法第2条第24号に規定する最終事業年度

ロ　持分会社　各事業年度に係る計算書類を作成した場合における当該事業年度のうち最も遅いもの

二　計算書類　次のイ又はロに掲げる会社の区分に応じ、当該イ又はロに定めるものをいう。

イ　株式会社　法第435条第2項に規定する計算書類

ロ　持分会社　法第617条第2項に規定する計算書類

三　計算関係書類　次に掲げるものをいう。

イ　成立の日における貸借対照表

ロ　各事業年度に係る計算書類及びその附属明細書

ハ　臨時計算書類

ニ　連結計算書類

四　吸収合併　法第2条第27号に規定する吸収合併（会社が会社以外の法人とする合併であって、合併後会社が存続するものを含む。）をいう。

五　新設合併　法第2条第28号に規定する新設合併（会社が会社以外の法人とする合併であって、合併後会社が設立されるものを含む。）をいう。

六　株式交換　法第2条第31号に規定する株式交換（保険業法（平成7年法律第105号）第96条の5第1項に規定する組織変更株式交換を含む。）をいう。

七　株式移転　法第2条第32号に規定する株式移転（保険業法第96条の8第1項に規定する組織変更株式移転を含む。）をいう。

八　株式交付　法第2条第32号の2に規定する株式交付（保険業法第96条の9の2第1項に規定する組織変更株式交付を含む。）をいう。

九　吸収合併存続会社　法第749条第1項に規定する吸収合併存続会社（会社以外の法人とする吸収合併後存続する会社を含む。）をいう。

十　吸収合併消滅会社　法第749条第1項第1号に規定する吸収合併消滅会社（会社以外の法人とする吸収合併により消滅する会社以外の法人を含む。）をいう。

十一　新設合併設立会社　法第753条第1項に規定する新設合併設立会社（会社以外の法人とする新設合併により設立される会社を含む。）をいう。

十二　新設合併消滅会社　法第753条第1項第1号に規定する新設合併消滅会社（会社以外の法人とする新設合併により消滅する会社以外の法人を含む。）をいう。

十三　株式交換完全親会社　法第767条に規定する株式交換完全親会社（保険業法第96条の5第2項に規定する組織変更株式交換完全親会社を含む。）をいう。

十四　株式交換完全子会社　法第768条第1項第1号に規定する株式交換完全子会社（保険業法第96条の5第2項に規定する組織変更株式交換完全親会社にその株式の全部を取得されることとなる株式会社を含む。）をいう。

十五　株式移転設立完全親会社　法第773条第

１項第１号に規定する株式移転設立完全親会
社（保険業法第96条の９第１項第１号に規定
する組織変更株式移転設立完全親会社を含
む。）をいう。

十六　株式移転完全子会社　法第773条第１項
第５号に規定する株式移転完全子会社（保険
業法第96条の９第１項第１号に規定する組織
変更株式移転設立完全親会社にその発行する
株式の全部を取得されることとなる株式会社
を含む。）をいう。

十七　株式交付親会社　法第774条の３第１項
第１号に規定する株式交付親会社（保険業法
第96条の９の２第１項に規定する組織変更株
式交付をする相互会社を含む。）をいう。

十八　株式交付子会社　法第774条の３第１項
第１号に規定する株式交付子会社（保険業法
第96条の９の２第２項に規定する組織変更株
式交付子会社を含む。）をいう。

十九　会社等　会社（外国会社を含む。）、組合
（外国における組合に相当するものを含む。）
その他これらに準ずる事業体をいう。

二十　株主等　株主及び持分会社の社員その他
これらに相当する者をいう。

二十一　関連会社　会社が他の会社等の財務及
び事業の方針の決定に対して重要な影響を与
えることができる場合における当該他の会社
等（子会社を除く。）をいう。

二十二　連結子会社　連結の範囲に含められる
子会社をいう。

二十三　非連結子会社　連結の範囲から除かれ
る子会社をいう。

二十四　連結会社　当該株式会社及びその連結
子会社をいう。

二十五　関係会社　当該株式会社の親会社、子
会社及び関連会社並びに当該株式会社が他の
会社等の関連会社である場合における当該他
の会社等をいう。

二十六　持分法　投資会社が、被投資会社の純
資産及び損益のうち当該投資会社に帰属する
部分の変動に応じて、その投資の金額を各事

業年度ごとに修正する方法をいう。

二十七　税効果会計　貸借対照表又は連結貸借
対照表に計上されている資産及び負債の金額
と課税所得の計算の結果算定された資産及び
負債の金額との間に差異がある場合におい
て、当該差異に係る法人税等（法人税、住民
税及び事業税（利益に関連する金額を課税標
準として課される事業税をいう。）をいう。
以下同じ。）の金額を適切に期間配分するこ
とにより、法人税等を控除する前の当期純利
益の金額と法人税等の金額を合理的に対応さ
せるための会計処理をいう。

二十八　ヘッジ会計　ヘッジ手段（資産（将来
の取引により確実に発生すると見込まれるも
のを含む。以下この号において同じ。）若し
くは負債（将来の取引により確実に発生する
と見込まれるものを含む。以下この号におい
て同じ。）又はデリバティブ取引に係る価格
変動、金利変動及び為替変動による損失の危
険を減殺することを目的とし、かつ、当該損
失の危険を減殺することが客観的に認められ
る取引をいう。以下同じ。）に係る損益とヘッ
ジ対象（ヘッジ手段の対象である資産若しく
は負債又はデリバティブ取引をいう。）に係
る損益を同一の会計期間に認識するための会
計処理をいう。

二十九　売買目的有価証券　時価の変動により
利益を得ることを目的として保有する有価証
券をいう。

三十　満期保有目的の債券　満期まで所有する
意図をもって保有する債券（満期まで所有す
る意図をもって取得したものに限る。）をい
う。

三十一　自己社債　会社が有する自己の社債を
いう。

三十二　公開買付け等　金融商品取引法（昭和
23年法律第25号）第27条の２第６項（同法第
27条の22の２第２項において準用する場合を
含む。）に規定する公開買付け及びこれに相
当する外国の法令に基づく制度をいう。

三十三　株主資本等　株式会社及び持分会社の資本金、資本剰余金及び利益剰余金をいう。

三十四　株式引受権　取締役又は執行役がその職務の執行として株式会社に対して提供した役務の対価として当該株式会社の株式の交付を受けることができる権利（新株予約権を除く。）をいう。

三十五　支配取得　会社が他の会社（当該会社と当該他の会社が共通支配下関係にある場合における当該他の会社を除く。以下この号において同じ。）又は当該他の会社の事業に対する支配を得ることをいう。

三十六　共通支配下関係　２以上の者（人格のないものを含む。以下この号において同じ。）が同一の者に支配（一時的な支配を除く。以下この号において同じ。）をされている場合又は２以上の者のうちの１の者が他の全ての者を支配している場合における当該２以上の者に係る関係をいう。

三十七　吸収型再編　次に掲げる行為をいう。
　イ　吸収合併
　ロ　吸収分割
　ハ　株式交換
　ニ　株式交付

三十八　吸収型再編受入行為　次に掲げる行為をいう。
　イ　吸収合併による吸収合併消滅会社の権利義務の全部の承継
　ロ　吸収分割による吸収分割会社がその事業に関して有する権利義務の全部又は一部の承継
　ハ　株式交換による株式交換完全子会社の発行済株式全部の取得
　ニ　株式交付に際してする株式交付子会社の株式又は新株予約権等の譲受け

三十九　吸収型再編対象財産　次のイ又はロに掲げる吸収型再編の区分に応じ、当該イ又はロに定める財産をいう。
　イ　吸収合併　吸収合併により吸収合併存続会社が承継する財産

　ロ　吸収分割　吸収分割により吸収分割承継会社が承継する財産

四十　吸収型再編対価　次のイからニまでに掲げる吸収型再編の区分に応じ、当該イからニまでに定める財産をいう。
　イ　吸収合併　吸収合併に際して吸収合併存続会社が吸収合併消滅会社の株主等に対して交付する財産
　ロ　吸収分割　吸収分割に際して吸収分割承継会社が吸収分割会社に対して交付する財産
　ハ　株式交換　株式交換に際して株式交換完全親会社が株式交換完全子会社の株主に対して交付する財産
　ニ　株式交付　株式交付に際して株式交付親会社が株式交付子会社の株式又は新株予約権等の譲渡人に対して交付する財産

四十一　吸収型再編対価時価　吸収型再編対価の時価その他適切な方法により算定された吸収型再編対価の価額をいう。

四十二　対価自己株式　吸収型再編対価として処分される自己株式をいう。

四十三　先行取得分株式等　次のイ又はロに掲げる場合の区分に応じ、当該イ又はロに定めるものをいう。
　イ　吸収合併の場合　吸収合併の直前に吸収合併存続会社が有する吸収合併消滅会社の株式若しくは持分又は吸収合併の直前に吸収合併消滅会社が有する当該吸収合併消滅会社の株式
　ロ　新設合併の場合　各新設合併消滅会社が有する当該新設合併消滅会社の株式及び他の新設合併消滅会社の株式又は持分

四十四　分割型吸収分割　吸収分割のうち、吸収分割契約において法第758条第8号又は第760条第7号に掲げる事項を定めたものであって、吸収分割会社が当該事項についての定めに従い吸収型再編対価の全部を当該吸収分割会社の株主に対して交付するものをいう。

第Ⅺ章　関係法令

四十五　新設型再編　次に掲げる行為をいう。
　イ　新設合併
　ロ　新設分割
　ハ　株式移転
四十六　新設型再編対象財産　次のイ又はロに掲げる新設型再編の区分に応じ、当該イ又はロに定める財産をいう。
　イ　新設合併　新設合併により新設合併設立会社が承継する財産
　ロ　新設分割　新設分割により新設分割設立会社が承継する財産
四十七　新設型再編対価　次のイからハまでに掲げる新設型再編の区分に応じ、当該イからハまでに定める財産をいう。
　イ　新設合併　新設合併に際して新設合併設立会社が新設合併消滅会社の株主等に対して交付する財産
　ロ　新設分割　新設分割に際して新設分割設立会社が新設分割会社に対して交付する財産
　ハ　株式移転　株式移転に際して株式移転設立完全親会社が株式移転完全子会社の株主に対して交付する財産
四十八　新設型再編対価時価　新設型再編対価の時価その他適切な方法により算定された新設型再編対価の価額をいう。
四十九　新設合併取得会社　新設合併消滅会社のうち、新設合併により支配取得をするものをいう。
五十　株主資本承継消滅会社　新設合併消滅会社の株主等に交付する新設型再編対価の全部が新設合併設立会社の株式又は持分である場合において、当該新設合併消滅会社がこの号に定める株主資本承継消滅会社となることを定めたときにおける当該新設合併消滅会社をいう。
五十一　非対価交付消滅会社　新設合併消滅会社の株主等に交付する新設型再編対価が存しない場合における当該新設合併消滅会社をいう。

五十二　非株式交付消滅会社　新設合併消滅会社の株主等に交付する新設型再編対価の全部が新設合併設立会社の社債等である場合における当該新設合併消滅会社及び非対価交付消滅会社をいう。
五十三　非株主資本承継消滅会社　株主資本承継消滅会社及び非株式交付消滅会社以外の新設合併消滅会社をいう。
五十四　分割型新設分割　新設分割のうち、新設分割計画において法第763条第１項第12号又は第765条第１項第８号に掲げる事項を定めたものであって、新設分割会社が当該事項についての定めに従い新設型再編対価の全部を当該新設分割会社の株主に対して交付するものをいう。
五十五　連結配当規制適用会社　ある事業年度の末日が最終事業年度の末日となる時から当該ある事業年度の次の事業年度の末日が最終事業年度の末日となる時までの間における当該株式会社の分配可能額の算定につき第158条第４号の規定を適用する旨を当該ある事業年度に係る計算書類の作成に際して定めた株式会社（ある事業年度に係る連結計算書類を作成しているものに限る。）をいう。
五十六　リース物件　リース契約により使用する物件をいう。
五十七　ファイナンス・リース取引　リース契約に基づく期間の中途において当該リース契約を解除することができないリース取引又はこれに準ずるリース取引で、リース物件の借主が、当該リース物件からもたらされる経済的利益を実質的に享受することができ、かつ、当該リース物件の使用に伴って生じる費用等を実質的に負担することとなるものをいう。
五十八　所有権移転ファイナンス・リース取引　ファイナンス・リース取引のうち、リース契約上の諸条件に照らしてリース物件の所有権が借主に移転すると認められるものをいう。
五十九　所有権移転外ファイナンス・リース取

395

引　ファイナンス・リース取引のうち、所有権移転ファイナンス・リース取引以外のものをいう。

六十　資産除去債務　有形固定資産の取得、建設、開発又は通常の使用によって生じる当該有形固定資産の除去に関する法律上の義務及びこれに準ずるものをいう。

六十一　工事契約　請負契約のうち、土木、建築、造船、機械装置の製造その他の仕事に係る基本的な仕様及び作業内容が注文者の指図に基づいているものをいう。

六十二　会計方針　計算書類又は連結計算書類の作成に当たって採用する会計処理の原則及び手続をいう。

六十三　遡及適用　新たな会計方針を当該事業年度より前の事業年度に係る計算書類又は連結計算書類に遡って適用したと仮定して会計処理をすることをいう。

六十四　表示方法　計算書類又は連結計算書類の作成に当たって採用する表示の方法をいう。

六十五　会計上の見積り　計算書類又は連結計算書類に表示すべき項目の金額に不確実性がある場合において、計算書類又は連結計算書類の作成時に入手可能な情報に基づき、それらの合理的な金額を算定することをいう。

六十六　会計上の見積りの変更　新たに入手可能となった情報に基づき、当該事業年度より前の事業年度に係る計算書類又は連結計算書類の作成に当たってした会計上の見積りを変更することをいう。

六十七　誤謬　意図的であるかどうかにかかわらず、計算書類又は連結計算書類の作成時に入手可能な情報を使用しなかったこと又は誤って使用したことにより生じた誤りをいう。

六十八　誤謬の訂正　当該事業年度より前の事業年度に係る計算書類又は連結計算書類における誤謬を訂正したと仮定して計算書類又は連結計算書類を作成することをいう。

六十九　金融商品　金融資産（金銭債権、有価証券及びデリバティブ取引により生じる債権（これらに準ずるものを含む。）をいう。）及び金融負債（金銭債務及びデリバティブ取引により生じる債務（これらに準ずるものを含む。）をいう。）をいう。

七十　賃貸等不動産　たな卸資産に分類される不動産以外の不動産であって、賃貸又は譲渡による収益又は利益を目的として所有する不動産をいう。

4　前項第21号に規定する「財務及び事業の方針の決定に対して重要な影響を与えることができる場合」とは、次に掲げる場合（財務上又は事業上の関係からみて他の会社等の財務又は事業の方針の決定に対して重要な影響を与えることができないことが明らかであると認められる場合を除く。）をいう。

一　他の会社等（次に掲げる会社等であって、当該会社等の財務又は事業の方針の決定に対して重要な影響を与えることができないと認められるものを除く。以下この項において同じ。）の議決権の総数に対する自己（その子会社を含む。以下この項において同じ。）の計算において所有している議決権の数の割合が100分の20以上である場合

イ　民事再生法（平成11年法律第225号）の規定による再生手続開始の決定を受けた会社等

ロ　会社更生法（平成14年法律第154号）の規定による更生手続開始の決定を受けた株式会社

ハ　破産法（平成16年法律第75号）の規定による破産手続開始の決定を受けた会社等

ニ　その他イからハまでに掲げる会社等に準ずる会社等

二　他の会社等の議決権の総数に対する自己の計算において所有している議決権の数の割合が100分の15以上である場合（前号に掲げる場合を除く。）であって、次に掲げるいずれかの要件に該当する場合

イ 次に掲げる者（他の会社等の財務及び事業の方針の決定に関して影響を与えることができるものに限る。）が他の会社等の代表取締役、取締役又はこれらに準ずる役職に就任していること。

(1) 自己の役員

(2) 自己の業務を執行する社員

(3) 自己の使用人

(4) (1)から(3)までに掲げる者であった者

ロ 自己が他の会社等に対して重要な融資を行っていること。

ハ 自己が他の会社等に対して重要な技術を提供していること。

ニ 自己と他の会社等との間に重要な販売、仕入れその他の事業上の取引があること。

ホ その他自己が他の会社等の財務及び事業の方針の決定に対して重要な影響を与えることができることが推測される事実が存在すること。

三 他の会社等の議決権の総数に対する自己所有等議決権数（次に掲げる議決権の数の合計数をいう。）の割合が100分の20以上である場合（自己の計算において議決権を所有していない場合を含み、前2号に掲げる場合を除く。）であって、前号イからホまでに掲げるいずれかの要件に該当する場合

イ 自己の計算において所有している議決権

ロ 自己と出資、人事、資金、技術、取引等において緊密な関係があることにより自己の意思と同一の内容の議決権を行使すると認められる者が所有している議決権

ハ 自己の意思と同一の内容の議決権を行使することに同意している者が所有している議決権

四 自己と自己から独立した者との間の契約その他これに準ずるものに基づきこれらの者が他の会社等を共同で支配している場合

（平21法省令7・全改、平21法省令46・平23法省令6・平27法省令6・令2法省令52・一部改正）

（会計慣行のしん酌）

第3条 この省令の用語の解釈及び規定の適用に関しては、一般に公正妥当と認められる企業会計の基準その他の企業会計の慣行をしん酌しなければならない。

第2編 会計帳簿

（平21法省令7・追加）

第1章 総則

（平21法省令7・追加）

第4条 法第432条第1項及び第615条第1項の規定により会社が作成すべき会計帳簿に付すべき資産、負債及び純資産の価額その他会計帳簿の作成に関する事項（法第445条第4項から第6項の規定により法務省令で定めるべき事項を含む。）については、この編の定めるところによる。

2 会計帳簿は、書面又は電磁的記録をもって作成しなければならない。

（平21法省令7・追加、令2法省令52・一部改正）

第2章 資産及び負債

（平21法省令7・追加）

第1節 資産及び負債の評価

（平21法省令7・追加）

第1款 通則

（平21法省令7・追加）

（資産の評価）

第5条 資産については、この省令又は法以外の法令に別段の定めがある場合を除き、会計帳簿にその取得価額を付さなければならない。

2 償却すべき資産については、事業年度の末日（事業年度の末日以外の日において評価すべき場合にあっては、その日。以下この条、次条第2項及び第55条第6項第1号において同じ。）において、相当の償却をしなければならない。

3 次の各号に掲げる資産については、事業年度の末日において当該各号に定める価格を付すべき場合には、当該各号に定める価格を付さなければならない。

一 事業年度の末日における時価がその時の取得原価より著しく低い資産（当該資産の時価

がその時の取得原価まで回復すると認められるものを除く。）　事業年度の末日における時価

二　事業年度の末日において予測することができない減損が生じた資産又は減損損失を認識すべき資産　その時の取得原価から相当の減額をした額

4　取立不能のおそれのある債権については、事業年度の末日においてその時に取り立てることができないと見込まれる額を控除しなければならない。

5　債権については、その取得価額が債権金額と異なる場合その他相当の理由がある場合には、適正な価格を付すことができる。

6　次に掲げる資産については、事業年度の末日においてその時の時価又は適正な価格を付すことができる。

一　事業年度の末日における時価がその時の取得原価より低い資産

二　市場価格のある資産（子会社及び関連会社の株式並びに満期保有目的の債券を除く。）

三　前2号に掲げる資産のほか、事業年度の末日においてその時の時価又は適正な価格を付すことが適当な資産

（平21法省令7・追加、令2法省令52・一部改正）

（負債の評価）

第6条　負債については、この省令又は法以外の法令に別段の定めがある場合を除き、会計帳簿に債務額を付さなければならない。

2　次に掲げる負債については、事業年度の末日においてその時の時価又は適正な価格を付すことができる。

一　退職給付引当金（使用人が退職した後に当該使用人に退職一時金、退職年金その他これらに類する財産の支給をする場合における事業年度の末日において繰り入れるべき引当金をいう。第75条第2項第2号において同じ。）その他の将来の費用又は損失の発生に備えて、その合理的な見積額のうち当該事業年度の負担に属する金額を費用又は損失として繰

り入れることにより計上すべき引当金（株主等に対して役務を提供する場合において計上すべき引当金を含む。）

二　払込みを受けた金額が債務額と異なる社債

三　前2号に掲げる負債のほか、事業年度の末日においてその時の時価又は適正な価格を付すことが適当な負債

（平21法省令7・追加、平25法省令16・平30法省令27・一部改正）

第2款　組織変更等の際の資産及び負債の評価

（平21法省令7・追加）

（組織変更の際の資産及び負債の評価替えの禁止）

第7条　会社が組織変更をする場合には、当該組織変更をすることを理由にその有する資産及び負債の帳簿価額を変更することはできない。

（平21法省令7・追加）

（組織再編行為の際の資産及び負債の評価）

第8条　次の各号に掲げる会社は、吸収合併又は吸収分割が当該会社による支配取得に該当する場合その他の吸収型再編対象財産に時価を付すべき場合を除き、吸収型再編対象財産には、当該各号に定める会社における当該吸収合併又は吸収分割の直前の帳簿価額を付さなければならない。

一　吸収合併存続会社　吸収合併消滅会社

二　吸収分割承継会社　吸収分割会社

2　前項の規定は、新設合併及び新設分割の場合について準用する。

（平21法省令7・追加）

（持分会社の出資請求権）

第9条　持分会社が組織変更をする場合において、当該持分会社が当該組織変更の直前に持分会社が社員に対して出資の履行をすべきことを請求する権利に係る債権を資産として計上しているときは、当該組織変更の直前に、当該持分会社は、当該債権を資産として計上しないものと定めたものとみなす。

2　前項の規定は、社員に対して出資の履行をすべきことを請求する権利に係る債権を資産として計上している持分会社が吸収合併消滅会社又

は新設合併消滅会社となる場合について準用する。

(平21法省令7・追加)

(会社以外の法人が会社となる場合における資産及び負債の評価)

第10条　次に掲げる法律の規定により会社以外の法人が会社となる場合には、当該会社がその有する資産及び負債に付すべき帳簿価額は、他の法令に別段の定めがある場合を除き、当該会社となる直前に当該法人が当該資産及び負債に付していた帳簿価額とする。

一　農業協同組合法（昭和22年法律第132号）

二　金融商品取引法

三　商品先物取引法（昭和25年法律第239号）

四　中小企業団体の組織に関する法律（昭和32年法律第185号）

五　技術研究組合法（昭和36年法律第81号）

六　金融機関の合併及び転換に関する法律（昭和43年法律第86号）

七　保険業法

(平21法省令7・追加、平22法省令37・一部改正)

第2節　のれん

(平21法省令7・追加)

第11条　会社は、吸収型再編、新設型再編又は事業の譲受けをする場合において、適正な額ののれんを資産又は負債として計上することができる。

(平21法省令7・追加)

第3節　株式及び持分に係る特別勘定

(平21法省令7・追加)

第12条　会社は、吸収分割、株式交換、株式交付、新設分割、株式移転又は事業の譲渡の対価として株式又は持分を取得する場合において、当該株式又は持分に係る適正な額の特別勘定を負債として計上することができる。

(平21法省令7・追加、令2法省令52・一部改正)

第3章　純資産

(平21法省令7・追加)

第1節　株式会社の株主資本

(平21法省令7・追加)

(通則)

第13条　株式会社がその成立後に行う株式の交付（法第445条第5項に掲げる行為に際しての株式の交付を除く。）による株式会社の資本金等増加限度額（同条第1項に規定する株主となる者が当該株式会社に対して払込み又は給付をした財産の額をいう。以下この節において同じ。）、その他資本剰余金及びその他利益剰余金の額並びに自己株式対価額（第150条第2項第8号及び第158条第8号ハ並びに法第446条第2号並びに第461条第2項第2号ロ及び第4号に規定する自己株式の対価の額をいう。以下この章において同じ。）については、この款の定めるところによる。

2　前項に規定する「成立後に行う株式の交付」とは、株式会社がその成立後において行う次に掲げる場合における株式の発行及び自己株式の処分（第8号、第9号、第12号、第14号及び第15号に掲げる場合にあっては、自己株式の処分）をいう。

一　法第2編第2章第8節の定めるところにより募集株式を引き受ける者の募集を行う場合（法第202条の2第1項（同条第3項の規定により読み替えて適用する場合を含む。）の規定により募集株式を引き受ける者の募集を行う場合を除く。次条第1項において同じ。）

二　取得請求権付株式（法第108条第2項第5号ロに掲げる事項についての定めがあるものに限る。以下この章において同じ。）の取得をする場合

三　取得条項付株式（法第108条第2項第6号ロに掲げる事項についての定めがあるものに限る。以下この章において同じ。）の取得をする場合

四　全部取得条項付種類株式（当該全部取得条項付種類株式を取得するに際して法第171条第1項第1号イに掲げる事項についての定めをした場合における当該全部取得条項付種類株式に限る。以下この章において同じ。）の取得をする場合

五　株式無償割当てをする場合

六　新株予約権の行使があった場合

七　取得条項付新株予約権（法第236条第1項第7号ニに掲げる事項についての定めがあるものに限る。以下この章において同じ。）の取得をする場合

八　単元未満株式売渡請求を受けた場合

九　株式会社が当該株式会社の株式を取得したことにより生ずる法第462条第1項に規定する義務を履行する株主（株主と連帯して義務を負う者を含む。）に対して当該株主から取得した株式に相当する株式を交付すべき場合

十　吸収合併後当該株式会社が存続する場合

十一　吸収分割による他の会社がその事業に関して有する権利義務の全部又は一部の承継をする場合

十二　吸収分割により吸収分割会社（株式会社に限る。）が自己株式を吸収分割承継会社に承継させる場合

十三　株式交換による他の株式会社の発行済株式の全部の取得をする場合

十四　株式交換に際して自己株式を株式交換完全親会社に取得される場合

十五　株式移転に際して自己株式を株式移転設立完全親会社に取得される場合

十六　株式交付に際して他の株式会社の株式又は新株予約権等の譲受けをする場合

（平21法省令7・追加、平21法省令46・令2法省令52・一部改正）

（募集株式を引き受ける者の募集を行う場合）

第14条　法第2編第2章第8節の定めるところにより募集株式を引き受ける者の募集を行う場合には、資本金等増加限度額は、第1号及び第2号に掲げる額の合計額から第3号に掲げる額を減じて得た額に株式発行割合（当該募集に際して発行する株式の数を当該募集に際して発行する株式の数及び処分する自己株式の数の合計数で除して得た割合をいう。以下この条において同じ。）を乗じて得た額から第4号に掲げる額を減じて得た額（零未満である場合にあっては、零）とする。

一　法第208条第1項の規定により払込みを受けた金銭の額（次のイ又はロに掲げる場合における金銭にあっては、当該イ又はロに定める額）

イ　外国の通貨をもって金銭の払込みを受けた場合（ロに掲げる場合を除く。）　当該外国の通貨につき法第199条第1項第4号の期日（同号の期間を定めた場合にあっては、法第208条第1項の規定により払込みを受けた日）の為替相場に基づき算出された額

ロ　当該払込みを受けた金銭の額（イに定める額を含む。）により資本金等増加限度額を計算することが適切でない場合　当該金銭の当該払込みをした者における当該払込みの直前の帳簿価額

二　法第208条第2項の規定により現物出資財産（法第207条第1項に規定する現物出資財産をいう。以下この条において同じ。）の給付を受けた場合にあっては、当該現物出資財産の法第199条第1項第4号の期日（同号の期間を定めた場合にあっては、法第208条第2項の規定により給付を受けた日）における価額（次のイ又はロに掲げる場合における現物出資財産にあっては、当該イ又はロに定める額）

イ　当該株式会社と当該現物出資財産の給付をした者が共通支配下関係にある場合（当該現物出資財産に時価を付すべき場合を除く。）　当該現物出資財産の当該給付をした者における当該給付の直前の帳簿価額

ロ　イに掲げる場合以外の場合であって、当該給付を受けた現物出資財産の価額により資本金等増加限度額を計算することが適切でないとき　イに定める帳簿価額

三　法第199条第1項第5号に掲げる事項として募集株式の交付に係る費用の額のうち、株式会社が資本金等増加限度額から減ずるべき額と定めた額

四　イに掲げる額からロに掲げる額を減じて得た額が零以上であるときは、当該額

イ　当該募集に際して処分する自己株式の帳簿価額

ロ　第1号及び第2号に掲げる額の合計額から前号に掲げる額を減じて得た額（零未満である場合にあっては、零）に自己株式処分割合（一から株式発行割合を減じて得た割合をいう。以下この条において同じ。）を乗じて得た額

2　前項に規定する場合には、同項の行為後の次の各号に掲げる額は、同項の行為の直前の当該額に、当該各号に定める額を加えて得た額とする。

一　その他資本剰余金の額　イ及びロに掲げる額の合計額からハに掲げる額を減じて得た額

イ　前項第1号及び第2号に掲げる額の合計額から同項第3号に掲げる額を減じて得た額に自己株式処分割合を乗じて得た額

ロ　次に掲げる額のうちいずれか少ない額

（1）　前項第4号に掲げる額

（2）　前項第1号及び第2号に掲げる額の合計額から同項第3号に掲げる額を減じて得た額に株式発行割合を乗じて得た額（零未満である場合にあっては、零）

ハ　当該募集に際して処分する自己株式の帳簿価額

二　その他利益剰余金の額　前項第1号及び第2号に掲げる額の合計額から同項第3号に掲げる額を減じて得た額が零未満である場合における当該額に株式発行割合を乗じて得た額

3　第1項に規定する場合には、自己株式対価額は、第1項第1号及び第2号に掲げる額の合計額から同項第3号に掲げる額を減じて得た額に自己株式処分割合を乗じて得た額とする。

4　第2項第1号ロに掲げる額は、第150条第2項第8号及び第158条第8号ハ並びに法第446条第2号並びに第461条第2項第2号ロ及び第4号の規定の適用については、当該額も、自己株式対価額に含まれるものとみなす。

5　第1項第2号の規定の適用については、現物出資財産について法第199条第1項第2号に掲げる額及び同項第3号に掲げる価額と、当該現物出資財産の帳簿価額（当該出資に係る資本金及び資本準備金の額を含む。）とが同一の額でなければならないと解してはならない。

（平21法省令7・追加、平21法省令46・令2法省令52・一部改正）

（株式の取得に伴う株式の発行等をする場合）

第15条　次に掲げる場合には、資本金等増加限度額は、零とする。

一　取得請求権付株式の取得をする場合

二　取得条項付株式の取得をする場合

三　全部取得条項付種類株式の取得をする場合

2　前項各号に掲げる場合には、自己株式対価額は、当該各号に掲げる場合において処分する自己株式の帳簿価額とする。

（平21法省令7・追加）

（株式無償割当てをする場合）

第16条　株式無償割当てをする場合には、資本金等増加限度額は、零とする。

2　前項に規定する場合には、株式無償割当て後のその他資本剰余金の額は、株式無償割当ての直前の当該額から当該株式無償割当てに際して処分する自己株式の帳簿価額を減じて得た額とする。

3　第1項に規定する場合には、自己株式対価額は、零とする。

（平21法省令7・追加）

（新株予約権の行使があった場合）

第17条　新株予約権の行使があった場合には、資本金等増加限度額は、第1号から第3号までに掲げる額の合計額から第4号に掲げる額を減じて得た額に株式発行割合（当該行使に際して発行する株式の数を当該行使に際して発行する株式の数及び処分する自己株式の数の合計数で除して得た割合をいう。以下この条において同じ。）を乗じて得た額から第5号に掲げる額を減じて得た額（零未満である場合にあっては、零）とする。

一　行使時における当該新株予約権の帳簿価額

二　法第281条第1項に規定する場合又は同条第2項後段に規定する場合におけるこれらの

規定により払込みを受けた金銭の額（次のイ
又はロに掲げる場合における金銭にあって
は、当該イ又はロに定める額）

イ　外国の通貨をもって金銭の払込みを受け
た場合（ロに掲げる場合を除く。）　当該外
国の通貨につき行使時の為替相場に基づき
算出された額

ロ　当該払込みを受けた金銭の額（イに定め
る額を含む。）により資本金等増加限度額
を計算することが適切でない場合　当該金
銭の当該払込みをした者における当該払込
みの直前の帳簿価額

三　法第281条第2項前段の規定により現物出
資財産（法第284条第1項に規定する現物出
資財産をいう。以下この条において同じ。）
の給付を受けた場合にあっては、当該現物出
資財産の行使時における価額（次のイ又はロ
に掲げる場合における現物出資財産にあって
は、当該イ又はロに定める額）

イ　当該株式会社と当該現物出資財産の給付
をした者が共通支配下関係にある場合（当
該現物出資財産に時価を付すべき場合を除
く。）　当該現物出資財産の当該給付をした
者における当該給付の直前の帳簿価額

ロ　イに掲げる場合以外の場合であって、当
該給付を受けた現物出資財産の価額により
資本金等増加限度額を計算することが適切
でないとき　イに定める帳簿価額

四　法第236条第1項第5号に掲げる事項とし
て新株予約権の行使に応じて行う株式の交付
に係る費用の額のうち、株式会社が資本金等
増加限度額から減ずるべき額と定めた額

五　イに掲げる額からロに掲げる額を減じて得
た額が零以上であるときは、当該額

イ　当該行使に際して処分する自己株式の帳
簿価額

ロ　第1号から第3号までに掲げる額の合計
額から前号に掲げる額を減じて得た額（零
未満である場合にあっては、零）に自己株
式処分割合（一から株式発行割合を減じて

得た割合をいう。以下この条において同
じ。）を乗じて得た額

2　前項に規定する場合には、新株予約権の行使
後の次の各号に掲げる額は、当該行使の直前の
当該額に、当該各号に定める額を加えて得た額
とする。

一　その他資本剰余金の額　イ及びロに掲げる
額の合計額からハに掲げる額を減じて得た額

イ　前項第1号から第3号までに掲げる額の
合計額から同項第4号に掲げる額を減じて
得た額に自己株式処分割合を乗じて得た額

ロ　次に掲げる額のうちいずれか少ない額

（1）　前項第5号に掲げる額

（2）　前項第1号から第3号までに掲げる額
の合計額から同項第4号に掲げる額を減
じて得た額に株式発行割合を乗じて得た
額（零未満である場合にあっては、零）

ハ　当該行使に際して処分する自己株式の帳
簿価額

二　その他利益剰余金の額　前項第1号から第
3号までに掲げる額の合計額から同項第4号
に掲げる額を減じて得た額が零未満である場
合における当該額に株式発行割合を乗じて得
た額

3　第1項に規定する場合には、自己株式対価額
は、同項第1号から第3号までに掲げる額の合
計額から同項第4号に掲げる額を減じて得た額
に自己株式処分割合を乗じて得た額とする。

4　第2項第1号ロに掲げる額は、第150条第2
項第8号及び第158条第8号ハ並びに法第446条
第2号並びに第461条第2項第2号ロ及び第4
号の規定の適用については、当該額も、自己株
式対価額に含まれるものとみなす。

5　第1項第1号の規定の適用については、新株
予約権が募集新株予約権であった場合における
当該募集新株予約権についての法第238条第1
項第2号及び第3号に掲げる事項と、第1項第
1号の帳簿価額とが同一のものでなければなら
ないと解してはならない。

6　第1項第3号の規定の適用については、現物

出資財産について法第236条第1項第2号及び第3号に掲げる価額と、当該現物出資財産の帳簿価額（当該出資に係る資本金及び資本準備金の額を含む。）とが同一の額でなければならないと解してはならない。

（平21法省令7・追加、平21法省令46・令2法省令52・一部改正）

（取得条項付新株予約権の取得をする場合）

第18条　取得条項付新株予約権の取得をする場合には、資本金等増加限度額は、第1号に掲げる額から第2号及び第3号に掲げる額の合計額を減じて得た額に株式発行割合（当該取得に際して発行する株式の数を当該取得に際して発行する株式の数及び処分する自己株式の数の合計数で除して得た割合をいう。以下この条において同じ。）を乗じて得た額から第4号に掲げる額を減じて得た額（零未満である場合にあっては、零）とする。

一　当該取得時における当該取得条項付新株予約権（当該取得条項付新株予約権が新株予約権付社債（これに準ずるものを含む。以下この号において同じ。）に付されたものである場合にあっては、当該新株予約権付社債についての社債（これに準ずるものを含む。）を含む。以下この項において同じ。）の価額

二　当該取得条項付新株予約権の取得と引換えに行う株式の交付に係る費用の額のうち、株式会社が資本金等増加限度額から減ずるべき額と定めた額

三　株式会社が当該取得条項付新株予約権を取得するのと引換えに交付する財産（当該株式会社の株式を除く。）の帳簿価額（当該財産が社債（自己社債を除く。）又は新株予約権（自己新株予約権を除く。）である場合にあっては、会計帳簿に付すべき額）の合計額

四　イに掲げる額からロに掲げる額を減じて得た額が零以上であるときは、当該額

　イ　当該取得に際して処分する自己株式の帳簿価額

　ロ　第1号に掲げる額から第2号及び前号に掲げる額の合計額を減じて得た額（零未満

である場合にあっては、零）に自己株式処分割合（一から株式発行割合を減じて得た割合をいう。以下この条において同じ。）を乗じて得た額

2　前項に規定する場合には、取得条項付新株予約権の取得後の次の各号に掲げる額は、取得条項付新株予約権の取得の直前の当該額に、当該各号に定める額を加えて得た額とする。

一　その他資本剰余金の額　イ及びロに掲げる額の合計額からハに掲げる額を減じて得た額

　イ　前項第1号に掲げる額から同項第2号及び第3号に掲げる額の合計額を減じて得た額に自己株式処分割合を乗じて得た額

　ロ　次に掲げる額のうちいずれか少ない額

　（1）　前項第4号に掲げる額

　（2）　前項第1号に掲げる額から同項第2号及び第3号に掲げる額の合計額を減じて得た額に株式発行割合を乗じて得た額（零未満である場合にあっては、零）

　ハ　当該取得に際して処分する自己株式の帳簿価額

二　その他利益剰余金の額　前項第1号に掲げる額から同項第2号及び第3号に掲げる額の合計額を減じて得た額が零未満である場合における当該額に株式発行割合を乗じて得た額

3　第1項に規定する場合には、自己株式対価額は、同項第1号に掲げる額から同項第2号及び第3号に掲げる額の合計額を減じて得た額に自己株式処分割合を乗じて得た額とする。

4　第2項第1号ロに掲げる額は、第150条第2項第8号及び第158条第8号ハ並びに法第446条第2号並びに第461条第2項第2号ロ及び第4号の規定の適用については、当該額も、自己株式対価額に含まれるものとみなす。

（平21法省令7・追加、令2法省令52・一部改正）

（単元未満株式売渡請求を受けた場合）

第19条　単元未満株式売渡請求を受けた場合には、資本金等増加限度額は、零とする。

2　前項に規定する場合には、単元未満株式売渡請求後のその他資本剰余金の額は、第1号及び

第2号に掲げる額の合計額から第3号に掲げる額を減じて得た額とする。

一　単元未満株式売渡請求の直前のその他資本剰余金の額

二　当該単元未満株式売渡請求に係る代金の額

三　当該単元未満株式売渡請求に応じて処分する自己株式の帳簿価額

3　第1項に規定する場合には、自己株式対価額は、単元未満株式売渡請求に係る代金の額とする。

(平21法省令7・追加)

(法第462条第1項に規定する義務を履行する株主に対して株式を交付すべき場合)

第20条　株式会社が当該株式会社の株式を取得したことにより生ずる法第462条第1項に規定する義務を履行する株主(株主と連帯して義務を負う者を含む。)に対して当該株主から取得した株式に相当する株式を交付すべき場合には、資本金等増加限度額は、零とする。

2　前項に規定する場合には、同項の行為後のその他資本剰余金の額は、第1号及び第2号に掲げる額の合計額から第3号に掲げる額を減じて得た額とする。

一　前項の行為の直前のその他資本剰余金の額

二　前項の株主(株主と連帯して義務を負う者を含む。)が株式会社に対して支払った金銭の額

三　当該交付に際して処分する自己株式の帳簿価額

3　第1項に規定する場合には、自己株式対価額は、同項の株主(株主と連帯して義務を負う者を含む。)が株式会社に対して支払った金銭の額とする。

(平21法省令7・追加)

(設立時又は成立後の株式の交付に伴う義務が履行された場合)

第21条　次に掲げる義務が履行された場合には、株式会社のその他資本剰余金の額は、当該義務の履行により株式会社に対して支払われた金銭又は給付された金銭以外の財産の額が増加する

ものとする。

一　法第52条第1項の規定により同項に定める額を支払う義務(当該義務を履行した者が法第28条第1号の財産を給付した発起人である場合における当該義務に限る。)

二　法第52条の2第1項各号に掲げる場合において同項の規定により当該各号に定める行為をする義務

三　法第102条の2第1項の規定により同項に規定する支払をする義務

四　法第212条第1項各号に掲げる場合において同項の規定により当該各号に定める額を支払う義務

五　法第213条の2第1項各号に掲げる場合において同項の規定により当該各号に定める行為をする義務

六　法第285条第1項各号に掲げる場合において同項の規定により当該各号に定める額を支払う義務

七　新株予約権を行使した新株予約権者であって法第286条の2第1項各号に掲げる者に該当するものが同項の規定により当該各号に定める行為をする義務

(平21法省令7・追加、平27法省令6・一部改正)

第2款　剰余金の配当

(平21法省令7・追加)

(法第445条第4項の規定による準備金の計上)

第22条　株式会社が剰余金の配当をする場合には、剰余金の配当後の資本準備金の額は、当該剰余金の配当の直前の資本準備金の額に、次の各号に掲げる場合の区分に応じ、当該各号に定める額を加えて得た額とする。

一　当該剰余金の配当をする日における準備金の額が当該日における基準資本金額(資本金の額に4分の1を乗じて得た額をいう。以下この条において同じ。)以上である場合　零

二　当該剰余金の配当をする日における準備金の額が当該日における基準資本金額未満である場合　イ又はロに掲げる額のうちいずれか少ない額に資本剰余金配当割合(次条第1号

イに掲げる額を法第446条第6号に掲げる額で除して得た割合をいう。）を乗じて得た額

イ　当該剰余金の配当をする日における準備金計上限度額（基準資本金額から準備金の額を減じて得た額をいう。以下この条において同じ。）

ロ　法第446条第6号に掲げる額に10分の1を乗じて得た額

2　株式会社が剰余金の配当をする場合には、剰余金の配当後の利益準備金の額は、当該剰余金の配当の直前の利益準備金の額に、次の各号に掲げる場合の区分に応じ、当該各号に定める額を加えて得た額とする。

一　当該剰余金の配当をする日における準備金の額が当該日における基準資本金額以上である場合　零

二　当該剰余金の配当をする日における準備金の額が当該日における基準資本金額未満である場合　イ又はロに掲げる額のうちいずれか少ない額に利益剰余金配当割合（次条第2号イに掲げる額を法第446条第6号に掲げる額で除して得た割合をいう。）を乗じて得た額

イ　当該剰余金の配当をする日における準備金計上限度額

ロ　法第446条第6号に掲げる額に10分の1を乗じて得た額

（平21法省令7・追加）

（減少する剰余金の額）

第23条　株式会社が剰余金の配当をする場合には、剰余金の配当後の次の各号に掲げる額は、当該剰余金の配当の直前の当該額から、当該各号に定める額を減じて得た額とする。

一　その他資本剰余金の額　次に掲げる額の合計額

イ　法第446条第6号に掲げる額のうち、株式会社がその他資本剰余金から減ずるべき額と定めた額

ロ　前条第1項第2号に掲げるときは、同号に定める額

二　その他利益剰余金の額　次に掲げる額の合

計額

イ　法第446条第6号に掲げる額のうち、株式会社がその他利益剰余金から減ずるべき額と定めた額

ロ　前条第2項第2号に掲げるときは、同号に定める額

（平21法省令7・追加）

第3款　自己株式

（平21法省令7・追加）

第24条　株式会社が当該株式会社の株式を取得する場合には、その取得価額を、増加すべき自己株式の額とする。

2　株式会社が自己株式の処分又は消却をする場合には、その帳簿価額を、減少すべき自己株式の額とする。

3　株式会社が自己株式の消却をする場合には、自己株式の消却後のその他資本剰余金の額は、当該自己株式の消却の直前の当該額から当該消却する自己株式の帳簿価額を減じて得た額とする。

（平21法省令7・追加）

第4款　株式会社の資本金等の額の増減

（平21法省令7・追加）

（資本金の額）

第25条　株式会社の資本金の額は、第1款並びに第4節及び第5節の2に定めるところのほか、次の各号に掲げる場合に限り、当該各号に定める額が増加するものとする。

一　法第448条の規定により準備金の額を減少する場合（同条第1項第2号に掲げる事項を定めた場合に限る。）　同号の資本金とする額に相当する額

二　法第450条の規定により剰余金の額を減少する場合　同条第1項第1号の減少する剰余金の額に相当する額

2　株式会社の資本金の額は、法第447条の規定による場合に限り、同条第1項第1号の額に相当する額が減少するものとする。この場合において、次に掲げる場合には、資本金の額が減少

するものと解してはならない。

一　新株の発行の無効の訴えに係る請求を認容する判決が確定した場合

二　自己株式の処分の無効の訴えに係る請求を認容する判決が確定した場合

三　会社の吸収合併、吸収分割、株式交換又は株式交付の無効の訴えに係る請求を認容する判決が確定した場合

四　設立時発行株式又は募集株式の引受けに係る意思表示その他の株式の発行又は自己株式の処分に係る意思表示が無効とされ、又は取り消された場合

五　株式交付子会社の株式又は新株予約権等の譲渡しに係る意思表示その他の株式交付に係る意思表示が無効とされ、又は取り消された場合

（平21法省令7・追加、令2法省令52・一部改正）

（資本準備金の額）

第26条　株式会社の資本準備金の額は、第1款及び第2款並びに第4節及び第5節の2に定めるところのほか、次の各号に掲げる場合に限り、当該各号に定める額が増加するものとする。

一　法第447条の規定により資本金の額を減少する場合（同条第1項第2号に掲げる事項を定めた場合に限る。）　同号の準備金とする額に相当する額

二　法第451条の規定により剰余金の額を減少する場合　同条第1項第1号の額（その他資本剰余金に係る額に限る。）に相当する額

2　株式会社の資本準備金の額は、法第448条の規定による場合に限り、同条第1項第1号の額（資本準備金に係る額に限る。）に相当する額が減少するものとする。この場合においては、前条第2項後段の規定を準用する。

（平21法省令7・追加、令2法省令52・一部改正）

（その他資本剰余金の額）

第27条　株式会社のその他資本剰余金の額は、第1款並びに第4節及び第5節の2に定めるところのほか、次の各号に掲げる場合に限り、当該各号に定める額が増加するものとする。

一　法第447条の規定により資本金の額を減少する場合　同条第1項第1号の額（同項第2号に規定する場合にあっては、当該額から同号の額を減じて得た額）に相当する額

二　法第448条の規定により準備金の額を減少する場合　同条第1項第1号の額（資本準備金に係る額に限り、同項第2号に規定する場合にあっては、当該額から資本準備金についての同号の額を減じて得た額）に相当する額

三　前2号に掲げるもののほか、その他資本剰余金の額を増加すべき場合　その他資本剰余金の額を増加する額として適切な額

2　株式会社のその他資本剰余金の額は、前3款及び第4節に定めるところのほか、次の各号に掲げる場合に限り、当該各号に定める額が減少するものとする。

一　法第450条の規定により剰余金の額を減少する場合　同条第1項第1号の額（その他資本剰余金に係る額に限る。）に相当する額

二　法第451条の規定により剰余金の額を減少する場合　同条第1項第1号の額（その他資本剰余金に係る額に限る。）に相当する額

三　前2号に掲げるもののほか、その他資本剰余金の額を減少すべき場合　その他資本剰余金の額を減少する額として適切な額

3　前項、前3款並びに第4節及び第5節の2の場合において、これらの規定により減少すべきその他資本剰余金の額の全部又は一部を減少させないこととすることが必要かつ適当であるときは、これらの規定にかかわらず、減少させないことが適当な額については、その他資本剰余金の額を減少させないことができる。

（平21法省令7・追加、令2法省令52・一部改正）

（利益準備金の額）

第28条　株式会社の利益準備金の額は、第2款及び第4節に定めるところのほか、法第451条の規定により剰余金の額を減少する場合に限り、同条第1項第1号の額（その他利益剰余金に係る額に限る。）に相当する額が増加するものとする。

2　株式会社の利益準備金の額は、法第448条の規定による場合に限り、同条第1項第1号の額（利益準備金に係る額に限る。）に相当する額が減少するものとする。

（平21法省令7・追加）

（その他利益剰余金の額）
第29条　株式会社のその他利益剰余金の額は、第4節に定めるところのほか、次の各号に掲げる場合に限り、当該各号に定める額が増加するものとする。
　一　法第448条の規定により準備金の額を減少する場合　同条第1項第1号の額（利益準備金に係る額に限り、同項第2号に規定する場合にあっては、当該額から利益準備金についての同号の額を減じて得た額）に相当する額
　二　当期純利益金額が生じた場合　当該当期純利益金額
　三　前2号に掲げるもののほか、その他利益剰余金の額を増加すべき場合　その他利益剰余金の額を増加する額として適切な額
2　株式会社のその他利益剰余金の額は、次項、前3款並びに第4節及び第5節の2に定めるところのほか、次の各号に掲げる場合に限り、当該各号に定める額が減少するものとする。
　一　法第450条の規定により剰余金の額を減少する場合　同条第1項第1号の額（その他利益剰余金に係る額に限る。）に相当する額
　二　法第451条の規定により剰余金の額を減少する場合　同条第1項第1号の額（その他利益剰余金に係る額に限る。）に相当する額
　三　当期純損失金額が生じた場合　当該当期純損失金額
　四　前3号に掲げるもののほか、その他利益剰余金の額を減少すべき場合　その他利益剰余金の額を減少する額として適切な額
3　第27条第3項の規定により減少すべきその他資本剰余金の額を減少させない額がある場合には、当該減少させない額に対応する額をその他利益剰余金から減少させるものとする。

（平21法省令7・追加、令2法省令52・一部改正）

第2節　持分会社の社員資本

（平21法省令7・追加）

（資本金の額）
第30条　持分会社の資本金の額は、第4節に定めるところのほか、次の各号に掲げる場合に限り、当該各号に定める額の範囲内で持分会社が資本金の額に計上するものと定めた額が増加するものとする。
　一　社員が出資の履行をした場合（履行をした出資に係る次号の債権が資産として計上されていた場合を除く。）　イ及びロに掲げる額の合計額からハに掲げる額の合計額を減じて得た額（零未満である場合にあっては、零）
　イ　当該社員が履行した出資により持分会社に対し払込み又は給付がされた財産（当該財産がロに規定する財産に該当する場合における当該財産を除く。）の価額
　ロ　当該社員が履行した出資により持分会社に対し払込み又は給付がされた財産（当該財産の持分会社における帳簿価額として、当該財産の払込み又は給付をした者における当該払込み又は給付の直前の帳簿価額を付すべき場合における当該財産に限る。）の払込み又は給付をした者における当該払込み又は給付の直前の帳簿価額の合計額
　ハ　当該出資の履行の受領に係る費用の額のうち、持分会社が資本金又は資本剰余金から減ずるべき額と定めた額
　二　持分会社が社員に対して出資の履行をすべきことを請求する権利に係る債権を資産として計上することと定めた場合　当該債権の価額
　三　持分会社が資本剰余金の額の全部又は一部を資本金の額とするものと定めた場合　当該資本剰余金の額
2　持分会社の資本金の額は、次の各号に掲げる場合に限り、当該各号に定める額が減少するものとする。
　一　持分会社が退社する社員に対して持分の払戻しをする場合（合同会社にあっては、法第

407

627条の規定による手続をとった場合に限る。）　当該退社する社員の出資につき資本金の額に計上されていた額

二　持分会社が社員に対して出資の払戻しをする場合（合同会社にあっては、法第627条の規定による手続をとった場合に限る。）　当該出資の払戻しにより払戻しをする出資の価額の範囲内で、資本金の額から減ずるべき額と定めた額（当該社員の出資につき資本金の額に計上されていた額以下の額に限る。）

三　持分会社（合同会社を除く。）が資産として計上している前項第2号の債権を資産として計上しないことと定めた場合　当該債権につき資本金に計上されていた額

四　持分会社（合同会社を除く。）が資本金の額の全部又は一部を資本剰余金の額とするものと定めた場合　当該資本剰余金の額とするものと定めた額に相当する額

五　損失のてん補に充てる場合（合同会社にあっては、法第627条の規定による手続をとった場合に限る。）　持分会社が資本金の額の範囲内で損失のてん補に充てるものとして定めた額

（平21法省令7・追加）

（資本剰余金の額）

第31条　持分会社の資本剰余金の額は、第4節に定めるところのほか、次の各号に掲げる場合に限り、当該各号に定める額が増加するものとする。

一　社員が出資の履行をした場合（履行をした出資に係る次号の債権が資産として計上されていた場合を除く。）　イに掲げる額からロに掲げる額を減じて得た額

　　イ　前条第1項第1号イ及びロに掲げる額の合計額からハに掲げる額を減じて得た額

　　ロ　当該出資の履行に際して資本金の額に計上した額

二　持分会社が社員に対して出資の履行をすべきことを請求する権利に係る債権を資産として計上することと定めた場合　イに掲げる額

からロに掲げる額を減じて得た額

　　イ　前条第1項第2号に定める額

　　ロ　当該決定に際して資本金の額に計上した額

三　持分会社（合同会社を除く。）が資本金の額の全部又は一部を資本剰余金の額とするものと定めた場合　当該資本剰余金の額とするものと定めた額

四　損失のてん補に充てる場合（合同会社にあっては、法第627条の規定による手続をとった場合に限る。）　持分会社が資本金の額の範囲内で損失のてん補に充てるものとして定めた額

五　前各号に掲げるもののほか、資本剰余金の額を増加させることが適切な場合　適切な額

2　持分会社の資本剰余金の額は、第4節に定めるところのほか、次の各号に掲げる場合に限り、当該各号に定める額が減少するものとする。ただし、利益の配当により払い戻した財産の帳簿価額に相当する額は、資本剰余金の額からは控除しないものとする。

一　持分会社が退社する社員に対して持分の払戻しをする場合　当該退社する社員の出資につき資本剰余金の額に計上されていた額

二　持分会社が社員に対して出資の払戻しをする場合　当該出資の払戻しにより払戻しをする出資の価額から当該出資の払戻しをする場合において前条第2項の規定により資本金の額を減少する額を減じて得た額

三　持分会社（合同会社を除く。）が資産として計上している前項第2号の債権を資産として計上しないことと定めた場合　当該債権につき資本剰余金に計上されていた額

四　持分会社が資本剰余金の額の全部又は一部を資本金の額とするものと定めた場合　当該資本金の額とするものと定めた額に相当する額

五　合同会社が第9条第1項（同条第2項において準用する場合を含む。）の規定により資産として計上している前項第2号の債権を資

第XI章　関係法令

産として計上しないことと定めたものとみなされる場合　当該債権につき資本金及び資本剰余金に計上されていた額

六　前各号に掲げるもののほか、資本剰余金の額を減少させることが適切な場合　適切な額

（平21法省令7・追加）

（利益剰余金の額）

第32条　持分会社の利益剰余金の額は、第4節に定めるところのほか、次の各号に掲げる場合に限り、当該各号に定める額が増加するものとする。

一　当期純利益金額が生じた場合　当該当期純利益金額

二　持分会社が退社する社員に対して持分の払戻しをする場合　イに掲げる額からロに掲げる額を減じて得た額（零未満である場合には、零）

イ　当該持分の払戻しを受けた社員の出資につき資本金及び資本剰余金の額に計上されていた額の合計額

ロ　当該持分の払戻しにより払い戻した財産の帳簿価額

三　前2号に掲げるもののほか、利益剰余金の額を増加させることが適切な場合　適切な額

2　持分会社の利益剰余金の額は、第4節に定めるところのほか、次の各号に掲げる場合に限り、当該各号に定める額が減少するものとする。ただし、出資の払戻しにより払い戻した財産の帳簿価額に相当する額は、利益剰余金の額からは控除しないものとする。

一　当期純損失金額が生じた場合　当該当期純損失金額

二　持分会社が退社する社員に対して持分の払戻しをする場合　イに掲げる額からロに掲げる額を減じて得た額（零未満である場合には、零）

イ　当該持分の払戻しにより払い戻した財産の帳簿価額

ロ　当該持分の払戻しを受けた社員の出資につき資本金及び資本剰余金の額に計上され

ていた額の合計額

三　社員が出資の履行をする場合（第30条第1項第1号イ及びロに掲げる額の合計額が零未満である場合に限る。）　当該合計額

四　前3号に掲げるもののほか、利益剰余金の額を減少させることが適切な場合　適切な額

（平21法省令7・追加）

第7節　評価・換算差額等又はその他の包括利益累計額

（平21法省令7・追加、平22法省令33・改称）

（評価・換算差額等又はその他の包括利益累計額）

第53条　次に掲げるものその他資産、負債又は株主資本若しくは社員資本以外のものであっても、純資産の部の項目として計上することが適当であると認められるものは、純資産として計上することができる。

一　資産又は負債（デリバティブ取引により生じる正味の資産又は負債を含む。以下この条において同じ。）につき時価を付すものとする場合における当該資産又は負債の評価差額（利益又は損失に計上するもの並びに次号及び第3号に掲げる評価差額を除く。）

二　ヘッジ会計を適用する場合におけるヘッジ手段に係る損益又は評価差額

三　土地の再評価に関する法律（平成10年法律第34号）第7条第1項に規定する再評価差額

（平21法省令7・追加、平22法省令33・一部改正）

（土地再評価差額金を計上している会社を当事者とする組織再編行為等における特則）

第54条　吸収合併若しくは吸収分割又は新設合併若しくは新設分割（以下この項において「合併分割」という。）に際して前条第3号に掲げる再評価差額を計上している土地が吸収型再編対象財産又は新設型再編対象財産（以下この項において「対象財産」という。）に含まれる場合において、当該対象財産につき吸収合併存続会社、吸収分割承継会社、新設合併設立会社又は新設分割設立会社が付すべき帳簿価額を当該合併分割の直前の帳簿価額とすべきときは、当該土地に係る土地の再評価に関する法律の規定に

409

よる再評価前の帳簿価額を当該土地の帳簿価額とみなして、当該合併分割に係る株主資本等の計算に関する規定を適用する。

2 株式交換、株式交付又は株式移転（以下この項において「交換交付移転」という。）に際して前条第3号に掲げる再評価差額を計上している土地が株式交換完全子会社株式交付子会社又は株式移転完全子会社（以下この項において「交換交付移転子会社」という。）の資産に含まれる場合において、当該交換交付移転子会社の株式につき株式交換完全親会社、株式交付親会社又は株式移転設立完全親会社が付すべき帳簿価額を算定の基礎となる交換交付移転子会社の財産の帳簿価額を評価すべき日における当該交換交付移転子会社の資産（自己新株予約権を含む。）に係る帳簿価額から負債（新株予約権に係る義務を含む。）に係る帳簿価額を減じて得た額をもって算定すべきときは、当該土地に係る土地の再評価に関する法律の規定による再評価前の帳簿価額を当該土地の帳簿価額とみなして、当該交換交付移転に係る株主資本等の計算に関する規定を適用する。

3 事業の譲渡若しくは譲受け又は金銭以外の財産と引換えにする株式又は持分の交付（以下この項において「現物出資等」という。）に際して前条第3号に掲げる再評価差額を計上している土地が現物出資等の対象となる財産（以下この項において「対象財産」という。）に含まれている場合において、当該対象財産につき当該対象財産を取得する者が付すべき帳簿価額を当該現物出資等の直前の帳簿価額とすべきときは、当該土地に係る土地の再評価に関する法律の規定による再評価前の帳簿価額を当該土地の帳簿価額とみなして、当該現物出資等に係る株主資本等の計算に関する規定を適用する。

（平21法省令7・追加、令2法省令52・一部改正）

第54条の2 取締役等が株式会社に対し法第202条の2第1項（同条第3項の規定により読み替えて適用する場合を含む。）の募集株式に係る割当日前にその職務の執行として当該募集株式

を対価とする役務を提供した場合には、当該役務の公正な評価額を、増加すべき株式引受権の額とする。

2 株式会社が前項の取締役等に対して同項の募集株式を割り当てる場合には、当該募集株式に係る割当日における同項の役務に対応する株式引受権の帳簿価額を、減少すべき株式引受権の額とする。

（令2法省令52・追加）

第8節 新株予約権

（平21法省令7・追加）

第55条 株式会社が新株予約権を発行する場合には、当該新株予約権と引換えにされた金銭の払込みの金額、金銭以外の財産の給付の額又は当該株式会社に対する債権をもってされた相殺の額その他適切な価格を、増加すべき新株予約権の額とする。

2 前項に規定する「株式会社が新株予約権を発行する場合」とは、次に掲げる場合において新株予約権を発行する場合をいう。

一 法第2編第3章第2節の定めるところにより募集新株予約権を引き受ける者の募集を行う場合

二 取得請求権付株式（法第107条第2項第2号ハ又はニに掲げる事項についての定めがあるものに限る。）の取得をする場合

三 取得条項付株式（法第107条第2項第3号ホ又はヘに掲げる事項についての定めがあるものに限る。）の取得をする場合

四 全部取得条項付種類株式（当該全部取得条項付種類株式を取得するに際して法第171条第1項第1号ハ又はニに掲げる事項についての定めをした場合における当該全部取得条項付種類株式に限る。）の取得をする場合

五 新株予約権無償割当てをする場合

六 取得条項付新株予約権（法第236条第1項第7号ヘ又はトに掲げる事項についての定めがあるものに限る。）の取得をする場合

七 吸収合併後当該株式会社が存続する場合

八 吸収分割による他の会社がその事業に関し

第XI章　関係法令

て有する権利義務の全部又は一部の承継をする場合

九　株式交換による他の株式会社の発行済株式の全部の取得をする場合

十　株式交付に際して他の株式会社の株式又は新株予約権等の譲受けをする場合

3　新設合併、新設分割又は株式移転により設立された株式会社が設立に際して新株予約権を発行する場合には、当該新株予約権についての適切な価格を設立時の新株予約権の額とする。

4　次の各号に掲げる場合には、当該各号に定める額を、減少すべき新株予約権の額とする。

一　株式会社が自己新株予約権の消却をする場合　当該自己新株予約権に対応する新株予約権の帳簿価額

二　新株予約権の行使又は消滅があった場合　当該新株予約権の帳簿価額

5　株式会社が当該株式会社の新株予約権を取得する場合には、その取得価額を、増加すべき自己新株予約権の額とする。

6　次の各号に掲げる自己新株予約権（当該新株予約権の帳簿価額を超える価額で取得するものに限る。）については、当該各号に定める価格を付さなければならない。

一　事業年度の末日における時価がその時の取得原価より著しく低い自己新株予約権（次号に掲げる自己新株予約権を除く。）　イ又はロに掲げる額のうちいずれか高い額

イ　当該事業年度の末日における時価

ロ　当該自己新株予約権に対応する新株予約権の帳簿価額

二　処分しないものと認められる自己新株予約権　当該自己新株予約権に対応する新株予約権の帳簿価額

7　株式会社が自己新株予約権の処分若しくは消却をする場合又は自己新株予約権の消滅があった場合には、その帳簿価額を、減少すべき自己新株予約権の額とする。

8　第1項及び第3項から前項までの規定は、株式等交付請求権（株式引受権及び新株予約権以外の権利であって、当該株式会社に対して行使することにより当該株式会社の株式の交付を受けることができる権利をいう。以下この条において同じ。）について準用する。

9　募集株式を引き受ける者の募集に際して発行する株式又は処分する自己株式が株式等交付請求権の行使によって発行する株式又は処分する自己株式であるときにおける第14条第1項の規定の適用については、同項中「第1号及び第2号に掲げる額の合計額」とあるのは、「第1号及び第2号に掲げる額の合計額並びに第55条第8項に規定する株式等交付請求権の行使時における帳簿価額の合計額」とする。

（平21法省令7・追加、令2法省令52・一部改正）

第4章　更生計画に基づく行為に係る計算に関する特則

（平21法省令7・追加）

第56条　更生会社（会社更生法第2条第7項に規定する更生会社をいう。以下この項及び第3項において同じ。）が更生計画（同法第2条第2項に規定する更生計画をいう。以下この項において同じ。）に基づき行う行為についての当該更生会社が計上すべきのれん、純資産その他の計算に関する事項は、この省令の規定にかかわらず、更生計画の定めるところによる。

2　更生計画（会社更生法第2条第2項並びに金融機関等の更生手続の特例等に関する法律（平成8年法律第95号。以下この条において「更生特例法」という。）第4条第2項及び第169条第2項に規定する更生計画をいう。以下この条において同じ。）において株式会社を設立することを定めた場合（新設合併、新設分割又は株式移転により株式会社を設立することを定めた場合を除く。）には、当該株式会社の設立時のれん、純資産その他の計算に関する事項は、この省令の規定にかかわらず、更生計画の定めるところによる。

3　更生計画において会社（更生会社を除く。）が更生会社等（更生会社並びに更生特例法第4条第7項に規定する更生協同組織金融機関及び

411

更生特例法第169条第7項に規定する更生会社をいう。次項において同じ。）の更生債権者等（会社更生法第2条第13項並びに更生特例法第4条第13項及び第169条第13項に規定する更生債権者等をいう。以下この条において同じ。）に対して吸収合併又は株式交換に際して交付する金銭等を割り当てた場合には、当該更生債権者等に対して交付する金銭等の価格も当該吸収合併又は株式交換に係る吸収型再編対価として考慮するものとする。

4　更生計画において新設合併又は株式移転により設立される会社が更生会社等の更生債権者等に対して新設合併又は株式移転に際して交付する株式、持分又は社債等を割り当てた場合には、当該更生債権者等に対して交付する株式、持分又は社債等の価格も当該新設合併又は株式移転に係る新設型再編対価として考慮するものとする。

（平21法省令7・追加、平21法省令46・一部改正）

第3編　計算関係書類

（平21法省令7・追加）

第1章　総則

（平21法省令7・追加）

第1節　表示の原則

（平21法省令7・追加）

第57条　計算関係書類に係る事項の金額は、1円単位、1000円単位又は100万円単位をもって表示するものとする。

2　計算関係書類は、日本語をもって表示するものとする。ただし、その他の言語をもって表示することが不当でない場合は、この限りでない。

3　計算関係書類（各事業年度に係る計算書類の附属明細書を除く。）の作成については、貸借対照表、損益計算書その他計算関係書類を構成するものごとに、一の書面その他の資料として作成をしなければならないものと解してはならない。

（平21法省令7・追加）

第2節　株式会社の計算書類

（平21法省令7・追加）

（成立の日の貸借対照表）

第58条　法第435条第1項の規定により作成すべき貸借対照表は、株式会社の成立の日における会計帳簿に基づき作成しなければならない。

（平21法省令7・追加）

（各事業年度に係る計算書類）

第59条　法第435条第2項に規定する法務省令で定めるものは、この編の規定に従い作成される株主資本等変動計算書及び個別注記表とする。

2　各事業年度に係る計算書類及びその附属明細書の作成に係る期間は、当該事業年度の前事業年度の末日の翌日（当該事業年度の前事業年度がない場合にあっては、成立の日）から当該事業年度の末日までの期間とする。この場合において、当該期間は、1年（事業年度の末日を変更する場合における変更後の最初の事業年度については、1年6箇月）を超えることができない。

3　法第435条第2項の規定により作成すべき各事業年度に係る計算書類及びその附属明細書は、当該事業年度に係る会計帳簿に基づき作成しなければならない。

（平21法省令7・追加）

（臨時計算書類）

第60条　臨時計算書類の作成に係る期間（次項において「臨時会計年度」という。）は、当該事業年度の前事業年度の末日の翌日（当該事業年度の前事業年度がない場合にあっては、成立の日）から臨時決算日までの期間とする。

2　臨時計算書類は、臨時会計年度に係る会計帳簿に基づき作成しなければならない。

3　株式会社が臨時計算書類を作成しようとする場合において、当該株式会社についての最終事業年度がないときは、当該株式会社の成立の日から最初の事業年度が終結する日までの間、当該最初の事業年度に属する一定の日を臨時決算日とみなして、法第441条の規定を適用することができる。

（平21法省令7・追加）

第3節　株式会社の連結計算書類

（平21法省令7・追加）

（連結計算書類）

第61条　法第444条第1項に規定する法務省令で定めるものは、次に掲げるいずれかのものとする。

- 一　この編（第120条から第120条の3までを除く。）の規定に従い作成される次のイからニまでに掲げるもの
  - イ　連結貸借対照表
  - ロ　連結損益計算書
  - ハ　連結株主資本等変動計算書
  - ニ　連結注記表
- 二　第120条の規定に従い作成されるもの
- 三　第120条の2の規定に従い作成されるもの
- 四　第120条の3の規定に従い作成されるもの

（平21法省令7・追加、平21法省令46・平23法省令33・平28法省令1・一部改正）

（連結会計年度）

第62条　各事業年度に係る連結計算書類の作成に係る期間（以下この編において「連結会計年度」という。）は、当該事業年度の前事業年度の末日の翌日（当該事業年度の前事業年度がない場合にあっては、成立の日）から当該事業年度の末日までの期間とする。

（平21法省令7・追加）

（連結の範囲）

第63条　株式会社は、その全ての子会社を連結の範囲に含めなければならない。ただし、次のいずれかに該当する子会社は、連結の範囲に含めないものとする。

- 一　財務及び事業の方針を決定する機関（株主総会その他これに準ずる機関をいう。）に対する支配が一時的であると認められる子会社
- 二　連結の範囲に含めることにより当該株式会社の利害関係人の判断を著しく誤らせるおそれがあると認められる子会社

2　前項の規定により連結の範囲に含めるべき子会社のうち、その資産、売上高（役務収益を含む。以下同じ。）等からみて、連結の範囲から除いてもその企業集団の財産及び損益の状況に関する合理的な判断を妨げない程度に重要性の乏しいものは、連結の範囲から除くことができる。

（平21法省令7・追加、平23法省令6・一部改正）

（事業年度に係る期間の異なる子会社）

第64条　株式会社の事業年度の末日と異なる日をその事業年度の末日とする連結子会社は、当該株式会社の事業年度の末日において、連結計算書類の作成の基礎となる計算書類を作成するために必要とされる決算を行わなければならない。ただし、当該連結子会社の事業年度の末日と当該株式会社の事業年度の末日との差異が3箇月を超えない場合において、当該連結子会社の事業年度に係る計算書類を基礎として連結計算書類を作成するときは、この限りでない。

2　前項ただし書の規定により連結計算書類を作成する場合には、連結子会社の事業年度の末日と当該株式会社の事業年度の末日が異なることから生ずる連結会社相互間の取引に係る会計記録の重要な不一致について、調整をしなければならない。

（平21法省令7・追加）

（連結貸借対照表）

第65条　連結貸借対照表は、株式会社の連結会計年度に対応する期間に係る連結会社の貸借対照表（連結子会社が前条第1項本文の規定による決算を行う場合における当該連結子会社の貸借対照表については、当該決算に係る貸借対照表）の資産、負債及び純資産の金額を基礎として作成しなければならない。この場合においては、連結会社の貸借対照表に計上された資産、負債及び純資産の金額を連結貸借対照表の適切な項目に計上することができる。

（平21法省令7・追加）

（連結損益計算書）

第66条　連結損益計算書は、株式会社の連結会計年度に対応する期間に係る連結会社の損益計算書（連結子会社が第64条第1項本文の規定による決算を行う場合における当該連結子会社の損

益計算書については、当該決算に係る損益計算
書）の収益若しくは費用又は利益若しくは損失
の金額を基礎として作成しなければならない。
この場合においては、連結会社の損益計算書に
計上された収益若しくは費用又は利益若しくは
損失の金額を連結損益計算書の適切な項目に計
上することができる。

（平21法省令7・追加）

（連結株主資本等変動計算書）

第67条　連結株主資本等変動計算書は、株式会社
の連結会計年度に対応する期間に係る連結会社
の株主資本等変動計算書（連結子会社が第64条
第1項本文の規定による決算を行う場合におけ
る当該連結子会社の株主資本等変動計算書につ
いては、当該決算に係る株主資本等変動計算
書）の株主資本等（株主資本その他の会社等の
純資産をいう。以下この条において同じ。）を
基礎として作成しなければならない。この場合
においては、連結会社の株主資本等変動計算書
に表示された株主資本等に係る額を連結株主資
本等変動計算書の適切な項目に計上することが
できる。

（平21法省令7・追加）

（連結子会社の資産及び負債の評価等）

第68条　連結計算書類の作成に当たっては、連結
子会社の資産及び負債の評価並びに株式会社の
連結子会社に対する投資とこれに対応する当該
連結子会社の資本との相殺消去その他必要とさ
れる連結会社相互間の項目の相殺消去をしなけ
ればならない。

（平21法省令7・追加）

（持分法の適用）

第69条　非連結子会社及び関連会社に対する投資
については、持分法により計算する価額をもっ
て連結貸借対照表に計上しなければならない。
ただし、次のいずれかに該当する非連結子会社
及び関連会社に対する投資については、持分法
を適用しないものとする。

　一　財務及び事業の方針の決定に対する影響が
　　一時的であると認められる関連会社

　二　持分法を適用することにより株式会社の利
　　害関係人の判断を著しく誤らせるおそれがあ
　　ると認められる非連結子会社及び関連会社

2　前項の規定により持分法を適用すべき非連結
子会社及び関連会社のうち、その損益等からみ
て、持分法の適用の対象から除いても連結計算
書類に重要な影響を与えないものは、持分法の
適用の対象から除くことができる。

（平21法省令7・追加）

第4節　持分会社の計算書類

（平21法省令7・追加）

（成立の日の貸借対照表）

第70条　法第617条第1項の規定により作成すべ
き貸借対照表は、持分会社の成立の日における
会計帳簿に基づき作成しなければならない。

（平21法省令7・追加）

（各事業年度に係る計算書類）

第71条　法第617条第2項に規定する法務省令で
定めるものは、次の各号に掲げる持分会社の区
分に応じ、当該各号に定めるものとする。

　一　合名会社及び合資会社　当該合名会社及び
　　合資会社が損益計算書、社員資本等変動計算
　　書又は個別注記表の全部又は一部をこの編の
　　規定に従い作成するものと定めた場合におけ
　　るこの編の規定に従い作成される損益計算
　　書、社員資本等変動計算書又は個別注記表

　二　合同会社　この編の規定に従い作成される
　　損益計算書、社員資本等変動計算書及び個別
　　注記表

2　各事業年度に係る計算書類の作成に係る期間
は、当該事業年度の前事業年度の末日の翌日
（当該事業年度の前事業年度がない場合にあっ
ては、成立の日）から当該事業年度の末日まで
の期間とする。この場合において、当該期間
は、1年（事業年度の末日を変更する場合にお
ける変更後の最初の事業年度については、1年
6箇月）を超えることができない。

3　法第617条第2項の規定により作成すべき各
事業年度に係る計算書類は、当該事業年度に係
る会計帳簿に基づき作成しなければならない。

（平21法省令7・追加）

第2章　貸借対照表等

（平21法省令7・追加）

（通則）

第72条　貸借対照表等（貸借対照表及び連結貸借対照表をいう。以下この編において同じ。）については、この章に定めるところによる。

（平21法省令7・追加）

（貸借対照表等の区分）

第73条　貸借対照表等は、次に掲げる部に区分して表示しなければならない。

　一　資産

　二　負債

　三　純資産

2　資産の部又は負債の部の各項目は、当該項目に係る資産又は負債を示す適当な名称を付さなければならない。

3　連結会社が二以上の異なる種類の事業を営んでいる場合には、連結貸借対照表の資産の部及び負債の部は、その営む事業の種類ごとに区分することができる。

（平21法省令7・追加）

（資産の部の区分）

第74条　資産の部は、次に掲げる項目に区分しなければならない。この場合において、各項目（第2号に掲げる項目を除く。）は、適当な項目に細分しなければならない。

　一　流動資産

　二　固定資産

　三　繰延資産

2　固定資産に係る項目は、次に掲げる項目に区分しなければならない。この場合において、各項目は、適当な項目に細分しなければならない。

　一　有形固定資産

　二　無形固定資産

　三　投資その他の資産

3　次の各号に掲げる資産は、当該各号に定めるものに属するものとする。

　一　次に掲げる資産　流動資産

イ　現金及び預金（1年内に期限の到来しない預金を除く。）

ロ　受取手形（通常の取引（当該会社の事業目的のための営業活動において、経常的に又は短期間に循環して発生する取引をいう。以下この章において同じ。）に基づいて発生した手形債権（破産更生債権等（破産債権、再生債権、更生債権その他これらに準ずる債権をいう。以下この号において同じ。）で1年内に弁済を受けることができないことが明らかなものを除く。）をいう。）

ハ　売掛金（通常の取引に基づいて発生した事業上の未収金（当該未収金に係る債権が破産更生債権等で1年内に弁済を受けることができないことが明らかなものである場合における当該未収金を除く。）をいう。）

ニ　所有権移転ファイナンス・リース取引におけるリース債権のうち、通常の取引に基づいて発生したもの（破産更生債権等で1年内に回収されないことが明らかなものを除く。）及び通常の取引以外の取引に基づいて発生したもので1年内に期限が到来するもの

ホ　所有権移転外ファイナンス・リース取引におけるリース投資資産のうち、通常の取引に基づいて発生したもの（破産更生債権等で1年内に回収されないことが明らかなものを除く。）及び通常の取引以外の取引に基づいて発生したもので1年内に期限が到来するもの

ヘ　売買目的有価証券及び1年内に満期の到来する有価証券

ト　商品（販売の目的をもって所有する土地、建物その他の不動産を含む。）

チ　製品、副産物及び作業くず

リ　半製品（自製部分品を含む。）

ヌ　原料及び材料（購入部分品を含む。）

ル　仕掛品及び半成工事

ヲ　消耗品、消耗工具、器具及び備品その他

の貯蔵品であって、相当な価額以上のもの

ワ　前渡金（商品及び原材料（これらに準ずるものを含む。）の購入のための前渡金（当該前渡金に係る債権が破産更生債権等で1年内に弁済を受けることができないことが明らかなものである場合における当該前渡金を除く。）をいう。）

カ　前払費用であって、1年内に費用となるべきもの

ヨ　未収収益

タ　その他の資産であって、1年内に現金化することができると認められるもの

二　次に掲げる資産（ただし、イからチまでに掲げる資産については、事業の用に供するものに限る。）　有形固定資産

イ　建物及び暖房、照明、通風等の付属設備

ロ　構築物（ドック、橋、岸壁、さん橋、軌道、貯水池、坑道、煙突その他土地に定着する土木設備又は工作物をいう。）

ハ　機械及び装置並びにホイスト、コンベヤー、起重機等の搬送設備その他の付属設備

ニ　船舶及び水上運搬具

ホ　鉄道車両、自動車その他の陸上運搬具

ヘ　工具、器具及び備品（耐用年数が1年以上のものに限る。）

ト　土地

チ　リース資産（当該会社がファイナンス・リース取引におけるリース物件の借主である資産であって、当該リース物件がイからトまで及びヌに掲げるものである場合に限る。）

リ　建設仮勘定（イからトまでに掲げる資産で事業の用に供するものを建設した場合における支出及び当該建設の目的のために充当した材料をいう。）

ヌ　その他の有形資産であって、有形固定資産に属する資産とすべきもの

三　次に掲げる資産　無形固定資産

イ　特許権

ロ　借地権（地上権を含む。）

ハ　商標権

ニ　実用新案権

ホ　意匠権

ヘ　鉱業権

ト　漁業権（入漁権を含む。）

チ　ソフトウエア

リ　のれん

ヌ　リース資産（当該会社がファイナンス・リース取引におけるリース物件の借主である資産であって、当該リース物件がイからチまで及びルに掲げるものである場合に限る。）

ル　その他の無形資産であって、無形固定資産に属する資産とすべきもの

四　次に掲げる資産　投資その他の資産

イ　関係会社の株式（売買目的有価証券に該当する株式を除く。以下同じ。）その他流動資産に属しない有価証券

ロ　出資金

ハ　長期貸付金

ニ　前払年金費用（連結貸借対照表にあっては、退職給付に係る資産）

ホ　繰延税金資産

ヘ　所有権移転ファイナンス・リース取引におけるリース債権のうち第1号ニに掲げるもの以外のもの

ト　所有権移転外ファイナンス・リース取引におけるリース投資資産のうち第1号ホに掲げるもの以外のもの

チ　その他の資産であって、投資その他の資産に属する資産とすべきもの

リ　その他の資産であって、流動資産、有形固定資産、無形固定資産又は繰延資産に属しないもの

五　繰延資産として計上することが適当であると認められるもの　繰延資産

4　前項に規定する「1年内」とは、次の各号に掲げる貸借対照表等の区分に応じ、当該各号に定める日から起算して1年以内の日をいう（以

第XI章　関係法令

下この編において同じ。）。

一　成立の日における貸借対照表　会社の成立の日

二　事業年度に係る貸借対照表　事業年度の末日の翌日

三　臨時計算書類の貸借対照表　臨時決算日の翌日

四　連結貸借対照表　連結会計年度の末日の翌日

（平21法省令7・追加、平25法省令16・平30法省令5・一部改正）

（負債の部の区分）

第75条　負債の部は、次に掲げる項目に区分しなければならない。この場合において、各項目は、適当な項目に細分しなければならない。

一　流動負債

二　固定負債

2　次の各号に掲げる負債は、当該各号に定めるものに属するものとする。

一　次に掲げる負債　流動負債

イ　支払手形（通常の取引に基づいて発生した手形債務をいう。）

ロ　買掛金（通常の取引に基づいて発生した事業上の未払金をいう。）

ハ　前受金（受注工事、受注品等に対する前受金をいう。）

ニ　引当金（資産に係る引当金及び1年内に使用されないと認められるものを除く。）

ホ　通常の取引に関連して発生する未払金又は預り金で一般の取引慣行として発生後短期間に支払われるもの

ヘ　未払費用

ト　前受収益

チ　ファイナンス・リース取引におけるリース債務のうち、1年内に期限が到来するもの

リ　資産除去債務のうち、1年内に履行されると認められるもの

ヌ　その他の負債であって、1年内に支払われ、又は返済されると認められるもの

二　次に掲げる負債　固定負債

イ　社債

ロ　長期借入金

ハ　引当金（資産に係る引当金、前号ニに掲げる引当金及びニに掲げる退職給付引当金を除く。）

ニ　退職給付引当金（連結貸借対照表にあっては、退職給付に係る負債）

ホ　繰延税金負債

ヘ　のれん

ト　ファイナンス・リース取引におけるリース債務のうち、前号チに掲げるもの以外のもの

チ　資産除去債務のうち、前号リに掲げるもの以外のもの

リ　その他の負債であって、流動負債に属しないもの

（平21法省令7・追加、平25法省令16・平30法省令5・令2法省令52・一部改正）

（純資産の部の区分）

第76条　純資産の部は、次の各号に掲げる貸借対照表等の区分に応じ、当該各号に定める項目に区分しなければならない。

一　株式会社の貸借対照表　次に掲げる項目

イ　株主資本

ロ　評価・換算差額等

ハ　株式引受権

ニ　新株予約権

二　株式会社の連結貸借対照表　次に掲げる項目

イ　株主資本

ロ　次に掲げるいずれかの項目

（1）　評価・換算差額等

（2）　その他の包括利益累計額

ハ　株式引受権

ニ　新株予約権

ホ　非支配株主持分

三　持分会社の貸借対照表　次に掲げる項目

イ　社員資本

ロ　評価・換算差額等

2　株主資本に係る項目は、次に掲げる項目に区

分しなければならない。この場合において、第5号に掲げる項目は、控除項目とする。

一　資本金

二　新株式申込証拠金

三　資本剰余金

四　利益剰余金

五　自己株式

六　自己株式申込証拠金

3　社員資本に係る項目は、次に掲げる項目に区分しなければならない。

一　資本金

二　出資金申込証拠金

三　資本剰余金

四　利益剰余金

4　株式会社の貸借対照表の資本剰余金に係る項目は、次に掲げる項目に区分しなければならない。

一　資本準備金

二　その他資本剰余金

5　株式会社の貸借対照表の利益剰余金に係る項目は、次に掲げる項目に区分しなければならない。

一　利益準備金

二　その他利益剰余金

6　第4項第2号及び前項第2号に掲げる項目は、適当な名称を付した項目に細分することができる。

7　評価・換算差額等又はその他の包括利益累計額に係る項目は、次に掲げる項目その他適当な名称を付した項目に細分しなければならない。ただし、第4号及び第5号に掲げる項目は、連結貸借対照表に限る。

一　その他有価証券評価差額金

二　繰延ヘッジ損益

三　土地再評価差額金

四　為替換算調整勘定

五　退職給付に係る調整累計額

8　新株予約権に係る項目は、自己新株予約権に係る項目を控除項目として区分することができる。

9　連結貸借対照表についての次の各号に掲げるものに計上すべきものは、当該各号に定めるものとする。

一　第2項第5号の自己株式　次に掲げる額の合計額

イ　当該株式会社が保有する当該株式会社の株式の帳簿価額

ロ　連結子会社並びに持分法を適用する非連結子会社及び関連会社が保有する当該株式会社の株式の帳簿価額のうち、当該株式会社のこれらの会社に対する持分に相当する額

二　第7項第4号の為替換算調整勘定　外国にある子会社又は関連会社の資産及び負債の換算に用いる為替相場と純資産の換算に用いる為替相場とが異なることによって生じる換算差額

三　第7項第5号の退職給付に係る調整累計額　次に掲げる項目の額の合計額

イ　未認識数理計算上の差異

ロ　未認識過去勤務費用

ハ　その他退職給付に係る調整累計額に計上することが適当であると認められるもの

（平21法省令7・追加、平22法省令33・平25法省令16・平27法省令6・令2法省令52・一部改正）

（たな卸資産及び工事損失引当金の表示）

第77条　同一の工事契約に係るたな卸資産及び工事損失引当金がある場合には、両者を相殺した差額をたな卸資産又は工事損失引当金として流動資産又は流動負債に表示することができる。

（平21法省令7・追加）

（貸倒引当金等の表示）

第78条　各資産に係る引当金は、次項の規定による場合のほか、当該各資産の項目に対する控除項目として、貸倒引当金その他当該引当金の設定目的を示す名称を付した項目をもって表示しなければならない。ただし、流動資産、有形固定資産、無形固定資産、投資その他の資産又は繰延資産の区分に応じ、これらの資産に対する控除項目として一括して表示することを妨げな

第XI章　関係法令

い。

2　各資産に係る引当金は、当該各資産の金額から直接控除し、その控除残高を当該各資産の金額として表示することができる。

(平21法省令7・追加)

(有形固定資産に対する減価償却累計額の表示)

第79条　各有形固定資産に対する減価償却累計額は、次項の規定による場合のほか、当該各有形固定資産の項目に対する控除項目として、減価償却累計額の項目をもって表示しなければならない。ただし、これらの有形固定資産に対する控除項目として一括して表示することを妨げない。

2　各有形固定資産に対する減価償却累計額は、当該各有形固定資産の金額から直接控除し、その控除残高を当該各有形固定資産の金額として表示することができる。

(平21法省令7・追加)

(有形固定資産に対する減損損失累計額の表示)

第80条　各有形固定資産に対する減損損失累計額は、次項及び第3項の規定による場合のほか、当該各有形固定資産の金額(前条第2項の規定により有形固定資産に対する減価償却累計額を当該有形固定資産の金額から直接控除しているときは、その控除後の金額)から直接控除し、その控除残高を当該各有形固定資産の金額として表示しなければならない。

2　減価償却を行う各有形固定資産に対する減損損失累計額は、当該各有形固定資産の項目に対する控除項目として、減損損失累計額の項目をもって表示することができる。ただし、これらの有形固定資産に対する控除項目として一括して表示することを妨げない。

3　前条第1項及び前項の規定により減価償却累計額及び減損損失累計額を控除項目として表示する場合には、減損損失累計額を減価償却累計額に合算して、減価償却累計額の項目をもって表示することができる。

(平21法省令7・追加)

(無形固定資産の表示)

第81条　各無形固定資産に対する減価償却累計額及び減損損失累計額は、当該各無形固定資産の金額から直接控除し、その控除残高を当該各無形固定資産の金額として表示しなければならない。

(平21法省令7・追加)

(関係会社株式等の表示)

第82条　関係会社の株式又は出資金は、関係会社株式又は関係会社出資金の項目をもって別に表示しなければならない。

2　前項の規定は、連結貸借対照表及び持分会社の貸借対照表については、適用しない。

(平21法省令7・追加)

(繰延税金資産等の表示)

第83条　繰延税金資産の金額及び繰延税金負債の金額については、その差額のみを繰延税金資産又は繰延税金負債として投資その他の資産又は固定負債に表示しなければならない。

2　連結貸借対照表に係る前項の規定の適用については、同項中「その差額」とあるのは、「異なる納税主体に係るものを除き、その差額」とする。

(平21法省令7・追加、平30法省令5・平30法省令27・一部改正)

(繰延資産の表示)

第84条　各繰延資産に対する償却累計額は、当該各繰延資産の金額から直接控除し、その控除残高を各繰延資産の金額として表示しなければならない。

(平21法省令7・追加)

(連結貸借対照表ののれん)

第85条　連結貸借対照表に表示するのれんには、連結子会社に係る投資の金額がこれに対応する連結子会社の資本の金額と異なる場合に生ずるのれんを含むものとする。

(平21法省令7・追加)

(新株予約権の表示)

第86条　自己新株予約権の額は、新株予約権の金額から直接控除し、その控除残高を新株予約権の金額として表示しなければならない。ただし、自己新株予約権を控除項目として表示する

419

ことを妨げない。

（平21法省令7・追加）

第3章　損益計算書等

（平21法省令7・追加）

（通則）

第87条　損益計算書等（損益計算書及び連結損益
　計算書をいう。以下この編において同じ。）に
　ついては、この章の定めるところによる。

（平21法省令7・追加）

（損益計算書等の区分）

第88条　損益計算書等は、次に掲げる項目に区分
　して表示しなければならない。この場合におい
　て、各項目について細分することが適当な場合
　には、適当な項目に細分することができる。

　一　売上高（売上高以外の名称を付すことが適
　　当な場合には、当該名称を付した項目。以下
　　同じ。）

　二　売上原価

　三　販売費及び一般管理費

　四　営業外収益

　五　営業外費用

　六　特別利益

　七　特別損失

2　特別利益に属する利益は、固定資産売却益、
　前期損益修正益、負ののれん発生益その他の項
　目の区分に従い、細分しなければならない。

3　特別損失に属する損失は、固定資産売却損、
　減損損失、災害による損失、前期損益修正損そ
　の他の項目の区分に従い、細分しなければなら
　ない。

4　前2項の規定にかかわらず、前2項の各利益
　又は各損失のうち、その金額が重要でないもの
　については、当該利益又は損失を細分しないこ
　ととすることができる。

5　連結会社が二以上の異なる種類の事業を営ん
　でいる場合には、連結損益計算書の第1項第1
　号から第3号までに掲げる収益又は費用は、そ
　の営む事業の種類ごとに区分することができ
　る。

6　次の各号に掲げる場合における連結損益計算

書には、当該各号に定める額を相殺した後の額
を表示することができる。

　一　連結貸借対照表の資産の部に計上されたの
　　れんの償却額及び負債の部に計上されたのれ
　　んの償却額が生ずる場合（これらの償却額が
　　重要である場合を除く。）　連結貸借対照表の
　　資産の部に計上されたのれんの償却額及び負
　　債の部に計上されたのれんの償却額

　二　持分法による投資利益及び持分法による投
　　資損失が生ずる場合　投資利益及び投資損失

7　損益計算書等の各項目は、当該項目に係る収
　益若しくは費用又は利益若しくは損失を示す適
　当な名称を付さなければならない。

（平21法省令7・追加、令2法省令45・一部改正）

（売上総損益金額）

第89条　売上高から売上原価を減じて得た額（以
　下「売上総損益金額」という。）は、売上総利
　益金額として表示しなければならない。

2　前項の規定にかかわらず、売上総損益金額が
　零未満である場合には、零から売上総損益金額
　を減じて得た額を売上総損失金額として表示し
　なければならない。

（平21法省令7・追加）

（営業損益金額）

第90条　売上総損益金額から販売費及び一般管理
　費の合計額を減じて得た額（以下「営業損益金
　額」という。）は、営業利益金額として表示し
　なければならない。

2　前項の規定にかかわらず、営業損益金額が零
　未満である場合には、零から営業損益金額を減
　じて得た額を営業損失金額として表示しなけれ
　ばならない。

（平21法省令7・追加）

（経常損益金額）

第91条　営業損益金額に営業外収益を加えて得た
　額から営業外費用を減じて得た額（以下「経常
　損益金額」という。）は、経常利益金額として
　表示しなければならない。

2　前項の規定にかかわらず、経常損益金額が零
　未満である場合には、零から経常損益金額を減

じて得た額を経常損失金額として表示しなければならない。

（平21法省令7・追加）

（税引前当期純損益金額）

第92条　経常損益金額に特別利益を加えて得た額から特別損失を減じて得た額（以下「税引前当期純損益金額」という。）は、税引前当期純利益金額（連結損益計算書にあっては、税金等調整前当期純利益金額）として表示しなければならない。

2　前項の規定にかかわらず、税引前当期純損益金額が零未満である場合には、零から税引前当期純損益金額を減じて得た額を税引前当期純損失金額（連結損益計算書にあっては、税金等調整前当期純損失金額）として表示しなければならない。

3　前2項の規定にかかわらず、臨時計算書類の損益計算書の税引前当期純損益金額の表示については、適当な名称を付すことができる。

（平21法省令7・追加）

（税等）

第93条　次に掲げる項目の金額は、その内容を示す名称を付した項目をもって、税引前当期純利益金額又は税引前当期純損失金額（連結損益計算書にあっては、税金等調整前当期純利益金額又は税金等調整前当期純損失金額）の次に表示しなければならない。

一　当該事業年度（連結損益計算書にあっては、連結会計年度）に係る法人税等

二　法人税等調整額（税効果会計の適用により計上される前号に掲げる法人税等の調整額をいう。）

2　法人税等の更正、決定等による納付税額又は還付税額がある場合には、前項第1号に掲げる項目の次に、その内容を示す名称を付した項目をもって表示するものとする。ただし、これらの金額の重要性が乏しい場合は、同号に掲げる項目の金額に含めて表示することができる。

（平21法省令7・追加、平27法省令6・一部改正）

（当期純損益金額）

第94条　第1号及び第2号に掲げる額の合計額から第3号及び第4号に掲げる額の合計額を減じて得た額（以下「当期純損益金額」という。）は、当期純利益金額として表示しなければならない。

一　税引前当期純損益金額

二　前条第2項に規定する場合（同項ただし書の場合を除く。）において、還付税額があるときは、当該還付税額

三　前条第1項各号に掲げる項目の金額

四　前条第2項に規定する場合（同項ただし書の場合を除く。）において、納付税額があるときは、当該納付税額

2　前項の規定にかかわらず、当期純損益金額が零未満である場合には、零から当期純損益金額を減じて得た額を当期純損失金額として表示しなければならない。

3　連結損益計算書には、次に掲げる項目の金額は、その内容を示す名称を付した項目をもって、当期純利益金額又は当期純損失金額の次に表示しなければならない。

一　当期純利益として表示した額があるときは、当該額のうち非支配株主に帰属するもの

二　当期純損失として表示した額があるときは、当該額のうち非支配株主に帰属するもの

4　連結損益計算書には、当期純利益金額又は当期純損失金額に当期純利益又は当期純損失のうち非支配株主に帰属する額を加減して得た額は、親会社株主に帰属する当期純利益金額又は当期純損失金額として表示しなければならない。

5　第1項及び第2項の規定にかかわらず、臨時計算書類の損益計算書の当期純損益金額の表示については、適当な名称を付すことができる。

（平21法省令7・追加、平27法省令6・一部改正）

第95条　削除

（平22法省令33）

第4章　株主資本等変動計算書等

（平21法省令7・追加）

第96条　株主資本等変動計算書等（株主資本等変

421

動計算書、連結株主資本等変動計算書及び社員資本等変動計算書をいう。以下この編において同じ。）については、この条に定めるところによる。

2　株主資本等変動計算書等は、次の各号に掲げる株主資本等変動計算書等の区分に応じ、当該各号に定める項目に区分して表示しなければならない。

　一　株主資本等変動計算書　次に掲げる項目
　　イ　株主資本
　　ロ　評価・換算差額等
　　ハ　株式引受権
　　ニ　新株予約権
　二　連結株主資本等変動計算書　次に掲げる項目
　　イ　株主資本
　　ロ　次に掲げるいずれかの項目
　　　(1)　評価・換算差額等
　　　(2)　その他の包括利益累計額
　　ハ　株式引受権
　　ニ　新株予約権
　　ホ　非支配株主持分
　三　社員資本等変動計算書　次に掲げる項目
　　イ　社員資本
　　ロ　評価・換算差額等

3　次の各号に掲げる項目は、当該各号に定める項目に区分しなければならない。

　一　株主資本等変動計算書の株主資本　次に掲げる項目
　　イ　資本金
　　ロ　新株式申込証拠金
　　ハ　資本剰余金
　　ニ　利益剰余金
　　ホ　自己株式
　　ヘ　自己株式申込証拠金
　二　連結株主資本等変動計算書の株主資本　次に掲げる項目
　　イ　資本金
　　ロ　新株式申込証拠金
　　ハ　資本剰余金

　　ニ　利益剰余金
　　ホ　自己株式
　　ヘ　自己株式申込証拠金
　三　社員資本等変動計算書の社員資本　次に掲げる項目
　　イ　資本金
　　ロ　資本剰余金
　　ハ　利益剰余金

4　株主資本等変動計算書の次の各号に掲げる項目は、当該各号に定める項目に区分しなければならない。この場合において、第1号ロ及び第2号ロに掲げる項目は、適当な名称を付した項目に細分することができる。

　一　資本剰余金　次に掲げる項目
　　イ　資本準備金
　　ロ　その他資本剰余金
　二　利益剰余金　次に掲げる項目
　　イ　利益準備金
　　ロ　その他利益剰余金

5　評価・換算差額等又はその他の包括利益累計額に係る項目は、次に掲げる項目その他適当な名称を付した項目に細分することができる。

　一　その他有価証券評価差額金
　二　繰延ヘッジ損益
　三　土地再評価差額金
　四　為替換算調整勘定
　五　退職給付に係る調整累計額

6　新株予約権に係る項目は、自己新株予約権に係る項目を控除項目として区分することができる。

7　資本金、資本剰余金、利益剰余金及び自己株式に係る項目は、それぞれ次に掲げるものについて明らかにしなければならない。この場合において、第2号に掲げるものは、各変動事由ごとに当期変動額及び変動事由を明らかにしなければならない。

　一　当期首残高（遡及適用、誤謬の訂正又は当該事業年度の前事業年度における企業結合に係る暫定的な会計処理の確定をした場合にあっては、当期首残高及びこれに対する影響

額。次項において同じ。）

二　当期変動額

三　当期末残高

8　評価・換算差額等又はその他の包括利益累計額、株式引受権、新株予約権及び非支配株主持分に係る項目は、それぞれ次に掲げるものについて明らかにしなければならない。この場合において、第2号に掲げるものについては、その主要なものを変動事由とともに明らかにすることを妨げない。

一　当期首残高

二　当期変動額

三　当期末残高

9　連結株主資本等変動計算書についての次の各号に掲げるものに計上すべきものは、当該各号に定めるものとする。

一　第3項第2号ホの自己株式　次に掲げる額の合計額

イ　当該株式会社が保有する当該株式会社の株式の帳簿価額

ロ　連結子会社並びに持分法を適用する非連結子会社及び関連会社が保有する当該株式会社の株式の帳簿価額のうち、当該株式会社のこれらの会社に対する持分に相当する額

二　第5項第4号の為替換算調整勘定　外国にある子会社又は関連会社の資産及び負債の換算に用いる為替相場と純資産の換算に用いる為替相場とが異なることによって生じる換算差額

三　第5項第5号の退職給付に係る調整累計額　次に掲げる項目の額の合計額

イ　未認識数理計算上の差異

ロ　未認識過去勤務費用

ハ　その他退職給付に係る調整累計額に計上することが適当であると認められるもの

（平21法省令7・追加、平22法省令33・平23法省令6・平25法省令16・平27法省令6・令2法省令52・一部改正）

第5章　注記表

（平21法省令7・追加）

（通則）

第97条　注記表（個別注記表及び連結注記表をいう。以下この編において同じ。）については、この章の定めるところによる。

（平21法省令7・追加）

（注記表の区分）

第98条　注記表は、次に掲げる項目に区分して表示しなければならない。

一　継続企業の前提に関する注記

二　重要な会計方針に係る事項（連結注記表にあっては、連結計算書類の作成のための基本となる重要な事項及び連結の範囲又は持分法の適用の範囲の変更）に関する注記

三　会計方針の変更に関する注記

四　表示方法の変更に関する注記

四の二　会計上の見積りに関する注記

五　会計上の見積りの変更に関する注記

六　誤謬の訂正に関する注記

七　貸借対照表等に関する注記

八　損益計算書に関する注記

九　株主資本等変動計算書（連結注記表にあっては、連結株主資本等変動計算書）に関する注記

十　税効果会計に関する注記

十一　リースにより使用する固定資産に関する注記

十二　金融商品に関する注記

十三　賃貸等不動産に関する注記

十四　持分法損益等に関する注記

十五　関連当事者との取引に関する注記

十六　一株当たり情報に関する注記

十七　重要な後発事象に関する注記

十八　連結配当規制適用会社に関する注記

十八の二　収益認識に関する注記

十九　その他の注記

2　次の各号に掲げる注記表には、当該各号に定める項目を表示することを要しない。

一　会計監査人設置会社以外の株式会社（公開会社を除く。）の個別注記表　前項第1号、第4号の2、第5号、第7号、第8号及び第

423

10号から第18号までに掲げる項目

二　会計監査人設置会社以外の公開会社の個別注記表　前項第1号、第5号、第14号及び第18号に掲げる項目

三　会計監査人設置会社であって、法第444条第3項に規定するもの以外の株式会社の個別注記表　前項第14号に掲げる項目

四　連結注記表　前項第8号、第10号、第11号、第14号、第15号及び第18号に掲げる項目

五　持分会社の個別注記表　前項第1号、第4号の2、第5号及び第7号から第18号までに掲げる項目

(平21法省令7・追加、平23法省令6・平30法省令27・令2法省令45・一部改正)

（注記の方法）

第99条　貸借対照表等、損益計算書等又は株主資本等変動計算書等の特定の項目に関連する注記については、その関連を明らかにしなければならない。

(平21法省令7・追加)

（継続企業の前提に関する注記）

第100条　継続企業の前提に関する注記は、事業年度の末日において、当該株式会社が将来にわたって事業を継続するとの前提（以下この条において「継続企業の前提」という。）に重要な疑義を生じさせるような事象又は状況が存在する場合であって、当該事象又は状況を解消し、又は改善するための対応をしてもなお継続企業の前提に関する重要な不確実性が認められるとき（当該事業年度の末日後に当該重要な不確実性が認められなくなった場合を除く。）における次に掲げる事項とする。

一　当該事象又は状況が存在する旨及びその内容

二　当該事象又は状況を解消し、又は改善するための対応策

三　当該重要な不確実性が認められる旨及びその理由

四　当該重要な不確実性の影響を計算書類（連結注記表にあっては、連結計算書類）に反映

しているか否かの別

(平21法省令7・追加、平21法省令22・一部改正)

（重要な会計方針に係る事項に関する注記）

第101条　重要な会計方針に係る事項に関する注記は、会計方針に関する次に掲げる事項（重要性の乏しいものを除く。）とする。

一　資産の評価基準及び評価方法

二　固定資産の減価償却の方法

三　引当金の計上基準

四　収益及び費用の計上基準

五　その他計算書類の作成のための基本となる重要な事項

2　会社が顧客との契約に基づく義務の履行の状況に応じて当該契約から生ずる収益を認識するときは、前項第4号に掲げる事項には、次に掲げる事項を含むものとする。

一　当該会社の主要な事業における顧客との契約に基づく主な義務の内容

二　前号に規定する義務に係る収益を認識する通常の時点

三　前2号に掲げるもののほか、当該会社が重要な会計方針に含まれると判断したもの

(平21法省令7・追加、平23法省令6・令2法省令45・一部改正)

（連結計算書類の作成のための基本となる重要な事項に関する注記等）

第102条　連結計算書類の作成のための基本となる重要な事項に関する注記は、次に掲げる事項とする。この場合において、当該注記は当該各号に掲げる事項に区分しなければならない。

一　連結の範囲に関する次に掲げる事項

イ　連結子会社の数及び主要な連結子会社の名称

ロ　非連結子会社がある場合には、次に掲げる事項

⑴　主要な非連結子会社の名称

⑵　非連結子会社を連結の範囲から除いた理由

ハ　株式会社が議決権の過半数を自己の計算において所有している会社等を子会社としなかったときは、当該会社等の名称及び子

第XI章　関係法令

会社としなかった理由

ニ　第63条第1項ただし書の規定により連結の範囲から除かれた子会社の財産又は損益に関する事項であって、当該企業集団の財産及び損益の状態の判断に影響を与えると認められる重要なものがあるときは、その内容

ホ　開示対象特別目的会社（会社法施行規則（平成18年法務省令第12号）第4条に規定する特別目的会社（同条の規定により当該特別目的会社に資産を譲渡した会社の子会社に該当しないものと推定されるものに限る。）をいう。以下この号及び第111条において同じ。）がある場合には、次に掲げる事項その他の重要な事項

(1)　開示対象特別目的会社の概要

(2)　開示対象特別目的会社との取引の概要及び取引金額

二　持分法の適用に関する次に掲げる事項

イ　持分法を適用した非連結子会社又は関連会社の数及びこれらのうち主要な会社等の名称

ロ　持分法を適用しない非連結子会社又は関連会社があるときは、次に掲げる事項

(1)　当該非連結子会社又は関連会社のうち主要な会社等の名称

(2)　当該非連結子会社又は関連会社に持分法を適用しない理由

ハ　当該株式会社が議決権の100分の20以上、100分の50以下を自己の計算において所有している会社等を関連会社としなかったときは、当該会社等の名称及び関連会社としなかった理由

ニ　持分法の適用の手続について特に示す必要があると認められる事項がある場合には、その内容

三　会計方針に関する次に掲げる事項

イ　重要な資産の評価基準及び評価方法

ロ　重要な減価償却資産の減価償却の方法

ハ　重要な引当金の計上基準

ニ　その他連結計算書類の作成のための重要な事項

2　連結の範囲又は持分法の適用の範囲の変更に関する注記は、連結の範囲又は持分法の適用の範囲を変更した場合（当該変更が重要性の乏しいものである場合を除く。）におけるその旨及び当該変更の理由とする。

（平21法省令7・追加、平23法省令6・平23法省令33・平27法省令6・一部改正）

（会計方針の変更に関する注記）

第102条の2　会計方針の変更に関する注記は、一般に公正妥当と認められる会計方針を他の一般に公正妥当と認められる会計方針に変更した場合における次に掲げる事項（重要性の乏しいものを除く。）とする。ただし、会計監査人設置会社以外の株式会社及び持分会社にあっては、第4号ロ及びハに掲げる事項を省略することができる。

一　当該会計方針の変更の内容

二　当該会計方針の変更の理由

三　遡及適用をした場合には、当該事業年度の期首における純資産額に対する影響額

四　当該事業年度より前の事業年度の全部又は一部について遡及適用をしなかった場合には、次に掲げる事項（当該会計方針の変更を会計上の見積りの変更と区別することが困難なときは、ロに掲げる事項を除く。）

イ　計算書類又は連結計算書類の主な項目に対する影響額

ロ　当該事業年度より前の事業年度の全部又は一部について遡及適用をしなかった理由並びに当該会計方針の変更の適用方法及び適用開始時期

ハ　当該会計方針の変更が当該事業年度の翌事業年度以降の財産又は損益に影響を及ぼす可能性がある場合であって、当該影響に関する事項を注記することが適切であるときは、当該事項

2　個別注記表に注記すべき事項（前項第3号並びに第4号ロ及びハに掲げる事項に限る。）が

425

連結注記表に注記すべき事項と同一である場合において、個別注記表にその旨を注記するときは、個別注記表における当該事項の注記を要しない。

（平23法省令6・追加）

（表示方法の変更に関する注記）

第102条の3　表示方法の変更に関する注記は、一般に公正妥当と認められる表示方法を他の一般に公正妥当と認められる表示方法に変更した場合における次に掲げる事項（重要性の乏しいものを除く。）とする。

一　当該表示方法の変更の内容

二　当該表示方法の変更の理由

2　個別注記表に注記すべき事項（前項第2号に掲げる事項に限る。）が連結注記表に注記すべき事項と同一である場合において、個別注記表にその旨を注記するときは、個別注記表における当該事項の注記を要しない。

（平23法省令6・追加）

（会計上の見積りに関する注記）

第102条の3の2　会計上の見積りに関する注記は、次に掲げる事項とする。

一　会計上の見積りにより当該事業年度に係る計算書類又は連結計算書類にその額を計上した項目であって、翌事業年度に係る計算書類又は連結計算書類に重要な影響を及ぼす可能性があるもの

二　当該事業年度に係る計算書類又は連結計算書類の前号に掲げる項目に計上した額

三　前号に掲げるもののほか、第1号に掲げる項目に係る会計上の見積りの内容に関する理解に資する情報

2　個別注記表に注記すべき事項（前項第3号に掲げる事項に限る。）が連結注記表に注記すべき事項と同一である場合において、個別注記表にその旨を注記するときは、個別注記表における当該事項の注記を要しない。

（令2法省令45・追加）

（会計上の見積りの変更に関する注記）

第102条の4　会計上の見積りの変更に関する注記は、会計上の見積りの変更をした場合における次に掲げる事項（重要性の乏しいものを除く。）とする。

一　当該会計上の見積りの変更の内容

二　当該会計上の見積りの変更の計算書類又は連結計算書類の項目に対する影響額

三　当該会計上の見積りの変更が当該事業年度の翌事業年度以降の財産又は損益に影響を及ぼす可能性があるときは、当該影響に関する事項

（平23法省令6・追加）

（誤謬の訂正に関する注記）

第102条の5　誤謬の訂正に関する注記は、誤謬の訂正をした場合における次に掲げる事項（重要性の乏しいものを除く。）とする。

一　当該誤謬の内容

二　当該事業年度の期首における純資産額に対する影響額

（平23法省令6・追加）

（貸借対照表等に関する注記）

第103条　貸借対照表等に関する注記は、次に掲げる事項（連結注記表にあっては、第6号から第9号までに掲げる事項を除く。）とする。

一　資産が担保に供されている場合における次に掲げる事項

イ　資産が担保に供されていること。

ロ　イの資産の内容及びその金額

ハ　担保に係る債務の金額

二　資産に係る引当金を直接控除した場合における各資産の資産項目別の引当金の金額（一括して注記することが適当な場合にあっては、各資産について流動資産、有形固定資産、無形固定資産、投資その他の資産又は繰延資産ごとに一括した引当金の金額）

三　資産に係る減価償却累計額を直接控除した場合における各資産の資産項目別の減価償却累計額（一括して注記することが適当な場合にあっては、各資産について一括した減価償却累計額）

四　資産に係る減損損失累計額を減価償却累計

額に合算して減価償却累計額の項目をもって表示した場合にあっては、減価償却累計額に減損損失累計額が含まれている旨

五　保証債務、手形遡求債務、重要な係争事件に係る損害賠償義務その他これらに準ずる債務（負債の部に計上したものを除く。）があるときは、当該債務の内容及び金額

六　関係会社に対する金銭債権又は金銭債務をその金銭債権又は金銭債務が属する項目ごとに、他の金銭債権又は金銭債務と区分して表示していないときは、当該関係会社に対する金銭債権又は金銭債務の当該関係会社に対する金銭債権又は金銭債務が属する項目ごとの金額又は二以上の項目について一括した金額

七　取締役、監査役及び執行役との間の取引による取締役、監査役及び執行役に対する金銭債権があるときは、その総額

八　取締役、監査役及び執行役との間の取引による取締役、監査役及び執行役に対する金銭債務があるときは、その総額

九　当該株式会社の親会社株式の各表示区分別の金額

（平21法省令7・追加、平23法省令6・一部改正）

（損益計算書に関する注記）

第104条　損益計算書に関する注記は、関係会社との営業取引による取引高の総額及び営業取引以外の取引による取引高の総額とする。

（平21法省令7・追加）

（株主資本等変動計算書に関する注記）

第105条　株主資本等変動計算書に関する注記は、次に掲げる事項とする。この場合において、連結注記表を作成する株式会社は、第2号に掲げる事項以外の事項は、省略することができる。

一　当該事業年度の末日における発行済株式の数（種類株式発行会社にあっては、種類ごとの発行済株式の数）

二　当該事業年度の末日における自己株式の数（種類株式発行会社にあっては、種類ごとの自己株式の数）

三　当該事業年度中に行った剰余金の配当（当

該事業年度の末日後に行う剰余金の配当のうち、剰余金の配当を受ける者を定めるための法第124条第1項に規定する基準日が当該事業年度中のものを含む。）に関する次に掲げる事項その他の事項

イ　配当財産が金銭である場合における当該金銭の総額

ロ　配当財産が金銭以外の財産である場合における当該財産の帳簿価額（当該剰余金の配当をした日においてその時の時価を付した場合にあっては、当該時価を付した後の帳簿価額）の総額

四　当該事業年度の末日における株式引受権に係る当該株式会社の株式の数（種類株式発行会社にあっては、種類及び種類ごとの数）

五　当該事業年度の末日における当該株式会社が発行している新株予約権（法第236条第1項第4号の期間の初日が到来していないものを除く。）の目的となる当該株式会社の株式の数（種類株式発行会社にあっては、種類及び種類ごとの数）

（平21法省令7・追加、令2法省令52・一部改正）

（連結株主資本等変動計算書に関する注記）

第106条　連結株主資本等変動計算書に関する注記は、次に掲げる事項とする。

一　当該連結会計年度の末日における当該株式会社の発行済株式の総数（種類株式発行会社にあっては、種類ごとの発行済株式の総数）

二　当該連結会計年度中に行った剰余金の配当（当該連結会計年度の末日後に行う剰余金の配当のうち、剰余金の配当を受ける者を定めるための法第124条第1項に規定する基準日が当該連結会計年度中のものを含む。）に関する次に掲げる事項その他の事項

イ　配当財産が金銭である場合における当該金銭の総額

ロ　配当財産が金銭以外の財産である場合における当該財産の帳簿価額（当該剰余金の配当をした日においてその時の時価を付した場合にあっては、当該時価を付した後の

帳簿価額）の総額

三　当該連結会計年度の末日における株式引受
権に係る当該株式会社の株式の数（種類株式
発行会社にあっては、種類及び種類ごとの
数）

四　当該連結会計年度の末日における当該株式
会社が発行している新株予約権（法第236条
第1項第4号の期間の初日が到来していない
ものを除く。）の目的となる当該株式会社の
株式の数（種類株式発行会社にあっては、種
類及び種類ごとの数）

（平21法省令7・追加、令2法省令52・一部改正）

（税効果会計に関する注記）

第107条　税効果会計に関する注記は、次に掲げ
るもの（重要でないものを除く。）の発生の主
な原因とする。

一　繰延税金資産（その算定に当たり繰延税金
資産から控除された金額がある場合における
当該金額を含む。）

二　繰延税金負債

（平21法省令7・追加）

（リースにより使用する固定資産に関する注記）

第108条　リースにより使用する固定資産に関す
る注記は、ファイナンス・リース取引の借主で
ある株式会社が当該ファイナンス・リース取引
について通常の売買取引に係る方法に準じて会
計処理を行っていない場合におけるリース物件
（固定資産に限る。以下この条において同じ。）
に関する事項とする。この場合において、当該
リース物件の全部又は一部に係る次に掲げる事
項（各リース物件について一括して注記する場
合にあっては、一括して注記すべきリース物件
に関する事項）を含めることを妨げない。

一　当該事業年度の末日における取得原価相当
額

二　当該事業年度の末日における減価償却累計
額相当額

三　当該事業年度の末日における未経過リース
料相当額

四　前3号に掲げるもののほか、当該リース物

件に係る重要な事項

（平21法省令7・追加）

（金融商品に関する注記）

第109条　金融商品に関する注記は、次に掲げる
もの（重要性の乏しいものを除く。）とする。
ただし、法第444条第3項に規定する株式会社
以外の株式会社にあっては、第三号に掲げる事
項を省略することができる。

一　金融商品の状況に関する事項

二　金融商品の時価等に関する事項

三　金融商品の時価の適切な区分ごとの内訳等
に関する事項

2　連結注記表を作成する株式会社は、個別注記
表における前項の注記を要しない。

（平21法省令7・追加、令2法省令27・一部改正）

（賃貸等不動産に関する注記）

第110条　賃貸等不動産に関する注記は、次に掲
げるもの（重要性の乏しいものを除く。）とする。

一　賃貸等不動産の状況に関する事項

二　賃貸等不動産の時価に関する事項

2　連結注記表を作成する株式会社は、個別注記
表における前項の注記を要しない。

（平21法省令7・追加）

（持分法損益等に関する注記）

第111条　持分法損益等に関する注記は、次の各
号に掲げる場合の区分に応じ、当該各号に定め
るものとする。ただし、第1号に定める事項に
ついては、損益及び利益剰余金からみて重要性
の乏しい関連会社を除外することができる。

一　関連会社がある場合　関連会社に対する投
資の金額並びに当該投資に対して持分法を適
用した場合の投資の金額及び投資利益又は投
資損失の金額

二　開示対象特別目的会社がある場合　開示対
象特別目的会社の概要、開示対象特別目的会
社との取引の概要及び取引金額その他の重要
な事項

2　連結計算書類を作成する株式会社は、個別注
記表における前項の注記を要しない。

（平21法省令7・追加）

（関連当事者との取引に関する注記）

第112条　関連当事者との取引に関する注記は、株式会社と関連当事者との間に取引（当該株式会社と第三者との間の取引で当該株式会社と当該関連当事者との間の利益が相反するものを含む。）がある場合における次に掲げる事項であって、重要なものとする。ただし、会計監査人設置会社以外の株式会社にあっては、第4号から第6号まで及び第8号に掲げる事項を省略することができる。

一　当該関連当事者が会社等であるときは、次に掲げる事項

イ　その名称

ロ　当該関連当事者の総株主の議決権の総数に占める株式会社が有する議決権の数の割合

ハ　当該株式会社の総株主の議決権の総数に占める当該関連当事者が有する議決権の数の割合

二　当該関連当事者が個人であるときは、次に掲げる事項

イ　その氏名

ロ　当該株式会社の総株主の議決権の総数に占める当該関連当事者が有する議決権の数の割合

三　当該株式会社と当該関連当事者との関係

四　取引の内容

五　取引の種類別の取引金額

六　取引条件及び取引条件の決定方針

七　取引により発生した債権又は債務に係る主な項目別の当該事業年度の末日における残高

八　取引条件の変更があったときは、その旨、変更の内容及び当該変更が計算書類に与えている影響の内容

2　関連当事者との間の取引のうち次に掲げる取引については、前項に規定する注記を要しない。

一　一般競争入札による取引並びに預金利息及び配当金の受取りその他取引の性質からみて取引条件が一般の取引と同様であることが明白な取引

二　取締役、会計参与、監査役又は執行役（以下この条において「役員」という。）に対する報酬等の給付

三　前2号に掲げる取引のほか、当該取引に係る条件につき市場価格その他当該取引に係る公正な価格を勘案して一般の取引の条件と同様のものを決定していることが明白な場合における当該取引

3　関連当事者との取引に関する注記は、第1項各号に掲げる区分に従い、関連当事者ごとに表示しなければならない。

4　前3項に規定する「関連当事者」とは、次に掲げる者をいう。

一　当該株式会社の親会社

二　当該株式会社の子会社

三　当該株式会社の親会社の子会社（当該親会社が会社でない場合にあっては、当該親会社の子会社に相当するものを含む。）

四　当該株式会社のその他の関係会社（当該株式会社が他の会社の関連会社である場合における当該他の会社をいう。以下この号において同じ。）並びに当該その他の関係会社の親会社（当該その他の関係会社が株式会社でない場合にあっては、親会社に相当するもの）及び子会社（当該その他の関係会社が会社でない場合にあっては、子会社に相当するもの）

五　当該株式会社の関連会社及び当該関連会社の子会社（当該関連会社が会社でない場合にあっては、子会社に相当するもの）

六　当該株式会社の主要株主（自己又は他人の名義をもって当該株式会社の総株主の議決権の総数の100分の10以上の議決権（次に掲げる株式に係る議決権を除く。）を保有している株主をいう。）及びその近親者（二親等内の親族をいう。以下この条において同じ。）

イ　信託業（信託業法（平成16年法律第154号）第2条第1項に規定する信託業をいう。）を営む者が信託財産として所有する株式

ロ　有価証券関連業（金融商品取引法第28条第8項に規定する有価証券関連業をいう。）を営む者が引受け又は売出しを行う業務により取得した株式

ハ　金融商品取引法第156条の24第1項に規定する業務を営む者がその業務として所有する株式

七　当該株式会社の役員及びその近親者

八　当該株式会社の親会社の役員又はこれらに準ずる者及びその近親者

九　前3号に掲げる者が他の会社等の議決権の過半数を自己の計算において所有している場合における当該会社等及び当該会社等の子会社（当該会社等が会社でない場合にあっては、子会社に相当するもの）

十　従業員のための企業年金（当該株式会社と重要な取引（掛金の拠出を除く。）を行う場合に限る。）

（平21法省令7・追加）

（一株当たり情報に関する注記）

第113条　一株当たり情報に関する注記は、次に掲げる事項とする。

一　一株当たりの純資産額

二　一株当たりの当期純利益金額又は当期純損失金額（連結計算書類にあっては、一株当たりの親会社株主に帰属する当期純利益金額又は当期純損失金額）

三　株式会社が当該事業年度（連結計算書類にあっては、当該連結会計年度。以下この号において同じ。）又は当該事業年度の末日後において株式の併合又は株式の分割をした場合において、当該事業年度の期首に株式の併合又は株式の分割をしたと仮定して前2号に掲げる額を算定したときは、その旨

（平23法省令6・全改、平27法省令6・一部改正）

（重要な後発事象に関する注記）

第114条　個別注記表における重要な後発事象に関する注記は、当該株式会社の事業年度の末日後、当該株式会社の翌事業年度以降の財産又は損益に重要な影響を及ぼす事象が発生した場合

における当該事象とする。

2　連結注記表における重要な後発事象に関する注記は、当該株式会社の事業年度の末日後、連結会社並びに持分法が適用される非連結子会社及び関連会社の翌事業年度以降の財産又は損益に重要な影響を及ぼす事象が発生した場合における当該事象とする。ただし、当該株式会社の事業年度の末日と異なる日をその事業年度の末日とする子会社及び関連会社については、当該子会社及び関連会社の事業年度の末日後に発生した場合における当該事象とする。

（平21法省令7・追加）

（連結配当規制適用会社に関する注記）

第115条　連結配当規制適用会社に関する注記は、当該事業年度の末日が最終事業年度の末日となる時後、連結配当規制適用会社となる旨とする。

（平21法省令7・追加）

（収益認識に関する注記）

第115条の2　収益認識に関する注記は、会社が顧客との契約に基づく義務の履行の状況に応じて当該契約から生ずる収益を認識する場合における次に掲げる事項（重要性の乏しいものを除く。）とする。ただし、法第444条第3項に規定する株式会社以外の株式会社にあっては、第1号及び第3号に掲げる事項を省略することができる。

一　当該事業年度に認識した収益を、収益及びキャッシュ・フローの性質、金額、時期及び不確実性に影響を及ぼす主要な要因に基づいて区分をした場合における当該区分ごとの収益の額その他の事項

二　収益を理解するための基礎となる情報

三　当該事業年度及び翌事業年度以降の収益の金額を理解するための情報

2　前項に掲げる事項が第101条の規定により注記すべき事項と同一であるときは、同項の規定による当該事項の注記を要しない。

3　連結計算書類を作成する株式会社は、個別注記表における第1項（第2号を除く。）の注記

第XI章　関係法令

を要しない。

4　個別注記表に注記すべき事項（第1項第2号に掲げる事項に限る。）が連結注記表に注記すべき事項と同一である場合において、個別注記表にその旨を注記するときは、個別注記表における当該事項の注記を要しない。

（平30法省令27・追加、令2法省令45・一部改正）

（その他の注記）

第116条　その他の注記は、第100条から前条までに掲げるもののほか、貸借対照表等、損益計算書等及び株主資本等変動計算書等により会社（連結注記表にあっては、企業集団）の財産又は損益の状態を正確に判断するために必要な事項とする。

（平21法省令7・追加）

第6章　附属明細書

（平21法省令7・追加）

第117条　各事業年度に係る株式会社の計算書類に係る附属明細書には、次に掲げる事項（公開会社以外の株式会社にあっては、第1号から第3号に掲げる事項）のほか、株式会社の貸借対照表、損益計算書、株主資本等変動計算書及び個別注記表の内容を補足する重要な事項を表示しなければならない。

一　有形固定資産及び無形固定資産の明細

二　引当金の明細

三　販売費及び一般管理費の明細

四　第112条第1項ただし書の規定により省略した事項があるときは、当該事項

（平21法省令7・追加）

第6編　計算書類の公告等

（平21法省令7・追加）

第1章　計算書類の公告

（平21法省令7・追加）

第136条　株式会社が法第440条第1項の規定による公告（同条第3項の規定による措置を含む。以下この項において同じ。）をする場合には、次に掲げる事項を当該公告において明らかにしなければならない。この場合において、第1号から第7号までに掲げる事項は、当該事業年度

に係る個別注記表に表示した注記に限るものとする。

一　継続企業の前提に関する注記

二　重要な会計方針に係る事項に関する注記

三　貸借対照表に関する注記

四　税効果会計に関する注記

五　関連当事者との取引に関する注記

六　一株当たり情報に関する注記

七　重要な後発事象に関する注記

八　当期純損益金額

2　株式会社が法第440条第1項の規定により損益計算書の公告をする場合における前項の規定の適用については、同項中「次に」とあるのは、「第1号から第7号までに」とする。

3　前項の規定は、株式会社が損益計算書の内容である情報について法第440条第3項に規定する措置をとる場合について準用する。

（平21法省令7・追加、令2法省令52・一部改正）

第2章　計算書類の要旨の公告

（平21法省令7・追加）

第1節　総則

（平21法省令7・追加）

第137条　法第440条第2項の規定により貸借対照表の要旨又は損益計算書の要旨を公告する場合における貸借対照表の要旨及び損益計算書の要旨については、この章の定めるところによる。

（平21法省令7・追加）

第2節　貸借対照表の要旨

（平21法省令7・追加）

（貸借対照表の要旨の区分）

第138条　貸借対照表の要旨は、次に掲げる部に区分しなければならない。

一　資産

二　負債

三　純資産

（平21法省令7・追加）

（資産の部）

第139条　資産の部は、次に掲げる項目に区分しなければならない。

一　流動資産

二　固定資産

三　繰延資産

2　資産の部の各項目は、適当な項目に細分することができる。

3　公開会社の貸借対照表の要旨における固定資産に係る項目は、次に掲げる項目に区分しなければならない。

一　有形固定資産

二　無形固定資産

三　投資その他の資産

4　公開会社の貸借対照表の要旨における資産の部の各項目は、公開会社の財産の状態を明らかにするため重要な適宜の項目に細分しなければならない。

5　資産の部の各項目は、当該項目に係る資産を示す適当な名称を付さなければならない。

（平21法省令7・追加）

（負債の部）

第140条　負債の部は、次に掲げる項目に区分しなければならない。

一　流動負債

二　固定負債

2　負債に係る引当金がある場合には、当該引当金については、引当金ごとに、他の負債と区分しなければならない。

3　負債の部の各項目は、適当な項目に細分することができる。

4　公開会社の貸借対照表の要旨における負債の部の各項目は、公開会社の財産の状態を明らかにするため重要な適宜の項目に細分しなければならない。

5　負債の部の各項目は、当該項目に係る負債を示す適当な名称を付さなければならない。

（平21法省令7・追加）

（純資産の部）

第141条　純資産の部は、次に掲げる項目に区分しなければならない。

一　株主資本

二　評価・換算差額等

三　株式引受権

四　新株予約権

2　株主資本に係る項目は、次に掲げる項目に区分しなければならない。この場合において、第5号に掲げる項目は、控除項目とする。

一　資本金

二　新株式申込証拠金

三　資本剰余金

四　利益剰余金

五　自己株式

六　自己株式申込証拠金

3　資本剰余金に係る項目は、次に掲げる項目に区分しなければならない。

一　資本準備金

二　その他資本剰余金

4　利益剰余金に係る項目は、次に掲げる項目に区分しなければならない。

一　利益準備金

二　その他利益剰余金

5　第3項第2号及び前項第2号に掲げる項目は、適当な名称を付した項目に細分することができる。

6　評価・換算差額等に係る項目は、次に掲げる項目その他適当な名称を付した項目に細分しなければならない。

一　その他有価証券評価差額金

二　繰延ヘッジ損益

三　土地再評価差額金

（平21法省令7・追加、令2法省令52・一部改正）

（貸借対照表の要旨への付記事項）

第142条　貸借対照表の要旨には、当期純損益金額を付記しなければならない。ただし、法第440条第2項の規定により損益計算書の要旨を公告する場合は、この限りでない。

（平21法省令7・追加）

第3節　損益計算書の要旨

（平21法省令7・追加）

第143条　損益計算書の要旨は、次に掲げる項目に区分しなければならない。

一　売上高

二　売上原価

三　売上総利益金額又は売上総損失金額

四　販売費及び一般管理費

五　営業外収益

六　営業外費用

七　特別利益

八　特別損失

2　前項の規定にかかわらず、同項第5号又は第6号に掲げる項目の額が重要でないときは、これらの項目を区分せず、その差額を営業外損益として区分することができる。

3　第1項の規定にかかわらず、同項第7号又は第8号に掲げる項目の額が重要でないときは、これらの項目を区分せず、その差額を特別損益として区分することができる。

4　損益計算書の要旨の各項目は、適当な項目に細分することができる。

5　損益計算書の要旨の各項目は、株式会社の損益の状態を明らかにするため必要があるときは、重要な適宜の項目に細分しなければならない。

6　損益計算書の要旨の各項目は、当該項目に係る利益又は損失を示す適当な名称を付さなければならない。

7　次の各号に掲げる額が存する場合には、当該額は、当該各号に定めるものとして表示しなければならない。ただし、次の各号に掲げる額（第9号及び第10号に掲げる額を除く。）が零未満である場合は、零から当該額を減じて得た額を当該各号に定めるものとして表示しなければならない。

一　売上総損益金額（零以上の額に限る。）　売上総利益金額

二　売上総損益金額（零未満の額に限る。）　売上総損失金額

三　営業損益金額（零以上の額に限る。）　営業利益金額

四　営業損益金額（零未満の額に限る。）　営業損失金額

五　経常損益金額（零以上の額に限る。）　経常利益金額

六　経常損益金額（零未満の額に限る。）　経常損失金額

七　税引前当期純損益金額（零以上の額に限る。）　税引前当期純利益金額

八　税引前当期純損益金額（零未満の額に限る。）　税引前当期純損失金額

九　当該事業年度に係る法人税等　その内容を示す名称を付した項目

十　法人税等調整額　その内容を示す名称を付した項目

十一　当期純損益金額（零以上の額に限る。）　当期純利益金額

十二　当期純損益金額（零未満の額に限る。）　当期純損失金額

（平21法省令7・追加）

第4節　雑則

（平21法省令7・追加）

（金額の表示の単位）

第144条　貸借対照表の要旨又は損益計算書の要旨に係る事項の金額は、100万円単位又は10億円単位をもって表示するものとする。

2　前項の規定にかかわらず、株式会社の財産又は損益の状態を的確に判断することができなくなるおそれがある場合には、貸借対照表の要旨又は損益計算書の要旨に係る事項の金額は、適切な単位をもって表示しなければならない。

（平21法省令7・追加）

（表示言語）

第145条　貸借対照表の要旨又は損益計算書の要旨は、日本語をもって表示するものとする。ただし、その他の言語をもって表示することが不当でない場合は、この限りでない。

（平21法省令7・追加）

（別記事業）

第146条　別記事業会社が公告すべき貸借対照表の要旨又は損益計算書の要旨において表示すべき事項については、当該別記事業会社の財産及び損益の状態を明らかにするために必要かつ適切である場合においては、前2節の規定にかかわらず、適切な部又は項目に分けて表示するこ

とができる。

（平21法省令7・追加）

第3章　雑則

（平21法省令7・追加）

（貸借対照表等の電磁的方法による公開の方法）

第147条　法第440条第3項の規定による措置は、会社法施行規則第222条第1項第1号ロに掲げる方法のうち、インターネットに接続された自動公衆送信装置（公衆の用に供する電気通信回線に接続することにより、その記録媒体のうち自動公衆送信の用に供する部分に記録され、又は当該装置に入力される情報を自動公衆送信する機能を有する装置をいう。）を使用する方法によって行わなければならない。

（平21法省令7・追加）

（不適正意見がある場合等における公告事項）

第148条　次の各号のいずれかに該当する場合において、会計監査人設置会社が法第440条第1項又は第2項の規定による公告（同条第3項に規定する措置を含む。以下この条において同じ。）をするときは、当該各号に定める事項を当該公告において明らかにしなければならない。

一　会計監査人が存しない場合（法第346条第4項の一時会計監査人の職務を行うべき者が存する場合を除く。）　会計監査人が存しない旨

二　第130条第3項の規定により監査を受けたものとみなされた場合　その旨

三　当該公告に係る計算書類についての会計監査報告に不適正意見がある場合　その旨

四　当該公告に係る計算書類についての会計監査報告が第126条第1項第3号に掲げる事項を内容としているものである場合　その旨

（平21法省令7・追加）

第7編　株式会社の計算に係る計数等に関する事項

（平21法省令7・追加）

第1章　株式会社の剰余金の額

（平21法省令7・追加）

（最終事業年度の末日における控除額）

第149条　法第446条第1号ホに規定する法務省令で定める各勘定科目に計上した額の合計額は、第1号に掲げる額から第2号から第4号までに掲げる額の合計額を減じて得た額とする。

一　法第446条第1号イ及びロに掲げる額の合計額

二　法第446条第1号ハ及びニに掲げる額の合計額

三　その他資本剰余金の額

四　その他利益剰余金の額

（平21法省令7・追加）

（最終事業年度の末日後に生ずる控除額）

第150条　法第446条第7号に規定する法務省令で定める各勘定科目に計上した額の合計額は、第1号から第4号までに掲げる額の合計額から第5号から第8号までに掲げる額の合計額を減じて得た額とする。

一　最終事業年度の末日後に剰余金の額を減少して資本金の額又は準備金の額を増加した場合における当該減少額

二　最終事業年度の末日後に剰余金の配当をした場合における第23条第1号ロ及び第2号ロに掲げる額

三　最終事業年度の末日後に株式会社が吸収型再編受入行為に際して処分する自己株式に係る法第446条第2号に掲げる額

四　最終事業年度の末日後に株式会社が吸収分割会社又は新設分割会社となる吸収分割又は新設分割に際して剰余金の額を減少した場合における当該減少額

五　最終事業年度の末日後に株式会社が吸収型再編受入行為をした場合における当該吸収型再編受入行為に係る次に掲げる額の合計額

イ　当該吸収型再編後の当該株式会社のその他資本剰余金の額から当該吸収型再編の直前の当該株式会社のその他資本剰余金の額を減じて得た額

ロ　当該吸収型再編後の当該株式会社のその他利益剰余金の額から当該吸収型再編の直

前の当該株式会社のその他利益剰余金の額
を減じて得た額

六　最終事業年度の末日後に第21条の規定により増加したその他資本剰余金の額

七　最終事業年度の末日後に第42条の2第5項第1号の規定により変動したその他資本剰余金の額

八　最終事業年度の末日後に第42条の2第7項の規定により自己株式の額を増加した場合における当該増加額

2　前項の規定にかかわらず、最終事業年度のない株式会社における法第446条第7号に規定する法務省令で定める各勘定科目に計上した額の合計額は、第1号から第5号までに掲げる額の合計額から第6号から第14号までに掲げる額の合計額を減じて得た額とする。

一　成立の日（法以外の法令により株式会社となったものにあっては、当該株式会社が株式会社となった日。以下この項において同じ。）後に法第178条第1項の規定により自己株式の消却をした場合における当該自己株式の帳簿価額

二　成立の日後に剰余金の配当をした場合における当該剰余金の配当に係る法第446条第6号に掲げる額

三　成立の日後に剰余金の額を減少して資本金の額又は準備金の額を増加した場合における当該減少額

四　成立の日後に剰余金の配当をした場合における第23条第1号ロ及び第2号ロに掲げる額

五　成立の日後に株式会社が吸収分割会社又は新設分割会社となる吸収分割又は新設分割に際して剰余金の額を減少した場合における当該減少額

六　成立の日におけるその他資本剰余金の額

七　成立の日におけるその他利益剰余金の額

八　成立の日後に自己株式の処分をした場合（吸収型再編受入行為に際して自己株式の処分をした場合を除く。）における当該自己株式の対価の額から当該自己株式の帳簿価額を

減じて得た額

九　成立の日後に資本金の額の減少をした場合における当該減少額（法第447条第1項第2号の額を除く。）

十　成立の日後に準備金の額の減少をした場合における当該減少額（法第448条第1項第2号の額を除く。）

十一　成立の日後に株式会社が吸収型再編受入行為をした場合における当該吸収型再編に係る次に掲げる額の合計額

イ　当該吸収型再編後の当該株式会社のその他資本剰余金の額から当該吸収型再編の直前の当該株式会社のその他資本剰余金の額を減じて得た額

ロ　当該吸収型再編後の当該株式会社のその他利益剰余金の額から当該吸収型再編の直前の当該株式会社のその他利益剰余金の額を減じて得た額

十二　成立の日後に第21条の規定により増加したその他資本剰余金の額

十三　成立の日後に第42条の2第5項第1号の規定により変動したその他資本剰余金の額

十四　成立の日後に第42条の2第7項の規定により自己株式の額を増加した場合における当該増加額

3　最終事業年度の末日後に持分会社が株式会社となった場合には、株式会社となった日における当該株式会社のその他資本剰余金の額及びその他利益剰余金の額の合計額を最終事業年度の末日における剰余金の額とみなす。

（平21法省令7・追加、令2法省令52・一部改正）

第2章　資本金等の額の減少

（平21法省令7・追加）

（欠損の額）

第151条　法第449条第1項第2号に規定する法務省令で定める方法は、次に掲げる額のうちいずれか高い額をもって欠損の額とする方法とする。

一　零

二　零から分配可能額を減じて得た額

（平21法省令7・追加）

（計算書類に関する事項）

第152条　法第449条第2項第2号に規定する法務省令で定めるものは、同項の規定による公告の日又は同項の規定による催告の日のいずれか早い日における次の各号に掲げる場合の区分に応じ、当該各号に定めるものとする。

一　最終事業年度に係る貸借対照表又はその要旨につき公告対象会社（法第449条第2項第2号の株式会社をいう。以下この条において同じ。）が法第440条第1項又は第2項の規定による公告をしている場合　次に掲げるもの

　イ　官報で公告をしているときは、当該官報の日付及び当該公告が掲載されている頁

　ロ　時事に関する事項を掲載する日刊新聞紙で公告をしているときは、当該日刊新聞紙の名称、日付及び当該公告が掲載されている頁

　ハ　電子公告により公告をしているときは、法第911条第3項第28号イに掲げる事項

二　最終事業年度に係る貸借対照表につき公告対象会社が法第440条第3項に規定する措置をとっている場合　法第911条第3項第26号に掲げる事項

三　公告対象会社が法第440条第4項に規定する株式会社である場合において、当該株式会社が金融商品取引法第24条第1項の規定により最終事業年度に係る有価証券報告書を提出している場合　その旨

四　公告対象会社が会社法の施行に伴う関係法律の整備等に関する法律（平成17年法律第87号）第28条の規定により法第440条の規定が適用されないものである場合　その旨

五　公告対象会社につき最終事業年度がない場合　その旨

六　前各号に掲げる場合以外の場合　前編第2章の規定による最終事業年度に係る貸借対照表の要旨の内容

（平21法省令7・追加、平27法省令6・令2法省令52・一部改正）

第3章　剰余金の処分

（平21法省令7・追加）

第153条　法第452条後段に規定する法務省令で定める事項は、同条前段に規定する剰余金の処分（同条前段の株主総会の決議を経ないで剰余金の項目に係る額の増加又は減少をすべき場合における剰余金の処分を除く。）に係る次に掲げる事項とする。

一　増加する剰余金の項目

二　減少する剰余金の項目

三　処分する各剰余金の項目に係る額

2　前項に規定する「株主総会の決議を経ないで剰余金の項目に係る額の増加又は減少をすべき場合」とは、次に掲げる場合とする。

一　法令又は定款の規定（法第452条の規定及び同条前段の株主総会（法第459条の定款の定めがある場合にあっては、取締役会を含む。以下この項において同じ。）の決議によるべき旨を定める規定を除く。）により剰余金の項目に係る額の増加又は減少をすべき場合

二　法第452条前段の株主総会の決議によりある剰余金の項目に係る額の増加又は減少をさせた場合において、当該決議の定めるところに従い、同条前段の株主総会の決議を経ないで当該剰余金の項目に係る額の減少又は増加をすべきとき。

（平21法省令7・追加、平23法省令6・一部改正）

7　会社法の施行に伴う関係法律の整備等に関する法律　（抄）

〔平成17年7月26日〕
〔法　律　第　87　号〕

最近改正　令和元年12月11日法律第71号

第1章　法律の廃止等
　第1節　商法中署名すべき場合に関する法律等の廃止

第1条　次に掲げる法律は、廃止する。

第XI章　関係法令

一　商法中署名すべき場合に関する法律（明治33年法律第17号）

二　商法中改正法律施行法（昭和13年法律第73号）

三　有限会社法（昭和13年法律第74号）

四　銀行等の事務の簡素化に関する法律（昭和18年法律第42号）

五　会社の配当する利益又は利息の支払に関する法律（昭和23年法律第64号）

六　法務局及び地方法務局設置に伴う関係法律の整理等に関する法律（昭和24年法律第137号）

七　商法の一部を改正する法律施行法（昭和26年法律第210号）

八　株式会社の監査等に関する商法の特例に関する法律（昭和49年法律第22号）

九　銀行持株会社の創設のための銀行等に係る合併手続の特例等に関する法律（平成9年法律第121号）

第2節　有限会社法の廃止に伴う経過措置

第1款　旧有限会社の存続

第2条　前条第3号の規定による廃止前の有限会社法（以下「旧有限会社法」という。）の規定による有限会社であってこの法律の施行の際現に存するもの（以下「旧有限会社」という。）は、この法律の施行の日（以下「施行日」という。）以後は、この節の定めるところにより、会社法（平成17年法律第86号）の規定による株式会社として存続するものとする。

2　前項の場合においては、旧有限会社の定款、社員、持分及び出資一口を、それぞれ同項の規定により存続する株式会社の定款、株主、株式及び一株とみなす。

3　第1項の規定により存続する株式会社の施行日における発行可能株式総数及び発行済株式の総数は、同項の旧有限会社の資本の総額を当該旧有限会社の出資一口の金額で除して得た数とする。

第2款　経過措置及び特例有限会社に関する会社法の特則

（商号に関する特則）

第3条　前条第1項の規定により存続する株式会社は、会社法第6条第2項の規定にかかわらず、その商号中に有限会社という文字を用いなければならない。

2　前項の規定によりその商号中に有限会社という文字を用いる前条第1項の規定により存続する株式会社（以下「特例有限会社」という。）は、その商号中に特例有限会社である株式会社以外の株式会社、合名会社、合資会社又は合同会社であると誤認されるおそれのある文字を用いてはならない。

3　特例有限会社である株式会社以外の株式会社、合名会社、合資会社又は合同会社は、その商号中に、特例有限会社であると誤認されるおそれのある文字を用いてはならない。

4　前2項の規定に違反して、他の種類の会社であると誤認されるおそれのある文字をその商号中に用いた者は、100万円以下の過料に処する。

（旧有限会社の設立手続等の効力）

第4条　旧有限会社の設立、資本の増加、合併（合併後存続する会社又は合併によって設立する会社が旧有限会社であるものに限る。）、新設分割、吸収分割（分割によって営業を承継する会社が旧有限会社であるものに限る。）又は旧有限会社法第64条第1項若しくは第67条第1項の規定による組織変更について施行日前に行った社員総会又は株主総会の決議その他の手続は、施行日前にこれらの行為の効力が生じない場合には、その効力を失う。

（定款の記載等に関する経過措置）

第5条　旧有限会社の定款における旧有限会社法第6条第1項第1号、第2号及び第7号に掲げる事項の記載又は記録はそれぞれ第2条第1項の規定により存続する株式会社の定款における会社法第27条第1号から第3号までに掲げる事項の記載又は記録とみなし、旧有限会社の定款における旧有限会社法第6条第1項第3号から第6号までに掲げる事項の記載又は記録は第2

437

条第1項の規定により存続する株式会社の定款
に記載又は記録がないものとみなす。

2　旧有限会社における旧有限会社法第88条第3
項第1号又は第2号に掲げる定款の定めは、第
2条第1項の規定により存続する株式会社の定
款における会社法第939条第1項の規定による
公告方法の定めとみなす。

3　旧有限会社における旧有限会社法第88条第3
項第3号に掲げる定款の定めは、第2条第1項
の規定により存続する株式会社の定款における
会社法第939条第3項後段の規定による定めと
みなす。

4　前2項の規定にかかわらず、この法律の施行
の際現に旧有限会社が旧有限会社法第88条第1
項に規定する公告について異なる二以上の方法
の定款の定めを設けている場合には、施行日
に、当該定款の定めはその効力を失う。

5　会社法第27条第4号及び第5号の規定は、第
2条第1項の規定により存続する株式会社に
は、適用しない。

（定款の備置き及び閲覧等に関する特則）

第6条　第2条第1項の規定により存続する株式
会社は、会社法第31条第2項各号に掲げる請求
に応じる場合には、当該請求をした者に対し、
定款に記載又は記録がないものであっても、こ
の節の規定により定款に定めがあるものとみな
される事項を示さなければならない。

（出資の引受けの意思表示の効力）

第7条　第2条第1項の規定により存続する株式
会社の株主は、当該株主がした旧有限会社の出
資の引受けの意思表示について、民法（明治29
年法律第89号）第93条ただし書、第94条第1項
若しくは第95条の規定によりその無効を主張
し、又は詐欺若しくは強迫を理由としてその取
消しをすることができない。

（社員名簿に関する経過措置）

第8条　旧有限会社の社員名簿は、会社法第121
条の株主名簿とみなす。

2　前項の社員名簿における次の各号に掲げる事
項の記載又は記録は、同項の株主名簿における

当該各号に定める規定に掲げる事項の記載又は
記録とみなす。

一　社員の氏名又は名称及び住所　会社法第
121条第1号

二　社員の出資の口数　会社法第121条第2号

（株式の譲渡制限の定めに関する特則）

第9条　特例有限会社の定款には、その発行する
全部の株式の内容として当該株式を譲渡により
取得することについて当該特例有限会社の承認
を要する旨及び当該特例有限会社の株主が当該
株式を譲渡により取得する場合においては当該
特例有限会社が会社法第136条又は第137条第1
項の承認をしたものとみなす旨の定めがあるも
のとみなす。

2　特例有限会社は、その発行する全部又は一部
の株式の内容として前項の定めと異なる内容の
定めを設ける定款の変更をすることができな
い。

（持分に関する定款の定めに関する経過措置）

第10条　この法律の施行の際旧有限会社の定款に
現に次の各号に掲げる規定に規定する別段の定
めがある場合における当該定めに係る持分は、
第2条第1項の規定により存続する株式会社に
おける当該各号に定める規定に掲げる事項につ
いての定めがある種類の株式とみなす。

一　旧有限会社法第39条第1項ただし書　会社
法第108条第1項第3号

二　旧有限会社法第44条　会社法第108条第1
項第1号

旧有限会社法第73条　会社法第108条第1
項第2号

（持分の譲渡の承認手続に関する経過措置）

第11条　施行日前に旧有限会社法第19条第3項又
は第7項の規定による請求がされた場合におけ
る当該請求に係る手続については、なお従前の
例による。

（自己の持分の取得に関する経過措置）

第12条　施行日前に定時社員総会の招集の手続が
開始された場合におけるその定時社員総会の決
議を要する自己の持分の取得に相当する自己の

株式の取得については、なお従前の例による。

（持分の消却に関する経過措置）

第13条　施行日前に社員総会の招集の手続が開始された場合におけるその社員総会の決議を要する持分の消却に相当する株式の消却（資本の減少の規定に従う場合を除く。）については、なお従前の例による。ただし、株式の消却に関する登記の登記事項については、会社法の定めるところによる。

（株主総会に関する特則）

第14条　特例有限会社の総株主の議決権の10分の1以上を有する株主は、取締役に対し、株主総会の目的である事項及び招集の理由を示して、株主総会の招集を請求することができる。ただし、定款に別段の定めがある場合は、この限りでない。

2　次に掲げる場合には、前項本文の規定による請求をした株主は、裁判所の許可を得て、株主総会を招集することができる。

一　前項本文の規定による請求の後遅滞なく招集の手続が行われない場合

二　前項本文の規定による請求があった日から8週間（これを下回る期間を定款で定めた場合にあっては、その期間）以内の日を株主総会の日とする株主総会の招集の通知が発せられない場合

3　特例有限会社の株主総会の決議については、会社法第309条第2項中「当該株主総会において議決権を行使することができる株主の議決権の過半数（3分の1以上の割合を定款で定めた場合にあっては、その割合以上）を有する株主が出席し、出席した当該株主の議決権の3分の2」とあるのは、「総株主の半数以上（これを上回る割合を定款で定めた場合にあっては、その割合以上）であって、当該株主の議決権の4分の3」とする。

4　特例有限会社は、会社法第108条第1項第3号に掲げる事項についての定めがある種類の株式に関し、その株式を有する株主が総株主の議決権の10分の1以上を有する株主の権利の行使

についての規定の全部又は一部の適用については議決権を有しないものとする旨を定款で定めることができる。

5　特例有限会社については、会社法第297条及び第301条から第307条までの規定は、適用しない。

（社員総会の権限及び手続に関する経過措置）

第15条　施行日前に社員総会の招集の手続が開始された場合における当該社員総会に相当する株主総会の権限及び手続については、なお従前の例による。

8　財務諸表等の用語、様式及び作成方法に関する規則（抄）

〔昭和38年11月27日〕
〔大蔵省令第59号〕

最近改正　令和3年9月24日内閣府令第61号

第1章　総則

（適用の一般原則）

第1条　金融商品取引法（昭和23年法律第25号。以下「法」という。）第5条、第7条第1項、第9条第1項、第10条第1項、第24条第1項若しくは第3項（これらの規定を同条第5項において準用する場合を含む。）又は同条第6項（これらの規定のうち法第24条の2第1項において準用する場合及びこの規則を適用することが適当なものとして金融庁長官が指定した法人（以下「指定法人」という。）についてこれらの規定を法第27条において準用する場合を含む。）の規定により提出される財務計算に関する書類（以下「財務書類」という。）のうち、財務諸表（貸借対照表、損益計算書、株主資本等変動計算書及びキャッシュ・フロー計算書（これらの財務書類に相当するものであって、指定法人の作成するもの及び第2条の2に規定する特定信託財産について作成するものを含む。以下同じ。）並びに附属明細表又は第129条第2項の規

定により指定国際会計基準（連結財務諸表の用語、様式及び作成方法に関する規則（昭和51年大蔵省令第28号。以下「連結財務諸表規則」という。）第93条に規定する指定国際会計基準をいう。以下同じ。）により作成する場合において当該指定国際会計基準により作成が求められる貸借対照表、損益計算書、株主資本等変動計算書及びキャッシュ・フロー計算書に相当するものをいう。以下同じ。）の用語、様式及び作成方法は、第1条の3を除き、この章から第8章までの定めるところによるものとし、この規則において定めのない事項については、一般に公正妥当と認められる企業会計の基準に従うものとする。

2　金融庁組織令（平成10年政令第392号）第24条第1項に規定する企業会計審議会により公表された企業会計の基準は、前項に規定する一般に公正妥当と認められる企業会計の基準に該当するものとする。

3　企業会計の基準についての調査研究及び作成を業として行う団体であつて次に掲げる要件の全てを満たすものが作成及び公表を行つた企業会計の基準のうち、公正かつ適正な手続の下に作成及び公表が行われたものと認められ、一般に公正妥当な企業会計の基準として認められることが見込まれるものとして金融庁長官が定めるものは、第1項に規定する一般に公正妥当と認められる企業会計の基準に該当するものとする。

　一　利害関係を有する者から独立した民間の団体であること。

　二　特定の者に偏ることなく多数の者から継続的に資金の提供を受けていること。

　三　高い専門的見地から企業会計の基準を作成する能力を有する者による合議制の機関（次号及び第5号において「基準委員会」という。）を設けていること。

　四　基準委員会が公正かつ誠実に業務を行うものであること。

　五　基準委員会が会社等（会社、指定法人、組

合その他これらに準ずる事業体（外国におけるこれらに相当するものを含む。）をいう。以下同じ。）を取り巻く経営環境及び会社等の実務の変化への適確な対応並びに国際的収れん（企業会計の基準について国際的に共通化を図ることをいう。）の観点から継続して検討を加えるものであること。

4　金融庁長官が、法の規定により提出される財務諸表に関する特定の事項について、その作成方法の基準として特に公表したものがある場合には、当該基準は、この規則の規定に準ずるものとして、第1項に規定する一般に公正妥当と認められる企業会計の基準に優先して適用されるものとする。

（昭46蔵令49・昭49蔵令14・昭49蔵令54・昭54蔵令6・平5蔵令23・平6蔵令21・平7蔵令29・平10蔵令135・平11蔵令21・平12総府令65・平12総府令116・平12総府令137・平18内府令52・平19内府令65・平21内府令73・平24内府令4・平26内府令19・一部改正）

（連結財務諸表を作成している会社の特例）

第1条の2　連結財務諸表を作成している会社のうち、会社法（平成17年法律第86号）第2条第11号に規定する会計監査人設置会社（第2条に規定する別記事業を営む株式会社又は指定法人を除く。第7章において「特例財務諸表提出会社」という。）が提出する財務諸表の用語、様式及び作成方法は、同章の定めるところによることができる。

（平26内府令19・追加）

（指定国際会計基準特定会社の特例）

第1条の2の2　法第2条第1項第5号又は第9号に掲げる有価証券の発行者（同条第5項に規定する発行者をいう。）のうち、次に掲げる要件の全てを満たす株式会社（以下「指定国際会計基準特定会社」という。）が提出する財務諸表の用語、様式及び作成方法は、連結財務諸表を作成していない場合に限り、第8章の定めるところによることができる。

　一　法第5条第1項の規定に基づき提出する有価証券届出書又は法第24条第1項若しくは第3項の規定に基づき提出する有価証券報告書

第XI章　関係法令

において、財務諸表の適正性を確保するための特段の取組みに係る記載を行つていること。

二　指定国際会計基準に関する十分な知識を有する役員又は使用人を置いており、指定国際会計基準に基づいて財務諸表を適正に作成することができる体制を整備していること。

（平21内府令73・追加、平22内府令45・平23内府令10・平25内府令70・一部改正、平26内府令19・旧第1条の2繰下・一部改正、平27内府令52・一部改正）

（外国会社の特例）

第1条の3　外国会社（法第2条第1項第10号に掲げる外国投資信託の受益証券、同項第11号に掲げる外国投資証券、同項第17号に掲げる有価証券で同項第3号から第9号まで若しくは第12号から第16号までに掲げる有価証券の性質を有するもの、同項第18号に掲げる有価証券、同項第19号若しくは第20号に掲げる有価証券（外国の者が発行者であるものに限る。）、同項第21号に掲げる有価証券又は同条第2項第2号、第4号若しくは第6号に掲げる権利の発行者をいう。第9章において同じ。）が提出する財務書類（中間財務書類及び四半期財務書類を除く。同章において同じ。）の用語、様式及び作成方法は、同章の定めるところによるものとする。

（昭49蔵令14・追加、昭52蔵令38・昭57蔵令46・平6蔵令21・平12蔵令8・平12総府令137・平19内府令65・平20内府令36・一部改正、平21内府令73・旧第1条の2繰下・一部改正、平26内府令19・一部改正）

（特定事業を営む会社に対するこの規則の適用）

第2条　別記に掲げる事業（以下「別記事業」という。）を営む株式会社又は指定法人が当該事業の所管官庁に提出する財務諸表の用語、様式及び作成方法について、特に法令の定めがある場合又は当該事業の所管官庁がこの規則に準じて制定した財務諸表準則（以下「準則」という。）がある場合には、当該事業を営む株式会社又は指定法人が法の規定により提出する財務諸表の用語、様式及び作成方法については、第11条から第68条の2まで、第68条の4から第77条まで、第79条から第109条まで及び第110条から第121条までの規定にかかわらず、その法令又は準則の定めによるものとする。ただし、金融庁長官が必要と認めて指示した事項及びその法令又は準則に定めのない事項については、この限りでない。

（昭48蔵令4・昭49蔵令14・平6蔵令21・平11蔵令21・平12総府令65・平12総府令137・平18内府令52・平19内府令65・一部改正）

（特定信託財産に対するこの規則の適用）

第2条の2　特定目的信託財産の計算に関する規則（平成12年総理府令第132号。以下「特定目的信託財産計算規則」という。）又は投資信託財産の計算に関する規則（平成12年総理府令第133号。以下「投資信託財産計算規則」という。）の適用を受ける信託財産（以下「特定信託財産」という。）について作成すべき財務諸表の用語、様式及び作成方法については、第11条から第68条の2まで、第68条の4から第77条まで、第79条から第109条まで及び第110条から第121条までの規定にかかわらず、特定目的信託財産計算規則又は投資信託財産計算規則によるものとする。ただし、金融庁長官が必要と認めて指示した事項及び特定目的信託財産計算規則又は投資信託財産計算規則に定めのない事項については、この限りでない。

（平12総府令137・追加、平18内府令52・平18内府令88・平19内府令65・一部改正）

第3条　第2条の規定が適用される事業の二以上を兼ねて営む株式会社が法の規定により提出する財務諸表については、それらの事業のうち当該会社の営業の主要な部分を占める事業に関して適用される法令又は準則の定めによるものとする。ただし、その主要事業以外の事業に関する事項又は当該会社が当該法令又は準則の定めによることが適当でないと認めて金融庁長官の承認を受けた事項については、主要事業以外の事業に関する法令又は準則の定めによることができる。

（昭48蔵令4・昭49蔵令14・平12総府令65・平12総府令137・一部改

441

正）

第4条　第2条の規定が適用される事業とその他の事業とを兼ねて営む株式会社において、当該会社の営業の主要な部分がその他の事業によるものである場合においては、当該会社が法の規定により提出する財務諸表については、第2条の規定を適用しないことができるものとする。ただし、第2条の規定の適用を受ける事業に関係ある事項については、当該法令又は準則の定めによることができる。

（昭48蔵令4・昭49蔵令14・一部改正）

第4条の2　別記19に掲げる特定金融業（特定金融会社等の会計の整理に関する内閣府令（平成11年総理府令・大蔵省令第32号）第2条第2項に規定する特定金融業をいう。以下同じ。）を営む株式会社又は指定法人が特定金融業以外の他の事業を兼ねて営む場合には、前2条の規定にかかわらず、特定金融業に関する事項については、同令の定めによるものとする。

（平11蔵令58・追加、平12総府令65・平12総府令116・平12総府令137・一部改正）

（財務諸表の作成基準及び表示方法）

第5条　法の規定により提出される財務諸表の用語、様式及び作成方法は、次に掲げる基準に適合したものでなければならない。

一　財務諸表提出会社（法の規定により財務諸表を提出すべき会社、指定法人及び組合をいう。以下同じ。）の財政状態、経営成績及びキャッシュ・フローの状況に関する真実な内容を表示すること。

二　財務諸表提出会社の利害関係人に対して、その財政、経営及びキャッシュ・フローの状況に関する判断を誤らせないために必要な会計事実を明瞭に表示すること。

三　財務諸表提出会社が採用する会計処理の原則及び手続については、正当な理由により変更を行う場合を除き、財務諸表を作成する各時期を通じて継続して適用されていること。

2　財務諸表に記載すべき事項で同一の内容のものについては、正当な理由により変更を行う場合を除き、財務諸表を作成する各時期を通じて、同一の表示方法を採用しなければならない。

（昭48蔵令4・昭49蔵令14・昭57蔵令46・平6蔵令21・平11蔵令21・平19内府令65・平20内府令36・平21内府令5・一部改正）

（比較情報の作成）

第6条　当事業年度に係る財務諸表は、当該財務諸表の一部を構成するものとして比較情報（当事業年度に係る財務諸表（附属明細表を除く。）に記載された事項に対応する当事業年度の直前の事業年度（以下「前事業年度」という。）に係る事項をいう。）を含めて作成しなければならない。

（平22内府令45・全改、平25内府令70・一部改正）

第7条　削除

（昭57蔵令46）

（定義）

第8条　この規則において「1年内」とは、貸借対照表日の翌日から起算して1年以内の日をいう。

2　この規則において「通常の取引」とは、財務諸表提出会社の事業目的のための営業活動において、経常的に又は短期間に循環して発生する取引をいう。

3　この規則において「親会社」とは、他の会社等の財務及び営業又は事業の方針を決定する機関（株主総会その他これに準ずる機関をいう。以下「意思決定機関」という。）を支配している会社等をいい、「子会社」とは、当該他の会社等をいう。親会社及び子会社又は子会社が、他の会社等の意思決定機関を支配している場合における当該他の会社等も、その親会社の子会社とみなす。

4　前項に規定する他の会社等の意思決定機関を支配している会社等とは、次の各号に掲げる会社等をいう。ただし、財務上又は営業上若しくは事業上の関係からみて他の会社等の意思決定機関を支配していないことが明らかであると認められる会社等は、この限りでない。

一　他の会社等（民事再生法（平成11年法律第

225号）の規定による再生手続開始の決定を受けた会社等、会社更生法（平成14年法律第154号）の規定による更生手続開始の決定を受けた株式会社、破産法（平成16年法律第75号）の規定による破産手続開始の決定を受けた会社等その他これらに準ずる会社等であつて、かつ、有効な支配従属関係が存在しないと認められる会社等を除く。以下この項において同じ。）の議決権の過半数を自己の計算において所有している会社等

二　他の会社等の議決権の100分の40以上、100分の50以下を自己の計算において所有している会社等であつて、かつ、次に掲げるいずれかの要件に該当する会社等

　イ　自己の計算において所有している議決権と自己と出資、人事、資金、技術、取引等において緊密な関係があることにより自己の意思と同一の内容の議決権を行使すると認められる者及び自己の意思と同一の内容の議決権を行使することに同意している者が所有している議決権とを合わせて、他の会社等の議決権の過半数を占めていること。

　ロ　役員（法第21条第1項第1号（法第27条において準用する場合を含む。）に規定する役員をいう。以下同じ。）若しくは使用人である者、又はこれらであつた者で自己が他の会社等の財務及び営業又は事業の方針の決定に関して影響を与えることができる者が、当該他の会社等の取締役会その他これに準ずる機関の構成員の過半数を占めていること。

　ハ　他の会社等の重要な財務及び営業又は事業の方針の決定を支配する契約等が存在すること。

　ニ　他の会社等の資金調達額（貸借対照表の負債の部に計上されているものに限る。）の総額の過半について融資（債務の保証及び担保の提供を含む。以下この号及び第6項第2号ロにおいて同じ。）を行つている

こと（自己と出資、人事、資金、技術、取引等において緊密な関係のある者が行う融資の額を合わせて資金調達額の総額の過半となる場合を含む。）。

　ホ　その他の会社等の意思決定機関を支配していることが推測される事実が存在すること。

三　自己の計算において所有している議決権と自己と出資、人事、資金、技術、取引等において緊密な関係があることにより自己の意思と同一の内容の議決権を行使すると認められる者及び自己の意思と同一の内容の議決権を行使することに同意している者が所有している議決権とを合わせた場合（自己の計算において議決権を所有していない場合を含む。）に他の会社等の議決権の過半数を占めている会社等であつて、かつ、前号ロからホまでに掲げるいずれかの要件に該当する会社等

5　この規則において「関連会社」とは、会社等及び当該会社等の子会社が、出資、人事、資金、技術、取引等の関係を通じて、子会社以外の他の会社等の財務及び営業又は事業の方針の決定に対して重要な影響を与えることができる場合における当該子会社以外の他の会社等をいう。

6　前項に規定する子会社以外の他の会社等の財務及び営業又は事業の方針の決定に対して重要な影響を与えることができる場合とは、次の各号に掲げる場合をいう。ただし、財務上又は営業上若しくは事業上の関係からみて子会社以外の他の会社等の財務及び営業又は事業の方針の決定に対して重要な影響を与えることができないことが明らかであると認められるときは、この限りでない。

一　子会社以外の他の会社等（民事再生法の規定による再生手続開始の決定を受けた会社等、会社更生法の規定による更生手続開始の決定を受けた株式会社、破産法の規定による破産手続開始の決定を受けた会社等その他これらに準ずる会社等であつて、かつ、当該会社等の財務及び営業又は事業の方針の決定に

対して重要な影響を与えることができないと
認められる会社等を除く。以下この項におい
て同じ。）の議決権の100分の20以上を自己の
計算において所有している場合

二　子会社以外の他の会社等の議決権の100分
の15以上、100分の20未満を自己の計算にお
いて所有している場合であつて、かつ、次に
掲げるいずれかの要件に該当する場合

イ　役員若しくは使用人である者、又はこれ
らであつた者で自己が子会社以外の他の会
社等の財務及び営業又は事業の方針の決定
に関して影響を与えることができる者が、
当該子会社以外の他の会社等の代表取締
役、取締役又はこれらに準ずる役職に就任
していること。

ロ　子会社以外の他の会社等に対して重要な
融資を行つていること。

ハ　子会社以外の他の会社等に対して重要な
技術を提供していること。

ニ　子会社以外の他の会社等との間に重要な
販売、仕入れその他の営業上又は事業上の
取引があること。

ホ　その他子会社以外の他の会社等の財務及
び営業又は事業の方針の決定に対して重要
な影響を与えることができることが推測さ
れる事実が存在すること。

三　自己の計算において所有している議決権と
自己と出資、人事、資金、技術、取引等にお
いて緊密な関係があることにより自己の意思
と同一の内容の議決権を行使すると認められ
る者及び自己の意思と同一の内容の議決権を
行使することに同意している者が所有してい
る議決権とを合わせた場合（自己の計算にお
いて議決権を所有していない場合を含む。）
に子会社以外の他の会社等の議決権の100分
の20以上を占めているときであつて、かつ、
前号イからホまでに掲げるいずれかの要件に
該当する場合

四　複数の独立した企業（会社及び会社に準ず
る事業体をいう。以下同じ。）により、契約

等に基づいて共同で支配される企業（以下「共
同支配企業」という。）に該当する場合

7　特別目的会社（資産の流動化に関する法律（平
成10年法律第105号。以下この項及び第122条第
8号において「資産流動化法」という。）第2
条第3項に規定する特定目的会社（第122条第
8号において「特定目的会社」という。）及び
事業内容の変更が制限されているこれと同様の
事業を営む事業体をいう。以下この項において
同じ。）については、適正な価額で譲り受けた
資産から生ずる収益を当該特別目的会社が発行
する証券の所有者（資産流動化法第2条第12項
に規定する特定借入れに係る債権者を含む。）
に享受させることを目的として設立されてお
り、当該特別目的会社の事業がその目的に従つ
て適切に遂行されているときは、当該特別目的
会社に資産を譲渡した会社等（以下「譲渡会社
等」という。）から独立しているものと認め、
第3項及び第4項の規定にかかわらず、譲渡会
社等の子会社に該当しないものと推定する。

8　この規則において「関係会社」とは、財務諸
表提出会社の親会社、子会社及び関連会社並び
に財務諸表提出会社が他の会社等の関連会社で
ある場合における当該他の会社等（第17項第4
号において「その他の関係会社」という。）を
いう。

9　この規則において「先物取引」とは、次に掲
げる取引をいう。

一　法第2条第21項に規定する市場デリバティ
ブ取引（同項第1号及び第2号に掲げる取引
に限る。）及び同条第23項に規定する外国市
場デリバティブ取引（同条第21項第1号及び
第2号に掲げる取引に類似する取引に限る。）

二　商品先物取引法（昭和25年法律第239号）
第2条第3項に規定する先物取引（同項第1
号から第3号までに掲げる取引に限る。）及
びこれらに類似する外国商品市場取引（同条
第13項に規定する外国商品市場取引をいう。
以下同じ。）

10　この規則において「オプション取引」とは、

次に掲げる取引をいう。

一　法第2条第21項に規定する市場デリバティブ取引（同項第3号に掲げる取引に限る。）、同条第22項に規定する店頭デリバティブ取引（同項第3号及び第4号に掲げる取引に限る。）及び同条第23項に規定する外国市場デリバティブ取引（同条第21項第3号に掲げる取引に類似する取引に限る。）

二　商品先物取引法第2条第3項に規定する先物取引（同項第4号に掲げる取引に限る。）、同条第10項に規定する商品市場における取引（同項第1号ホ及びトに掲げる取引に限る。）及びこれらに類似する外国商品市場取引並びに同条第14項に規定する店頭商品デリバティブ取引（同項第4号及び第5号に掲げる取引に限る。）

三　前2号に掲げる取引に類似する取引（取引所金融商品市場（法第2条第17項に規定する取引所金融商品市場をいう。）における取引、外国金融商品市場（法第2条第8項第3号ロに規定する外国金融商品市場をいう。）における取引、商品先物取引法第2条第10項に規定する商品市場における取引又は外国商品市場取引（次項第3号及び第8条の8第2項において「市場取引」という。）以外の取引を含む。）

11　この規則において「先渡取引」とは、次に掲げる取引をいう。

一　法第2条第22項に規定する店頭デリバティブ取引（同項第1号及び第2号に掲げる取引に限る。）

二　商品先物取引法第2条第14項に規定する店頭商品デリバティブ取引（同項第1号から第3号までに掲げる取引に限る。）

三　前2号に掲げる取引以外の取引で先物取引に類似する取引（市場取引以外の取引に限る。）

12　この規則において「スワップ取引」とは、次に掲げる取引をいう。

一　法第2条第21項に規定する市場デリバティ

ブ取引（同項第4号に掲げる取引に限る。）、同条第22項に規定する店頭デリバティブ取引（同項第5号に掲げる取引に限る。）及び同条第23項に規定する外国市場デリバティブ取引（同条第21項第4号に掲げる取引に類似する取引に限る。）

二　商品先物取引法第2条第3項に規定する先物取引（同項第5号及び第6号に掲げる取引に限る。）、同条第10項に規定する商品市場における取引（同項第1号ヘに掲げる取引に限る。）及びこれらに類似する外国商品市場取引並びに同条第14項に規定する店頭商品デリバティブ取引（同項第6号に掲げる取引に限る。）

三　前2号に掲げる取引に類似する取引

13　この規則において「その他のデリバティブ取引」とは、次に掲げる取引をいう。

一　法第2条第21項に規定する市場デリバティブ取引（同項第5号及び第6号に掲げる取引に限る。）、同条第22項に規定する店頭デリバティブ取引（同項第6号及び第7号に掲げる取引に限る。）及び同条第23項に規定する外国市場デリバティブ取引（同条第21項第5号及び第6号に掲げる取引に類似する取引に限る。）

二　前号に掲げる取引に類似する取引

14　この規則において「デリバティブ取引」とは、第9項から前項までに規定する取引をいう。

15　この規則において「連結財務諸表」とは、連結財務諸表規則第1条に規定する連結財務諸表をいう。

16　この規則において「持分法」とは、連結財務諸表規則第2条第8号に規定する方法をいう。

17　この規則において「関連当事者」とは、次に掲げる者をいう。

一　財務諸表提出会社の親会社

二　財務諸表提出会社の子会社

三　財務諸表提出会社と同一の親会社をもつ会社等

四　財務諸表提出会社のその他の関係会社並び

に当該その他の関係会社の親会社及び子会社

五 財務諸表提出会社の関連会社及び当該関連会社の子会社

六 財務諸表提出会社の主要株主（法第163条第1項に規定する主要株主をいう。以下同じ。）及びその近親者（二親等内の親族をいう。次号及び第8号において同じ。）

七 財務諸表提出会社の役員及びその近親者

八 財務諸表提出会社の親会社の役員及びその近親者

九 前3号に掲げる者が議決権の過半数を自己の計算において所有している会社等及び当該会社等の子会社

十 従業員のための企業年金（財務諸表提出会社と重要な取引（掛金の拠出を除く。）を行う場合に限る。）

18 この規則において「キャッシュ・フロー」とは、次項に規定する資金の増加又は減少をいう。

19 この規則において「資金」とは、現金（当座預金、普通預金その他預金者が一定の期間を経ることなく引き出すことができる預金を含む。第5章において同じ。）及び現金同等物（容易に換金することが可能であり、かつ、価値の変動のリスクが低い短期的な投資をいう。第5章において同じ。）の合計額をいう。

20 この規則において「売買目的有価証券」とは、時価の変動により利益を得ることを目的として保有する有価証券をいう。

21 この規則において「満期保有目的の債券」とは、満期まで所有する意図をもつて保有する社債券その他の債券（満期まで所有する意図をもつて取得したものに限る。）をいう。

22 この規則において「その他有価証券」とは、売買目的有価証券、満期保有目的の債券並びに子会社株式及び関連会社株式以外の有価証券をいう。

23 この規則において、「自己株式」とは、財務諸表提出会社が保有する財務諸表提出会社の株式をいう。

24 この規則において、「自社の株式」とは、財務諸表提出会社の株式をいう。

25 この規則において、「自社株式オプション」とは、自社の株式を原資産とするコール・オプション（一定の金額の支払により、原資産である当該自社の株式を取得する権利をいう。）及び金銭の払込み又は財産の給付を要しないで原資産である当該自社の株式を取得する権利をいう。

26 この規則において、「ストック・オプション」とは、自社株式オプションのうち、財務諸表提出会社が従業員等（当該財務諸表提出会社と雇用関係にある使用人及び当該財務諸表提出会社の役員をいう。以下この項において同じ。）に、報酬（労働や業務執行等の対価として当該財務諸表提出会社が従業員等に給付するものをいう。）として付与するものをいう。

27 この規則において、「企業結合」とは、ある企業又はある企業を構成する事業と他の企業又は他の企業を構成する事業とが一つの報告単位に統合されることをいう。

28 この規則において、「取得企業」とは、他の企業又は企業を構成する事業を取得する（支配を獲得することをいう。次項及び第36項、第8条の17第1項、第8条の19第1項並びに第56条において同じ。）企業をいう。

29 この規則において、「被取得企業」とは、取得企業に取得される企業をいう。

30 この規則において、「存続会社」とは、会社法第749条第1項に規定する吸収合併存続会社及びこれに準ずる事業体をいう。

31 この規則において、「結合企業」とは、他の企業又は他の企業を構成する事業を受け入れて対価を支払う企業をいう。

32 この規則において、「被結合企業」とは、結合企業に受け入れられる企業又は結合企業に事業を受け入れられる企業をいう。

33 この規則において、「結合後企業」とは、企業結合によつて統合された一つの報告単位となる企業をいう。

34 この規則において、「結合当事企業」とは、企業結合に係る企業をいう。

35 この規則において、「パーチェス法」とは、被結合企業から受け入れる資産及び負債の取得原価を、対価として交付する現金及び株式等の時価とする方法をいう。

36 この規則において、「逆取得」とは、企業結合のうち、次に掲げるものをいう。

一 吸収合併（会社以外の場合にあつてはこれに準ずるもの。以下同じ。）により消滅する企業が存続し、存続会社を取得すると考えられる企業結合

二 吸収分割会社（会社法第758条第1号に規定する吸収分割会社及びこれに準ずる事業体をいう。第8条の18第3項第2号において同じ。）又は現物出資を行つた企業が、吸収分割承継会社（同法第757条に規定する吸収分割承継会社及びこれに準ずる事業体をいう。）又は現物出資を受けた企業を取得することとなる企業結合

三 株式交換完全子会社（会社法第768条第1項第1号に規定する株式交換完全子会社及びこれに準ずる事業体をいう。第8条の18第3項第3号において同じ。）が株式交換完全親会社（同法第767条に規定する株式交換完全親会社及びこれに準ずる事業体をいう。）を取得することとなる企業結合

四 株式交付子会社（会社法第774条の3第1項第1号に規定する株式交付子会社及びこれに準ずる事業体をいう。第8条の18第3項第4号において同じ。）が株式交付親会社（同法第774条の3第1項第1号に規定する株式交付親会社及びこれに準ずる事業体をいう。）を取得することとなる企業結合

37 この規則において、「共通支配下の取引等」とは、結合当事企業又は事業の全てが、企業結合の前後で同一の株主により支配され、かつ、その支配が一時的でない場合における企業結合及び企業集団（連結財務諸表提出会社及びその子会社をいう。以下この項において同じ。）を支配する企業が、子会社の株主のうち企業集団に属さない株主との間で、当該子会社の株式を交換する取引をいう。

38 この規則において、「事業分離」とは、ある企業を構成する事業を他の企業（新設される企業を含む。）に移転することをいう。

39 この規則において、「分離元企業」とは、事業分離において、当該企業を構成する事業を移転する企業をいう。

40 この規則において、「分離先企業」とは、事業分離において、分離元企業から事業を受け入れる企業（新設される企業を含む。）をいう。

41 この規則において、「金融商品」とは、金融資産（金銭債権、有価証券及びデリバティブ取引により生じる債権（これらに準ずるものを含む。）をいう。第8条の6の2第6項において同じ。）及び金融負債（金銭債務及びデリバティブ取引により生じる債務（これらに準ずるものを含む。）をいう。同項において同じ。）をいう。

42 この規則において、「資産除去債務」とは、有形固定資産の取得、建設、開発又は通常の使用によつて生じる当該有形固定資産の除去に関する法律上の義務及びこれに準ずるものをいう。

43 この規則において、「工事契約」とは、請負契約のうち、土木、建築、造船、機械装置の製造その他の仕事に係る基本的な仕様及び作業内容が注文者の指図に基づいているものをいう。

44 この規則において「会計方針」とは、財務諸表の作成に当たつて採用した会計処理の原則及び手続をいう。

45 この規則において「表示方法」とは、財務諸表の作成に当たつて採用した表示の方法をいう。

46 この規則において「会計上の見積り」とは、資産、負債、収益及び費用等の額に不確実性がある場合において、財務諸表作成時に入手可能な情報に基づき、それらの合理的な金額を算定することをいう。

47 この規則において「会計方針の変更」とは、

一般に公正妥当と認められる会計方針を他の一般に公正妥当と認められる会計方針に変更することをいう。

48　この規則において「表示方法の変更」とは、一般に公正妥当と認められる表示方法を他の一般に公正妥当と認められる表示方法に変更することをいう。

49　この規則において「会計上の見積りの変更」とは、新たに入手可能となつた情報に基づき、前事業年度以前の財務諸表の作成に当たつて行つた会計上の見積りを変更することをいう。

50　この規則において「誤謬」とは、その原因となる行為が意図的であるか否かにかかわらず、財務諸表作成時に入手可能な情報を使用しなかつたこと又は誤つて使用したことにより生じた誤りをいう。

51　この規則において「遡及適用」とは、新たな会計方針を前事業年度以前の財務諸表に遡つて適用したと仮定して会計処理を行うことをいう。

52　この規則において「財務諸表の組替え」とは、新たな表示方法を前事業年度以前の財務諸表に遡つて適用したと仮定して表示を変更することをいう。

53　この規則において「修正再表示」とは、前事業年度以前の財務諸表における誤謬の訂正を財務諸表に反映することをいう。

54　この規則において「退職給付」とは、退職以後に従業員等（財務諸表提出会社と雇用関係にある使用人及び当該財務諸表提出会社の役員（退職給付制度の対象となる者に限る。）をいう。次項、第56項及び第58項において同じ。）に支払われる退職一時金及び退職年金をいう。

55　この規則において「退職給付債務」とは、各従業員等（既に退職した者を含む。以下この項において同じ。）に支払われると見込まれる退職給付（既に支払われたものを除く。）の額のうち、当該各従業員等の貸借対照表日まで（既に退職した者については、退職の日まで）の勤務に基づき生じる部分に相当する額について、

貸借対照表日における割引率（国債、政府関係機関債券又はその他の信用度の高い債券の利回りを基礎とし、貸借対照表日から当該各従業員等に退職給付を支払うと見込まれる日までの期間を反映して財務諸表提出会社が定める率をいう。次項、第57項及び第8条の13第1項第7号において同じ。）を用いて割引計算することにより算出した額を、全ての従業員等について合計した額によつて計算される負債をいう。

56　この規則において「勤務費用」とは、各従業員等に支払われると見込まれる退職給付の額のうち、当該各従業員等の当事業年度開始の日から貸借対照表日までの間の勤務に基づき生じる部分に相当する額について、割引率を用いて割引計算することにより算出した額を、全ての従業員等について合計した額によつて計算される費用をいう。

57　この規則において「利息費用」とは、当事業年度開始の日における退職給付債務に割引率を用いて計算される利息に相当する費用をいう。

58　この規則において「年金資産」とは、特定の退職給付制度に関し、会社等と従業員等との契約等に基づき退職給付に充てるために積み立てられている特定の資産であつて次に掲げる要件の全てを満たすものをいう。

一　退職給付の支払以外に使用できないこと。

二　会社等及び会社等の債権者から法的に分離されていること。

三　積立超過分を除き、会社等への返還、会社等からの解約及び退職給付の支払以外の目的による払出し等ができないこと。

四　会社等の資産と交換できないこと。

59　この規則において「期待運用収益」とは、年金資産の運用により生じると合理的に期待される収益をいう。

60　この規則において「数理計算上の差異」とは、年金資産の期待運用収益と実際の運用成果との差異、退職給付債務の数理計算に用いた見積数値と実績との差異及び見積数値の変更等により発生した差異をいう。

第Ⅺ章　関係法令

61　この規則において「過去勤務費用」とは、退職給付制度の採用又は退職給付水準の改訂により発生する退職給付債務の増加又は減少分をいう。

62　この規則において「未認識数理計算上の差異」とは、数理計算上の差異のうち、当期純利益又は当期純損失を構成する項目として費用処理（費用の減額処理又は費用を超過して減額した場合の利益処理を含む。以下同じ。）されていないものをいう。

63　この規則において「未認識過去勤務費用」とは、過去勤務費用のうち、当期純利益又は当期純損失を構成する項目として費用処理されていないものをいう。

64　この規則において「市場参加者」とは、時価の算定の対象となる資産若しくは負債に関する取引の数量及び頻度が最も大きい市場、当該資産の売却による受取額を最も大きくすることができる市場又は当該負債の移転による支払額を最も小さくすることができる市場において売買を行う者であつて、次に掲げる要件の全てを満たす者をいう。

一　それぞれ独立しており、関連当事者でないこと。

二　当該資産又は当該負債に関する知識を有しており、かつ、全ての入手可能な情報に基づき当該資産又は当該負債について十分に理解していること。

三　当該資産又は当該負債に関して取引を行う能力があること。

四　当該資産又は当該負債に関して自発的に取引を行う意思があること。

65　この規則において「時価の算定に係るインプット」とは、市場参加者が資産又は負債の時価を算定する際に用いると仮定した基礎数値その他の情報（当該資産又は当該負債に関する相場価格を含む。）をいう。

66　この規則において「観察可能な時価の算定に係るインプット」とは、時価の算定に係るインプットのうち、入手可能な市場データ（実際の事象又は取引に関して公開されている情報その他の情報をいう。）に基づくものをいう。

67　この規則において「観察できない時価の算定に係るインプット」とは、時価の算定に係るインプットのうち、観察可能な時価の算定に係るインプット以外のもので、入手可能な最良の情報に基づくものをいう。

68　この規則において「時価の算定に係るインプットが属するレベル」とは、次の各号に掲げる時価の算定に係るインプットの区分に応じ、当該各号に定めるレベルをいう。

一　観察可能な時価の算定に係るインプットのうち、活発な市場（時価の算定の対象となる資産又は負債に関する取引が十分な数量及び頻度で行われていることによつて当該資産又は当該負債の価格の情報が継続的に提供されている市場をいう。）において形成される当該時価の算定の対象となる資産又は負債に関する相場価格　レベル1

二　観察可能な時価の算定に係るインプットのうち、前号に掲げる時価の算定に係るインプット以外の時価の算定に係るインプット　レベル2

三　観察できない時価の算定に係るインプット　レベル3

69　この規則において「ヘッジ会計」とは、ヘッジ手段（資産（将来の取引により確実に発生すると見込まれるものを含む。以下この項において同じ。）若しくは負債（将来の取引により確実に発生すると見込まれるものを含む。以下この項において同じ。）又はデリバティブ取引に係る価格変動、金利変動及び為替変動による損失の危険を減殺することを目的とし、かつ、当該損失の危険を減殺することが客観的に認められる取引をいう。以下この項及び第67条第1項第2号において同じ。）に係る損益とヘッジ対象（ヘッジ手段の対象である資産若しくは負債又はデリバティブ取引をいう。第8条の8第3項及び第67条第1項第2号において同じ。）に係る損益を同一の会計期間に認識するための会

449

計処理をいう。

（昭49蔵令54・昭51蔵令27・昭57蔵令46・平8蔵令40・平9蔵令3・平10蔵令135・平11蔵令21・平11蔵令58・平12蔵令8・平12蔵令19・平12総府令65・平12総府令116・平12総府令137・平12総府令139・平13内府令90・平14内府令16・平15内府令28・平16内府令3・平16内府令109・平17内府令60・平17内府令75・平18内府令52・平18内府令56・平18内府令88・平19内府令65・平20内府令36・平20内府令50・平20内府令80・平21内府令5・平21内府令73・平22内府令45・平22内府令49・平23内府令30・平23内府令61・平24内府令61・平25内府令70・平26内府令19・平26内府令22・令2内府令9・令2内府令46・令3内府令61・一部改正）

（重要な会計方針の注記）

第8条の2 会計方針については、財務諸表作成のための基礎となる事項であつて、投資者その他の財務諸表の利用者の理解に資するものを注記しなければならない。ただし、重要性の乏しいものについては、注記を省略することができる。

（昭57蔵令46・追加、平6蔵令7・平7蔵令29・平11蔵令21・平12蔵令8・平18内府令52・平19内府令65・平20内府令50・平22内府令45・令2内府令9・令2内府令46・一部改正）

（重要な会計上の見積りに関する注記）

第8条の2の2 当事業年度の財務諸表の作成に当たつて行つた会計上の見積り（この規則の規定により注記すべき事項の記載に当たつて行つた会計上の見積りを含む。）のうち、当該会計上の見積りが当事業年度の翌事業年度の財務諸表に重要な影響を及ぼすリスクがあるもの（以下この条において「重要な会計上の見積り」という。）を識別した場合には、次に掲げる事項であつて、投資者その他の財務諸表の利用者の理解に資するものを注記しなければならない。

一 重要な会計上の見積りを示す項目

二 前号に掲げる項目のそれぞれに係る当事業年度の財務諸表に計上した金額

三 前号に掲げる金額の算出方法、重要な会計上の見積りに用いた主要な仮定、重要な会計上の見積りが当事業年度の翌事業年度の財務諸表に与える影響その他の重要な会計上の見積りの内容に関する情報

2 前項第2号及び第3号に掲げる事項は、この規則の規定により注記すべき事項において同一の内容が記載される場合には、その旨を記載し、同項第2号及び第3号に掲げる事項の記載を省略することができる。

3 第1項第3号に掲げる事項は、連結財務諸表において同一の内容が記載される場合には、その旨を記載し、当該事項の記載を省略することができる。

4 第1項第3号に掲げる事項は、財務諸表提出会社が連結財務諸表を作成している場合には、同項第2号に掲げる金額の算出方法の記載をもつて代えることができる。この場合において、連結財務諸表に当該算出方法と同一の内容が記載されるときには、その旨を記載し、当該算出方法の記載を省略することができる。

（令2内府令46・追加）

（会計基準等の改正等に伴う会計方針の変更に関する注記）

第8条の3 会計基準その他の規則（以下「会計基準等」という。）の改正及び廃止並びに新たな会計基準等の作成（次条において「会計基準等の改正等」という。）に伴い会計方針の変更を行つた場合（当該会計基準等に遡及適用に関する経過措置が規定されていない場合に限る。）には、次に掲げる事項を注記しなければならない。ただし、第3号から第5号までに掲げる事項について、連結財務諸表において同一の内容が記載される場合には、その旨を記載し、当該事項の記載を省略することができる。

一 当該会計基準等の名称

二 当該会計方針の変更の内容

三 財務諸表の主な科目に対する前事業年度における影響額

四 前事業年度に係る一株当たり情報（一株当たり純資産額、一株当たり当期純利益金額又は当期純損失金額及び潜在株式調整後一株当たり当期純利益金額（第95条の5の3第1項に規定する潜在株式調整後一株当たり当期純利益金額をいう。）をいう。以下同じ。）に対

第XI章　関係法令

する影響額

五　前事業年度の期首における純資産額に対する累積的影響額

2　前項の規定にかかわらず、遡及適用に係る原則的な取扱い（前事業年度より前のすべての事業年度に係る遡及適用による累積的影響額を前事業年度の期首における資産、負債及び純資産の金額に反映することをいう。以下同じ。）が実務上不可能な場合には、次の各号に掲げる場合の区分に応じ、当該各号に定める事項を注記しなければならない。ただし、第1号ホからトまで及び第2号ホからトまでに掲げる事項について、連結財務諸表において同一の内容が記載される場合には、その旨を記載し、当該事項の記載を省略することができる。

一　当事業年度の期首における遡及適用による累積的影響額を算定することができ、かつ、前事業年度の期首における累積的影響額を算定することが実務上不可能な場合　次に掲げる事項

イ　当該会計基準等の名称

ロ　当該会計方針の変更の内容

ハ　財務諸表の主な科目に対する実務上算定可能な影響額

ニ　当事業年度に係る一株当たり情報に対する実務上算定可能な影響額

ホ　当事業年度の期首における純資産額に対する累積的影響額

ヘ　遡及適用に係る原則的な取扱いが実務上不可能な理由

ト　当該会計方針の変更の適用方法及び適用開始日

二　当事業年度の期首における遡及適用による累積的影響額を算定することが実務上不可能な場合　次に掲げる事項

イ　当該会計基準等の名称

ロ　当該会計方針の変更の内容

ハ　財務諸表の主な科目に対する実務上算定可能な影響額

ニ　一株当たり情報に対する実務上算定可能

な影響額

ホ　当事業年度の期首における遡及適用による累積的影響額を算定することが実務上不可能な旨

ヘ　遡及適用に係る原則的な取扱いが実務上不可能な理由

ト　当該会計方針の変更の適用方法及び適用開始日

3　会計基準等に規定されている遡及適用に関する経過措置に従つて会計処理を行つた場合において、遡及適用を行つていないときは、次に掲げる事項を注記しなければならない。ただし、第3号及び第4号に掲げる事項について、連結財務諸表において同一の内容が記載される場合には、その旨を記載し、当該事項の記載を省略することができる。

一　当該会計基準等の名称

二　当該会計方針の変更の内容

三　当該経過措置に従つて会計処理を行つた旨及び当該経過措置の概要

四　当該経過措置が当事業年度の翌事業年度以降の財務諸表に影響を与える可能性がある場合には、その旨及びその影響額（当該影響額が不明であり、又は合理的に見積ることが困難な場合には、その旨）

五　財務諸表の主な科目に対する実務上算定可能な影響額

六　一株当たり情報に対する実務上算定可能な影響額

4　前3項の規定にかかわらず、これらの規定により注記すべき事項に重要性が乏しい場合には、注記を省略することができる。

（平22内府令45・全改、平23内府令10・一部改正）

（会計基準等の改正等以外の正当な理由による会計方針の変更に関する注記）

第8条の3の2　会計基準等の改正等以外の正当な理由により会計方針の変更を行つた場合には、次に掲げる事項を注記しなければならない。ただし、第3号から第5号までに掲げる事項について、連結財務諸表において同一の内容

451

が記載される場合には、その旨を記載し、当該事項の記載を省略することができる。

一　当該会計方針の変更の内容

二　当該会計方針の変更を行つた正当な理由

三　財務諸表の主な科目に対する前事業年度における影響額

四　前事業年度に係る一株当たり情報に対する影響額

五　前事業年度の期首における純資産額に対する累積的影響額

2　前項の規定にかかわらず、遡及適用に係る原則的な取扱いが実務上不可能な場合には、次の各号に掲げる場合の区分に応じ、当該各号に定める事項を注記しなければならない。ただし、第1号ホからトまで及び第2号ホからトまでに掲げる事項について、連結財務諸表において同一の内容が記載される場合には、その旨を記載し、当該事項の記載を省略することができる。

一　当事業年度の期首における遡及適用による累積的影響額を算定することができ、かつ、前事業年度の期首における累積的影響額を算定することが実務上不可能な場合　次に掲げる事項

イ　当該会計方針の変更の内容

ロ　当該会計方針の変更を行つた正当な理由

ハ　財務諸表の主な科目に対する実務上算定可能な影響額

ニ　当事業年度に係る一株当たり情報に対する実務上算定可能な影響額

ホ　当事業年度の期首における純資産額に対する累積的影響額

ヘ　遡及適用に係る原則的な取扱いが実務上不可能な理由

ト　当該会計方針の変更の適用方法及び適用開始日

二　当事業年度の期首における遡及適用による累積的影響額を算定することが実務上不可能な場合　次に掲げる事項

イ　当該会計方針の変更の内容

ロ　当該会計方針の変更を行つた正当な理由

ハ　財務諸表の主な科目に対する実務上算定可能な影響額

ニ　一株当たり情報に対する実務上算定可能な影響額

ホ　当事業年度の期首における遡及適用による累積的影響額を算定することが実務上不可能な旨

ヘ　遡及適用に係る原則的な取扱いが実務上不可能な理由

ト　当該会計方針の変更の適用方法及び適用開始日

3　前2項の規定にかかわらず、これらの規定により注記すべき事項に重要性が乏しい場合には、注記を省略することができる。

（平22内府令45・追加、平23内府令10・一部改正）

（未適用の会計基準等に関する注記）

第8条の3の3　既に公表されている会計基準等のうち、適用していないものがある場合には、次に掲げる事項を注記しなければならない。ただし、重要性の乏しいものについては、注記を省略することができる。

一　当該会計基準等の名称及びその概要

二　当該会計基準等の適用予定日（当該会計基準等の適用を開始すべき日前に適用する場合には、当該適用予定日）

三　当該会計基準等が財務諸表に与える影響に関する事項

2　前項第3号に掲げる事項は、当該会計基準等が専ら表示方法及び注記事項を定めた会計基準等である場合には、記載することを要しない。

3　第1項各号に掲げる事項は、財務諸表提出会社が連結財務諸表を作成している場合には、記載することを要しない。

（平22内府令45・追加、令2内府令46・一部改正）

（表示方法の変更に関する注記）

第8条の3の4　表示方法の変更を行つた場合には、次に掲げる事項を注記しなければならない。

一　財務諸表の組替えの内容

二　財務諸表の組替えを行つた理由

三　財務諸表の主な項目に係る前事業年度における金額

2　前項の規定にかかわらず、財務諸表の組替えが実務上不可能な場合には、その理由を注記しなければならない。

3　前2項の規定にかかわらず、前2項の規定により注記すべき事項に重要性が乏しい場合には、注記を省略することができる。

4　第1項（第2号及び第3号に係る部分に限る。）及び第2項に掲げる事項について、連結財務諸表において同一の内容が記載される場合には、その旨を記載し、当該事項の記載を省略することができる。

　　　（平22内府令45・追加）

（会計上の見積りの変更に関する注記）

第8条の3の5　会計上の見積りの変更を行つた場合には、次に掲げる事項を注記しなければならない。ただし、重要性の乏しいものについては、注記を省略することができる。

一　当該会計上の見積りの変更の内容

二　当該会計上の見積りの変更が財務諸表に与えている影響額

三　次のイ又はロに掲げる区分に応じ、当該イ又はロに定める事項

　　イ　当該会計上の見積りの変更が当事業年度の翌事業年度以降の財務諸表に影響を与える可能性があり、かつ、当該影響額を合理的に見積ることができる場合　当該影響額

　　ロ　当該会計上の見積りの変更が当事業年度の翌事業年度以降の財務諸表に影響を与える可能性があり、かつ、当該影響額を合理的に見積ることが困難な場合　その旨

　　　（平22内府令45・追加）

（会計方針の変更を会計上の見積りの変更と区別することが困難な場合の注記）

第8条の3の6　会計方針の変更を会計上の見積りの変更と区別することが困難な場合には、次に掲げる事項を注記しなければならない。ただし、重要性の乏しいものについては、注記を省略することができる。

一　当該会計方針の変更の内容

二　当該会計方針の変更を行つた正当な理由

三　当該会計方針の変更が財務諸表に与えている影響額

四　次のイ又はロに掲げる区分に応じ、当該イ又はロに定める事項

　　イ　当該会計方針の変更が当事業年度の翌事業年度以降の財務諸表に影響を与える可能性があり、かつ、当該影響額を合理的に見積ることができる場合　当該影響額

　　ロ　当該会計方針の変更が当事業年度の翌事業年度以降の財務諸表に影響を与える可能性があり、かつ、当該影響額を合理的に見積ることが困難な場合　その旨

　　　（平22内府令45・追加）

（修正再表示に関する注記）

第8条の3の7　修正再表示を行つた場合には、次に掲げる事項を注記しなければならない。ただし、重要性の乏しいものについては、注記を省略することができる。

一　誤謬の内容

二　財務諸表の主な科目に対する前事業年度における影響額

三　前事業年度に係る一株当たり情報に対する影響額

四　前事業年度の期首における純資産額に対する累積的影響額

　　　（平22内府令45・追加）

（重要な後発事象の注記）

第8条の4　貸借対照表日後、財務諸表提出会社の翌事業年度以降の財政状態、経営成績及びキャッシュ・フローの状況に重要な影響を及ぼす事象（以下「重要な後発事象」という。）が発生したときは、当該事象を注記しなければならない。

　　　（昭57蔵令46・追加、平18内府令56・平19内府令65・平21内府令5・一部改正）

（追加情報の注記）

第8条の5　この規則において特に定める注記のほか、利害関係人が会社の財政状態、経営成績

及びキャッシュ・フローの状況に関する適正な判断を行うために必要と認められる事項があるときは、当該事項を注記しなければならない。

（昭51蔵令27・追加、昭57蔵令46・旧第8条の2繰下、平21内府令5・一部改正）

（リース取引に関する注記）

第8条の6 ファイナンス・リース取引（リース契約に基づくリース期間の中途において当該リース契約を解除することができないリース取引又はこれに準ずるリース取引（次項において「解約不能のリース取引」という。）で、当該リース契約により使用する物件（以下「リース物件」という。）の借主が、当該リース物件からもたらされる経済的利益を実質的に享受することができ、かつ、当該リース物件の使用に伴つて生じる費用等を実質的に負担することとなるものをいう。以下同じ。）については、次の各号に掲げる場合の区分に応じ、当該各号に定める事項を注記しなければならない。ただし、重要性の乏しいものについては、注記を省略することができる。

一 財務諸表提出会社がリース物件の借主である場合

　イ 当事業年度末におけるリース資産の内容

　ロ リース資産の減価償却の方法

二 財務諸表提出会社がリース物件の貸主である場合

　イ 当事業年度末におけるリース投資資産に係るリース料債権（将来のリース料を収受する権利をいう。以下この号において同じ。）部分の金額及び見積残存価額（リース期間終了時に見積られる残存価額で借主又は第三者による保証のない額をいう。）部分の金額並びに受取利息相当額

　ロ 当事業年度末におけるリース債権及びリース投資資産に係るリース料債権部分の金額について、貸借対照表日後5年内における1年ごとの回収予定額及び貸借対照表日後5年超の回収予定額

2 当事業年度末におけるオペレーティング・

リース取引（リース取引のうち、ファイナンス・リース取引以外のものをいう。）のうち解約不能のリース取引については、当該解約不能のリース取引に係る未経過リース料の金額を1年内のリース期間に係る金額及びそれ以外の金額に区分して注記しなければならない。ただし、重要性の乏しいものについては、注記を省略することができる。

3 転リース取引（リース物件の所有者から物件のリースを受け、さらに当該物件をほぼ同一の条件で第三者にリースする取引をいう。以下この項において同じ。）であつて、借主としてのリース取引及び貸主としてのリース取引がともにファイナンス・リース取引に該当する場合において、財務諸表提出会社が転リース取引に係るリース債権若しくはリース投資資産又はリース債務について利息相当額を控除する前の金額で貸借対照表に計上しているときには、当該リース債権若しくはリース投資資産又はリース債務の金額を注記しなければならない。ただし、重要性の乏しいものについては、注記を省略することができる。

4 前各項に規定する事項は、財務諸表提出会社が連結財務諸表を作成している場合には、記載することを要しない。

（平19内府令65・全改、平26内府令19・一部改正）

（金融商品に関する注記）

第8条の6の2 金融商品については、次に掲げる事項を注記しなければならない。ただし、重要性の乏しいものについては、注記を省略することができる。

一 金融商品の状況に関する次に掲げる事項

　イ 金融商品に対する取組方針

　ロ 金融商品の内容及び当該金融商品に係るリスク

　ハ 金融商品に係るリスク管理体制

二 金融商品の時価に関する次に掲げる事項

　イ 貸借対照表日における貸借対照表の科目ごとの貸借対照表計上額

　ロ 貸借対照表日における貸借対照表の科目

ごとの時価

ハ　貸借対照表日における貸借対照表の科目ごとの貸借対照表計上額と貸借対照表日における貸借対照表の科目ごとの時価との差額

ニ　ロ及びハに掲げる事項に関する説明

三　金融商品（前号の規定により注記した金融商品に限る。以下この号において同じ。）の時価を当該時価の算定に重要な影響を与える時価の算定に係るインプットが属するレベルに応じて分類し、その内訳に関する次に掲げる事項

イ　時価で貸借対照表に計上している金融商品の場合には、当該金融商品を適切な項目に区分し、その項目ごとの次の(1)から(3)までに掲げる事項

(1)　貸借対照表日におけるレベル1に分類された金融商品の時価の合計額

(2)　貸借対照表日におけるレベル2に分類された金融商品の時価の合計額

(3)　貸借対照表日におけるレベル3に分類された金融商品の時価の合計額

ロ　時価で貸借対照表に計上している金融商品以外の金融商品の場合には、当該金融商品を適切な項目に区分し、その項目ごとの次の(1)から(3)までに掲げる事項

(1)　貸借対照表日におけるレベル1に分類された金融商品の時価の合計額

(2)　貸借対照表日におけるレベル2に分類された金融商品の時価の合計額

(3)　貸借対照表日におけるレベル3に分類された金融商品の時価の合計額

ハ　イ(2)若しくは(3)又はロ(2)若しくは(3)の規定により注記した金融商品の場合には、次の(1)及び(2)に掲げる事項

(1)　時価の算定に用いた評価技法及び時価の算定に係るインプットの説明

(2)　時価の算定に用いる評価技法又はその適用を変更した場合には、その旨及びその理由

ニ　イ(3)の規定により注記した金融商品の場合には、次の(1)から(5)までに掲げる事項

(1)　時価の算定に用いた重要な観察できない時価の算定に係るインプットに関する定量的情報

(2)　当該金融商品の期首残高から期末残高への調整表

(3)　レベル3に分類された金融商品の時価についての評価の過程に関する説明

(4)　時価の算定に用いた重要な観察できない時価の算定に係るインプットの変化によつて貸借対照表日における時価が著しく変動する場合における当該時価に対する影響に関する説明

(5)　時価の算定に用いた重要な観察できない時価の算定に係るインプットと他の重要な観察できない時価の算定に係るインプットとの間に相関関係がある場合には、当該相関関係の内容及び時価に対する影響に関する説明

2　前項本文の規定にかかわらず、市場価格のない株式、出資金その他これらに準ずる金融商品については、同項第2号に掲げる事項の記載を要しない。この場合には、その旨並びに当該金融商品の概要及び貸借対照表計上額を注記しなければならない。

3　第1項本文の規定にかかわらず、貸借対照表に持分相当額を純額で計上する組合その他これに準ずる事業体（外国におけるこれらに相当するものを含む。）への出資については、同項第2号に掲げる事項の記載を要しない。この場合には、その旨及び当該出資の貸借対照表計上額を注記しなければならない。

4　投資信託等（法第2条第1項第10号に掲げる投資信託又は外国投資信託の受益証券、同項第11号に掲げる投資証券又は外国投資証券その他これらに準ずる有価証券を含む金融商品をいう。以下この項及び次項において同じ。）について、一般に公正妥当と認められる企業会計の基準に従い、投資信託等の基準価額を時価とみ

なす場合には、第1項第2号に掲げる事項の記載については、当該投資信託等が含まれている旨を注記しなければならない（当該投資信託等の貸借対照表計上額に重要性が乏しい場合を除く。）。

5　第1項本文の規定にかかわらず、投資信託等について、一般に公正妥当と認められる企業会計の基準に従い、投資信託等の基準価額を時価とみなす場合には、同項第3号に掲げる事項の記載を要しない。この場合には、次に掲げる事項を注記しなければならない。

一　第1項第3号に掲げる事項を注記していない旨

二　当該投資信託等の貸借対照表計上額

三　当該投資信託等の期首残高から期末残高への調整表（当該投資信託等の貸借対照表計上額に重要性が乏しい場合を除く。）

四　貸借対照表日における解約又は買戻請求に関する制限の内容ごとの内訳（投資信託等について、信託財産又は資産を主として金融商品に対する投資として運用することを目的としている場合に限り、その投資信託等の貸借対照表計上額に重要性が乏しい場合を除く。）

6　金融資産及び金融負債の双方がそれぞれ資産の総額及び負債の総額の大部分を占めており、かつ、当該金融資産及び金融負債の双方が事業目的に照らして重要である財務諸表提出会社にあつては、当該金融資産及び金融負債の主要な市場リスク（金利、通貨の価格、金融商品市場（法第2条第14項に規定する金融商品市場をいう。以下この項において同じ。）における相場その他の指標の数値の変動に係るリスクをいう。以下この項及び次項において同じ。）の要因となる当該指標の数値の変動に対する当該金融資産及び金融負債の価値の変動率に重要性がある場合には、次の各号に掲げる金融商品の区分に応じ、当該各号に定める事項を注記しなければならない。

一　そのリスク管理において、市場リスクに関する定量的分析を利用している金融商品　当

該分析に基づく定量的情報及びこれに関連する情報

二　そのリスク管理において、市場リスクに関する定量的分析を利用していない金融商品次のイ及びロに掲げる事項

イ　そのリスク管理において、市場リスクに関する定量的分析を利用していない旨

ロ　市場リスクの要因となる金利、通貨の価格、金融商品市場における相場その他の指標の数値の変動を合理的な範囲で仮定して算定した時価の増減額及びこれに関連する情報

7　前項第2号ロに掲げる事項が、財務諸表提出会社の市場リスクの実態を適切に反映していない場合には、その旨及びその理由を注記しなければならない。

8　金銭債権（時価の変動により利益を得ることを目的として保有するものを除く。）及び有価証券（売買目的有価証券を除く。）のうち満期のあるものについては、償還予定額の合計額を一定の期間に区分した金額を注記しなければならない。

9　社債、長期借入金、リース債務及びその他の負債であつて、金利の負担を伴うものについては、返済予定額の合計額を一定の期間に区分した金額を注記しなければならない。ただし、当該金額が第121条第1項第3号に規定する社債明細表又は同項第四号に規定する借入金等明細表に記載されている場合には、その旨の注記をもつて代えることができる。

10　前各項に定める事項は、財務諸表提出会社が連結財務諸表を作成している場合には、記載することを要しない。

（平20内府令50・追加、平20内府令80・平22内府令45・令2内府令9・令2内府令46・令3内府令61・一部改正）

（有価証券に関する注記）

第8条の7　前条（第10項を除く。）に定める事項のほか、有価証券については、次の各号に掲げる有価証券の区分に応じ、当該各号に定める事項を注記しなければならない。ただし、重要

第XI章　関係法令

性の乏しいものについては、注記を省略することができる。

一　売買目的有価証券　当該事業年度（特定有価証券の内容等の開示に関する内閣府令（平成5年大蔵省令第22号）第23条第2号に規定する特定有価証券であつて、計算期間の終了の時における当該有価証券の評価額を翌計算期間における期首の帳簿価額として記載する方法を採用している場合にあつては、最終の計算期間）の損益に含まれた評価差額

二　満期保有目的の債券　当該債券を貸借対照表日における時価が貸借対照表日における貸借対照表計上額を超えるもの及び当該時価が当該貸借対照表計上額を超えないものに区分し、その区分ごとの次に掲げる事項
　　イ　貸借対照表日における貸借対照表計上額
　　ロ　貸借対照表日における時価
　　ハ　貸借対照表日における貸借対照表計上額と貸借対照表日における時価との差額

三　子会社株式（売買目的有価証券に該当する株式を除く。）及び関連会社株式（売買目的有価証券に該当する株式を除く。）
　　イ　貸借対照表日における貸借対照表計上額
　　ロ　貸借対照表日における時価
　　ハ　貸借対照表日における貸借対照表計上額と貸借対照表日における時価との差額

四　その他有価証券　有価証券（株式、債券及びその他の有価証券をいう。第6号において同じ。）の種類ごとに当該有価証券を貸借対照表日における貸借対照表計上額が取得原価を超えるもの及び当該貸借対照表計上額が取得原価を超えないものに区分し、その区分ごとの次に掲げる事項
　　イ　貸借対照表日における貸借対照表計上額
　　ロ　取得原価
　　ハ　貸借対照表日における貸借対照表計上額と取得原価との差額

五　当該事業年度中に売却した満期保有目的の債券　債券の種類ごとの売却原価、売却額、売却損益及び売却の理由

六　当該事業年度中に売却したその他有価証券　有価証券の種類ごとの売却額、売却益の合計額及び売却損の合計額

2　当該事業年度中に売買目的有価証券、満期保有目的の債券、子会社株式及び関連会社株式並びにその他有価証券の保有目的を変更した場合には、その旨、変更の理由（満期保有目的の債券の保有目的を変更した場合に限る。）及び当該変更が財務諸表に与えている影響の内容を注記しなければならない。ただし、重要性の乏しいものについては、注記を省略することができる。

3　当該事業年度中に有価証券の減損処理を行つた場合には、その旨及び減損処理額を注記しなければならない。ただし、重要性の乏しいものについては、注記を省略することができる。

4　前各項（第1項第3号を除く。）に定める事項は、財務諸表提出会社が連結財務諸表を作成している場合には、記載することを要しない。

（平12蔵令8・全改，平17内府74・平19内府65・平20内府令50・平20内府令80・平22内府令45・令3内府令61・一部改正）

（デリバティブ取引に関する注記）

第8条の8　第8条の6の2（第10項を除く。）に規定する事項のほか、デリバティブ取引については、次の各号に掲げる取引の区分に応じ、当該各号に定める事項を注記しなければならない。ただし、重要性の乏しいものについては、注記を省略することができる。

一　ヘッジ会計が適用されていないデリバティブ取引　取引の対象物（通貨、金利、株式、債券、商品及びその他の取引の対象物をいう。次号において同じ。）の種類ごとの次に掲げる事項
　　イ　貸借対照表日における契約額又は契約において定められた元本相当額
　　ロ　貸借対照表日における時価及び評価損益

二　ヘッジ会計が適用されているデリバティブ取引　取引の対象物の種類ごとの次に掲げる事項
　　イ　貸借対照表日における契約額又は契約に

457

おいて定められた元本相当額

　　ロ　貸借対照表日における時価

2　前項第1号に規定する事項は、取引（先物取引、オプション取引、先渡取引、スワップ取引及びその他のデリバティブ取引をいう。次項において同じ。）の種類、市場取引又は市場取引以外の取引、買付約定に係るもの又は売付約定に係るもの、貸借対照表日から取引の決済日又は契約の終了時までの期間及びその他の項目に区分して記載しなければならない。

3　第1項第2号に規定する事項は、ヘッジ会計の方法、取引の種類、ヘッジ対象及びその他の項目に区分して記載しなければならない。

4　第1項に規定する事項は、財務諸表提出会社が連結財務諸表を作成している場合には、記載することを要しない。

　　　（平20内府令50・全改、令2内府令9・令2内府令46・令3内府令

　　　61・一部改正）

（持分法損益等の注記）

第8条の9　連結財務諸表を作成していない会社にあつては、次の各号に掲げる場合の区分に応じ、当該各号に定める事項を注記しなければならない。ただし、第1号に定める事項については、損益及び利益剰余金その他の項目からみて重要性の乏しい関連会社を除外することができる。

　一　関連会社がある場合　関連会社に対する投資の金額並びに当該投資に対して持分法を適用した場合の投資の金額及び投資利益又は投資損失の金額

　二　開示対象特別目的会社（第8条第7項の規定による特別目的会社（同項の規定により譲渡会社等の子会社に該当しないものと推定されるものに限る。）をいう。以下この号において同じ。）がある場合　開示対象特別目的会社の概要、開示対象特別目的会社との取引の概要及び取引金額その他の重要な事項

　　　（平20内府令50・全改、平21内府令5・平23内府令30・一部改正）

（関連当事者との取引に関する注記）

第8条の10　財務諸表提出会社が関連当事者との

取引（当該関連当事者が第三者のために当該財務諸表提出会社との間で行う取引及び当該財務諸表提出会社と第三者との間の取引で当該関連当事者が当該取引に関して当該財務諸表提出会社に重要な影響を及ぼしているものを含む。）を行つている場合には、その重要なものについて、次の各号に掲げる事項を関連当事者ごとに注記しなければならない。ただし、財務諸表提出会社が連結財務諸表を作成している場合は、この限りでない。

　一　当該関連当事者が会社等の場合には、その名称、所在地、資本金又は出資金、事業の内容及び当該関連当事者の議決権に対する当該財務諸表提出会社の所有割合又は当該財務諸表提出会社の議決権に対する当該関連当事者の所有割合

　二　当該関連当事者が個人の場合には、その氏名、職業及び当該財務諸表提出会社の議決権に対する当該関連当事者の所有割合

　三　当該財務諸表提出会社と当該関連当事者との関係

　四　取引の内容

　五　取引の種類別の取引金額

　六　取引条件及び取引条件の決定方針

　七　取引により発生した債権債務に係る主な科目別の期末残高

　八　取引条件の変更があつた場合には、その旨、変更の内容及び当該変更が財務諸表に与えている影響の内容

　九　関連当事者に対する債権が貸倒懸念債権（経営破綻の状態には至つていないが、債務の弁済に重大な問題が生じている、又は生じる可能性の高い債務者に対する債権をいう。）又は破産更生債権等（破産債権、再生債権、更生債権その他これらに準ずる債権をいう。以下同じ。）に区分されている場合には、次に掲げる事項

　　イ　当事業年度末の貸倒引当金残高

　　ロ　当事業年度に計上した貸倒引当金繰入額等

第XI章　関係法令

ハ　当事業年度に計上した貸倒損失等（一般債権（経営状態に重大な問題が生じていない債務者に対する債権をいう。）に区分されていた場合において生じた貸倒損失を含む。）

十　関連当事者との取引に関して、貸倒引当金以外の引当金が設定されている場合において、注記することが適当と認められるものについては、前号に準ずる事項

2　前項本文の規定にかかわらず、同項第9号及び第10号に掲げる事項は、第8条第17項各号に掲げる関連当事者の種類ごとに合算して記載することができる。

3　関連当事者との取引のうち次の各号に定める取引については、第1項に規定する注記を要しない。

一　一般競争入札による取引並びに預金利息及び配当の受取りその他取引の性質からみて取引条件が一般の取引と同様であることが明白な取引

二　役員に対する報酬、賞与及び退職慰労金の支払い

4　第1項に掲げる事項は、様式第1号により注記しなければならない。

（平10蔵令135・追加、平11蔵令21・平19内府令65・一部改正）

（親会社又は重要な関連会社に関する注記）

第8条の10の2　財務諸表提出会社について、次の各号に掲げる者が存在する場合には、当該各号に定める事項を注記しなければならない。ただし、財務諸表提出会社が連結財務諸表を作成している場合は、この限りでない。

一　親会社　当該親会社の名称並びにその発行する有価証券を金融商品取引所（法第2条第16項に規定する金融商品取引所をいい、本邦以外の地域において設立されている同じ性質を有するものを含む。以下この号において同じ。）に上場している場合にあつてはその旨及び当該金融商品取引所の名称、その発行する有価証券を金融商品取引所に上場していない場合にあつてはその旨

二　重要な関連会社　当該関連会社の名称並びに持分法を適用した場合の投資利益又は投資損失の金額の算定対象となつた当該関連会社の貸借対照表及び損益計算書における次に掲げる項目の金額

イ　貸借対照表項目（流動資産合計、固定資産合計、流動負債合計、固定負債合計、純資産合計その他の重要な項目をいう。）

ロ　損益計算書項目（売上高（役務収益を含む。以下同じ。）、税引前当期純利益金額又は税引前当期純損失金額、当期純利益金額又は当期純損失金額その他の重要な項目をいう。）

2　前項第2号イ及びロに掲げる項目の金額は、同項の規定にかかわらず、次の各号に掲げる方法により記載することができる。この場合には、その旨を記載しなければならない。

一　重要な関連会社について合算して記載する方法

二　持分法を適用した場合の投資利益又は投資損失の金額の算定対象となつた関連会社について合算して記載する方法

（平19内府令65・追加、平20内府令36・一部改正）

（税効果会計の適用）

第8条の11　法人税その他利益に関連する金額を課税標準として課される租税（以下「法人税等」という。）については、税効果会計（貸借対照表に計上されている資産及び負債の金額と課税所得の計算の結果算定された資産及び負債の金額との間に差異がある場合において、当該差異に係る法人税等の金額を適切に期間配分することにより、法人税等を控除する前の当期純利益の金額と法人税等の金額を合理的に対応させるための会計処理をいう。以下同じ。）を適用して財務諸表を作成しなければならない。

（平10蔵令173・追加）

（税効果会計に関する注記）

第8条の12　前条の規定により税効果会計を適用したときは、次の各号に掲げる事項を注記しなければならない。

一　繰延税金資産（税効果会計の適用により資産として計上される金額をいう。以下同じ。）及び繰延税金負債（税効果会計の適用により負債として計上される金額をいう。以下同じ。）の発生の主な原因別の内訳

二　当該事業年度に係る法人税等の計算に用いられた税率（以下この条において「法定実効税率」という。）と法人税等を控除する前の当期純利益に対する法人税等（税効果会計の適用により計上される法人税等の調整額を含む。）の比率（以下この条において「税効果会計適用後の法人税等の負担率」という。）との間に差異があるときは、当該差異の原因となつた主な項目別の内訳

三　法人税等の税率の変更により繰延税金資産及び繰延税金負債の金額が修正されたときは、その旨及び修正額

四　決算日後に法人税等の税率の変更があつた場合には、その内容及び影響

2　繰延税金資産の算定に当たり繰延税金資産から控除された額（以下この条において「評価性引当額」という。）がある場合には、次の各号に掲げる事項を前項第1号に掲げる事項に併せて注記しなければならない。

一　当該評価性引当額

二　当該評価性引当額に重要な変動が生じた場合には、その主な内容

3　第1項第1号に掲げる事項に繰越欠損金（法人税等に係る法令の規定において繰越しが認められる期限（第1号において「繰越期限」という。）まで繰り越すことができる欠損金額（法人税等に係る法令の規定に基づき算定した各事業年度の所得の金額の計算上当該事業年度の損金の額が当該事業年度の益金の額を超える場合におけるその超える部分の金額をいう。）をいう。以下この項において同じ。）を記載する場合であつて、当該繰越欠損金が重要であるときは、次の各号に掲げる事項を併せて注記しなければならない。

一　繰越期限別の繰越欠損金に係る次に掲げる事項

イ　繰越欠損金に法定実効税率を乗じた額

ロ　繰越欠損金に係る評価性引当額

ハ　繰越欠損金に係る繰延税金資産の額

二　繰越欠損金に係る重要な繰延税金資産を計上している場合には、当該繰延税金資産を回収することが可能と判断した主な理由

4　第2項第2号及び前項各号に掲げる事項は、財務諸表提出会社が連結財務諸表を作成している場合には、記載することを要しない。

5　第1項第2号に掲げる事項については、法定実効税率と税効果会計適用後の法人税等の負担率との間の差異が法定実効税率の100分の5以下である場合には、注記を省略することができる。

（平10蔵令173・追加、平30内府令7・一部改正）

（確定給付制度に基づく退職給付に関する注記）

第8条の13　退職給付に関し、確定給付制度（確定拠出制度（一定の掛金を会社等以外の外部に積み立て、当該会社等が当該掛金以外に退職給付に係る追加的な拠出義務を負わない退職給付制度をいう。次条第1項において同じ。）以外の退職給付制度をいう。第1号及び第8条の13の3第1項において同じ。）を採用している場合には、次の各号に掲げる事項を注記しなければならない。

一　確定給付制度の概要

二　退職給付債務の期首残高と期末残高の次に掲げる項目の金額を含む調整表

イ　勤務費用

ロ　利息費用

ハ　数理計算上の差異の発生額

ニ　退職給付の支払額

ホ　過去勤務費用の発生額

ヘ　その他

三　年金資産の期首残高と期末残高の次に掲げる項目の金額を含む調整表

イ　期待運用収益

ロ　数理計算上の差異の発生額

ハ　事業主である会社等からの拠出額

ニ　退職給付の支払額

ホ　その他

四　退職給付債務及び年金資産の期末残高と貸借対照表に計上された退職給付引当金及び前払年金費用の次に掲げる項目の金額を含む調整表

イ　未認識数理計算上の差異

ロ　未認識過去勤務費用

ハ　その他

五　退職給付費用及び次に掲げるその内訳項目の金額

イ　勤務費用

ロ　利息費用

ハ　期待運用収益

ニ　数理計算上の差異の費用処理額

ホ　過去勤務費用の費用処理額

ヘ　その他

六　年金資産に関する次に掲げる事項

イ　年金資産の主な内訳（退職給付信託（退職給付を目的とする信託をいう。）が設定されている企業年金制度（会社等以外の外部に積み立てた資産を原資として退職給付を支払う制度をいう。）において、年金資産の合計額に対する当該退職給付信託に係る信託財産の額の割合に重要性がある場合には、当該割合又は金額を含む。）

ロ　長期期待運用収益率の設定方法

七　数理計算上の計算基礎に関する次に掲げる事項

イ　割引率

ロ　長期期待運用収益率

ハ　その他

八　その他の事項

2　前項第２号ヘ、第３号ホ及び第５号ヘに掲げる項目に属する項目については、その金額に重要性が乏しいと認められる場合を除き、当該項目を示す名称を付して掲記しなければならない。

3　第１項に定める事項は、財務諸表提出会社が連結財務諸表を作成している場合には、記載す

ることを要しない。

（平24内府令61・全改、平28内府令66・一部改正）

（確定拠出制度に基づく退職給付に関する注記）

第８条の13の２　退職給付に関し、確定拠出制度を採用している場合には、次の各号に掲げる事項を注記しなければならない。

一　確定拠出制度の概要

二　確定拠出制度に係る退職給付費用の額

三　その他の事項

2　前項に定める事項は、財務諸表提出会社が連結財務諸表を作成している場合には、記載することを要しない。

（平24内府令61・追加、平28内府令66・一部改正）

（複数事業主制度に基づく退職給付に関する注記）

第８条の13の３　第８条の13の規定にかかわらず、退職給付に関し、複数の事業主である会社等により設立された確定給付制度（以下この項において「複数事業主制度」という。）を採用している場合には、次の各号に掲げる場合の区分に応じ、当該各号に定める事項を注記しなければならない。

一　財務諸表提出会社の年金資産の額を合理的に算定できる場合　複数事業主制度の概要及び第８条の13第１項第２号から第８号までに掲げる事項

二　財務諸表提出会社の年金資産の額を合理的に算定できない場合

イ　複数事業主制度の概要

ロ　複数事業主制度に係る退職給付費用の額

ハ　複数事業主制度の直近の積立状況

ニ　複数事業主制度の掛金、加入人数又は給与総額に占める財務諸表提出会社のこれらの割合

2　前項第１号の規定により注記すべき事項は、第８条の13第１項各号に掲げる注記に含めて記載することができる。この場合には、その旨を記載しなければならない。

3　前２項に定める事項は、財務諸表提出会社が連結財務諸表を作成している場合には、記載することを要しない。

（平24内府令61・追加）

（注記の方法）

第９条　第８条の２の規定による注記は、キャッシュ・フロー計算書の次に記載しなければならない。

２　第８条の２の２から第８条の３の２までの規定による注記は、第８条の２の規定による注記の次に記載しなければならない。

３　この規則の規定により記載すべき注記（第８条の２から第８条の３の２までの規定による注記を除く。）は、脚注（当該注記に係る事項が記載されている財務諸表中の表又は計算書の末尾に記載することをいう。以下同じ。）として記載することが適当であると認められるものを除き、第８条の２の２から第８条の３の２までの規定による注記の次に記載しなければならない。ただし、第８条の２の規定による注記と関係がある事項については、これと併せて記載することができる。

４　第８条の27の規定による注記は、前項の規定にかかわらず、キャッシュ・フロー計算書の次に記載しなければならない。この場合において、第８条の２の規定による注記は、第１項の規定にかかわらず、第８条の27の規定による注記の次に記載しなければならない。

５　この規則の規定により特定の科目に関係ある注記を記載する場合には、当該科目に記号を付記する方法その他これに類する方法によつて、当該注記との関連を明らかにしなければならない。

（昭57蔵令46・平14内府令66・平18内府令52・平20内府令50・平22内府令45・令２内府令46・一部改正）

（金額の表示の単位）

第10条の３　財務諸表に掲記される科目その他の事項の金額は、100万円単位又は1000円単位をもつて表示するものとする。

（平11蔵令21・追加）

第２章　貸借対照表
第１節　総則

（貸借対照表の記載方法）

第11条　貸借対照表の記載方法は、本章の規定の定めるところによる。

２　貸借対照表は、様式第５号により記載するものとする。

（平11蔵令21・平21内府令５・一部改正）

（資産、負債及び純資産の分類）

第12条　資産、負債及び純資産は、それぞれ資産の部、負債の部及び純資産の部に分類して記載しなければならない。

（平18内府令52・一部改正）

第13条　資産及び負債の科目の記載の配列は、流動性配列法によるものとする。

第２節　資産
第１目　総則

（資産の分類）

第14条　資産は、流動資産、固定資産及び繰延資産に分類し、更に、固定資産に属する資産は、有形固定資産、無形固定資産及び投資その他の資産に分類して記載しなければならない。

（昭49蔵令54・一部改正）

第２目　流動資産

（流動資産の範囲）

第15条　次に掲げる資産は、流動資産に属するものとする。

一　現金及び預金。ただし、１年内に期限の到来しない預金を除く。

二　受取手形（顧客との契約に基づく財貨の交付又は役務の提供の対価として当該顧客から支払を受ける権利（当該顧客に対する法的な請求権を有するものに限る。第３号及び第17条第４項において「顧客との契約から生じた債権」という。）その他の通常の取引に基づいて発生した手形債権をいう。ただし、破産更生債権等で１年内に回収されないことが明らかなものを除く。以下同じ。）

二の二　通常の取引に基づいて発生した電子記録債権（電子記録債権法（平成19年法律第

102号）第２条第１項に規定する電子記録債権をいう。第31条の４、第47条第１号の２及び第51条の４において同じ。ただし、破産更生債権等で１年内に回収されないことが明らかなものを除く。）

三　売掛金（顧客との契約から生じた債権その他の通常の取引に基づいて発生した営業上の未収金をいう。ただし、破産更生債権等で１年内に回収されないことが明らかなものを除く。以下同じ。）

三の二　契約資産（顧客との契約に基づく財貨の交付又は役務の提供の対価として当該顧客から支払を受ける権利のうち、第２号に掲げる受取手形及び前号に掲げる売掛金以外のものをいう。ただし、破産更生債権等で１年内に回収されないことが明らかなものを除く。以下同じ。）

四　売買目的有価証券及び１年内に満期の到来する有価証券

五　商品（販売の目的をもつて所有する土地、建物その他の不動産を含む。以下同じ。）

六　製品、副産物及び作業くず

七　半製品（自製部分品を含む。）

八　原料及び材料（購入部分品を含む。）

九　仕掛品及び半成工事

十　消耗品、消耗工具、器具及び備品その他の貯蔵品で相当価額以上のもの

十一　前渡金（商品及び原材料（これらに準ずるものを含む。）の購入のための前渡金をいう。ただし、破産更生債権等で１年内に回収されないことが明らかなものを除く。第17条第１項第10号において同じ。）

十二　その他の資産で１年内に現金化できると認められるもの

（昭49蔵令54・平12蔵令８・平12蔵令19・平19内府令65・平20内府令50・平21内府令５・平30内府令７・令２内府令46・一部改正）

第16条　前払費用で１年内に費用となるべきもの及び未収収益は、流動資産に属するものとする。

（昭49蔵令54・一部改正）

第16条の２　所有権移転ファイナンス・リース取引（ファイナンス・リース取引のうち、リース契約上の諸条件に照らしてリース物件の所有権が借主に移転すると認められるものをいう。以下同じ。）におけるリース債権及び所有権移転外ファイナンス・リース取引（ファイナンス・リース取引のうち、所有権移転ファイナンス・リース取引以外のものをいう。以下同じ。）におけるリース投資資産のうち、通常の取引に基づいて発生したもの（破産更生債権等で１年内に回収されないことが明らかなものを除く。）は、流動資産に属するものとする。

２　所有権移転ファイナンス・リース取引におけるリース債権及び所有権移転外ファイナンス・リース取引におけるリース投資資産のうち、通常の取引以外の取引に基づいて発生したもので１年内に期限が到来するものは、流動資産に属するものとする。

（平19内府令65・追加、平30内府令７・旧第16条の３繰上）

（流動資産の区分表示）

第17条　流動資産に属する資産は、次に掲げる項目の区分に従い、当該資産を示す名称を付した科目をもつて掲記しなければならない。

一　現金及び預金

二　受取手形

三　売掛金

四　リース債権（通常の取引に基づいて発生したものに限り、破産更生債権等で１年内に回収されないことが明らかなものを除く。）

五　リース投資資産（通常の取引に基づいて発生したものに限り、破産更生債権等で１年内に回収されないことが明らかなものを除く。）

六　有価証券

七　商品及び製品（半製品を含む。）

八　仕掛品

九　原材料及び貯蔵品

十　前渡金

十一　前払費用

十二　その他

２　前項の規定は、同項各号の項目に属する資産

で、別に表示することが適当であると認められるものについて、当該資産を示す名称を付した科目をもつて別に掲記することを妨げない。

3　第１項の規定にかかわらず、同項第７号から第９号までに掲げる項目に属する資産については、棚卸資産の科目をもつて一括して掲記することができる。この場合においては、当該項目に属する資産の科目及びその金額を注記しなければならない。

4　第１項の規定にかかわらず、同項第２号及び第３号に掲げる項目に属する資産（顧客との契約から生じた債権に限る。）並びに同項第３号の２に掲げる項目に属する資産のそれぞれについて、他の項目に属する資産と一括して表示することができる。この場合においては、同項第２号及び第３号に掲げる項目に属する資産（顧客との契約から生じた債権に限る。）並びに同項第３号の２に掲げる項目に属する資産の科目及びその金額をそれぞれ注記しなければならない。ただし、財務諸表提出会社が連結財務諸表を作成しているときは、当該注記を省略することができる。

（昭49蔵令54・平10蔵令173・平19内府令65・平20内府令50・平30内府令７・令２内府令９・令２内府令46・一部改正）

第18条　親会社株式（会社法第135条第２項及び第800条第１項の規定により取得したものに限る。第31条第１号及び第32条の２において同じ。）のうち１年内に処分されると認められるものは、流動資産に親会社株式の科目をもつて別に掲記しなければならない。ただし、その金額が僅少である場合には、注記によることができる。

（平18内府令52・全改、平19内府令65・平21内府令５・一部改正）

第19条　第17条第１項第12号に掲げる項目に属する資産のうち、未収収益、短期貸付金（金融手形を含む。）、株主、役員若しくは従業員に対する短期債権又はその他の資産で、その金額が資産の総額の100分の５を超えるものについては、当該資産を示す名称を付した科目をもつて掲記しなければならない。

（昭49蔵令54・平19内府令65・平20内府令50・平26内府令19・平30内府令７・一部改正）

（流動資産に係る引当金の表示）

第20条　流動資産に属する資産に係る引当金は、当該各資産科目に対する控除科目として、当該各資産科目別に貸倒引当金その他当該引当金の設定目的を示す名称を付した科目をもつて掲記しなければならない。ただし、次の各号に掲げる方法によることを妨げない。

一　当該引当金を、当該各資産科目に対する控除科目として一括して掲記する方法

二　当該引当金を当該各資産の金額から直接控除し、その控除残高を当該各資産の金額として表示する方法

2　前項第２号の場合において、当該引当金は当該各資産科目別に又は一括して注記しなければならない。

3　前項に規定する事項は、財務諸表提出会社が連結財務諸表を作成している場合には、記載することを要しない。

（昭57蔵令46・全改、平26内府令19・一部改正）

第21条　削除

（昭57蔵令46）

第３目　固定資産

（有形固定資産の範囲）

第22条　次に掲げる資産（ただし、第１号から第８号までに掲げる資産については、営業の用に供するものに限る。）は、有形固定資産に属するものとする。

一　建物及び暖房、照明、通風等の付属設備

二　構築物（ドック、橋、岸壁、さん橋、軌道、貯水池、坑道、煙突その他土地に定着する土木設備又は工作物をいう。以下同じ。）

三　機械及び装置並びにコンベヤー、ホイスト、起重機等の搬送設備その他の付属設備

四　船舶及び水上運搬具

五　鉄道車両、自動車その他の陸上運搬具

六　工具、器具及び備品。ただし、耐用年数一年以上のものに限る。

第XI章　関係法令

七　土地

八　リース資産（財務諸表提出会社がファイナンス・リース取引におけるリース物件の借主である資産であつて、当該リース物件が前各号及び第10号に掲げるものである場合に限る。）

九　建設仮勘定（第1号から第7号までに掲げる資産で営業の用に供するものを建設した場合における支出及び当該建設の目的のために充当した材料をいう。次条において同じ。）

十　その他の有形資産で流動資産又は投資たる資産に属しないもの

（平19内府令65・一部改正）

（有形固定資産の区分表示）

第23条　有形固定資産に属する資産は、次に掲げる項目の区分に従い、当該資産を示す名称を付した科目をもつて掲記しなければならない。

一　建物（その付属設備を含む。以下同じ。）

二　構築物

三　機械及び装置（その付属設備を含む。以下同じ。）

四　船舶（水上運搬具を含む。以下同じ。）

五　車両及びその他の陸上運搬具

六　工具、器具及び備品

七　土地

八　リース資産（財務諸表提出会社がファイナンス・リース取引におけるリース物件の借主である資産であつて、当該リース物件が前各号及び第10号に掲げるものである場合に限る。）

九　建設仮勘定

十　その他

2　第17条第2項の規定は、前項の場合に準用する。

3　第1項の規定にかかわらず、同項第8号に掲げるリース資産に区分される資産については、同項各号（第8号及び第9号を除く。）に掲げる項目に含めることができる。

（昭49蔵令54・平19内府令65・一部改正）

第24条　前条第1項第10号の資産のうち、その金額が資産の総額の100分の5を超えるものについては、当該資産を示す名称を付した科目をもつて掲記しなければならない。

（昭49蔵令54・平19内府令65・平26内府令19・一部改正）

（減価償却累計額の表示）

第25条　第23条第1項各号に掲げる建物、構築物、機械及び装置、船舶、車両及びその他の陸上運搬具、工具、器具及び備品、リース資産又はその他の有形固定資産に対する減価償却累計額は、次条の規定による場合のほか、当該各資産科目に対する控除科目として、減価償却累計額の科目をもつて掲記しなければならない。ただし、これらの固定資産に対する控除科目として一括して掲記することを妨げない。

（昭49蔵令54・昭57蔵令46・平19内府令65・一部改正）

第26条　第23条第1項各号に掲げる建物、構築物、機械及び装置、船舶、車両及びその他の陸上運搬具、工具、器具及び備品、リース資産又はその他の有形固定資産に対する減価償却累計額は、当該各資産の金額から直接控除し、その控除残高を当該各資産の金額として表示することができる。この場合においては、当該減価償却累計額は、当該各資産の資産科目別に、又は一括して注記しなければならない。

2　前項に規定する事項は、財務諸表提出会社が連結財務諸表を作成している場合には、記載することを要しない。

（昭49蔵令54・全改、昭57蔵令46・平19内府令65・平26内府令19・一部改正）

（減損損失累計額の表示）

第26条の2　各有形固定資産に対する減損損失累計額は、次項及び第3項の規定による場合のほか、当該各資産の金額（前条の規定により有形固定資産に対する減価償却累計額を、当該資産の金額から直接控除しているときは、その控除後の金額）から直接控除し、その控除残高を当該各資産の金額として表示しなければならない。

2　減価償却を行う有形固定資産に対する減損損失累計額は、当該各資産科目に対する控除科目

465

として、減損損失累計額の科目をもつて掲記することができる。ただし、これらの固定資産に対する控除科目として一括して掲記することを妨げない。

3　第25条及び前項の規定により減価償却累計額及び減損損失累計額を控除科目として掲記する場合には、減損損失累計額を減価償却累計額に合算して、減価償却累計額の科目をもつて掲記することができる。

4　前項の場合には、減価償却累計額に減損損失累計額が含まれている旨を注記しなければならない。

5　前項に規定する事項は、財務諸表提出会社が連結財務諸表を作成している場合には、記載することを要しない。

（平16内府令5・追加、平19内府令65・平20内府令36・平26内府令19・一部改正）

（無形固定資産の範囲）

第27条　次に掲げる資産は、無形固定資産に属するものとする。

一　のれん
二　特許権
三　借地権
四　地上権
五　商標権
六　実用新案権
七　意匠権
八　鉱業権
九　漁業権
十　入漁権
十一　ソフトウエア
十二　リース資産（財務諸表提出会社がファイナンス・リース取引におけるリース物件の借主である資産であつて、当該リース物件が第2号から前号まで、次号及び第14号に掲げるものである場合に限る。）
十三　公共施設等運営権
十四　その他の無形資産で流動資産又は投資たる資産に属しないもの

（平19内府令65・全改、平29内府令28・平30内府令29・一部改正）

（無形固定資産の区分表示）

第28条　無形固定資産に属する資産は、次に掲げる項目の区分に従い、当該資産を示す名称を付した科目をもつて掲記しなければならない。

一　のれん
二　特許権
三　借地権（地上権を含む。）
四　商標権
五　実用新案権
六　意匠権
七　鉱業権
八　漁業権（入漁権を含む。）
九　ソフトウエア
十　リース資産（財務諸表提出会社がファイナンス・リース取引におけるリース物件の借主である資産であつて、当該リース物件が第2号から前号まで、次号及び第12号に掲げるものである場合に限る。）
十一　公共施設等運営権
十二　その他

2　第17条第2項の規定は、前項の場合に準用する。

3　第1項の規定にかかわらず、同項第10号に掲げるリース資産に区分される資産については、同項各号（第1号及び第10号を除く。）に掲げる項目に含めることができる。

（昭49蔵令54・平10蔵令135・平18内府令56・平19内府令65・平29内府令28・平30内府令29・一部改正）

第29条　前条第1項第12号の資産のうち、その金額が資産の総額の100分の5を超えるものについては、当該資産を示す名称を付した科目をもつて掲記しなければならない。

（昭49蔵令54・平10蔵令135・平19内府令65・平26内府令19・平29内府令28・一部改正）

第30条　各無形固定資産に対する減価償却累計額及び減損損失累計額は、当該無形固定資産の金額から直接控除し、その控除残高を各無形固定資産の金額として表示しなければならない。

（昭57蔵令46・平16内府令5・一部改正）

（投資その他の資産の範囲）

第31条　次に掲げる資産は、投資その他の資産に属するものとする。

一　関係会社株式（売買目的有価証券に該当する株式及び親会社株式を除く。以下同じ。）その他流動資産に属しない有価証券

二　出資金

三　長期貸付金

四　前払年金費用

五　繰延税金資産

六　前各号に掲げるもののほか、流動資産、有形固定資産、無形固定資産又は繰延資産に属するもの以外の長期資産

（昭49蔵令54・全改、昭57蔵令46・平12蔵令8・平19内府令65・平24内府令61・平30内府令7・一部改正）

第31条の2　前払費用で、第16条に規定するもの以外のものは、投資その他の資産に属するものとする。

（昭49蔵令54・追加）

第31条の3　所有権移転ファイナンス・リース取引におけるリース債権及び所有権移転外ファイナンス・リース取引におけるリース投資資産のうち第16条の2に規定するもの以外のものは、投資その他の資産に属するものとする。

（平19内府令65・追加、平30内府令7・旧第31条の4繰上・一部改正）

第31条の4　電子記録債権のうち第15条第2号の2及び第12号に掲げる資産に該当するもの以外のものは、投資その他の資産に属するものとする。

（平21内府令5・追加、平30内府令7・旧第31条の5繰上）

（投資その他の資産の区分表示）

第32条　投資その他の資産に属する資産は、次に掲げる項目の区分に従い、当該資産を示す名称を付した科目をもつて掲記しなければならない。

一　投資有価証券。ただし、関係会社株式、関係会社社債及びその他の関係会社有価証券（関係会社有価証券のうち、関係会社株式及び関係会社社債以外のものをいう。以下この項において同じ。）を除く。

二　関係会社株式

三　関係会社社債

四　その他の関係会社有価証券

五　出資金。ただし、関係会社出資金を除く。

六　関係会社出資金

七　長期貸付金。ただし、株主、役員、従業員又は関係会社に対する長期貸付金を除く。

八　株主、役員又は従業員に対する長期貸付金

九　関係会社長期貸付金

十　破産更生債権等

十一　長期前払費用

十二　前払年金費用

十三　繰延税金資産

十四　その他

2　第17条第2項の規定は、前項の場合に準用する。

（昭49蔵令54・平5蔵令23・平10蔵令173・平12蔵令19・平19内府令65・平24内府令61・一部改正）

第32条の2　親会社株式のうち第18条に規定するもの以外のものは、投資その他の資産に親会社株式の科目をもつて別に掲記しなければならない。ただし、その金額が僅少である場合には、注記によることができる。

（平18内府令52・全改）

第32条の3　土地の再評価に関する法律（平成10年法律第34号。以下「土地再評価法」という。）第7条第1項に規定する再評価に係る繰延税金資産は、投資その他の資産に再評価に係る繰延税金資産の科目をもつて別に掲記しなければならない。

（平11蔵令53・追加）

第33条　第32条第1項第14号の資産のうち、投資不動産（投資の目的で所有する土地、建物その他の不動産をいう。）、1年内に期限の到来しない預金又はその他の資産で、その金額が資産の総額の100分の5を超えるものについては、当該資産を示す名称を付した科目をもつて掲記しなければならない。

（昭49蔵令54・平6蔵令21・平10蔵令8・平19内府令65・平24内府令61・平26内府令19・一部改正）

（投資その他の資産に係る引当金の表示）

第34条　第20条の規定は、投資その他の資産に属する資産に係る引当金について準用する。

（昭57蔵令46・全改）

第35条　削除

（昭49蔵令54）

第4目　繰延資産

（昭49蔵令54・改称）

（繰延資産の範囲）

第36条　創立費、開業費、株式交付費、社債発行費及び開発費は、繰延資産に属するものとする。

（昭57蔵令46・全改、平10蔵令135・平18内府令52・平18内府令88・一部改正）

（繰延資産の区分表示）

第37条　繰延資産に属する資産は、次に掲げる項目の区分に従い、当該資産を示す名称を付した科目をもつて掲記しなければならない。

一　創立費

二　開業費

三　株式交付費

四　社債発行費

五　開発費

2　第17条第2項の規定は、前項の場合に準用する。

（昭49蔵令54・平10蔵令135・平18内府令52・平18内府令88・一部改正）

第38条　各繰延資産に対する償却累計額は、当該繰延資産の金額から直接控除し、その控除残高を各繰延資産の金額として表示しなければならない。

（昭49蔵令54・昭57蔵令46・一部改正）

第5目　雑則

（関係会社に対する資産の注記）

第39条　関係会社との取引に基づいて発生した受取手形、売掛金及び契約資産の合計額が資産の総額の100分の5を超える場合には、当該受取手形、売掛金及び契約資産の金額をそれぞれ注記しなければならない。ただし、関係会社に対する受取手形又は売掛金及び契約資産の合計額のいずれかの金額が資産の総額の100分の5以下である場合には、これらの合計額のみを注記することができる。

2　関係会社との取引に基づいて発生した債権（受取手形、売掛金、契約資産及び第32条第1項の規定により区分掲記されるものを除く。）、未着品、積送品、前払費用又は未収収益で、その金額が資産の総額の100分の5を超えるものについては、その金額を注記しなければならない。

3　前2項に規定する関係会社に対する資産で、前2項の規定により注記したもの以外のものの金額の合計額が資産の総額の100分の5を超える場合には、その旨及びその金額を注記しなければならない。

（昭57蔵令46・昭62蔵令4・平26内府令19・令2内府令46・一部改正）

第40条及び第41条　削除

（平12蔵令8）

（事業用土地の再評価に関する注記）

第42条　土地再評価法の規定により事業用土地の再評価を行つた場合には、その旨、同法第3条第3項に規定する再評価の方法、当該再評価を行つた年月日、当該事業用土地の再評価前及び再評価後の帳簿価額を注記しなければならない。

2　土地再評価法の規定により再評価されている事業用土地がある場合には、その旨、同法第3条第3項に規定する再評価の方法、当該再評価年月日及び同法第10条に規定する差額を注記しなければならない。

3　前2項に規定する事項は、財務諸表提出会社が連結財務諸表を作成している場合には、記載することを要しない。

（平10蔵令41・追加、平26内府令19・旧第42条の2繰上・一部改正）

（担保資産の注記）

第43条　資産が担保に供されているときは、その

第XI章　関係法令

旨を注記しなければならない。

(昭57蔵令46・一部改正)

第44条　削除

(平12蔵令8)

第3節　負債
第1目　総則
（負債の分類）

第45条　負債は、流動負債及び固定負債に分類して記載しなければならない。

第46条　削除

(昭49蔵令54)

第2目　流動負債

（流動負債の範囲）

第47条　次に掲げる負債は、流動負債に属するものとする。

一　支払手形（通常の取引に基づいて発生した手形債務をいう。以下同じ。）

一の二　電子記録債権に係る債務（通常の取引に基づいて発生したものに限る。）

二　買掛金（通常の取引に基づいて発生した営業上の未払金をいう。以下同じ。）

二の二　契約負債（顧客との契約に基づいて財貨若しくは役務を交付又は提供する義務に対して、当該顧客から支払を受けた対価又は当該対価を受領する期限が到来しているものであつて、かつ、未だ顧客との契約から生じる収益を認識していないものをいう。以下同じ。）

三　前受金

四　引当金（資産に係る引当金を除く。以下この目及び第3目において同じ。）。ただし、1年内に使用されないと認められるものを除く。

五　通常の取引に関連して発生する未払金又は預り金で一般の取引慣行として発生後短期間に支払われるもの

六　その他の負債で1年内に支払又は返済され

ると認められるもの

(昭49蔵令54・昭57蔵令46・平21内府令5・令2内府令46・一部改正)

第48条　未払費用及び前受収益は、流動負債に属するものとする。

第48条の2　ファイナンス・リース取引におけるリース債務のうち、1年内に期限が到来するものは、流動負債に属するものとする。

(平19内府令65・追加、平30内府令7・旧第48条の3繰上)

第48条の3　資産除去債務のうち、1年内に履行されると認められるものは、流動負債に属するものとする。

(平20内府令50・追加、平30内府令7・旧第48条の4繰上)

（流動負債の区分表示）

第49条　流動負債に属する負債は、次に掲げる項目の区分に従い、当該負債を示す名称を付した科目をもつて掲記しなければならない。ただし、未払配当金又は期限経過の未償還社債で、その金額が負債及び純資産の合計額の100分の5を超えるものについては、当該負債を示す名称を付した科目をもつて別に掲記しなければならない。

一　支払手形

二　買掛金

三　短期借入金（金融手形及び当座借越を含む。以下同じ。）。ただし、株主、役員又は従業員からの短期借入金を除く。

四　リース債務

五　未払金

六　未払費用

七　未払法人税等

七の二　契約負債

八　前受金

九　預り金。ただし、株主、役員又は従業員からの預り金を除く。

十　前受収益

十一　引当金

十二　資産除去債務

十三　公共施設等運営権に係る負債

十四　その他

2　前項の規定は、同項各号の項目に属する負債

で、別に表示することが適当であると認められるものについて、当該負債を示す名称を付した科目をもつて、別に掲記することを妨げない。

3 第1項第7号の未払法人税等とは、法人税、住民税（都道府県民税及び市町村民税をいう。以下同じ。）及び事業税の未払額をいう。

4 第1項第11号の引当金は、修繕引当金その他当該引当金の設定目的を示す名称を付した科目をもつて掲記しなければならない。

5 第一項の規定にかかわらず、同項第七号の二に掲げる項目に属する負債については、他の項目に属する負債と一括して表示することができる。この場合においては、同号に掲げる項目に属する負債の科目及びその金額を注記しなければならない。ただし、財務諸表提出会社が連結財務諸表を作成しているときは、当該注記を省略することができる。

（昭49蔵令54・昭57蔵令46・平10蔵令173・平18内府令52・平19内府令65・平20内府令50・平26内府令19・平29内府令28・平30内府令7・令2内府令46・一部改正）

第50条 前条第1項第14号に掲げる項目に属する負債のうち、株主、役員若しくは従業員からの短期借入金等の短期債務又はその他の負債で、その金額が負債及び純資産の合計額の100分の5を超えるものについては、当該負債を示す名称を付した科目をもつて掲記しなければならない。

（昭49蔵令54・平18内府令52・平19内府令65・平21内府令5・平26内府令19・平29内府令28・平30内府令7・一部改正）

第3目 固定負債

（固定負債の範囲）

第51条 社債、長期借入金、関係会社からの長期借入金、繰延税金負債、引当金（第47条第4号に掲げる引当金を除く。）及びその他の負債で流動負債に属しないものは、固定負債に属するものとする。

（昭49蔵令54・昭57蔵令46・平18内府令56・平21内府令5・平30内府令7・一部改正）

第51条の2 ファイナンス・リース取引におけるリース債務のうち、第48条の2に規定するもの以外のものは、固定負債に属するものとする。

（平19内府令65・追加、平30内府令7・旧第51条の3繰上・一部改正）

第51条の3 資産除去債務のうち、第48条の3に規定するもの以外のものは、固定負債に属するものとする。

（平20内府令50・追加、平30内府令7・旧第51条の4繰上・一部改正）

第51条の4 電子記録債権に係る債務のうち第47条第1号の2及び第6号に掲げる負債に該当するもの以外のものは、固定負債に属するものとする。

（平21内府令5・追加、平30内府令7・旧第51条の5繰上）

（固定負債の区分表示）

第52条 固定負債に属する負債は、次に掲げる項目の区分に従い、当該負債を示す名称を付した科目をもつて掲記しなければならない。

一 社債

二 長期借入金（金融手形を含む。以下同じ。）。ただし、株主、役員、従業員又は関係会社からの長期借入金を除く。

三 関係会社長期借入金

四 リース債務

五 繰延税金負債

六 引当金

七 資産除去債務

八 公共施設等運営権に係る負債

九 その他

2 第49条第2項の規定は、前項の場合に準用する。

3 第1項第6号の引当金は、退職給付引当金その他当該引当金の設定目的を示す名称を付した科目をもつて掲記しなければならない。

（昭49蔵令54・昭57蔵令46・平10蔵令173・平12府令8・平14内府令17・平18内府令56・平19内府令65・平20内府令50・平21内府令5・平29内府令28・一部改正）

第52条の2 土地再評価法第7条第1項に規定する再評価に係る繰延税金負債は、固定負債に再評価に係る繰延税金負債の科目をもつて別に掲記しなければならない。

第XI章　関係法令

（平11蔵令53・追加）

第53条　第52条第1項第9号に掲げる項目に属する負債のうち、株主、役員若しくは従業員からの長期借入金又はその他の負債で、その金額が負債及び純資産の合計額の100分の5を超えるものについては、当該負債を示す名称を付した科目をもつて掲記しなければならない。

（昭49蔵令54・平18内府令52・平18内府令88・平19内府令65・平20内府令50・平21内府令5・平26内府令19・平29内府令28・一部改正）

第4目　雑則

（繰延税金資産及び繰延税金負債の表示）

第54条　第32条第1項第13号に掲げる繰延税金資産と第52条第1項第5号に掲げる繰延税金負債とがある場合には、その差額を繰延税金資産又は繰延税金負債として投資その他の資産又は固定負債に表示しなければならない。

（平30内府令7・全改）

第54条の2　削除

（平21内府令5）

（特別法上の準備金等）

第54条の3　法令の規定により準備金又は引当金の名称をもつて計上しなければならない準備金又は引当金で、資産の部又は負債の部に計上することが適当でないもの（以下「準備金等」という。）は、第13条及び第45条の規定にかかわらず、固定負債の次に別の区分を設けて記載しなければならない。

2　準備金等については、当該準備金等の設定目的を示す名称を付した科目をもつて掲記し、その計上を規定した法令の条項を注記しなければならない。

3　準備金等については、1年内に使用されると認められるものであるかどうかの区別を注記しなければならない。ただし、その区別をすることが困難なものについては、この限りでない。

（昭57蔵令46・全改、平10蔵令173・旧第54条繰下・平18内府令56・旧第54条の2繰下、平19内府令65・一部改正）

（棚卸資産及び工事損失引当金の表示）

第54条の4　同一の工事契約に係る棚卸資産及び工事損失引当金がある場合には、両者を相殺した差額を棚卸資産又は工事損失引当金として流動資産又は流動負債に表示することができる。

2　同一の工事契約に係る棚卸資産及び工事損失引当金がある場合には、次の各号に掲げる場合の区分に応じ、当該各号に定める事項を注記しなければならない。ただし、重要性の乏しいものについては、注記を省略することができる。

一　同一の工事契約に係る棚卸資産及び工事損失引当金を相殺しないで表示している場合　その旨及び当該工事損失引当金に対応する当該棚卸資産の金額

二　前項の規定により同一の工事契約に係る棚卸資産及び工事損失引当金を相殺した差額を表示している場合　その旨及び相殺表示した棚卸資産の金額

3　第17条第2項の規定は、前項第2号に規定する棚卸資産について準用する。

4　第2項に規定する事項は、財務諸表提出会社が連結財務諸表を作成している場合には、記載することを要しない。

（平20内府令50・追加、平26内府令19・平30内府令29・令2内府令9・令2内府令46・一部改正）

（関係会社に対する負債の注記）

第55条　関係会社との取引に基づいて発生した支払手形及び買掛金の合計額が負債及び純資産の合計額の100分の5を超える場合には、当該支払手形及び買掛金の金額をそれぞれ注記しなければならない。ただし、関係会社に対する支払手形又は買掛金のいずれかの金額が負債及び純資産の合計額の100分の5以下である場合には、これらの合計額のみを注記することができる。

2　関係会社との取引に基づいて発生した債務（支払手形、買掛金及び第52条第1項の規定により区分掲記されるものを除く。）、未払費用又は前受収益で、その金額が負債及び純資産の合計額の100分の5を超えるものについては、その金額を注記しなければならない。

3　前2項に規定する関係会社に対する負債で、

471

前2項の規定により注記したもの以外のものの金額の合計額が負債及び純資産の合計額の100分の5を超える場合には、その旨及びその金額を注記しなければならない。

（昭57蔵令46・昭62蔵令4・平18内府令52・平26内府令19・一部改正）

（企業結合に係る特定勘定の注記）

第56条　取得と判定された企業結合において、企業結合に係る特定勘定（取得後に発生することが予測される費用又は損失であつて、その発生の可能性が取得の対価の算定に反映されているものをいう。第95条の3の3において同じ。）が負債に計上されている場合には、その主な内容及び金額を注記しなければならない。

2　前項に規定する事項は、連結財務諸表において同一の内容が記載される場合には、記載することを要しない。この場合には、その旨を記載しなければならない。

（平18内府令56・全改、平20内府令36・平21内府令5・平26内府令19・一部改正）

第57条　削除

（平12蔵令8）

（偶発債務の注記）

第58条　偶発債務（債務の保証（債務の保証と同様の効果を有するものを含む。）、係争事件に係る賠償義務その他現実に発生していない債務で、将来において事業の負担となる可能性のあるものをいう。）がある場合には、その内容及び金額を注記しなければならない。ただし、重要性の乏しいものについては、注記を省略することができる。

（平11蔵令21・全改）

第4節　純資産

（平18内府令52・改称）

第1目　総則

（純資産の分類）

第59条　純資産は、株主資本、評価・換算差額等、株式引受権及び新株予約権に分類して記載しな

ければならない。

（平18内府令52・全改、令3内府令5・一部改正）

第2目　株主資本

（平18内府令52・改称）

（株主資本の分類）

第60条　株主資本は、資本金、資本剰余金及び利益剰余金に分類して記載しなければならない。

（平18内府令52・全改）

（資本金の表示）

第61条　資本金は、資本金の科目をもつて掲記しなければならない。

（平18内府令52・全改）

（新株式申込証拠金の表示）

第62条　申込期日経過後における新株式申込証拠金は、第60条の規定にかかわらず、資本金の次に別に区分を設け、新株式申込証拠金の科目をもつて掲記しなければならない。

2　前項の場合には、当該株式の発行数、資本金増加の日及び当該金額のうち資本準備金に繰り入れられることが予定されている金額を注記しなければならない。

（昭57蔵令46・平18内府令52・一部改正）

（資本剰余金の区分表示）

第63条　資本剰余金に属する剰余金は、次に掲げる項目の区分に従い、当該剰余金の名称を付した科目をもつて掲記しなければならない。

一　資本準備金

二　その他資本剰余金（資本準備金及び法律で定める準備金で資本準備金に準ずるもの以外の資本剰余金をいう。）

2　法律で定める準備金で資本準備金に準ずるものは、資本準備金の次に別の科目を設け、当該準備金の名称を付した科目をもつて掲記しなければならない。

（昭49蔵令54・全改、平14内府令9・平18内府令52・一部改正）

第64条　削除

（平18内府令52）

第XI章　関係法令

（利益剰余金の区分表示）

第65条　利益剰余金に属する剰余金は、次に掲げる項目の区分に従い、当該剰余金を示す名称を付した科目をもつて掲記しなければならない。

一　利益準備金

二　その他利益剰余金

2　法律で定める準備金で利益準備金に準ずるものは、利益準備金の次に別の科目を設け、当該準備金の名称を付した科目をもつて掲記しなければならない。

3　その他利益剰余金は、株主総会又は取締役会の決議に基づく設定目的を示す科目又は繰越利益剰余金の科目をもつて掲記しなければならない。

（昭49蔵令54・全改、平13内府令76・平14内府令9・平18内府令52・一部改正）

（自己株式の表示）

第66条　自己株式は、株主資本に対する控除項目として利益剰余金の次に自己株式の科目をもつて掲記しなければならない。

（平18内府令52・全改）

（自己株式申込証拠金の表示）

第66条の2　自己株式の処分に係る申込期日経過後における申込証拠金は、第60条の規定にかかわらず、自己株式の次に自己株式申込証拠金の科目をもつて掲記しなければならない。

（平18内府令52・追加）

第3目　評価・換算差額等

（平14内府令9・目名追加、平18内府令52・旧第5目繰上・改称）

（評価・換算差額等の分類及び区分表示）

第67条　評価・換算差額等は、次に掲げる項目の区分に従い、当該項目を示す名称を付した科目をもつて掲記しなければならない。

一　その他有価証券評価差額金（純資産の部に計上されるその他有価証券の評価差額をいう。）

二　繰延ヘッジ損益（ヘッジ対象に係る損益が認識されるまで繰り延べられるヘッジ手段に係る損益又は時価評価差額をいう。）

三　土地再評価差額金（土地再評価法第7条第2項に規定する再評価差額金をいう。）

2　前項に掲げる項目のほか、評価・換算差額等の項目として計上することが適当であると認められるものは、当該項目を示す名称を付した科目をもつて掲記することができる。

（平18内府令52・全改、平18内府令88・一部改正）

第3目の2　株式引受権

（令3内府令5・目名追加）

（株式引受権の表示）

第67条の2　株式引受権は、株式引受権の科目をもつて掲記しなければならない。

（令3内府令5・追加）

第4目　新株予約権

（平18内府令52・目名追加）

（新株予約権の表示）

第68条　新株予約権は、新株予約権の科目をもつて掲記しなければならない。

2　自己新株予約権は、新株予約権から控除しなければならない。ただし、新株予約権に対する控除項目として新株予約権の次に自己新株予約権の科目をもつて掲記することを妨げない。

（平18内府令52・全改）

第5目　雑則

（平18内府令52・目名追加）

第68条の2　削除

（平26内府令19）

（指定法人の純資産の記載）

第68条の3　指定法人が貸借対照表を作成する場合において、その純資産についてこの規則により記載することが適当でないと認められるときは、当該指定法人は、その財務諸表について適用される法令又は準則の定めるところに準じて

記載することができる。この場合において、準拠した法令又は準則を注記しなければならない。

（平18内府令52・追加、平19内府令65・一部改正）

（一株当たり純資産額の注記）

第68条の4　一株当たり純資産額は、注記しなければならない。

2　当事業年度又は貸借対照表日後において株式併合又は株式分割が行われた場合には、前項に規定する事項のほか、次に掲げる事項を注記しなければならない。

一　株式併合又は株式分割が行われた旨

二　前事業年度の期首に株式併合又は株式分割が行われたと仮定して一株当たり純資産額が算定されている旨

3　前2項に規定する事項は、財務諸表提出会社が連結財務諸表を作成している場合には、記載することを要しない。

（昭57蔵令46・追加、平11蔵令53・旧第68条の2繰下、平18内府令
52・旧第68条の3繰下、平22内府令45・平26内府令19・一部改正）

第3章　損益計算書
第1節　総則

（損益計算書の記載方法）

第69条　損益計算書の記載方法は、本章の規定の定めるところによる。

2　損益計算書は、様式第6号により記載するものとする。

（平11蔵令21・平21内府令5・一部改正）

（収益及び費用の分類）

第70条　収益又は費用は、次に掲げる項目を示す名称を付した科目に分類して記載しなければならない。

一　売上高

二　売上原価（役務原価を含む。以下同じ。）

三　販売費及び一般管理費

四　営業外収益

五　営業外費用

六　特別利益

七　特別損失

（昭49蔵令54・平20内府令36・一部改正）

（兼業会社の売上高等の記載方法）

第71条　二以上の種類の事業を営む場合における売上高及び売上原価に関する記載は、事業の種類ごとに区分してすることができる。

第2節　売上高及び売上原価

（売上高の表示方法）

第72条　売上高は、売上高を示す名称を付した科目をもつて掲記しなければならない。

2　前項の売上高の記載については、顧客との契約から生じる収益及びそれ以外の収益に区分して記載するものとする。この場合において、当該記載は、顧客との契約から生じる収益の金額の注記をもつて代えることができる。ただし、財務諸表提出会社が連結財務諸表を作成しているときは、当該記載及び当該注記を省略することができる。

（昭49蔵令54・平30内府令29・令2内府令46・一部改正）

（棚卸資産の評価差額の表示方法）

第72条の2　市場価格の変動により利益を得る目的をもつて所有する棚卸資産の評価差額は、売上高を示す名称を付した科目に含めて記載しなければならない。ただし、当該金額の重要性が乏しい場合には、営業外収益又は営業外費用に含めて記載することができる。

（平18内府令88・追加、令2内府令9・一部改正）

第73条　削除

（平30内府令29）

（関係会社に対する売上高の注記）

第74条　関係会社に対する売上高が売上高の総額の100分の20を超える場合には、その金額を注記しなければならない。

（昭62蔵令4・一部改正）

（売上原価の表示方法）

第75条　売上原価に属する項目は、第1号及び第2号の項目を示す名称を付した科目並びにこれらの科目に対する控除科目としての第3号の項

第XI章　関係法令

目を示す名称を付した科目をもつて掲記しなければならない。

一　商品又は製品（半製品、副産物、作業くず等を含む。以下同じ。）の期首棚卸高

二　当期商品仕入高又は当期製品製造原価

三　商品又は製品の期末棚卸高

2　前項第2号の当期製品製造原価については、その内訳を記載した明細書を損益計算書に添付しなければならない。ただし、連結財務諸表において、連結財務諸表規則第15条の2第1項に規定するセグメント情報を注記している場合は、この限りでない。

（平26内府令19・令2内府令9・一部改正）

第76条　前条第1項の商品又は製品について販売、生産又は仕入以外の理由による増減高がある場合、その他売上原価の項目として付加すべきものがある場合には、同項各号の項目を示す科目のほか、当該項目の内容を示す科目をもつて別に掲記しなければならない。

（工事損失引当金繰入額の注記）

第76条の2　売上原価に含まれている工事損失引当金繰入額については、その金額を注記しなければならない。

2　前項に規定する事項は、財務諸表提出会社が連結財務諸表を作成している場合には、記載することを要しない。

（平20内府令50・追加、平26内府令19・一部改正）

（売上原価明細書の添付）

第77条　第75条第1項の規定は、売上原価を同項各号の項目に区分して記載することが困難であると認められる場合又は不適当と認められる場合には、適用しない。この場合においては、売上原価の内訳を記載した明細書を損益計算書に添付しなければならない。

（特定事業会社の原価明細書）

第78条　第2条の規定の適用を受ける事業に関して定められた法令又は準則において、第75条第2項又は前条に規定する明細書と同一内容の書類が附属明細表として規定されている場合には、当該事業を営む株式会社及び指定法人が法

の規定により提出する財務諸表については、当該明細表を損益計算書に添付し、附属明細表としての記載を省略するものとする。

2　第2条に規定する法令又は準則において定められている附属明細表のうち次に掲げるものは、前項に規定する明細書と同一の内容の書類に該当するものとする。

一　鉄道事業会計規則（昭和62年運輸省令第7号）に定める鉄道事業営業費明細表

二　自動車道事業会計規則（昭和39年運輸省・建設省令第3号）に定める自動車道事業営業費明細表

三　電気通信事業会計規則（昭和60年郵政省令第26号）に定める電気通信事業営業費用明細表（部門別再掲）

四　電気事業会計規則（昭和40年通商産業省令第57号）に定める電気事業営業費用明細表

五　ガス事業会計規則（昭和29年通商産業省令第15号）に定める営業費明細表

六　高速道路事業等会計規則（平成17年国土交通省令第65号）に定める高速道路事業営業費用、営業外費用及び特別損失等明細表

七　社会医療法人債を発行する社会医療法人の財務諸表の用語、様式及び作成方法に関する規則（平成19年厚生労働省令第38号）に定める事業費用明細表

八　有価証券発行学校法人の財務諸表の用語、様式及び作成方法に関する規則（平成19年文部科学省令第36号）に定める事業費用明細表

3　前項第1号から第3号までに掲げる附属明細表については、適当と認められる費目に要約して記載することができる。

（昭48蔵令4・昭49蔵令14・平6蔵令21・平11蔵令21・平12蔵令8・
平18内府令52・平19内府令31・平19内府令65・平19内府令78・平20
内府令36・一部改正）

（商品仕入高の表示方法）

第79条　第75条第1項第2号の当期商品仕入高は、当期商品仕入高の名称を付した科目をもつて掲記しなければならない。ただし、商品の総仕入高（仕入運賃及び直接購入諸掛を含む。）

を示す名称を付した科目及びその控除科目としての仕入値引、戻し高等の項目を示す名称を付した科目をもつて掲記することを妨げない。

(昭49蔵令54・一部改正)

(棚卸資産の帳簿価額の切下げに関する記載)

第80条　通常の販売の目的をもつて所有する棚卸資産について、収益性の低下により帳簿価額を切り下げた場合には、当該切下額（前事業年度末に計上した切下額を当事業年度に戻し入れる場合には、当該戻入額と当事業年度末に計上した当該切下額を相殺した後の金額）は、売上原価その他の項目の内訳項目として、その内容を示す名称を付した科目をもつて区分掲記しなければならない。ただし、当該棚卸資産の期末棚卸高を帳簿価額の切下げ後の金額によつて計上し、その旨及び当該切下額を注記することを妨げない。

2　前項の規定にかかわらず、当該切下額に重要性が乏しい場合には、区分掲記又は注記を省略することができる。

3　第1項の規定にかかわらず、財務諸表提出会社が連結財務諸表を作成している場合には、区分掲記又は注記を要しない。

(平18内府令88・全改、平26内府令19・令2内府令9・一部改正)

第81条　削除

(平18内府令88)

第82条　削除

(平18内府令88)

(売上総損益金額の表示)

第83条　売上高から売上原価を控除した額（売上原価が売上高をこえる場合は、売上原価から売上高を控除した額）は、売上総利益金額又は売上総損失金額として表示しなければならない。

第3節　販売費及び一般管理費

(販売費及び一般管理費の範囲)

第84条　会社の販売及び一般管理業務に関して発生したすべての費用は、販売費及び一般管理費に属するものとする。

(平20内府令50・一部改正)

(販売費及び一般管理費の表示方法)

第85条　販売費及び一般管理費は、適当と認められる費目に分類し、当該費用を示す名称を付した科目をもつて掲記しなければならない。ただし、販売費の科目若しくは一般管理費の科目又は販売費及び一般管理費の科目に一括して掲記し、その主要な費目及びその金額を注記することを妨げない。

2　前項ただし書に規定する主要な費目とは、減価償却費及び引当金繰入額（これらの費目のうちその金額が少額であるものを除く。）並びにこれら以外の費目でその金額が販売費及び一般管理費の合計額の100分の10を超える費目をいう。

(昭62蔵令4・平11蔵令21・平26内府令19・一部改正)

(研究開発費の注記)

第86条　一般管理費及び当期製造費用に含まれている研究開発費については、その総額を注記しなければならない。

2　前項に規定する事項は、財務諸表提出会社が連結財務諸表を作成している場合には、記載することを要しない。

(平10蔵令135・全改、平26内府令19・一部改正)

(貸倒償却の表示方法)

第87条　通常の取引に基づいて発生した債権に対する貸倒引当金繰入額又は貸倒損失は、異常なものを除き販売費として、当該費用を示す名称を付した科目をもつて別に掲記しなければならない。

(関係会社に係る営業費用の注記)

第88条　関係会社との取引により発生した商品若しくは原材料の仕入高、委託加工費、不動産賃借料又は経費分担額（関係会社において発生した事業年度中の経費の一定割合を財務諸表提出会社において負担する契約に基づくものをいう。）で、その金額が売上原価と販売費及び一般管理費の合計額の100分の20を超えるものについては、その金額を注記しなければならない。

第XI章　関係法令

2　前項に規定する関係会社との取引により発生
した費用で、前項の規定により注記したもの以
外のものの金額の合計額が売上原価と販売費及
び一般管理費の合計額の100分の20を超える場
合には、その旨及びその金額を注記しなければ
ならない。

　　　（昭57蔵令46・昭62蔵令4・平19内府令65・一部改正）

（営業損益金額の表示）

第89条　売上総利益金額から販売費及び一般管理
費の合計額を控除した額（販売費及び一般管理
費の合計額が売上総利益金額をこえる場合は、
販売費及び一般管理費の合計額から売上総利益
金額を控除した額）を営業利益金額若しくは営
業損失金額として表示し、又は売上総損失金額
に販売費及び一般管理費の合計額を加えた額を
営業損失金額として表示しなければならない。

　　　（平12総府令65・一部改正）

第4節　営業外収益及び営業外費用

（営業外収益の表示方法）

第90条　営業外収益に属する収益は、受取利息
（有価証券利息を除く。）、有価証券利息、受取
配当金、有価証券売却益、仕入割引その他の項
目の区分に従い、当該収益を示す名称を付した
科目をもつて掲記しなければならない。ただ
し、各収益のうちその金額が営業外収益の総額
の100分の10以下のもので一括して表示するこ
とが適当であると認められるものについては、
当該収益を一括して示す名称を付した科目をも
つて掲記することができる。

　　　（平18内府令52・一部改正）

（関係会社に係る営業外収益の注記）

第91条　営業外収益に属する関係会社との取引に
より発生した収益で、その金額が営業外収益の
総額の100分の10を超えるものについては、そ
の金額を注記しなければならない。

2　前項の規定により注記したもの以外の関係会
社に係る収益の合計額が営業外収益の総額の
100分の10を超える場合には、その旨及びその

金額を注記しなければならない。

　　　（昭57蔵令46・昭62蔵令4・一部改正）

第92条　削除

　　　（昭49蔵令54）

（営業外費用の表示方法）

第93条　営業外費用に属する費用は、支払利息、
社債利息、社債発行費償却、創立費償却、開業
費償却、貸倒引当金繰入額又は貸倒損失（第87
条の規定により販売費として記載されるものを
除く。）、有価証券売却損その他の項目の区分に
従い、当該費用を示す名称を付した科目をもつ
て掲記しなければならない。ただし、各費用の
うちその金額が営業外費用の総額の100分の10
以下のもので一括して表示することが適当であ
ると認められるものについては、当該費用を一
括して示す名称を付した科目をもつて掲記する
ことができる。

　　　（平18内府令52・平18内府令88・令2内府令46・一部改正）

（関係会社に係る営業外費用の注記）

第94条　営業外費用に属する関係会社との取引に
より発生した費用で、その金額が営業外費用の
総額の100分の10を超えるものについては、そ
の金額を注記しなければならない。

2　前項の規定により注記したもの以外の関係会
社に係る費用の合計額が営業外費用の総額の
100分の10を超える場合には、その旨及びその
金額を注記しなければならない。

　　　（昭57蔵令46・昭62蔵令4・一部改正）

（経常損益金額の表示）

第95条　営業利益金額又は営業損失金額に、営業
外収益の金額を加減し、次に営業外費用の金額
を加減した額を、経常利益金額又は経常損失金
額として表示しなければならない。

　　　（昭49蔵令54・全改）

第5節　特別利益及び特別損失

　　　（昭49蔵令54・追加、平22内府令45・旧第4節の2繰下）

（特別利益の表示方法）

第95条の2　特別利益に属する利益は、固定資産
売却益、負ののれん発生益その他の項目の区分

477

に従い、当該利益を示す名称を付した科目をもつて掲記しなければならない。ただし、各利益のうち、その金額が特別利益の総額の100分の10以下のもので一括して表示することが適当であると認められるものについては、当該利益を一括して示す名称を付した科目をもつて掲記することができる。

(昭49蔵令54・追加、平21内府令5・平22内府令45・一部改正)

(特別損失の表示方法)

第95条の3 特別損失に属する損失は、固定資産売却損、減損損失、災害による損失その他の項目の区分に従い、当該損失を示す名称を付した科目をもつて掲記しなければならない。ただし、各損失のうち、その金額が特別損失の総額の100分の10以下のもので一括して表示することが適当であると認められるものについては、当該損失を一括して示す名称を付した科目をもつて掲記することができる。

(昭49蔵令54・追加、平16内府令5・平22内府令45・一部改正)

(減損損失に関する注記)

第95条の3の2 減損損失を認識した資産又は資産グループ(複数の資産が一体となつてキャッシュ・フローを生み出す場合における当該資産の集まりをいう。以下同じ。)がある場合には、当該資産又は資産グループごとに、次の各号に掲げる事項を注記しなければならない。ただし、重要性が乏しい場合には、注記を省略することができる。

一 当該資産又は資産グループについて、次に掲げる事項の概要

イ 用途

ロ 種類

ハ 場所

ニ その他当該資産又は資産グループの内容を理解するために必要と認められる事項がある場合には、その内容

二 減損損失を認識するに至つた経緯

三 減損損失の金額及び主な固定資産の種類ごとの当該金額の内訳

四 資産グループがある場合には、当該資産グループに係る資産をグループ化した方法

五 回収可能価額が正味売却価額の場合にはその旨及び時価の算定方法、回収可能価額が使用価値の場合にはその旨及び割引率

2 前項各号に掲げる事項は、財務諸表提出会社が連結財務諸表を作成している場合には、記載することを要しない。

(平16内府令5・追加、平26内府令19・一部改正)

(企業結合に係る特定勘定の取崩益の注記)

第95条の3の3 企業結合に係る特定勘定の取崩益が生じた場合には、重要性が乏しい場合を除き、内容及び金額を注記しなければならない。

2 前項に規定する事項は、連結財務諸表において同一の内容が記載される場合には、記載することを要しない。この場合には、その旨を記載しなければならない。

(平18内府令56・追加、平26内府令19・一部改正)

(税引前当期純損益の表示)

第95条の4 経常利益金額又は経常損失金額に特別利益の金額を加減し、次に特別損失の金額を加減した額を、税引前当期純利益金額又は税引前当期純損失金額として表示しなければならない。

(昭49蔵令54・追加、平11蔵令21・平22内府令45・一部改正)

第6節 当期純利益又は当期純損失

(平23内府令10・節名追加)

(当期純利益又は当期純損失)

第95条の5 次の各号に掲げる項目の金額は、その内容を示す名称を付した科目をもつて、税引前当期純利益金額又は税引前当期純損失金額の次に記載しなければならない。

一 当該事業年度に係る法人税、住民税及び事業税(利益に関連する金額を課税標準として課される事業税をいう。次号において同じ。)

二 法人税等調整額(税効果会計の適用により計上される前号に掲げる法人税、住民税及び事業税の調整額をいう。)

2 税引前当期純利益金額又は税引前当期純損失金額に前項各号に掲げる項目の金額を加減した

金額は、当期純利益金額又は当期純損失金額として記載しなければならない。

3　法人税等の更正、決定等による納付税額又は還付税額がある場合には、第1項第1号に掲げる項目の次に、その内容を示す名称を付した科目をもつて記載するものとする。ただし、これらの金額の重要性が乏しい場合には、同号に掲げる項目の金額に含めて表示することができる。

（平10蔵令173・全改、平20内府令36・平22内府令45・一部改正）

（一株当たり当期純損益金額に関する注記）

第95条の5の2　一株当たり当期純利益金額又は当期純損失金額及びその算定上の基礎は、注記しなければならない。

2　当事業年度又は貸借対照表日後において株式併合又は株式分割が行われた場合には、前項に規定する事項のほか、次に掲げる事項を注記しなければならない。

一　株式併合又は株式分割が行われた旨

二　前事業年度の期首に株式併合又は株式分割が行われたと仮定して一株当たり当期純利益金額又は当期純損失金額が算定されている旨

3　前2項に規定する事項は、財務諸表提出会社が連結財務諸表を作成している場合には、記載することを要しない。

（昭57蔵令46・追加、平7蔵令29・平14内府令17・平14内府令66・平18内府令52・平22内府令45・平23内府令10・平26内府令19・一部改正）

（潜在株式調整後一株当たり当期純利益金額に関する注記）

第95条の5の3　潜在株式調整後一株当たり当期純利益金額（普通株式を取得することができる権利又は普通株式への転換請求権その他これらに準ずる権利が付された証券又は契約（以下「潜在株式」という。）に係る権利が行使されることを仮定することにより算定した一株当たり当期純利益金額をいう。以下この条において同じ。）及びその算定上の基礎は、前条の規定による注記の次に記載しなければならない。

2　当事業年度又は貸借対照表日後において株式

併合又は株式分割が行われた場合には、前項の規定により記載すべき事項のほか、次に掲げる事項を注記しなければならない。

一　株式併合又は株式分割が行われた旨

二　前事業年度の期首に株式併合又は株式分割が行われたと仮定して潜在株式調整後一株当たり当期純利益金額が算定されている旨

3　前2項の規定にかかわらず、潜在株式が存在しない場合、潜在株式調整後一株当たり当期純利益金額が一株当たり当期純利益金額を下回らない場合及び一株当たり当期純損失金額の場合には、その旨を記載し、潜在株式調整後一株当たり当期純利益金額の記載は要しないものとする。

4　前3項に規定する事項は、財務諸表提出会社が連結財務諸表を作成している場合には、記載することを要しない。

（平22内府令45・追加、平23内府令10・平26内府令19・平26内府令22・一部改正）

第7節　雑則

（平22内府令45・旧第5節繰下）

（原価差額の表示方法）

第96条　財務諸表提出会社の採用する原価計算方法に基づいて計上される原価差額は、一般に公正妥当と認められる原価計算の基準に従つて処理された結果に基づいて、売上原価又は棚卸資産の期末棚卸高に含めて記載しなければならない。ただし、原価性を有しないと認められるものについては、営業外収益若しくは営業外費用として、又は特別利益若しくは特別損失として記載するものとする。

（昭49蔵令54・平19内府令65・令2内府令9・一部改正）

第97条　削除

（平21内府令5）

（引当金繰入額の区分表示）

第98条　引当金繰入額は、その設定目的及び引当金繰入額であることを示す名称を付した科目をもつて別に掲記しなければならない。

(昭57蔵令46・一部改正)

（特別法上の準備金等の繰入額又は取崩額）

第98条の2　準備金等の繰入れ又は取崩しがある
　ときは、当該繰入額又は取崩額は、特別損失又
　は特別利益として、当該繰入れ又は取崩しによ
　るものであることを示す名称を付した科目をも
　つて掲記しなければならない。

(昭57蔵令46・全改、平10蔵令173・平19内府令65・一部改正)

第4章　株主資本等変動計算書

(平18内府令52・追加)

第1節　総則

(平18内府令52・追加)

（株主資本等変動計算書の記載方法）

第99条　株主資本等変動計算書の記載方法は、本
　章の定めるところによる。

2　株主資本等変動計算書は、様式第7号により
　記載するものとする。

(平18内府令52・追加、平21内府令5・一部改正)

（株主資本等変動計算書の区分表示）

第100条　株主資本等変動計算書は、株主資本、
　評価・換算差額等、株式引受権及び新株予約権
　に分類して記載しなければならない。

2　株主資本等変動計算書は、適切な項目に区分
　し、当該項目を示す名称を付した科目をもつて
　掲記しなければならない。当該項目及び科目
　は、前事業年度末及び当事業年度末の貸借対照
　表における純資産の部の項目及び科目と整合し
　ていなければならない。

(平18内府令52・追加、平20内府令36・令3内府令5・一部改正)

第2節　株主資本

(平18内府令52・追加)

第101条　株主資本は、当事業年度期首残高、当
　事業年度変動額及び当事業年度末残高に区分し
　て記載しなければならない。

2　株主資本に記載される科目の当事業年度変動
　額は、変動事由ごとに記載しなければならな

い。

3　剰余金の配当は、その他資本剰余金又はその
　他利益剰余金の変動事由として表示しなければ
　ならない。

4　当期純利益金額又は当期純損失金額は、その
　他利益剰余金の変動事由として表示しなければ
　ならない。

(平18内府令52・追加、平22内府令45・一部改正)

第102条　その他利益剰余金は、第100条第2項の
　規定にかかわらず、科目ごとの記載に代えて、
　その他利益剰余金の合計額を当事業年度期首残
　高、当事業年度変動額及び当事業年度末残高に
　区分して記載することができる。この場合に
　は、科目ごとのそれぞれの金額を注記するもの
　とする。

(平18内府令52・追加、平22内府令45・一部改正)

第3節　評価・換算差額等

(平18内府令52・追加)

第103条　評価・換算差額等は、当事業年度期首
　残高、当事業年度変動額及び当事業年度末残高
　に区分して記載しなければならない。

2　評価・換算差額等に記載される科目は、当事
　業年度変動額を一括して記載するものとする。
　ただし、主な変動事由ごとに記載又は注記する
　ことを妨げない。

(平18内府令52・追加、平22内府令45・一部改正)

第104条　評価・換算差額等は、第100条第2項の
　規定にかかわらず、科目ごとの記載に代えて、
　評価・換算差額等の合計額を当事業年度期首残
　高、当事業年度変動額及び当事業年度末残高に
　区分して記載することができる。この場合に
　は、科目ごとのそれぞれの金額を注記するもの
　とする。

(平18内府令52・追加、平22内府令45・一部改正)

第3節の2　株式引受権

(令3内府令5・追加)

480

第104条の2　株式引受権は、当事業年度期首残高、当事業年度変動額及び当事業年度末残高に区分して記載しなければならない。

2　株式引受権の当事業年度変動額は、一括して記載するものとする。ただし、主な変動事由ごとに記載又は注記することを妨げない。

(令3内府令5・追加)

第4節　新株予約権

(平18内府令52・追加)

第105条　新株予約権は、当事業年度期首残高、当事業年度変動額及び当事業年度末残高に区分して記載しなければならない。

2　新株予約権の当事業年度変動額は、一括して記載するものとする。ただし、主な変動事由ごとに記載又は注記することを妨げない。

(平18内府令52・追加、平22内府令45・一部改正)

第5節　注記事項

(平18内府令52・追加)

(発行済株式に関する注記)

第106条　発行済株式の種類及び総数については、次の各号に掲げる事項を注記しなければならない。

一　発行済株式の種類ごとに、当事業年度期首及び当事業年度末の発行済株式総数並びに当事業年度に増加又は減少した発行済株式数

二　発行済株式の種類ごとの変動事由の概要

2　前項に掲げる事項は、財務諸表提出会社が連結財務諸表を作成している場合には、記載することを要しない。

(平18内府令52・追加、平22内府令45・一部改正)

(自己株式に関する注記)

第107条　自己株式の種類及び株式数については、次の各号に掲げる事項を注記しなければならない。

一　自己株式の種類ごとに、当事業年度期首及び当事業年度末の自己株式数並びに当事業年度に増加又は減少した自己株式数

二　自己株式の種類ごとの変動事由の概要

2　前項に規定する事項は、財務諸表提出会社が連結財務諸表を作成している場合には、記載することを要しない。

(平18内府令52・追加、平22内府令45・平26内府令19・一部改正)

(新株予約権等に関する注記)

第108条　新株予約権については、次の各号に掲げる事項を注記しなければならない。

一　新株予約権の目的となる株式の種類

二　新株予約権の目的となる株式の数

三　新株予約権の事業年度末残高

2　前項第1号及び第2号に掲げる事項は、新株予約権がストック・オプション又は自社株式オプションとして付与されている場合には、記載することを要しない。

3　第1項第2号の株式の数は、新株予約権の目的となる株式の種類ごとに、新株予約権の目的となる株式の当事業年度期首及び当事業年度末の数、当事業年度に増加及び減少する株式の数並びに変動事由の概要を記載しなければならない。ただし、新株予約権が権利行使されたものと仮定した場合の増加株式数の、当事業年度末の発行済株式総数(自己株式を保有しているときは、当該自己株式の株式数を控除した株式数)に対する割合に重要性が乏しい場合には、注記を省略することができる。

4　前3項の規定は、自己新株予約権について準用する。

5　第1項から前項までに定める事項は、財務諸表提出会社が連結財務諸表を作成している場合には、記載することを要しない。

(平18内府令52・追加、平18内府令88・平22内府令45・一部改正)

(配当に関する注記)

第109条　配当については、次の各号に掲げる事項を注記しなければならない。

一　配当財産が金銭の場合には、株式の種類ごとの配当金の総額、一株当たり配当額、基準日及び効力発生日

二　配当財産が金銭以外の場合には、株式の種

類ごとの配当財産の種類及び帳簿価額（剰余金の配当をした日においてその時の時価を付した場合にあつては、当該時価を付した後の帳簿価額）、一株当たり配当額、基準日並びに効力発生日

三　基準日が当事業年度に属する配当のうち、配当の効力発生日が翌事業年度となるものについては、配当の原資及び前2号に準ずる事項

2　前項に掲げる事項は、財務諸表提出会社が連結財務諸表を作成している場合には、記載することを要しない。

（平18内府令52・追加）

第6節　雑則

（平18内府令52・追加）

第109条の2　指定法人が、株主資本等変動計算書を作成する場合において、この規則により記載することが適当でないと認められるときは、当該指定法人は、その財務諸表について適用される法令又は準則の定めるところに準じて記載することができる。

（平18内府令52・追加）

第5章　キャッシュ・フロー計算書

（平11蔵令21・全改、平18内府令52・旧第4章繰下）

第1節　総則

（平11蔵令21・全改）

（キャッシュ・フロー計算書の記載方法）
第110条　キャッシュ・フロー計算書の記載方法は、本章の定めるところによる。

2　キャッシュ・フロー計算書は、様式第8号又は第9号により記載するものとする。

（平11蔵令21・全改、平18内府令52・旧第99条繰下・一部改正、平21内府令5・一部改正）

（キャッシュ・フロー計算書の作成の対象）
第111条　キャッシュ・フロー計算書は、連結財務諸表を作成していない会社が作成するものとする。

（平11蔵令21・全改、平18内府令52・旧第100条繰下）

（キャッシュ・フロー計算書の表示区分）
第112条　キャッシュ・フロー計算書には、次の各号に掲げる区分を設けてキャッシュ・フローの状況を記載しなければならない。

一　営業活動によるキャッシュ・フロー

二　投資活動によるキャッシュ・フロー

三　財務活動によるキャッシュ・フロー

四　現金及び現金同等物に係る換算差額

五　現金及び現金同等物の増加額又は減少額

六　現金及び現金同等物の期首残高

七　現金及び現金同等物の期末残高

（平11蔵令21・全改、平18内府令52・旧第101条繰下）

第2節　キャッシュ・フロー計算書の記載方法

（平11蔵令21・全改）

（営業活動によるキャッシュ・フローの表示方法）
第113条　前条第1号に掲げる営業活動によるキャッシュ・フローの区分には、次の各号に掲げるいずれかの方法により、営業利益又は営業損失の計算の対象となつた取引に係るキャッシュ・フロー並びに投資活動及び財務活動以外の取引に係るキャッシュ・フローを、その内容を示す名称を付した科目をもつて掲記しなければならない。ただし、その金額が少額なもので一括して表示することが適当であると認められるものについては、適当な名称を付した科目をもつて一括して掲記することができる。

一　営業収入、原材料又は商品の仕入れによる支出、人件費の支出その他適当と認められる項目に分けて主要な取引ごとにキャッシュ・フローを総額により表示する方法

二　税引前当期純利益金額又は税引前当期純損失金額に、次に掲げる項目を加算又は減算して表示する方法

イ　損益計算書に収益又は費用として計上されている項目のうち資金の増加又は減少を

第XI章　関係法令

伴わない項目

ロ　売上債権、棚卸資産、仕入債務その他営業活動により生じた資産及び負債の増加額又は減少額

ハ　損益計算書に収益又は費用として計上されている項目のうち投資活動によるキャッシュ・フロー及び財務活動によるキャッシュ・フローの区分に含まれる項目

(平11蔵令21・全改、平18内府令52・旧第102条繰下、平20内府令36・令2内府令9・一部改正)

(投資活動によるキャッシュ・フローの表示方法)

第114条　第112条第2号に掲げる投資活動によるキャッシュ・フローの区分には、主要な取引ごとにキャッシュ・フローを総額により表示する方法により、有価証券（現金同等物を除く。以下この条において同じ。）の取得による支出、有価証券の売却による収入、有形固定資産の取得による支出、有形固定資産の売却による収入、投資有価証券の取得による支出、投資有価証券の売却による収入、貸付けによる支出、貸付金の回収による収入その他投資活動に係るキャッシュ・フローを、その内容を示す名称を付した科目をもつて掲記しなければならない。ただし、その金額が少額なもので一括して表示することが適当であると認められるものについては、適当な名称を付した科目をもつて一括して掲記することができる。

(平11蔵令21・全改、平18内府令52・旧第103条繰下・一部改正)

(財務活動によるキャッシュ・フローの表示方法)

第115条　第112条第3号に掲げる財務活動によるキャッシュ・フローの区分には、主要な取引ごとにキャッシュ・フローを総額により表示する方法により、短期借入れによる収入、短期借入金の返済による支出、長期借入れによる収入、長期借入金の返済による支出、社債の発行による収入、社債の償還による支出、株式の発行による収入、自己株式の取得による支出その他財務活動に係るキャッシュ・フローを、その内容を示す名称を付した科目をもつて掲記しなければならない。ただし、その金額が少額なもので

一括して表示することが適当であると認められるものについては、適当な名称を付した科目をもつて一括して掲記することができる。

(平11蔵令21・全改、平18内府令52・旧第104条繰下・一部改正)

(現金及び現金同等物に係る換算差額等の記載)

第116条　第112条第4号に掲げる現金及び現金同等物に係る換算差額の区分には、外貨建ての資金の円貨への換算による差額を記載するものとする。

2　第112条第5号に掲げる現金及び現金同等物の増加額又は減少額の区分には、営業活動によるキャッシュ・フロー、投資活動によるキャッシュ・フロー及び財務活動によるキャッシュ・フローの収支差額の合計額に前項に規定する外貨建ての資金の円貨への換算による差額を加算又は減算した額を記載するものとする。

(平11蔵令21・全改、平18内府令52・旧第105条繰下・一部改正)

第3節　雑則

(平11蔵令21・全改)

(利息及び配当金に係るキャッシュ・フローの表示方法)

第117条　利息及び配当金に係るキャッシュ・フローは、次の各号に掲げるいずれかの方法により記載するものとする。

一　利息及び配当金の受取額並びに利息の支払額は第112条第1号に掲げる営業活動によるキャッシュ・フローの区分に記載し、配当金の支払額は同条第3号に掲げる財務活動によるキャッシュ・フローの区分に記載する方法

二　利息及び配当金の受取額は第112条第2号に掲げる投資活動によるキャッシュ・フローの区分に記載し、利息及び配当金の支払額は同条第3号に掲げる財務活動によるキャッシュ・フローの区分に記載する方法

(平11蔵令21・全改、平18内府令52・旧第106条繰下・一部改正)

(現金及び現金同等物を対価とする事業の譲受け若しくは譲渡又は合併等に係るキャッシュ・フローの表示方法)

483

第118条　現金及び現金同等物を対価とする事業の譲受け若しくは譲渡又は合併等に係るキャッシュ・フローは、第112条第2号に掲げる投資活動によるキャッシュ・フローの区分にその内容を示す名称を付した科目をもつて掲記しなければならない。

（平11蔵令21・全改、平18内府令52・旧第107条繰下・一部改正）

（キャッシュ・フロー計算書に関する注記事項）

第119条　キャッシュ・フロー計算書には、次の各号に掲げる事項を注記しなければならない。ただし、第2号に掲げる事項については、同号に規定する資産及び負債の金額の重要性が乏しい場合には、注記を省略することができる。

一　現金及び現金同等物の期末残高と貸借対照表に掲記されている科目の金額との関係

二　現金及び現金同等物を対価とする事業の譲受け若しくは譲渡又は合併等を行つた場合には、当該事業の譲受け若しくは譲渡又は合併等により増加又は減少した資産及び負債の主な内訳

三　重要な非資金取引の内容

2　前項第3号に掲げる非資金取引とは、社債の償還と引換えによる新株予約権付社債に付された新株予約権の行使、株式の発行等による資産（現金及び現金同等物を除く。)の取得及び合併、その他資金の増加又は減少を伴わない取引であつて、かつ、翌事業年度以降のキャッシュ・フローに重要な影響を与えるものをいう。

（平11蔵令21・全改、平14内府令17・一部改正、平18内府令52・旧第108条繰下・一部改正）

第6章　附属明細表

（附属明細表の記載方法）

第120条　附属明細表の記載方法は、本章の定めるところによる。

（平11蔵令21・一部改正、平18内府令52・旧第117条繰下）

（附属明細表の種類）

第121条　附属明細表の種類は、次に掲げるものとする。

一　有価証券明細表

二　有形固定資産等明細表

三　社債明細表

四　借入金等明細表

五　引当金明細表

六　資産除去債務明細表

2　前項各号に掲げる附属明細表の様式は、様式第10号から第15号までに定めるところによる。

3　財務諸表提出会社（法第24条第1項第1号又は第2号に掲げる有価証券の発行者に限る。）は、第1項第1号に掲げる附属明細表については、作成を要しない（次条及び第123条第1号に規定する場合を除く。）。

4　財務諸表提出会社が連結財務諸表を作成している場合には、第1項第3号、第4号及び第6号に掲げる附属明細表については、作成を要しない（次条及び第123条第1号に規定する場合を除く。）。

（平7蔵令29・平11蔵令21・一部改正、平18内府令52・旧第118条繰下・一部改正、平20内府令50・平21内府令5・平26内府令19・一部改正）

（特定事業を営む会社の附属明細表）

第122条　別記事業を営む株式会社又は指定法人のうち次の各号に掲げるものが法の規定により提出する附属明細表の用語、様式及び作成方法は、当該各号の定めるところによる。ただし、当該株式会社又は指定法人が連結財務諸表を作成している場合には、前条第1項第3号、第4号及び第6号に掲げる附属明細表又はこれらに相当する附属明細表については、作成を要しない。

一　建設業法施行規則（昭和24年建設省令第14号）、金融商品取引業等に関する内閣府令（平成19年内閣府令第52号）、鉄道事業会計規則又は自動車道事業会計規則の適用を受ける株式会社については、前条第1項各号に掲げる附属明細表を同条第2項に定める様式により作成するものとする。

二　銀行法施行規則（昭和57年大蔵省令第10号）、長期信用銀行法施行規則（昭和57年大

蔵省令第13号）、経済産業省・財務省・内閣府関係株式会社商工組合中央金庫法施行規則（平成20年／内閣府／財務省／経済産業省／令第1号）、株式会社日本政策金融公庫の会計に関する省令（平成20年財務省、厚生労働省、農林水産省、経済産業省令第3号）、株式会社日本政策投資銀行の会計に関する省令（平成20年財務省令第60号）又は株式会社国際協力銀行の会計に関する省令（平成24年財務省令第15号）の適用を受ける株式会社及び農林中央金庫法施行規則（平成13年内閣府・農林水産省令第16号）、協同組合による金融事業に関する法律施行規則（平成5年大蔵省令第10号）、信用金庫法施行規則（昭和57年大蔵省令第15号）又は労働金庫法施行規則（昭和57年大蔵省・労働省令第1号）の適用を受ける指定法人については、前条第1項第2号から第6号までに掲げる附属明細表を同条第2項に定める様式により作成するものとする。

三　海運企業財務諸表準則（昭和29年運輸省告示第431号）の適用を受ける株式会社については、同準則に定める海運業収益及び費用明細表を作成するとともに、前条第1項各号に掲げる附属明細表を同条第2項に定める様式により作成するものとする。

四　公共工事の前払金保証事業に関する法律施行規則（昭和27年建設省令第23号）の適用を受ける株式会社については、同令に定める別表中の有価証券明細表及び信託有価証券明細表を作成するとともに、前条第1項第2号から第6号までに掲げる附属明細表を同条第2項に定める様式により作成するものとする。ただし、有価証券明細表及び信託有価証券明細表に記載する有価証券の種類及び銘柄については、株式は発行会社の事業の種類別に、その他のものは法第2条第1項に規定する有価証券の種類別に要約して記載することができる。

五　保険業法施行規則（平成8年大蔵省令第5

号）の適用を受ける株式会社又は指定法人については、同令に定める書式による事業費明細表を作成するとともに、前条第1項第2号から第6号までに掲げる附属明細表を同条第2項に定める様式により作成するものとし、株式会社日本貿易保険の会計に関する省令（平成29年経済産業省令第27号）の適用を受ける株式会社については、前条第1項各号に掲げる附属明細表を同条第2項に定める様式により作成するものとする。

六　電気通信事業会計規則の適用を受ける株式会社については、同令に規定する附属明細表のうち次に掲げるものを作成するとともに、前条第1項第4号に掲げる附属明細表を同条第2項に定める様式により作成するものとする。

イ　固定資産等明細表

ロ　有価証券明細表

ハ　社債明細表

ニ　引当金明細表

ホ　資産除去債務明細表

六の二　ガス事業会計規則の適用を受ける株式会社については、同令に規定する附属明細表のうち次に掲げるものを作成するとともに、前条第1項第3号、第4号及び第6号に掲げる附属明細表を同条第2項に定める様式により作成するものとする。

イ　固定資産等明細表

ロ　有価証券明細表

ハ　引当金明細表

七　電気事業会計規則の適用を受ける株式会社については、同令に規定する附属明細表のうち次に掲げるものを作成するとともに、前条第1項第6号に掲げる附属明細表を同条第2項に定める様式により作成するものとする。

イ　固定資産期中増減明細表

ロ　固定資産期中増減明細表（無形固定資産再掲）

ハ　減価償却費等明細表

ニ　長期投資及び短期投資明細表

ホ　社債明細表

ヘ　借入金、長期未払債務、リース債務、雑固定負債及びコマーシャル・ペーパー明細表

ト　引当金明細表

八　特定目的会社の計算に関する規則（平成18年内閣府令第44号）の適用を受ける特定目的会社については、前条第1項各号に掲げる附属明細表を同条第2項に定める様式により作成するものとする。ただし、同条第1項第2号に掲げる附属明細表を同条第2項に定める様式により作成する場合には、特定資産（資産流動化法第2条第1項に規定する特定資産をいう。以下この号及び次条第1号において同じ。）をその内容に含めて特定資産及び有形固定資産等明細表として作成するものとする。

九　投資法人の計算に関する規則（平成18年内閣府令第47号）の適用を受ける投資法人については、同令に定める様式による有価証券明細表、デリバティブ取引及び為替予約取引の契約額等及び時価の状況表、不動産等明細表のうち総括表、その他特定資産（投資信託及び投資法人に関する法律（昭和26年法律第198号）第2条第1項に規定する特定資産をいう。次条第2号において同じ。）の明細表、投資法人債明細表並びに借入金明細表を作成するものとする。

十　特定金融会社等の会計の整理に関する内閣府令の適用を受ける株式会社又は指定法人については、前条第1項各号に掲げる附属明細表を同条第2項に定める様式により作成するものとする。ただし、前各号に掲げる株式会社又は指定法人に該当する場合には、当該各号に規定するところにより作成するものとする。

十一　高速道路事業等会計規則の適用を受ける株式会社については、同令に規定する附属明細表のうち固定資産等明細表並びに社債、長期借入金及び短期借入金の増減明細表を作成

するとともに、前条第1項第1号、第5号及び第6号に掲げる附属明細表を同条第2項に定める様式により作成するものとする。

十二　社会医療法人債を発行する社会医療法人の財務諸表の用語、様式及び作成方法に関する規則の適用を受ける医療法人については、同令に規定する附属明細表のうち次に掲げるものを作成するとともに、前条第1項第6号に掲げる附属明細表を同条第2項に定める様式により作成するものとする。

イ　有価証券明細表

ロ　有形固定資産等明細表

ハ　社会医療法人債明細表

ニ　借入金等明細表

ホ　引当金明細表

十三　有価証券発行学校法人の財務諸表の用語、様式及び作成方法に関する規則の適用を受ける学校法人等（私立学校法（昭和24年法律第270号）第3条に規定する学校法人又は同法第64条第4項に規定する法人をいう。別記第21号において同じ。）については、同令に規定する附属明細表のうち次に掲げるものを作成するとともに、前条第1項第6号に掲げる附属明細表を同条第2項に定める様式により作成するものとする。

イ　有形固定資産等明細表

ロ　有価証券明細表

ハ　特定資産明細表

ニ　学校債明細表

ホ　借入金等明細表

ヘ　引当金明細表

（昭39蔵令52・昭40蔵令52・昭40蔵令69・昭48蔵令4・昭49蔵令14・昭49蔵令54・昭50蔵令29・昭50蔵令50・昭51蔵令16・昭57蔵令17・昭58蔵令7・昭60蔵令56・昭62蔵令12・平3蔵令41・平5蔵令23・平6蔵令21・平8蔵令6・平10蔵令109・平10蔵令135・平11蔵令21・平11蔵令58・平12蔵令8・平12総府令65・平12総府令116・平12総府令137・平13内府令97・平14内府令66・一部改正、平18内府令52・旧第119条繰下・一部改正、平19内府令31・平19内府令65・平19内府令78・平20内府令50・平20内府令56・平21内府令5・平21内府令73・平24内府令11・平29内府令35・一部改正）

（特定信託財産の附属明細表）

第123条　特定信託財産の附属明細表の用語、様式及び作成方法は、次の各号の定めるところによる。

　一　特定目的信託財産計算規則の適用を受ける特定信託財産については、第121条第1項各号に掲げる附属明細表を同条第2項に定める様式により作成するものとする。ただし、同条第1項第2号に掲げる附属明細表を同条第2項に定める様式により作成する場合には、特定資産をその内容に含めて特定資産及び有形固定資産等明細表として作成するものとする。

　二　投資信託財産計算規則の適用を受ける特定信託財産については、投資信託財産計算規則に定める様式による有価証券明細表、デリバティブ取引及び為替予約取引の契約額等及び時価の状況表、不動産等明細表、その他特定資産の明細表及び借入金明細表を作成するものとする。

　　（平12総府令137・全改、平18内府令52・旧第120条繰下・一部改正、平19内府令65・平20内府令50・一部改正）

（附属明細表の作成の省略）

第124条　有価証券の金額が資産の総額の100分の1以下である場合には、第121条第1項第1号の附属明細表の作成を省略することができる。

　　（平12総府令137・全改、平18内府令52・旧第121条繰下・一部改正）

第125条　当該事業年度期首及び当該事業年度末における短期借入金、長期借入金、リース債務及びその他の負債であつて、金利の負担を伴うもの（社債を除く。）の金額が当該事業年度期首及び当該事業年度末における負債及び純資産の合計額の100分の1以下である場合には、第121条第1項第4号の附属明細表の作成を省略することができる。

　　（平11蔵令21・一部改正、平18内府令52・旧第123条繰下・一部改正、平19内府令65・平20内府令50・平23内府令10・一部改正）

第125条の2　当該事業年度期首及び当該事業年度末における資産除去債務の金額が当該事業年度期首及び当該事業年度末における負債及び純資産の合計額の100分の1以下である場合には、第121条第1項第6号の附属明細表の作成を省略することができる。

　　（平20内府令50・追加、平23内府令10・一部改正）

第126条　前3条の規定により附属明細表の作成を省略した場合には、その旨を注記しなければならない。

　　（平11蔵令21・平12総府令137・一部改正、平18内府令52・旧第125条繰下・一部改正、平20内府令50・一部改正）

第7章　特例財務諸表提出会社の財務諸表

　　（平26内府令19・追加）

（特例財務諸表提出会社の財務諸表の作成基準）

第127条　特例財務諸表提出会社が作成する財務諸表の様式は、前各章の規定にかかわらず、次の各号の区分に応じ、当該各号に定める様式によることができる。

　一　貸借対照表　様式第5号の2

　二　損益計算書　様式第6号の2

　三　株主資本等変動計算書　様式第7号の2

　四　有形固定資産等明細表　様式第11号の2

　五　引当金明細表　様式第14号の2

2　特例財務諸表提出会社は、次の各号に掲げる規定にかかわらず、当該各号に定める事項の注記をもつて当該各号に掲げる規定の注記に代えることができる。

　一　第8条の2　会社計算規則（平成18年法務省令第13号）第101条各号に掲げる事項（重要性の乏しいものを除く。）

　二　第8条の3の4　会社計算規則第102条の3第1項各号に掲げる事項（重要性の乏しいものを除く。）

　三　第8条の3の5　会社計算規則第102条の4各号に掲げる事項（重要性の乏しいものを除く。）

　四　第18条及び第32条の2　会社計算規則第103条第9号に掲げる事項

　五　第39条及び第55条　会社計算規則第103条第6号に掲げる事項

六　第43条　会社計算規則第103条第1号に掲げる事項

七　第58条　会社計算規則第103条第5号に掲げる事項

八　第74条、第88条、第91条及び第94条　会社計算規則第104条に規定する関係会社との営業取引による取引高の総額及び営業取引以外の取引による取引高の総額

（平26内府令19・追加）

（特例財務諸表提出会社に該当する旨の記載）

第128条　特例財務諸表提出会社が前条の規定により財務諸表を作成した場合には、次に掲げる事項を記載しなければならない。

一　特例財務諸表提出会社に該当する旨

二　前条の規定により財務諸表を作成している旨

（平26内府令19・追加）

第8章　指定国際会計基準特定会社の財務諸表

（平21内府令73・追加、平26内府令19・旧第7章繰下、平27内府令52・改称）

（指定国際会計基準特定会社の財務諸表の作成基準）

第129条　指定国際会計基準特定会社が提出する財務諸表の用語、様式及び作成方法は、第1章から第6章までの規定による。

2　指定国際会計基準特定会社は、前項の規定により作成した財務諸表のほか、指定国際会計基準によつて財務諸表を作成することができる。

（平21内府令73・追加、平26内府令19・旧第127条繰下・一部改正、平27内府令52・一部改正）

（会計基準の特例に関する注記）

第130条　指定国際会計基準に準拠して作成した財務諸表には、次に掲げる事項を注記しなければならない。

一　指定国際会計基準が国際会計基準（連結財務諸表規則第93条に規定する国際会計基準をいう。以下この号及び次号において同じ。）と同一である場合には、国際会計基準に準拠

して財務諸表を作成している旨

二　指定国際会計基準が国際会計基準と異なる場合には、指定国際会計基準に準拠して財務諸表を作成している旨

三　指定国際会計基準特定会社に該当する旨及びその理由

（平21内府令73・追加、平22内府令45・平25内府令70・一部改正、平26内府令19・旧第128条繰下、平27内府令52・一部改正）

第9章　外国会社の財務書類

（昭49蔵令14・追加、平21内府令73・旧第7章繰下、平26内府令19・旧第8章繰下）

（外国会社の財務書類の作成基準）

第131条　外国会社がその本国（本拠とする州その他の地域を含む。以下同じ。）において開示している財務計算に関する書類を財務書類として提出することを、金融庁長官が公益又は投資者保護に欠けることがないものとして認める場合には、当該財務書類の用語、様式及び作成方法は、金融庁長官が必要と認めて指示する事項を除き、その本国における用語、様式及び作成方法によるものとする。

2　外国会社がその本国において開示している財務計算に関する書類が前項の規定に基づく金融庁長官の認めるところとならない場合等において、当該外国会社がその本国以外の本邦外地域において開示している財務計算に関する書類を財務書類として提出することを、金融庁長官が公益又は投資者保護に欠けることがないものとして認める場合には、当該財務書類の用語、様式及び作成方法は、金融庁長官が必要と認めて指示する事項を除き、当該本国以外の本邦外地域における用語、様式及び作成方法によるものとする。

3　前2項の規定により本邦外地域で開示している財務計算に関する書類を財務書類として提出することが金融庁長官の認めるところとなつた外国会社が、当該地域で開示している財務計算に関する書類以外の財務計算に関する書類を財

第XI章　関係法令

務書類として提出する場合には、当該財務計算
に関する書類の用語、様式及び作成方法は、金
融庁長官の指示するところによるものとする。

4　外国会社が本国その他の本邦外地域において
開示している財務計算に関する書類が第1項又
は第2項の規定に基づく金融庁長官の認めると
ころとならない場合には、当該外国会社が提出
する財務書類の用語、様式及び作成方法は、金
融庁長官の指示するところによるものとする。

5　前各項の規定にかかわらず、特定有価証券
（法第5条第1項において規定する特定有価証
券をいう。）を発行する外国会社が、当該特定
有価証券に関して提出する財務書類の用語、様
式及び作成方法は、金融庁長官の指示するとこ
ろによるものとする。ただし、当該外国会社が
その本国において作成している財務計算に関す
る書類を財務書類として提出することを、金融
庁長官が公益又は投資者保護に欠けることがな
いものとして認める場合には、当該財務書類の
用語、様式及び作成方法は、金融庁長官が必要
と認めて指示する事項を除き、その本国におけ
る用語、様式及び作成方法によるものとする。

（昭49蔵令14・追加、昭54蔵令6・平5蔵令23・平12総府令65・平
19内府令65・一部改正、平21内府令73・旧第127条繰下、平26内府
令19・旧第129条繰下）

（会計処理基準に関する注記）

第132条　前条第1項から第4項までの規定によ
る財務書類について、当該外国会社が採用する
会計処理の原則及び手続のうち、本邦における
会計処理の原則及び手続と異なるものがある場
合には、その内容を当該財務書類に注記しなけ
ればならない。

（昭49蔵令14・追加、昭54蔵令6・昭57蔵令46・一部改正、平21内
府令73・旧第128条繰下、平26内府令19・旧第130条繰下）

（表示方法）

第133条　第5条第2項の規定は、外国会社が提
出する財務書類について準用する。

2　外国会社が提出する財務書類の表示方法のう
ち、本邦における表示方法と異なるものがある
場合には、その内容を当該財務書類に注記しな

ければならない。

（昭49蔵令14・追加、昭57蔵令46・平19内府令65・一部改正、平21
内府令73・旧第129条繰下、平22内府令45・一部改正、平26内府令
19・旧第131条繰下）

（金額表示）

第134条　外国会社が提出する財務書類に掲記さ
れる科目その他の事項について、本邦通貨以外
の通貨建ての金額により表示している場合に
は、主要な事項について本邦通貨に換算した金
額を併記するものとする。この場合において
は、本邦通貨への換算に当たつて採用した換算
の基準を当該財務書類に注記しなければならな
い。

（昭49蔵令14・追加、昭54蔵令6・昭57蔵令46・一部改正、平21内
府令73・旧第130条繰下、平26内府令19・旧第132条繰下）

（注記の方法）

第135条　第132条、第133条第2項及び前条の規
定により記載すべき注記は、脚注として記載し
なければならない。ただし、脚注として記載す
ることが適当でないと認められるものについて
は、他の適当な箇所に記載することができる。

2　第9条第5項の規定は、第132条及び第133条
第2項の規定により注記する場合に準用する。

（昭57蔵令46・追加、平20内府令36・一部改正、平21内府令73・旧
第131条繰下・一部改正、平22内府令45・一部改正、平26内府令
19・旧第133条繰下・一部改正）

別記〔第2条・第4条の2・第122条〕

一　建設業

二　削除

三　銀行・信託業

四　建設業保証業

五　第一種金融商品取引業（有価証券関連業に
該当するものに限る。）

六　保険業

七　民営鉄道業

八　削除

九　水運業

十　道路運送固定施設業

十一　電気通信業

十二　電気業

489

十三　ガス業

十四　中小企業等金融業

十五　農林水産金融業

十六　資産流動化業

十七　投資運用業（法第28条第4項に規定する投資運用業のうち、法第2条第8項第14号に掲げる行為を業として行う場合に限る。）

十八　投資業（投資法人の行う業務に限る。）

十九　特定金融業

二十　医業（社会医療法人債を発行し、又は発行しようとする医療法人が行う業務に限る。）

二十一　学校設置事業（金融商品取引法施行令（昭和40年政令第321号）第1条第2号に掲げる証券若しくは証書を発行し、若しくは発行しようとする学校法人等又は同令第1条の3の4に規定する権利を有価証券として発行し、若しくは発行しようとする学校法人等が行う業務に限る。）

様式第五号

【貸借対照表】

(単位： 円)

	前事業年度 (年 月 日)	当事業年度 (年 月 日)
資産の部		
流動資産		
現金及び預金	×××	×××
受取手形	×××	×××
貸倒引当金	△×××	△×××
受取手形（純額）	×××	×××
売掛金	×××	×××
貸倒引当金	△×××	△×××
売掛金（純額）	×××	×××
契約資産	×××	×××
貸倒引当金	△×××	△×××
契約資産（純額）	×××	×××
リース債権	×××	×××
貸倒引当金	△×××	△×××
リース債権（純額）	×××	×××
リース投資資産	×××	×××
貸倒引当金	△×××	△×××
リース投資資産（純額）	×××	×××
有価証券	×××	×××
商品及び製品	×××	×××
仕掛品	×××	×××
原材料及び貯蔵品	×××	×××
前渡金	×××	×××
前払費用	×××	×××
未収収益	×××	×××
株主、役員又は従業員に対する短期債権	×××	×××
貸倒引当金	△×××	△×××
株主、役員又は従業員に対する短期債権（純額）	×××	×××
短期貸付金	×××	×××

貸倒引当金	△××	△××
短期貸付金（純額）	×××	×××
未収入金	×××	×××
………………	×××	×××
流動資産合計	×××	×××
固定資産		
有形固定資産		
建物	×××	×××
減価償却累計額	△×××	△×××
建物（純額）	×××	×××
構築物	×××	×××
減価償却累計額	△×××	△×××
構築物（純額）	×××	×××
機械及び装置	×××	×××
減価償却累計額	△×××	△×××
機械及び装置（純額）	×××	×××
船舶	×××	×××
減価償却累計額	△×××	△×××
船舶（純額）	×××	×××
車両運搬具	×××	×××
減価償却累計額	△×××	△×××
車両運搬具（純額）	×××	×××
工具、器具及び備品	×××	×××
減価償却累計額	△×××	△×××
工具、器具及び備品（純額）	×××	×××
土地	×××	×××
リース資産	×××	×××
減価償却累計額	△×××	△×××
リース資産（純額）	×××	×××
建設仮勘定	×××	×××
………………	×××	×××
有形固定資産合計	×××	×××
無形固定資産		
のれん	×××	×××
特許権	×××	×××

借地権	×××	×××
商標権	×××	×××
実用新案権	×××	×××
意匠権	×××	×××
鉱業権	×××	×××
漁業権	×××	×××
ソフトウエア	×××	×××
リース資産	×××	×××
公共施設等運営権	×××	×××
………………	×××	×××
無形固定資産合計	×××	×××
投資その他の資産		
投資有価証券	×××	×××
関係会社株式	×××	×××
関係会社社債	×××	×××
その他の関係会社有価証券	×××	×××
出資金	×××	×××
関係会社出資金	×××	×××
長期貸付金	×××	×××
貸倒引当金	△×××	△×××
長期貸付金（純額）	×××	×××
株主、役員又は従業員に対する長期貸付金	×××	×××
貸倒引当金	△×××	△×××
株主、役員又は従業員に対する長期貸付金（純額）	×××	×××
関係会社長期貸付金	×××	×××
貸倒引当金	△×××	△×××
関係会社長期貸付金（純額）	×××	×××
破産更生債権等	×××	×××
貸倒引当金	△×××	△×××
破産更生債権等（純額）	×××	×××
長期前払費用	×××	×××
前払年金費用	×××	×××
繰延税金資産	×××	×××
投資不動産	×××	×××

減価償却累計額	△×× ×	△×× ×
投資不動産（純額）	×× ×	×× ×
………………	×× ×	×× ×
投資その他の資産合計	×× ×	×× ×
固定資産合計	×× ×	×× ×
繰延資産		
創立費	×× ×	×× ×
開業費	×× ×	×× ×
株式交付費	×× ×	×× ×
社債発行費	×× ×	×× ×
開発費	×× ×	×× ×
繰延資産合計	×× ×	×× ×
資産合計	×× ×	×× ×
負債の部		
流動負債		
支払手形	×× ×	×× ×
買掛金	×× ×	×× ×
短期借入金	×× ×	×× ×
リース債務	×× ×	×× ×
未払金	×× ×	×× ×
未払費用	×× ×	×× ×
未払法人税等	×× ×	×× ×
契約負債	×× ×	×× ×
前受金	×× ×	×× ×
預り金	×× ×	×× ×
前受収益	×× ×	×× ×
修繕引当金	×× ×	×× ×
………………	×× ×	×× ×
資産除去債務	×× ×	×× ×
公共施設等運営権に係る負債	×× ×	×× ×
株主、役員又は従業員からの短期借入金	×× ×	×× ×
従業員預り金	×× ×	×× ×
………………	×× ×	×× ×
流動負債合計	×× ×	×× ×
固定負債		

第XI章　関係法令

社債	×××	×××
長期借入金	×××	×××
関係会社長期借入金	×××	×××
株主、役員又は従業員からの長期借入金	×××	×××
リース債務	×××	×××
長期未払金	×××	×××
繰延税金負債	×××	×××
退職給付引当金	×××	×××
………………	×××	×××
資産除去債務	×××	×××
公共施設等運営権に係る負債	×××	×××
………………	×××	×××
固定負債合計	×××	×××
負債合計	×××	×××
純資産の部		
株主資本		
資本金	×××	×××
資本剰余金		
資本準備金	×××	×××
その他資本剰余金	×××	×××
資本剰余金合計	×××	×××
利益剰余金		
利益準備金	×××	×××
その他利益剰余金		
××積立金	×××	×××
………………	×××	×××
繰越利益剰余金	×××	×××
利益剰余金合計	×××	×××
自己株式	△×××	△×××
株主資本合計	×××	×××
評価・換算差額等		
その他有価証券評価差額金	×××	×××
繰延ヘッジ損益	×××	×××
土地再評価差額金	×××	×××
………………	×××	×××

評価・換算差額等合計	×××	×××
株式引受権	×××	×××
新株予約権	×××	×××
純資産合計	×××	×××
負債純資産合計	×××	×××

(記載上の注意)

1．別記事業を営んでいる場合その他上記の様式によりがたい場合には、当該様式に準じて記載すること。

2．繰延税金資産及び繰延税金負債については、第54条の規定により表示すること。

様式第六号

【損益計算書】

(単位： 円)

	前事業年度 (自 年 月 日 至 年 月 日)	当事業年度 (自 年 月 日 至 年 月 日)
売上高	×××	×××
売上原価		
商品（又は製品）期首棚卸高	×××	×××
当期商品仕入高（又は当期製品製造原価）	×××	×××
合計	×××	×××
商品（又は製品）期末棚卸高	×××	×××
商品（又は製品）売上原価	×××	×××
売上総利益（又は売上総損失）	×××	×××
販売費及び一般管理費		
………………	×××	×××
………………	×××	×××
………………	×××	×××
販売費及び一般管理費合計	×××	×××
営業利益（又は営業損失）	×××	×××
営業外収益		
受取利息	×××	×××
有価証券利息	×××	×××
受取配当金	×××	×××
仕入割引	×××	×××
投資不動産賃貸料	×××	×××
………………	×××	×××
………………	×××	×××
営業外収益合計	×××	×××
営業外費用		
支払利息	×××	×××
社債利息	×××	×××
社債発行費償却	×××	×××
売上割引	×××	×××
………………	×××	×××

………………	×××	×××
営業外費用合計	×××	×××
経常利益（又は経常損失）	×××	×××
特別利益		
固定資産売却益	×××	×××
負ののれん発生益	×××	×××
………………	×××	×××
………………	×××	×××
特別利益合計	×××	×××
特別損失		
固定資産売却損	×××	×××
減損損失	×××	×××
災害による損失	×××	×××
………………	×××	×××
………………	×××	×××
特別損失合計	×××	×××
税引前当期純利益（又は税引前当期純損失）	×××	×××
法人税、住民税及び事業税	×××	×××
法人税等調整額	×××	×××
法人税等合計	×××	×××
当期純利益（又は当期純損失）	×××	×××

（記載上の注意）

　別記事業を営んでいる場合その他上記の様式によりがたい場合には、当該様式に準じて記載すること。

様式第十三号

【借入金等明細表】

区　　　分	当期首残高 （円）	当期末残高 （円）	平均利率 （％）	返済期限
短期借入金				－
１年以内に返済予定の長期借入金				－
１年以内に返済予定のリース債務				－
長期借入金（１年以内に返済予定のものを除く。）				
リース債務（１年以内に返済予定のものを除く。）				
その他有利子負債				
合　　　計			－	－

（記載上の注意）

1．第49条第１項第３号に規定する短期借入金、同項第４号及び第52条第１項第４号に規定するリース債務、同項第２号及び第３号に規定する長期借入金（貸借対照表において流動負債として掲げられているものを含む。以下同じ。）並びにその他の負債であつて、金利の負担を伴うもの（社債を除く。第５号において「その他有利子負債」という。）について記載すること。

2．重要な借入金で無利息又は特別の条件による利率が約定されているものがある場合には、その内容を欄外に記載すること。

3．「その他有利子負債」の欄は、その種類ごとにその内容を示したうえで記載すること。

4．「平均利率」の欄には、加重平均利率を記載すること。ただし、財務諸表提出会社がリース料総額に含まれる利息相当額を控除する前の金額でリース債務を貸借対照表に計上している場合又はリース料総額に含まれる利息相当額を定額法により各事業年度に配分している場合には、リース債務については「平均利率」の欄の記載を要しない。なお、リース債務について「平均利率」の欄の記載を行わない場合には、その旨及びその理由を注記すること。

5．リース債務、長期借入金及びその他有利子負債（１年以内に返済予定のものを除く。）については、貸借対照表日後５年内における１年ごとの返済予定額の総額を注記すること。

6．別記事業を営んでいる場合その他上記の様式によりがたい場合には、当該様式に準じて記載すること。

○ 「財務諸表等の用語、様式及び作成方法に関する規則」の取扱いに関する留意事項について（財務諸表等規則ガイドライン）（抄）

〔令和3年9月〕
〔金融庁企画市場局〕

このガイドラインは、財務諸表等の用語、様式及び作成方法に関する留意事項（制定・発出時点において最適と考えられる法令解釈・運用等）を示したものである。

第1章 総 則

8－4　子会社の判定に当たっては、議決権のある株式等の所有の名義が役員その他当該会社以外の者となっていても、当該株式等の取得のための資金関係、当該株式等に係る配当その他の損益の帰属関係等を検討し、当該会社が自己の計算において議決権を所有しているか否かについて判断することが必要であることに留意するものとする。

　なお、関連会社の判定に当たっても、同様とする。

8－11－2　規則第8条第11項第2号にいう先物取引に類似する取引のうち商品を対象物とする取引については、通常差金決済により取引されるものであることに留意する。

8－14　デリバティブ取引の範囲に関しては、次の点に留意する。

1　カラー、スワップション等デリバティブ取引を組み合わせた複合金融商品は、原則として、一つのデリバティブ取引として取り扱うものとする。ただし、それぞれのデリバティブ取引を区分して処理している場合には、当該複合金融商品を構成するそれぞれの金融商品がデリバティブ取引に該当することに留意する。

2　キャップ付借入金、コール・オプション付

社債等において、借入金又は社債等とデリバティブ取引が区分して処理されている場合には、当該取引はデリバティブ取引に含まれるものとする。

8－20　規則第8条第20項に規定する売買目的有価証券とは、「金融商品に関する会計基準」にいう売買目的有価証券をいうものとする。

8－21　規則第8条第21項に規定する満期保有目的の債券とは、「金融商品に関する会計基準」にいう満期保有目的の債券をいうものとする。

8－22　規則第8条第22項に規定するその他有価証券とは、「金融商品に関する会計基準」にいうその他有価証券をいうものとする。

8の2　規則第8条の2に規定する注記は、「会計方針の開示、会計上の変更及び誤謬の訂正に関する会計基準」が適用される場合の注記とし、次の点に留意する。

1　重要な会計方針については、投資者その他の財務諸表の利用者が財務諸表作成のための基礎となる事項を理解するために、財務諸表提出会社が採用した会計処理の原則及び手続の概要を開示することを目的とした上で、当該会社において、当該目的に照らして記載内容及び記載方法が適切かどうかを判断して記載するものとする。なお、会計基準等の定めが明らかな場合であって、当該会計基準等において代替的な会計処理の原則及び手続が認められていない場合には、注記を省略することができる。

2　重要な会計方針には、例えば次の事項が含まれるものとする。

(1)　有価証券の評価基準及び評価方法
(2)　棚卸資産の評価基準及び評価方法
(3)　固定資産の減価償却の方法
(4)　繰延資産の処理方法
(5)　外貨建の資産及び負債の本邦通貨への換算基準
(6)　引当金の計上基準
(7)　収益及び費用の計上基準
(8)　ヘッジ会計の方法

(9) キャッシュ・フロー計算書における資金の範囲

(10) その他財務諸表作成のための基礎となる事項

3 2の(1)から(10)までに例示されている重要な会計方針の記載に関しては、次の点に留意する。

(1) 2の(1)に掲げる有価証券の評価基準及び評価方法の記載に関しては、次の点に留意する。

① 有価証券とは、金融商品取引法（昭和23年法律第25号）第2条第1項に規定する有価証券及び同条第2項の規定により有価証券とみなされる権利（同項第1号及び第2号に掲げる権利（以下①において「信託受益権」という。）を除く。）並びに申込証拠金領収証をいう。この場合において、新株申込受付票は申込証拠金領収証に準じて取り扱うものとし、信託受益権及び内国法人の発行する譲渡性預金の預金証書等で有価証券として会計処理することが適当と認められるものは有価証券に含めるものとする。

② 有価証券の評価方法とは、例えば、取得原価を算定するために採用した方法（例えば、移動平均法、総平均法等）、その他有価証券の時価評価を行うに際しての評価差額の取扱いをいう。

(2) 2の(2)に掲げる棚卸資産の評価基準及び評価方法とは、売上原価及び期末棚卸高を算定するために採用した棚卸資産の評価基準及び評価方法をいう。この場合の評価方法とは、例えば、個別法、先入先出法等をいう。

(3) 2の(4)に掲げる繰延資産の処理方法には、繰延資産として計上することが認められている株式交付費、社債発行費等について、支出時に全額費用として処理する方法を採用している場合が含まれることに留意するものとする。

株式交付費、社債発行費等を繰延資産に計上しているときは、償却期間及び償却方法を

記載するものとする。

(4) 2の(5)に掲げる外貨建の資産及び負債の本邦通貨への換算基準には、「外貨建取引等会計処理基準」（昭和54年6月26日企業会計審議会報告）に定めのない事項に関する換算基準又は「外貨建取引等会計処理基準」を適用することが適当でないと認められる場合において、他の合理的な換算基準を採用した場合における当該他の換算基準等について記載するものとする。

(5) 2の(6)に掲げる引当金の計上基準の記載に関しては、次の点に留意する。

① 各引当金の計上の理由、計算の基礎その他の設定の根拠を記載するものとする。

② 退職給付引当金については、退職給付見込額の期間帰属方法並びに数理計算上の差異、過去勤務費用及び会計基準変更時差異の費用処理方法が含まれるものとする。

③ 規則第54条の3第1項の規定による準備金等を計上している場合には①に準じて記載するものとする。

(6) 2の(7)に掲げる収益及び費用の計上基準の記載に関しては、次の点に留意する。

① ファイナンス・リース取引に係る収益及び費用の計上基準等、財務諸表について適正な判断を行うために必要があると認められる事項を記載するものとする。

② 財務諸表提出会社の主要な事業における主な履行義務の内容、財務諸表提出会社が当該履行義務に関する収益を認識する通常の時点その他重要な会計方針に含まれると判断した収益認識に関する注記事項その他の事項を記載するものとする。

(7) 2の(8)に掲げるヘッジ会計の方法の記載に関しては、次の点に留意する。

① ヘッジ会計とは、「金融商品に関する会計基準」にいうヘッジ会計をいうものとする。

② ヘッジ会計の方法には、繰延ヘッジ等のヘッジ会計の方法に併せて、ヘッジ手段と

ヘッジ対象、ヘッジ方針、ヘッジ有効性評価の方法等リスク管理方針のうちヘッジ会計に係るものについても概括的に記載するものとする。

(8)　2の⑽に掲げる事項については、次の点に留意する。

①　支払利息を資産の取得原価に算入する会計処理の内容等、財務諸表について適正な判断を行うために必要と認められる事項を記載するものとする。

②　退職給付に係る未認識数理計算上の差異、未認識過去勤務費用及び会計基準変更時差異の未処理額の会計処理の方法が連結財務諸表におけるこれらの会計処理の方法と異なる場合には、その旨を記載するものとする。

③　特定の市場リスク（規則第8条の6の2第3項に規定する金利、通貨の価格、金融商品市場における相場その他の指標の数値の変動に係るリスクをいう。）又は特定の信用リスク（取引相手先の契約不履行に係るリスクをいう。）に関して金融資産及び金融負債を相殺した後の正味の資産又は負債を基礎として、当該金融資産及び金融負債のグループを単位とした時価を算定する場合には、その旨を記載するものとする。

④　会計処理の対象となる会計事象や取引に関連する会計基準等の定めが明らかでない場合（特定の会計事象等に対して適用し得る具体的な会計基準等の定めが存在しないため、会計処理の原則及び手続を採用する場合や業界の実務慣行とされている会計処理の原則及び手続を適用する場合を含む。）には、財務諸表提出会社が採用した会計処理の原則及び手続を記載するものとする。

8の3　規則第8条の3及び第8条の3の2の規定の適用については、次の点に留意する。

1　同一の事業年度において複数の会計方針を変更した場合には、実務上可能な範囲において、会計方針の変更の内容ごとに、規則第8

条の3又は第8条の3の2の規定を適用するものとする。ただし、当該会計方針の変更の内容ごとに影響額を区分することが困難な場合には、その旨を記載するものとする。

2　規則第8条の3第1項第3号及び第8条の3の2第1項第3号に規定する財務諸表の主な科目に対する前事業年度における影響額とは、遡及適用（規則第8条第51項に規定する遡及適用をいう。以下同じ。）を行った場合において、当事業年度に含まれる比較情報に計上された主な科目の金額と、前事業年度に係る財務諸表に計上された主な科目の金額との差額をいうものとする。

3　規則第8条の3第2項第1号ハ及び第8条の3の2第2項第1号ハに規定する財務諸表の主な科目に対する実務上算定可能な影響額とは、当事業年度に係る財務諸表の主な科目の金額と、変更前の会計方針を当事業年度に適用した場合において計上されるべき主な科目の金額との差額をいうものとする。

4　規則第8条の3第2項第2号ハ及び第8条の3の2第2項第2号ハに規定する財務諸表の主な科目に対する実務上算定可能な影響額とは、次の(1)から(3)までに掲げる金額をいうものとする。

(1)　前事業年度の期首以前から変更後の会計方針を適用したとき　当事業年度に係る財務諸表に含まれる比較情報に計上された主な科目の金額と、前事業年度に係る財務諸表の主な科目の金額との差額

(2)　当事業年度の期首から変更後の会計方針を適用したとき　当事業年度に係る財務諸表の主な科目の金額と、変更前の会計方針を当事業年度に適用した場合において計上されるべき主な科目の金額との差額

(3)　前事業年度の期中から変更後の会計方針を適用したとき　当事業年度に係る財務諸表に含まれる比較情報に計上された主な科目の金額と、前事業年度に係る財務諸表の主な科目の金額との差額、及び当事業年度

に係る財務諸表の主な科目の金額と、変更
前の会計方針を当事業年度に適用した場合
において計上されるべき主な科目の金額と
の差額
5　規則第8条の3第3項に規定する事項の注
記に際しては、会計基準等に規定された遡及
適用に関する経過措置の内容に応じて、必要
な事項を記載するものとする。
8の4　規則第8条の4に規定する重要な後発事
象とは、例えば次に掲げるものをいう。
1　火災、出水等による重大な損害の発生
2　多額の増資又は減資及び多額の社債の発行
又は繰上償還
3　会社の合併、重要な事業の譲渡又は譲受
4　重要な係争事件の発生又は解決
5　主要な取引先の倒産
6　株式併合及び株式分割
8の6　規則第8条の6に規定する注記とは、
「リース取引に関する会計基準」が適用される
場合の注記とし、リース資産、リース債権、
リース投資資産及びリース債務等の用語は、
「リース取引に関する会計基準」に定めるリー
ス資産、リース債権、リース投資資産及びリー
ス債務等の用語をいうものとする。
8の6−1−1　規則第8条の6第1項第1号イ
に規定するリース資産の内容には、主な資産の
種類等を記載するものとする。
8の6−1−2　規則第8条の6第1項第2号に
規定するリース料債権部分の金額及び見積残存
価額部分の金額については、利息相当額を控除
する前の金額を記載するものとする。
8の6−2　規則第8条の6第2項に規定する解
約不能のリース取引に係る未経過リース料の金
額には、リース契約に基づくリース期間の一部
分の期間についてリース契約を解除することが
できないリース取引における当該リース期間の
一部分の期間に係る未経過リース料の金額を含
めて記載することに留意する。
8の7−1　規則第8条の7第1項に規定する有
価証券に関する注記については、次の点に留意

する。
1　規則第8条の7第1項第2号の記載に当
たっては、債券の種類ごとに区分して記載す
ることができる。
2　規則第8条の7第1項第3号の記載に当
たっては、子会社株式及び関連会社株式のそ
れぞれに区分して記載するものとする。
3　規則第8条の7第1項第4号の記載に当
たっては、債券について債券の種類ごとに区
分して記載することができる。
4　規則第8条の7第1項第4号に規定する取
得原価には、償却原価法に基づいて算定され
た価額を含むものとする。
5　規則第8条の7第1項第6号の記載に当
たっては、債券について債券の種類ごとに記
載することができる。
8の9−1　規則第8条の9第1号の記載には、
共同支配企業に持分法に準じた処理方法を適用
した場合が含まれることに留意する。
8の10　規則第8条の10及び第8条の10の2に規
定する注記とは、「関連当事者の開示に関する
会計基準」が適用される場合の注記とし、関連
当事者との取引等の用語は、「関連当事者の開
示に関する会計基準」に定める関連当事者との
取引等の用語をいうものとする。
8の10−1　関連当事者との無償取引又は低廉な
価格での取引については、当該取引を第三者と
の通常の取引と仮定して取引金額を見積もり、
重要な取引に該当するかどうかを判断するもの
とする。
8の10−1−9　規則第8条の10第1項第9号に
規定する破産更生債権等には、特別の事情によ
り当該企業における通常の債権回収期間内に回
収されないこととなった債権を含むものとす
る。
8の10−1−10　規則第8条の10第1項第10号に
規定する注記することが適当と認められるもの
には、債務保証損失引当金が含まれるものとす
る。
8の10−3　規則第8条の10第3項各号に掲げる

取引については、次の点に留意する。

1　増資（公募増資を除く。）の引受けや自己株式の取得等は、取引条件が一般の取引と同様であることが明白な取引には該当しないものとする。

2　関連当事者である役員が使用人兼務役員の場合であって、財務諸表提出会社と当該役員との間の取引が、使用人としての立場で行われていることが明らかなときは、注記を要しないものとする。

8の13　規則第8条の13第1項に規定する注記に関しては、次の点に留意する。

1　第1号に規定する確定給付制度の概要とは、確定給付制度の一般的説明（厚生年金基金、退職一時金及び確定給付企業年金等、会社等が採用している確定給付制度及びこれらに関する補足説明（例えば、当該制度の対象範囲、設定時期及び移行時期等並びに退職給付信託の設定状況等をいう。））をいうものとする。

2　第2号に掲げる事項（へを除く。）及び第3号に掲げる事項（ホを除く。）の金額に重要性が乏しい場合には、その他の項目に含めることができるものとする。

3(1)　第4号に規定する退職給付債務については、積立型制度及び非積立型制度別に記載するものとする。

(2)　第4号ハの項目には、会計基準変更時差異の未処理額が含まれるものとする。

4(1)　第5号に掲げる事項（へを除く。）の金額に重要性が乏しい場合には、項目を集約することができるものとする。

(2)　第5号への項目には、臨時に支払った割増退職金及び会計基準変更時差異の費用処理額等が含まれるものとする。

5(1)　第6号イに規定する年金資産の主な内訳は、株式、債券等の種類ごとの割合又は金額を記載するものとする。なお、退職給付信託に係る信託財産の割合又は金額は、年金資産の主な内訳の記載とは別に付記する

ものとする。

(2)　第6号ロに規定する長期期待運用収益率の設定方法については、年金資産の主な種類との関連性を踏まえて記載するものとする。

なお、長期期待運用収益率は、年金資産が退職給付の支払いに充てられるまでの期間に保有している年金資産のポートフォリオ、過去の運用実績、運用方針及び市場の動向等を考慮して設定するものとする。

6　第7号ハの項目には、予想昇給率等が含まれるものとする。

7　第8号に規定する事項には、厚生年金基金制度における代行部分に係る退職給付債務及び最低責任準備金の内容等を記載することができるものとする。

8の14　規則第8条の14に規定するストック・オプション若しくは自社株式オプションの付与又は自社の株式の交付に関する注記の対象となる取引は、「ストック・オプション等に関する会計基準」又は「取締役の報酬等として株式を無償交付する取引に関する取扱い」が適用される取引をいうものとする。

8の14-1-1　規則第8条の14第1項第1号に掲げる費用計上額とは、当該事業年度に付与したストック・オプション等にかかる当事業年度の費用計上額及び当該事業年度以前に付与されたストック・オプション等に係る当事業年度の費用計上額が含まれることに留意する。

8の15　規則第8条の15に掲げる対象勤務期間、権利行使価格及び公正な評価単価等の用語は、「ストック・オプション等に関する会計基準」に定める対象勤務期間、権利行使価格及び公正な評価単価等の用語をいうものとする。

8の15-1-7　規則第8条の15第1項第7号及び第8号に掲げる事項を、規則第8条の15第2項第2号の方法により記載する場合には、権利行使価格及び付与日における公正な評価単価については、当該事業年度中の権利行使数に基づく加重平均値と当該事業年度末の残存数（権利

未確定数と権利確定未行使数との合計）に基づく加重平均値により記載することに留意する。

8の15－1－9　規則第8条の15第1項第9号に掲げる事項に関しては次の点に留意する。

　1　株価の平均値の計算については、月中の平均株価を用いる等の簡便で合理的な算定方法によることができる。

　2　規則第8条の15第2項第2号の方法により記載する場合には、権利行使時の株価の平均値については、当事業年度における権利行使数に基づく加重平均値により記載する。

8の15－7　規則第8条の15第7項に掲げるストック・オプションの権利行使日における本源的価値の合計額の計算は、月中の平均株価を用いる等の簡便で合理的な算定方法によることができる。

8の17　規則第8条の17から第8条の22まで及び第8条の25に規定する注記とは、「企業結合に関する会計基準」が適用される場合の注記とし、企業結合日、のれん、条件付取得対価及び支配等の用語は、「企業結合に関する会計基準」に定める企業結合日、のれん、条件付取得対価及び支配等の用語をいうものとする。

8の23　規則第8条の23、第8条の24及び第8条の26に規定する注記とは、「事業分離等に関する会計基準」が適用される場合の注記とし、事業分離日、移転損益及び継続的関与等の用語は、「事業分離等に関する会計基準」に定める事業分離日、移転損益及び継続的関与等の用語をいうものとする。

8の23－1－4　規則第8条の23第1項第4号に規定する損益の概算額には、分離した事業に係る売上高や営業損益が含まれることに留意する。

8の27－1　規則第8条の27に規定する継続企業の前提とは、「監査基準」にいう継続企業の前提をいうものとする。

8の27－2　規則第8条の27に規定する継続企業の前提に重要な疑義を生じさせるような事象又は状況については、監査基準にいう継続企業の前提に重要な疑義を生じさせるような事象又は状況をいうものとし、債務超過、売上高の著しい減少、継続的な営業損失の発生、継続的な営業キャッシュ・フローのマイナス、重要な債務の不履行、重要な債務の返済の困難性、新たな資金調達が困難な状況、取引先からの与信の拒絶、事業活動の継続に不可欠な重要な資産の毀損又は喪失若しくは権利の失効、重要な市場又は取引先の喪失、巨額の損害賠償の履行、法令等に基づく事業活動の制約等が含まれることに留意する。なお、これらの事象又は状況が複合して、継続企業の前提に重要な疑義を生じさせるような事象又は状況となる場合もあることに留意する。

8の27－3　規則第8条の27の注記において、継続企業の前提に関する重要な不確実性が認められるか否かについては、例えば重要な疑義を生じさせるような事象又は状況が各企業の実態を反映したものであるか否か、同条第2号に規定する対応策を講じてもなお継続企業の前提に関する重要な不確実性が認められるか否かといった観点から、総合的かつ実質的に判断を行うものとし、8の27－2に規定する事象又は状況が存在するか否かといった画一的な判断を行うことのないよう留意する。

8の27－4　規則第8条の27第2号に規定する重要な疑義を生じさせるような事象又は状況を解消し、又は改善するための対応策については、少なくとも貸借対照表日の翌日から1年間に講じるものを記載することに留意する。

8の27－5　貸借対照表日後に継続企業の前提に重要な疑義を生じさせるような事象又は状況が発生した場合であって、当該事象又は状況を解消し、又は改善するための対応をしてもなお継続企業の前提に関する重要な不確実性が認められ、翌事業年度以降の財政状態、経営成績及びキャッシュ・フローの状況に重要な影響を及ぼすときは、当該重要な不確実性の存在は規則第8条の4に規定する重要な後発事象に該当することに留意する。

第2章　貸借対照表

11　独立会計に属する資産は、事業部名等を付した科目によって一括表示せず、資産の形態により区分して掲記するものとする。ただし、その金額が重要でない場合であって、資産の形態による区分が困難であり、又は資産の機能別等による区分が適当であると認められる場合は、この限りでない。

15－1　規則第15条第1号の現金及び預金に関しては、次の点に留意する。

1　規則第15条第1号の現金には、小口現金、手元にある当座小切手、送金小切手、送金為替手形、預金手形、郵便為替証書及び振替貯金払出証書等を含むものとする。ただし、未渡小切手は、預金として処理するものとする。

なお、期限の到来した公社債の利札その他金銭と同一の性質をもつものは、規則第15条第1号の現金に含めることができるものとする。

2　規則第15条第1号の預金は、金融機関（銀行、協同組織金融機関の優先出資に関する法律（平成5年法律第44号）第2条第1項に規定する協同組織金融機関及び金融商品取引法施行令（昭和40年政令第321号）第1条の9各号に掲げる金融機関をいう。以下同じ。）に対する預金、貯金及び掛金、郵便貯金並びに郵便振替貯金に限るものとする。

なお、預金には、契約期間が1年を超える預金で1年内に期限の到来するものを含むものとする。

15－2　規則第15条第2号の手形債権は、得意先との間に発生した営業取引に関する手形債権をいう。

15－4　規則第15条第4号の有価証券及び規則第31条第1号の有価証券には、当該会社が役員、従業員又はその他の者の名義をもって所有するものを含むものとする。

15－5　規則第15条第5号の商品とは、商業を営む会社が販売の目的をもって所有する物品であって、当該企業の営業主目的に係るもの（ただし、15－6により製品とされる物品を除く。）をいい、販売の目的をもって所有する土地、建物その他の不動産とは、不動産の売買、あっ旋等を業とする会社が販売の目的をもって所有する土地、建物その他の不動産をいう。

15－6　規則第15条第6号の製品、副産物及び作業くずに関しては、以下の点に留意する。

1　製品とは、工業、鉱業その他商業以外の事業を営む会社が販売の目的をもって所有する製造品その他の生産品であって、当該企業の営業主目的に係るものをいう。

2　商業を営む会社で製造部門をもつものがその製造する物品を販売の目的をもって所有する場合は、当該物品を規則第15条第6号の製品とすることができるものとする。

3　副産物とは、主産物の製造過程から必然的に派生する物品をいい、主産物たる製品との区分は、企業における会計処理の慣習によるものとする。

4　作業くずとは、皮革くず、裁断くず、落綿、その他原材料、部分品又は貯蔵品を製造に使用したために残存するくず物をいう。

5　仕損品は、副産物若しくは作業くず又は規則第15条第8号の原料若しくは材料に属するものとする。ただし、製品、半製品又は部分品に含めることが適当と認められる場合は、当該項目に属させることができるものとする。

15－7　規則第15条第7号において、半製品とは、中間的製品として既に加工を終り現に貯蔵中のもので販売できる状態にあるものをいい、自製部分品とは、製品又は半製品の組成部分として当該製品又は半製品に取り付けられる物品で当該企業の製作に係るものをいう。なお、自製部分品の一部を直接販売に供する場合には、当該販売に供される自製部分品は、規則第15条第5号の商品又は第6号の製品とすることができるものとする。

15－8　規則第15条第8号において、原料及び材

料とは、製品の製造目的で費消される物品で未だその用に供されないもの（ただし、半製品、部分品又は貯蔵品に属するものを除く。）をいい、購入部分品とは、製品又は半製品の組成部分として当該製品又は半製品に取り付けられる物品で他から購入したものをいう。

15－9　規則第15条第9号において、仕掛品とは、製品、半製品又は部分品の生産のため現に仕掛中のものをいい、半成工事とは、長期にわたる注文生産又は請負作業について仕掛中のもので仕掛品以外のものをいう。

15－10　規則第15条第10号の消耗品、消耗工具、器具及び備品その他の貯蔵品とは、燃料、油、釘、包装材料その他事務用品等の消耗品、耐用年数1年未満又は耐用年数1年以上で相当価額未満の工具、器具及び備品のうち、取得のときに経費又は材料費として処理されなかったもので貯蔵中のものをいう。

なお、燃料、油等で製品の生産のため補助的に使用されるもの（補助材料をいう。）は、貯蔵品に属させることができるものとする。

15－11　規則第15条第11号の前渡金には、製品の外注加工のための前渡金を含むものとする。

15－12　規則第15条第12号のその他の資産に関しては、次の点に留意する。

1　その他の資産に属する債権は、1年内に弁済期日の到来するもの又は通常の状態において1年内に確実に回収できると認められるものに限るものとする。

2　固定資産又は有価証券の売却その他通常の取引以外の取引に基づいて発生した手形債権は、その他の資産に属するものとする。

3　通常の取引に基づいて発生した未収入金で売掛金及び契約資産以外のもの及び通常の取引以外の取引に基づいて発生した未収入金で1年内に回収されると認められるものは、その他の資産に属するものとする。

4　流動資産たる有価証券で営業の必要のため担保に提供し又は、差入保証金の代用として提供しているものは、その他の資産に属する

ものとする。ただし、その金額を有価証券に含めて記載することができる。この場合には、その旨及びその金額を注記するものとする。なお、預り有価証券又は借入有価証券の対照勘定は、その他の資産に属するものとする。

5　契約期間が1年を超える貸付金その他の債権で1年内に期限の到来するものであっても、その金額の僅少なものについては、投資その他の資産として記載することができる。

6　返済期限が1年後に到来する債権（規則第15条第1号から第11号までに掲げる資産に属するものを除く。）で分割返済の定めがあるものについては、1年内の分割返済予定額を正確に算定しうるものであっても1年内の返済予定額が資産の総額の100分の5以下である場合には、その全額を投資その他の資産として記載することができる。

なお、分割返済の定めがあっても、個々の分割返済の金額及び期日の定めがないため1年内の返済予定額を正確に算定できないものについては、その全額を投資その他の資産として記載するものとする。ただし、適当な方法によって1年内に返済が見込まれる額を算定し、その金額を流動資産として記載することができる。

17－1－2　通常の取引以外の取引に基づいて発生した手形債権の金額が資産の総額の100分の5以下である場合には、当該手形債権については、規則第17条第1項第2号に規定する受取手形の科目に含めて記載することができる。

19　規則第19条の規定の適用に関しては、次の点に留意する。

1　短期貸付金に含まれる金融手形は、手形貸付金をいう。

2　株主、役員若しくは従業員に対する短期債権を区分掲記しなければならない場合とは、株主、役員若しくは従業員に対する短期債権の合計額が資産の総額の100分の5を超える場合をいう。

3　仮払金その他の未決算勘定でその金額が資産の総額の100分の5を超えるものについては、当該未決算勘定の内容を示す名称を付した科目をもって掲記するものとする。

4　通常の取引以外の取引に基づいて発生した手形債権について、区分掲記する場合（規則第33条の規定により区分掲記する場合を含む。）には、固定資産、有価証券等物品の売却により発生した手形債権、営業保証金の代用として受け取った手形債権等の区別を示す名称を付した科目をもって掲記するものとする。

5　金銭の信託及びデリバティブ取引により生じる正味の債権で、それぞれの合計額が資産の総額の100分の5を超えるものについては、当該金銭の信託等の内容を示す名称を付した科目をもって掲記するものとする。

6　通常の取引以外の取引に基づいて発生したリース債権又はリース投資資産で1年内に期限が到来するものについて、それぞれの合計額が資産の総額の100分の5を超える場合には、リース債権又はリース投資資産の科目をもって掲記するものとする。

22　規則第22条に規定する営業の用に供する資産に関しては、次の点に留意する。

1　営業の用に供する資産には、貸借対照表日において現に営業の用に供している資産のほか、将来営業の用に供する目的をもって所有する資産、例えば、遊休施設、未稼働設備等が含まれるものとする。

2　同一の資産について、営業の用に供しているほか、賃貸等他の用途に供している場合には、適正な計算方式に基づき、当該資産部分の用途に従い、有形固定資産及び投資その他の資産に区分するものとする。ただし、営業の用に供している部分又は他の用途に供している部分の額が他の部分の額に比して僅少である場合は、この限りでない。

3　当該会社の営業目的のために他の会社に貸与している建物、機械等の設備、例えば、当該会社の製品の加工又は部品の製作等の下請を専業としている会社等に対し当該作業に必要な設備を貸与している場合又は製品の販売会社として設立されている関係会社に対し、当該販売設備として使用させるために貸与している場合における当該設備は、営業の用に供するものに含まれるものとする。

22－6　規則第22条第6号の工具、器具及び備品は、耐用年数1年以上で相当額以上のものに限るものとする。容器（ただし、耐用年数1年以上で相当額以上のものに限る。）は、同号の工具、器具及び備品に属するものとする。

22－7　規則第22条第7号の土地には、工場及び事務所の敷地のほか、社宅敷地、運動場、農園等の経営付属用の土地が含まれるものとする。

22－9　規則第22条第9号の建設仮勘定に関しては、次の点に留意する。

1　設備の建設のために支出した手付金若しくは前渡金又は設備の建設のために取得した機械等で保管中のものは、建設仮勘定に属するものとする。

2　建設又はその他の目的に充てられる資材で、取得の際に建設に充てるものとその他の目的に充てるものとの区分が困難なものは、規則第15条第10号の貯蔵品に属するものとすることができる。

3　建設又はその他の目的に充てられる資材の購入のための前渡金で、その資材を建設に充てるものとその他の目的に充てるものとに区分することが困難である場合には、当該前渡金は規則第15条第11号の資産に属するものとすることができる。

4　建設仮勘定は、建設目的ごとに区分しないで一括して掲記するものとする。ただし、長期にわたる巨額の資産の建設については、建設目的物ごとに掲記できるものとする。

5　建設仮勘定に属するものは、規則第23条第2項の規定により、建設仮勘定の名称を用いないで、建設前渡金、その他の名称を付した科目をもって掲記することができるものとす

第Ⅺ章　関係法令

る。

22−10　山林及び植林（ただし、付属する土地を除く。）は、規則第22条第10号に掲げる資産に属するものとする。

26の2　規則第26条の2の規定は、建設仮勘定について減損損失累計額がある場合にも適用があることに留意する。

26の2−3　規則第26条の2第3項の規定に従い、減損損失累計額を減価償却累計額に合算した場合には、減価償却累計額及び減損損失累計額の科目をもって掲記することができる。この場合においては、規則第26条の2第4項の注記を要しない。

27−14　水利権、版権、著作権、映画会社の原画権、公共施設等運営事業における更新投資に係る資産等は、規則第27条第14号に掲げる資産に属するものとする。

31−6　いわゆる敷金等のうち当該契約解除の際に返還されるもの及び差入保証金（代用有価証券を含む。）で一般の取引慣行において短期間に返却されないものは、規則第31条第6号の長期資産に属するものとする。

32−1−11　当初1年を超えた後に費用となるものとして支出された前払費用について、1年内に費用となるべき部分の金額がある場合において、その金額が僅少であるものについては、当該金額を流動資産として区分しないで、規則第32条第1項第11号の長期前払費用に含めて記載することができるものとする。

33　規則第33条の規定の適用に関しては、次の点に留意する。

　1　投資の目的をもって所有する建物その他の資産に係る減価償却累計額及び減損損失累計額については、有形固定資産の例により、記載することができるものとする。

　2　規則第31条の3に規定するリース債権又はリース投資資産で、それぞれの合計額が資産の総額の100分の5を超えるものについては、リース債権又はリース投資資産の科目をもって掲記するものとする。

36　規則第36条に規定する繰延資産に関しては、次の点に留意する。

　1　創立費とは、会社の負担に帰すべき設立費用、例えば、定款及び諸規則作成のための費用、株式募集その他のための広告費、目論見書・株券等の印刷費、創立事務所の賃借料、設立事務に使用する使用人の手当給料等、金融機関の取扱手数料、金融商品取引業者の取扱手数料、創立総会に関する費用その他会社設立事務に関する必要な費用、発起人が受ける報酬で定款に記載して創立総会の承認を受けた金額並びに設立登記の登録税等をいう。

　2　開業費とは、土地、建物等の賃借料、広告宣伝費、通信交通費、事務用消耗品費、支払利子、使用人の給料、保険料、電気・ガス・水道料等で、会社成立後営業開始までに支出した開業準備のための費用をいう。

　3　株式交付費とは、株式募集のための広告費、金融機関の取扱手数料、金融商品取引業者の取扱手数料、目論見書・株券等の印刷費、変更登記の登録免許税、その他株式の交付等のため直接支出した費用をいう。

　4　社債発行費とは、社債募集のための広告費、金融機関の取扱手数料、金融商品取引業者の取扱手数料、目論見書・社債券等の印刷費、社債の登記の登録免許税その他社債発行のため直接支出した費用をいう。なお、資金調達などの財務活動に係るものとして、繰延資産に計上された新株予約権の発行等に係る費用についても、社債発行費に含まれることに留意する。

　5　開発費とは、新技術又は新経営組織の採用、資源の開発、市場の開拓等のため支出した費用、生産能率の向上又は生産計画の変更等により、設備の大規模な配置替を行った場合等の費用をいう。ただし、経常費の性格をもつものは含まれないものとする。

39−1　規則第39条第1項の関係会社との取引に基づいて発生した受取手形には、関係会社が裏書した手形を含むものとする。

509

43 規則第43条の規定による注記は、当該資産の全部又は一部が、担保に供されている旨並びに当該担保資産が担保に供されている債務を示す科目の名称及びその金額（当該債務の一部に担保が付されている場合には、その部分の金額）を記載するものとする。なお、当該資産の一部が担保に供されている場合には、当該部分の金額を明らかにするものとする。

ただし、資産が財団抵当に供されている場合には、その旨、資産の種類、金額の合計、当該債務を示す科目の名称及び金額を注記するものとする。

47－1 規則第47条第1号の手形債務は、仕入先との間に発生した営業取引に関する手形債務をいう。

47－2 規則第47条第2号の買掛金は、仕入先との間の通常の取引に基づいて発生した営業上の未払金をいい、役務の受入による営業上の未払金を含むものとする。なお、買掛金には、通常の取引に基づいて発生した役務の提供による営業上の未払金、例えば、電気・ガス・水道料、外注加工賃等の未払額を含めることができる。

47－5 広告料、販売手数料等の未払額（ただし、未払費用に属するものを除く。）は、規則第47条第5号の未払金に属するものとする。また、営業取引に関連する預り保証金で入札保証金その他一般の取引慣行において短期間に返済されるものは、同号に規定する預り金に属するものとする。

47－6 規則第47条第6号に規定するその他の負債に関しては、次の点に留意する。

1 設備の建設、固定資産又は有価証券の購入その他通常の取引以外の取引に基づいて発生した手形債務及び未払金は、その他の負債に属するものとする。

2 預り有価証券（保護預りとして受け入れた有価証券又は担保物件として受け入れて保管している有価証券のように、当該有価証券を直接営業の用に供しておらず、貸借対照表に計上することが適当でないと認められるもの

を除く。）及び借入有価証券は、その他の負債に属するものとする。

3 返済期限が1年後に到来する債務（規則第47条第1号から第5号までに掲げる負債に属するものを除く。）で分割返済の定めがあるものについては、1年内の分割返済予定額を正確に算定しうるものであっても1年内の返済予定額が負債及び純資産の合計額の100分の5以下である場合には、その全額を固定負債として記載することができる。

なお、分割返済の定めがあっても、個々の分割返済の金額及び期日の定めがないため、1年内の返済予定額を正確に算定できないものについては、その全額を固定負債として記載するものとする。ただし、適当な方法によって1年内に返済が見込まれる額を算定し、その金額を流動負債として記載することができる。

4 仮受金その他の未決算勘定は、貸借対照表日において当該受入額等の属すべき勘定又は金額の確定しないものに限り、その他の負債に属するものとして計上することができるものとする。

49－1－1 47－6に掲げる通常の取引以外の取引に基づいて発生した手形上の債務の金額が負債及び純資産の合計額の100分の5以下である場合には、当該手形債務については、規則第49条第1項第1号に規定する支払手形の科目に含めて記載することができる。

49－1－3 規則第49条第1項第3号に規定する短期借入金に含まれる金融手形は、手形借入金をいう。

49－1－5 規則第49条第1項第5号の未払金の項目を示す科目には、規則第47条第5号の未払金及び同条第6号のその他の負債に含まれる未払金について記載するものとする。

49－1－9 規則第49条第1項第9号の預り金の項目を示す科目には、規則第47条第5号の預り金及び同条第6号のその他の負債に含まれる預り金並びに当該会社が源泉徴収した役員又は従

業員の所得税等について記載するものとする。

　なお、規則第49条第１項第９号ただし書の規定により除くこととされている株主、役員又は従業員からの預り金には、役員又は従業員の社内預金等が含まれる。

50　規則第50条の規定による区分掲記に関しては、次の点に留意する。

　１　株主、役員若しくは従業員からの短期借入金等の短期債務を区分掲記しなければならない場合とは、株主、役員若しくは従業員からの短期借入金等の短期債務の合計額が負債及び純資産の合計額の100分の５を超える場合をいう。

　２　通常の取引以外の取引に基づいて発生した手形債務について区分掲記する場合（規則第53条の規定により区分掲記する場合を含む。）には、固定資産、有価証券等の物品の購入により発生した手形債務、営業保証金の代用として振り出した手形債務等の区別を示す名称を付した科目をもって掲記するものとする。

　３　仮受金その他の未決算勘定でその金額が負債及び純資産の合計額の100分の５を超えるものについては、当該未決算勘定の内容を示す名称を付した科目をもって掲記するものとする。

　４　デリバティブ取引により生じる正味の債務でその合計額が負債及び純資産の合計額の100分の５を超えるものについては、当該デリバティブ取引により生じる正味の債務の内容を示す名称を付した科目をもって掲記するものとする。

51　規則第47条第１号から第５号までに掲げる負債以外の負債で、敷金その他契約に返済期日の定めがなく短期間に返却されないことが明らかなものは、固定負債に属するものとする。

52－１－２　規則第52条第１項第２号に規定する長期借入金に含まれる金融手形は、手形借入金をいう。

52－１－６　規則第52条第１項第６号の引当金については、１年内にその一部の金額の使用が見込まれるものであっても、１年内の使用額を正確に算定できないものについては、その全額を固定負債として記載するものとする。ただし、その全部又は大部分が１年内に使用されることが確実に見込まれる場合には、その全部について又は１年内の使用額を適当な方法によって算定し、その金額を流動負債として記載するものとする。

53　規則第53条に規定する株主、役員若しくは従業員からの長期借入金を区分掲記しなければならない場合とは、株主、役員若しくは従業員からの長期借入金の合計額が負債及び純資産の合計額の100分の５を超える場合であることに留意する。

54の３－１　規則第54条の３第１項に規定する準備金等の表示方法は、おおむね次によるものとする。

　　固定負債

　　………………………………　　　×××

　　　固定負債合計　　　　　　　　×××

　　特別法上の準備金（又は引当金）

　　………………………………　　　×××

　　　特別法上の準備金（又は引当金）合計　×××

　　負債合計　　　　　　　　　　　×××

58　規則第58条の規定による注記に際しては、次の点に留意する。

　１　当該偶発債務の内容（債務の保証（債務の保証と同様の効果を有するものを含む。）については、その種類及び保証先等、係争事件に係る賠償義務については、当該事件の概要及び相手方等）を示し、その金額を記載するものとする。

　２　受取手形及びその他の手形の割引高又は裏書譲渡高は、割引に付し又は裏書譲渡した当該手形の額面金額を記載するものとする。

　３　譲渡記録により電子記録債権を譲渡する際（金融資産の消滅を認識する場合に限る。）に、保証記録も行っている場合には２に準じて注記するものとする。

59　持分会社（合名会社、合資会社又は合同会社

をいう。以下同じ。）、組合及び信託の貸借対照表を作成する場合には、その純資産の記載については、規則第59条から第68条までの規定に準じて、適当な項目に分類して記載することができる。

62－1　規則第62条第1項に規定する新株式申込証拠金の表示方法は、おおむね次によるものとする。

資本金	×××
新株式申込証拠金	×××
資本剰余金	×××

68の4　規則第68条の4の規定による記載については、次の点に留意する。

1　1株当たり純資産額とは、「1株当たり当期純利益に関する会計基準の適用指針」に定める1株当たり純資産額をいうものとする。

2　1株当たり純資産額の算定上の基礎として、次に掲げる事項を注記することを妨げない。

(1)　貸借対照表の純資産の部の合計額と1株当たり純資産額の算定に用いられた普通株式に係る事業年度末の純資産額との差額の主な内訳

(2)　1株当たり純資産額の算定に用いられた事業年度末の普通株式の数の種類別の内訳

3　持分会社、組合及び信託の貸借対照表を作成する場合には、1単位当たり純資産額を注記するものとする。

第3章　損益計算書

72－1　規則第72条第1項に規定する売上高については、各企業の実態に応じ、売上高、売上収益、営業収益等適切な名称を付すことに留意する。

74　規則第74条の関係会社に対する売上高には、前事業年度末において関係会社に該当しない会社が関係会社に該当することとなった場合における当該会社に対する売上高のすべてを含めることができるものとする。

75－2　規則第75条第2項に規定する当期製品製造原価に関する明細書又は第77条に規定する売上原価に関する明細書の記載は、おおむね次によるものとする。

1　当期製品製造原価については、当期の総製造原価を材料費、労務費、間接費（又は経費）に区分して期首仕掛品原価に加え、これから期末仕掛品原価を控除する等の方式により表示し、売上原価については、当該売上品の製造原価を材料費、労務費、間接費（又は経費）に区分する等の方式により表示するものとする。

　原価差額を仕掛品、製品等に賦課している場合には、総製造原価又は売上原価の内訳項目として当該原価差額を示す科目を付加する等の方式により表示するものとする。

2　1の間接費（又は経費）のうち外注加工費等金額の大きいものについては、注記又は間接費（又は経費）の項目に内書きするものとする。

76　規則第76条の規定により売上原価の項目として付加すべきものがある場合とは、商品又は製品について合併、営業譲渡、災害、贈与、自家消費等による増減高がある場合又は製造費以外の費用で売上原価に賦課したものがある場合等をいう。

78－3　民営鉄道業及び第一種電気通信業を営む株式会社が作成する鉄道事業営業費明細表及び電気通信事業営業費用明細表（部門別再掲）の要約の方法については、原則として別紙様式によるものとし、道路運送固定施設業を営む株式会社が作成する自動車道事業営業費明細表については、鉄道事業営業費明細表の要約の方法に準じて取り扱うものとする。

79　規則第79条の仕入値引とは、仕入品の量目不足、品質不良、破損等の理由により代価から控除される額をいい、代金支払期日前の支払に対する買掛金の一部免除等の仕入割引と区別するものとする。なお、一定期間に多額又は多量の取引をした得意先に対する仕入代金の返戻額等の仕入割戻は、仕入値引に準じて取扱うものと

第XI章　関係法令

する。

84　規則第84条に規定する販売費及び一般管理費に属する費用とは、会社の販売及び一般管理業務に関して発生した費用例えば販売手数料、荷造費、運搬費、広告宣伝費、見本費、保管費、納入試験費、販売及び一般管理業務に従事する役員、従業員の給料、賃金、手当、賞与、福利厚生費並びに販売及び一般管理部門関係の交際費、旅費、交通費、通信費、光熱費及び消耗品費、租税公課、減価償却費、修繕費、保険料、不動産賃借料及びのれんの償却額をいう。

85－1　規則第85条第1項ただし書の規定により、販売費及び一般管理費の科目に一括して掲記した場合には、販売費に属する費用と一般管理費に属する費用のおおよその割合を併せて注記するものとする。

87　規則第87条に規定する通常の取引に基づいて発生した債権に対する貸倒引当金繰入額又は貸倒損失には、売上債権又は前渡金に対するもののほか、当該会社の営業の必要に基づいて経常的に発生する得意先又は仕入先に対する貸付金、立替金等の債権に対するものを含むものとする。

　　なお、通常の取引以外の取引に基づいて発生した債権に対する貸倒引当金繰入額又は貸倒損失の金額が僅少な場合には、規則第87条に規定する貸倒引当金繰入額又は貸倒損失に含めて記載することができる。

90　規則第90条に規定する営業外収益に属する収益とは、受取利息、有価証券利息、受取配当金、仕入割引その他の金融上の収益、有価証券売却益、有価証券評価益及び投資不動産賃貸料等をいう。ただし、規則第95条の2に規定する特別利益に記載することが適当であると認められるものを除く。

90－2　売買目的有価証券の評価損益は、規則第90条に規定する有価証券売却益及び規則第93条に規定する有価証券売却損に含めて掲記することができる。

93　規則第93条に規定する営業外費用に属する費用とは、支払利息、社債利息その他の金融上の費用、社債発行費償却、創立費償却、開業費償却、有価証券売却損、有価証券評価損、原材料評価損等をいう。ただし、規則第95条の3に規定する特別損失に属する損失とすることが適当であると認められるものを除く。

95の2　規則第95条の2及び規則第95条の3の規定に関しては、次の点に留意する。

1　その他の項目を示す科目には、設備の廃棄による損益（当該会社において経常的に発生するものを除く。）、転売以外の目的で取得した有価証券その他の資産の売却又は処分による損益、企業結合に係る特定勘定の取崩益、企業結合における交換損益、事業分離における移転損益、支出の効果が期待されなくなったことによる繰延資産の一時的償却額、通常の取引以外の原因に基づいて発生した臨時的損失等を記載するものとする。

2　固定資産売却損益の記載については当該固定資産の種類又は内容を、その他の項目の記載については当該項目の発生原因又は性格を示す名称を付した科目によって掲記するものとする。ただし、当該事項を科目によって表示することが困難な場合には、注記することができるものとする。

3　関係会社との取引に基づいて発生したものがある場合には、その項目の金額が重要なものについては、注記において、関係会社に係るものであることを明示するものとする。

95の3の2　規則第95条の3の2の注記に関しては、次の点に留意する。

1　規則第95条の3の2にいう資産又は資産グループ、回収可能価額等の用語は、「固定資産の減損に係る会計基準」にいう資産又は資産グループ、回収可能価額等をいうものとする。

2　規則第95条の3の2に規定する注記事項は、多数の資産グループにおいて重要な減損損失が発生している場合には、資産の用途や場所等に基づいて、まとめて記載することが

513

できるものとする。

95の5の2 規則第95条の5の2の適用に関しては、次の点に留意する。

1 規則第95条の5の2に規定する1株当たり当期純利益金額等の用語は、「1株当たり当期純利益に関する会計基準」に定める1株当たり当期純利益等をいうものとする。

2 持分会社、組合及び信託の損益計算書を作成する場合には、1単位当たり当期純利益金額又は当期純損失金額及び当該金額の算定上の基礎を注記するものとする。

3 規則第95条の5の2に規定する1株当たり当期純利益金額又は当期純損失金額の算定上の基礎には、次の事項が含まれることに留意する。

(1) 損益計算書上の当期純利益金額又は当期純損失金額、1株当たり当期純利益金額又は当期純損失金額の算定に用いられた普通株式に係る当期純利益金額又は当期純損失金額及びこれらの差額（普通株主に帰属しない金額）の主な内訳

(2) 1株当たり当期純利益金額又は当期純損失金額の算定に用いられた普通株式及び普通株式と同等の株式の期中平均株式数の種類別の内訳

95の5の3 規則第95条の5の3の適用に関しては、次の点に留意する。

1 規則第95条の5の3に規定する潜在株式調整後1株当たり当期純利益金額等の用語は、「1株当たり当期純利益に関する会計基準」に定める潜在株式調整後1株当たり当期純利益等をいうものとする。

2 規則第95条の5の3に規定する潜在株式調整後1株当たり当期純利益金額の算定上の基礎には、次の事項が含まれることに留意する。

(1) 潜在株式調整後1株当たり当期純利益金額の算定に用いられた当期純利益調整額の主な内訳

(2) 潜在株式調整後1株当たり当期純利益金

額の算定に用いられた普通株式増加数の主な内訳

(3) 希薄化効果を有しないため、潜在株式調整後1株当たり当期純利益金額の算定に含まれなかった潜在株式については、その旨、潜在株式の種類及び潜在株式の数

98 規則第98条の規定は、工事損失引当金について規則第76条の2の記載をする場合及び販売費及び一般管理費について規則第85条第1項ただし書の記載をする場合には、適用がないことに留意する。

第4章 株主資本等変動計算書

108－1－2 規則第108条第1項第2号に掲げる事項の記載において、新株予約権を行使することができる期間（会社法第236条第1項第4号）の初日が到来していない新株予約権については、それが明らかになるように記載することに留意する。

第6章 附属明細表

121－1－2 規則様式第11号の有形固定資産等明細表の記載に関しては、次の点に留意する。

1 規則様式第11号の有形固定資産等明細表に記載すべき減価償却累計額のうち、総合償却の方法による会計処理を行ったため、規則第25条ただし書の規定により貸借対照表に一括して掲記したものについては、減価償却累計額欄に一括して記載することができるものとする。なお、当期償却額欄に記載された償却額のうちに、租税特別措置法の規定による特別償却額（普通償却範囲額を超える額）が含まれている場合には、その旨及びその金額を注記するものとする。

2 減損損失累計額について、減損損失累計額を減価償却累計額に合算し、減価償却累計額及び減損損失累計額の科目をもって掲記している場合には、「当期末減価償却累計額又は償却累計額」の欄を「当期末減価償却累計額及び減損損失累計額又は償却累計額」とする

第XI章　関係法令

ことができるものとする。この場合において、様式第11号（記載上の注意）11の減価償却累計額又は償却累計額に、減損損失累計額が含まれている旨の記載を要しない。

3　減損損失累計額について、減損損失累計額を固定資産に対する控除科目として一括して掲記している場合には、減損損失累計額は、これら固定資産に対する控除科目として一括して、「当期末減損損失累計額」の欄又は「当期末減価償却累計額又は償却累計額」の欄に含めて記載することができる。ただし、減損損失累計額を「減価償却累計額及び償却累計額」の欄に含めている場合は、その旨を記載しなければならない。

4　2の取扱いは、減損損失累計額をこれら固定資産に対する控除科目として一括して、減価償却累計額及び減損損失累計額の科目をもって掲記している場合に準用する。

5　規則様式第11号の有形固定資産等明細表に記載すべき無形固定資産の減損損失の金額は、「当期減少額」の欄に内書（括弧書）として記載するものとする。

121－1－4　規則様式第13号の借入金等明細表（記載上の注意）第2号にいう特別の条件による利率とは、国内における金融機関の貸付利率の水準に比し著しく差異のあるものをいう。

121－1－5　規則様式第14号の引当金明細表における同一の引当金の当期増加額と当期減少額は相殺せずそれぞれ記載するものとする。ただし、法人税法等の取扱いに基づくいわゆる洗替計算による増減額であってその全額が実質的な増加額又は減少額とは認められないものについては、減少額は当期減少額のその他の欄に記載するものとする。

122　別記に掲げる事業（以下「別記事業」という。）を営む株式会社の貸借対照表に掲げられている科目の区分が一般事業を営む株式会社について規則が定める科目区分と異なるときは、規則様式第11号の有形固定資産等明細表の作成に当たっては、一般事業を営む株式会社に準じた科

目に区分し、その区別により記載するものとする。

第9章　外国会社の財務書類　略

9　労働基準法（抄）

〔昭和22年4月7日〕
〔法　律　第 49 号〕

最近改正　令和4年6月17日法律第68号

（定義）

第9条　この法律で「労働者」とは、職業の種類を問わず、事業又は事務所（以下「事業」という。）に使用される者で、賃金を支払われる者をいう。

（平10法112・一部改正）

第10条　この法律で使用者とは、事業主又は事業の経営担当者その他その事業の労働者に関する事項について、事業主のために行為をするすべての者をいう。

第11条　この法律で賃金とは、賃金、給料、手当、賞与その他名称の如何を問わず、労働の対償として使用者が労働者に支払うすべてのものをいう。

第12条　この法律で平均賃金とは、これを算定すべき事由の発生した日以前3箇月間にその労働者に対し支払われた賃金の総額を、その期間の総日数で除した金額をいう。ただし、その金額は、次の各号の一によつて計算した金額を下つてはならない。

一　賃金が、労働した日若しくは時間によつて算定され、又は出来高払制その他の請負制によつて定められた場合においては、賃金の総額をその期間中に労働した日数で除した金額の100分の60

二　賃金の一部が、月、週その他一定の期間によつて定められた場合においては、その部分の総額をその期間の総日数で除した金額と前

515

号の金額の合算額

② 前項の期間は、賃金締切日がある場合においては、直前の賃金締切日から起算する。

③ 前2項に規定する期間中に、次の各号のいずれかに該当する期間がある場合においては、その日数及びその期間中の賃金は、前2項の期間及び賃金の総額から控除する。

　一　業務上負傷し、又は疾病にかかり療養のために休業した期間

　二　産前産後の女性が第65条の規定によつて休業した期間

　三　使用者の責めに帰すべき事由によつて休業した期間

　四　育児休業、介護休業等育児又は家族介護を行う労働者の福祉に関する法律（平成3年法律第76号）第2条第1号に規定する育児休業又は同条第2号に規定する介護休業（同法第61条第3項（同条第6項において準用する場合を含む。）に規定する介護をするための休業を含む。第39条第10項において同じ。）をした期間

　五　試みの使用期間

④ 第1項の賃金の総額には、臨時に支払われた賃金及び3箇月を超える期間ごとに支払われる賃金並びに通貨以外のもので支払われた賃金で一定の範囲に属しないものは算入しない。

⑤ 賃金が通貨以外のもので支払われる場合、第1項の賃金の総額に算入すべきものの範囲及び評価に関し必要な事項は、厚生労働省令で定める。

⑥ 雇入後3箇月に満たない者については、第1項の期間は、雇入後の期間とする。

⑦ 日日雇い入れられる者については、その従事する事業又は職業について、厚生労働大臣の定める金額を平均賃金とする。

⑧ 第1項乃至第6項によつて算定し得ない場合の平均賃金は、厚生労働大臣の定めるところによる。

（平3法76・平7法107・平9法92・平10法112・平11法104・平11法160・平13法118・平14法98・平17法102・平20法89・平24法42・平

30法71・一部改正）

（解雇の予告）

第20条　使用者は、労働者を解雇しようとする場合においては、少くとも30日前にその予告をしなければならない。30日前に予告をしない使用者は、30日分以上の平均賃金を支払わなければならない。但し、天災事変その他やむを得ない事由のために事業の継続が不可能となつた場合又は労働者の責に帰すべき事由に基いて解雇する場合においては、この限りでない。

② 前項の予告の日数は、1日について平均賃金を支払つた場合においては、その日数を短縮することができる。

③ 前条第2項の規定は、第1項但書の場合にこれを準用する。

第21条　前条の規定は、次の各号の1に該当する労働者については適用しない。但し、第1号に該当する者が1箇月を超えて引き続き使用されるに至つた場合、第2号若しくは第3号に該当する者が所定の期間を超えて引き続き使用されるに至つた場合又は第4号に該当する者が14日を超えて引き続き使用されるに至つた場合においては、この限りでない。

　一　日日雇い入れられる者

　二　2箇月以内の期間を定めて使用される者

　三　季節的業務に4箇月以内の期間を定めて使用される者

　四　試の使用期間中の者

（休業手当）

第26条　使用者の責に帰すべき事由による休業の場合においては、使用者は、休業期間中当該労働者に、その平均賃金の100分の60以上の手当を支払わなければならない。

（帰郷旅費）

第64条　満18才に満たない者が解雇の日から14日以内に帰郷する場合においては、使用者は、必要な旅費を負担しなければならない。ただし、満18才に満たない者がその責めに帰すべき事由に基づいて解雇され、使用者がその事由について行政官庁の認定を受けたときは、この限りで

ない。

(昭60法45・追加)

(作成及び届出の義務)

第89条　常時10人以上の労働者を使用する使用者は、次に掲げる事項について就業規則を作成し、行政官庁に届け出なければならない。次に掲げる事項を変更した場合においても、同様とする。

一　始業及び終業の時刻、休憩時間、休日、休暇並びに労働者を2組以上に分けて交替に就業させる場合においては就業時転換に関する事項

二　賃金（臨時の賃金等を除く。以下この号において同じ。）の決定、計算及び支払の方法、賃金の締切り及び支払の時期並びに昇給に関する事項

三　退職に関する事項（解雇の事由を含む。）

三の二　退職手当の定めをする場合においては、適用される労働者の範囲、退職手当の決定、計算及び支払の方法並びに退職手当の支払の時期に関する事項

四　臨時の賃金等（退職手当を除く。）及び最低賃金額の定めをする場合においては、これに関する事項

五　労働者に食費、作業用品その他の負担をさせる定めをする場合においては、これに関する事項

六　安全及び衛生に関する定めをする場合においては、これに関する事項

七　職業訓練に関する定めをする場合においては、これに関する事項

八　災害補償及び業務外の傷病扶助に関する定めをする場合においては、これに関する事項

九　表彰及び制裁の定めをする場合においては、その種類及び程度に関する事項

十　前各号に掲げるもののほか、当該事業場の労働者のすべてに適用される定めをする場合においては、これに関する事項

(昭44法64・昭62法99・平10法112・平15法104・一部改正)

(労働者名簿)

第107条　使用者は、各事業場ごとに労働者名簿を、各労働者（日日雇い入れられる者を除く。）について調製し、労働者の氏名、生年月日、履歴その他厚生労働省令で定める事項を記入しなければならない。

②　前項の規定により記入すべき事項に変更があつた場合においては、遅滞なく訂正しなければならない。

(平11法160・一部改正)

(賃金台帳)

第108条　使用者は、各事業場ごとに賃金台帳を調製し、賃金計算の基礎となる事項及び賃金の額その他厚生労働省令で定める事項を賃金支払の都度遅滞なく記入しなければならない。

(平11法160・一部改正)

(記録の保存)

第109条　使用者は、労働者名簿、賃金台帳及び雇入れ、解雇、災害補償、賃金その他労働関係に関する重要な書類を5年間保存しなければならない。

(令2法13・一部改正)

10　雇用保険法（抄）

〔昭和49年12月28日
法　律　第 116 号〕

最近改正　令和4年3月31日法律第12号

(定義)

第4条　この法律において「被保険者」とは、適用事業に雇用される労働者であつて、第6条各号に掲げる者以外のものをいう。

2　この法律において「離職」とは、被保険者について、事業主との雇用関係が終了することをいう。

3　この法律において「失業」とは、被保険者が離職し、労働の意思及び能力を有するにもかかわらず、職業に就くことができない状態にあることをいう。

4　この法律において「賃金」とは、賃金、給料、手当、賞与その他名称のいかんを問わず、労働の対償として事業主が労働者に支払うもの（通貨以外のもので支払われるものであつて、厚生労働省令で定める範囲外のものを除く。）をいう。

5　賃金のうち通貨以外のもので支払われるものの評価に関して必要な事項は、厚生労働省令で定める。

（平11法160・一部改正）

（適用事業）

第5条　この法律においては、労働者が雇用される事業を適用事業とする。

2　適用事業についての保険関係の成立及び消滅については、労働保険の保険料の徴収等に関する法律（昭和44年法律第84号。以下「徴収法」という。）の定めるところによる。

（失業等給付）

第10条　失業等給付は、求職者給付、就職促進給付、教育訓練給付及び雇用継続給付とする。

2　求職者給付は、次のとおりとする。

　一　基本手当

　二　技能習得手当

　三　寄宿手当

　四　傷病手当

3　前項の規定にかかわらず、第37条の2第1項に規定する高年齢被保険者に係る求職者給付は、高年齢求職者給付金とし、第38条第1項に規定する短期雇用特例被保険者に係る求職者給付は、特例一時金とし、第43条第1項に規定する日雇労働被保険者に係る求職者給付は、日雇労働求職者給付金とする。

4　就職促進給付は、次のとおりとする。

　一　就業促進手当

　二　移転費

　三　求職活動支援費

5　教育訓練給付は、教育訓練給付金とする。

6　雇用継続給付は、次のとおりとする。

　一　高年齢雇用継続基本給付金及び高年齢再就職給付金（第6節第1款において「高年齢雇

用継続給付」という。）

　二　介護休業給付金

（昭59法54・平6法57・平10法19・平15法31・平21法5・平28法17・令2法14・一部改正）

（基本手当の受給資格）

第13条　基本手当は、被保険者が失業した場合において、離職の日以前2年間（当該期間に疾病、負傷その他厚生労働省令で定める理由により引き続き30日以上賃金の支払を受けることができなかつた被保険者については、当該理由により賃金の支払を受けることができなかつた日数を2年に加算した期間（その期間が4年を超えるときは、4年間）。第17条第1項において「算定対象期間」という。）に、次条の規定による被保険者期間が通算して12箇月以上であつたときに、この款の定めるところにより、支給する。

2　特定理由離職者及び第23条第2項各号のいずれかに該当する者（前項の規定により基本手当の支給を受けることができる資格を有することとなる者を除く。）に対する前項の規定の適用については、同項中「2年間」とあるのは「1年間」と、「2年に」とあるのは「1年に」と、「12箇月」とあるのは「6箇月」とする。

3　前項の特定理由離職者とは、離職した者のうち、第23条第2項各号のいずれかに該当する者以外の者であつて、期間の定めのある労働契約の期間が満了し、かつ、当該労働契約の更新がないこと（その者が当該更新を希望したにもかかわらず、当該更新についての合意が成立するに至らなかつた場合に限る。）その他のやむを得ない理由により離職したものとして厚生労働省令で定める者をいう。

（平19法30・全改、平21法5・一部改正）

（失業の認定）

第15条　基本手当は、受給資格を有する者（次節から第四節までを除き、以下「受給資格者」という。）が失業している日（失業していることについての認定を受けた日に限る。以下この款において同じ。）について支給する。

2　前項の失業していることについての認定（以

下この款において「失業の認定」という。）を受けようとする受給資格者は、離職後、厚生労働省令で定めるところにより、公共職業安定所に出頭し、求職の申込みをしなければならない。

3　失業の認定は、求職の申込みを受けた公共職業安定所において、受給資格者が離職後最初に出頭した日から起算して４週間に１回ずつ直前の28日の各日について行うものとする。ただし、厚生労働大臣は、公共職業安定所長の指示した公共職業訓練等（国、都道府県及び市町村並びに独立行政法人高齢・障害・求職者雇用支援機構が設置する公共職業能力開発施設の行う職業訓練（職業能力開発総合大学校の行うものを含む。）、職業訓練の実施等による特定求職者の就職の支援に関する法律（平成23年法律第47号）第４条第２項に規定する認定職業訓練（厚生労働省令で定めるものを除く。）その他法令の規定に基づき失業者に対して作業環境に適応することを容易にさせ、又は就職に必要な知識及び技能を習得させるために行われる訓練又は講習であつて、政令で定めるものをいう。以下同じ。）を受ける受給資格者その他厚生労働省令で定める受給資格者に係る失業の認定について別段の定めをすることができる。

4　受給資格者は、次の各号のいずれかに該当するときは、前２項の規定にかかわらず、厚生労働省令で定めるところにより、公共職業安定所に出頭することができなかつた理由を記載した証明書を提出することによつて、失業の認定を受けることができる。

一　疾病又は負傷のために公共職業安定所に出頭することができなかつた場合において、その期間が継続して15日未満であるとき。

二　公共職業安定所の紹介に応じて求人者に面接するために公共職業安定所に出頭することができなかつたとき。

三　公共職業安定所長の指示した公共職業訓練等を受けるために公共職業安定所に出頭することができなかつたとき。

四　天災その他やむを得ない理由のために公共職業安定所に出頭することができなかつたとき。

5　失業の認定は、厚生労働省令で定めるところにより、受給資格者が求人者に面接したこと、公共職業安定所その他の職業安定機関若しくは職業紹介事業者等から職業を紹介され、又は職業指導を受けたことその他求職活動を行つたことを確認して行うものとする。

(昭53法40・昭59法54・昭60法56・平４法67・平９法45・平11法20・平11法160・平14法170・平15法31・平23法26・令４法12・一部改正)

（基本手当の日額）

第16条　基本手当の日額は、賃金日額に100分の50（2,460円以上4,920円未満の賃金日額（その額が第18条の規定により変更されたときは、その変更された額）については100分の80、4,920円以上12,090円以下の賃金日額（その額が同条の規定により変更されたときは、その変更された額）については100分の80から100分の50までの範囲で、賃金日額の逓増に応じ、逓減するように厚生労働省令で定める率）を乗じて得た金額とする。

2　受給資格に係る離職の日において60歳以上65歳未満である受給資格者に対する前項の規定の適用については、同項中「100分の50」とあるのは「100分の45」と、「4,920円以上12,090円以下」とあるのは「4,920円以上10,880円以下」とする。

(昭59法54・平元法36・平４法８・平６法57・平11法160・平12法59・平15法31・平23法46・平29法14・一部改正)

（賃金日額）

第17条　賃金日額は、算定対象期間において第14条（第１項ただし書を除く。）の規定により被保険者期間として計算された最後の６箇月間に支払われた賃金（臨時に支払われる賃金及び３箇月を超える期間ごとに支払われる賃金を除く。次項、第６節及び次章において同じ。）の総額を180で除して得た額とする。

2　前項の規定による額が次の各号に掲げる額に

満たないときは、賃金日額は、同項の規定にかかわらず、当該各号に掲げる額とする。

一　賃金が、労働した日若しくは時間によつて算定され、又は出来高払制その他の請負制によつて定められている場合には、前項に規定する最後の6箇月間に支払われた賃金の総額を当該最後の6箇月間に労働した日数で除して得た額の100分の70に相当する額

二　賃金の一部が、月、週その他一定の期間によつて定められている場合には、その部分の総額をその期間の総日数（賃金の一部が月によつて定められている場合には、1箇月を30日として計算する。）で除して得た額と前号に掲げる額との合算額

3　前2項の規定により賃金日額を算定することが困難であるとき、又はこれらの規定により算定した額を賃金日額とすることが適当でないと認められるときは、厚生労働大臣が定めるところにより算定した額を賃金日額とする。

4　前3項の規定にかかわらず、これらの規定により算定した賃金日額が、第1号に掲げる額を下るときはその額を、第2号に掲げる額を超えるときはその額を、それぞれ賃金日額とする。

一　2,460円（その額が次条の規定により変更されたときは、その変更された額）

二　次のイからニまでに掲げる受給資格者の区分に応じ、当該イからニまでに定める額（これらの額が次条の規定により変更されたときは、それぞれその変更された額）

イ　受給資格に係る離職の日において60歳以上65歳未満である受給資格者　15,590円

ロ　受給資格に係る離職の日において45歳以上60歳未満である受給資格者　16,340円

ハ　受給資格に係る離職の日において30歳以上45歳未満である受給資格者　14,850円

ニ　受給資格に係る離職の日において30歳未満である受給資格者　13,370円

（昭59法54・平元法36・平4法8・平6法57・平11法160・平12法59・平15法31・平19法30・平23法46・平29法14・令2法14・一部改正）

（支給の期間及び日数）

第20条　基本手当は、この法律に別段の定めがある場合を除き、次の各号に掲げる受給資格者の区分に応じ、当該各号に定める期間（当該期間内に妊娠、出産、育児その他厚生労働省令で定める理由により引き続き30日以上職業に就くことができない者が、厚生労働省令で定めるところにより公共職業安定所長にその旨を申し出た場合には、当該理由により職業に就くことができない日数を加算するものとし、その加算された期間が4年を超えるときは、4年とする。）内の失業している日について、第22条第1項に規定する所定給付日数に相当する日数分を限度として支給する。

一　次号及び第3号に掲げる受給資格者以外の受給資格者　当該基本手当の受給資格に係る離職の日（以下この款において「基準日」という。）の翌日から起算して1年

二　基準日において第22条第2項第1号に該当する受給資格者　基準日の翌日から起算して1年に60日を加えた期間

三　基準日において第23条第1項第2号イに該当する同条第2項に規定する特定受給資格者　基準日の翌日から起算して1年に30日を加えた期間

2　受給資格者であつて、当該受給資格に係る離職が定年（厚生労働省令で定める年齢以上の定年に限る。）に達したことその他厚生労働省令で定める理由によるものであるものが、当該離職後一定の期間第15条第2項の規定による求職の申込みをしないことを希望する場合において、厚生労働省令で定めるところにより公共職業安定所長にその旨を申し出たときは、前項中「次の各号に掲げる受給資格者の区分に応じ、当該各号に定める期間」とあるのは「次の各号に掲げる受給資格者の区分に応じ、当該各号に定める期間と、次項に規定する求職の申込みをしないことを希望する一定の期間（1年を限度とする。）に相当する期間を合算した期間（当該求職の申込みをしないことを希望する一定の

期間内に第15条第2項の規定による求職の申込みをしたときは、当該各号に定める期間に当該基本手当の受給資格に係る離職の日（以下この款において「基準日」という。）の翌日から当該求職の申込みをした日の前日までの期間に相当する期間を加算した期間）」と、「当該期間内」とあるのは「当該合算した期間内」と、同項第1号中「当該基本手当の受給資格に係る離職の日（以下この款において「基準日」という。）」とあるのは「基準日」とする。

3 前2項の場合において、第1項の受給資格（以下この項において「前の受給資格」という。）を有する者が、前2項の規定による期間内に新たに受給資格、第37条の3第2項に規定する高年齢受給資格又は第39条第2項に規定する特例受給資格を取得したときは、その取得した日以後においては、前の受給資格に基づく基本手当は、支給しない。

（昭59法54・平11法160・平12法59・平15法31・一部改正）

（所定給付日数）

第22条 一の受給資格に基づき基本手当を支給する日数（以下「所定給付日数」という。）は、次の各号に掲げる受給資格者の区分に応じ、当該各号に定める日数とする。

一 算定基礎期間が20年以上である受給資格者 150日

二 算定基礎期間が10年以上20年未満である受給資格者 120日

三 算定基礎期間が10年未満である受給資格者 90日

2 前項の受給資格者で厚生労働省令で定める理由により就職が困難なものに係る所定給付日数は、同項の規定にかかわらず、その算定基礎期間が1年以上の受給資格者にあつては次の各号に掲げる当該受給資格者の区分に応じ当該各号に定める日数とし、その算定基礎期間が1年未満の受給資格者にあつては150日とする。

一 基準日において45歳以上65歳未満である受給資格者 360日

二 基準日において45歳未満である受給資格者 300日

3 前2項の算定基礎期間は、これらの規定の受給資格者が基準日まで引き続いて同一の事業主の適用事業に被保険者として雇用された期間（当該雇用された期間に係る被保険者となつた日前に被保険者であつたことがある者については、当該雇用された期間と当該被保険者であつた期間を通算した期間）とする。ただし、当該期間に次の各号に掲げる期間が含まれているときは、当該各号に掲げる期間に該当するすべての期間を除いて算定した期間とする。

一 当該雇用された期間又は当該被保険者であつた期間に係る被保険者となつた日の直前の被保険者でなくなつた日が当該被保険者となつた日前1年の期間内にないときは、当該直前の被保険者でなくなつた日前の被保険者であつた期間

二 当該雇用された期間に係る被保険者となつた日前に基本手当又は特例一時金の支給を受けたことがある者については、これらの給付の受給資格又は第39条第2項に規定する特例受給資格に係る離職の日以前の被保険者であつた期間

4 一の被保険者であつた期間に関し、被保険者となつた日が第9条の規定による被保険者となつたことの確認があつた日の2年前の日より前であるときは、当該確認のあつた日の2年前の日に当該被保険者となつたものとみなして、前項の規定による算定を行うものとする。

5 次に掲げる要件のいずれにも該当する者（第1号に規定する事実を知つていた者を除く。）に対する前項の規定の適用については、同項中「当該確認のあつた日の2年前の日」とあるのは、「次項第2号に規定する被保険者の負担すべき額に相当する額がその者に支払われた賃金から控除されていたことが明らかである時期のうち最も古い時期として厚生労働省令で定める日」とする。

一 その者に係る第7条の規定による届出がされていなかつたこと。

二　厚生労働省令で定める書類に基づき、第9条の規定による被保険者となつたことの確認があつた日の2年前の日より前に徴収法第32条第1項の規定により被保険者の負担すべき額に相当する額がその者に支払われた賃金から控除されていたことが明らかである時期があること。

(昭59法54・全改、平元法36・平6法57・平11法160・平12法59・平15法31・平22法15・一部改正)

第23条　特定受給資格者（前条第3項に規定する算定基礎期間（以下この条において単に「算定基礎期間」という。）が1年（第5号に掲げる特定受給資格者にあつては、5年）以上のものに限る。）に係る所定給付日数は、前条第1項の規定にかかわらず、次の各号に掲げる当該特定受給資格者の区分に応じ、当該各号に定める日数とする。

一　基準日において60歳以上65歳未満である特定受給資格者　次のイからニまでに掲げる算定基礎期間の区分に応じ、当該イからニまでに定める日数

イ　20年以上　240日

ロ　10年以上20年未満　210日

ハ　5年以上10年未満　180日

ニ　1年以上5年未満　150日

二　基準日において45歳以上60歳未満である特定受給資格者　次のイからニまでに掲げる算定基礎期間の区分に応じ、当該イからニまでに定める日数

イ　20年以上　330日

ロ　10年以上20年未満　270日

ハ　5年以上10年未満　240日

ニ　1年以上5年未満　180日

三　基準日において35歳以上45歳未満である特定受給資格者　次のイからニまでに掲げる算定基礎期間の区分に応じ、当該イからニまでに定める日数

イ　20年以上　270日

ロ　10年以上20年未満　240日

ハ　5年以上10年未満　180日

ニ　1年以上5年未満　150日

四　基準日において30歳以上35歳未満である特定受給資格者　次のイからニまでに掲げる算定基礎期間の区分に応じ、当該イからニまでに定める日数

イ　20年以上　240日

ロ　10年以上20年未満　210日

ハ　5年以上10年未満　180日

ニ　1年以上5年未満　120日

五　基準日において30歳未満である特定受給資格者　次のイ又はロに掲げる算定基礎期間の区分に応じ、当該イ又はロに定める日数

イ　10年以上　180日

ロ　5年以上10年未満　120日

2　前項の特定受給資格者とは、次の各号のいずれかに該当する受給資格者（前条第2項に規定する受給資格者を除く。）をいう。

一　当該基本手当の受給資格に係る離職が、その者を雇用していた事業主の事業について発生した倒産（破産手続開始、再生手続開始、更生手続開始又は特別清算開始の申立てその他厚生労働省令で定める事由に該当する事態をいう。第57条第2項第1号において同じ。）又は当該事業主の適用事業の縮小若しくは廃止に伴うものである者として厚生労働省令で定めるもの

二　前号に定めるもののほか、解雇（自己の責めに帰すべき重大な理由によるものを除く。第57条第2項第2号において同じ。）その他の厚生労働省令で定める理由により離職した者

(平12法59・全改、平15法31・平16法76・平17法87・平29法14・一部改正)

第2節の2　高年齢被保険者の求職者給付

（高年齢被保険者）

第37条の2　65歳以上の被保険者（第38条第1項に規定する短期雇用特例被保険者及び第43条第1項に規定する日雇労働被保険者を除く。以下「高年齢被保険者」という。）が失業した場合には、この節の定めるところにより、高年齢求職

者給付金を支給する。

2 高年齢被保険者に関しては、前節（第14条を除く。）、次節及び第4節の規定は、適用しない。

（高年齢受給資格）

第37条の3 高年齢求職者給付金は、高年齢被保険者が失業した場合において、離職の日以前1年間（当該期間に疾病、負傷その他厚生労働省令で定める理由により引き続き30日以上賃金の支払を受けることができなかつた高年齢被保険者である被保険者については、当該理由により賃金の支払を受けることができなかつた日数を1年に加算した期間（その期間が4年を超えるときは、4年間））に、第14条の規定による被保険者期間が通算して6箇月以上であつたときに、次条に定めるところにより、支給する。この場合における第14条の規定の適用については、同条第3項中「12箇月（前条第2項の規定により読み替えて適用する場合にあつては、6箇月）」とあるのは、「6箇月」とする。

2 前項の規定により高年齢求職者給付金の支給を受けることができる資格（以下「高年齢受給資格」という。）を有する者（以下「高年齢受給資格者」という。）が次条第5項の規定による期間内に高年齢求職者給付金の支給を受けることなく就職した後再び失業した場合（新たに高年齢受給資格又は第39条第2項に規定する特例受給資格を取得した場合を除く。）において、当該期間内に公共職業安定所に出頭し、求職の申込みをした上、次条第五項の認定を受けたときは、その者は、当該高年齢受給資格に基づく高年齢求職者給付金の支給を受けることができる。

（昭59法54・追加、平元法36・平6法57・平11法160・平19法30・平28法17・令2法14・一部改正）

（高年齢求職者給付金）

第37条の4 高年齢求職者給付金の額は、高年齢受給資格者を第15条第1項に規定する受給資格者とみなして第16条から第18条まで（第17条第4項第2号を除く。）の規定を適用した場合にその者に支給されることとなる基本手当の日額

に、次の各号に掲げる算定基礎期間の区分に応じ、当該各号に定める日数（第5項の認定があつた日から同項の規定による期間の最後の日までの日数が当該各号に定める日数に満たない場合には、当該認定のあつた日から当該最後の日までの日数に相当する日数）を乗じて得た額とする。

一 1年以上 50日
二 1年未満 30日

2 前項の規定にかかわらず、同項の規定により算定した高年齢受給資格者の賃金日額が第17条第4項第2号2に定める額（その額が第18条の規定により変更されたときは、その変更された額）を超えるときは、その額を賃金日額とする。

3 第1項の算定基礎期間は、当該高年齢受給資格者を第15条第1項に規定する受給資格者と、当該高年齢受給資格に係る離職の日を第20条第1項第1号に規定する基準日とみなして第22条第3項及び第4項の規定を適用した場合に算定されることとなる期間に相当する期間とする。

4 前項に規定する場合における第22条第3項の規定の適用については、同項第2号中「又は特例一時金」とあるのは「、高年齢求職者給付金又は特例一時金」と、「又は第39条第2項」とあるのは「、第37条の3第2項に規定する高年齢受給資格又は第39条第2項」とする。

5 高年齢求職者給付金の支給を受けようとする高年齢受給資格者は、離職の日の翌日から起算して1年を経過する日までに、厚生労働省令で定めるところにより、公共職業安定所に出頭し、求職の申込みをした上、失業していることについての認定を受けなければならない。

6 第21条、第31条第1項、第32条、第33条第1項及び第2項並びに第34条第1項から第3項までの規定は、高年齢求職者給付金について準用する。この場合において、これらの規定中「受給資格者」とあるのは「高年齢受給資格者」と、「受給資格」とあるのは「高年齢受給資格」と、第31条第1項中「失業の認定を受けることができなかつた期間」とあるのは「第37条の4第5

項の認定を受けることができなかつた場合にお
ける当該高年齢受給資格者」と、「失業の認定
を受けなければならない」とあるのは「同項の
認定を受けなければならない」と、第33条第1
項中「第21条の規定による期間」とあるのは「第
37条の4第6項において準用する第21条の規定
による期間」と読み替えるものとする。

11 風俗営業等の規制及び業務の適正化等に関する法律（抄）

〔昭和23年7月10日〕
〔法 律 第 122 号〕

最近改正　令和4年6月17日法律第68号

第1章　総則

（昭59法76・章名追加）

（目的）

第1条　この法律は、善良の風俗と清浄な風俗環
境を保持し、及び少年の健全な育成に障害を及
ぼす行為を防止するため、風俗営業及び性風俗
関連特殊営業等について、営業時間、営業区域
等を制限し、及び年少者をこれらの営業所に立
ち入らせること等を規制するとともに、風俗営
業の健全化に資するため、その業務の適正化を
促進する等の措置を講ずることを目的とする。

（昭59法76・追加、平10法55・平13法52・一部改正）

（用語の意義）

第2条　この法律において「風俗営業」とは、次
の各号のいずれかに該当する営業をいう。

一　キヤバレー、待合、料理店、カフエーその
他設備を設けて客の接待をして客に遊興又は
飲食をさせる営業

二　喫茶店、バーその他設備を設けて客に飲食
をさせる営業で、国家公安委員会規則で定め
るところにより計つた営業所内の照度を10ル
クス以下として営むもの（前号に該当する営
業として営むものを除く。）

三　喫茶店、バーその他設備を設けて客に飲食
をさせる営業で、他から見通すことが困難で
あり、かつ、その広さが5平方メートル以下
である客席を設けて営むもの

四　まあじやん屋、ぱちんこ屋その他設備を設
けて客に射幸心をそそるおそれのある遊技を
させる営業

五　スロットマシン、テレビゲーム機その他の
遊技設備で本来の用途以外の用途として射幸
心をそそるおそれのある遊技に用いることが
できるもの（国家公安委員会規則で定めるも
のに限る。）を備える店舗その他これに類す
る区画された施設（旅館業その他の営業の用
に供し、又はこれに随伴する施設で政令で定
めるものを除く。）において当該遊技設備に
より客に遊技をさせる営業（前号に該当する
営業を除く。）

2　この法律において「風俗営業者」とは、次条
第1項の許可又は第7条第1項、第7条の2第
1項若しくは第7条の3第1項の承認を受けて
風俗営業を営む者をいう。

3　この法律において「接待」とは、歓楽的雰囲
気を醸し出す方法により客をもてなすことをい
う。

4　この法律において「接待飲食等営業」とは、
第1項第1号から第3号までのいずれかに該当
する営業をいう。

5　この法律において「性風俗関連特殊営業」と
は、店舗型性風俗特殊営業、無店舗型性風俗特
殊営業、映像送信型性風俗特殊営業、店舗型電
話異性紹介営業及び無店舗型電話異性紹介営業
をいう。

6　この法律において「店舗型性風俗特殊営業」
とは、次の各号のいずれかに該当する営業をい
う。

一　浴場業（公衆浴場法（昭和23年法律第139号）
第1条第1項に規定する公衆浴場を業として
経営することをいう。）の施設として個室を
設け、当該個室において異性の客に接触する
役務を提供する営業

第XI章　関係法令

二　個室を設け、当該個室において異性の客の性的好奇心に応じてその客に接触する役務を提供する営業（前号に該当する営業を除く。）

三　専ら、性的好奇心をそそるため衣服を脱いだ人の姿態を見せる興行その他の善良の風俗又は少年の健全な育成に与える影響が著しい興行の用に供する興行場（興行場法（昭和23年法律第137号）第1条第1項に規定するものをいう。）として政令で定めるものを経営する営業

四　専ら異性を同伴する客の宿泊（休憩を含む。以下この条において同じ。）の用に供する政令で定める施設（政令で定める構造又は設備を有する個室を設けるものに限る。）を設け、当該施設を当該宿泊に利用させる営業

五　店舗を設けて、専ら、性的好奇心をそそる写真、ビデオテープその他の物品で政令で定めるものを販売し、又は貸し付ける営業

六　前各号に掲げるもののほか、店舗を設けて営む性風俗に関する営業で、善良の風俗、清浄な風俗環境又は少年の健全な育成に与える影響が著しい営業として政令で定めるもの

7　以下略

（昭34法2・全改、昭39法77・一部改正、昭59法76・旧第1条繰下・一部改正、平10法55・平12法91・平13法52・平15法55・平27法45・平30法46・一部改正）

（許可の基準）

第4条　公安委員会は、前条第1項の許可を受けようとする者が次の各号のいずれかに該当するときは、許可をしてはならない。

一　破産手続開始の決定を受けて復権を得ない者

二　1年以上の懲役若しくは禁錮の刑に処せられ、又は次に掲げる罪を犯して1年未満の懲役若しくは罰金の刑に処せられ、その執行を終わり、又は執行を受けることがなくなつた日から起算して5年を経過しない者

イ　第49条又は第50条第1項の罪

ロ　刑法（明治40年法律第45号）第174条、第175条、第182条、第185条、第186条、第224条、第225条（営利又はわいせつの目的に係る部分に限る。以下この号において同じ。）、第226条、第226条の2（第3項については、営利又はわいせつの目的に係る部分に限る。以下この号において同じ。）、第226条の3、第227条第1項（同法第224条、第225条、第226条、第226条の2又は第226条の3の罪を犯した者を幇助する目的に係る部分に限る。以下この号において同じ。）若しくは第3項（営利又はわいせつの目的に係る部分に限る。以下この号において同じ。）又は第228条（同法第224条、第225条、第226条、第226条の2、第226条の3又は第227条第1項若しくは第3項に係る部分に限る。）の罪

ハ　組織的な犯罪の処罰及び犯罪収益の規制等に関する法律（平成11年法律第136号）第3条第1項（第5号又は第6号に係る部分に限る。）又は第6条（第1項第2号に係る部分に限る。）の罪

ニ　売春防止法（昭和31年法律第118号）第2章の罪

ホ　児童買春、児童ポルノに係る行為等の規制及び処罰並びに児童の保護等に関する法律（平成11年法律第52号）第4条から第8条までの罪

ヘ　労働基準法（昭和22年法律第49号）第117条、第118条第1項（同法第6条又は第56条に係る部分に限る。）又は第119条第1号（同法第61条又は第62条に係る部分に限る。）（これらの規定を船員職業安定法（昭和23年法律第130号）又は労働者派遣事業の適正な運営の確保及び派遣労働者の保護等に関する法律（昭和60年法律第88号）の規定により適用する場合を含む。）の罪

ト　船員法（昭和22年法律第100号）第129条（同法第85条第1項又は第2項に係る部分に限る。）又は第130条（同法第86条第1項に係る部分に限る。）（これらの規定を船員職業安定法の規定により適用する場合を含

525

む。）の罪

チ　職業安定法（昭和22年法律第141号）第63条の罪

リ　児童福祉法（昭和22年法律第164号）第60条第1項又は第2項（同法第34条第1項第4号の3、第5号、第7号又は第9号に係る部分に限る。）の罪

ヌ　船員職業安定法第111条の罪

ル　出入国管理及び難民認定法（昭和26年政令第319号）第73条の2第1項の罪

ヲ　労働者派遣事業の適正な運営の確保及び派遣労働者の保護等に関する法律第58条の罪

ワ　外国人の技能実習の適正な実施及び技能実習生の保護に関する法律（平成28年法律第89号）第108条の罪

三　集団的に、又は常習的に暴力的不法行為その他の罪に当たる違法な行為で国家公安委員会規則で定めるものを行うおそれがあると認めるに足りる相当な理由がある者

四　アルコール、麻薬、大麻、あへん又は覚醒剤の中毒者

五　心身の故障により風俗営業の業務を適正に実施することができない者として国家公安委員会規則で定めるもの

六　第26条第1項の規定により風俗営業の許可を取り消され、当該取消しの日から起算して5年を経過しない者（当該許可を取り消された者が法人である場合においては、当該取消しに係る聴聞の期日及び場所が公示された日前60日以内に当該法人の役員（業務を執行する社員、取締役、執行役又はこれらに準ずる者をいい、相談役、顧問その他いかなる名称を有する者であるかを問わず、法人に対し業務を執行する社員、取締役、執行役又はこれらに準ずる者と同等以上の支配力を有するものと認められる者を含む。以下この項において同じ。）であつた者で当該取消しの日から起算して5年を経過しないものを含む。）

七　第26条第1項の規定による風俗営業の許可

の取消処分に係る聴聞の期日及び場所が公示された日から当該処分をする日又は当該処分をしないことを決定する日までの間に第10条第1項第1号の規定による許可証の返納をした者（風俗営業の廃止について相当な理由がある者を除く。）で当該返納の日から起算して5年を経過しないもの

八　前号に規定する期間内に合併により消滅した法人又は第10条第1項第1号の規定による許可証の返納をした法人（合併又は風俗営業の廃止について相当な理由がある者を除く。）の前号の公示の日前60日以内に役員であつた者で当該消滅又は返納の日から起算して5年を経過しないもの

九　第7号に規定する期間内に分割により同号の聴聞に係る風俗営業を承継させ、若しくは分割により当該風俗営業以外の風俗営業を承継した法人（分割について相当な理由がある者を除く。）又はこれらの法人の同号の公示の日前60日以内に役員であつた者で当該分割の日から起算して5年を経過しないもの

十　営業に関し成年者と同一の行為能力を有しない未成年者。ただし、その者が風俗営業者の相続人であつて、その法定代理人が前各号及び次号のいずれにも該当しない場合を除くものとする。

十一　法人でその役員のうちに第1号から第9号までのいずれかに該当する者があるもの

2　公安委員会は、前条第1項の許可の申請に係る営業所につき次の各号のいずれかに該当する事由があるときは、許可をしてはならない。

一　営業所の構造又は設備（第4項に規定する遊技機を除く。第9条、第10条の2第2項第3号、第12条及び第39条第2項第7号において同じ。）が風俗営業の種別に応じて国家公安委員会規則で定める技術上の基準に適合しないとき。

二　営業所が、良好な風俗環境を保全するため特にその設置を制限する必要があるものとして政令で定める基準に従い都道府県の条例で

定める地域内にあるとき。

三　営業所に第24条第1項の管理者を選任すると認められないことについて相当な理由があるとき。

3　公安委員会は、前条第1項の許可又は第7条第1項、第7条の2第1項若しくは第7条の3第1項の承認を受けて営んでいた風俗営業の営業所が火災、震災その他その者の責めに帰することができない事由で政令で定めるものにより滅失したために当該風俗営業を廃止した者が、当該廃止した風俗営業と同一の風俗営業の種別の風俗営業で営業所が前項第2号の地域内にあるものにつき、前条第1項の許可を受けようとする場合において、当該許可の申請が次の各号のいずれにも該当するときは、前項第2号の規定にかかわらず、許可をすることができる。

一　当該風俗営業を廃止した日から起算して5年以内にされたものであること。

二　次のいずれかに該当すること。

　イ　当該滅失した営業所の所在地が、当該滅失前から前項第2号の地域に含まれていたこと。

　ロ　当該滅失した営業所の所在地が、当該滅失以降に前項第2号の地域に含まれることとなつたこと。

三　当該滅失した営業所とおおむね同一の場所にある営業所につきされたものであること。

四　当該滅失した営業所とおおむね等しい面積の営業所につきされたものであること。

4　第2条第1項第4号の営業（ぱちんこ屋その他政令で定めるものに限る。）については、公安委員会は、当該営業に係る営業所に設置される遊技機が著しく客の射幸心をそそるおそれがあるものとして国家公安委員会規則で定める基準に該当するものであるときは、当該営業を許可しないことができる。

（昭59法76・追加、昭60法45・昭60法89・平10法55・平11法52・平11法136・平11法151・平12法91・平13法52・平14法45・平16法147・平17法119・平21法79・平23法61・平23法74・平24法27・平26法79・平27法45・平28法89・令元法37・一部改正）

（許可の手続及び許可証）

第5条　第3条第1項の許可を受けようとする者は、公安委員会に、次の事項を記載した許可申請書を提出しなければならない。この場合において、当該許可申請書には、営業の方法を記載した書類その他の内閣府令で定める書類を添付しなければならない。

一　氏名又は名称及び住所並びに法人にあつては、その代表者の氏名

二　営業所の名称及び所在地

三　風俗営業の種別

四　営業所の構造及び設備の概要

五　第24条第1項の管理者の氏名及び住所

六　法人にあつては、その役員の氏名及び住所

2　公安委員会は、第3条第1項の許可をしたときは、国家公安委員会規則で定めるところにより、許可証を交付しなければならない。

3　公安委員会は、第3条第1項の許可をしないときは、国家公安委員会規則で定めるところにより、申請者にその旨を通知しなければならない。

4　許可証の交付を受けた者は、当該許可証を亡失し、又は当該許可証が滅失したときは、速やかにその旨を公安委員会に届け出て、許可証の再交付を受けなければならない。

（昭59法76・追加、平11法160・一部改正）

第4章　性風俗関連特殊営業等の規制

（昭59法76・章名追加、平10法55・平13法52・改称）

第1節　性風俗関連特殊営業の規制

（昭59法76・節名追加、平10法55・平13法52・改称）

第1款　店舗型性風俗特殊営業の規制

（平10法55・款名追加）

（営業等の届出）

第27条　店舗型性風俗特殊営業を営もうとする者は、店舗型性風俗特殊営業の種別（第2条第6項各号に規定する店舗型性風俗特殊営業の種別をいう。以下同じ。）に応じて、営業所ごとに、当該営業所の所在地を管轄する公安委員会に、

527

次の事項を記載した届出書を提出しなければならない。

一　氏名又は名称及び住所並びに法人にあつては、その代表者の氏名

二　営業所の名称及び所在地

三　店舗型性風俗特殊営業の種別

四　営業所の構造及び設備の概要

五　営業所における業務の実施を統括管理する者の氏名及び住所

2　前項の届出書を提出した者は、当該店舗型性風俗特殊営業を廃止したとき、又は同項各号（第3号を除く。）に掲げる事項（同項第2号に掲げる事項にあつては、営業所の名称に限る。）に変更があつたときは、公安委員会に、廃止又は変更に係る事項その他の内閣府令で定める事項を記載した届出書を提出しなければならない。

3　前2項の届出書には、営業の方法を記載した書類その他の内閣府令で定める書類を添付しなければならない。

4　公安委員会は、第1項又は第2項の届出書（同項の届出書にあつては、店舗型性風俗特殊営業を廃止した場合におけるものを除く。）の提出があつたときは、その旨を記載した書面を当該届出書を提出した者に交付しなければならない。ただし、当該届出書に係る営業所が第28条第1項の規定又は同条第2項の規定に基づく条例の規定により店舗型性風俗特殊営業を営んではならないこととされる区域又は地域にあるときは、この限りでない。

5　店舗型性風俗特殊営業を営む者は、前項の規定により交付された書面を営業所に備え付けるとともに、関係者から請求があつたときは、これを提示しなければならない。

（昭59法76・追加、平10法55・平11法160・平17法119・一部改正）

（店舗型性風俗特殊営業の禁止区域等）

第28条　店舗型性風俗特殊営業は、一団地の官公庁施設（官公庁施設の建設等に関する法律（昭和26年法律第181号）第2条第4項に規定するものをいう。）、学校（学校教育法（昭和22年法律第26号）第1条に規定するものをいう。）、図書館（図書館法（昭和25年法律第118号）第2条第1項に規定するものをいう。）若しくは児童福祉施設（児童福祉法第7条第1項に規定するものをいう。）又はその他の施設でその周辺における善良の風俗若しくは清浄な風俗環境を害する行為若しくは少年の健全な育成に障害を及ぼす行為を防止する必要のあるものとして都道府県の条例で定めるものの敷地（これらの用に供するものと決定した土地を含む。）の周囲200メートルの区域内においては、これを営んではならない。

2　前項に定めるもののほか、都道府県は、善良の風俗若しくは清浄な風俗環境を害する行為又は少年の健全な育成に障害を及ぼす行為を防止するため必要があるときは、条例により、地域を定めて、店舗型性風俗特殊営業を営むことを禁止することができる。

3　第1項の規定又は前項の規定に基づく条例の規定は、これらの規定の施行又は適用の際現に第27条第1項の届出書を提出して店舗型性風俗特殊営業を営んでいる者の当該店舗型性風俗特殊営業については、適用しない。

4　都道府県は、善良の風俗を害する行為を防止するため必要があるときは、政令で定める基準に従い条例で定めるところにより、店舗型性風俗特殊営業（第2条第6項第4号の営業その他国家公安委員会規則で定める店舗型性風俗特殊営業を除く。）の深夜における営業時間を制限することができる。

5　店舗型性風俗特殊営業を営む者は、前条に規定するもののほか、その営業につき、次に掲げる方法で広告又は宣伝をしてはならない。

一　次に掲げる区域又は地域（第3号において「広告制限区域等」という。）において、広告物（常時又は一定の期間継続して公衆に表示されるものであつて、看板、立看板、はり紙及びはり札並びに広告塔、広告板、建物その他の工作物等に掲出され、又は表示されたもの並びにこれらに類するものをいう。以下同

じ。）を表示すること。

イ　第1項に規定する敷地（同項に規定する施設の用に供するものと決定した土地を除く。）の周囲200メートルの区域

ロ　第2項の規定に基づく条例で定める地域のうち当該店舗型性風俗特殊営業の広告又は宣伝を制限すべき地域として条例で定める地域

二　人の住居にビラ等（ビラ、パンフレット又はこれらに類する広告若しくは宣伝の用に供される文書図画をいう。以下同じ。）を配り、又は差し入れること。

三　前号に掲げるもののほか、広告制限区域等においてビラ等を頒布し、又は広告制限区域等以外の地域において18歳未満の者に対してビラ等を頒布すること。

6　前項の規定は、第3項の規定により第1項の規定又は第2項の規定に基づく条例の規定を適用しないこととされる店舗型性風俗特殊営業を営む者が当該店舗型性風俗特殊営業の営業所の外周又は内部に広告物を表示する場合及び当該営業所の内部においてビラ等を頒布する場合については、適用しない。

7　第5項第1号の規定は、同号の規定の適用に関する第1項の規定又は同号ロの規定に基づく条例の規定の施行又は適用の際店舗型性風俗特殊営業を営む者が現に表示している広告物（当該施行又は適用の際現に第27条第1項の届出書を提出して店舗型性風俗特殊営業を営んでいる者が表示するものに限る。）については、当該施行又は適用の日から1月を経過する日までの間は、適用しない。

8　前条及び第5項に規定するもののほか、店舗型性風俗特殊営業を営む者は、その営業につき、清浄な風俗環境を害するおそれのある方法で広告又は宣伝をしてはならない。

9　店舗型性風俗特殊営業を営む者は、その営業につき広告又は宣伝をするときは、国家公安委員会規則で定めるところにより、18歳未満の者がその営業所に立ち入つてはならない旨を明ら

かにしなければならない。

10　店舗型性風俗特殊営業を営む者は、国家公安委員会規則で定めるところにより、18歳未満の者がその営業所に立ち入つてはならない旨を営業所の入り口に表示しなければならない。

11　第18条の2の規定は、店舗型性風俗特殊営業を営む者について準用する。

12　店舗型性風俗特殊営業を営む者は、次に掲げる行為をしてはならない。

一　当該営業に関し客引きをすること。

二　当該営業に関し客引きをするため、道路その他公共の場所で、人の身辺に立ちふさがり、又はつきまとうこと。

三　営業所で18歳未満の者を客に接する業務に従事させること。

四　18歳未満の者を営業所に客として立ち入らせること。

五　営業所で20歳未満の者に酒類又はたばこを提供すること。

（昭41法91・追加、昭59法76・旧第4条の4繰下・一部改正、平10法55・平17法119・平17法123・平27法45・一部改正）

12　風俗営業等の規制及び業務の適正化等に関する法律施行令（抄）

〔昭和59年11月7日〕
〔政令第319号〕

最近改正　令和2年3月11日政令第40号

（法第2条第1項第5号の政令で定める施設）

第1条　風俗営業等の規制及び業務の適正化等に関する法律（以下「法」という。）第2条第1項第5号の政令で定める施設は、次の各号のいずれかに該当する施設であつて、営業中における当該施設の内部をそれぞれ当該施設の置かれるホテル等、大規模小売店舗又は遊園地内において当該施設の外部から容易に見通すことができるものとする。

529

一　ホテル等（旅館業法（昭和23年法律第138号）第2条第2項に規定する旅館・ホテル営業に係る建物又は建物の部分をいう。第3条第1項第2号において同じ。）内の区画された施設

二　大規模小売店舗（大規模小売店舗立地法（平成10年法律第91号）第2条第2項に規定する一の建物であつて、その建物内の店舗面積（同条第1項に規定する小売業を営むための店舗の用に供される床面積をいう。）の合計が500平方メートルを超えるものをいう。）内の区画された施設（当該大規模小売店舗において営む当該小売業の顧客以外の者の利用に主として供されるものを除く。）

三　遊園地（メリーゴーラウンド、遊戯用電車その他これらに類する遊戯施設を設け、主として当該施設により客に遊戯をさせる営業の用に供する場所で、その入場について料金を徴するものをいう。）内の区画された施設

（平10政277・旧第1条繰下・一部改正、平12政242・一部改正、平27政253・旧第1条の3繰上・一部改正、平27政382・平30政21・一部改正）

（法第2条第6項第3号の政令で定める興行場）

第2条　法第2条第6項第3号の政令で定める興行場は、次の各号に掲げる興行場（興行場法（昭和23年法律第137号）第1条第1項に規定する興行場をいう。以下この条において同じ。）で、専らこれらの各号に規定する興行の用に供するものとする。

一　ヌードスタジオその他個室を設け、当該個室において、当該個室に在室する客に、その性的好奇心をそそるため衣服を脱いだ人の姿態又はその映像を見せる興行の用に供する興行場

二　のぞき劇場その他個室を設け、当該個室の隣室又はこれに類する施設において、当該個室に在室する客に、その性的好奇心をそそるため衣服を脱いだ人の姿態又はその映像を見せる興行の用に供する興行場

三　ストリップ劇場その他客席及び舞台を設

け、当該舞台において、客に、その性的好奇心をそそるため衣服を脱いだ人の姿態又はその姿態及びその映像を見せる興行の用に供する興行場

（平10政277・平27政382・一部改正）

（法第2条第6項第4号の政令で定める施設等）

第3条　法第2条第6項第4号の政令で定める施設は、次に掲げるものとする。

一　レンタルルームその他個室を設け、当該個室を専ら異性を同伴する客の休憩の用に供する施設

二　ホテル等その他客の宿泊（休憩を含む。以下この条において同じ。）の用に供する施設であつて、次のいずれかに該当するもの（前号に該当するものを除く。）

イ　食堂（調理室を含む。以下このイにおいて同じ。）又はロビーの床面積が、次の表の上欄に掲げる収容人員の区分ごとにそれぞれ同表の下欄に定める数値に達しない施設

収容人員の区分	床面積	
	食堂	ロビー
30人以下	30平方メートル	30平方メートル
31人以上50人以下	40平方メートル	40平方メートル
51人以上	50平方メートル	50平方メートル

ロ　当該施設の外周に、又は外部から見通すことができる当該施設の内部に、休憩の料金の表示その他の当該施設を休憩のために利用することができる旨の表示がある施設

ハ　当該施設の出入口又はこれに近接する場所に、目隠しその他当該施設に出入りする者を外部から見えにくくするための設備が設けられている施設

ニ　フロント、玄関帳場その他これらに類する設備（以下この条において「フロント等」という。）にカーテンその他の見通しを遮ることができる物が取り付けられ、フロント等における客との面接を妨げるおそれがあるものとして国家公安委員会規則で定める状態にある施設

ホ　客が従業者と面接しないで機械その他の設備を操作することによつてその利用する個室の鍵の交付を受けることができる施設その他の客が従業者と面接しないでその利用する個室に入ることができる施設

2　法第2条第6項第4号の政令で定める構造は、前項第2号に掲げる施設（客との面接に適するフロント等において常態として宿泊者名簿の記載、宿泊の料金の受渡し及び客室の鍵の授受を行う施設を除く。）につき、次の各号のいずれかに該当するものとする。

一　客の使用する自動車の車庫（天井（天井のない場合にあつては、屋根）及び二以上の側壁（ついたて、カーテンその他これらに類するものを含む。）を有するものに限るものとし、二以上の自動車を収容することができる車庫にあつては、その客の自動車の駐車の用に供する区画された車庫の部分をいう。以下この項において同じ。）が通常その客の宿泊に供される個室に接続する構造

二　客の使用する自動車の車庫が通常その客の宿泊に供される個室に近接して設けられ、当該個室が当該車庫に面する外壁面又は当該外壁面に隣接する外壁面に出入口を有する構造

三　客が宿泊をする個室がその客の使用する自動車の車庫と当該個室との通路に主として用いられる廊下、階段その他の施設に通ずる出入口を有する構造（前号に該当するものを除く。）

3　法第2条第6項第4号の政令で定める設備は、次の各号に掲げる施設の区分ごとにそれぞれ当該各号に定めるものとする。

一　第1項第1号に掲げる施設　次のいずれかに該当する設備

イ　動力により振動し又は回転するベッド、横臥している人の姿態を映すために設けられた鏡（以下このイにおいて「特定用途鏡」という。）で面積が1平方メートル以上のもの又は二以上の特定用途鏡でそれらの面積の合計が1平方メートル以上のもの（天

井、壁、仕切り、ついたてその他これらに類するもの又はベッドに取り付けてあるものに限る。）その他専ら異性を同伴する客の性的好奇心に応ずるため設けられた設備

ロ　次条に規定する物品を提供する自動販売機その他の設備

ハ　長椅子その他の設備で専ら異性を同伴する客の休憩の用に供するもの

二　第1項第2号に掲げる施設　同号イからハまでのいずれかに該当する施設にあつては次のイに、同号ニ又はホに該当する施設にあつては次のロに該当する設備

イ　前号イ又はロに掲げる設備

ロ　宿泊の料金の受払いをするための機械その他の設備であつて、客が従業者と面接しないで当該料金を支払うことができるもの

（平10政277・平22政168・平27政382・平30政21・一部改正）

（法第2条第6項第5号の政令で定める物品）

第4条　法第2条第6項第5号の政令で定める物品は、性的好奇心をそそる物品で次に掲げるものとする。

一　衣服を脱いだ人の姿態を被写体とする写真又はその複製物

二　前号に掲げる写真又はその複製物を主たる内容とする写真集

三　衣服を脱いだ人の姿態の映像を主たる内容とするフィルム又はビデオテープ、ビデオディスク、シー・ディー・ロムその他電磁的方法（電子的方法、磁気的方法その他の人の知覚によつては認識することができない方法をいう。）による記録に係る記録媒体

四　性具その他の性的な行為の用に供する物品、性器を模した物品、性的な行為を表す写真その他の物品又はこれらに類する物品

（平8政37・平10政277・一部改正）

（風俗営業の許可に係る営業制限地域の指定に関する条例の基準）

第6条　法第4条第2項第2号の政令で定める基準は、次のとおりとする。

一　風俗営業の営業所の設置を制限する地域

531

（以下この条において「制限地域」という。）の指定は、次に掲げる地域内の地域について行うこと。

　イ　住居が多数集合しており、住居以外の用途に供される土地が少ない地域（以下「住居集合地域」という。）

　ロ　その他の地域のうち、学校、病院その他の施設でその利用者の構成その他のその特性に鑑み特にその周辺における良好な風俗環境を保全する必要がある施設として都道府県の条例で定めるもの（以下「保全対象施設」という。）の周辺の地域

二　前号ロに掲げる地域内の地域につき制限地域の指定を行う場合には、当該保全対象施設の敷地（これらの用に供するものと決定した土地を含む。）の周囲おおむね100メートルの区域を限度とし、その区域内の地域につき指定を行うこと。

三　前2号の規定による制限地域の指定及びその変更は、風俗営業の種類及び営業の態様、地域の特性、保全対象施設の特性、既設の風俗営業の営業所の数その他の事情に応じて、良好な風俗環境を保全するため必要な最小限度のものであること。

（平10政277・平27政382・一部改正）

（法第4条第3項の政令で定める事由）

第7条　法第4条第3項の政令で定める事由は、次に掲げるものとする。

一　暴風、豪雨その他の異常な自然現象により生ずる被害又は火薬類の爆発、交通事故その他の人為による異常な災害若しくは事故（当該風俗営業者の責めに帰すべき事由により生じた災害又は事故を除く。）であつて、火災又は震災以外のもの

二　消防法（昭和23年法律第186号）第29条第1項から第3項までの規定その他火災若しくは震災又は前号に規定する災害若しくは事故の発生又は拡大を防止するための措置に関する法令の規定に基づく措置

三　火災若しくは震災又は前2号に掲げる事由

により当該営業所に滅失に至らない破損が生じた場合において、関係法令の規定を遵守するためには当該営業所の除却を行つた上でこれを改築することが必要であると認められる場合における当該除却

四　次に掲げる法律の規定による勧告又は命令に従つて行う除却

　イ　消防法第5条第1項

　ロ　建築基準法（昭和25年法律第201号）第10条第1項から第3項まで又は第11条第1項

　ハ　高速自動車国道法（昭和32年法律第79号）第14条第3項

　ニ　密集市街地における防災街区の整備の促進に関する法律（平成9年法律第49号）第13条第1項

五　土地収用法（昭和26年法律第219号）その他の法律の規定により土地を収用し、又は使用することができる公共の利益となる事業の施行に伴う除却

六　土地区画整理法（昭和29年法律第119号）第2条第1項に規定する土地区画整理事業その他公共施設の整備又は土地利用の増進を図るため関係法令の規定に従つて行われる事業（当該風俗営業者を個人施行者とするものを除く。）の施行に伴う換地又は権利変換のための除却

七　建物の区分所有等に関する法律（昭和37年法律第69号）第62条第1項に規定する建替え決議又は同法第70条第1項に規定する一括建替え決議の内容により行う建替え

（平10政277・追加、平15政229・平17政192・一部改正、平27政382・旧第6条の2繰下）

（法第4条第4項の政令で定める営業）

第8条　法第4条第4項の政令で定める営業は、回胴式遊技機、アレンジボール遊技機、じやん球遊技機その他法第23条第1項第3号に規定する遊技球等の数量又は数字により遊技の結果を表示する遊技機を設置して客に遊技をさせる営業で、当該遊技の結果に応じ賞品を提供して営

むものとする。

<small>（平10政277・一部改正、平27政382・旧第７条繰下）</small>

（法第13条第１項第２号の政令で定める基準）

第９条 法第13条第１項第２号の政令で定める基準は、次のとおりとする。

一 午前零時以後において風俗営業を営むことが許容される特別な事情のある地域（以下「営業延長許容地域」という。）の指定は、次のいずれにも該当する地域内の地域について行うこと。

イ 店舗が多数集合しており、かつ、風俗営業、遊興飲食店営業（設備を設けて客に遊興をさせ、かつ、客に飲食をさせる営業（客に酒類を提供して営むものに限る。）をいい、風俗営業に該当するものを除く。）並びに深夜（午前零時から午前６時までの時間をいう。以下同じ。）において営まれる酒類提供飲食店営業（法第２条第13項第４号に規定する酒類提供飲食店営業をいう。第27条において同じ。）及び興行場営業（興行場法第１条第２項に規定する興行場営業をいう。）の営業所が１平方キロメートルにつきおおむね300箇所以上の割合で設置されている地域（第22条第１号イ(1)及びロ(3)において「風俗営業等密集地域」という。）であること。

ロ 次に掲げる地域でないこと。

(1) 住居集合地域

(2) 住居集合地域以外の地域のうち、住居の用に併せて商業又は工業の用に供されている地域で、住居が相当数集合しているため、深夜における当該地域の風俗環境の保全につき特に配慮を必要とするもの

(3) (1)又は(2)に掲げる地域に隣接する地域（幹線道路の各側端から外側おおむね50メートルを限度とする区域内の地域を除く。）

二 営業延長許容地域の指定及びその変更は、風俗営業の種類、営業の態様その他の事情に応じて良好な風俗環境の保全に障害を及ぼすこととならないよう配慮するとともに、当該地域における法第44条第１項の規定による風俗営業者の団体の届出の有無及び当該団体が関係風俗営業者に対して行う営業時間の制限その他の事項に関する法又は法に基づく命令若しくは条例の規定の遵守のための自主的な活動にも配意すること。

<small>（平10政277・追加、平17政369・一部改正、平27政382・旧第７条の２繰下・一部改正）</small>

（風俗営業の営業時間の制限に関する条例の基準）

第10条 法第13条第２項の政令で定める基準は、次のとおりとする。

一 法第13条第２項の制限は、地域及び風俗営業の種類ごとに、営業を営んではならない時間を指定して行うこと。

二 営業時間を制限する地域の指定は、次に掲げる地域内の地域について行うこと。

イ 住居集合地域

ロ その他の地域のうち、住居の用に併せて商業又は工業の用に供されている地域で、住居が相当数集合しているため、早朝における当該地域の風俗環境の保全につき特に配慮を必要とするもの

三 営業を営んではならない時間の指定は、次に掲げる地域の区分に従いそれぞれ次に定める時間内において行うこと。

イ 前号イに掲げる地域に係る地域であつて、法第13条第１項第１号に定める地域（以下この条において「特別日営業延長許容地域」という。）に該当するもの 午前６時後午前10時までの時間及び午後11時から翌日の午前零時前（当該翌日につき、当該特別日営業延長許容地域を定める条例において習俗的行事その他の特別な事情のある日として定められている場合にあつては、当該条例で定める時まで）の時間

ロ 前号イに掲げる地域に係る地域（イに掲げるものを除く。） 午前６時後午前10時までの時間及び午後11時から翌日の午前零時

533

前の時間

ハ　前号ロに掲げる地域に係る地域　午前6時後午前10時までの時間

四　ぱちんこ屋その他の都道府県の条例で定める種類の風俗営業については、前2号に定めるもののほか、客の頻繁な出入り、営業活動に伴う騒音の発生その他の事情による良好な風俗環境への影響が大きいと認められる地域につき、次に掲げる地域の区分に従いそれぞれ次に定める時間内において営業を営んではならない時間を指定することができること。

イ　当該風俗営業の種類に係る営業延長許容地域に該当する地域　午前6時後午前10時までの時間

ロ　特別日営業延長許容地域に該当する地域（イに掲げるものを除く。）　午前6時後午前10時までの時間及び午後11時から翌日の午前零時前（当該翌日につき、当該特別日営業延長許容地域を定める条例において習俗的行事その他の特別な事情のある日として定められている場合にあつては、当該条例で定める時まで）の時間

ハ　イ又はロに掲げる地域以外の地域　午前6時後午前10時までの時間及び午後11時から翌日の午前零時前の時間

（平10政277・一部改正、平27政382・旧第8条繰下・一部改正）

13　旅館業法（抄）

〔昭和23年7月12日〕
〔法　律　第　138　号〕

最近改正　令和4年6月17日法律第68号

第1条　この法律は、旅館業の業務の適正な運営を確保すること等により、旅館業の健全な発達を図るとともに、旅館業の分野における利用者の需要の高度化及び多様化に対応したサービスの提供を促進し、もつて公衆衛生及び国民生活の向上に寄与することを目的とする。

（平8法91・全改）

第2条　この法律で「旅館業」とは、旅館・ホテル営業、簡易宿所営業及び下宿営業をいう。

2　この法律で「旅館・ホテル営業」とは、施設を設け、宿泊料を受けて、人を宿泊させる営業で、簡易宿所営業及び下宿営業以外のものをいう。

3　この法律で「簡易宿所営業」とは、宿泊する場所を多数人で共用する構造及び設備を主とする施設を設け、宿泊料を受けて、人を宿泊させる営業で、下宿営業以外のものをいう。

4　この法律で「下宿営業」とは、施設を設け、1月以上の期間を単位とする宿泊料を受けて、人を宿泊させる営業をいう。

5　この法律で「宿泊」とは、寝具を使用して前各項の施設を利用することをいう。

（昭32法176・全改、平29法84・一部改正）

第3条　旅館業を営もうとする者は、都道府県知事(保健所を設置する市又は特別区にあつては、市長又は区長。第4項を除き、以下同じ。)の許可を受けなければならない。ただし、旅館・ホテル営業又は簡易宿所営業の許可を受けた者が、当該施設において下宿営業を営もうとする場合は、この限りでない。

2　都道府県知事は、前項の許可の申請があつた場合において、その申請に係る施設の構造設備が政令で定める基準に適合しないと認めるとき、当該施設の設置場所が公衆衛生上不適当であると認めるとき、又は申請者が次の各号のいずれかに該当するときは、同項の許可を与えないことができる。

一　心身の故障により旅館業を適正に行うことができない者として厚生労働省令で定めるもの

二　破産手続開始の決定を受けて復権を得ない者

三　禁錮以上の刑に処せられ、又はこの法律若しくはこの法律に基づく処分に違反して罰金以下の刑に処せられ、その執行を終わり、又は執行を受けることがなくなつた日から起算

して３年を経過していない者

四　第８条の規定により許可を取り消され、取消しの日から起算して３年を経過していない者

五　暴力団員による不当な行為の防止等に関する法律（平成３年法律第77号）第２条第６号に規定する暴力団員又は同号に規定する暴力団員でなくなつた日から起算して５年を経過しない者（第８号において「暴力団員等」という。）

六　営業に関し成年者と同一の行為能力を有しない未成年者でその法定代理人（法定代理人が法人である場合においては、その役員を含む。）が前各号のいずれかに該当するもの

七　法人であつて、その業務を行う役員のうちに第１号から第５号までのいずれかに該当する者があるもの

八　暴力団員等がその事業活動を支配する者

3　第１項の許可の申請に係る施設の設置場所が、次に掲げる施設の敷地（これらの用に供するものと決定した土地を含む。以下同じ。）の周囲おおむね100メートルの区域内にある場合において、その設置によつて当該施設の清純な施設環境が著しく害されるおそれがあると認めるときも、前項と同様とする。

一　学校教育法（昭和22年法律第26号）第１条に規定する学校（大学を除くものとし、次項において「第１条学校」という。）及び就学前の子どもに関する教育、保育等の総合的な提供の推進に関する法律（平成18年法律第77号）第２条第７項に規定する幼保連携型認定こども園（以下この条において「幼保連携型認定こども園」という。）

二　児童福祉法（昭和22年法律第164号）第７条第１項に規定する児童福祉施設（幼保連携型認定こども園を除くものとし、以下単に「児童福祉施設」という。）

三　社会教育法（昭和24年法律第207号）第２条に規定する社会教育に関する施設その他の施設で、前２号に掲げる施設に類するものと

して都道府県（保健所を設置する市又は特別区にあつては、市又は特別区。以下同じ。）の条例で定めるもの

4　都道府県知事（保健所を設置する市又は特別区にあつては、市長又は区長）は、前項各号に掲げる施設の敷地の周囲おおむね100メートルの区域内の施設につき第１項の許可を与える場合には、あらかじめ、その施設の設置によつて前項各号に掲げる施設の清純な施設環境が著しく害されるおそれがないかどうかについて、学校（第１条学校及び幼保連携型認定こども園をいう。以下この項において同じ。）については、当該学校が大学附置の国立学校（国（国立大学法人法（平成15年法律第112号）第２条第１項に規定する国立大学法人を含む。以下この項において同じ。）が設置する学校をいう。）又は地方独立行政法人法（平成15年法律第118号）第68条第１項に規定する公立大学法人（以下この項において「公立大学法人」という。）が設置する学校であるときは当該大学の学長、高等専門学校であるときは当該高等専門学校の校長、高等専門学校以外の公立学校であるときは当該学校を設置する地方公共団体の教育委員会（幼保連携型認定こども園であるときは、地方公共団体の長）、高等専門学校及び幼保連携型認定こども園以外の私立学校であるときは学校教育法に定めるその所管庁、国及び地方公共団体（公立大学法人を含む。）以外の者が設置する幼保連携型認定こども園であるときは都道府県知事（地方自治法（昭和22年法律第67号）第252条の19第１項の指定都市（以下この項において「指定都市」という。）及び同法第252条の22第１項の中核市（以下この項において「中核市」という。）においては、当該指定都市又は中核市の長）の意見を、児童福祉施設については、児童福祉法第46条に規定する行政庁の意見を、前項第３号の規定により都道府県の条例で定める施設については、当該条例で定める者の意見を求めなければならない。

5　第２項又は第３項の規定により、第１項の許

可を与えない場合には、都道府県知事は、理由を附した書面をもつて、その旨を申請者に通知しなければならない。

6　第1項の許可には、公衆衛生上又は善良の風俗の保持上必要な条件を附することができる。

(昭32法176・昭36法145・昭43法94・昭45法65・昭54法70・平6法84・平11法87・平15法117・平17法123・平23法105・平24法67・平28法47・平29法84・令元法37・一部改正)

14　公衆浴場法（抄）

〔昭和23年7月12日〕
〔法　律　第　139　号〕

最近改正　令和4年6月17日法律第68号

第1条　この法律で「公衆浴場」とは、温湯、潮湯又は温泉その他を使用して、公衆を入浴させる施設をいう。

2　この法律で「浴場業」とは、都道府県知事（保健所を設置する市又は特別区にあつては、市長又は区長。以下同じ。）の許可を受けて、業として公衆浴場を経営することをいう。

(昭54法70・平6法84・平23法105・一部改正)

第2条　業として公衆浴場を経営しようとする者は、都道府県知事の許可を受けなければならない。

2　都道府県知事は、公衆浴場の設置の場所若しくはその構造設備が、公衆衛生上不適当であると認めるとき又はその設置の場所が配置の適正を欠くと認めるときは、前項の許可を与えないことができる。但し、この場合においては、都道府県知事は、理由を附した書面をもつて、その旨を通知しなければならない。

3　前項の設置の場所の配置の基準については、都道府県（保健所を設置する市又は特別区にあつては、市又は特別区。以下同じ。）が条例で、これを定める。

4　都道府県知事は、第2項の規定の趣旨にかんがみて必要があると認めるときは、第1項の許可に必要な条件を附することができる。

(昭25法187・昭39法121・平11法87・平23法105・一部改正)

15　たばこ事業法（抄）

〔昭和59年8月10日〕
〔法　律　第　68　号〕

最近改正　令和4年6月17日法律第68号

（目的）

第1条　この法律は、たばこ専売制度の廃止に伴い、製造たばこに係る租税が財政収入において占める地位等にかんがみ、製造たばこの原料用としての国内産の葉たばこの生産及び買入れ並びに製造たばこの製造及び販売の事業等に関し所要の調整を行うことにより、我が国たばこ産業の健全な発展を図り、もつて財政収入の安定的確保及び国民経済の健全な発展に資することを目的とする。

（製造たばこの小売販売業の許可）

第22条　製造たばこの小売販売（消費者に対する販売をいう。以下同じ。）を業として行おうとする者は、当分の間、その製造たばこに係る営業所（以下第37条まで及び第49条において「営業所」という。）ごとに財務大臣の許可を受けなければならない。会社又は特定販売業者が小売販売を業として行おうとするときも、同様とする。

2　前項の許可を受けようとする者は、財務省令で定めるところにより、次に掲げる事項を記載した申請書を財務大臣に提出しなければならない。

一　商号、名称又は氏名及び住所

二　法人である場合においては、その代表者の氏名及び住所

三　未成年者である場合においては、その法定代理人（製造たばこの小売販売に係る営業に関し代理権を有する者に限る。以下同じ。）の氏名、商号又は名称及び住所

三の二　前号に規定する法定代理人が法人である場合においては、その代表者の氏名及び住

所

四　営業所の所在地

3　前項の申請書には、次条各号に該当しないことを誓約する書面その他財務省令で定める書類を添付しなければならない。

(平11法151・平11法160・令元法37・一部改正)

(許可の基準)

第23条　財務大臣は、前条第1項の許可の申請があつた場合において、次の各号のいずれかに該当するときは、許可をしないことができる。

一　申請者がこの法律の規定により罰金以上の刑に処せられ、その執行を終わり、又は執行を受けることがなくなつた日から起算して2年を経過しない者であるとき。

二　申請者が第31条の規定により前条第1項の許可を取り消され、その取消しの日から起算して2年を経過しない者であるとき。

三　営業所の位置が製造たばこの小売販売を業として行うのに不適当である場合として財務省令で定める場合であるとき。

四　製造たばこの取扱いの予定高が財務省令で定める標準に達しないと認められるとき。

五　申請者が破産手続開始の決定を受けて復権を得ていない場合その他小売販売を業として行うのに不適当である場合として財務省令で定める場合であるとき。

六　申請者が法人であつて、その代表者のうちに第1号若しくは第2号に規定する者又は破産手続開始の決定を受けて復権を得ない者に該当する者があるとき。

七　申請者が未成年者であつて、その法定代理人が第1号若しくは第2号に規定する者若しくは破産手続開始の決定を受けて復権を得ない者に該当する者であるとき、又はその法定代理人の代表者のうちに第1号若しくは第2号に規定する者若しくは破産手続開始の決定を受けて復権を得ない者に該当する者があるとき。

(平5法89・平11法151・平11法160・令元法37・一部改正)

16　たばこ事業法施行規則（抄）

〔昭和60年3月5日〕
〔大蔵省令第5号〕

最近改正　令和4年4月1日財務省令第37号

(営業所の位置が不適当な場合)

第20条　法第23条第3号に規定する営業所の位置が製造たばこの小売販売を業として行うのに不適当である場合として財務省令で定める場合は、次に掲げる場合とする。

一　予定営業所の位置が袋小路に面している場所その他これに準ずる場所であつて製造たばこの購入に著しく不便と認められる場所である場合

二　予定営業所と最寄りの小売販売業者の営業所との距離が、特定小売販売業（劇場、旅館、飲食店、大規模な小売店舗（一の店舗であつて、その店舗内の売場面積の合計が400平方メートル以上の店舗をいう。以下同じ。）その他の閉鎖性があり、かつ、消費者の滞留性の強い施設内の場所を営業所として製造たばこの小売販売を業として行うことをいう。）を営もうとする場合その他財務大臣の定める場合を除き、予定営業所の所在地の区分ごとに、25メートルから300メートルまでの範囲内で財務大臣が定める距離に達しない場合

三　自動販売機の設置場所が、店舗に併設されていない場所等製造たばこの販売について20歳未満喫煙防止の観点から十分な管理、監督が期し難いと認められる場所である場合

(平元蔵令57・平9蔵令6・平10蔵令27・平12蔵令69・令4財令37・一部改正)

17　酒税法（抄）

〔昭和28年2月28日〕
〔法　律　第　6　号〕

最近改正　令和4年6月17日法律第68号

（酒類の製造免許）

第7条　酒類を製造しようとする者は、政令で定める手続により、製造しようとする酒類の品目（第3条第7号から第23号までに掲げる酒類の区分をいう。以下同じ。）別に、製造場ごとに、その製造場の所在地の所轄税務署長の免許（以下「製造免許」という。）を受けなければならない。ただし、酒類の製造免許を受けた者（以下「酒類製造者」という。）が、その製造免許を受けた製造場において当該酒類の原料とするため製造する酒類については、この限りでない。

2　酒類の製造免許は、一の製造場において製造免許を受けた後1年間に製造しようとする酒類の見込数量が当該酒類につき次に定める数量に達しない場合には、受けることができない。

一　清酒　60キロリットル

二　合成清酒　60キロリットル

三　連続式蒸留焼酎　60キロリットル

四　単式蒸留焼酎　10キロリットル

五　みりん　10キロリットル

六　ビール　60キロリットル

七　果実酒　6キロリットル

八　甘味果実酒　6キロリットル

九　ウイスキー　6キロリットル

十　ブランデー　6キロリットル

十一　原料用アルコール　6キロリットル

十二　発泡酒　6キロリットル

十三　その他の醸造酒　6キロリットル

十四　スピリッツ　6キロリットル

十五　リキュール　6キロリットル

十六　粉末酒　6キロリットル

十七　雑酒　6キロリットル

3　前項の規定は、次に掲げる場合には、適用しない。

一　清酒の製造免許を受けた者が、その製造免許を受けた製造場において、単式蒸留焼酎又はみりんを製造しようとする場合

二　連続式蒸留焼酎又は単式蒸留焼酎の製造免許を受けた者が、その製造免許を受けた製造場において、みりんを製造しようとする場合

三　果実酒又は甘味果実酒の製造免許を受けた者がブランデーを製造しようとする場合

四　試験のために酒類を製造しようとする場合

五　輸出するために清酒を製造しようとする場合

六　一の製造場において清酒及び合成清酒を製造しようとする場合で、製造免許を受けた後1年間におけるその製造見込数量の合計が60キロリットル以上であるとき。

七　一の製造場において連続式蒸留焼酎及び単式蒸留焼酎を製造しようとする場合で、製造免許を受けた後1年間におけるその製造見込数量の合計が60キロリットル以上であるとき。

八　前各号に準ずる場合として政令で定める場合

4　第1項の製造免許を与える場合において、製造される酒類の品質につき充分な保証がないため特に必要があると認められるときは、税務署長は、当該製造免許につき期限を付することができる。

5　前項の期限を付した製造免許を与えた後に生じた事由により特に必要があると認められるときは、税務署長は、当該期限を延長することができる。

6　第2項の場合において、粉末酒に係る数量の計算は、その重量を基礎として政令で定める方法により行う。

7　第3項第1号及び第6号の規定その他政令で定める規定は、同項第5号の規定の適用を受けて清酒の製造免許を受けた者その他これに準ずる者として政令で定める者については、適用しない。

（昭34法54・昭37法47・平6法24・平18法10・平29法4・令2法8・一部改正）

（酒母等の製造免許）

第8条　酒母又はもろみを製造しようとする者は、政令で定める手続により、製造場ごとに、製造免許を受けなければならない。ただし、次

第XI章　関係法令

に掲げる場合においては、この限りでない。

一　酒類製造者が、その製造免許を受けた製造場において、当該酒類の製造の用に供するため、酒母又はもろみを製造する場合

二　もろみの製造免許を受けた者が、その製造免許を受けた製造場において、当該もろみの製造の用に供するため、酒母を製造する場合

三　アルコール事業法（平成12年法律第36号）第3条第1項（製造の許可）又は同法第4条第3号（試験等のための製造の承認）の規定によりアルコールの製造の許可又は承認を受けた者が、当該アルコールの製造の用に供するため、同法第2条第2項（定義）に規定する酒母又は同条第3項（定義）に規定するもろみを製造する場合

（昭34法54・昭37法47・昭51法1・昭57法37・昭63法33・平12法36・平18法10・一部改正）

（酒類の販売業免許）

第9条　酒類の販売業又は販売の代理業若しくは媒介業（以下「販売業」と総称する。）をしようとする者は、政令で定める手続により、販売場（継続して販売業をする場所をいう。以下同じ。）ごとにその販売場の所在地（販売場を設けない場合には、住所地）の所轄税務署長の免許（以下「販売業免許」という。）を受けなければならない。ただし、酒類製造者がその製造免許を受けた製造場においてする酒類（当該製造場について第7条第1項の規定により製造免許を受けた酒類と同一の品目の酒類及び第44条第1項の承認を受けた酒類に限る。）の販売業及び酒場、料理店その他酒類をもっぱら自己の営業場において飲用に供する業については、この限りでない。

2　前項の販売業免許を与える場合において、その販売業免許を受けようとする者が博覧会場、即売会場その他これらに類する場所で臨時に販売場を設けて酒類の販売業をしようとする者であると認められるときは、税務署長は、当該販売場に係る同項の販売業免許につき期限を付することができる。

3　第7条第5項の規定は、前項の期限を付した販売業免許について準用する。

（昭34法54・昭37法47・平18法10・一部改正）

（製造免許等の要件）

第10条　第7条第1項、第8条又は前条第1項の規定による酒類の製造免許、酒母若しくはもろみの製造免許又は酒類の販売業免許の申請があつた場合において、次の各号のいずれかに該当するときは、税務署長は、酒類の製造免許、酒母若しくはもろみの製造免許又は酒類の販売業免許を与えないことができる。

一　免許の申請者（酒類の製造免許、酒母若しくはもろみの製造免許又は酒類の販売業免許の申請者をいう。第3号から第8号までにおいて同じ。）が第12条第1号若しくは第2号（これらの規定を第13条において準用する場合を含む。）、第5号若しくは第6号若しくは第14条第1号、第2号若しくは第4号の規定により酒類の製造免許、酒母若しくはもろみの製造免許若しくは酒類の販売業免許を取り消され、又はアルコール事業法第12条第1号、第2号、第4号若しくは第5号（許可の取消し等）（これらの規定を同法第20条（準用）、第25条（準用）及び第30条（準用）において準用する場合を含む。）の規定により許可を取り消された日から3年を経過するまでの者である場合

二　酒類製造者若しくは酒類の販売業免許を受けた者（以下「酒類販売業者」という。）である法人が第12条第1号、第2号、第5号若しくは第6号若しくは第14条第1号、第2号若しくは第4号の規定により酒類の製造免許若しくは酒類の販売業免許を取り消された場合（第12条第2号の規定により酒類の製造免許を取り消された場合については当該法人が第7号又は第7号の2に規定する者に、第14条第2号の規定により酒類の販売業免許を取り消された場合については当該法人が第7号又は第7号の2に規定する者に該当することとなつたことによる場合に限る。）又はアル

539

コール事業法第3条第1項（製造の許可）、第16条第1項（輸入の許可）、第21条第1項（販売の許可）若しくは第26条第1項（使用の許可）の許可を受けた法人が同法第12条第1号、第2号、第4号若しくは第5号（これらの規定を同法第20条、第25条及び第30条において準用する場合を含む。）の規定により許可を取り消された場合（同法第12条第2号（同法第20条、第25条及び第30条において準用する場合を含む。）の規定により許可を取り消された場合については当該法人が同法第5条第1号（欠格条項）（同法第20条、第25条及び第30条において準用する場合を含む。）に規定する者に該当することとなつたことによる場合に限る。）において、それぞれ、その取消しの原因となつた事実があつた日以前1年内に当該法人の業務を執行する役員であつた者で当該法人がその取消処分を受けた日から3年を経過するまでのものが酒類の製造免許、酒母若しくはもろみの製造免許又は酒類の販売業免許を申請した場合

三　免許の申請者が営業に関し成年者と同一の行為能力を有しない未成年者であつて、その法定代理人（酒類等の製造又は販売に係る営業に関し代理権を有するものに限る。）が前2号又は第7号から第8号までに規定する者である場合

四　免許の申請者又は前号に規定する法定代理人が法人であつて、その役員のうちに第1号、第2号又は第7号から第8号までに規定する者がある場合

五　免許の申請者が第1号、第2号又は第7号から第8号までに規定する者を当該申請に係る製造場又は販売場に係る支配人としようとする場合

六　免許の申請者が当該申請前2年内において国税又は地方税の滞納処分を受けた者である場合

七　免許の申請者が国税若しくは地方税に関する法令、酒税の保全及び酒類業組合等に関す

る法律（昭和28年法律第7号。第12条第6号及び第14条第4号において「酒類業組合法」という。）若しくはアルコール事業法の規定により罰金の刑に処せられ、又は国税通則法（昭和37年法律第66号）、関税法（とん税法（昭和32年法律第37号）及び特別とん税法（昭和32年法律第38号）において準用する場合を含む。）若しくは地方税法（昭和25年法律第226号）の規定により通告処分を受け、それぞれ、その刑の執行を終わり、若しくは執行を受けることがなくなつた日又はその通告の旨を履行した日から3年を経過するまでの者である場合

七の二　免許の申請者が20歳未満ノ者ノ飲酒ノ禁止ニ関スル法律（大正11年法律第20号）の規定、風俗営業等の規制及び業務の適正化等に関する法律（昭和23年法律第122号）第50条第1項第4号（同法第22条第1項第6号（禁止行為等）（酒類の提供に係る部分に限り、同法第31条の23（準用）及び第32条第3項（深夜における飲食店営業の規制等）において準用する場合を含む。）に係る部分に限る。以下この号において同じ。）、第50条第1項第5号（同法第28条第12項第5号（店舗型性風俗特殊営業の禁止区域等）（酒類の提供に係る部分に限り、同法第31条の3第2項（接客従業者に対する拘束的行為の規制等）の規定により適用する場合を含む。）に係る部分に限る。以下この号において同じ。）、第50条第1項第8号（同法第31条の13第2項第6号（店舗型電話異性紹介営業の禁止区域等）（酒類の提供に係る部分に限る。）に係る部分に限る。以下この号において同じ。）若しくは第56条（同法第50条第1項第4号、第5号又は第8号に係る部分に限る。）の規定若しくは暴力団員による不当な行為の防止等に関する法律（平成3年法律第77号）の規定（同法第50条（第2号に係る部分に限る。）及び第52条の規定を除く。）により、又は刑法（明治40年法律第45号）第204条（傷害）、第206条（現

第XI章　関係法令

場助勢）、第208条（暴行）、第208条の2（凶器準備集合及び結集）、第222条（脅迫）若しくは第247条（背任）の罪若しくは暴力行為等処罰に関する法律（大正15年法律第60号）の罪を犯したことにより、罰金の刑に処せられ、その執行を終わり、又は執行を受けることがなくなつた日から3年を経過するまでの者である場合

八　免許の申請者が禁錮以上の刑に処せられ、その執行を終わつた日又は執行を受けることがなくなつた日から3年を経過するまでの者である場合

九　正当な理由がないのに取締り上不適当と認められる場所に製造場又は販売場を設けようとする場合

十　酒類の製造免許又は酒類の販売業免許の申請者が破産手続開始の決定を受けて復権を得ていない場合その他その経営の基礎が薄弱であると認められる場合

十一　酒税の保全上酒類の需給の均衡を維持する必要があるため酒類の製造免許又は酒類の販売業免許を与えることが適当でないと認められる場合

十二　酒類の製造免許の申請者が酒類の製造について必要な技術的能力を備えていないと認められる場合又は製造場の設備が不十分と認められる場合

（昭34法54・昭41法39・平11法151・平12法36・平12法135・平15法33・平16法147・平17法119・平18法10・平24法53・平25法86・平27法45・平28法57・平29法2・平29法4・令元法37・一部改正）

18　酒税法及び酒類行政関係法令等解釈通達（抄）

```
平成11年6月25日
課酒1－36・課鑑16・官会1－37・課資3－4・
徴管1－16
```

第10条　製造免許等の要件

酒類の製造免許、酒母等の製造免許及び酒類の販売業免許を受けようとする申請等があった場合、免許処分時において、申請等の内容が法第10条《製造免許等の要件》各号の要件に該当しないときは免許を付与等する。

第9号関係

1　「取締り上不適当と認められる場所」の意義

次の一に該当する場合は、法第10条《製造免許等の要件》第9号に規定する「正当な理由がないのに取締り上不適当と認められる場所に製造場又は販売場を設けようとする場合」に該当するものとして取り扱う。

(1)　申請製造場が、酒場、料理店等と同一の場所である場合

（注）　申請製造場が酒場、料理店等と接近した場所にある場合には、必ず図面上で明確に区分させる。この場合、検査取締り上特に必要があると認められるときには、製造場と酒場、料理店等とを壁、扉等で区分させる。

(2)　申請販売場が、製造場、販売場、酒場、料理店等と同一の場所である場合

（注）　既存の販売場が、現に酒類の販売を行っていない販売場であって、かつ、次のいずれかに該当する場合は、原則としてこの定めに該当しないものとして取り扱う。

1　店舗又は販売設備が処分されている等により、当該販売場において販売業を再開する見込みがないと認められる場合

2　当該販売場の酒類販売業者が賃貸借契約に基づき建物所有者から建物等を借り受け販売業を行っていた場合において、当該賃貸借契約が解除されており、かつ、建物所有者と申請者との間に新たに賃貸借契約が締結されているとき等、建物等の所有又は賃借の状況等から当該販売場において販売業を再開する見込みがないと認められる場合

(3)　申請販売場における申請者の営業が、販売場の区画割り、専属の販売従事者の有無、代金決済の独立性その他販売行為において他の営業主体の営業と明確に区分されていない場合

(注) 例えば、狭あいな店舗内の一部の陳列棚を賃借等して申請販売場とし、他の業者と同一のレジスターにより代金決済をする場合などは酒類小売業免許の付与はできないのであるから留意する。

19 営業補償調査算定要領（案）の制定について（抄）

令和3年3月19日
中央用対第12号
中央用地対策連絡協議会
事務局長（国土交通省不動産・建設経済局土地政策課長）から
中央用地対策連絡協議会会員あて

標記について、令和3年3月19日の理事会において別紙のとおり申し合わせたので、通知する。

別紙

令和3年3月19日
中央用地対策連絡協議会
理事会申し合わせ

営業補償調査算定要領（案）

第1章 総則

（適用範囲）

第1条 この要領は、公共用地の取得に伴う損失補償基準（昭和37年10月12日用地対策連絡会決定。以下「基準」という。）第43条から第45条及び公共用地の取得に伴う損失補償基準細則（昭和38年3月7日付け用地対策連絡決定。以下「細則」という。）第26から第28に規定する営業補償に係る調査算定に適用するものとする。

第2章 調査及び調査表等の作成

（調査）

第2条 営業に関する調査は、次に掲げる事項について行うものとする。

一 基本的調査事項

（一） 法人が営業主体である場合の調査は、次に掲げるほか必要と認める事項について行うものとする。

イ 営業主体に関するもの

(1) 法人の名称、所在地、代表者の氏名及び設立年月日

(2) 資本金の額

(3) 法人の組織（支店等及び子会社）

(4) 移転等の対象となる事業所等の名称、所在地、責任者の氏名及び開設年月日

(5) 移転等の対象となる事業所等の従業員数及び平均賃金

(6) 移転等の対象となる事業所等の敷地及び建物の所有関係

(7) 移転等の対象となる事業所等の許認可等の取得状況

ロ 業務内容に関するもの

(1) 営業種目

(2) 移転等の対象となる事業所等の製造、加工又は販売等の主な品目

(3) 移転等の対象となる事業所等の原材料、製品又は商品の主な仕入先及び販売先（得意先）

(4) 移転等の対象となる事業所等の品目等別の売上構成

(5) 事業概況説明書写

ハ 収益及び経費に関するもの

(1) 直近3か年の事業年度の確定申告書（控）写（原則として、税務署受付印のあるものとする。）

(2) 直近3か年の事業年度の損益計算書写及び貸借対照表写

(3) 直近1年の事業年度の総勘定元帳写及び固定資産台帳写。特に必要と認める場合は直近3か年とする。

(4) 直近1年の事業年度の次の帳簿写。特に必要と認める場合は直近3か年とする。

　i） 正規の簿記の場合

売上帳、仕入帳、仕訳帳、得意先元帳、現金出納帳及び預金出納帳

ⅱ）　簡易簿記の場合

　　　　現金出納帳、売掛帳、買掛帳及び
　　　経費帳

　　⑸　直近３か月の賃金台帳等賃金を確認
　　　できる資料

　ニ　その他

　　　営業の状況が把握できる写真を必要に
　　応じて撮影するものとする。

（二）　個人が営業主体である場合の営業に関
　　する調査は、（一）に準じて行うものと
　　する。

二　業種別調査事項

　　業種別の調査は、次を参考に必要と認めら
　れる事項について行うものとする。

（一）　小売、サービス業等

　イ　雑貨店、菓子店等店頭で販売する小売
　　業

　　　１日の平均客数、客１人当たり平均的
　　消費高及び仕入先

　ロ　飲食店、ドライブイン、バー、キャバ
　　レー等一般的飲食業

　　　１日の平均客数、客１人当たり平均的
　　消費高、営業場所の広さ（部屋数）、椅
　　子の数、料金、仕入先及び営業時間

　ハ　待合、料亭等高級接客業

　　　１日の平均客数、客１人当たり平均的
　　消費高、営業場所の広さ（部屋数）、得
　　意先、客の質、１日平均の部屋の使用頻
　　度及び従業員の雇用形態

　ニ　旅館、ホテル業

　　　１日の平均客数、営業場所の広さ（部
　　屋数）、料金、賄量、観光バス・観光会
　　社との関係、営業の閑期・繁期及び従業
　　員の雇用形態

　ホ　簡易旅館、下宿業等

　　　営業場所の広さ（部屋数）、料金、賄
　　量及び現在の宿泊（下宿）人数

　ヘ　病院、医院等

　　　１日の平均外来患者数、入院患者数、
　　営業場所の広さ（部屋数）、ベッド数及

び社会保険による診療と普通診療の患者
の率

　ト　美容院、理容業

　　　１日の平均客数、得意先、椅子の数、
　　料金、従業員の数、固定客の率、美容・
　　理容具及び化粧品等の販売を行っている
　　場合はその内容

　チ　パチンコ店、麻雀屋等遊戯場

　　　１日の平均客数、客１人当たり平均的
　　消費高、椅子の数、遊戯器具の台数、パ
　　チンコ店については景品による利益及び
　　飲み物等自動販売機

　リ　浴場業、映画館

　　　１日の平均客数、営業場所の広さ、料
　　金、客の大人、中人、小人の数の比率及
　　び飲み物等自動販売機

　ヌ　石油製品小売業（ガソリンスタンド）

　　　１日の平均客数、客１人当たり平均的
　　消費高、料金、チケット利用者数、部品、
　　カーアクセサリー等の販売、洗車、法定
　　点検及び整備施設

　ル　自動車整備業

　　　１日の平均客数、営業場所の広さ、得
　　意先、料金、特約店との契約内容及び従
　　業員の数

　ヲ　倉庫業

　　　営業場所の広さ、得意先、料金、扱い
　　荷の入出庫伝票及び扱い荷の平均回転率

　ワ　弁護士、税理士等

　　　得意先、料金、フリー客の１か月平均
　　の数とその報酬及び事務所と住居の関係

（二）　卸売業等

　　　取引先（得意先）、扱い品の１か月平均
　　入出庫量、仕入価格、仕入調査、在庫量、
　　販売先及び従業員の数

（三）　製造業等

　　　機械設備等の数量・種類・配置・規模、
　　生産品の種類・数量・原価、１日の平均生
　　産量、原材料の仕入先・仕入量、原材料、
　　加工・製品・荷造・搬出等の生産工程、部

門別従業員内訳、従業員及び機械配置及び行動軌跡

なお、必要に応じて次の事項についても調査するものとする。

イ　公害対策施設に関する調査

当該工場の公害発生源の有無及び現存する公害対策に係る施設及び環境基本法（平成5年法律第91号）等公害関係法規との関係で、移転することによる公害対策施設費の増分

ロ　JISマーク表示許可、失効に伴う損失等に関する調査

当該工場で製造される商品に、産業標準化法（昭和24年法律第185号）に基づく日本産業規格表示制度によるJISマーク表示許可の有無、工場の移転に伴うJISマーク喪失の期間（移転後申請に必要な稼働期間又は申請から許可までに要する期間）及びJISマークを喪失することによる商品の値下がり等についての調査

なお、日本農林規格等に関する法律（昭和25年法律第175号）に基づく日本農林規格によるJASマークの喪失についても同様とする。

ハ　立上り損失に関する調査

製造工場が移転し、新たな操業を開始した場合のロス製品の発生比率及び通常のロス率に回復するまでの期間

三　補償種別調査事項

補償種別の調査は、次に掲げるほか第3章算定に必要と認められる事項について行うものとする。

（一）　営業廃止の補償

イ　営業権等の調査

(1)　近傍同種の営業の権利等の取引事例がある場合は、その取引に関する資料

(2)　当該営業権が他から有償で譲受けた場合又は合併により取得した場合は、その取得に関する資料

ロ　資産、商品、仕掛品等の売却損の調査

営業用固定資産（建物、機械、器具、備品等）及び流動資産（商品、仕掛品、原材料等）の売却損に関する資料

ハ　その他資本に関する調査

社債の繰上償還により生ずる損失、契約の解約に伴う違約金及び清算法人に要する諸経費に関する資料

ニ　解雇予告手当相当額及び転業に通常要する期間中の休業手当相当額の調査

休業、解雇又は退職に関する労働協約及び就業規則の他、従事状況及び雇用形態に関する資料により次に該当する者の有無について調査するものとする。

(1)　同一経営者に属する営業所等が他にあり、当該営業所等に従事することができる者

(2)　一時限りで臨時に雇用されている者

(3)　家族従業員であって、その賃金を自家労働評価額として必要経費から除外した者

ホ　その他労働に関して通常生ずる損失の調査

雇用保険料、社会保険料及び健康保険料等の法定福利に関する資料

ヘ　解雇する従業員に対する離職者補償の調査

勤続期間及び年齢

（二）　営業休止の補償

イ　土地等を取得する場合の営業休止の補償

(1)　固定的な経費の調査

ⅰ）　公租公課

ⅱ）　電気、ガス、水道、電話等の基本料金

ⅲ）　営業用資産（建物、機械等）の減価償却費及び維持管理費

ⅳ）　借入地地代、借家家賃、機械器具使用料及び借入資本利子

ⅴ）　従業員のための法定福利費

vi）　従業員のための福利厚生費

vii）　その他の固定経費

(2)　休業期間中の従業員に対する休業手当相当額の調査

休業、解雇又は退職に関する労働協約及び就業規則の他、従事状況及び雇用形態に関する資料により次に該当する者の有無について調査するものとする。

i）　同一経営者に属する営業所等が他にあり、当該営業所等に従事することができる者

ii）　営業所等の休止に関係なく外交、注文取り等に従事することができる者

iii）　一時限りで臨時に雇用されている者

iv）　家族従業員であって、その賃金を自家労働評価額として必要経費から除外した者

(3)　商品、仕掛品等の減損の調査

商品、仕掛品等の減損の有無及びその内容

(4)　移転広告費等の調査

i）　商圏の世帯数及び過去の売出し等に際し配布したチラシ等の配布枚数及び配布回数

ii）　取引先名簿、得意先名簿等により移転通知先数

iii）　開店祝いの実態（招待状の印刷及び封書代、酒肴代、記念品及び招待客数等）、閉店・開店広告等についての地域の慣行

iv）　事業所等が移転することによってスクラップ化する事務用品等の数量

v）　その他の費用

ロ　仮営業所を設置して営業を継続する場合

(1)　仮営業所の設置費用については、仮住居等に要する費用に関する調査算定要領（※）（以下「仮住居要領」という。）に準じて調査するものとする。

※各起業者が別途定める要領名

(2)　仮営業所を設置する場合における商品、仕掛品等の減損、移転広告費等の調査は、（二）イ土地等を取得する場合の営業休止の補償に準じて調査するものとする。

ハ　土地等を使用する場合の営業休止の補償

(1)　仮営業所を設置して営業を継続する場合の調査は、（二）ロ仮営業所を設置して営業を継続する場合に準じて調査するものとする。

(2)　立地規制等により営業の一部を継続することができないと認められる場合の調査は、（三）営業規模縮小の補償に準じて調査するものとする。

(3)　細則第27の２第３項の調査は、（二）イ土地等を取得する場合の営業休止の補償に準じて調査するものとする。

(三)　営業規模縮小の補償

イ　固定資産の売却損の調査

固定資産の売却損の調査は、（一）ロ資産、商品、仕掛品等の売却損の調査に準じて調査するものとする。

ロ　解雇予告手当相当額の調査

解雇予告手当相当額の調査は、（一）ニ解雇予告手当相当額及び転業に通常要する期間中の休業手当相当額の調査に準じて調査するものとする。

ハ　その他資本及び労働の過剰遊休化により通常生ずる損失の調査

資本の過剰遊休化による損失の調査は、（二）イ(1)固定的な経費の調査に準じて調査するものとし、労働の過剰遊休化による損失の調査は、（二）イ(2)休業期間中の従業員に対する休業手当相当額の調査に準じて調査するものとする。

ニ　解雇する従業員に対する離職者補償の調査

　　解雇する従業員に対する離職者補償の調査は、（一）へ解雇する従業員に対する離職者補償の調査に準じて調査するものとする。

ホ　損益分岐点比率の調査

　　当該企業の損益分岐点比率の調査は、次の式により求めるものとする。

$$損益分岐点比率 = \frac{損益分岐点売上高}{売上高} \times 100$$

$$損益分岐点売上高 = \frac{固定費}{1 - \dfrac{変動費}{売上高}}$$

　固定費：直接労務費、間接労務費、福利厚生費、賄費、減価償却費、賃借料、保険料、修繕費、光熱水道料、旅費、交通費、その他製造経費、通信費、支払運賃、荷造費、消耗品費、広告宣伝費、交際接待費、役員給料手当、事務員・販売員給料手当、支払利息・割引料、公租公課、その他販売管理費等

　変動費：直接材料費、買入れ部品費、外注工賃、間接材料費、その他直接経費、重油等燃料費等

ヘ　規模の縮小率の調査

　　規模の縮小率の調査は、従業員比、売上高比、面積比、生産高比及び給与（人件費）等による縮小率を調査するものとする。また、本店、支店等がある場合において、本店又は支店が営業の規模を縮小することによって相互に大きな影響を与えると認められる場合は、それらの関連性を調査するものとする。

（調査表）

第3条　営業に関する調査表は、前条の調査結果に基づき、営業調査総括表（様式第1号）、損益計算書比較表（様式第2号）、仕入先調査表（様式第3号）、従業員調査表（様式第4号）及びその他必要な調査表を作成するものとする。

（図面）

第4条　作成する図面の種類は、次のとおりとする。

一　写真撮影方向図　第2条第1号（一）ニその他に規定する写真撮影を行った場合は写真撮影方向図を作成するものとする。

二　その他図面　その他の図面は、必要に応じて作成するものとする。

第3章　算定

（補償額の構成）

第5条　営業補償の構成は、次のとおりとする。

営業廃止の補償の構成

営業廃止の補償

　――営業権等の補償

　――資産、商品、仕掛品等の売却損の補償

　――その他資本に関して通常生ずる損失額の補償

　――解雇予告手当相当額の補償

　――転業に通常必要とする期間中の休業手当相当額の補償

　――その他労働に関して通常生ずる損失額の補償

　――転業に通常必要とする期間中の従前の収益（又は所得）相当額の補償

　――解雇する従業員に対する離職者補償

営業休止の補償の構成

営業休止の補償（土地等を取得する場合）

　――固定的な経費の補償

　――従業員に対する休業手当相当額の補償

　――休業期間中の収益減又は所得減の補償

　――一時的に得意を喪失することによって通常生ずる損失額の補償

　――商品、仕掛品等の減損の補償

　――移転広告費その他店舗等の移転に伴い通

第XI章　関係法令

常生ずる損失額の補償

※第9条第3号は、上記構成に準じる。

営業休止の補償（仮営業所を設置して営業を継続する場合）

──仮営業所の設置の費用の補償

──仮営業であるための収益減又は所得減等の補償

──仮営業所であることにより一時的に得意を喪失することによって通常生ずる損失額の補償

──仮営業所を設置する場合における商品、仕掛品等の減損、移転広告費その他店舗等の移転に伴い通常生ずる損失額の補償

※第9条第1号は、上記構成に準じる。

営業規模縮小の補償の構成

営業規模縮小の補償

──固定資産の売却損の補償

──解雇予告手当相当額の補償

──その他資本及び労働の過剰遊休化により通常生ずる損失額の補償

──経営効率が低下することにより通常生ずる損失額の補償

──解雇する従業員に対する離職者補償

※第9条第2号は、上記構成に準じる。

（営業廃止の補償の算定）

第6条　営業廃止の補償の算定は、営業補償金算定書（営業廃止の補償）（様式第5－1号）、固定資産等の売却損補償額算定書（様式第12号）、従業員に対する休業手当相当額算定書（様式第8号）、認定収益額算定書（様式第9号）及びその他必要な算定書を用いて次のとおり算定するものとする。

一　営業権等の補償

基準第43条第1項第1号に規定する営業権等の正常な取引価格は、次によるものとする。

（一）　近傍又は同種の営業権等の取引事例が

ある場合

正常な取引価格は、近傍又は同種の営業権等の取引価格を基準とし、これらの権利及び補償の対象となる権利等について営業の立地条件、収益性、その他一般の取引における価格形成上の諸要素を総合的に比較考量して算定するものとする。

（二）　近傍又は同種の営業権等の取引事例がない場合

正常な取引価格は次式により算定した額を標準とする。

$$\frac{R}{r}$$

R　年間超過収益額　過去3か年の平均収益額から年間企業者報酬額及び自己資本利子見積額を控除して得た額

この場合において自己資本利子見積額は自己資本額に年利率を乗じて得た額とする。

r　年利率　8％

二　資産、商品、仕掛品等の売却損の補償

細則第26第3項に規定する資産、商品、仕掛品等の売却損の補償は、次によるものとする。

（一）　建物、機械、器具、備品等の営業用固定資産の売却損の補償

イ　現実に売却し得る資産（機械、器具、備品等）

売却損の補償額＝現在価格－売却価格

売却価格は、現在価格の50％を標準とするものとする。

なお、50％とすることが適当でないと認められる場合は、専門業者等からの意見を聴取するなど、その他適切な方法により定めることができる。

ロ　解体せざるを得ない状況にある資産（家屋、納屋、設備等）

売却損の補償額＝現在価格＋解体処分

費（解体費、廃材運搬費、廃材処分費）

－処分価格（発生材価額）

　ハ　スクラップとしての価値しかない資産
（償却済の機械、器具、備品等）

　　売却損の補償額＝現在価格－スクラップ価格（発生材価額）

（二）商品、仕掛品、原材料等の営業用流動
資産の売却損の補償

　　売却損の補償額＝費用価格（仕入費及び
加工費等）－処分価格

　　処分価格は、費用価格の50％を標準とす
るものとする。

　　なお、50％とすることが適当でないと認
められる場合は、専門業者等からの意見を
聴取するなど、その他適切な方法により定
めることができる。

三　その他資本に関して通常生ずる損失額の補
償

　　基準第43条第1項第2号に規定するその他
資本に関して通常生ずる損失額の補償は、営
業を廃止するために、社債の繰り上げ償還を
行う必要がある場合に発生する損失、契約の
解約に伴う違約金又は清算法人に要する諸経
費等が認められる場合に個別に算定するもの
とする。

四　解雇予告手当相当額の補償

　　細則第26第4項に規定する解雇予告手当相
当額の補償は、従業員に対して30日前に解雇
予告ができない場合に補償するものとし、補
償額の算定は次によるものとする。

　　解雇予告手当相当額の補償額＝平均賃金×
補償期間（日）

　　平均賃金は、労働基準法（昭和22年法律第
49号）第12条により求めるものとし（第5号
及び第7条第2号において同様）、補償期間
は30日以上とする。

五　転業に通常必要とする期間中の休業手当相
当額の補償

　　基準第43条第1項第3号に規定する転業に
通常必要とする期間中の休業手当相当額の補

償は、営業を廃止することに伴い転業するこ
とが相当であると認められる場合で、従前の
営業と新たな営業の種類、規模及び当該地域
における労働力の需給関係等により従業員の
全部又は一部を継続して雇用する必要がある
ときは、次によるものとする。

　　休業手当相当額の補償額＝平均賃金×補償
率（80／100を標準として60／100〜100／
100の範囲の率）×転業に通常必要とする期
間

　　転業に通常必要とする期間は、事業主が従
来の営業を廃止して新たな営業を開始するた
めに通常必要とする期間であり、社会的、経
済的状況、従前の営業の種類及び内容と新た
な営業との関係及び年齢等により6か月ない
し1年とする。

六　その他労働に関して通常生ずる損失額の補
償

　　基準第43条第1項第3号に規定するその他
労働に関して通常生ずる損失額は、帰郷旅費
相当額（労働基準法第64条の規定による。）、
転業に通常要する期間中に事業主に課せられ
る法定福利費相当額（雇用保険料、社会保険
料、健康保険料等）等を実態に応じて補償す
るものとする。

七　転業に通常必要とする期間中の従前の収益
（又は所得）相当額の補償

　　細則第26第6項に規定する転業に通常必要
とする期間中の従前の収益（又は所得）相当
額の補償は、次によるものとする。

　　収益（又は所得）相当額の補償額＝年間の
認定収益（又は所得）額×転業に通常必要と
する期間

　　転業に通常必要とする期間は、営業地の地
理的条件、営業の内容、従来の営業の業種と
転業後の業種、事業主の年齢等により2年
（被補償者が高齢であること等により円滑な
転業が特に困難と認められる場合においては
3年）の範囲内で定めるものとする。

八　解雇する従業員に対する離職者補償

第XI章　関係法令

基準第43条第2項に規定する離職者補償は、基準第62条により算定するものとする。

（営業休止の補償（土地等を取得する場合）の算定）
第7条　土地等を取得する場合の営業休止の補償の算定は、営業補償金算定書（営業休止の補償）（様式第5-2号）、固定的経費内訳書（様式第6号）、固定的経費付属明細書（様式第7号）、従業員に対する休業手当相当額算定書（様式第8号）、認定収益額算定書（様式第9号）、得意先喪失補償額算定書（様式第10-1～4号）、費用分解一覧表（様式第11号）、固定資産等の売却損補償額算定書（様式第12号）、移転広告費等算定書（様式第13号）及びその他必要な算定書を用いて次のとおり算定するものとする。

一　固定的な経費の補償

細則第27第1項（2）に規定する固定的な経費の補償は、次によるものとする。

固定的な経費の補償額＝年間固定的経費認定額×1／365×補償期間（日）

固定的経費の認定のための判断基準は、別表1固定的経費認定基準によるものとする。

二　従業員に対する休業手当相当額の補償

細則第27第1項（3）に規定する従業員に対する休業手当相当額の補償は、次によるものとする。

休業手当相当額の補償額＝平均賃金×補償率（80／100を標準として60／100～100／100の範囲の率）×補償期間（日）

三　休業期間中の収益減又は所得減の補償

細則第27第1項（4）に規定する休業期間中の収益減又は所得減の補償額は、次によるものとする。

休業期間中の収益減又は所得減の補償額＝年間の認定収益（又は所得）額×1／365×補償期間（日）

四　一時的に得意を喪失することによって通常生ずる損失額の補償

細則第27第1項（5）に規定する一時的に得意を喪失することによって通常生ずる損失

額の補償は、次によるものとする。

一時的に得意を喪失することによって通常生ずる損失額＝従前の1か月の売上高×売上減少率×限界利益率

従前の1か月の売上高＝年間の売上高÷12か月

年間の売上高は、売上高から売上値引等及び雑収入を加減した額とする。

限界利益率＝（固定費＋利益）÷売上高又は（売上高－変動費）÷売上高（小数点以下第四位切り捨て）

売上減少率は、別表2売上減少率表によるものとし、限界利益率算定に係る固定費等の認定は、別表3費用分解基準一覧表によるものとする。

五　商品、仕掛品等の減損の補償

基準第44条第1項第4号に規定する商品、仕掛品等の減損の補償について、商品、仕掛品等の移転に伴う減損は、割増運賃及び運送保険料相当額を専門業者等からの見積等により算定するものとする。

商品、仕掛品等の保管に伴う減損は、保管料の割増料金を専門業者等からの見積等により算定するものとする。ただし、保管することが不可能なもの及び保管することにより商品価値を失うものについては、費用価格（仕入費及び加工費等）の50％を標準として、売却損を算定するものとする。

六　移転広告費その他店舗等の移転に伴い通常生ずる損失額の補償

基準第44条第1項第4号に規定する移転広告費その他店舗等の移転に伴い通常生ずる損失額の補償は、当該地域の実情、営業所の業種、規模及び商圏の範囲等に応じ、次を参考に算定するものとする。

（一）　移転広告費等

イ　移転広告費

移転広告費＝（広告枚数×印刷・用紙代＋諸経費）×回数

ロ　移転通知費

549

移転通知費＝移転通知枚数×印刷・葉
書代＋諸経費

　（二）　開店費用等

　　イ　開店祝費

　　　開店祝費＝招待客数×（招待状代＋印
刷代＋封書代＋切手代＋酒肴代＋記念品
代＋諸経費）

　　ロ　粗品費

　　　粗品費＝顧客数×粗品代

　　ハ　捨て看板費

　　　捨て看板費＝本数×看板費単価

　（三）　その他の費用

　　　法令上の手続及びその他の諸経費、野立
看板の書替えに要する費用、営業用自動車
の車体文字の書替えに要する費用等

（営業休止の補償（仮営業所を設置して営業を継
続する場合）の算定）

第８条　仮営業所を設置して営業を継続する場合
の算定は、営業補償金算定書（営業休止の補償）
（様式第５－２号）、認定収益額算定書（様式第
９号）、得意先喪失補償額算定書（様式第10号
－１〜４号）、費用分解一覧表（様式第11号）、
固定資産等の売却損補償額算定書（様式第12
号）、移転広告費等算定書（様式第13号）及び
その他必要な算定書を用いて次のとおり算定す
るものとする。

一　仮営業所の設置の費用の補償

　　細則第27第２項（２）に規定する仮営業所
の設置の費用の算定は、仮住居要領第４条に
準じて算定するものとする。

二　仮営業であるための収益減又は所得減等の
補償

　　基準第44条第２項に規定する仮営業である
ための収益減又は所得減等の補償額は、従前
の場所で営業をしていたとした場合に得られ
たであろう収益（又は所得）と仮営業所で得
ることができる収益（又は所得）との差額と
し、仮営業所を設置する位置、規模及び質的
条件、人件費、減価償却費等の過剰遊休化に

よる収益（又は所得）への圧迫、仕入市場と
販売市場の変化に伴う運搬費の経費増等を考
慮し算定するものとする。

三　仮営業所であることにより一時的に得意を
喪失することによって通常生ずる損失額の補
償

　　基準第44条第２項に規定する仮営業所であ
ることにより一時的に得意を喪失することに
よって通常生ずる損失額の補償は、店舗等の
位置を変更することにより、一時的に得意先
を喪失することにより生ずる損失を補償する
ものとし、前条第４号に準じて算定するもの
とする。

四　仮営業所を設置する場合における商品、仕
掛品等の減損、移転広告費等の補償

　　基準第44条第２項に規定する商品、仕掛品
等の減損及び移転広告費等は、前条第５号及
び第６号に準じて算定するものとする。

（営業休止の補償（土地等を使用する場合）の算定）

第９条　土地等を使用する場合の営業補償の算定
は、次のとおり算定するものとする。

一　細則第27の２第１項に規定する仮営業所を
設置して営業を継続する場合の補償の算定
は、第８条に準じて算定するものとする。

二　細則第27の２第２項に規定する立地規制等
により営業の一部を継続することができない
場合の補償の算定は、第10条に準じて算定す
るものとする。

三　細則第27の２第３項は、第７条に準じて算
定するものとする。

（営業規模縮小の補償の算定）

第10条　営業規模縮小の補償の算定は、営業補償
金算定書（営業規模縮小の補償）（様式第５－
３号）、固定資産等の売却損補償額算定書（様
式第12号）、認定収益額算定書（様式第９号）
及びその他必要な算定書を用いて次のとおり算
定するものとする。

一　固定資産の売却損の補償

第XI章　関係法令

基準第45条第1項第1号に規定する固定資産の売却損の補償は、第6条第2号に準じて算定するものとする。

二　解雇予告手当相当額の補償

基準第45条第1項第1号に規定する解雇予告手当相当額の補償は、第6条第4号に準じて算定するものとする。

三　その他資本及び労働の過剰遊休化により通常生ずる損失額の補償

基準第45条第1項第1号に規定するその他資本及び労働の過剰遊休化による通常生ずる損失額の補償は、次によるものとする。

（一）　資本の過剰遊休化による通常生ずる損失額の補償

資本の過剰遊休化による通常生ずる損失額の補償額＝（固定的経費×縮小率－売却する資産に対する固定的経費）×補償期間

（二）　労働の過剰遊休化による通常生ずる損失額の補償

労働の過剰遊休化による通常生ずる損失額の補償額＝（従業員手当相当額×縮小率－解雇する従業員の従業員手当相当額）×補償期間

資本及び労働の過剰遊休化により通常生ずる損失額の補償の補償期間は、専門家等からの意見を聴取し、又はその他適切な方法により認定するものとする。

（一）、（二）及び第4号に用いる縮小率は、営業用施設の減少の割合が売上高と相関関係にあると判断される業種にあっては次式を参考にして認定するものとし、営業用施設等の縮小率と売上高との相関関係が低いと判断される業種にあっては、営業の内容、規模等の実態を考慮して認定するものとする。

$$縮小率＝1－\frac{縮小後の面積等}{縮小前の面積等}$$

（小数点以下第四位切り捨て）

四　経営効率が低下することにより通常生ずる損失額の補償

細則第28第2項に規定する経営効率が低下することにより通常生ずる損失額の補償は、次によるものとする。

経営効率が低下することにより通常生ずる損失の補償額＝認定収益（又は所得額）×縮小率×補償期間

補償期間は、従前の営業内容、縮小部分がその営業に占める割合、一商品当たりの販売費と単位生産費当たりの生産費の増加及び利益の減少等を勘案し、2年以内で適正に定めた期間とする。

五　解雇する従業員に対する離職者補償

基準第45条第2項に規定する離職者補償は、第6条第8号に準じて算定するものとする。

（移転工程表）

第11条　営業休止に関する工程表については、建物、工作物、動産の移転期間及び準備期間等を考慮し作成するものとし、非木造建物については、建物移転料算定要領（※）別添二非木造建物調査積算要領に基づき作成した工事工程表、機械設備については、機械設備調査算定要領（※）により基づき作成した移転工程表により作成するものとする。※各起業者が別途定める要領名

（営業休止期間）

第12条　営業休止期間は、前条に規定する移転工程表により求めるものとする。

様式第1号

営業調査総括表

調査者		調査年月日				
氏名又は名称		住　所 又は 所在地	☎（　　）　－		代表者氏名	
設立年月日		営業種目			資本金	円

法人の組織（支店等及び子会社）	

移転等の対象となる事業所等	名称		所在地			
	責任者の氏名		開設年月日		平均賃金	円
	営業種目		許認可等		従業員数	名
	敷地及び建物の所有関係					

製造、加工又は販売等の主な品目	主な 仕入先	主な 販売先（得意先）	売 上 構 成	
			品　目	構成比(%)

様式第2号

損益計算書比較表

(単位：円)

項目　年度又は期別	年度	(%)	年度	対前年比(%)	年度	対前年比(%)	備考
① 総売上高							
② 売上原価							
③ 売上利益							
④ 販売費及び一般管理費							
⑤ 営業利益							
⑥＝⑤/① 総売上高対所得率							
⑦＝④/① 総売上高対経費率							

(備考) (％) は、小数点以下第2位切り捨てとする。

様式第3号

仕入先調査表

仕入先名称	所　　　在	品　　　名

様式第4号

従業員調査表

(単位：円)

従業員氏名	性別	年齢	職種	直近3月間の賃金				摘要
				年　月 賃金	年　月 賃金	年　月 賃金	合計	

様式第 5 − 1 号

営業補償金算定書（営業廃止の補償）

氏名又は名称

（単位：円）

補償項目	計算式	（消費税等課税対象額）補償額	備考
営業権等の補償額			
資産、商品、仕掛品等の売却損の補償額			
その他資本に関して通常生ずる損失の補償額			
解雇予告手当相当額の補償			
転業に通常必要とする期間中の休業手当相当額の補償			
その他労働に関して通常生ずる損失の補償			
転業に通常必要とする期間中の従前の収益（又は所得）相当額の補償			
解雇する従業員に対する補償額			
消費税等抜き計			
消費税等課税対象額			
消費税等相当額			
補償合計			

様式第5－2号

営業補償金算定書（営業休止の補償）

氏名又は名称

（単位：円）

補償項目	計算式	（消費税等課税対象額）補償額	備考
固定的な経費の補償額			
従業員に対する休業手当相当額の補償			
休業期間中の収益減又は所得減の補償額			
一時的に得意を喪失することによって通常生ずる損失の補償額			
商品、仕掛品等の減損の補償額			
移転広告費その他店舗等の移転に伴い通常生ずる損失の補償額			
消費税等抜き計			
消費税等課税対象額			
消費税等相当額			
補償額合計			

（備考）第8条「仮営業所を設置して営業を継続する場合」の補償額の算定にあたっては、本様式に準じて作成すること。

様式第5−3号

営業補償金算定書（営業規模縮小の補償）

氏名又は名称

(単位：円)

補償項目	計算式	補償額 （消費税等課税対象額）	備考
固定資産の売却損の額			
解雇予告手当相当額の補償額			
その他資本及び労働の過剰遊休化により通常生ずる損失の補償額			
経営効率が低下することにより通常生ずる損失の補償額			
雇用する従業員に対する離職補償額			
消費税等抜き計			
消費税等課税対象額			
消費税等相当額			
補償額合計			

様式第6号

固定的経費内訳書

（単位：円）

科　　目	認　定　金　額	消費税等課税対象額	摘要	付　属　明　細　書　番　号
合計				

様式第7号

固定的経費付属明細書

科目名

(単位：円)

内訳	損益計算書計上額	収益に加算できる額	固定的経費認定額	消費税等課税対象額	摘要
合計					

様式第8号

従業員に対する休業手当相当額算定書

（単位：円）

従業員氏名	直近3月間の賃金総額 A	暦日数 B	平均賃金(A/B) C	合計 D	補償率 E	補償期間(日) F	補償額(D×E×F) G	摘要

（備考）C（平均賃金）については、1円未満切り捨て

様式第9号

認定収益額算定書

(単位：円)

科　目	金　額	摘　要
①　営　業　利　益		
②（③＋④）　販売費・一般管理費のうち費用としないもの		
③		
④		
⑤（⑥＋⑦）　営　業　外　収　益		
⑥		
⑦		
⑧（⑨＋⑩）　営　業　外　費　用		
⑨		
⑩		
⑪（⑫＋⑬）　特　別　利　益		
⑫		
⑬		
⑭（⑮＋⑯）　特　別　損　失		
⑮		
⑯		
⑰（①＋②＋⑤－⑧＋⑪－⑭）　認　定　収　益　額		

※科目は、損益計算書等の科目にあわせて記載する。

様式第１１号

費用分解一覧表
年月日～年月日

（業種名：　　　　　　　）　　　　　　　　　　　　　　　　　　　　　　（単位：円）

勘定科目	金額	変動費（×）固定費（○）の別	変動費（×）	固定費（○）	摘要
【売上原価】					
【製造原価】					
【工事原価】					
【販売費・一般管理費】					
【営業外費用】					
合計					

（備考）勘定科目は、調査した会計資料を元に記載すること。

様式第１２号

固定資産等の売却損補償額算定書

(単位：円)

固定資産等	保有数	処分数	現在価格 （費用価格）	売却損額	摘要

様式第13号

移転広告費等算定書

（単位：円）

項　　　目	単　　位	員　　数	単　　価	金　　額	消費税等課税対象額	備　　考
移転広告費						
移転通知費						
開店祝費						
粗品費						
捨て看板費						
その他の費用						
合計						

20 用地調査等業務共通仕様書（抄）（例）

第1章 総 則

（趣旨等）

第1条 この用地調査等業務共通仕様書（以下「仕様書」という。）は、地方整備局の所掌する国の直轄事業（営繕部、港湾空港部の所掌に属するものを除く。以下同じ。）に必要な土地等の取得等に伴う測量、調査、補償金額の算定等業務（以下「用地調査等業務」という。）を請負に付する場合の業務内容その他必要な事項を定め、もって業務の適正な執行を確保するものとする。

2 業務の発注に当たり、当該業務の実施上この仕様書により難いとき又はこの仕様書に定めのない事項については、発注者が別途定める特記仕様書によるものとし、適用に当たっては特記仕様書を優先するものとする。

3 （略）

第7章 営業その他の調査
第1節 調 査

（営業その他の調査）

第104条 営業その他の調査とは、営業、居住者等及び動産に関する調査をいう。

（営業に関する調査）

第105条 営業に関する調査は、営業補償調査算定要領（令和3年3月19日付け国不用第66号不動産・建設産業局土地政策課通知（以下「営業要領」という。））により行うものとする。

（居住者等に関する調査）

第106条 居住者等に関する調査は、世帯ごとに次の各号に掲げる事項について行うものとする。

一 氏名及び住所（建物番号及び室番号）

二 居住者の家族構成（氏名及び生年月日）

三 住居の占有面積及び使用の状況

四 居住者が当該建物の所有者でない場合には、貸主の氏名等、住所等、賃料その他の契約条件、契約期間、入居期間及び定期借家契約である場合にはその期間

五 その他必要と認められる事項

2 居住以外の目的で建物を借用している者に対しては、前各号に掲げる事項に準じて調査するものとする。

3 前二項の調査は、賃貸借契約書、住民票等により行うものとする。

（動産に関する調査）

第107条 動産に関する調査は、動産移転料調査算定要領（平成30年3月8日付け国土用第44号土地・建設産業局総務課長通知（以下「動産要領」という。））により行うものとする。

第2節 調査書の作成

（調査書の作成）

第108条 営業に関する調査書は、第105条の調査結果を基に営業要領により作成するものとする。

2 居住者等に関する調査書は、第106条の調査結果を基に居住者調査表（様式第13号の1、第13号の2）に所定の事項を記載することにより作成するものとする。

3 動産に関する調査書は、前条の調査結果を基に動産要領により作成するものとする。

第3節 算 定

（補償額の算定）

第109条 営業に関する補償額の算定は、前条第1項で作成した資料を基に営業要領により行うものとする。この場合において、建物及び工作物の移転料の算定業務が当該請負契約の対象とされていないときは、これらの移転工法の教示を得た上で、行うものとする。

2 前項の場合において、仮営業所設置費用を算定するときは、仮営業所の設置方法について監

第XI章　関係法令

督職員の指示を受けるものとする。

3　動産移転料の算定は、前条第3項で作成した資料を基に動産要領により行うものとする。この場合において、美術品等の特殊な動産で、専門業者でなければ移転料の算定が困難と認められるものについては、原則として専門業者2社の見積書を徴するものとする。

4　その他、監督職員が必要と認め指示した場合には、仮住居補償、移転雑費等の補償額の算定を標準書により行うものとする。

別記　目次

| 別記10 | 営業調査及び補償金算定要領 | 第105条 |

別記１０

営業調査及び補償金算定要領

Ｉ　営　業　調　査

区　　　分	事　　　項	内　　　　　　　　　　　　　　容
基本調査事項		基本的調査事項は、用地調査等業務共通仕様書第１０５条による ものとする。
業種別調査事項	①小売・サービス業の場合	※下記の内容は基本的調査事項であり、その他必要事項を調査する。
	イ）雑貨店、菓子店等店頭で販売する小売店	１日の平均客数、客１人当たり平均的消費高、仕入先について調査する。 　酒店、煙草店等法律規則に注意する。
	ロ）飲食店、ドライブイン、バー・キャバレー等一般的飲食店	１日の平均客数、客１人当たり平均的消費高、営業場所の広さ（部屋数）、椅子の数、定価（料金）、仕入先及び営業時間について調査する。
	ハ）待合、料亭等高級接客業	１日の平均客数、客１人当たり平均的消費高、営業場所の広さ（部屋数）、得意先、客の質、１日平均の部屋の使用程度、従業員の雇用形態について調査する。
	ニ）旅館、ホテル等	１日の平均客数、営業場所の広さ（部屋数）、定価（料金）、賄量、観光バス・観光会社との関係、営業の閑期・繁期、従業員の雇用形態について調査する。
	ホ）簡易旅館、下宿業等	営業場所の広さ（部屋数）、定価（料金）、賄量、現在宿泊（下宿）人数を調査する。
	ヘ）病院、医院等	１日の平均外来患者数、入院患者数、営業場所の広さ（部屋数）、ベット数、社会保険による診療と普通診療の患者の率を調査する。
	ト）美容院、理髪店	１日の平均客数、得意先、椅子の数、定価（料金）、従業員の数、固定客の率、美容、理容具及び化粧品等の販売を行っている場合その内容等を調査する。
	チ）パチンコ、麻雀屋等遊戯場	１日の平均客数、客１人当たり平均的消費高、椅子の数、遊戯器具の台数、パチンコ屋については景品による利益も調査する。飲み物等自動販売機についても調査する。
	リ）浴場業、映画館	１日の平均客数、営業場所の広さ、定価（料金）、客の大人、中人、小人の数の比率、飲み物等自動販売機について調査する。
	ヌ）石油製品小売業（ガソリンスタンド）	１日の平均客数、客１人当たり平均的消費高、定価（料金）、チケット利用者数、部品、カーアクセサリー等の販売、洗車、法廷点検、整備施設等について調査する。
	ル）自動車整備業	１日の平均客数、営業場所の広さ、得意先、定価（料金）、特約店との契約内容、従業員の数等について調査する。
	ヲ）倉庫業	営業場所の広さ、得意先、定価（料金）、扱い荷の入出庫伝票について調査する。扱い荷の平均回転率についても調べる。
	ワ）弁護士、税理士等	得意先、定価（料金）、フリー客の１か月平均の数とその報酬、事務所と住居の関係等を調査する。
	②卸売業の場合	取引先（得意先）、扱い品の１か月平均入出庫量、仕入価格、仕入調査、在庫量、販売先、従業員の数等について調査する。

568

区　分	事　項	内　　容
	③製造業の場合	機械設備等の数量・種類・配置規模、生産品の種類・数量・原価、１日平均の生産量、原材料の仕入先・仕入量、原材料、加工・製品・荷造・搬出等の生産工程、部門別従業員内訳、従業員及び機械配置行動軌跡の調査 　公害対策施設に関する調査 　当該工場の公害発生源の有無及び現存する公害対策に係る施設及び公害対策基本法等公害関係法規との関係で移転することによる公害対策施設費の増分等について調査する。 　ＪＩＳマーク表示許可、失効に伴う損失等に関する調査 　当該工場で製造される商品に工業標準化法（昭和24年法律第185号）に基づく日本工業規格表示制度によるＪＩＳマーク表示許可の有無、工場の移転に伴うＪＩＳマーク喪失の期間（移転後の工場で何か月稼動すれば申請できるか、又申請から許可までに要する月数は何か月か。）及びＪＩＳマークを喪失することによる商品の値下り等について調査する。 　なお、農林物質の規格化及び品質表示の適正化に関する法律（昭和25年法律第75号）に基づく日本農林規格によるＪＡＳマークの喪失についても同様とする。 　立上り損失に関する調査 　製造工場が移転して新たな操業を開始した場合にロス製品がどの程度の比率で発生し、通常のロス率まで回復するにはどの程度の期間を必要とするか等、既に移転した同業種の工場等について調査する。
補償種別調査 事項 ①営業休止補償	①休業期間の調査	建物の移転工程表を参考とし、休業期間を調査する。 　移転工程表、機械、設備、商品の移転工程等を調査する。 （参考）建物移転工法別標準工期表 | 名　称	標　準　工　期 | |---|---| | 再　築　工　法 | 4　　　月 | | 曳　家　工　法 | 2　　　月 | | 改　造　工　法 | それぞれの構造、規模等に応じて決定 | | 除　却　工　法 | 〃 | | 復　元　工　法 | 〃 | 注１　上記の標準工期は木造の延面積100㎡前後の一般住宅及び併用住宅を標準としたものである。よって規模・程度によって適宜補正するものとする。 　２　上記の標準工期は純工期であり、前後の準備期間を加えることができるものとする。 　３　再築工法においては、構内の再築工法の場合のみ適用する。 ①　同一所有者の建物を二種類以上の工法で移転する場合は、そのうち主となる工法の補償期間を適用する。 ②　同一所有者の建物が数棟ある場合は、そのうち主となる建物の補償期間を適用する。

区　　分	事　　項	内　　　　　　　　　容
	②収益（所得）減の調査	損益計算書及び貸借対照表の分析。 　過去3か年分の損益計算書による経営分析。営業資料が得られない場合は現地調査により収益資料を収集、経営指標における調査として、同種同程度の業者における収益率等を調査する。
	③得意喪失の調査	損益計算書及び貸借対照表の分析。 　限界利益率については、個々の企業の営業実態、営業実績等に基づき算出するものとし、変動費の認定は費用分解基準一覧表によるものとする。
	④従業員（人件費）の調査	従業員に対する休業補償について調査する。平均賃金に対する調査。補償率の調査。 　従業員調査表には次に該当する者を明らかにする。 1）同一経営者に属する営業所が他にあり、そこに従事できる者。 2）営業所の休止に関係なく（外交、注文取り等）に従事できる者。 3）一時限りで臨時（パートタイマー、アルバイト等）に雇用されている者。 　なお、従業員及び雇用に関する資料として、休業、解雇又は退職に関する労働協約、就業規則、その他の雇用契約に係る書類等の調査をしたうえで明らかにするものとする。
	⑤商品、仕掛品等の減損調査	移転及び休業における商品、仕掛品の減損の有無及びその内容について調査する。
	⑥移転広告費等の調査	商圏の世帯数及び過去の売出し等に際し配布したチラシ等の枚数等を調査する。 　取引先名簿等、得意先名簿により移転通知先数を調査する。 　事業所が移転することによってスクラップ化する事務用品等についても調査する。 　開店祝のやり方、閉開店広告等について地域の慣行を調査する。
	⑦仮営業所を設置する場合の調査	仮営業であるための収益減、仮営業所の位置の変更による得意喪失を調査する。 　借上げる場合の調査事項として、仮営業期間中の賃借料等を調査する。 　建設する場合の調査事項として、地代相当額、建設費等を調査する。
②営業廃止補償	営業廃止に係る調査事項	近傍同種の営業の権利等の取引事例がある場合には、その取引きに関する資料、当該営業権が他から有償で譲受けた場合。又は合併により取得した場合には、その取得に関する資料を調査する。 　売却損の対象となる営業用固定資産（建物、機械装置、車輌運録具等）及び流動資産（商品、仕掛品、原材料等）に関する資料を調査する。 　従業員及び雇用に関する資料として、休業、解雇又は退職に関する労働協約、就業規則、その他の雇用契約に係る書類等を調査する。 　社債の繰上償還により生ずる損失の調査、廃止後における転業、廃業等について調査する。

第XI章 関係法令

区　　分	事　　項	内　　　　　容
③営業規模縮少補償	営業規模縮少補償に係る調査事項	営業用固定資産及び流動資産に関する資料、従業員及び雇用に関する資料を調査する。（営業廃止と同様） 　資本の過剰遊休化及び経営効率低下により通常生ずる損失額の認定に必要な資料として、商品の単位当たりの生産費又は販売費等の増大分（単位当たりの経費増）を調査する。 　当該企業及び同種同程度の企業の損益分岐点比率を調査する。 　○　損益分岐点売上高＝$\dfrac{固定費}{1-\dfrac{変動費}{売上高}}$ 　○　損益分岐点比率　＝$\dfrac{損益分岐点売上高}{売上高}×１００$ 　固定費：直接労務費、間接労務費、福利厚生費、賄費、減価償却費、賃借料、保険料、修繕費、光熱水道料、旅費、交通費、その他製造経費、通信費、支払運賃、荷造費、消耗品、広告宣伝費、交際接待費、役員給料手当、事務員・販売員給料手当、支払利息・割引料、租税公課、その他販売管理費。 　変動費：直接材料費、買入れ部品費、外注工賃、間接材料費、その他直接経費、重油等燃料費。 　本店、支店がある場合は本・支店の関連度を調査する。 　従業員比、売上高比、面積比、生産高比、給与（人件費）等により縮少率を調査する。
基本添付書類	①営業調査総括表	（仕様書様式第１３号の１、第１３号の２）
	②事業概況説明書	個人の場合は営業概況書とする。
	③確定申告書（写）	勘定科目内訳明細書（写）も添付する。
	④貸借対照表（写）	個人の場合は総勘定元帳（写）等とする。
	⑤登記簿（法人・商業）の写し	
	⑥戸籍簿（住民票又は戸籍の付票）	
	⑦固定資産台帳の写し	
	⑧従業員調査表	（仕様書様式第１３号の３）
付属添付書類	①売場及び工場配置図	
	②設備、機械器具調査表	
	③生産及び販売実績調査表	
	④受注又は顧客動向調査票	

区　　分	事　　　項	内　　　　　　　　　　　　　容
	⑤在庫率及び回転率調査表	
	⑥得意喪失調査表	
	⑦移転広告費調査表	
	⑧営業の権利調査表	
	⑨固定資産及び流動資産調査表	
	⑩仕入先調査表	（仕様書様式第１３号の４）

第XI章　関係法令

Ⅱ　営業補償金算定

区　　分	事　　項	内　　　　　　　　　　　容
補償種別事項 ①営業休止補償	①休業期間の認定	休業を必要とする期間は当該営業に供されている建物の移転期間とする。ただし準備期間を必要とする場合は移転工事期間の前後に加算することができる。
	②収益（所得）減の補償	収益（所得）減の補償額＝ 　年間の認定収益（所得）額×1/12か月×補償月数
	③得意喪失の補償	一時的に得意先を喪失することによって通常生ずる損失額は、次式により算定する。 　　得意先喪失補償額＝ 　　従前の1か月の売上高×売上減少率×限界利益率 　　売上減少率 　　限界利益率：（固定費＋利益）÷売上高
	④固定的経費の補償	固定的経費の補償額＝ 　固定的経費認定額×補償期間
	⑤従業員に対する休業（人件費）の補償	従業員に対する休業手当相当額は、休業期間中に対応する平均賃金の60/100から100/100の範囲内で適正に定めた額とする。 　平均賃金の認定は、従業員調査表（賃金台帳）、損益計算書、確定申告書及び青色申告書等の資料により認定する。
	⑥商品、仕掛品等の減損の補償	商品、仕掛品等の移転に伴う減損については、損害保険会社、同業組合等の専門家の見積り、又は当該業種の運送を専門的にしている業者の見積りにより算定するものとする。 　　（参考資料） 「普通倉庫保管料率表」日本倉庫協会 　長時間の営業休止に伴う商品、仕掛品等の減損については、保管に伴う経費増として倉庫業者による保管料の見積りにより算定する。 　保管することが不可能なもの及び保管することにより商品価値を失うものについては、費用価格（仕入費及び加工費等）の50パーセントを標準として、売却損を算定する。
	⑦移転広告費・開店祝費等の補償	地域の慣行、当該事務所の業種・規模及び商圏の範囲等を考慮して算定する。 　1）移転広告費 　　a．移転広告費 　　　＝（広告枚数×印刷・用紙代＋諸経費）×回数 　　b．移転通知費 　　　＝移転通知先数×印刷葉書代＋諸経費 　2）開店費用 　　a．開店祝費 　　　＝（招待状の印刷・封書代＋酒肴代＋記念品＋諸経費） 　　　　×招待客数 　　b．粗品費 　　　＝粗品代×顧客数 　　c．捨て看板費 　　　＝本数×単価 　　d．その他の費用

573

区　　分	事　　項	内　　　　　容
②営業廃止補償	⑧仮営業所を設置して営業を継続する場合の補償	法令上の手続き及びその他の諸経費、野立看板の書き替えに要する費用、営業用自動車の車体文字の書き替えに要する費用。 　なお、移転広告費等の各種補償項目については根拠書類（見積り等）を添付するものとする。 1）仮営業所の設置に要する費用 　　ａ．借入れる場合 　　　設置費用 　　　＝仮営業期間中の賃借料相当額＋仮営業所の賃借に通常必要とする費用 　　ｂ．建設する場合 　　　設置費用 　　　＝地代相当額＋仮設建設費＋解体除却費－発生材価格 2）仮営業所であるための収益減の補償 　　仮営業所を設置する場所的条件、人件費、減価償却費の過剰遊休化による収益の圧迫及び仕入市場と販売市場の変化に伴う運搬費等の経費増の額。 3）仮営業所の位置の変更による得意喪失の補償 　　営業所の位置の変更による得意喪失額 4）営業所の移転に伴う通常生ずる損失補償 　　仮営業所への移転に伴う商品、仕掛品等の減損額及び仮営業所に仮移転するための移転通知費等。
	⑨費用比較	移築工法及び再建工法との費用比較を行うものとする。
	①営業権等の補償	1）営業権の取引事例がある場合 　　補償額＝正常な取引価格 2）営業権の取引事例がない場合 　　補償額＝R／r 　　　R：年間超過収益（所得）額 　　　r：年利率8パーセント
	②資産、商品、仕掛品等の売却損等の補償	1）営業用固定資産の売却損の補償 　　ａ．現実に売却し得る資産（機械、器具、備品等） 　　　補償額（売却損） 　　　＝現在価格－売却価格 　　　現在価格の５０パーセントを標準とする。 　　ｂ．解体せざるを得ない状況にある資産 　　　（屋内、納屋、設備等） 　　　補償額（売却損） 　　　＝現在価格＋解体費－処分価格（発生材処分価格） 　　ｃ．スクラップとしての価値しかない資産 　　　（償却済の機械、器具、備品等） 　　　補償額（売却損） 　　　＝現在価格－スクラップ価格 2）営業用流動資産の売却損の補償 　　補償額（売却損） 　　＝費用価格（仕入費及び加工費等）－実売価格 　　費用価格の５０パーセントを標準とする。

第XI章　関係法令

区　　分	事　　項	内　　　　　容
	③その他資本に関して通常生ずる損失の補償	営業を廃止するために、社債の繰り上げ償還を行う必要がある場合に発生する損失、契約の解約に伴う違約金又は清算法人に要する諸経費等が認められる場合に補償する。
	④解雇予告手当相当額の補償	従業員に対して３０日前に解雇予告ができない場合に、その損失を補償する。 　補償額＝労働基準法第２０条第１項に基づく額 　なお、平均賃金は、労働基準法第１２条第１項に規定する平均賃金を標準とする。
	⑤転業期間中の休業手当相当額の補償	営業を廃止することに伴い転業することが相当であると認められる場合で、従前の営業と新たな営業の種類、規模及び当該地域における労働力の需給関係等により従業員の全部又は一部を継続して雇用する必要があるときは、転業に通常要する期間中の休業手当相当額を補償する。 　補償額＝平均賃金×（60/100〜100/100）×転業期間 　転業期間は、事業主が従来の営業を廃止して新たな営業を開始するために通常必要とする期間で、その時期の社会的、経済的状況、営業地の状況、従前の営業の種類及び内容等を考慮して６か月ないし１年の範囲で認定する。
	⑥その他労働に関して通常生ずる損失額の補償	帰郷旅費相当額（労働基準法第６８条の規定による。）転業期間中に事業主に課せられる法定福利費相当額（雇用保険料、社会保険料、健康保険料等）等を実態に応じて補償する。
	⑦転業期間中の従前の収益（所得）額の補償	収益（所得）額の補償 　　＝年間の認定収益（所得）額×転業に通常必要とする期間 　　　（２年以内）
	⑧離職者補償	営業を廃止して解雇する従業員に対して、再就職に通常必要とする期間について従前の所得相当額を補償する。 　補償の対象者は常勤及び臨時雇のうち雇用契約の更新により１年を超える期間は実質的に継続して同一事業主に雇用された者とする。 　補償額＝賃金日額×補償日数－雇用保険相当額 　賃金日数は、算定時前６か月以内に被補償者に支払われた雇用保険法第４条第４項に規定する賃金の総額を、その期間の総日数で除した額の60/100から100/100の範囲内で適正に定めた額とする。 　補償日数は、５０歳以上の常勤は１年とし、臨時雇及び５０歳未満の常雇については、その者の雇用条件、勤続期間、年齢、当該地域における労働力を考慮して１年の範囲以内で適正に定めた日数とする。 　雇用保険相当額は、雇用保険金受給資格者について、勤続年数や年齢等を考慮して受給予定額を算定する。
③営業規模縮少補償	①営業用固定資産の売却損の補償	営業廃止補償の同項目と同様とする。
	②解雇予告手当相当額の補償	同　上

575

区　　分	事　　項	内　　　　　　　　　　　　　　容
	③転業期間中の休業手当相当額の補償	同　上
	④営業規模の縮少率の認定	営業用施設の減少の割合が営業規模の縮少と相関関係にあると判断される業種にあっては次式を参考にして認定する。 $$営業規模の縮少率＝1-\frac{縮少後の面積等}{縮少前の面積等}$$ 　営業用施設等の縮少率と売上高との相関関係が低いと判断される業種にあっては、営業の内容、規模等実態を考慮して認定する。
	⑤その他資本及び労働の過剰遊休化による損失の補償	ａ．資本の過剰遊休化の損失の補償の場合 　　補償額＝（固定的経費×縮少率－売却した資産に関する固定的経費）×補償期間 ｂ．労働の過剰遊休化の損失の補償の場合 　　補償額＝（従業員手当相当額×縮少率－解雇する従業員手当相当額）×補償期間
	⑥経営効率低下による損失の補償	補償額＝認定収益（所得）額×縮少率×補償期間
	⑦離職者補償	営業廃止補償の同項目と同様とする。
④その他算定に必要な事項		
基本添付書類	①営業補償金額総括表	（仕様書様式第１３号の５）
	②事業所及び営業概況表	
	③営業補償方法認定書	
	④移転工法別経済比較表	（仕様書様式第１８号）
	⑤認定収益額算定表	（仕様書様式第１３号の６）
付属添付書類	①固定的経費内訳表	（仕様書様式第１３号の７）
	②固定的経費付属明細表	（仕様書様式第１３号の８）
	③固定資産の売却損補償内訳表	（仕様書様式第１３号の９）
	④人件費内訳表	（仕様書様式第１３号の１０）
	⑤移転広告費内訳表	（仕様書様式第１３号の１１）
	⑥移転工程表	
	⑦損益計算書比較書	（仕様書様式第１３号の１２）

第XI章　関係法令

21　消費税及び地方消費税の申告書（一般用）の書き方〔法人用〕

〔令和２年４月〕
〔税　務　署〕

○　この「書き方」では、令和元年10月１日以後に終了する課税期間を対象とし、**「消費税及び地方消費税の申告書（一般用）第一表」**及び**「消費税及び地方消費税の申告書第二表」**と、これに添付する次の付表について、法人向けに一般的な事項を説明します。
　　・付表1-1　税率別消費税額計算表　兼　地方消費税の課税標準となる消費税額計算表（R1.10.1以後終了課税期間用）
　　・付表1-2　税率別消費税額計算表　兼　地方消費税の課税標準となる消費税額計算表
　　　　　　　〔経過措置対象課税資産の譲渡等を含む課税期間用〕（R1.10.1以後終了課税期間用）
　　・付表2-1　課税売上割合・控除対象仕入税額等の計算表（R1.10.1以後終了課税期間用）
　　・付表2-2　課税売上割合・控除対象仕入税額等の計算表
　　　　　　　〔経過措置対象課税資産の譲渡等を含む課税期間用〕（R1.10.1以後終了課税期間用）
○　この「書き方」は、簡易課税制度を適用しないで消費税及び地方消費税の確定申告書又は仮決算による中間申告書を作成する際にご利用ください。
　※　簡易課税制度を選択している法人（基準期間（前々事業年度）の課税売上高が5,000万円以下である場合に限ります。）は、「法人用　消費税及び地方消費税の申告書（簡易課税用）の書き方」をご利用ください。
○　控除不足還付税額のある申告書を提出される方は、「消費税の還付申告に関する明細書（法人用）」を申告書に添付する必要があります。
　※　控除不足還付税額がない申告書（中間納付還付税額のみの還付申告書）には添付する必要はありません。
○　お分かりにならない点がありましたら、最寄りの税務署にお問い合わせください。
　※　税務署では、納税者の方からの税に関する一般的な相談を、各国税局及び国税事務所が設置する「電話相談センター」で集中的に受け付けています。税務署におかけになった電話は、全て自動音声により案内していますので、用件に応じて番号を選択してください。
○　国税庁ホームページでは消費税に関する法令解釈通達、質疑応答事例、消費税法の改正に関する各種パンフレットなどを掲載しています。また、申告や届出に際し必要な様式をダウンロードすることもできますので是非ご利用ください（国税庁ホームページアドレスはhttps://www.nta.go.jp）。

○　法人に係る消費税の申告期限の特例が創設されました。
　　「法人税の申告期限の延長の特例」の適用を受ける法人が、「消費税申告期限延長届出書」を提出した場合には、その提出をした日の属する事業年度以後の各事業年度終了の日の属する課税期間に係る消費税の確定申告の期限を１月延長することとされました。
　　また、「法人税の申告期限の延長の特例」の適用を受ける連結親法人又はその連結子法人が「消費税申告期限延長届出書」を提出した場合にも、その提出をした日の属する連結事業年度（その連結事業年度終了の日の翌日から45日以内に提出した場合のその連結事業年度を含みます。）以後の各連結事業年度終了の日の属する課税期間に係る消費税の確定申告の期限を１月延長することとされました。

　　注　この特例の適用により、消費税の確定申告の期限が延長された期間の消費税及び地方消費税の納付については、その延長された期間に係る利子税を併せて納付することとなります。

令和３年３月31日以後に終了する事業年度又は連結事業年度終了の日の属する課税期間から適用されます。
なお、届出書は令和３年３月31日前であっても提出することができます。

－ 1 －

《申告書の作成手順（特定課税仕入れがない場合）》

申告書の作成は、次の手順で行います。

課税標準額及び 消費税額の計算	⇒	控除対象仕入 税額等の計算	⇒	納付（還付） 税額の計算	⇒	「納税地」欄等及び 「付記事項」欄等の記載

⚠ 消費税の税率の引上げと同時に消費税の軽減税率制度が実施され、消費税の税率は標準税率と軽減税率の複数税率となりました。

消費税の税率の引上げと軽減税率制度の実施

○ 消費税率等

区分＼適用時期	令和元年9月30日まで （以下「旧税率」という）	令和元年10月1日から	
		標準税率	軽減税率
消 費 税 率	6.3％	7.8％	6.24％
地方消費税率	1.7％ （消費税額の17/63）	2.2％ （消費税額22/78）	1.76％ （消費税額の22/78）
合　　　計	8.0％	10.0％	8.0％

（注1） 消費税等の軽減税率は、令和元年9月30日までの税率と同じ8％ですが、消費税率（6.3％→6.24％）と地方消費税率（1.7％→1.76％）の割合が異なります。
　　　　 消費税及び地方消費税の確定申告書は、課税取引を旧税率（3％、4％又は6.3％）が適用されたものと新税率（標準税率及び軽減税率）が適用されたものとに区分経理された帳簿等に基づき作成する必要があります。

（注2） 令和元年10月1日以後に行われる取引であっても、経過措置により旧税率が適用される場合があります。

○ 軽減税率の対象品目
① 酒類・外食を除く飲食料品、②週2回以上発行される新聞（定期購読契約に基づくもの）

○ 帳簿及び請求書等の記載と保存（令和元年10月1日～令和5年9月30日）

軽減税率の対象品目の売上げや仕入れ（経費）がある事業者の方は、請求書等保存方式の場合の記載事項に加え、税率ごとの区分を追加した請求書等（区分記載請求書等）の発行や記帳などの経理（区分経理）を行う必要があります。

課税事業者の方は、仕入税額控除の適用を受けるためには、区分経理に対応した帳簿及び区分記載請求書等の保存が必要となります（区分記載請求書等保存方式）。

《請求書等保存方式と区分記載請求書等保存方式の比較》

期　　　　間	帳簿への記載事項	請求書等への記載事項
令和元年9月30日まで 【請求書等保存方式】	① 課税仕入れの相手方の氏名又は名称 ② 取引年月日 ③ 取引の内容 ④ 対価の額	① 請求書発行者の氏名又は名称 ② 取引年月日 ③ 取引の内容 ④ 対価の額 ⑤ 請求書受領者の氏名又は名称
令和元年10月1日から 令和5年9月30日まで 【区分記載請求書等保存方式】 （注1）	（上記に加え） ⑤ 軽減税率対象品目である旨	（上記に加え）（注2） ⑥ 軽減税率対象品目である旨 ⑦ 税率の異なるごとに合計した税込金額

（注1） 区分記載請求書等保存方式の下でも、3万円未満の少額な取引や自動販売機からの購入など請求書等の交付を受けなかったことにつきやむを得ない理由があるときは、請求書等保存方式の場合と同様に、必要な事項を記載した帳簿の保存のみで、仕入税額控除の要件を満たすこととなります。

（注2） 仕入先から交付された請求書等に、「⑥軽減税率対象品目である旨」や「⑦税率の異なるごとに合計した税込金額」の記載がない時は、これらの項目に限って、交付を受けた事業者自らが、その取引の事実に基づき追記することができます。

－2－

第XI章　関係法令

○　中小事業者の税額計算の特例
　　軽減税率制度が実施される令和元年10月１日から一定期間、売上げ又は仕入れを適用税率ごとに区分することが困難な中小事業者（基準期間（前々事業年度）における課税売上高（免税売上高を含みます。）が5,000万円以下の事業者をいいます。）に対して、売上税額又は仕入税額の計算の特例が設けられています。
１　売上税額の計算の特例
　　　売上げを税率ごとに区分することが困難な中小事業者は、令和元年10月１日から令和５年９月30日までの期間（適用対象期間）において、売上げの一定割合を軽減税率の対象売上げとして、売上税額を計算することができます。
　　　使用できる「一定の割合」については、中小事業者の態様に応じて次のとおりとなります。
　(1)　小売等軽減仕入割合の特例
　　　　課税仕入れ等（税込み）を税率ごとに管理できる卸売業・小売業を営む中小事業者は、当該事業に係る課税売上げ（税込み）に、当該事業に係る課税仕入れ等（税込み）に占める軽減税率の対象となる売上げにのみ要する課税仕入れ等（税込み）の割合（小売等軽減仕入割合）を掛けて、軽減税率の対象となる課税売上げ（税込み）を算出し、売上税額を計算できます。
　　　→　第５－(2)号様式「課税資産の譲渡等の対価の額の計算表〔小売等軽減仕入割合を使用する課税期間用〕」を作成する必要があります。
　(2)　軽減売上割合の特例
　　　　課税売上げ（税込み）に、通常の連続する10営業日の課税売上げ（税込み）に占める同期間の軽減税率の対象となる課税売上げ（税込み）の割合（軽減売上割合）を掛けて、軽減税率の対象となる課税売上げ（税込み）を算出し、売上税額を計算できます。
　　　※　通常の連続する10営業日とは、当該特例の適用を受けようとする期間内の通常の事業を行う連続する10営業日であれば、いつかは問いません。
　　　→　第５－(1)号様式「課税資産の譲渡等の対価の額の計算表〔軽減売上割合（10営業日）を使用する課税期間用〕」を作成する必要があります。
　(3)　上記(1)及び(2)の割合の計算が困難な場合
　　　　(1)及び(2)の割合の計算が困難な中小事業者であって、主として軽減対象資産の譲渡等を行う事業者は、これらの割合を<u>50/100</u>とすることができます。
　　　※　主として軽減対象資産の譲渡等を行う事業者とは、適用対象期間中の課税売上げのうち、軽減税率の対象となる課税売上げの占める割合が<u>おおむね50％以上</u>である事業者をいいます。
　　　→　上記１(1)又は１(2)記載の様式を作成する必要があります。
２　仕入税額の計算の特例
　　　仕入れを税率ごとに区分することが困難な中小事業者は、次の方法により仕入税額を計算する特例が認められています。
　(1)　小売等軽減売上割合の特例
　　　　課税売上げ（税込み）を税率ごとに管理できる卸売業又は小売業を営む中小事業者は、当該事業に係る課税仕入れ等（税込み）に、当該事業に係る課税売上げ（税込み）に占める軽減税率の対象となる課税売上げの割合（小売等軽減売上割合）を乗じて、軽減税率の対象となる課税仕入れ等（税込み）を算出し、仕入税額を計算できます。小売等軽減売上割合の特例を適用できる期間は、課税期間のうち、令和元年10月１日から令和２年９月30日の属する課税期間の末日までの期間です（簡易課税制度の適用を受けない期間に限ります。）。
　　　→　第５－(3)号様式「課税仕入れ等の税額の計算表〔小売等軽減売上割合を使用する課税期間用〕」を作成する必要があります。
　(2)　簡易課税制度の届出の特例
　　　　仕入れを税率ごとに区分することが困難な中小事業者は、簡易課税制度の届出の特例を適用することができます。簡易課税制度の届出の特例を適用できる期間は、令和元年10月１日から令和２年９月30日までの日の属する課税期間です。簡易課税制度の届出の特例に関して、簡易課税制度を適用しようとする課税期間中に「消費税簡易課税制度選択届出書」を提出し、同制度を適用することが可能です。
　　　　ただし、簡易課税制度の届出の特例を選択した場合は、事業を廃止した場合を除き、２年間継続して適用した後でなければ、簡易課税制度の適用をやめることはできません。

－3－

その他、軽減税率制度に関して詳しくお知りになりたい方は、国税庁ホームページ内の特設サイト「消費税の軽減税率制度について」をご覧ください。

○　軽減税率制度に関するお問合せ先【軽減コールセンター（消費税軽減税率電話相談センター）】
　専用ダイヤル　0120-205-553（無料）【受付時間】９：００〜１７：００（土日祝除く）
　上記専用ダイヤルのほか、最寄りの税務署にお電話いただき、ガイダンスに沿って「３」を押すと、軽減コールセンターにつながります。税務署の連絡先は国税庁ホームページ（https://www.nta.go.jp）でご案内しています。
　※１　軽減税率制度以外の国税に関する一般的なご相談は、ガイダンスに沿って「１」を押してください。
　※２　税務署での面接による個別相談（関係書類等により具体的な事実等を確認させていただく必要のある相談）を希望される方は、最寄りの税務署への電話（ガイダンス「２」を押してください。）により面接日時等を予約していただくこととしておりますので、ご協力をお願いします。

⚠　特定課税仕入れがある場合には、リバースチャージ方式による申告が必要となります（下記参照）。リバースチャージ方式による申告書の書き方については、27ページからの≪特定課税仕入れがある場合の申告書の作成手順≫をご覧ください。

■ リバースチャージ方式による申告が必要な場合について ■

　国内において行った課税仕入れのうち、国外事業者から受けた「事業者向け電気通信利用役務の提供」及び「特定役務の提供」を「特定課税仕入れ」といい、この「特定課税仕入れ」がリバースチャージ方式による申告の対象となります。

　「特定課税仕入れ」がある課税期間において、一般課税により申告する場合で、課税売上割合が95％未満の事業者は、リバースチャージ方式による申告が必要となります。

※１　一般課税で申告を行う事業者であっても課税売上割合が95％以上である課税期間や、簡易課税制度が適用される課税期間については、当分の間、特定課税仕入れはなかったものとされます。また、免税事業者は、特定課税仕入れについても消費税の納税義務が免除されていますので、リバースチャージ方式による申告は必要ありません。

※２　免税事業者である国外事業者から受けた「事業者向け電気通信利用役務の提供」及び「特定役務の提供」も「特定課税仕入れ」に該当します。

　〜「事業者向け電気通信利用役務の提供」について〜
　電子書籍・音楽・広告の配信などの電気通信回線（インターネット等）を介して行われる「電気通信利用役務の提供」について、その役務の提供が消費税の課税対象となる国内取引に該当するか否かの判定基準（内外判定基準）は、「役務の提供を受ける者の住所等」とされています。このため、国内に住所等を有する者に提供する「電気通信利用役務の提供」については、国内、国外いずれから提供を行っても課税対象となります。
　また、国外事業者が行う「事業者向け電気通信利用役務の提供」については、当該役務の提供を受けた国内事業者が申告・納税を行うこととなります（リバースチャージ方式）。
　〜「特定役務の提供」について〜
　国外事業者が、国内において、対価を得て他の事業者に対して行う映画若しくは演劇の俳優、音楽家その他の芸能人又は職業運動家の役務の提供を主たる内容とする事業として行う「特定役務の提供」については、当該役務の提供を受けた事業者が申告・納税を行うこととなります（リバースチャージ方式）。
　詳しくは、国税庁ホームページ（https://www.nta.go.jp）の「国境を越えた役務の提供に係る消費税の課税関係について」に掲載している各種パンフレットやＱ＆Ａ等をご覧ください。

－ 4 －

第XI章　関係法令

令和２年４月１日〜

○　大法人のe-Taxの義務化が始まりました！

　　平成30年度の税制改正により、「電子情報処理組織による申告の特例」が創設され、令和２年４月１日以後に開始する事業年度（課税期間）から、大法人が行う法人税等及び消費税等の申告は、添付書類（消費税等の申告の場合は、「付表1-1　税率別消費税額計算表　兼　地方消費税の課税標準となる消費税額計算表」など）を含めて、e-Taxにより提出しなければならないこととされました。

　　1　対象税目・手続は？

　　　法人税及び地方法人税並びに消費税及び地方消費税の確定申告書等の提出

　　2　大法人とは？

法人税等	内国法人のうち、事業年度開始の時における資本金の額又は出資金の額が１億円を超える法人相互会社、投資法人及び特定目的会社
消費税等	上記に掲げる法人に加え、国及び地方公共団体

○　e-Taxの利用について

　　e-Tax（国税電子申告・納税システム）は、オフィス、税理士事務所からインターネットを利用して、法人税や消費税等の申告・納付ができます。

　　なお、税理士等が納税者の依頼を受けてe-Taxにより申告書等を送信する場合には、納税者本人の電子署名の付与及び電子証明書の添付は必要ありません。e-Taxの義務化となる大法人以外の方もe-Taxをぜひご利用ください。

詳しくは、e-Tax ホームページ https://www.e-tax.nta.go.jp をご覧ください。

○　居住用賃貸建物の取得等に係る消費税の仕入税額控除制度の適正化

　　事業者が、国内において行う居住用賃貸建物（住宅の貸付けの用に供しないことが明らかな建物以外の建物であって高額特定資産[※1]又は調整対象自己建設高額資産[※2]に該当するもの）に係る課税仕入れ等の税額については、仕入税額控除の対象としないこととされました（以下「居住用賃貸建物の取得等に係る仕入税額控除の制限」といいます。）。

　　この制限は、令和２年10月１日以後に行われる居住用賃貸建物の課税仕入れ等の税額について適用されます。ただし、令和２年３月31日までに締結した契約に基づき令和２年10月１日以後に行われる居住用賃貸建物の課税仕入れ等については、この制限は適用されません。

　　※1　高額特定資産とは、一の取引単位につき、課税仕入れ等に係る支払対価の額（税抜き）が1,000万円以上の棚卸資産又は調整対象固定資産をいいます。

　　※2　調整対象自己建設高額資産とは、他の者との契約に基づき、又は事業者の棚卸資産として自ら建設等をした棚卸資産で、その建設等に要した課税仕入れに係る支払対価の額の100/110に相当する金額等の累計額が1,000万円以上となったものをいいます。

　　また、この「居住用賃貸建物の取得等に係る仕入税額控除の制限」の適用を受けた「居住用賃貸建物」について、その後、一定期間内に課税賃貸用（非課税とされる住宅の貸付け以外の貸付けの用）に供した場合や一定期間内に他の者に譲渡した場合には、仕入控除税額を調整することとされました。

　　他の改正項目を含め、詳しくは国税庁ホームページ（https://www.nta.go.jp）に掲載している「消費税法改正のお知らせ（令和２年４月）」をご覧ください。

　作成した申告書は提出期限内に納税地を所轄する税務署に提出してください。

　　ただし、この申告に係る課税期間の基準期間（前々事業年度）における課税売上高（免税売上高を含みます。）が1,000万円（年換算額）以下の法人は免税事業者に該当しますので、確定申告書を提出する必要はありません。

　※　基準期間における課税売上高が1,000万円以下であっても、特定期間（その事業年度の前事業年度開始の日以後6か月の期間）における課税売上高が1,000万円を超えた場合は、課税事業者となりますので、確定申告書を提出する必要があります。

　　なお、特定期間における1,000万円の判定は、課税売上高に代えて、給与等支払額の合計額により判定することもできます。

－5－

◇ 　基準期間がない法人でその事業年度の開始の日の資本金の額又は出資の金額が1,000万円以上の法人（以下「新設法人」といいます。）及び消費税課税事業者選択届出書を提出している法人は課税事業者となりますので、確定申告書を提出する必要があります。

　　また、基準期間がない法人でその事業年度開始の日における資本金の額又は出資の金額が1,000万円未満の法人（以下「新規設立法人」といいます。）のうち、次の①、②のいずれにも該当する法人（以下「特定新規設立法人」といいます。）については、課税事業者となりますので、確定申告書を提出する必要があります。

　①　その基準期間がない事業年度開始の日において、他の者により当該新規設立法人の株式等の50％超を直接又は間接に保有される場合など、他の者により当該新規設立法人が支配される一定の場合（特定要件）に該当すること。

　②　上記①の特定要件に該当するかどうかの判定の基礎となった他の者及び当該他の者と一定の特殊な関係にある法人のうちいずれかの者の当該新規設立法人の当該事業年度の基準期間に相当する期間における課税売上高が5億円を超えていること。

　※　次の①又は②の課税期間中に調整対象固定資産（購入価額から消費税等に相当する金額を除いた金額が100万円以上の固定資産）の課税仕入れを行い、かつ、その仕入れた課税期間の確定申告を一般課税で行った場合、その課税期間の初日から原則として3年間は、新設法人及び特定新規設立法人については納税義務が免除されず、課税事業者を選択した法人については免税事業者となることができませんので、確定申告書を提出する必要があります。

　　また、この間は簡易課税制度を適用することもできません。

　①　新設法人及び特定新規設立法人については、基準期間がない各課税期間中

　②　「消費税課税事業者選択届出書」を提出した法人については、課税事業者となった日から2年を経過する日までの間に開始した各課税期間中

◇ 　高額特定資産を取得した場合等の納税義務の免除の特例

　①　事業者が一般課税で確定申告を行う課税期間中に、高額特定資産（又は自己建設高額特定資産）の仕入れ等を行った場合は、当該高額特定資産の仕入れ等の日（又は当該自己建設高額特定資産の建設等に要した課税仕入れ等の支払対価の額（税抜き）の累計額が1,000万円以上となった日）の属する課税期間の翌課税期間から、その仕入れ等の日（又は当該建設等が完了した日）の属する課税期間の初日以後3年を経過する日の属する課税期間までの各課税期間においては、免税事業者になることができません。

　　また、その高額特定資産の仕入れ等の日（又は当該自己建設高額特定資産の建設等が完了した日）の属する課税期間の初日以後3年を経過する日の属する課税期間の初日の前日までの期間は、「消費税簡易課税制度選択届出書」を提出することができません。

　（注）　自己建設高額特定資産とは、他の者との契約に基づき、又はその事業者の棚卸資産若しくは調整対象固定資産として、自ら建設等をした高額特定資産をいいます。

　②　事業者が、高額特定資産である棚卸資産等又は調整対象自己建設高額資産について、消費税法第36条第1項又は第3項の規定（以下「棚卸資産の調整措置」といいます。）の適用を受けた場合には、その適用を受けた課税期間の翌課税期間からその適用を受けた課税期間（その適用を受けることとなった日の前日までに建設等が完了していない調整対象自己建設高額資産にあっては、その建設等が完了した日の属する課税期間）の初日以後3年を経過する日の属する課税期間までの各課税期間については、免税事業者になることができないこととされました。

－ 6 －

また、当該3年を経過する日の属する課税期間の初日の前日までの期間は、「消費税簡易課税制度選択届出書」を提出することができないこととされました。

　②の規定は令和2年4月1日以後に棚卸資産の調整措置の適用を受けることとなった場合から適用されます。

⚠　免税事業者に該当する法人が、確定申告書を提出して還付を受けようとする場合には、原則、還付を受けようとする課税期間の開始の日の前日までに「消費税課税事業者選択届出書」を提出する必要がありますのでご注意ください。

⚠　申告による納付税額は、申告書の提出期限までに納付してください。

　なお、税務署から送付された申告書に中間納付税額及び中間納付譲渡割額が印字されている場合でも、その全部又は一部が納付されていないときは、速やかに納付してください。

　また、納期限（申告書の提出期限）までに納付されていない場合には延滞税が課されます。

⚠　ご注意ください

　申告に係る課税期間に旧税率が適用された取引がない場合（新税率が適用された取引のみを行う場合）、地方消費税額の計算方法が、旧税率が適用された取引がある（付表1－1を用いて計算する）場合と異なるため、付表1－3を用いて計算します。

　付表1－3は国税庁ホームページ（申告手続・用紙）からダウンロードできます。

　（注）　申告に係る課税期間に旧税率が適用された取引がない場合（新税率が適用された取引のみを行う場合）であっても、付表1－1を使用して差し支えありません。この場合、付表1－1の「⑫E欄－⑪E欄」がプラスの場合には、⑬E欄は、100円未満の端数は切り捨てて記載します（具体的な付表1－1の記載例（計算方法）は次のとおりです）。

<付表1－1>
旧税率が適用された取引がない場合（X欄に記載すべき金額がない場合）、かつ、⑬E欄がプラスの場合

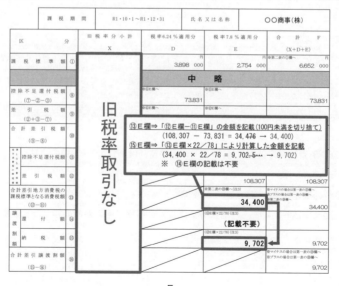

Ⅰ **課税売上げ等の金額の区分**

　課税期間中の売上高を、課税売上高、免税売上高及び非課税売上高に区分して集計します。

　なお、課税売上割合の計算に必要ですので、これらの売上高ごとの売上対価の返還等の金額（返品を受け、又は値引き・割戻しをした金額）も同様に区分して集計します。

　また、令和元年10月１日の消費税率の引上げと同時に軽減税率制度が実施され、消費税及び地方消費税の税率は、標準税率（消費税率7.8％、地方消費税率2.2％）と軽減税率（消費税率6.24％、地方消費税率1.76％）の複数税率となるため、同日以降の課税売上高及び課税仕入れ等の金額について、その取引に適用される税率ごとにそれぞれ区分する必要があります。

　この「書き方」では、取引内容が次のとおりである４月決算法人を例に記載方法を説明します。

設　例

　株式会社国税商事の当課税期間（令和元年５月１日～令和２年４月30日）の課税売上高等の状況は、次のとおりです。

　なお、旧税率のうち３％又は４％が適用された取引はありません。

　また、売上げ又は仕入れを適用税率ごとに区分することが困難な中小事業者に対する売上税額又は仕入税額の計算の特例（注１）は適用していません。

項　目	課税期間の合計金額	うち税率6.3％適用分	うち税率6.24％適用分	うち税率7.8％適用分
1　売上高	円	円	円	円
（1）課税売上高（税込み）	415,560,000	302,500,000	67,960,000	45,100,000
（2）免税売上高	11,000,000	-	-	-
（3）非課税売上高	7,000,000	-	-	-
2　売上対価の返還等の金額 （課税売上げに係るもの（税込み））	13,769,540	10,684,000	1,507,040	1,578,500
3　課税仕入れの金額（税込み）	273,326,000	201,680,000	40,076,000	31,570,000
4　仕入対価の返還等の金額 （課税仕入れに係るもの（税込み））	13,750,000	-	7,850,000	5,900,000
5　貸倒処理した金額（税込み）	1,430,000	1,430,000	-	-
6　中間納付消費税額	6,300,000			
7　中間納付地方消費税額	1,700,000			

（注１）　売上げ又は仕入れを税率ごとに区分することが困難な中小事業者（基準期間における課税売上高が5,000万円以下の事業者）に対しては、売上税額又は仕入税額の計算の特例が設けられています。詳しくは、３ページ又は国税庁ホームページをご覧ください。

（注２）　金額の計算過程において生じた１円未満の端数については、その都度切り捨てます。

Ⅱ **課税標準額及び消費税額の計算（付表1-1①～②欄及び付表1-2①～②欄の作成）**

■1　付表1-2①～②欄の記載

　（1）　「課税資産の譲渡等の対価の額①－1」欄

　　　課税売上高（税込み）に $\frac{100}{108}$ を掛けて課税資産の譲渡等の対価の額を計算します。

　　　税率6.3％適用分Ｃ、旧税率分小計Ｘ

　　　302,500,000円（課税売上高（税込み））$\times \dfrac{100}{108}$ ＝ 280,092,592円

－ 8 －

第XI章　関係法令

　　　（注）　売上金額から売上対価の返還等の金額を直接減額する方法で経理している場合は、減額した後の金額を基に課税資産の譲渡等の対価の額を計算します。

　(2)　「課税標準額①」欄

　　　(1)で算出した課税資産の譲渡等の対価の額の千円未満の端数を切り捨てた金額を記載します。

　　　　税率6.3％適用分C、旧税率分小計X

　　　280,092,592円　⇒　280,092,000円（千円未満切捨て）

　(3)　「消費税額②」欄

　　　(2)で算出した課税標準額に6.3％を掛けて消費税額を計算します。

　　　　税率6.3％適用分C、旧税率分小計X

　　　280,092,000円（課税標準額）× 6.3％ ＝ 17,645,796円

《消費税額等を明示して代金領収する場合の課税標準額に対する消費税額の計算に関する経過措置》

① 税込価格を基礎として代金決済を行う場合

　　代金領収の都度、領収書等で税込価格とその税込価格に含まれる消費税及び地方消費税相当額の1円未満の端数を税率の異なるごとに区分して処理した後の金額をそれぞれ明示し、その端数処理後の消費税及び地方消費税相当額の累計額を基礎として課税標準額に対する消費税額を計算する方法（消費税法施行規則の一部を改正する省令（平成15年財務省令第92号）（以下「平成15年改正省令」といいます。）附則第2条第3項の方法）を適用する場合は、税込価格を税率の異なるごとに区分して合計した金額からその消費税及び地方消費税相当額の累計額をそれぞれ控除した残額（千円未満切捨て）が課税標準額となります。また、この場合の消費税額は、領収書等に明示した消費税及び地方消費税相当額を税率の異なるごとに区分した累計額に $\frac{63}{80}$、$\frac{62.4}{80}$ 又は $\frac{78}{100}$ を掛けて計算します。

② 税抜価格を基礎として代金決済を行う場合

　　代金領収の都度、本体価格と消費税及び地方消費税相当額とを区分して領収し、その消費税及び地方消費税相当額を税率の異なるごとに区分した累計額を基礎として課税標準額に対する消費税額を計算する方法（平成15年改正省令附則第2条第2項の方法（旧消費税法施行規則第22条第1項））を適用する場合は、本体価格を税率の異なるごとに区分して合計した金額（千円未満切捨て）が課税標準額となります。また、この場合の消費税額は、本体価格と区分して領収した消費税及び地方消費税相当額を税率の異なるごとに区分した累計額に $\frac{63}{80}$、$\frac{62.4}{80}$ 又は $\frac{78}{100}$ を掛けて計算します。

　　　総額表示義務の対象となる取引については、平成26年4月1日以後に行った課税資産の譲渡等から旧消費税法施行規則第22条第1項の規定を適用することができます。また、同日以後は消費税転嫁対策特別措置法第10条第1項《総額表示義務に関する消費税法の特例》の規定の適用を受ける場合にも、総額表示を行っているものとして②の経過措置が適用されます。

■2　付表1-1①～②欄の記載

　　付表1-2①～②欄の旧税率分小計Xを付表1-1①～②欄の旧税率分小計Xに転記します。

　(1)　「課税資産の譲渡等の対価の額①－1」欄

　　　課税売上高（税込み）に $\frac{100}{108}$ 又は $\frac{100}{110}$ を掛けて課税資産の譲渡等の対価の額を計算します。

－9－

$\boxed{\text{税率6.24\%適用分D}}$

67,960,000円（課税売上高（税込み））$\times \dfrac{100}{108} = 62{,}925{,}925$円

$\boxed{\text{税率7.8\%適用分E}}$

45,100,000円（課税売上高（税込み））$\times \dfrac{100}{110} = 41{,}000{,}000$円

$\boxed{\text{合計F}}$

280,092,592円 ＋ 62,925,925円 ＋ 41,000,000円 ＝ 384,018,517円

（注） 売上金額から売上対価の返還等の金額を直接減額する方法で経理している場合は、減額した後の金額を基に課税資産の譲渡等の対価の額を計算します。

(2) 「課税標準額①」欄

(1)で算出した課税資産の譲渡等の対価の額の千円未満の端数を切り捨てた金額を記載します。

$\boxed{\text{税率6.24\%適用分D}}$

62,925,925円 ⇒ 62,925,000円（千円未満切捨て）

$\boxed{\text{税率7.8\%適用分E}}$

41,000,000円

$\boxed{\text{合計F}}$

280,092,000円 ＋ 62,925,000円 ＋ 41,000,000円 ＝ 384,017,000円

(3) 「消費税額②」欄

(2)で算出した課税標準額に6.24％又は7.8％を掛けて消費税額を計算します。

$\boxed{\text{税率6.24\%適用分D}}$

62,925,000円（課税標準額）× 6.24％ ＝ 3,926,520円

$\boxed{\text{税率7.8\%適用分E}}$

41,000,000円（課税標準額）× 7.8％ ＝ 3,198,000円

$\boxed{\text{合計F}}$

17,645,796円 ＋ 3,926,520円 ＋ 3,198,000円 ＝ 24,770,316円

Ⅲ 課税売上割合及び控除対象仕入税額等の計算（付表2-1 及び付表2-2の作成）

■1 付表2-2①欄の記載

$\boxed{\text{税率6.3\%適用分C、旧税率分小計X}}$

302,500,000円 $\times \dfrac{100}{108}$ － 10,684,000円 $\times \dfrac{100}{108} = 270{,}200{,}000$円

（注） 売上金額から売上対価の返還等の金額を直接減額する方法で経理している場合は、減額した後の金額に $\dfrac{100}{108}$ を乗じた金額が①C欄の金額となります。

■2 付表2-1①～⑧欄の記載

付表2-2①欄の旧税率分小計Xを付表2-1①欄の旧税率分小計Xに転記します。

(1) 「課税売上額（税抜き）①」欄

$\boxed{\text{税率6.24\%適用分D}}$

－10－

第XI章　関係法令

$$67,960,000円 \times \frac{100}{108} - 1,507,040円 \times \frac{100}{108} = 61,530,518円$$

税率7.8%適用分E

$$45,100,000円 \times \frac{100}{110} - 1,578,500円 \times \frac{100}{110} = 39,565,000円$$

合計F

270,200,000円 ＋ 61,530,518円 ＋ 39,565,000円 ＝ 371,295,518円

（注）　売上金額から売上対価の返還等の金額を直接減額する方法で経理している場合は、減額した後の金額に $\frac{100}{108}$ 又は $\frac{100}{110}$ を乗じた金額が①D欄又は①E欄の金額となります。

(2)　「免税売上額②」欄

課税資産の譲渡等のうち、消費税法第7条及び第8条並びに租税特別措置法等の規定により、消費税が免除される課税資産の譲渡等の対価の額を②F欄に記載します。

設例の場合は、免税売上高11,000,000円を記載します。

（注）　国内で譲渡すれば非課税売上げとなる資産を輸出した場合や、海外で自ら使用又は譲渡するために資産を輸出した場合の輸出取引等に係る金額は、課税売上割合の計算上は免税売上額として取り扱われますから、その金額を「非課税資産の輸出等の金額、海外支店等へ移送した資産の価額③」欄に記載します。

(3)　「非課税売上額⑥」欄

非課税資産の譲渡等の対価の額で課税売上割合の分母に算入すべき金額を⑥F欄に記載します。

設例の場合は、非課税売上高7,000,000円を記載します。

（注）　課税売上割合の分母に算入すべき金額については、株式等の特定の有価証券の譲渡の場合や、貸付金、預金、売掛金その他の金銭債権（資産の譲渡等の対価として取得したものを除きます。）の譲渡があった場合、その譲渡対価の5％相当額とするなど、調整が必要となる場合がありますのでご注意ください。

(4)　「課税売上割合⑧」欄

$$\frac{371,295,518円（課税売上額（税抜き））＋11,000,000円（免税売上額）}{371,295,518円（課税売上額（税抜き））＋11,000,000円（免税売上額）＋7,000,000円（非課税売上額）}$$

$$= \frac{382,295,518円（④F欄）}{389,295,518円（⑦F欄）} = 98.201\cdots\% \geqq 95\%$$

（注）　課税売上割合の端数処理は原則として行いませんが、任意の位で切り捨てることも認められます。

設例の場合は、98％を記載します。

■3　付表2-2④〜㉕欄の記載

付表2-1④⑦⑧欄の合計Fを付表2-2④⑦⑧欄の旧税率分小計Xに転記します。

(1)　「課税仕入れに係る支払対価の額（税込み）⑨」欄

課税期間中の課税仕入れに係る支払対価の額から課税仕入れに係る対価の返還等の金額を控除した後の金額を記載します。なお、控除しきれない場合は、税務署にご相談ください。

税率6.3%適用分C、旧税率分小計X

201,680,000円

（注1）　国内で行った課税仕入れのうち、国外事業者から受けた「事業者向け電気通信利用役務の提供」以外の「電気通信利用役務の提供」については、「登録国外事業者」から受けたもののみが仕入税額控除の対象となりますのでご注意ください。

－11－

（注２）　課税仕入れに係る対価の返還等の金額を直接仕入金額から減額する方法で経理している場合は、減額後の金額（税込み）を記載します。

(2)　「課税仕入れに係る消費税額⑩」欄

次の算式により計算した金額を記載します。

$$\boxed{\text{課税仕入れに係る支払対価の額（仕入対価の返還等の金額を控除する前の税込金額）}} \times \frac{6.3}{108} - \boxed{\text{仕入対価の返還等の金額（税込み）}} \times \frac{6.3}{108}$$

（設例の場合）

$\boxed{\text{税率6.3％適用分Ｃ、旧税率分小計Ｘ}}$

$$201{,}680{,}000\text{円} \times \frac{6.3}{108} = 11{,}764{,}666\text{円}$$

（注１）　保税地域から引き取った課税貨物につき課された又は課されるべき消費税額がある場合は、その税額を「課税貨物に係る消費税額⑬」欄に記載します。なお、課税貨物に係る消費税額について還付を受けた金額がある場合は、その金額を控除した残額を記載します。

（注２）　免税事業者が課税事業者となる場合や課税事業者が免税事業者となる場合は、棚卸資産に係る課税仕入れ等の税額の調整が必要です。この場合、加算又は減算すべき棚卸資産に係る課税仕入れ等の税額を「納税義務の免除を受けない（受ける）こととなった場合における消費税額の調整（加算又は減算）⑭」欄に記載します。

(3)　「課税売上高が５億円以下、かつ、課税売上割合が95％以上の場合⑯」欄及び「課税売上高が５億円超又は課税売上割合が95％未満の場合⑰～⑳」欄

❖　課税期間中の課税売上高が５億円以下、かつ、課税売上割合が95％以上の場合は、課税仕入れ等の税額の合計額が全額控除対象となりますから、⑮欄の金額をそのまま⑯欄に記載します。

設例の場合、課税期間中の課税売上高が５億円以下、かつ、課税売上割合が98.201…％ですので⑮Ｃ欄及び⑮Ｘ欄の11,764,666円をそのまま⑯Ｃ欄及び⑯Ｘ欄に記載します。

（注）　ここでいう課税売上高は付表2-1の「課税売上額（税抜き）①」欄の額と「免税売上額②」欄の額の合計額をいいます。

なお、課税期間が１年に満たない場合には、１年に満たない課税期間における課税売上高を年換算した金額（当該課税期間の月数で除し、これに12を乗じて計算した金額）となります。

❖　課税期間中の課税売上高が５億円超又は課税売上割合が95％未満の場合は、適用する控除方式に応じて記載します。

イ　個別対応方式の場合は、課税仕入れ等の税額のうち課税売上げにのみ要するものを⑰欄に、課税売上げと非課税売上げに共通して要するものを⑱欄に記載し、⑲欄の計算式に従って計算した金額を同欄に記載します。

ロ　一括比例配分方式の場合は、⑳欄の計算式に従って計算した金額を同欄に記載します。

(4)　「差引・控除対象仕入税額㉓」欄

表示の計算式に従って控除対象仕入税額を計算します。

（注）　㉓欄の計算式による計算結果がマイナスの場合には、その金額を「差引・控除過大調整税額㉔」欄に記載します。

(5)　「貸倒回収に係る消費税額㉕」欄

貸倒処理した課税売上げに係る債権を回収した場合、その回収金額に含まれる消費税額を記載します。

－12－

第XI章　関係法令

■4　付表2-1⑨～㉕欄の記載

付表2-2⑨～㉕欄の旧税率分小計Ｘを付表2-1⑨～㉕欄の旧税率分小計Ｘに転記します。

(1)　「課税仕入れに係る支払対価の額（税込み）⑨」欄

課税期間中の課税仕入れに係る支払対価の額から課税仕入れに係る対価の返還等の金額を控除した後の金額を記載します。なお、控除しきれない場合は、税務署にご相談ください。

税率6.24％適用分Ｄ

40,076,000円 － 7,850,000円 ＝ 32,226,000円

税率7.8％適用分Ｅ

31,570,000円 － 5,900,000円 ＝ 25,670,000円

合計Ｆ

201,680,000円 ＋ 32,226,000円 ＋ 25,670,000円 ＝ 259,576,000円

（注1）　国内で行った課税仕入れのうち、国外事業者から受けた「事業者向け電気通信利用役務の提供」以外の「電気通信利用役務の提供」については、「登録国外事業者」から受けたもののみが仕入税額控除の対象となりますのでご注意ください。

（注2）　課税仕入れに係る対価の返還等の金額を直接仕入金額から減額する方法で経理している場合は、減額後の金額（税込み）を記載します。

(2)　「課税仕入れに係る消費税額⑩」欄

次の算式により計算した金額を記載します。

$$\boxed{\begin{array}{c}\text{課税仕入れに係る支払対価の額（仕入対価}\\\text{の返還等の金額を控除する前の税込金額）}\end{array}} \times \frac{6.24}{108}\text{又は}\frac{7.8}{110} - \boxed{\begin{array}{c}\text{仕入対価の返還等}\\\text{の金額（税込み）}\end{array}} \times \frac{6.24}{108}\text{又は}\frac{7.8}{110}$$

（設例の場合）

税率6.24％適用分Ｄ

$$40{,}076{,}000円 \times \frac{6.24}{108} - 7{,}850{,}000円 \times \frac{6.24}{108} = 1{,}861{,}947円$$

税率7.8％適用分Ｅ

$$31{,}570{,}000円 \times \frac{7.8}{110} - 5{,}900{,}000円 \times \frac{7.8}{110} = 1{,}820{,}236円$$

合計Ｆ

11,764,666円 ＋ 1,861,947円 ＋ 1,820,236円 ＝ 15,446,849円

（注1）　保税地域から引き取った課税貨物につき課された又は課されるべき消費税額がある場合は、その税額を「課税貨物に係る消費税額⑬」欄に記載します。なお、課税貨物に係る消費税額について還付を受けた金額がある場合は、その金額を控除した残額を記載します。

（注2）　免税事業者が課税事業者となる場合や課税事業者が免税事業者となる場合は、棚卸資産にかかる課税仕入れ等の税額の調整が必要です。この場合、加算又は減算すべき棚卸資産に係る課税仕入れ等の税額を「納税義務の免除を受けない（受ける）こととなった場合における消費税額の調整（加算又は減算）⑭」欄に記載します。

－13－

(3) 「課税売上高が５億円以下、かつ、課税売上割合が95％以上の場合⑯」欄及び「課税売上高が
　　５億円超又は課税売上割合が95％未満の場合⑰～⑳」欄

❖　課税期間中の課税売上高が５億円以下、かつ、課税売上割合が95％以上の場合は、課税仕入
　れ等の税額の合計額が全額控除対象となりますから、⑮欄の金額をそのまま⑯欄に記載します。
　　設例の場合、課税期間中の課税売上高が５億円以下、かつ、課税売上割合が98.201…％です
　ので⑮Ｄ欄の1,861,947円をそのまま⑯Ｄ欄に、⑮Ｅ欄の1,820,236円をそのまま⑯Ｅ欄に記
　載します。

　　 合計Ｆ

　　11,764,666円 ＋ 1,861,947円 ＋ 1,820,236円 ＝ 15,446,849円

（注）　ここでいう課税売上高は「課税売上額（税抜き）①」欄の額と「免税売上額②」欄の額の合計額をいいます。
　　　　なお、課税期間が１年に満たない場合には、１年に満たない課税期間における課税売上高を年換算した
　　　　金額（当該課税期間の月数で除し、これに12を乗じて計算した金額）となります。

❖　課税期間中の課税売上高が５億円超又は課税売上割合が95％未満の場合は、適用する控除方
　式に応じて記載します。

イ　個別対応方式の場合は、課税仕入れ等の税額のうち課税売上げにのみ要するものを⑰欄に、
　課税売上げと非課税売上げに共通して要するものを⑱欄に記載し、⑲欄の計算式に従って計
　算した金額を同欄に記載します。

ロ　一括比例配分方式の場合は、⑳欄の計算式に従って計算した金額を同欄に記載します。

(4) 「差引・控除対象仕入税額㉓」欄

表示の計算式に従って控除対象仕入税額を計算します。

（注）　㉓欄の計算式による計算結果がマイナスの場合には、その金額を「差引・控除過大調整税額㉔」欄に記載
　　　　します。

(5) 「貸倒回収に係る消費税額㉕」欄

貸倒処理した課税売上げに係る債権を回収した場合、その回収金額に含まれる消費税額を記載
します。

Ⅳ　納付（還付）税額の計算（付表1-1③～⑯欄及び付表1-2③～⑮欄の作成）

■1　付表1-2③～⑮欄の記載

(1) 「控除過大調整税額③」欄

付表2-2 の㉔欄と㉕欄の合計金額を記載します。

(2) 「控除対象仕入税額④」欄

　 税率6.3％適用分Ｃ

付表2-2 の㉓Ｃ欄の金額11,764,666円を記載します。

　 旧税率分小計Ｘ

11,764,666円

(3) 「売上げの返還等対価に係る税額⑤－１」欄

課税売上げに係る対価の返還等の金額がある場合に、その金額に含まれる税額を計算します。

－14－

第XI章　関係法令

税率6.3%適用分C、旧税率分小計X

10,684,000円（売上対価の返還等の金額（税込み））× $\dfrac{6.3}{108}$ ＝ 623,233円

(注)　売上金額から売上対価の返還等の金額を直接減額する方法で経理している場合は、この欄に記載する必要はありません。

(4)　「返還等対価に係る税額⑤」欄

税率6.3%適用分C、旧税率分小計X

(3)の金額623,233円を記載します。

(5)　「貸倒れに係る税額⑥」欄

課税売上げに係る売掛金等のうち、貸倒れとなった金額がある場合に、その金額に含まれる税額を記載します。

税率6.3%適用分C、旧税率分小計X

1,430,000円（貸倒金額）× $\dfrac{6.3}{108}$ ＝ 83,416円

(6)　「控除税額小計⑦」欄

税率6.3%適用分C、旧税率分小計X

11,764,666円 ＋ 623,233円 ＋ 83,416円 ＝ 12,471,315円

(7)　「差引税額⑨」欄

税率6.3%適用分C、旧税率分小計X

17,645,796円 － 12,471,315円 ＝ 5,174,481円

(8)　「地方消費税の課税標準となる消費税額・差引税額⑫」欄

税率6.3%適用分C

⑨C欄の金額5,174,481円を記載します。

旧税率分小計X

5,174,481円

(9)　「合計差引地方消費税の課税標準となる消費税額⑬」欄

表示の計算式（⑫－⑪）により合計差引地方消費税の課税標準となる消費税額を計算します。

(10)　「譲渡割額・納税額⑮」欄

税率6.3%適用分C、旧税率分小計X

5,174,481円 × $\dfrac{17}{63}$ ＝ 1,396,288円

■2　付表1-1③〜⑮欄の記載

付表1-2③〜⑮欄の旧税率分小計Xを付表1-1③〜⑮欄の旧税率分小計Xに転記します。

(1)　「控除過大調整税額③」欄

税率6.24%適用分D

付表2-1の㉔D欄と㉕D欄の合計金額を記載します。

税率7.8%適用分E

付表2-1の㉔E欄と㉕E欄の合計金額を記載します。

－15－

(2) 「控除対象仕入税額④」欄

税率6.24％適用分D

付表2-1の㉓D欄の金額1,861,947円を記載します。

税率7.8％適用分E

付表2-1の㉓E欄の金額1,820,236円を記載します。

合計F

11,764,666円 ＋ 1,861,947円 ＋ 1,820,236円 ＝ 15,446,849円

(3) 「売上げの返還等対価に係る税額⑤－1」欄

課税売上げに係る対価の返還等の金額がある場合に、その金額に含まれる税額を記載します。

税率6.24％適用分D

$$1,507,040円（売上対価の返還等の金額（税込み））× \frac{6.24}{108} ＝ 87,073円$$

税率7.8％適用分E

$$1,578,500円（売上対価の返還等の金額（税込み））× \frac{7.8}{110} ＝ 111,929円$$

合計F

623,233円 ＋ 87,073円 ＋ 111,929円 ＝ 822,235円

（注） 売上金額から売上対価の返還等の金額を直接減額する方法で経理している場合は、この欄に記載する必要はありません。

(4) 「返還等対価に係る税額⑤」欄

税率6.24％適用分D

(3)の金額87,073円を記載します。

税率7.8％適用分E

(3)の金額111,929円を記載します。

合計F

623,233円 ＋ 87,073円 ＋ 111,929円 ＝ 822,235円

(5) 「貸倒れに係る税額⑥」欄

合計F

83,416円

(6) 「控除税額小計⑦」欄

税率6.24％適用分D

1,861,947円 ＋ 87,073円 ＝ 1,949,020円

税率7.8％適用分E

1,820,236円 ＋ 111,929円 ＝ 1,932,165円

合計F

12,471,315円 ＋ 1,949,020円 ＋ 1,932,165円 ＝ 16,352,500円

(7) 「差引税額⑨」欄

税率6.24％適用分D

3,926,520円 － 1,949,020円 ＝ 1,977,500円

－16－

第XI章　関係法令

$\boxed{\text{税率7.8％適用分E}}$

3,198,000円 － 1,932,165円 ＝ 1,265,835円

$\boxed{\text{合計F}}$

5,174,481円 ＋ 1,977,500円 ＋ 1,265,835円 ＝ 8,417,816円

(8) 「合計差引税額⑩」欄

　　表示の計算式（⑨－⑧）により合計差引税額を計算します。

(9) 「地方消費税の課税標準となる消費税額・差引税額⑫」欄

$\boxed{\text{税率7.8％適用分E}}$

1,977,500円 ＋ 1,265,835円 ＝ 3,243,335円

$\boxed{\text{合計F}}$

5,174,481円 ＋ 3,243,335円 ＝ 8,417,816円

(10) 「合計差引地方消費税の課税標準となる消費税額⑬」欄

　　表示の計算式（⑫－⑪）により合計差引地方消費税の課税標準となる消費税額を計算します。

(11) 「譲渡割額・納税額⑮」欄

$\boxed{\text{税率7.8％適用分E}}$

$3,243,335円 \times \dfrac{22}{78} ＝ 914,786円$

$\boxed{\text{合計F}}$

1,396,288円 ＋ 914,786円 ＝ 2,311,074円

(12) 「合計差引譲渡税額⑯」欄

　　表示の計算式（⑮－⑭）により合計差引譲渡割額を計算します。

Ⅴ　消費税及び地方消費税の申告書（一般用）第二表の作成

　　付表1-1、1-2 及び付表2-1、2-2 の作成が終わりましたら、付表1-1、1-2 から次のとおり申告書第二表に必要な事項を転記します。

申告書第二表の記載項目			転 記 元 項 目
課　税　標　準　額		①	付表 1-1 ①F欄の金額
課税資産の譲渡等の対価の額の合計額	3％適用分	②	付表 1-2 ①－1 A欄の金額
	4％適用分	③	付表 1-2 ①－1 B欄の金額
	6.3％適用分	④	付表 1-2 ①－1 C欄の金額
	6.24％適用分	⑤	付表 1-1 ①－1 D欄の金額
	7.8％適用分	⑥	付表 1-1 ①－1 E欄の金額
		⑦	付表 1-1 ①－1 F欄の金額
消　費　税　額		⑪	付表 1-1 ②F欄の金額
⑪ の 内 訳	3％適用分	⑫	付表 1-2 ②A欄の金額
	4％適用分	⑬	付表 1-2 ②B欄の金額
	6.3％適用分	⑭	付表 1-2 ②C欄の金額
	6.24％適用分	⑮	付表 1-1 ②D欄の金額
	7.8％適用分	⑯	付表 1-1 ②E欄の金額
返 還 等 対 価 に 係 る 税 額		⑰	付表 1-1 ⑤F欄の金額
売 上げ の 返 還 等 対 価 に 係 る 税 額		⑱	付表 1-1 ⑤－1 F欄の金額
地方消費税の課税標準となる消費税額		⑳	付表 1-1 ⑬F欄の金額
	4％適用分	㉑	付表 1-2 ⑬B欄の金額
	6.3％適用分	㉒	付表 1-2 ⑬C欄の金額
	6.24％及び7.8％適用分	㉓	付表 1-1 ⑬E欄の金額

－17－

Ⅵ	消費税及び地方消費税の申告書（一般用）第一表の作成

■1 　「この申告書による消費税の税額の計算」欄の記載

　　　申告書第二表の作成が終わりましたら、申告書第二表及び付表1-1、2-1から次のとおり申告書第一表に必要な事項を転記します。

申告書第一表の記載項目			転 記 元 項 目
課　税　標　準　額		①	申告書第二表①欄の金額
消　　費　　税　　額		②	申告書第二表⑪欄の金額
控　除　過　大　調　整　税　額		③	付表1-1 ③F欄の金額
控除税額	控　除　対　象　仕　入　税　額	④	付表1-1 ④F欄の金額
	返　還　等　対　価　に　係　る　税　額	⑤	申告書第二表⑰欄の金額
	貸　倒　れ　に　係　る　税　額	⑥	付表1-1 ⑥F欄の金額
	控　除　税　額　小　計	⑦	付表1-1 ⑦F欄の金額
控　除　不　足　還　付　税　額		⑧	付表1-1 ⑩F欄の金額（マイナスの場合）
差　引　税　額（百　円　未　満　切　捨　て）		⑨	付表1-1 ⑩F欄の金額（プラスの場合）
課税売上割合	課税資産の譲渡等の対価の額	⑮	付表2-1 ④F欄の金額
	資　産　の　譲　渡　等　の　対　価　の　額	⑯	付表2-1 ⑦F欄の金額

（1）　「中間納付税額⑩」欄

　　　中間申告した税額がある場合に、その金額の合計額を記載します（設例の場合は6,300,000円）。

　　（注1）　当該課税期間における中間申告書の「納付すべき消費税額」欄の金額を記載します。なお、中間申告が3月ごと・1月ごとである場合には、各中間申告書の「納付すべき消費税額」欄の金額の合計額を記載します。
　　（注2）　税務署から送付した申告書は、中間納付税額がある場合、その金額が印字されています。ただし、1月ごとの中間申告を行った場合、中間納付税額は印字されません。

（2）　「納付税額⑪」欄又は「中間納付還付税額⑫」欄

　　　表示の計算式により納付税額又は中間納付還付税額を計算します。

■2 　「この申告書による地方消費税の税額の計算」欄の記載

　　　付表1-1から次のとおり申告書第一表に必要な事項を転記します。

申告書第一表の記載項目			転 記 元 項 目
地方消費税の課税標準となる消費税額	控除不足還付税額	⑰	付表1-1 ⑬F欄の金額（マイナスの場合）
	差引税額(百円未満切捨て)	⑱	付表1-1 ⑬F欄の金額（プラスの場合）
譲渡割額	還　　付　　額	⑲	付表1-1 ⑯F欄の金額（マイナスの場合）
	納税額(百円未満切捨て)	⑳	付表1-1 ⑯F欄の金額（プラスの場合）

（1）　「中間納付譲渡割額㉑」欄

　　　中間申告した譲渡割額がある場合に、その金額の合計額を記載します（設例の場合は1,700,000円）。

　　（注1）　この課税期間における中間申告書の「納付すべき地方消費税額」欄の金額を記載します。なお、中間申告が3月ごと・1月ごとである場合には、各中間申告書の「納付すべき地方消費税額」欄の金額の合計額を記載します。

－18－

第XI章　関係法令

（注２）　税務署から送付された申告書の「中間納付税額⑩」欄に中間納付税額が印字されている場合は、この欄も印字されています。ただし、１月ごとの中間申告を行った場合、中間納付譲渡割額は印字されていません。

(2)　「納付譲渡割額㉒」欄又は「中間納付還付譲渡割額㉓」欄

　　表示の計算式により納付譲渡割額又は中間納付還付譲渡割額を計算します。

■３　「消費税及び地方消費税の合計（納付又は還付）税額㉖」欄の記載

　　（⑪＋㉒）－（⑧＋⑫＋⑲＋㉓）の計算式で計算した金額を記載します（還付となる場合はマイナス「－」を付けて記載します。「△」は記載しないでください。）。

Ⅶ　その他の項目の記載

■１　申告書第一表及び第二表の「納税地」欄等の記載

(1)　「納税地」欄には、本店又は主たる事務所の所在地を記載します。

　　ただし、本店等の所在地以外の事業所や事務所の所在地を所轄する税務署に申告する法人は、事務所等の所在地を記載し、その下に本店等の所在地をかっこ書で記載します。

(2)　「法人名」欄には、法人の名称を記載します。

　　なお、合併法人が被合併法人の最終事業年度の申告をする場合には、被合併法人名を合併法人名の下にかっこ書で記載します。

(3)　「法人番号」欄には、国税庁長官から通知を受けた13桁の法人番号を記載します。

(4)　「※税務署処理欄」は、記載しないでください。

(5)　「自 平成・令和　年 月 日　至令和 年 月 日」欄には、申告しようとする課税期間を記載します。

　　なお、仮決算による中間申告の場合は、「中間申告の場合の対象期間」欄に中間申告の対象期間の初日及び末日を併せて記載します。

　（注）　元号欄について、「平成」又は「令和」を○印で囲んでください。なお、○印で囲んでいない場合でも、有効な申告書として取り扱います。

(6)　「課税期間分の消費税及び地方消費税の（　）申告書」欄の（　）には「確定」と記載します。

　　なお、仮決算による中間申告をする場合は「中間」と記載します。

■２　申告書第一表の「付記事項」欄等の記載

(1)　「付記事項」欄及び「参考事項」欄には、それぞれに掲げる項目の該当する箇所に○印を付すとともに、基準期間の課税売上高を記載してください。

　　イ　「課税標準額に対する消費税額の計算の特例の適用」欄には、その売上げの一部について課税標準額に対する消費税額の計算に関する経過措置（平成15年改正省令附則第２条）を適用する売上げがある場合に「有」欄に○印を付してください（９ページ点線枠内参照）。

　　ロ　「基準期間の課税売上高」欄には、この申告に係る課税期間の基準期間（前々事業年度）における課税売上高（税抜き）から、課税売上げに係る対価の返還等の金額（税抜き）を控除し、免

－19－

税売上高を加算した金額を記載してください。
(2) 「還付を受けようとする金融機関等」欄には、「消費税及び地方消費税の合計（納付又は還付）税額㉖」欄がマイナスとなる場合に、還付を受けようとする金融機関名等を記載してください。
(3) 「税理士法第30条の書面提出有」欄及び「税理士法第33条の２の書面提出有」欄は、当該書面を提出する場合に該当する箇所に○印を付してください。

■3　申告書第一表の「翌年以降送付不要」欄の記載

「翌年以降送付不要」欄（申告書用紙右上）は、市販の会計ソフトウェアを使用していること等により、翌年以降、税務署からの申告書用紙の送付を不要とする場合に○印を付してください。

令和２年４月決算分の確定申告以降、税理士関与のある法人[※1]については、申告書等用紙[※2]の送付に代えて、確定申告に必要な情報を記載した「申告のお知らせ[※3]」を送付することとしています。
※１　「税理士関与のある法人」とは、前年の確定申告書に税務代理権限証書（税理士法第30条）が添付されている法人をいいます。
※２　「申告書等用紙」とは、法人税確定申告書については、各種別表、勘定科目内訳明細書、法人事業概況説明書（調査課所管法人にあっては会社事業概況書）及び適用額明細書をいい、消費税確定申告書については、申告書、付表及び消費税の還付申告に関する明細書をいいます。
※３　「申告のお知らせ」とは、提出期限、提出部数及び中間税額等の情報を記載した書面をいいます。

■4　申告書第二表の「改正法附則による税額の特例計算」欄の記載

「改正法附則による税額の特例計算」欄には、売上げ又は仕入れを税率の異なるごとに区分して合計することが困難な中小事業者が、軽減売上割合（10営業日）の特例（所得税法等の一部を改正する法律（平成28年法律第15号）附則第38条第１項）、小売等軽減仕入割合の特例（同附則第38条第２項）又は小売等軽減売上割合の特例（同附則第39条第１項）を適用する場合、該当する箇所に○印を付してください。

⚠️　「ＯＣＲ入力用」の確定申告書は、機械で読み取りますので、数字を記入する際には、黒のボールペンで指定のマス目の中にていねいに記入してください。

（記入例）　○良い例　　　　　　　　　　　×悪い例

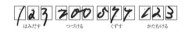

○　社会保障・税番号制度（マイナンバー制度）について
　社会保障・税・災害対策分野において、行政手続の効率性・透明性を高め、国民にとって利便性の高い公平・公正な社会を実現することを目的として、社会保障・税番号制度（マイナンバー制度）が導入されました。
　国税のマイナンバー制度に関する情報や法人番号の最新情報については、国税庁ホームページをご覧ください。

第XI章　関係法令

GK0304

第3-(1)号様式

法人用

令和　年　月　日		税務署長殿

収受印

納税地	千代田区神田錦町〇-〇
	（電話番号 03 - 0000 - 0000）
（フリガナ）	カブシキガイシャ　コクゼイショウジ
法人名	株式会社 国税商事
法人番号	1000000000000
（フリガナ）	コクゼイ　カズオ
代表者氏名	国税 一夫 （印）

※税務署処理欄

一連番号		翌年以降送付不要 ○
所署 要否 整理番号		
申告年月日	令和　　年　　月　　日	
申告区分	指導等	庁指定	局指定
通信日付印	確認印	
年　月　日		
指導年月日		相談 区分1 区分2 区分3
令和		

第一表

令和元年十月一日以後終了課税期間分（一般用）

自 平成・令和 1年 5月 1日
至 令和 2年 4月30日

課税期間分の消費税及び地方消費税の（ 確定 ）申告書

中間申告の場合の対象期間 自 平成・令和　　年　　月　　日 至 令和　　年　　月　　日

この申告書による消費税の税額の計算

		十兆千百十億千百十万千百十一円	
課税標準額	①	3840170000	03
消費税額	②	247703 16	06
控除過大調整税額	③		07
控除税額 控除対象仕入税額	④	15446849	08
返還等対価に係る税額	⑤	822235	09
貸倒れに係る税額	⑥	83416	10
控除税額小計（④+⑤+⑥）	⑦	16352500	13
控除不足還付税額（⑦-②-③）	⑧		13
差引税額（②+③-⑦）	⑨	8417800	15
中間納付税額	⑩	6300000	16
納付税額（⑨-⑩）	⑪	2117800	17
中間納付還付税額（⑩-⑨）	⑫	00	18
この申告書が修正申告である場合 既確定税額	⑬		19
差引納付税額	⑭	00	20
課税売上割合 課税資産の譲渡等の対価の額	⑮	382295518	21
資産の譲渡等の対価の額	⑯	389295518	22

この申告書による地方消費税の税額の計算

地方消費税の課税標準となる消費税額 控除不足還付税額	⑰		51
差引税額	⑱	8417800	52
譲渡割額 還付額	⑲		53
納税額	⑳	2311000	54
中間納付譲渡割額	㉑	1700000	55
納付譲渡割額（⑳-㉑）	㉒	611000	56
中間納付還付譲渡割額（㉑-⑳）	㉓	00	57
この申告書が修正申告である場合 既確定譲渡割額	㉔		58
差引納付譲渡割額	㉕	00	59
消費税及び地方消費税の合計（納付又は還付税額）	㉖	2728800	60

㉖=（⑪+⑫）-（⑱+⑲+⑳+㉓）・修正申告の場合㉖=⑭+㉕
㉖が還付税額となる場合はマイナス「-」を付してください。

付記事項

割賦基準の適用	○	有	○ 無	31
延払基準等の適用	○	有	○ 無	32
工事進行基準の適用	○	有	○ 無	33
現金主義会計の適用	○	有	○ 無	34

参考事項

課税標準額に対する消費税額の計算の特例の適用	○ 有	○ 無	35
控除税額の計算方法 課税売上高5億円超又は課税売上割合95%未満	○	個別対応方式 一括比例配分方式	41
上記以外	○	全額控除	

基準期間の課税売上高 350,000 千円

付する金融機関等 還付を受けようとする

銀行	本店・支店
金庫・組合	出張所
農協・漁協	本所・支所
預金 口座番号	
ゆうちょ銀行の貯金記号番号	-
郵便局名等	

※税務署整理欄

税理士署名押印	（印）
	（電話番号　　-　　-　　）

○ 税理士法第30条の書面提出有
○ 税理士法第33条の2の書面提出有

-21-

597

第3-(2)号様式

GK0601

課税標準額等の内訳書

整理番号 □□□□□□□□ 法人用

納税地	千代田区神田錦町〇-〇
	（電話番号 03 - 0000 - 0000 ）
（フリガナ）	カブシキガイシャ コクゼイショウジ
法人名	株式会社 国税商事
（フリガナ）	コクゼイ カズオ
代表者氏名	国税 一夫

改正法附則による税額の特例計算

軽減売上割合（10営業日）	○	附則38①	51
小売等軽減仕入割合	○	附則38②	52
小売等軽減売上割合	○	附則39①	53

第二表

令和元年十月一日以後終了課税期間分

自 平成・令和 1 年 5 月 1 日
至 令和 2 年 4 月 30 日

課税期間分の消費税及び地方消費税の（ 確定 ）申告書

中間申告の場合の対象期間 自 平成・令和 □□ 年 □□ 月 □□ 日
至 令和 □□ 年 □□ 月 □□ 日

課 税 標 準 額 ※申告書（第一表）の①欄へ	①	3840170000	01

課税資産の 譲渡等の 対価の額 の合計額	3 ％適用分	②		02
	4 ％適用分	③		03
	6.3 ％適用分	④	2800925 92	04
	6.24 ％適用分	⑤	629259 25	05
	7.8 ％適用分	⑥	410000000	06
		⑦	3840185 17	07
特定課税仕入れ に係る支払対価 の額の合計額 （注1）	6.3 ％適用分	⑧		11
	7.8 ％適用分	⑨		12
		⑩		13

消 費 税 額 ※申告書（第一表）の②欄へ	⑪	24770316	21

⑪ の 内 訳	3 ％適用分	⑫		22
	4 ％適用分	⑬		23
	6.3 ％適用分	⑭	17645796	24
	6.24 ％適用分	⑮	3926520	25
	7.8 ％適用分	⑯	3198000	26

返 還 等 対 価 に 係 る 税 額 ※申告書（第一表）の⑤欄へ	⑰	822235	31
⑰の内訳 売上げの返還等対価に係る税額	⑱	822235	32
特定課税仕入れの返還等対価に係る税額 （注1）	⑲		33

地方消費税の 課税標準となる 消費税額 （注2）		⑳	8417816	41
	4 ％適用分	㉑		42
	6.3 ％適用分	㉒	5174481	43
	6.24％及び7.8％適用分	㉓	3243335	44

（注1） ⑧～⑩及び⑲欄は、一般課税により申告する場合で、課税売上割合が95％未満、かつ、特定課税仕入れがある事業者のみ記載します。
（注2） ⑳～㉓欄が還付税額となる場合はマイナス「－」を付してください。

－22－

第XI章　関係法令

第4-(1)号様式

付表1－1　税率別消費税額計算表　兼　地方消費税の課税標準となる消費税額計算表

一般

課　税　期　間	令和元・5・1～令和2・4・30	氏 名 又 は 名 称	株式会社 国税商事

区　　　　分		旧 税 率 分 小 計 X	税率6.24％適用分 D	税率7.8％適用分 E	合　　計　　F (X＋D＋E)
課　税　標　準　額	①	(付表1-2の①X欄の金額) 円 280,092 000	円 62,925 000	円 41,000 000	※第二表の①欄へ 円 384,017 000
①の内訳	課税資産の譲渡等の対価の額 ①-1	(付表1-2の①-1X欄の金額) 280,092,592	※第二表の⑤欄へ 62,925,925	※第二表の⑥欄へ 41,000,000	※第二表の⑦欄へ 384,018,517
	特定課税仕入れに係る支払対価の額 ①-2	(付表1-2の①-2X欄の金額)	※①-2欄は、課税売上割合が95%未満、かつ、特定課税仕入れがある事業者のみ記載する。※第二表の⑧欄へ		※第二表の⑩欄へ
消　　費　　税　　額	②	(付表1-2の②X欄の金額) 17,645,796	※第二表の⑮欄へ 3,926,520	※第二表の⑯欄へ 3,198,000	※第二表の⑪欄へ 24,770,316
控除過大調整税額	③	(付表1-2の③X欄の金額)	(付表2-1の㉔・㉕D欄の合計金額)	(付表2-1の㉔・㉕E欄の合計金額)	※第一表の③欄へ
控除税額	控除対象仕入税額 ④	(付表1-2の④X欄の金額) 11,764,666	(付表2-1の㉕D欄の金額) 1,861,947	(付表2-1の㉕E欄の金額) 1,820,236	※第一表の④欄へ 15,446,849
	返還等対価に係る税額 ⑤	(付表1-2の⑤X欄の金額) 623,233	87,073	111,929	※第二表の⑰欄へ 822,235
	⑤の内訳 売上げの返還等の対価に係る税額 ⑤-1	(付表1-2の⑤-1X欄の金額) 623,233	87,073	111,929	※第二表の⑱欄へ 822,235
	特定課税仕入れの返還等対価に係る税額 ⑤-2	(付表1-2の⑤-2X欄の金額)	※⑤-2欄は、課税売上割合が95%未満、かつ、特定課税仕入れがある事業者のみ記載する。		※第二表の⑲欄へ
	貸倒れに係る税額 ⑥	(付表1-2の⑥X欄の金額) 83,416			※第一表の⑥欄へ 83,416
	控除税額小計 (④＋⑤＋⑥) ⑦	(付表1-2の⑦X欄の金額) 12,471,315	1,949,020	1,932,165	※第一表の⑦欄へ 16,352,500
控除不足還付税額 (⑦－②－③)	⑧	(付表1-2の⑧X欄の金額)	※⑪E欄へ	※⑪E欄へ	
差　引　税　額 (②＋③－⑦)	⑨	(付表1-2の⑨X欄の金額) 5,174,481	※⑫E欄へ 1,977,500	※⑫E欄へ 1,265,835	8,417,816
合 計 差 引 税 額 (⑨－⑧)	⑩				※マイナスの場合は第一表の⑧欄へ ※プラスの場合は第一表の⑨欄へ 8,417,816
地方消費税の課税標準となる消費税額	控除不足還付税額 ⑪	(付表1-2の⑪X欄の金額)	(⑧D欄と⑧E欄の合計金額)		
	差　引　税　額 ⑫	(付表1-2の⑫X欄の金額) 5,174,481	(⑨D欄と⑨E欄の合計金額) 3,243,335		8,417,816
合計差引地方消費税の課税標準となる消費税額 (⑫－⑪)	⑬	(付表1-2の⑬X欄の金額) 5,174,481	※第二表の㉓欄へ（注3） 3,243,335		※マイナスの場合は第一表の㉗欄へ ※プラスの場合は第一表の⑱欄へ ※第二表の⑳欄へ 8,417,816
譲渡割額	還　付　額 ⑭	(付表1-2の⑭X欄の金額)	(⑪E欄×22/78)（注3）		
	納　税　額 ⑮	(付表1-2の⑮X欄の金額) 1,396,288	(⑫E欄×22/78)（注3） 914,786		2,311,074
合計差引譲渡割額 (⑮－⑭)	⑯				※マイナスの場合は第一表の㉑欄へ ※プラスの場合は第一表の⑳欄へ 2,311,074

注意　1　金額の計算においては、1円未満の端数を切り捨てる。
　　　2　旧税率が適用された取引がある場合は、付表1-2を作成してから当該付表を作成する。
　　　3　旧税率が適用された取引がない場合（X欄に記載すべき金額がない場合）には、⑬～⑮E欄の各欄の記載は次のとおりとなる。
　　　　(1)　「⑫E欄－⑪E欄」がマイナスの場合
　　　　　　⑬E欄に1円未満の端数を切り捨てた金額を記載し、⑭E欄に「(⑪E欄－⑫E欄)×22/78」により計算した金額を記載する（⑮E欄の記載は不要）。
　　　　(2)　「⑫E欄－⑪E欄」がプラスの場合
　　　　　　⑬E欄に100円未満の端数を切り捨てた金額を記載し、⑮E欄に「⑬E欄×22/78」により計算した金額を記載する（⑭E欄の記載は不要）。

(R1.10.1以後終了課税期間用)

－23－

599

第4-(5)号様式

付表1-2　税率別消費税額計算表　兼　地方消費税の課税標準となる消費税額計算表
〔経過措置対象課税資産の譲渡等を含む課税期間用〕

一　般

課　税　期　間	令和元・5・1～令和2・4・30	氏名又は名称	株式会社 国税商事

区　　　　分		税率3％適用分 A	税率4％適用分 B	税率6.3％適用分 C	旧税率分小計 X (A＋B＋C)
課　税　標　準　額	①	円 000	円 000	280,092 円 000	※付表1-1の①X欄へ 280,092 円 000
①の内訳　課税資産の譲渡等の対価の額	①-1	※第二表の②欄へ	※第二表の③欄へ	※第二表の④欄へ 280,092,592	※付表1-1の①-1X欄へ 280,092,592
①の内訳　特定課税仕入れに係る支払対価の額	①-2	※①-2欄は、課税売上割合が95%未満、かつ、特定課税仕入れがある事業者のみ記載する。		※第二表の⑤欄へ	※付表1-1の①-2X欄へ
消　費　税　額	②	※第二表の⑫欄へ	※第二表の⑬欄へ	※第二表の⑭欄へ 17,645,796	※付表1-1の②X欄へ 17,645,796
控　除　過　大　調　整　税　額	③	(付表2-2の㉔・㉕A欄の合計金額)	(付表2-2の㉔・㉕B欄の合計金額)	(付表2-2の㉔・㉕C欄の合計金額)	※付表1-1の③X欄へ
控除税額　控除対象仕入税額	④	(付表2-2の㉓A欄の金額)	(付表2-2の㉓B欄の金額)	(付表2-2の㉓C欄の金額) 11,764,666	※付表1-1の④X欄へ 11,764,666
控除税額　返還等対価に係る税額	⑤			623,233	※付表1-1の⑤X欄へ 623,233
⑤の内訳　売上げの返還等対価に係る税額	⑤-1			623,233	※付表1-1の⑤-1X欄へ 623,233
⑤の内訳　特定課税仕入れの返還等対価に係る税額	⑤-2	※⑤-2欄は、課税売上割合が95%未満、かつ、特定課税仕入れがある事業者のみ記載する。			※付表1-1の⑤-2X欄へ
控除税額　貸倒れに係る税額	⑥			83,416	※付表1-1の⑥X欄へ 83,416
控除税額　控除税額小計 (④＋⑤＋⑥)	⑦			12,471,315	※付表1-1の⑦X欄へ 12,471,315
控除不足還付税額 (⑦－②－③)	⑧		※⑪B欄へ	※⑪C欄へ	※付表1-1の⑧X欄へ
差　引　税　額 (②＋③－⑦)	⑨		※⑫B欄へ	※⑫C欄へ 5,174,481	※付表1-1の⑨X欄へ 5,174,481
合　計　差　引　税　額 (⑨－⑧)	⑩				
地方消費税の課税標準となる消費税額　控除不足還付税額	⑪		(⑧B欄の金額)	(⑧C欄の金額)	※付表1-1の⑪X欄へ
地方消費税の課税標準となる消費税額　差　引　税　額	⑫		(⑨B欄の金額)	(⑨C欄の金額) 5,174,481	※付表1-1の⑫X欄へ 5,174,481
合計差引地方消費税の課税標準となる消費税額 (⑫－⑪)	⑬		※第二表の㉑欄へ	※第二表の㉒欄へ 5,174,481	※付表1-1の⑬X欄へ 5,174,481
譲渡割額　還　付　額	⑭		(⑪B欄×25/100)	(⑪C欄×17/63)	※付表1-1の⑭X欄へ
譲渡割額　納　税　額	⑮		(⑫B欄×25/100)	(⑫C欄×17/63) 1,396,288	※付表1-1の⑮X欄へ 1,396,288
合　計　差　引　譲　渡　割　額 (⑮－⑭)	⑯				

注意　1　金額の計算においては、1円未満の端数を切り捨てる。
　　　2　旧税率が適用された取引がある場合は、当該付表を作成してから付表1-1を作成する。

－24－

(R1.10.1以後終了課税期間用)

第4-(2)号様式

付表2-1 課税売上割合・控除対象仕入税額等の計算表

一 般

課 税 期 間	令和元・5・1～令和2・4・30	氏 名 又 は 名 称	株式会社 国税商事

項　　目		旧税率分小計 X (付表2-2の①X欄の金額)	税率6.24％適用分 D	税率7.8％適用分 E	合　　計 F (X+D+E)
課 税 売 上 額 （ 税 抜 き ）	①	270,200,000 円	61,530,518 円	39,565,000 円	371,295,518 円
免 税 売 上 額	②				11,000,000
非課税資産の輸出等の金額、海外支店等へ移送した資産の価額	③				
課税資産の譲渡等の対価の額（①＋②＋③）	④				※第一表の⑮欄へ ※付表2-2の④X欄へ 382,295,518
課税資産の譲渡等の対価の額（④の金額）	⑤				382,295,518
非 課 税 売 上 額	⑥				7,000,000
資産の譲渡等の対価の額（⑤＋⑥）	⑦				※第一表の⑯欄へ ※付表2-2の⑦X欄へ 389,295,518
課 税 売 上 割 合 （ ④ ／ ⑦ ）	⑧				※付表2-2の⑧X欄へ [98%] ※端数切捨て
課税仕入れに係る支払対価の額（税込み）	⑨	(付表2-2の⑨X欄の金額) 201,680,000	32,226,000	25,670,000	259,576,000
課 税 仕 入 れ に 係 る 消 費 税 額	⑩	(付表2-2の⑩X欄の金額) 11,764,666	(⑨D欄×6.24/108) 1,861,947	(⑨E欄×7.8/110) 1,820,236	15,446,849
特定課税仕入れに係る支払対価の額	⑪	(付表2-2の⑪X欄の金額)	※⑪及び⑫欄は、課税売上割合が95％未満、かつ、特定課税仕入れがある事業者のみ記載する。		
特定課税仕入れに係る消費税額	⑫	(付表2-2の⑫X欄の金額)		(⑪E欄×7.8/100)	
課 税 貨 物 に 係 る 消 費 税 額	⑬	(付表2-2の⑬X欄の金額)			
納税義務の免除を受けない（受ける）こととなった場合における消費税額の調整（加算又は減算）額	⑭	(付表2-2の⑭X欄の金額)			
課税仕入れ等の税額の合計額（⑩＋⑫＋⑬±⑭）	⑮	(付表2-2の⑮X欄の金額) 11,764,666	1,861,947	1,820,236	15,446,849
課税売上高が5億円以下、かつ、課税売上割合が95％以上の場合（⑮の金額）	⑯	(付表2-2の⑯X欄の金額) 11,764,666	1,861,947	1,820,236	15,446,849
課5課95 税億売％ 売円上未 上満割満 高又合の	個別対応方式	⑮のうち、課税売上げにのみ要するもの	⑰	(付表2-2の⑰X欄の金額)			
		⑮のうち、課税売上げと非課税売上げに共通して要するもの	⑱	(付表2-2の⑱X欄の金額)			
		個別対応方式により控除する課税仕入れ等の税額〔⑰＋（⑱×④／⑦）〕	⑲	(付表2-2の⑲X欄の金額)			
がはが合 控の 除調 税整 額	一括比例配分方式により控除する課税仕入れ等の税額（⑮×④／⑦）		⑳	(付表2-2の⑳X欄の金額)			
	課税売上割合変動時の調整対象固定資産に係る消費税額の調整（加算又は減算）額		㉑	(付表2-2の㉑X欄の金額)			
	調整対象固定資産を課税業務用（非課税業務用）に転用した場合の調整（加算又は減算）額		㉒	(付表2-2の㉒X欄の金額)			
差引	控 除 対 象 仕 入 税 額〔（⑯、⑲又は⑳の金額）±㉑±㉒〕がプラスの時		㉓	(付表2-2の㉓X欄の金額) 11,764,666	※付表1-1の④D欄へ 1,861,947	※付表1-1の④E欄へ 1,820,236	15,446,849
	控 除 過 大 調 整 税 額〔（⑯、⑲又は⑳の金額）±㉑±㉒〕がマイナスの時		㉔	(付表2-2の㉔X欄の金額)	※付表1-1の③D欄へ	※付表1-1の③E欄へ	
貸 倒 回 収 に 係 る 消 費 税 額			㉕	(付表2-2の㉕X欄の金額)	※付表1-1の③D欄へ	※付表1-1の③E欄へ	

注意
1 金額の計算においては、1円未満の端数を切り捨てる。
2 旧税率が適用された取引がある場合は、付表2-2を作成してから当該付表を作成する。
3 ⑨及び⑪欄には、値引き、割戻し、割引きなど仕入対価の返還等の金額がある場合（仕入対価の返還等の金額を仕入金額から直接減額している場合を除く。）には、その金額を控除した後の金額を記載する。

－25－

(R1.10.1以後終了課税期間用)

第4-(6)号様式

付表2－2　課税売上割合・控除対象仕入税額等の計算表
〔経過措置対象課税資産の譲渡等を含む課税期間用〕

一　般

課　税　期　間	令和元・5・1～令和2・4・30	氏名又は名称	株式会社 国税商事

項　　目		税率3％適用分 A	税率4％適用分 B	税率6.3％適用分 C	旧税率分小計 X (A+B+C)
課　税　売　上　額　（　税　抜　き　）	①	円	円	270,200,000 円	※付表2-1の①X欄へ 270,200,000 円
免　　税　　売　　上　　額	②				
非課税資産の輸出等の金額、海外支店等へ移送した資産の価額	③				
課税資産の譲渡等の対価の額（①＋②＋③）	④				（付表2-1の④F欄の金額）382,295,518
課税資産の譲渡等の対価の額（④の金額）	⑤				
非　　課　　税　　売　　上　　額	⑥				
資産の譲渡等の対価の額（⑤＋⑥）	⑦				（付表2-1の⑦F欄の金額）389,295,518
課　税　売　上　割　合　（　④／⑦　）	⑧				（付表2-1の⑧F欄の割合）［98％］※端数切捨て
課税仕入れに係る支払対価の額（税込み）	⑨			201,680,000	※付表2-1の⑨X欄へ 201,680,000
課　税　仕　入　れ　に　係　る　消　費　税　額	⑩	（⑨A欄×3/103）	（⑨B欄×4/105）	（⑨C欄×6.3/108）11,764,666	※付表2-1の⑩X欄へ 11,764,666
特定課税仕入れに係る支払対価の額	⑪	※⑪及び⑫欄は、課税売上割合が95％未満、かつ、特定課税仕入れがある事業者のみ記載する。			※付表2-1の⑪X欄へ
特　定　課　税　仕　入　れ　に　係　る　消　費　税　額	⑫			（⑪C欄×6.3/100）	※付表2-1の⑫X欄へ
課　税　貨　物　に　係　る　消　費　税　額	⑬				※付表2-1の⑬X欄へ
納税義務の免除を受けない（受ける）こととなった場合における消費税額の調整（加算又は減算）額	⑭				※付表2-1の⑭X欄へ
課税仕入れ等の税額の合計額（⑩＋⑫＋⑬±⑭）	⑮			11,764,666	※付表2-1の⑮X欄へ 11,764,666
課税売上高が5億円以下、かつ、課税売上割合が95％以上の場合（⑮の金額）	⑯			11,764,666	※付表2-1の⑯X欄へ 11,764,666
課税売上高が5億円超又は課税売上割合が95％未満の場合	個別対応方式	⑮のうち、課税売上げにのみ要するもの	⑰					※付表2-1の⑰X欄へ
		⑮のうち、課税売上げと非課税売上げに共通して要するもの	⑱					※付表2-1の⑱X欄へ
		個別対応方式により控除する課税仕入れ等の税額〔⑰＋（⑱×④／⑦）〕	⑲					※付表2-1の⑲X欄へ
	一括比例配分方式により控除する課税仕入れ等の税額　（⑮×④／⑦）		⑳					※付表2-1の⑳X欄へ
控除税額の調整	課税売上割合変動時の調整対象固定資産に係る消費税額の調整（加算又は減算）額		㉑					※付表2-1の㉑X欄へ
	調整対象固定資産を課税業務用（非課税業務用）に転用した場合の調整（加算又は減算）額		㉒					※付表2-1の㉒X欄へ
差引	控　除　対　象　仕　入　税　額〔（⑯、⑲又は⑳の金額）±㉑±㉒〕がプラスの時		㉓	※付表1-2の④A欄へ	※付表1-2の④B欄へ	※付表1-2の④C欄へ 11,764,666	※付表2-1の㉓X欄へ 11,764,666
	控　除　過　大　調　整　税　額〔（⑯、⑲又は⑳の金額）±㉑±㉒〕がマイナスの時		㉔	※付表1-2の③A欄へ	※付表1-2の③B欄へ	※付表1-2の③C欄へ	※付表2-1の㉔X欄へ
貸　倒　回　収　に　係　る　消　費　税　額		㉕	※付表1-2の③A欄へ	※付表1-2の③B欄へ	※付表1-2の③C欄へ	※付表2-1の㉕X欄へ

注意
1　金額の計算においては、1円未満の端数を切り捨てる。
2　旧税率が適用された取引がある場合は、当該付表を作成してから付表2-1を作成する。
3　④、⑦及び⑨のX欄には、付表2-1のF欄を計算した後に記載する。
4　⑨及び⑭欄には、値引き、割戻し、割引きなど仕入対価の返還等の金額がある場合（仕入対価の返還等の金額を仕入金額から直接減額している場合を除く。）には、その金額を控除した後の金額を記載する。

－26－

(R1.10.1以後終了課税期間用)

第XI章　関係法令

《特定課税仕入れがある場合の申告書の作成手順》

Ⅰ　課税売上げ等の金額の区分

　課税期間中の売上高を、課税売上高、免税売上高及び非課税売上高に区分して集計します。

　なお、課税売上割合の計算に必要ですので、これらの売上高ごとの売上対価の返還等の金額（返品を受け、又は値引き・割戻しをした金額）も同様に区分して集計します。

　また、令和元年10月１日の消費税率の引上げと同時に軽減税率制度が実施され、消費税及び地方消費税の税率は、標準税率（消費税率7.8％、地方消費税率2.2％）と軽減税率（消費税率6.24％、地方消費税率1.76％）の複数税率となるため、<u>同日以降の課税売上高及び課税仕入れ等の金額について、その取引に適用される税率ごとにそれぞれ区分する必要があります。</u>

　この「書き方」では、取引内容が次のとおりである４月決算法人を例に記載方法を説明します。

設　例

　霞商会株式会社の当課税期間（令和元年５月１日〜令和２年４月30日）の課税売上高等の状況は、次のとおりです。

　なお、旧税率のうち３％又は４％が適用される取引はありません。

　また、売上げ又は仕入れを適用税率ごとに区分することが困難な中小事業者に対する売上税額又は仕入税額の計算の特例（注１）は適用していません。

項　　　目	合計金額	うち税率6.3％ 適用分	うち税率6.24％ 適用分	うち税率7.8％ 適用分
1　売上高	円	円	円	円
(1)　課税売上高（税込み）	260,900,000	197,200,000	0	63,700,000
(2)　免税売上高	15,000,000	-	-	-
(3)　非課税売上高	32,000,000	-	-	-
(4)　不課税売上高	-	-	-	-
2　売上げに係る対価の返還等の金額 　（課税売上げに係るもの（税込み））	-	-	-	-
3　課税仕入れの金額（税込み）	158,830,000	118,420,000	1,540,000	38,870,000
うち　課税売上げにのみ要するもの	126,490,000	94,800,000	0	31,690,000
うち　課税売上げと非課税売上げに共通して要するもの	30,911,000	22,520,000	1,540,000	6,851,000
うち　非課税売上げにのみ要するもの	1,429,000	1,100,000	0	329,000
4　特定課税仕入れの金額 　（課税売上げと非課税売上げに共通して要するもの）	2,400,000	1,800,000		600,000
5　中間納付税額	4,410,000	-	-	-
6　中間納付譲渡割額	1,190,000	-	-	-

（注１）　売上げ又は仕入れを税率ごとに区分することが困難な中小事業者（基準期間における課税売上高が5,000万円以下の事業者）に対しては、売上税額又は仕入税額の計算の特例が設けられています。詳しくは、３ページ又は国税庁ホームページをご覧ください。

（注２）　金額の計算過程において生じた１円未満の端数については、その都度切り捨てます。

－27－

Ⅱ　課税標準額及び消費税額の計算（付表1-1①〜②欄及び付表1-2①〜②欄の作成）

■1　付表1-2①〜②欄の記載

(1)　「課税資産の譲渡等の対価の額①−1」欄

課税売上高（税込み）に $\frac{100}{108}$ を掛けて課税資産の譲渡等の対価の額を計算します。

> 税率6.3%適用分C、旧税率分小計X

197,200,000円（課税売上高（税込み））× $\frac{100}{108}$ ＝ 182,592,592円

(注)　売上金額から売上対価の返還等の金額を直接減額する方法で経理している場合は、減額した後の金額を基に課税資産の譲渡等の対価の額を計算します。

(2)　「特定課税仕入れに係る支払対価の額①−2」欄

特定課税仕入れに係る支払対価の額を記載します。

> 税率6.3%適用分C、旧税率分小計X

1,800,000円

(注1)　特定課税仕入れがある場合には、特定課税仕入れに係る支払対価の額が課税標準となりますので、課税期間中の課税仕入れを、特定課税仕入れの金額と特定課税仕入れ以外の金額とに区分して集計します。

(注2)　特定課税仕入れの金額から特定課税仕入れの対価の返還等の金額を直接減額する方法で経理している場合には、減額した後の金額が①−2欄の金額となります。

(3)　「課税標準額①」欄

①−1欄と①−2欄の金額を合計し、千円未満の端数を切り捨てた金額を記載します。

> 税率6.3%適用分C、旧税率分小計X

182,592,592円 ＋ 1,800,000円 ＝ 184,392,592円　⇒　184,392,000円（千円未満切捨て）

(4)　「消費税額②」欄

(3)で算出した課税標準額に6.3%を掛けて消費税額を計算します。

> 税率6.3%適用分C、旧税率分小計X

184,392,000円（課税標準額）× 6.3% ＝ 11,616,696円

■2　付表1-1①〜②欄の記載

付表1-2①〜②欄の旧税率分小計Xを付表1-1①〜②欄の旧税率分小計Xに転記します。

(1)　「課税資産の譲渡等の対価の額①−1」欄

課税売上高（税込み）に $\frac{100}{108}$ 又は $\frac{100}{110}$ を掛けて課税資産の譲渡等の対価の額を計算します。

> 税率6.24%適用分D

0円

> 税率7.8%適用分E

63,700,000円（課税売上高（税込み））× $\frac{100}{110}$ ＝ 57,909,090円

> 合計F

182,592,592円 ＋ 0円 ＋ 57,909,090円 ＝ 240,501,682円

(注)　売上金額から売上対価の返還等の金額を直接減額する方法で経理している場合は、減額した後の金額を基に課税資産の譲渡等の対価の額を計算します。

−28−

第XI章　関係法令

(2)　「特定課税仕入れに係る支払対価の額①－2」欄

特定課税仕入れに係る支払対価の額を記載します。

税率7.8％適用分E

600,000円

合計F

1,800,000円 ＋ 600,000円 ＝ 2,400,000円

(注1)　特定課税仕入れがある場合には、特定課税仕入れに係る支払対価の額が課税標準となりますので、課税期間中の課税仕入れを、特定課税仕入れの金額と特定課税仕入れ以外の金額とに区分して集計します。

(注2)　特定課税仕入れの金額から特定課税仕入れの対価の返還等の金額を直接減額する方法で経理している場合には、減額した後の金額が①－2欄の金額となります。

(3)　「課税標準額①」欄

①－1欄と①－2欄の金額を合計し、千円未満の端数を切り捨てた金額を記載します。

税率6.24％適用分D

0円

税率7.8％適用分E

57,909,090円 ＋ 600,000円 ＝ 58,509,090円　⇒　58,509,000円（千円未満切捨て）

合計F

184,392,000円 ＋ 0円 ＋ 58,509,000円 ＝ 242,901,000円

(4)　「消費税額②」欄

(3)で算出した課税標準額に6.24％又は7.8％を掛けて消費税額を計算します。

税率6.24％適用分D

0円

税率7.8％適用分E

58,509,000円（課税標準額）× 7.8％ ＝ 4,563,702円

合計F

11,616,696円 ＋ 0円 ＋ 4,563,702円 ＝ 16,180,398円

Ⅲ　**課税売上割合及び控除対象仕入税額等の計算（付表2-1及び付表2-2の作成）**

■1　付表2-2①欄の記載

設例の場合は売上対価の返還等の金額がないので、付表1-2の①－1C及びXと同じ金額を転記します。

税率6.3％適用分C、旧税率分小計X

182,592,592円

■2　付表2-1①～⑧欄の記載

付表2-2①欄の旧税率分小計Xを付表2-1①欄の旧税率分小計Xに転記します。

(1)　「課税売上額（税抜き）①」欄

税率6.24％適用分D

－29－

605

0円

税率7.8%適用分E

設例の場合は売上対価の返還等の金額がないので、付表1-1の①－１E欄と同じ金額を転記します。

57,909,090円

合計F

182,592,592円 ＋ 0円 ＋ 57,909,090円 ＝ 240,501,682円

(注) 売上金額から売上対価の返還等の金額を直接減額する方法で経理している場合は、減額した後の金額に $\frac{100}{108}$ 又は $\frac{100}{110}$ を乗じた金額が①D欄又は①E欄の金額となります。

(2) 「免税売上額②」欄

15,000,000円

(3) 「課税資産の譲渡等の対価の額④F」欄

240,501,682円 ＋ 15,000,000 ＝ 255,501,682円

(4) 「課税資産の譲渡等の対価の額⑤F」欄

④F欄から転記します。

255,501,682円

(5) 「非課税売上額⑥」欄

非課税資産の譲渡等の対価の額で課税売上割合の分母に算入すべき金額を⑥F欄に記載します。

設例の場合は、非課税売上高32,000,000円を記載します。

(注) 課税売上割合の分母に算入すべき金額については、株式等の特定の有価証券の譲渡の場合や、貸付金、預金、売掛金その他の金銭債権（資産の譲渡等の対価として取得したものを除きます。）の譲渡があった場合、その譲渡対価の５％相当額とするなど、調整が必要となる場合がありますのでご注意ください。

(6) 「課税売上割合⑧」欄

$$\frac{240,501,682円（課税売上額（税抜き））＋15,000,000円（免税売上額）}{240,501,682円（課税売上額（税抜き））＋15,000,000円（免税売上額）＋32,000,000円（非課税売上額）}$$

$$= \frac{255,501,682円（④F欄）}{287,501,682円（⑦F欄）} = 88.869\cdots\% ＜ 95\%$$

(注１) 課税売上割合の端数処理は原則として行いませんが、任意の位で切り捨てることも認められます。

(注２) 課税売上割合の計算上は、課税標準となる特定課税仕入れに係る金額を考慮する必要はありません。また、国外事業者においては、「事業者向け電気通信利用役務の提供」及び「特定役務の提供」に係る金額を考慮する必要はありません。

(注３) 課税売上割合が95％以上である場合、その課税期間については、当分の間、特定課税仕入れはなかったものとされます。

設例の場合は、88％を記載します。

■3 付表2-2④～㉕欄の記載

付表2-1④⑦⑧欄の合計Fを付表2-2④⑦⑧欄の旧税率分小計Xに転記します。

－30－

第XI章　関係法令

(1)　「課税仕入れに係る支払対価の額（税込み）⑨」欄

　課税期間中の課税仕入れに係る支払対価の額から課税仕入れに係る対価の返還等の金額を控除した後の金額を記載します。なお、控除しきれない場合は、税務署にご相談ください。

　税率6.3％適用分C、旧税率分小計X

118,420,000円

（注1）　国内で行った課税仕入れのうち、国外事業者から受けた「事業者向け電気通信利用役務の提供」以外の「電気通信利用役務の提供」については、「登録国外事業者」から受けたもののみが仕入税額控除の対象となりますのでご注意ください。

（注2）　課税仕入れに係る対価の返還等の金額を直接仕入金額から減額する方法で経理している場合は、減額後の金額（税込み）を記載します。

(2)　「課税仕入れに係る消費税額⑩」欄

　次の算式により計算した金額を記載します。

$$\boxed{\begin{array}{l}\text{課税仕入れに係る支払対価の額（仕入対価}\\\text{の返還等の金額を控除する前の税込金額）}\end{array}} \times \frac{6.3}{108} - \boxed{\begin{array}{l}\text{仕入対価の返還等}\\\text{の金額（税込み）}\end{array}} \times \frac{6.3}{108}$$

（設例の場合）

　税率6.3％適用分C、旧税率分小計X

$$118{,}420{,}000円 \times \frac{6.3}{108} = 6{,}907{,}833円$$

（注1）　保税地域から引き取った課税貨物につき課された又は課されるべき消費税額がある場合は、その税額を「課税貨物に係る消費税額⑬」欄に記載します。なお、課税貨物に係る消費税額について還付を受けた金額がある場合は、その金額を控除した残額を記載します。

（注2）　免税事業者が課税事業者となる場合や課税事業者が免税事業者となる場合は、棚卸資産にかかる課税仕入れ等の税額の調整が必要です。この場合、加算又は減算すべき棚卸資産に係る課税仕入れ等の税額を「納税義務の免除を受けない（受ける）こととなった場合における消費税額の調整（加算又は減算）⑭」欄に記載します。

(3)　「特定課税仕入れに係る支払対価の額⑪」欄

　課税期間中の特定課税仕入れに係る支払対価の額から特定課税仕入れに係る対価の返還等の金額を控除した後の金額を記載します。なお、控除しきれない場合は、税務署にご相談ください。

　税率6.3％適用分C、旧税率分小計X

1,800,000円

（注）　特定課税仕入れに係る対価の返還等の金額を直接特定課税仕入れの金額から減額する方法で経理している場合は、減額後の金額を記載します。

(4)　「特定課税仕入れに係る消費税額⑫」欄

　次の算式により計算した金額を記載します。

$$\boxed{\begin{array}{l}\text{特定課税仕入れに係る支払対価の額（特定課税仕入}\\\text{対価の返還等の金額を控除する前の支払対価の額）}\end{array}} \times \frac{6.3}{100} - \boxed{\begin{array}{l}\text{特定課税仕入対価}\\\text{の返還等の金額}\end{array}} \times \frac{6.3}{100}$$

（設例の場合）

　税率6.3％適用分C、旧税率分小計X

－31－

607

$$1,800,000円 \times \frac{6.3}{100} = 113,400円$$

(5) 「課税仕入れ等の税額の合計額⑮」欄

> 税率6.3％適用分C、旧税率分小計X

$$6,907,833円 + 113,400円 = 7,021,233$$

(6) 「課税売上高が5億円以下、かつ、課税売上割合が95％以上の場合⑯」欄及び「課税売上高が5億円超又は課税売上割合が95％未満の場合⑰～⑳」欄

設例の場合、課税期間中の課税売上割合が88.869…％ですので、個別対応方式又は一括比例配分方式により控除税額を計算します。設例においては、個別対応方式を選択します。

> (注) ここでいう課税売上高は「課税売上額（税抜き）①」欄の額と「免税売上額②」欄の額の合計額をいいます。
> なお、課税期間が1年に満たない場合には、1年に満たない課税期間における課税売上高を年換算した金額（当該課税期間の月数で除し、これに12を乗じて計算した金額）となります。

イ 「⑮のうち、課税売上げにのみ要するもの⑰」欄

> 税率6.3％適用分C、旧税率分小計X

$$94,800,000円 \times \frac{6.3}{108} = 5,529,999円$$

ロ 「⑮のうち、課税売上げと非課税売上げに共通して要するもの⑱」欄

> 税率6.3％適用分C、旧税率分小計X

課税仕入れのうち共通して要するもの　$22,520,000円 \times \dfrac{6.3}{108} = 1,313,666円$

特定課税仕入れのうち共通して要するもの　$1,800,000円 \times \dfrac{6.3}{100} = 113,400円$

$$1,313,666円 + 113,400円 = 1,427,066円$$

ハ 「個別対応方式により控除する課税仕入れ等の税額⑲」欄

> 税率6.3％適用分C、旧税率分小計X

$$5,529,999円 + \left(1,427,066円 \times \frac{255,501,682円（④F欄）}{287,501,682円（⑦F欄）}\right) = 6,798,227円$$

(7) 「差引・控除対象仕入税額㉓」欄

表示の計算式に従って控除対象仕入税額を計算します。

> (注) ㉓欄の計算式による計算結果がマイナスの場合には、その金額を「差引・控除過大調整税額㉔」欄に記載します。

(8) 「貸倒回収に係る消費税額㉕」欄

貸倒処理した課税売上げに係る債権を回収した場合、その回収金額に含まれる消費税額を記載します。

■4　付表2-1⑨～㉕欄の記載

付表2-2⑨～㉕欄の旧税率分小計Xを付表2-1⑨～㉕欄の旧税率分小計Xに転記します。

(1) 「課税仕入れに係る支払対価の額（税込み）⑨」欄

課税期間中の課税仕入れに係る支払対価の額から課税仕入れに係る対価の返還等の金額を控除した後の金額を記載します。なお、控除しきれない場合は、税務署にご相談ください。

> 税率6.24％適用分D

第XI章　関係法令

1,540,000円

税率7.8％適用分Ｅ

38,870,000円

合計Ｆ

118,420,000円 ＋ 1,540,000円 ＋ 38,870,000円 ＝ 158,830,000円

（注１）　国内で行った課税仕入れのうち、国外事業者から受けた「事業者向け電気通信利用役務の提供」以外の「電気通信利用役務の提供」については、「登録国外事業者」から受けたもののみが仕入税額控除の対象となりますのでご注意ください。

（注２）　課税仕入れに係る対価の返還等の金額を直接仕入金額から減額する方法で経理している場合は、減額後の金額（税込み）を記載します。

(2)　「課税仕入れに係る消費税額⑩」欄

次の算式により計算した金額を記載します。

$$\boxed{\begin{array}{c}\text{課税仕入れに係る支払対価の額（仕入対価}\\\text{の返還等の金額を控除する前の税込金額）}\end{array}} \times \frac{6.24}{108} \text{又は} \frac{7.8}{110} - \boxed{\begin{array}{c}\text{仕入対価の返還等}\\\text{の金額（税込み）}\end{array}} \times \frac{6.24}{108} \text{又は} \frac{7.8}{110}$$

（設例の場合）

税率6.24％適用分Ｄ

$1,540,000円 \times \dfrac{6.24}{108} ＝ 88,977円$

税率7.8％適用分Ｅ

$38,870,000円 \times \dfrac{7.8}{110} ＝ 2,756,236円$

合計Ｆ

6,907,833円 ＋ 88,977円 ＋ 2,756,236円 ＝ 9,753,046円

（注１）　保税地域から引き取った課税貨物につき課された又は課されるべき消費税額がある場合は、その税額を「課税貨物に係る消費税額⑬」欄に記載します。なお、課税貨物に係る消費税額について還付を受けた金額がある場合は、その金額を控除した残額を記載します。

（注２）　免税事業者が課税事業者となる場合や課税事業者が免税事業者となる場合は、棚卸資産にかかる課税仕入れ等の税額の調整が必要です。この場合、加算又は減算すべき棚卸資産に係る課税仕入れ等の税額を「納税義務の免除を受けない（受ける）こととなった場合における消費税額の調整（加算又は減算）⑭」欄に記載します。

(3)　「特定課税仕入れに係る支払対価の額⑪」欄

課税期間中の特定課税仕入れに係る支払対価の額から特定課税仕入れに係る対価の返還等の金額を控除した後の金額を記載します。なお、控除しきれない場合は、税務署にご相談ください。

税率7.8％適用分Ｅ

600,000円

合計Ｆ

1,800,000円 ＋ 600,000円 ＝ 2,400,000円

（注）　特定課税仕入れに係る対価の返還等の金額を直接特定課税仕入れの金額から減額する方法で経理している場合は、減額後の金額を記載します。

－33－

(4) 「特定課税仕入れに係る消費税額⑫」欄

次の算式により計算した金額を記載します。

$$\boxed{\begin{array}{c}\text{特定課税仕入れに係る支払対価の額（特定課税仕入}\\\text{対価の返還等の金額を控除する前の支払対価の額）}\end{array}} \times \frac{7.8}{100} - \boxed{\begin{array}{c}\text{特定課税仕入対価}\\\text{の返還等の金額}\end{array}} \times \frac{7.8}{100}$$

（設例の場合）

税率7.8％適用分E

$600,000円 \times \dfrac{7.8}{100} = 46,800円$

合計F

$113,400円 + 46,800円 = 160,200円$

(5) 「課税仕入れ等の税額の合計額⑮」欄

税率6.24％適用分D

88,977円

税率7.8％適用分E

$2,756,236円 + 46,800円 = 2,803,036円$

合計F

$7,021,233円 + 88,977円 + 2,803,036円 = 9,913,246円$

(6) 「課税売上高が5億円以下、かつ、課税売上割合が95％以上の場合⑯」欄及び「課税売上高が5億円超又は課税売上割合が95％未満の場合⑰〜⑳」欄

設例の場合、課税期間中の課税売上割合が88.869…％ですので、個別対応方式又は一括比例配分方式により控除税額を計算します。設例においては、個別対応方式を選択します。

（注） ここでいう課税売上高は「課税売上額（税抜き）①」欄の額と「免税売上額②」欄の額の合計額をいいます。
なお、課税期間が1年に満たない場合には、1年に満たない課税期間における課税売上高を年換算した金額（当該課税期間の月数で除し、これに12を乗じて計算した金額）となります。

イ 「⑮のうち、課税売上げにのみ要するもの⑰」欄

税率6.24％適用分D

0円

税率7.8％適用分E

$31,690,000円 \times \dfrac{7.8}{110} = 2,247,109円$

合計F

$5,529,999円 + 0円 + 2,247,109円 = 7,777,108円$

ロ 「⑮のうち、課税売上げと非課税売上げに共通して要するもの⑱」欄

税率6.24％適用分D

$1,540,000円 \times \dfrac{6.24}{108} = 88,977円$

税率7.8％適用分E

課税仕入れのうち共通して要するもの　$6,851,000円 \times \dfrac{7.8}{110} = 485,798円$

特定課税仕入れのうち共通して要するもの　$600,000円 \times \dfrac{7.8}{100} = 46,800円$

－34－

第XI章　関係法令

485,798円 ＋ 46,800円 ＝ 532,598円

合計F

1,427,066円 ＋ 88,977円 ＋ 532,598円 ＝ 2,048,641円

ハ　「個別対応方式により控除する課税仕入れ等の税額⑲」欄

税率6.24％適用分D

$$0円 ＋ （ 88,977円 × \frac{255,501,682円（④F欄）}{287,501,682円（⑦F欄）} ） ＝ 79,073円$$

税率7.8％適用分E

$$2,247,109円 ＋ （ 532,598円 × \frac{255,501,682円（④F欄）}{287,501,682円（⑦F欄）} ） ＝ 2,720,426円$$

合計F

6,798,227円 ＋ 79,073円 ＋ 2,720,426円 ＝ 9,597,726円

(7)　「差引・控除対象仕入税額㉓」欄

表示の計算式に従って控除対象仕入税額を計算します。

(注)　㉓欄の計算式による計算結果がマイナスの場合には、その金額を「差引・控除過大調整税額㉔」欄に記載します。

(8)　「貸倒回収に係る消費税額㉕」欄

貸倒処理した課税売上げに係る債権を回収した場合、その回収金額に含まれる消費税額を記載します。

Ⅳ　納付（還付）税額の計算（付表1-1③～⑯欄及び付表1-2③～⑮欄の作成）

■1　付表1-2③～⑮欄の記載

(1)　「控除過大調整税額③」欄

付表2-2の㉔欄と㉕欄の合計金額を記載します。

(2)　「控除対象仕入税額④」欄

税率6.3％適用分C

付表2-2の㉓C欄の金額6,798,227円を記載します。

旧税率分小計X

6,798,227円

(3)　「売上げの返還等対価に係る税額⑤－1」欄

課税売上げに係る対価の返還等の金額がある場合に、その金額に含まれる税額を記載します。

(注)　売上金額から売上対価の返還等の金額を直接減額する方法で経理している場合は、この欄に記載する必要はありません。

(4)　「特定課税仕入れの返還等対価に係る税額⑤－2」欄

(注)　特定課税仕入れの金額から特定課税仕入れの対価の返還等の金額を直接減額する方法で経理している場合は、この欄に記載する必要はありません。

(5)　「返還等対価に係る税額⑤」欄

(3)及び(4)の金額を記載します。

－35－

611

(6) 「貸倒れに係る税額⑥」欄

　課税売上げに係る売掛金等のうち、貸倒れとなった金額がある場合に、その金額に含まれる税額を記載します。

(7) 「控除税額小計⑦」欄

税率6.3％適用分Ｃ、旧税率分小計Ｘ

6,798,227円

(8) 「差引税額⑨」欄

税率6.3％適用分Ｃ、旧税率分小計Ｘ

11,616,696円 － 6,798,227円 ＝ 4,818,469円

(9) 「地方消費税の課税標準となる消費税額・差引税額⑫」欄

税率6.3％適用分Ｃ

⑨Ｃ欄の金額4,818,469円を記載します。

旧税率分小計Ｘ

4,818,469円

(10) 「合計差引地方消費税の課税標準となる消費税額⑬」欄

　表示の計算式（⑫－⑪）により合計差引地方消費税の課税標準となる消費税額を計算します。

(11) 「譲渡割額・納税額⑮」欄

税率6.3％適用分Ｃ、旧税率分小計Ｘ

$4,818,469円 × \dfrac{17}{63} ＝ 1,300,221円$

■2　付表1-1③～⑯欄の記載

　付表1-2③～⑮欄の旧税率分小計Ｘを付表1-1③～⑮欄の旧税率分小計Ｘに転記します。

(1) 「控除過大調整税額③」欄

税率6.24％適用分Ｄ

付表2-1の㉔Ｄ欄と㉕Ｄ欄の合計金額を記載します。

税率7.8％適用分Ｅ

付表2-1の㉔Ｅ欄と㉕Ｅ欄の合計金額を記載します。

(2) 「控除対象仕入税額④」欄

税率6.24％適用分Ｄ

付表2-1の㉓Ｄ欄の金額79,073円を記載します。

税率7.8％適用分Ｅ

付表2-1の㉓Ｅ欄の金額2,720,426円を記載します。

合計Ｆ

6,798,227円 ＋ 79,073円 ＋ 2,720,426円 ＝ 9,597,726円

(3) 「売上げの返還等対価に係る税額⑤－1」欄

　課税売上げに係る対価の返還等の金額がある場合に、その金額に含まれる税額を記載します。

　(注)　売上金額から売上対価の返還等の金額を直接減額する方法で経理している場合は、この欄に記載する必要はありません。

－36－

第XI章　関係法令

(4)　「特定課税仕入れの返還等対価に係る税額⑤－２」欄

（注）　特定課税仕入れの金額から特定課税仕入れの対価の返還等の金額を直接減額する方法で経理している場合は、この欄に記載する必要はありません。

(5)　「返還等対価に係る税額⑤」欄

(3)及び(4)の金額を記載します。

(6)　「貸倒れに係る税額⑥」欄

課税売上げに係る売掛金等のうち、貸倒れとなった金額がある場合に、その金額に含まれる税額を記載します。

(7)　「控除税額小計⑦」欄

表示の計算式（④＋⑤＋⑥）に従って控除税額小計を計算します。

(8)　「控除不足還付税額⑧」欄

税率6.24％適用分D

79,073円 － 0円 ＝ 79,073円

合計F

0円 ＋ 79,073円 ＋ 0円 ＝ 79,073円

(9)　「差引税額⑨」欄

税率7.8％適用分E

4,563,702円 － 2,720,426円 ＝ 1,843,276円

合計F

4,818,469円 ＋ 0円 ＋ 1,843,276円 ＝ 6,661,745円

(10)　「合計差引税額⑩」欄

表示の計算式（⑨－⑧）により合計差引税額を計算します。

(11)　「控除不足還付税額⑪」欄

税率7.8％適用分E

79,073円 ＋ 0円 ＝ 79,073円

合計F

0円 ＋ 79,073円 ＝ 79,073円

(12)　「地方消費税の課税標準となる消費税額・差引税額⑫」欄

税率7.8％適用分E

0円 ＋ 1,843,276円 ＝ 1,843,276円

合計F

4,818,469円 ＋ 1,843,276円 ＝ 6,661,745円

(13)　「合計差引地方消費税の課税標準となる消費税額⑬」欄

表示の計算式（⑫－⑪）により合計差引地方消費税の課税標準となる消費税額を計算します。

(14)　「譲渡割額・還付額⑭」欄

税率7.8％適用分E

$79,073円 \times \dfrac{22}{78} = 22,302円$

－37－

$\boxed{\text{合計F}}$

0円 + 22,302円 = 22,302円

(15) 「譲渡割額・納税額⑮」欄

$\boxed{\text{税率7.8%適用分E}}$

$1,843,276円 \times \dfrac{22}{78} = 519,898円$

$\boxed{\text{合計F}}$

1,300,221円 + 519,898円 = 1,820,119円

(16) 「合計差引譲渡税額⑯」欄

表示の計算式（⑮－⑭）により合計差引譲渡割額を計算します。

Ⅴ　消費税及び地方消費税の申告書（一般用）第二表の作成

　付表1-1、1-2及び付表2-1、2-2の作成が終わりましたら、付表1-1、1-2から次のとおり申告書第二表に必要な事項を転記します。

申告書第二表の記載項目			転 記 元 項 目
課　　税　　標　　準　　額		①	付表 1-1 ①F欄の金額
課税資産の譲渡等の対価の額の合計額	3％適用分	②	付表 1-2 ①－1 A欄の金額
	4％適用分	③	付表 1-2 ①－1 B欄の金額
	6.3％適用分	④	付表 1-2 ①－1 C欄の金額
	6.24％適用分	⑤	付表 1-1 ①－1 D欄の金額
	7.8％適用分	⑥	付表 1-1 ①－1 E欄の金額
		⑦	付表 1-1 ①－1 F欄の金額
特定課税仕入れに係る支払対価の額の合計額	6.3％適用分	⑧	付表 1-2 ①－2 C欄の金額
	7.8％適用分	⑨	付表 1-1 ①－2 E欄の金額
		⑩	付表 1-1 ①－2 F欄の金額
消　　費　　税　　額		⑪	付表 1-1 ②F欄の金額
⑪ の 内 訳	3％適用分	⑫	付表 1-2 ②A欄の金額
	4％適用分	⑬	付表 1-2 ②B欄の金額
	6.3％適用分	⑭	付表 1-2 ②C欄の金額
	6.24％適用分	⑮	付表 1-1 ②D欄の金額
	7.8％適用分	⑯	付表 1-1 ②E欄の金額
返 還 等 対 価 に 係 る 税 額		⑰	付表 1-1 ⑤F欄の金額
⑰の内訳	売上げの返還等対価に係る税額	⑱	付表 1-1 ⑤－1 F欄の金額
	特定課税仕入れの返還等対価に係る税額	⑲	付表 1-1 ⑤－2 F欄の金額
地方消費税の課税標準となる消費税額		⑳	付表 1-1 ⑬F欄の金額
	4％適用分	㉑	付表 1-2 ⑬B欄の金額
	6.3％適用分	㉒	付表 1-2 ⑬C欄の金額
	6.24％及び7.8％適用分	㉓	付表 1-1 ⑬E欄の金額

　ここまで、作成が終わりましたら、18ページ～20ページを参考に申告書第一表の各欄及び申告書第二表のその他の項目を記載してください。

第XI章　関係法令

第3-(1)号様式

GK0304

令和　年　月　日　　　　　　　　　税務署長殿

納税地　千代田区霞が関〇-〇-〇
（電話番号　03 - 0000 - 0000 ）
（フリガナ）　カスミショウカイ　カブシキガイシャ
法人名　霞商会　株式会社
法人番号　1 0 0 0 0 0 0 0 0 0 0 0 0
（フリガナ）　カスミ　　タロウ
代表者氏名　霞　　太郎　（霞印）

※税務署処理欄

一連番号　　　　　　整理番号　　　　　翌年以降送付不要 〇
所管　要否
申告年月日　令和　　　年　　月　　日
申告区分　　指導等　　庁指定　　局指定
通信日付印　確認印
年　月　日
指　導　年　月　日　　相談　区分1 区分2 区分3
令和

法人用

第一表

自 平成/令和 1年 5月 1日
至 令和 2年 4月 30日

課税期間分の消費税及び地方
消費税の（ 確定 ）申告書

中間申告 自 平成/令和 　年　月　日
の場合の
対象期間 至 令和 　年　月　日

令和元年十月一日以後終了課税期間分（一般用）

この申告書による消費税の税額の計算

項目		十兆千百十億千百十万千百十一円	番号
課税標準額	①	2 4 2 9 0 1 0 0 0	03
消費税額	②	1 6 1 8 0 3 9 8	06
控除過大調整税額	③		07
控除税額	控除対象仕入税額	④	9 5 9 7 7 2 6	08
	返還等対価に係る税額	⑤		09
	貸倒れに係る税額	⑥		10
	控除税額小計(④+⑤+⑥)	⑦	9 5 9 7 7 2 6	11
控除不足還付税額(⑦-②-③)	⑧		13
差引税額(②+③-⑦)	⑨	6 5 8 2 6 0 0	15
中間納付税額	⑩	4 4 1 0 0 0 0	16
納付税額(⑨-⑩)	⑪	2 1 7 2 6 0 0	17
中間納付還付税額(⑩-⑨)	⑫	0 0	18
この申告書が修正申告である場合	既確定税額	⑬		19
	差引納付税額	⑭	0 0	20
課税売上割合	課税資産の譲渡等の対価の額	⑮	2 5 5 5 0 1 6 8 2	21
	資産の譲渡等の対価の額	⑯	2 8 7 5 0 1 6 8 2	22

付記事項 参考事項

割賦基準の適用	有〇 無	31
延払基準等の適用	有〇 無	32
工事進行基準の適用	有〇 無	33
現金主義会計の適用	有〇 無	34
課税標準額に対する消費税額の計算の特例の適用	有〇 無	35

控除税額の計算方法	課税売上高5億円超又は課税売上割合95%未満	個別対応方式 〇 一括比例配分方式	41
	上記以外	全額控除	

基準期間の課税売上高　250,000 千円

この申告書による地方消費税の税額の計算

項目		十兆千百十億千百十万千百十一円	番号
地方消費税の課税標準となる消費税額	控除不足還付税額	⑰		51
	差引税額	⑱	6 5 8 2 6 0 0	52
譲渡割額	還付額	⑲		53
	納税額	⑳	1 7 9 7 8 0 0	54
中間納付譲渡割額	㉑	1 1 9 0 0 0 0	55
納付譲渡割額(⑳-㉑)	㉒	6 0 7 8 0 0	56
中間納付還付譲渡割額(㉑-⑳)	㉓	0 0	57
この申告書が修正申告である場合	既確定譲渡割額	㉔		58
	差引納付譲渡割額	㉕	0 0	59
消費税及び地方消費税の合計(納付又は還付)税額	㉖	2 7 8 0 4 0 0	60

㉖=(⑪+㉒)-(⑧+⑫+⑲+㉓)・修正申告の場合㉖=⑭+㉕
㉖が還付税額となる場合はマイナス「-」を付してください。

還付を受けようとする金融機関等

	銀行	本店・支店
	金庫・組合	出張所
	農協・漁協	本所・支所
	預金 口座番号	
ゆうちょ銀行の貯金記号番号	-	
郵便局名等		

※税務署整理欄

税理士署名押印　（印）
（電話番号　　-　　-　　）

〇 税理士法第30条の書面提出有
〇 税理士法第33条の2の書面提出有

-39-

615

GK0601

第3−(2)号様式

課税標準額等の内訳書

法人用

整理番号								

納税地	千代田区霞が関○−○−○
	（電話番号 03 − 0000 − 0000 ）
（フリガナ）	カスミショウカイ　カブシキガイシャ
法人名	霞商会 株式会社
（フリガナ）	カスミ　　　　タロウ
代表者氏名	霞　　太郎

改 正 法 附 則 に よ る 税 額 の 特 例 計 算			
軽 減 売 上 割 合（10営業日）	○	附則38①	51
小 売 等 軽 減 仕 入 割 合	○	附則38②	52
小 売 等 軽 減 売 上 割 合	○	附則39①	53

第二表

令和元年十月一日以後終了課税期間分

自 平成
令和 **1**年 **5**月 **1**日

至 令和 **2**年 **4**月 **30**日

課税期間分の消費税及び地方消費税の（ 確定 ）申告書

中間申告
の場合の
対象期間

自 平成
令和 ［ ］年［ ］月［ ］日

至 令和 ［ ］年［ ］月［ ］日

課 税 標 準 額 ※申告書（第一表）の①欄へ	①						2 4 2 9 0 1 0 0 0	01

課 税 資 産 の 譲 渡 等 の 対 価 の 額 の 合 計 額	3 ％ 適 用 分	②		02
	4 ％ 適 用 分	③		03
	6.3 ％ 適 用 分	④	1 8 2 5 9 2 5 9 2	04
	6.24 ％ 適 用 分	⑤	0	05
	7.8 ％ 適 用 分	⑥	5 7 9 0 9 0 9 0	06
		⑦	2 4 0 5 0 1 6 8 2	07

特定課税仕入れ に係る支払対価 の額の合計額 （注1）	6.3 ％ 適 用 分	⑧	1 8 0 0 0 0 0	11
	7.8 ％ 適 用 分	⑨	6 0 0 0 0 0	12
		⑩	2 4 0 0 0 0 0	13

消 費 税 額 ※申告書（第一表）の②欄へ	⑪					1 6 1 8 0 3 9 8	21

⑪ の 内 訳	3 ％ 適 用 分	⑫		22
	4 ％ 適 用 分	⑬		23
	6.3 ％ 適 用 分	⑭	1 1 6 1 6 6 9 6	24
	6.24 ％ 適 用 分	⑮	0	25
	7.8 ％ 適 用 分	⑯	4 5 6 3 7 0 2	26

返 還 等 対 価 に 係 る 税 額 ※申告書（第一表）の⑤欄へ	⑰		31
⑰の内訳	売 上 げ の 返 還 等 対 価 に 係 る 税 額	⑱		32
	特定課税仕入れの返還等対価に係る税額 （注1）	⑲		33

地 方 消 費 税 の 課 税 標 準 と な る 消 費 税 額 （注2）		⑳	6 5 8 2 6 7 2	41
	4 ％ 適 用 分	㉑		42
	6.3 ％ 適 用 分	㉒	4 8 1 8 4 6 9	43
	6.24%及び7.8% 適 用 分	㉓	1 7 6 4 2 0 3	44

（注1） ⑧〜⑩及び⑲欄は、一般課税により申告する場合で、課税売上割合が95％未満、かつ、特定課税仕入れがある事業者のみ記載します。
（注2） ⑳〜㉓欄が還付税額となる場合はマイナス「−」を付してください。

−40−

第4-(1)号様式

付表1－1　税率別消費税額計算表　兼　地方消費税の課税標準となる消費税額計算表　　[一般]

課　税　期　間	令和元・5・1～令和2・4・30	氏名又は名称	霞商会　株式会社

区　　　　分	旧税率分小計 X	税率6.24％適用分 D	税率7.8％適用分 E	合　計　F (X+D+E)
課税標準額　①	(付表1-2の①欄の金額)　184,392 000円	000	58,509 000円	※第二表の①欄へ　242,901 000円
①の内訳　課税資産の譲渡等の対価の額　①-1	(付表1-2の①-1X欄の金額)　182,592,592	※第二表の⑤欄へ　0	※第二表の⑥欄へ　57,909,090	※第二表の⑦欄へ　240,501,682
①の内訳　特定課税仕入れに係る支払対価の額　①-2	(付表1-2の①-2X欄の金額)　1,800,000	※①-2欄は、課税売上割合が95%未満、かつ、特定課税仕入れがある事業者のみ記載する。	※第二表の⑨欄へ　600,000	※第二表の⑪欄へ　2,400,000
消費税額　②	(付表1-2の②X欄の金額)　11,616,696	※第二表の⑮欄へ　0	※第二表の⑯欄へ　4,563,702	※第二表の⑪欄へ　16,180,398
控除過大調整税額　③	(付表1-2の③X欄の金額)	(付表2-1の㉔・㉕D欄の合計金額)	(付表2-1の㉔・㉕E欄の合計金額)	※第一表の③欄へ
控除　控除対象仕入税額　④	(付表1-2の④X欄の金額)　6,798,227	(付表2-1の㉕D欄の金額)　79,073	(付表2-1の㉕E欄の金額)　2,720,426	※第一表の④欄へ　9,597,726
控除税額　返還等対価に係る税額　⑤	(付表1-2の⑤X欄の金額)			※第二表の⑰欄へ
⑤の内訳　売上げの返還等対価に係る税額　⑤-1	(付表1-2の⑤-1X欄の金額)			※第二表の⑱欄へ
⑤の内訳　特定課税仕入れの返還等対価に係る税額　⑤-2	(付表1-2の⑤-2X欄の金額)	※⑤-2欄は、課税売上割合が95%未満、かつ、特定課税仕入れがある事業者のみ記載する。		※第二表の⑲欄へ
貸倒れに係る税額　⑥	(付表1-2の⑥X欄の金額)			※第一表の⑤欄へ
控除税額小計 (④+⑤+⑥)　⑦	(付表1-2の⑦X欄の金額)　6,798,227	79,073	2,720,426	※第一表の⑦欄へ　9,597,726
控除不足還付税額 (⑦-②-③)　⑧	(付表1-2の⑧X欄の金額)	※⑪E欄へ　79,073	※⑪E欄へ	79,073
差　引　税　額 (②+③-⑦)　⑨	(付表1-2の⑨X欄の金額)　4,818,469	※⑫E欄へ	※⑫E欄へ　1,843,276	6,661,745
合計差引税額 (⑨-⑧)　⑩				※マイナスの場合は第一表の⑧欄へ　※プラスの場合は第一表の⑨欄へ　6,582,672
地方消費税の課税標準となる消費税額　控除不足還付税額　⑪	(付表1-2の⑪X欄の金額)		(⑧D欄と⑧E欄の合計金額)　79,073	79,073
差　引　税　額　⑫	(付表1-2の⑫X欄の金額)　4,818,469		(⑨D欄と⑨E欄の合計金額)　1,843,276	6,661,745
合計差引地方消費税の課税標準となる消費税額 (⑫-⑪)　⑬	(付表1-2の⑬X欄の金額)　4,818,469		※第二表の㉑欄へ（注3）　1,764,203	※マイナスの場合は第一表の⑰欄へ　※プラスの場合は第一表の⑱欄へ　※第二表の㉚欄へ　6,582,672
譲渡割額　還付額　⑭	(付表1-2の⑭X欄の金額)		(⑪E欄×22/78)（注3）　22,302	22,302
譲渡割額　納税額　⑮	(付表1-2の⑮X欄の金額)　1,300,221		(⑫E欄×22/78)（注3）　519,898	1,820,119
合計差引譲渡割額 (⑮-⑭)　⑯				※マイナスの場合は第一表の⑲欄へ　※プラスの場合は第一表の⑳欄へ　1,797,817

注意　1　金額の計算においては、1円未満の端数を切り捨てる。
2　旧税率が適用された取引がある場合は、付表1-2を作成してから当該付表を作成する。
3　旧税率が適用された取引がない場合（X欄に記載すべき金額がない場合）には、⑬～⑯E欄の各欄の記載は次のとおりとなる。
(1)「⑫E欄－⑪E欄」がマイナスの場合
⑬E欄に1円未満の端数を切り捨てた金額を記載し、⑭E欄に「（⑪E欄－⑫E欄）×22/78」により計算した金額を記載する（⑮E欄の記載は不要）。
(2)「⑫E欄－⑪E欄」がプラスの場合
⑬E欄に100円未満の端数を切り捨てた金額を記載し、⑮E欄に「⑬E欄×22/78」により計算した金額を記載する（⑭E欄の記載は不要）。

(R1.10.1以後終了課税期間用)

第4-(5)号様式

付表1-2 税率別消費税額計算表 兼 地方消費税の課税標準となる消費税額計算表
〔経過措置対象課税資産の譲渡等を含む課税期間用〕

一 般

課 税 期 間	令和元・5・1～令和2・4・30	氏 名 又 は 名 称	霞商会 株式会社

区　　　　　分		税率3%適用分 A	税率4%適用分 B	税率6.3%適用分 C	旧税率分小計 X (A+B+C)
課 税 標 準 額	①	円 000	円 000	184,392 000 円	※付表1-1の①X欄へ 184,392 000 円
①の内訳 課税資産の譲渡等の対価の額	①-1	※第二表の②欄へ	※第二表の③欄へ	※第二表の④欄へ 182,592,592	※付表1-1の①-1X欄へ 182,592,592
特定課税仕入れに係る支払対価の額	①-2	※①-2欄は、課税売上割合が95%未満、かつ、特定課税仕入れがある事業者のみ記載する。		※第二表の⑧欄へ 1,800,000	※付表1-1の①-2X欄へ 1,800,000
消 費 税 額	②	※第二表の⑫欄へ	※第二表の⑬欄へ	※第二表の⑭欄へ 11,616,696	※付表1-1の②X欄へ 11,616,696
控 除 過 大 調 整 税 額	③	(付表2-2の㉔・㉕A欄の合計金額)	(付表2-2の㉔・㉕B欄の合計金額)	(付表2-2の㉔・㉕C欄の合計金額)	※付表1-1の③X欄へ
控除税額 控除対象仕入税額	④	(付表2-2の㉓A欄の金額)	(付表2-2の㉓B欄の金額)	(付表2-2の㉓C欄の金額) 6,798,227	※付表1-1の④X欄へ 6,798,227
返還等対価に係る税額	⑤				※付表1-1の⑤X欄へ
⑤の内訳 売上げの返還等対価に係る税額	⑤-1				※付表1-1の⑤-1X欄へ
特定課税仕入れの返還等対価に係る税額	⑤-2	※⑤-2欄は、課税売上割合が95%未満、かつ、特定課税仕入れがある事業者のみ記載する。			※付表1-1の⑤-2X欄へ
貸倒れに係る税額	⑥				※付表1-1の⑥X欄へ
控除税額小計 (④+⑤+⑥)	⑦			6,798,227	※付表1-1の⑦X欄へ 6,798,227
控除不足還付税額 (⑦-②-③)	⑧		※⑪B欄へ	※⑪C欄へ	※付表1-1の⑧X欄へ
差 引 税 額 (②+③-⑦)	⑨		※⑫B欄へ	※⑫C欄へ 4,818,469	※付表1-1の⑨X欄へ 4,818,469
合 計 差 引 税 額 (⑨-⑧)	⑩				
地方消費税の課税標準となる消費税額 控除不足還付税額	⑪		(⑧B欄の金額)	(⑧C欄の金額)	※付表1-1の⑪X欄へ
差 引 税 額	⑫		(⑨B欄の金額)	(⑨C欄の金額) 4,818,469	※付表1-1の⑫X欄へ 4,818,469
合計差引地方消費税の課税標準となる消費税額 (⑫-⑪)	⑬		※第二表の㉑欄へ	※第二表の㉒欄へ 4,818,469	※付表1-1の⑬X欄へ 4,818,469
譲渡割額 還 付 額	⑭		(⑪B欄×25/100)	(⑪C欄×17/63)	※付表1-1の⑭X欄へ
納 税 額	⑮		(⑫B欄×25/100)	(⑫C欄×17/63) 1,300,221	※付表1-1の⑮X欄へ 1,300,221
合 計 差 引 譲 渡 割 額 (⑮-⑭)	⑯				

注意 1　金額の計算においては、1円未満の端数を切り捨てる。
　　 2　旧税率が適用された取引がある場合は、当該付表を作成してから付表1-1を作成する。

(R1.10.1以後終了課税期間用)

－42－

第XI章　関係法令

第4-(2)号様式

付表2−1　課税売上割合・控除対象仕入税額等の計算表　　　　　　　一　般

課　税　期　間	令和元・5・1〜令和2・4・30	氏名又は名称	霞商会　株式会社

項　　目		旧税率分小計 X	税率6.24％適用分 D	税率7.8％適用分 E	合　　計 F (X+D+E)
課　税　売　上　額（税抜き）	①	(付表2-2の①X欄の金額) 円 182,592,592	円 0	円 57,909,090	円 240,501,682
免　税　売　上　額	②				15,000,000
非課税資産の輸出等の金額、海外支店等へ移送した資産の価額	③				
課税資産の譲渡等の対価の額（①＋②＋③）	④				※第一表の⑮欄へ ※付表2-2の④X欄へ 255,501,682
課税資産の譲渡等の対価の額（④の金額）	⑤				255,501,682
非　課　税　売　上　額	⑥				32,000,000
資産の譲渡等の対価の額（⑤＋⑥）	⑦				※第一表の⑯欄へ ※付表2-2の⑦X欄へ 287,501,682
課　税　売　上　割　合（④／⑦）	⑧				※付表2-2の⑧X欄へ ［88％］ ※端数切捨て
課税仕入れに係る支払対価の額（税込み）	⑨	(付表2-2の⑨X欄の金額) 118,420,000	1,540,000	38,870,000	158,830,000
課税仕入れに係る消費税額	⑩	(付表2-2の⑩X欄の金額) 6,907,833	(⑨D欄×6.24/108) 88,977	(⑨E欄×7.8/110) 2,756,236	9,753,046
特定課税仕入れに係る支払対価の額	⑪	(付表2-2の⑪X欄の金額) 1,800,000	※⑪及び⑫欄は、課税売上割合が95％未満、かつ、特定課税仕入れがある事業者のみ記載する。 600,000		2,400,000
特定課税仕入れに係る消費税額	⑫	(付表2-2の⑫X欄の金額) 113,400	(⑪E欄×7.8/100) 46,800		160,200
課税貨物に係る消費税額	⑬	(付表2-2の⑬X欄の金額)			
納税義務の免除を受けない（受ける）こととなった場合における消費税額の調整（加算又は減算）額	⑭	(付表2-2の⑭X欄の金額)			
課税仕入れ等の税額の合計額（⑩＋⑫＋⑬±⑭）	⑮	(付表2-2の⑮X欄の金額) 7,021,233	88,977	2,803,036	9,913,246
課税売上高が5億円以下、かつ、課税売上割合が95％以上の場合（⑮の金額）	⑯	(付表2-2の⑯X欄の金額)			
課5課95個別対応方式 税億税％ ⑮のうち、課税売上げにのみ要するもの	⑰	(付表2-2の⑰X欄の金額) 5,529,999	0	2,247,109	7,777,108
売円上未 ⑮のうち、課税売上げと非課税売上げに共通して要するもの	⑱	(付表2-2の⑱X欄の金額) 1,427,066	88,977	532,598	2,048,641
上超割満のの 個別対応方式により控除する課税仕入れ等の税額 ［⑰＋(⑱×④／⑦)］	⑲	(付表2-2の⑲X欄の金額) 6,798,227	79,073	2,720,426	9,597,726
高又合場 一括比例配分方式により控除する課税仕入れ がはが合 等の税額　（⑮×④／⑦）	⑳	(付表2-2の⑳X欄の金額)			
控の 課税売上割合変動時の調整対象固定資産に係る除調 消費税額の調整（加算又は減算）額	㉑	(付表2-2の㉑X欄の金額)			
税整 調整対象固定資産を課税業務用(非課税業務用) 額 に転用した場合の調整（加算又は減算）額	㉒	(付表2-2の㉒X欄の金額)			
差 控　除　対　象　仕　入　税　額 ［(⑯、⑲又は⑳の金額)±㉑±㉒］がプラスの時	㉓	(付表2-2の㉓X欄の金額) 6,798,227	※付表1-1の④D欄へ 79,073	※付表1-1の④E欄へ 2,720,426	9,597,726
引 控　除　過　大　調　整　税　額 ［(⑯、⑲又は⑳の金額)±㉑±㉒］がマイナスの時	㉔	(付表2-2の㉔X欄の金額)	※付表1-1の③D欄へ	※付表1-1の③E欄へ	
貸　倒　回　収　に　係　る　消　費　税　額	㉕	(付表2-2の㉕X欄の金額)	※付表1-1の③D欄へ	※付表1-1の③E欄へ	

注意
1　金額の計算においては、1円未満の端数を切り捨てる。
2　旧税率が適用された取引がある場合は、付表2-2を作成してから当該付表を作成する。
3　⑨及び⑪欄には、値引き、割戻し、割引きなど仕入対価の返還等の金額がある場合(仕入対価の返還等の金額を仕入金額から直接減額している場合を除く。)には、その金額を控除した後の金額を記載する。

−43−

(R1.10.1以後終了課税期間用)

619

第4-(6)号様式

付表2-2　課税売上割合・控除対象仕入税額等の計算表
〔経過措置対象課税資産の譲渡等を含む課税期間用〕

一　般

課　税　期　間	令和元・5・1～令和2・4・30	氏　名　又　は　名　称	霞商会　株式会社

項　目		税率3%適用分 A	税率4%適用分 B	税率6.3%適用分 C	旧税率分小計 X (A+B+C)
課　税　売　上　額（税　抜　き）	①	円	円	円 182,592,592	※付表2-1の①X欄へ 円 182,592,592
免　　税　　売　　上　　額	②				
非課税資産の輸出等の金額、海外支店等へ移送した資産の価額	③				
課税資産の譲渡等の対価の額（①＋②＋③）	④				(付表2-1の④F欄の金額) 255,501,682
課税資産の譲渡等の対価の額（④の金額）	⑤				
非　　課　　税　　売　　上　　額	⑥				
資産の譲渡等の対価の額（⑤＋⑥）	⑦				(付表2-1の⑦F欄の金額) 287,501,682
課　税　売　上　割　合（④／⑦）	⑧				(付表2-1の⑧F欄の割合) [88%] ※端数切捨て
課税仕入れに係る支払対価の額（税込み）	⑨			118,420,000	※付表2-1の⑨X欄へ 118,420,000
課税仕入れに係る消費税額	⑩	(⑨A欄×3/103)	(⑨B欄×4/105)	(⑨C欄×6.3/108) 6,907,833	※付表2-1の⑩X欄へ 6,907,833
特定課税仕入れに係る支払対価の額	⑪	※⑪及び⑫欄は、課税売上割合が95%未満、かつ、特定課税仕入れがある事業者のみ記載する。		1,800,000	※付表2-1の⑪X欄へ 1,800,000
特定課税仕入れに係る消費税額	⑫		(⑪C欄×6.3/100)	113,400	※付表2-1の⑫X欄へ 113,400
課税貨物に係る消費税額	⑬				※付表2-1の⑬X欄へ
納税義務の免除を受けない（受ける）こととなった場合における消費税額の調整（加算又は減算）額	⑭				※付表2-1の⑭X欄へ
課税仕入れ等の税額の合計額（⑩＋⑫＋⑬±⑭）	⑮			7,021,233	※付表2-1の⑮X欄へ 7,021,233
課税売上高が5億円以下、かつ、課税売上割合が95%以上の場合（⑮の金額）	⑯				※付表2-1の⑯X欄へ
課5課95税億税%売円売未上超上満高割の又合場はが合個別対応方式 ⑮のうち、課税売上げにのみ要するもの	⑰			5,529,999	※付表2-1の⑰X欄へ 5,529,999
⑮のうち、課税売上げと非課税売上げに共通して要するもの	⑱			1,427,066	※付表2-1の⑱X欄へ 1,427,066
個別対応方式により控除する課税仕入れ等の税額〔⑰＋（⑱×④／⑦）〕	⑲			6,798,227	※付表2-1の⑲X欄へ 6,798,227
一括比例配分方式により控除する課税仕入れ等の税額（⑮×④／⑦）	⑳				※付表2-1の⑳X欄へ
控除の調整税額 課税売上割合変動時の調整対象固定資産に係る消費税額の調整（加算又は減算）額	㉑				※付表2-1の㉑X欄へ
調整対象固定資産を課税業務用（非課税業務用）に転用した場合の調整（加算又は減算）額	㉒				※付表2-1の㉒X欄へ
差引 控　除　対　象　仕　入　税　額〔（⑯、⑲又は⑳の金額）±㉑±㉒〕がプラスの時	㉓	※付表1-2の④A欄へ	※付表1-2の④B欄へ	※付表1-2の④C欄へ 6,798,227	※付表2-1の㉓X欄へ 6,798,227
控　除　過　大　調　整　税　額〔（⑯、⑲又は⑳の金額）±㉑±㉒〕がマイナスの時	㉔	※付表1-2の③A欄へ	※付表1-2の③B欄へ	※付表1-2の③C欄へ	※付表2-1の③X欄へ
貸倒回収に係る消費税額	㉕	※付表1-2の③A欄へ	※付表1-2の③B欄へ	※付表1-2の③C欄へ	※付表2-1の③X欄へ

注意 1 金額の計算においては、1円未満の端数を切り捨てる。
　　 2 旧税率が適用された取引がある場合は、当該付表を作成してから付表2-1を作成する。
　　 3 ④、⑦及び⑧のX欄には、付表2-1のF欄を計算した後に記載する。
　　 4 ⑨及び⑪欄には、値引き、割戻し、割引きなど仕入対価の返還等の金額がある場合（仕入対価の返還等の金額を仕入金額から直接減額している場合を除く。）には、その金額を控除した後の金額を記載する。

（R1.10.1以後終了課税期間用）

22　特定収入に係る課税仕入れ等の税額の計算

　簡易課税制度を適用せず、一般課税により仕入控除税額の計算を行う場合で、特定収入割合が５％を超えるときは、特定収入に係る課税仕入れ等の税額は仕入税額控除の対象とはなりません。

　この場合は、次のように、課税期間中の課税売上高が５億円以下、かつ、課税売上割合が95％以上のとき又は課税期間中の課税売上高が５億円超又は課税売上割合が95％未満のときにおける個別対応方式若しくは一括比例配分方式の区分に応じて計算した調整前の仕入控除税額から、特定収入に係る課税仕入れ等の税額を控除した後の金額が仕入控除税額となります。

　(注)　課税期間が１年に満たない場合には、１年に満たない課税期間における課税売上高を年換算した金額（当該課税期間の月数で除し、これに12を乗じて計算した金額）となります。

仕入控除税額の調整がある場合の納付税額は、次の計算式により計算した金額となります。

納付税額　＝　その課税期間中の課税標準額に対する消費税額　－　（調整前の仕入控除税額※　－　その課税期間中の特定収入に係る課税仕入れ等の税額）

※　調整前の仕入控除税額とは、通常の計算方法により計算した仕入控除税額をいいます。

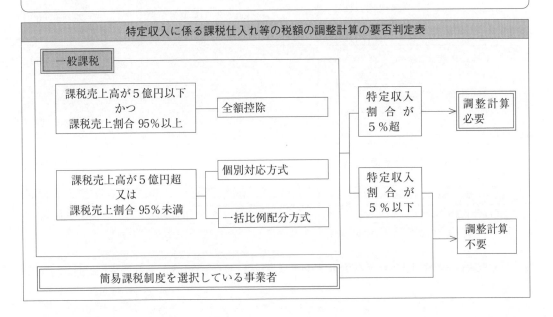

特定収入に係る課税仕入れ等の税額の調整計算の要否判定表

※以下は『国、地方公共団体や公共・公益法人等と消費税（令和4年6月　国税庁）』より抜粋
　パンフレットの全体は国税庁ホームページに掲載されておりますのでご参照ください。

○　事例　課税売上高が5億円以下、かつ、課税売上割合が95％以上の場合

　○○市下水道事業特別会計の当課税期間（令和3年4月1日～令和4年3月31日）の課税売上高等の状況は、次のとおりです。

〔当課税期間の課税売上げ等の状況〕

（単位：円）

項　目	税率6.24%適用分	税率7.8%適用分	合計金額
①　下水道使用料収入（課税売上げ）	－	130,000,000	130,000,000
②　受益者負担金			
合理的な方法により課税仕入れに使途が特定されたもの^(注)	1,760,000	28,240,000	30,000,000
合理的な方法により補償費（不課税）に使途が特定されたもの			100,000
③　預金利息収入（非課税売上げ）			100,000
④　国庫補助金収入			
合理的な方法により課税仕入れに使途が特定されたもの^(注)	1,160,000	18,840,000	20,000,000
交付要綱等において地方債の利子の支払いに使途が特定されているもの			10,000,000
⑤　一般会計繰入金			
合理的な方法により課税仕入れに使途が特定されたもの^(注)	900,000	14,100,000	15,000,000
合理的な方法により人件費（通勤手当を除く。）に使途が特定されたもの			25,000,000
⑥　消費税及び地方消費税の還付金			250,000
⑦　課税仕入れ	5,000,000	85,000,000	90,000,000

（注）内訳に示す税率が適用される課税仕入れ等にのみ使途が特定されている金額

※　特定収入に係る課税仕入れ等の税額については、参考　に掲載されている計算表を使用して計算しています。

※　事例　の場合の申告書、付表及び計算表の記載例は計算表1～5、申告書、付表を参照してください。

第XI章　関係法令

参考　特定収入に係る課税仕入れ等の税額の計算表１～５

計算表１　資産の譲渡等の対価の額の計算表

内　　　　　容		税率6.24%適用分 A	税率7.8%適用分 B	合　　計 C
		円	円	円
課税売上げ	通常の課税売上げ・役員への贈与及び低額譲渡　①			
	課税標準額に対する消費税額の計算の特例適用の課税売上げ　②			
免税売上げ（輸出取引等）　③				
非課税売上げ　④				
国外における資産の譲渡等の対価の額　⑤				
資産の譲渡等の対価の額の合計額　⑥				計算表３①、計算表４①へ

（注）　1　各欄の金額は、いずれも消費税額及び地方消費税額に相当する額を含みません。

　　　　2　各欄の金額について、売上げに係る対価の返還等の額がある場合でも、売上げに係る対価の返還等の額を控除する前の金額を記入してください。

　　　　3　非課税売上げについては、譲渡の対価の額をそのまま記入してください（課税売上割合を計算する場合とは異なります。）。

　　　　4　②欄には、消費税法施行規則の一部を改正する省令（平成15年財務省令第92号）附則第２条《課税標準額に対する消費税額の計算の特例》の適用を受けるものを記載します。

623

計算表2　特定収入の金額及びその内訳書

(1)　特定収入、課税仕入れ等に係る特定収入、課税仕入れ等に係る特定収入以外の特定収入の内訳書

内　　　容	資産の譲渡等の対価以外の収入	左のうち特定収入 A	うち税率6.24%が適用される課税仕入れ等にのみ使途が特定されている金額（「課税仕入れ等に係る特定収入」） B	うち税率7.8%が適用される課税仕入れ等にのみ使途が特定されている金額（「課税仕入れ等に係る特定収入」） C	A－（B＋C） （「課税仕入れ等に係る特定収入以外の特定収入」） D
租　　　　　税 ①	円	円	円	円	円
補助金・交付金等 ②					
他会計からの繰入金 ③					
寄　　附　　金 ④					
出資に対する配当金 ⑤					
保　　険　　金 ⑥					
損 害 賠 償 金 ⑦					
会 費 ・ 入 会 金 ⑧					
喜　　捨　　金 ⑨					
債 務 免 除 益 ⑩					
借　　入　　金 ⑪					
出 資 の 受 入 れ ⑫					
貸 付 回 収 金 ⑬					
受 益 者 負 担 金 ⑭					
消 費 税 還 付 金 ⑮					
⑯					
合　　　計 ⑰		計算表3②へ	計算表5(1)②、(3)②へ	計算表5(1)④、(3)④へ	計算表4②へ

(注)　免税事業者である課税期間において行った課税仕入れ等を借入金等で賄い、その後、課税事業者となった課税期間において当該借入金等の返済のために交付を受けた補助金等は特定収入に該当しません。

第Ⅺ章　関係法令

計算表2　特定収入の金額及びその内訳書（個別対応方式用）

(2)　課税売上げにのみ要する課税仕入れ等にのみ使途が特定されている特定収入、課税・非課税売上げに共通して要する課税仕入れ等にのみ使途が特定されている特定収入の内訳書

※　この表は、課税期間中の課税売上高が5億円超又は課税売上割合が95％未満で個別対応方式を採用している場合のみ、使用します。

内　　　　容		課税仕入れ等（税率6.24％）に係る特定収入（計算表2(1)B）	うち課税売上げにのみ要する課税仕入れ等にのみ使途が特定されている特定収入 E	うち課税・非課税売上げに共通して要する課税仕入れ等にのみ使途が特定されている特定収入 F	課税仕入れ等（税率7.8％）に係る特定収入（計算表2(1)C）	うち課税売上げにのみ要する課税仕入れ等にのみ使途が特定されている特定収入 G	うち課税・非課税売上げに共通して要する課税仕入れ等にのみ使途が特定されている特定収入 H
租　　　　税	①	円	円	円	円	円	円
補助金・交付金等	②						
他会計からの繰入金	③						
寄　附　金	④						
出資に対する配当金	⑤						
保　険　金	⑥						
損害賠償金	⑦						
会費・入会金	⑧						
喜　捨　金	⑨						
債務免除益	⑩						
借　入　金	⑪						
出資の受入れ	⑫						
貸付回収金	⑬						
	⑭						
	⑮						
	⑯						
合　　　計	⑰		計算表5(2)②へ	計算表5(2)④へ		計算表5(2)⑥へ	計算表5(2)⑧へ

(注)　免税事業者である課税期間において行った課税仕入れ等を借入金等で賄い、その後、課税事業者となった課税期間において当該借入金等の返済のために交付を受けた補助金等は特定収入に該当しません。

計算表3　特定収入割合の計算表

内　　容		金　額　等
資産の譲渡等の対価の額の合計額（計算表1⑥C）	①	円
特定収入の合計額（計算表2(1)⑰A）	②	
分母の額（①＋②）	③	
特定収入割合（②÷③）	④	％

(注)　④欄は、小数点第4位以下の端数を切り上げて、百分率で記入してください。

○　特定収入割合が
- 5％を超える場合　⇒　課税仕入れ等の税額の調整が必要です。引き続き「計算表4、5」の作成を行います。
- 5％以下の場合　⇒　課税仕入れ等の税額の調整は不要です。通常の計算により計算した課税仕入れ等の税額の合計額を控除対象仕入税額として申告書の作成を行います。

計算表4　調整割合の計算表

内　　容		金　額　等
資産の譲渡等の対価の額の合計額（計算表1⑥C）	①	円
課税仕入れ等に係る特定収入以外の特定収入（計算表2(1)⑰D）	②	
分母の額（①＋②）	③	
調整割合　$\left(\dfrac{②の金額}{③の金額} \right)$	④	計算表5(1)⑦、(2)⑭、(3)⑨へ

第XI章 関係法令

計算表５　控除対象仕入税額の調整計算表

(1)　課税期間中の課税売上高が５億円以下、かつ、課税売上割合が95%以上の場合

内　　　　　容		税率6.24%適用分	税率7.8%適用分
調整前の課税仕入れ等の税額の合計額	①	円	円
課税仕入れ等（税率6.24%）にのみ使途が特定されている特定収入（「課税仕入れ等に係る特定収入」）（計算表２(1)⑰Ｂ）	②		
②×$\frac{6.24}{108}$　（１円未満の端数切捨て）	③		
課税仕入れ等（税率7.8%）にのみ使途が特定されている特定収入（「課税仕入れ等に係る特定収入」）（計算表２(1)⑰Ｃ）	④		
④×$\frac{7.8}{110}$　（１円未満の端数切捨て）	⑤		
①－③、①－⑤	⑥	①－③	①－⑤
調整割合（計算表４④）	⑦		
⑥×⑦（１円未満の端数切捨て）	⑧		
特定収入に係る課税仕入れ等の税額（③＋⑧、⑤＋⑧）	⑨	③＋⑧	⑤＋⑧
控除対象仕入税額（①－⑨）	⑩		

(注)　⑥、⑧、⑨、⑩欄の計算結果がマイナスの場合には、「△」で表示します。

○　税率6.24%適用分の⑩欄の金額が
・プラスの場合　　　　⇒　「申告書付表２－３」の㉔Ａ欄及び「申告書付表１－３」の④Ａ欄〔控除対象仕入税額〕へ転記します。
・マイナス（△）の場合　⇒　「申告書付表２－３」の㉕Ａ欄〔控除過大調整税額〕へ転記します。

○　税率7.8%適用分の⑩欄の金額が
・プラスの場合　　　　⇒　「申告書付表２－３」の㉔Ｂ欄及び「申告書付表１－３」の④Ｂ欄〔控除対象仕入税額〕へ転記します。
・マイナス（△）の場合　⇒　「申告書付表２－３」の㉕Ｂ欄〔控除過大調整税額〕へ転記します。

計算表５　控除対象仕入税額の調整計算表（個別対応方式用）

(2)　課税期間中の課税売上高が５億円超又は課税売上割合が95％未満で個別対応方式を採用している場合

内　　　　容		税率6.24％適用分	税率7.8％適用分
		円	円
調整前の課税仕入れ等の税額の合計額	①		
課税売上げにのみ要する課税仕入れ等（税率6.24％）にのみ使途が特定されている特定収入（計算表２(2)⑰Ｅ）	②		
②×$\frac{6.24}{108}$　（１円未満の端数切捨て）	③		
課税・非課税売上げに共通して要する課税仕入れ等（税率6.24％）にのみ使途が特定されている特定収入（計算表２(2)⑰Ｆ）	④		
④×$\frac{6.24}{108}$　（１円未満の端数切捨て）	⑤		
課税売上げにのみ要する課税仕入れ等（税率7.8％）にのみ使途が特定されている特定収入（計算表２(2)⑰Ｇ）	⑥		
⑥×$\frac{7.8}{110}$　（１円未満の端数切捨て）	⑦		
課税・非課税売上げに共通して要する課税仕入れ等（税率7.8％）にのみ使途が特定されている特定収入（計算表２(2)⑰Ｈ）	⑧		
⑧×$\frac{7.8}{110}$　（１円未満の端数切捨て）	⑨		
課税売上割合（準ずる割合の承認を受けている場合はその割合）	⑩		
⑤×⑩、⑨×⑩（いずれも１円未満の端数切捨て）	⑪	⑤×⑩	⑨×⑩
③+⑪、⑦+⑪	⑫	③+⑪	⑦+⑪
①-⑫	⑬		
調整割合（計算表４④）	⑭		
⑬×⑭（１円未満の端数切捨て）	⑮		
特定収入に係る課税仕入れ等の税額（⑫+⑮）	⑯		
控除対象仕入税額（①-⑯）	⑰		

（注）　⑬、⑮、⑯、⑰欄の計算結果がマイナスの場合には、「△」で表示します。

```
○　税率6.24％適用分の⑰欄の金額が
  ・プラスの場合      ⇒　「申告書付表２－３」の㉔Ａ欄及び「申告書付表
                        １－３」の④Ａ欄〔控除対象仕入税額〕へ転記しま
                        す。
  ・マイナス（△）の場合 ⇒　「申告書付表２－３」の㉕Ａ欄〔控除過大調整税
                        額〕へ転記します。
```

```
○　税率7.8％適用分の⑰欄の金額が
  ・プラスの場合      ⇒　「申告書付表２－３」の㉔Ｂ欄及び「申告書付表１－３」の④Ｂ欄〔控除
                        対象仕入税額〕へ転記します。
  ・マイナス（△）の場合 ⇒　「申告書付表２－３」の㉕Ｂ欄〔控除過大調整税額〕へ転記します。
```

第XI章　関係法令

計算表５　控除対象仕入税額の調整計算表（一括比例配分方式用）

（3）　課税期間中の課税売上高が５億円超又は課税売上割合が95％未満で一括比例配分方式を採用している場合

内　　　　　容		税率6.24％適用分	税率7.8％適用分
		円	円
調整前の課税仕入れ等の税額の合計額	①		
課税仕入れ等（税率6.24％）にのみ使途が特定されている特定収入（「課税仕入れ等に係る特定収入」）（計算表２(1)⑰Ｂ）	②		
②×$\frac{6.24}{108}$　（１円未満の端数切捨て）	③		
課税仕入れ等（税率7.8％）にのみ使途が特定されている特定収入（「課税仕入れ等に係る特定収入」）（計算表２(1)⑰Ｃ）	④		
④×$\frac{7.8}{110}$　（１円未満の端数切捨て）	⑤		
課税売上割合	⑥		
③×⑥、⑤×⑥　（いずれも１円未満の端数切捨て）	⑦	③×⑥	⑤×⑥
①－⑦	⑧		
調整割合（計算表４④）	⑨		
⑧×⑨　（１円未満の端数切捨て）	⑩		
特定収入に係る課税仕入れ等の税額（⑦＋⑩）	⑪		
控除対象仕入税額（①－⑪）	⑫		

（注）　⑧、⑩、⑪、⑫欄の計算結果がマイナスの場合には、「△」で表示します。

○　税率6.24％適用分の⑫欄の金額が
・プラスの場合　　　　　⇒　「申告書付表２－３」の㉔Ａ欄及び「申告書付表１－３」の④Ａ欄〔控除対象仕入税額〕へ転記します。
・マイナス（△）の場合　⇒　「申告書付表２－３」の㉕Ａ欄〔控除過大調整税額〕へ転記します。

○　税率7.8％適用分の⑫欄の金額が
・プラスの場合　　　　　⇒　「申告書付表２－３」の㉔Ｂ欄及び「申告書付表１－３」の④Ｂ欄〔控除対象仕入税額〕へ転記します。
・マイナス（△）の場合　⇒　「申告書付表２－３」の㉕Ｂ欄〔控除過大調整税額〕へ転記します。

計算表1　資産の譲渡等の対価の額の計算表

内　　　　　容			税率6.24%適用分 A	税率7.8%適用分 B	合　計 C
課税売上げ	通常の課税売上げ・ 役員への贈与及び低額譲渡	①	円	円 118,181,818	円 118,181,818
	課税標準額に対する消費税 額の計算の特例適用の課税 売上げ	②			
免税売上げ（輸出取引等）		③			
非課税売上げ		④			100,000
国外における資産の譲渡等の対価の額		⑤			
資産の譲渡等の対価の額の合計額		⑥			計算表3①、計算表4①へ 118,281,818

(注)　　1　　各欄の金額は、いずれも消費税額及び地方消費税額に相当する額を含みません。

　　　　2　　各欄の金額について、売上げに係る対価の返還等の額がある場合でも、売上げに係る対価の返還等の額を控除する前の金額を記入してください。

　　　　3　　非課税売上げについては、譲渡の対価の額をそのまま記入してください（課税売上割合を計算する場合とは異なります。）。

　　　　4　　②欄には、消費税法施行規則の一部を改正する省令（平成15年財務省令第92号）附則第2条《課税標準額に対する消費税額の計算の特例》の適用を受けるものを記載します。

第XI章　関係法令

計算表２　特定収入の金額及びその内訳書

（1）　特定収入、課税仕入れ等に係る特定収入、課税仕入れ等に係る特定収入以外の特定収入の内訳書

内　　容	資産の譲渡等の対価以外の収入	左のうち特定収入 A	うち税率6.24%が適用される課税仕入れ等にのみ使途が特定されている金額（「課税仕入れ等に係る特定収入」） B	うち税率7.8%が適用される課税仕入れ等にのみ使途が特定されている金額（「課税仕入れ等に係る特定収入」） C	A－（B＋C）（「課税仕入れ等に係る特定収入以外の特定収入」） D
租　　　　税 ①	円	円	円	円	円
補助金・交付金等 ②	30,000,000	20,000,000	1,160,000	18,840,000	0
他会計からの繰入金 ③	40,000,000	15,000,000	900,000	14,100,000	0
寄　附　金 ④					
出資に対する配当金 ⑤					
保　険　金 ⑥					
損害賠償金 ⑦					
会費・入会金 ⑧					
喜　捨　金 ⑨					
債務免除益 ⑩					
借　入　金 ⑪					
出資の受入れ ⑫					
貸付回収金 ⑬					
受益者負担金 ⑭	30,100,000	30,000,000	1,760,000	28,240,000	0
消費税還付金 ⑮	250,000	0			0
⑯					
合　　計 ⑰	100,350,000	計算表3②へ 65,000,000	計算表5(1)②、(3)②へ 3,820,000	計算表5(1)④、(3)④へ 61,180,000	計算表4②へ 0

（注）　免税事業者である課税期間において行った課税仕入れ等を借入金等で賄い、その後、課税事業者となった課税期間において当該借入金等の返済のために交付を受けた補助金等は特定収入に該当しません。

計算表3　特定収入割合の計算表

内　　　　容		金　額　等
資産の譲渡等の対価の額の合計額（計算表1⑥C）	①	円 118,281,818
特定収入の合計額（計算表2(1)⑰A）	②	65,000,000
分母の額（①＋②）	③	183,281,818
特定収入割合（②÷③）	④	35.5 ％

（注）④欄は、小数点第4位以下の端数を切り上げて、百分率で記入してください。

```
○　特定収入割合が
　・5％を超える場合　⇒　課税仕入れ等の税額の調整が必要です。引き続き「計算表4、
　　　　　　　　　　　　　5」の作成を行います。
　・5％以下の場合　　⇒　課税仕入れ等の税額の調整は不要です。通常の計算により計算し
　　　　　　　　　　　　　た課税仕入れ等の税額の合計額を控除対象仕入税額として申告書の
　　　　　　　　　　　　　作成を行います。
```

計算表4　調整割合の計算表

内　　　　容		金　額　等
資産の譲渡等の対価の額の合計額（計算表1⑥C）	①	円 118,281,818
課税仕入れ等に係る特定収入以外の特定収入（計算表2(1)⑰D）	②	0
分母の額（①＋②）	③	118,281,818
調整割合　$\left(\dfrac{②の金額}{③の金額}\right)$	④	計算表5(1)⑦、(2)⑭、(3)⑨へ $\dfrac{0}{118,281,818}$

632

第XI章　関係法令

計算表５　控除対象仕入税額の調整計算表

(1)　課税期間中の課税売上高が５億円以下、かつ、課税売上割合が95％以上の場合

内　　　　　　　容		税率6.24％適用分	税率7.8％適用分
調整前の課税仕入れ等の税額の合計額	①	円 288,888	円 6,027,272
課税仕入れ等（税率6.24％）にのみ使途が特定されている特定収入 （「課税仕入れ等に係る特定収入」）（計算表２(1)⑰B）	②	3,820,000	
②×$\frac{6.24}{108}$　（１円未満の端数切捨て）	③	220,711	
課税仕入れ等（税率7.8％）にのみ使途が特定されている特定収入 （「課税仕入れ等に係る特定収入」）（計算表２(1)⑰C）	④		61,180,000
④×$\frac{7.8}{110}$　（１円未満の端数切捨て）	⑤		4,338,218
①－③、①－⑤	⑥	①－③ 68,177	①－⑤ 1,689,054
調整割合（計算表４④）	⑦	$\frac{0}{118,281,818}$	
⑥×⑦（１円未満の端数切捨て）	⑧	0	0
特定収入に係る課税仕入れ等の税額（③＋⑧、⑤＋⑧）	⑨	③＋⑧ 220,711	⑤＋⑧ 4,338,218
控除対象仕入税額（①－⑨）	⑩	68,177	1,689,054

(注)　⑥、⑧、⑨、⑩欄の計算結果がマイナスの場合には、「△」で表示します。

○　税率6.24％適用分の⑩欄の金額が
・プラスの場合　　　　　⇒　「申告書付表２－３」の㉔A欄及び「申告書付表１－３」の④A欄〔控除対象仕入税額〕へ転記します。
・マイナス（△）の場合　⇒　「申告書付表２－３」の㉕A欄〔控除過大調整税額〕へ転記します。

○　税率7.8％適用分の⑩欄の金額が
・プラスの場合　　　　　⇒　「申告書付表２－３」の㉔B欄及び「申告書付表１－３」の④B欄〔控除対象仕入税額〕へ転記します。
・マイナス（△）の場合　⇒　「申告書付表２－３」の㉕B欄〔控除過大調整税額〕へ転記します。

第4-(9)号様式

付表1−3　税率別消費税額計算表　兼　地方消費税の課税標準となる消費税額計算表

一　般

課　税　期　間	令和3・4・1〜令和4・3・31	氏名又は名称	○○市下水道事業特別会計

区　　　　　分		税率 6.24 % 適用分 A	税率 7.8 % 適用分 B	合　　　計　　　C （A＋B）
課　税　標　準　額	①	円 000	円 118,181, 000	※第二表の①欄へ　円 118,181, 000
①の内訳　課税資産の譲渡等の対価の額	①-1	※第二表の⑤欄へ	※第二表の⑥欄へ 118,181,818	※第二表の⑦欄へ 118,181,818
特定課税仕入れに係る支払対価の額	①-2	※①-2欄は、課税売上割合が95%未満、かつ、特定課税仕入れがある事業者のみ記載する。	※第二表の⑨欄へ	※第二表の⑩欄へ
消　　費　　税　　額	②	※第二表の⑮欄へ	※第二表の⑯欄へ 9,218,118	※第二表の⑪欄へ 9,218,118
控　除　過　大　調　整　税　額	③	（付表2-3の㉕・㉖A欄の合計金額）	（付表2-3の㉕・㉖B欄の合計金額）	※第一表の③欄へ
控除税額　控除対象仕入税額	④	（付表2-3の㉔A欄の金額） 68,177	（付表2-3の㉔B欄の金額） 1,689,054	※第二表の⑰欄へ 1,757,231
⑤の内訳　返還等対価に係る税額	⑤			※第二表の⑰欄へ
売上げの返還等対価に係る税額	⑤-1			※第二表の⑱欄へ
特定課税仕入れの返還等対価に係る税額	⑤-2	※⑤-2欄は、課税売上割合が95%未満、かつ、特定課税仕入れがある事業者のみ記載する。		※第二表の⑲欄へ
貸倒れに係る税額	⑥			※第一表の⑥欄へ
控除税額小計 （④＋⑤＋⑥）	⑦	68,177	1,689,054	※第一表の⑦欄へ 1,757,231
控除不足還付税額 （⑦−②−③）	⑧			※第一表の⑧欄へ
差　引　税　額 （②＋③−⑦）	⑨			※第一表の⑨欄へ 7,460,800
地方消費税の課税標準となる消費税額　控除不足還付税額 （⑧）	⑩			※第一表の⑰欄へ ※マイナス「−」を付して第二表の㉑及び㉓欄へ
差　引　税　額 （⑨）	⑪			※第一表の⑱欄へ ※第二表の㉑及び㉓欄へ 7,460,800
譲渡割額　還　付　額	⑫			（⑩C欄×22/78） ※第一表の⑲欄へ
納　税　額	⑬			（⑪C欄×22/78） ※第一表の㉑欄へ 2,104,300

注意　金額の計算においては、1円未満の端数を切り捨てる。

（R2.4.1以後終了課税期間用）

第XI章　関係法令

第4-(10)号様式

付表2-3　課税売上割合・控除対象仕入税額等の計算表　　　　　　　　　　　　　　　　　一　般

課　税　期　間	令和3・4・1～令和4・3・31	氏名又は名称	○○市下水道事業特別会計

項　　目	税率 6.24 % 適用分 A	税率 7.8 % 適用分 B	合　　計 C (A+B)
課　税　売　上　額（税　抜　き）①		118,181,818 円	118,181,818 円
免　税　売　上　額　②			
非課税資産の輸出等の金額、海外支店等へ移送した資産の価額 ③			
課税資産の譲渡等の対価の額（①＋②＋③）④			※第一表の㉕欄へ　118,181,818
課税資産の譲渡等の対価の額（④の金額）⑤			118,181,818
非　課　税　売　上　額　⑥			100,000
資産の譲渡等の対価の額（⑤＋⑥）⑦			※第一表の㉖欄へ　118,281,818
課　税　売　上　割　合（④／⑦）⑧			［ 99.9 %］ ※端数切捨て
課税仕入れに係る支払対価の額（税込み）⑨	5,000,000	85,000,000	90,000,000
課税仕入れに係る消費税額 ⑩	(⑨A欄×6.24/108) 288,888	(⑨B欄×7.8/110) 6,027,272	6,316,160
特定課税仕入れに係る支払対価の額 ⑪	※⑪及び⑫欄は、課税売上割合が95%未満、かつ、特定課税仕入れがある事業者のみ記入		
特定課税仕入れに係る消費税額 ⑫		(⑪B欄×7.8/100)	
課税貨物に係る消費税額 ⑬			
納税義務の免除を受けない（受ける）こととなった場合における消費税額の調整（加算又は減算）額 ⑭			
課税仕入れ等の税額の合計額（⑩＋⑫＋⑬±⑭）⑮	288,888	6,027,272	6,316,160
課税売上高が5億円以下、かつ、課税売上割合が95%以上の場合（⑮の金額）⑯	288,888	6,027,272	6,316,160
課税売上高が5億円超又は課税売上割合が95%未満の場合の控除税額の調整 個別対応方式 ⑮のうち、課税売上げにのみ要するもの ⑰			
⑮のうち、課税売上げと非課税売上げに共通して要するもの ⑱			
個別対応方式により控除する課税仕入れ等の税額〔⑰＋（⑱×④／⑦）〕⑲			
一括比例配分方式により控除する課税仕入れ等の税額（⑮×④／⑦）⑳			
課税売上割合変動時の調整対象固定資産に係る消費税額の調整（加算又は減算）額 ㉑			
調整対象固定資産を課税業務用（非課税業務用）に転用した場合の調整（加算又は減算）額 ㉒			
居住用賃貸建物を課税賃貸用に供した（譲渡した）場合の加算額 ㉓			
控　除　対　象　仕　入　税　額〔（⑯、⑲又は⑳の金額）±㉑±㉒＋㉓〕がプラスの時 ㉔	※付表1-3の④A欄へ　68,177	※付表1-3の④B欄へ　1,689,054	1,757,231
控　除　過　大　調　整　税　額〔（⑯、⑲又は⑳の金額）±㉑±㉒＋㉓〕がマイナスの時 ㉕	※付表1-3の③A欄へ	※付表1-3の③B欄へ	
貸　倒　回　収　に　係　る　消　費　税　額 ㉖	※付表1-3の③A欄へ	※付表1-3の③B欄へ	

注意　1　金額の計算においては、1円未満の端数を切り捨てる。
　　　2　⑨及び⑪欄には、値引き、割戻し、割引きなど仕入対価の返還等の金額がある場合（仕入対価の返還等の金額を仕入金額から直接減額している場合を除く。）には、その金額を控除した後の金額を記載する。

（R2.4.1以後終了課税期間用）

第3-(2)号様式

課税標準額等の内訳書

整理番号 ☐☐☐☐☐☐☐☐

納 税 地	○○市○○区中央1-1-1
	（電話番号 00 - 0000 - 0000）
（フリガナ）	マルマルシゲスイドウジギョウトクベツカイケイ
名　称 又 は 屋 号	○○市下水道事業特別会計
（フリガナ）	コウキョウ　イチロウ
代表者氏名 又 は 氏 名	公共　一郎

第二表　令和元年十月一日以後終了課税期間分

改 正 法 附 則 に よ る 税 額 の 特 例 計 算		
軽 減 売 上 割 合 （ 10 営 業 日 ）	○	附則38① 51
小 売 等 軽 減 仕 入 割 合	○	附則38② 52
小 売 等 軽 減 売 上 割 合	○	附則39① 53

自 平成／令和 **03**年**04**月**01**日
至 令和 **04**年**03**月**31**日

課税期間分の消費税及び地方消費税の（　**確定**　）申告書

中間申告の場合の対象期間　自 平成／令和 ☐☐年☐☐月☐☐日　至 令和 ☐☐年☐☐月☐☐日

課　税　標　準　額 ※申告書（第一表）の①欄へ	①	1 1 8 1 8 1 0 0 0	01

課税資産の 譲渡等の 対価の額 の合計額	3 ％ 適 用 分	②		02
	4 ％ 適 用 分	③		03
	6.3 ％ 適 用 分	④		04
	6.24 ％ 適 用 分	⑤		05
	7.8 ％ 適 用 分	⑥	1 1 8 1 8 1 8 1 8	06
		⑦	1 1 8 1 8 1 8 1 8	07
特定課税仕入れ に係る支払対価 の額の合計額 (注1)	6.3 ％ 適 用 分	⑧		11
	7.8 ％ 適 用 分	⑨		12
		⑩		13

消　費　税　額 ※申告書（第一表）の②欄へ		⑪	9 2 1 8 1 1 8	21
⑪ の 内 訳	3 ％ 適 用 分	⑫		22
	4 ％ 適 用 分	⑬		23
	6.3 ％ 適 用 分	⑭		24
	6.24 ％ 適 用 分	⑮		25
	7.8 ％ 適 用 分	⑯	9 2 1 8 1 1 8	26

返 還 等 対 価 に 係 る 税 額 ※申告書（第一表）の⑤欄へ		⑰		31
⑰の内訳	売 上 げ の 返 還 等 対 価 に 係 る 税 額	⑱		32
	特定課税仕入れの返還等対価に係る税額（注1）	⑲		33

地方消費税の 課税標準となる 消費税額		⑳	7 4 6 0 8 0 0	41
	4 ％ 適 用 分	㉑		42
	6.3 ％ 適 用 分	㉒		43
(注2)	6.24%及び7.8% 適 用 分	㉓	7 4 6 0 8 0 0	44

（注1）　⑧～⑩及び⑲欄は、一般課税により申告する場合で、課税売上割合が95％未満、かつ、特定課税仕入れがある事業者のみ記載します。
（注2）　⑳～㉓欄が還付税額となる場合はマイナス「－」を付してください。

－34－

第XI章　関係法令

第3-(1)号様式

令和　年　月　日	○○　税務署長殿

納税地　○○市○○区中央1-1-1
（電話番号 00 - 0000 - 0000）

（フリガナ）マルマルシゲスイドウジギョウトクベツカイケイ
名称又は屋号　○○市下水道事業特別会計

個人番号又は法人番号　1 0 0 0 0 2 0 0 0 3 0 0 0
↓個人番号の記載に当たっては、左端を空欄とし、ここから記載してください。

（フリガナ）コウキョウ　イチロウ
代表者氏名又は氏名　公共　一郎

※税務署処理欄

| 一 連 番 号 | | 翌年以降送付不要 | ○ |

所管／要否／整理番号

申告年月日　令和　　年　　月　　日
申告区分／指導等／庁指定／局指定
通信日付印／確認／個人番号カード 通知カード・運転免許証 その他（　）／身元確認
添付書類
指導 年月日／相談／区分1／区分2／区分3
令和

第一表

令和元年十月一日以後終了課税期間分（一般用）

自 平成・令和 03 年 04 月 01 日
至 令和 04 年 03 月 31 日

課税期間分の消費税及び地方消費税の（　確定　）申告書

中間申告の場合の対象期間
自 平成・令和　　年　　月　　日
至 令和　　年　　月　　日

この申告書による消費税の税額の計算

		十兆千百十億千百十万千百十一円	
課税標準額	①	1 1 8 1 8 1 0 0 0	03
消費税額	②	9 2 1 8 1 1 8	06
控除過大調整税額	③		07
控除税額　控除対象仕入税額	④	1 7 5 7 2 3 1	08
返還等対価に係る税額	⑤		09
貸倒れに係る税額	⑥		10
控除税額小計（④＋⑤＋⑥）	⑦	1 7 5 7 2 3 1	11
控除不足還付税額（⑦－②－③）	⑧		13
差引税額（②＋③－⑦）	⑨	7 4 6 0 8 0 0	15
中間納付税額	⑩	0 0	16
納付税額（⑨－⑩）	⑪	7 4 6 0 8 0 0	17
中間納付還付税額（⑩－⑨）	⑫	0 0	18
この申告書が修正申告である場合　既確定税額	⑬		19
差引納付税額	⑭	0 0	20
課税売上割合　課税資産の譲渡等の対価の額	⑮	1 1 8 1 8 1 8 1 8	21
資産の譲渡等の対価の額	⑯	1 1 8 2 8 1 8 1 8	22

この申告書による地方消費税の税額の計算

地方消費税の課税標準となる消費税額　控除不足還付税額	⑰		51
差引税額	⑱	7 4 6 0 8 0 0	52
譲渡割額　還付額	⑲		53
納税額	⑳	2 1 0 4 3 0 0	54
中間納付譲渡割額	㉑	0 0	55
納付譲渡割額（⑳－㉑）	㉒	2 1 0 4 3 0 0	56
中間納付還付譲渡割額（㉑－⑳）	㉓	0 0	57
この申告書が修正申告である場合　既確定譲渡割額	㉔		58
差引納付譲渡割額	㉕	0 0	59
消費税及び地方消費税の合計（納付又は還付）税額	㉖	9 5 6 5 1 0 0	60

㉖＝（⑪＋㉒）－（⑧＋⑫＋⑲＋㉓）・修正申告の場合㉖＝⑭＋㉕
㉖が還付税額となる場合はマイナス「－」を付してください。

付記事項・参考事項

割賦基準の適用	有 ○ 無	31
延払基準等の適用	有 ○ 無	32
工事進行基準の適用	有 ○ 無	33
現金主義会計の適用	有 ○ 無	34
課税標準額に対する消費税額の計算の特例の適用	有 ○ 無	35

控除税額の計算方法
課税売上高5億円超又は課税売上割合95％未満
個別対応方式／一括比例配分方式 | 41 |
上記以外　○　全額控除

基準期間の課税売上高　98,457　千円

還付を受けようとする金融機関等
銀行／金庫・組合／農協・漁協　本店・支店／出張所／本所・支所
預金口座番号
ゆうちょ銀行の貯金記号番号　－
郵便局名等
※税務署整理欄

税理士署名
（電話番号　－　－　）

○	税理士法第30条の書面提出有
○	税理士法第33条の2の書面提出有

-35-

23 道府県民税について

　道府県民税とは、住民税の一種であり、地方税法に基づき、事務所又は事業所の所在する法人及び居住する個人に対して、道府県（都）が課す税金のことである。個人に対して課すものを「個人道府県民税」と呼び、法人の事業に対して課すものを「法人道府県民税」と呼ぶことが多いが、法文上は同一の税目である。

　なお、都道府県民税となっていないのは、地方税法第1条第2項により、地方税が道府県税についての規定を都に、市町村税の規定を特別区に準じて適用するためである。また、固定資産税、市町村民税、特別土地保有税等のいくつかの税目については、地方税法第734条により特別区特例によって、当該準用規定にかかわらず都税として課税するためで、道府県民税に関する規定が都民税に適用されない訳ではない。

　結果、東京23区内では、法人の市町村民税に当たる税は特別区民税ではなく都民税として、道府県民税に当たる税と併せて徴収される。そのため、市町村民税で6.0％、道府県民税で1.0％の法人税割は、23区内で7.0％の都民税法人税割として課されることになり（令和元年10月1日以後に開始する事業年度の場合の税率を例とする。）、資本金等の額1,000万円以下かつ従業者数50人以下の法人の場合、市町村民税で5万円、道府県民税で2万円の均等割は7万円の都民税均等割として課されることとなる。（いずれも標準税率。東京都は超過課税とあわせて不均一課税を採用しているため必ずしもこの税率ではない。）

基準と事例でわかる！
営業補償の実務

令和元年12月20日　第1刷発行
令和6年3月29日　第4刷発行

編　　著　　一般財団法人　公共用地補償機構
発　　行　　株式会社 ぎょうせい

〒136-8575　東京都江東区新木場1-18-11
URL：https://gyosei.jp

フリーコール　0120-953-431
ぎょうせい　お問い合わせ 検索 https://gyosei.jp/inquiry/
〈検印省略〉

※乱丁、落丁本はお取り替えいたします。　　印刷　ぎょうせいデジタル㈱
©2019　Printed in Japan
ISBN978-4-324-10742-3
(5108568-00-000)
[略号：補償実務]